U0107501

Ⅲ\ 见识城邦

更 新 知 识 地 图　　拓 展 认 知 边 界

全球史译丛

BRUCE M.S. CAMPBELL

大转型

中世纪晚期的气候、疾病、社会与现代世界的形成

CLIMATE, DISEASE AND SOCIETY IN THE LATE-MEDIEVAL WORLD

[英]布鲁斯·M.S.坎贝尔——著　王超华——译　王佳碧——校译

中信出版集团 | 北京

《全球史译丛》

主编

刘新成

执行主编

岳秀坤

编辑委员会

献给安东尼
执着的后中世纪主义者
他在柏林、贝尔法斯特和马尔罗伊
亲历了本书漫长的酝酿过程

"全球史译丛"总序

全球史（global history）也称"新世界史"（new world history），20世纪下半叶兴起于美国，起初只是在历史教育改革中出现的一门从新角度讲述世界史的课程，之后演变为一种编纂世界通史的方法论，近年来已发展成为一个新的史学流派。

一般认为，1963年麦克尼尔出版《西方的兴起》一书是全球史诞生的标志。40多年来，全球史在西方史学界蓬勃发展。在美国，2000年全美已有59％的公立大学开设了全球史课程，5年后又提高了10个百分点；加利福尼亚州政府甚至以法律形式要求所有中学讲授全球史。在加拿大，全国26所研究型大学中已有14所开设了名为"全球史导论"的研究生课程；2005年有些大学把全球史列入了本科生教学计划；在不列颠哥伦比亚和魁北克两省，75％以上的中小学校开设了全球史课程。在德国，世界史教育已有上百年历史，但近来出现了有关如何讲授世界史问题的热烈讨论，不少教师和学者主张用"全球史观"改造乃至取代传统的世界史教育体系；2005年在德国召开的"欧洲全球史学大会"更把这一讨论推向高潮，年轻一代史学家多数是全球史的积极拥护者。在意大利，2001年全球史课程进入中学；在2002年意大利历史学家大会上，虽然仍有许多史学家坚持认为世界历史只能是国别史和地区史的总和，不可能存在全球一体的历史，但同时他们也承认，进行国别史和地区史研究也应该具有全球视野。在哥伦比亚，虽然全球史尚未列入正式课程，但全球史的理念和方法已被史学界广泛接受；许多历史学家主张，由于拉丁美洲的历史与印第安人的历史，与欧洲史、非洲史以及其他许多民族和地区的历史都有密切关系，因此应当将拉美各国、各个地区的历史放在全球史的宏观背景之下重新进行审视和描述。

全球史的魅力在于其学术取向，也即"把全球化历史化，把历史学全球化"。

所谓"把全球化历史化"，是要追溯全球化的发展历程。当今全球经济一体化的趋势使得人们，首先是西方人，越来越热切地想要了解世界一体化的起源与过程，这种热切的要求促使史学家从一体化的角度对世界历史进行新的观察与思考。西方国家的学校课程设置一向注重适应和满足社会需求，因此全球史首先被当作"教学内容"，然后才逐渐发展为一个学术研究领域。这个过程就表明，全球史是时代和社会需求的产物。

所谓"把历史学全球化"，体现了全球史的学术立场。如果说历史学家追溯全球化的发展历程是由于时代的使命和社会的要求，那么怎样追溯这一历程则是当代学术思潮决定的。后现代主义思潮构成了全球史产生的最重要的学术背景。后现代主义从批判现代社会的弊端出发，颠覆了现代主义"神话"，进而对以解释"现代主义神话"为己任的西方人文社会学科进行反思。深受后现代主义影响的全球史学者指出，当前学术的任务不是"解释"，而是"重新理解和认识"人类历史；因为"解释"是从既定的理论框架出发，戴着有色眼镜来看历史，而"重新理解和认识"则意味着突破旧框架，还原历史的"本来面目"。西方人类学家对文化因素的高度重视和平等对待异质文化的主张对全球史学者也有重要影响。近半个世纪以来，东西方之间学术交流扩大，西方学者对非西方世界历史文化的认识明显加深，这为他们破除成见、将非西方历史文化纳入研究视野提供了条件。基于以上背景，全球史学者将自己的学术任务确定为：在阐述全球史的同时，建立"全球普适性的历史话语系统","使历史学本身全球化"。

经过40余年努力，全球史在以下四个方面获得了令人瞩目的突破和进展。

第一，否定了"国家本位"，以"社会空间"而不是"国家"作为审视历史的基本单元。现代人文社会学科形成于19世纪的德国，当时的德国内忧外患，内部四分五裂，外部强敌环伺，在这种形势下，增进民族认同、促进国家统一就成为包括历史学在内的人文社会学科的使命之一。同时，当时德国盛行科学崇拜，历史学也追求"绝对客观"，主张"让史料自己说话"，档案特别是国家档案成为描述历史的唯一可靠依据。这样的结果就是，历史学刚一问世即成为以国家为本位的政治史学。后来先后出现的经济史、社会史、文化史、国际关系史等历史学分支学科，同样都以国家作为基本分析单元。

在西方史学中，最早突破"国家本位"的是20世纪七八十年代兴起于意大利的"微观史学"。"微观派"认为，人们的日常生活是最值得关注的研究对象，而与日常生活关系最密切的并非国家，而是一个个具有内聚力的生活圈子，这个生活圈子就是"社会空间"。

全球史接受了"社会空间"概念，但将其从微观放大到宏观。全球史学者认为，在描述人类历史进程时，以国家为单元存在两个明显缺陷：一是物种（包括农作物、动物等等）传播、疾病蔓延、气候变化等等"超越国家"的现象被忽略，而这些现象对全球历史发展曾经产生过重要影响；二是每个社会都是全球的组成部分，但每个社会都不是孤立存在，社会与社会之间互为发展条件，相互之间的竞争、交融、碰撞以及力量对比关系都是推动全球发展的重要动力，但是由于这些动力不发生在国家政治框架之内，因而长期被忽视。全球史学者认为，世界历史的基本叙述单元应该是具有相互依存关系的"社会空间"，这个"社会空间"可能覆盖一个局部地区，也可能覆盖整块大陆、整个大洋、半球，乃至全球。

第二，关注大范围、长时段的整体运动，开拓新的研究领域。全球史学者认为，社会空间是因不同原因、以不同方式、不断进行重组的统一体；决定其统一性的因素既可能是自然地理环境，也可能是人类自身的组织行为；无论由哪种因素决定，"社会空间"的不断重组都使世界日益成为一个彼此密切关联的人类生存空间。基于这一认识，全球史学者的视野空前开阔，他们所关注的不仅是跨越国家和种族的经济互动、技术转移和帝国扩张，而且包括影响各个文明之间互动的自然环境变化、移民潮流、疾病传播、观念和信仰的演变等等，许多被传统史学研究所忽略的重要现象因而被揭示出来。在公元600年以后的上千年时间里将中国、印度、波斯、阿拉伯、印度尼西亚甚至东非等文明区连为一体的"环印度洋网络"，以及从生态变化和物种交流角度重估地理大发现意义的"哥伦布交流说"，就是由全球史学者提出并震动世界史坛的"新发现"和新见解。

第三，重估人类活动与社会结构之间的关系。在西方史学史上，20世纪是科学化的世纪，强调客观社会结构对社会发展的决定性作用，认为人类主观行为在社会结构的"铁律"面前无能为力。布罗代尔高度宏观的"大结构、大过程、大比较"叙事是结构主义史学的代表，而后现代主义总体而言是反对结构主义的，认为所有结构框架都是启蒙运动以来理性主义话语系统编织的神话，是约束人类行动、剥夺人类选择权的欺人之谈。全球史学者虽然深受后现代主义影响，但他们并未彻底否定"结构说"，而是对这一理论进行丰富和补充。比如关于地理大发现，全球史学者指出，由于欧洲殖民者带来的病毒造成印第安人大量死亡，而殖民者从非洲贩来充当劳动力的黑人奴隶具有适应热带气候的天然优势，这一点在很大程度上使得欧洲殖民者对美洲的征服获得了成功，而由于欧洲殖民者成功地征服了美洲，玉米、马铃薯等美洲作物品种才能在世界各地广泛种植，从而造成全球的粮食产量和人口数量显著增加；由此可见，地理大发现之后的全球巨变并不是社会经济结构运动的必然结果。但是全球史学者也提出，社会经济结构运动也并非对这一历史巨变毫无影响，因为地理大发现毕竟始于哥伦布等人的冒险远航，而这些人之所以冒险远航，也是由于各种利益和愿望驱动，是当时欧洲的社会经济条件决定的。由此全球史学者得出结论：人类活动虽然具有多向性，虽然有着选择的余地，但选择并非凭空进行，也不是绝对自由的，而是由既定条件决定的；因此，既不能认为社会经济结构决定一切，也不能忽视社会经济条件的决定作用，而应当把自然生态变化、人类主观活动以及自由选择余地等等因素与社会经济结构放在一起，综合考虑人类历史的发展进程，从而避免片面性。

第四，从学理上破除"欧洲中心论"。对"欧洲中心论"的批评由来已久，既包括意识形态层面的批判，也包括在学术实践层面上对非西方世界给予更多关注。但这样是否就意味着摆脱了"欧洲中心论"呢？自20世纪末以来，已经有越来越多的学者对此表示怀疑。他们认为，仅仅宣称抵制西方立场，或仅仅在历史著述中增加非西方世界的比重，并不能真正超越"欧洲中心论"；因为"欧洲中心论"本质上是学术话语权的问题，是现代话语系统的一种表现形式；只要无法改变欧洲国家在当代世界的强势地位，只要资本、市场、帝国等等一系列与现代性相关的概念依然是欧洲乃至全世界知识界感知、解释和评价世界的基本出发点，那么就不可能彻底摆脱"欧洲中心论"。所以美国学者迪佩什·查克拉巴蒂（Dipish Chakrabarty）悲观地预言，既然整个现代知识体系都是欧洲人确定的，并且已经被全世界所接受，那么彻底改造历史学中的欧洲中心主义就是无法想象的。

全球史学者却不像查克拉巴蒂那样悲观。作为西方学者，他们承认跳出自身的局限是很困难的，但他们并不愿意因此而无所作为。在学术实践中，全球史学者为从学理上颠覆"欧洲中心论"的确做出了很多努力，这主要表现在两个方面：一是他们自觉地抵制"从现实反推历史"的思辨逻辑，即反对从欧美国家处于强势地位的现实出发，苦心孤诣地在欧洲国家内部寻找其"兴起"原因，围绕"西方有什么而东方没有什么"的问题兜圈子，不遗余力地挖掘"欧洲文化的优秀传统"，为其贴上理性、科学、民主、进取精神、宗教伦理等等光彩的标签，直至将欧洲树立为全球的榜样。全球史学者通过宏观综合分析指出，所谓"欧洲兴起"，只是人类历史上特定时期的特定产物，从中挖掘"普世性"的"文化特质"只能是制造神话。二是他们自觉地突破强调社会特殊性、文化排他性、经验地方性的史学传统，转而强调各社会之间发展的相关性和互动性，突出影响各个社会的共同因素，将每个地区的发展都视为更为宏大的自然与社会结构运动的一部分，淡化单一地区或国家的个性和特殊性，这样也就淡化了欧洲国家的榜样作用。

作为时代的产物，全球史反射出当今世界的七色光。尤其值得注意的是，这一纯粹学术现象透射出的明显的政治色彩。在意大利，在21世纪初中左派政府当政期间，全球史教育在中学和大学全面启动，而中右派在大选中获胜以后，全球史教育普及的趋势戛然而止。在美国，全球史的积极鼓吹者和推动者大多属于左翼知识分子。由于全球史试图纠正西方人在认识人类文明史，特别是世界近代史方面存在的傲慢和偏见，带有消解西方传统价值观的倾向，所以它在西方的影响力超出了史学界，乃至学术界，逐渐变成一种政治态度，以至出现"全球史信仰"之说。全球史略显激进的政治倾向也导致了学术上的得与失，这是我们在评价全球史时需要注意的。

作为一种建构世界历史的新方法和新理论，全球史观目前还不能说完全成熟，还存在明显的理论缺陷，举其要者，至少有两点。其一，忽略社会内部发展的作用。虽然全球史学者承认，无论是对社会自身的发展而言，还是从推动全球发展的角度来看，各社会内部的发展即内因的作用都是重要的，但也许是考虑到前人的研究已经比较充分的缘故，他们对这一方面的关注显然还很不够。其二，作为深受后现代主义思潮影响的史学流派，全球史学者从解构现代主义出发，否认"终极真理"的存在，但是与此同时，他们又对探讨自然与社会相结合的整体结构影响人类历史的规律孜孜以求；两者之间，岂非矛盾？

如何构建世界历史体系，是我国史学界一个历久不衰的话题。20世纪80年代吴于廑先生曾经指出，对世界各地之间横向联系的研究不足，是我国世界史学科的薄弱环节。吴先生此说在史学界同人中得到广泛的认同。但是四分之一个世纪过去了，对横向联系的研究仍然没有明显起色。由此可见，借鉴全球史观，在全球整体视野下着重审视各个地区、各个社会、各个民族和各个国家之间的横向互动关系，这对于我国世界历史学科的发展来说，的确是很有意义的。但是我们也不能全盘照搬全球史观，中国学者对于人类历史进程应该有自己独特的理解和表达。目前世界各国的全球史学者正在共同努力搭建世界史学科平等对话的平台，我们应当利用这种有利条件，发出我们自己的声音。

刘新成

2006年5月

目 录

中文版序

本书按照欧洲的历史书写传统，为11—16世纪初的西方经济发展提供了数据丰富的解释，其依据是对若干关键变量的量化，包括对国民收入和人均GDP的最新估算。斯蒂芬·布劳德伯利（Stephen Broadberry）、管汉晖和李稻葵做出的最新估算［《中国、欧洲及大分流：基于历史国民收入核算的研究，980—1850年》,《经济社会史研讨》(*Discussion Papers in Economic and Social History*)，第155号，2017年，牛津大学］显示，第二个千年之初，当时的宋朝在世界经济和技术大潮中稳立潮头，与其相比，欧洲发展程度并不高。但在接下来的3个世纪中，欧洲最有活力的地区，特别是意大利中部和北部、佛兰德斯，缩小了与中国的差距；到15世纪，中国相对于西方的历史领先地位已不复存在。在欧洲分别领跑的诸区域经济体对中国的这种渐进式追赶，为此后数个世纪欧洲最终占据领先地位做好了准备。到那时，拥有先进海上力量的欧洲崛起为全球性商业霸主。起初，这个过程主要是欧洲部分地区的追赶，但从14世纪开始，元朝和明朝逐渐落后。元、明二朝均未能利用之前已有一定成就的资本化，转向一条能够实现生产率稳定增长的更加资本密集型和技术密集型的发展之路。

相比于以前对欧洲通往现代经济增长漫长旅程中这一制度形成期的分析，本书对中世纪经济发展提出的解释既不是马尔萨斯式的，也不是马克思主义式的，因为它们都不足以契合那个时代的成就和逆转。

相反，本书强调变迁及开辟新天地的内在偶然性，其路径是考察在触发一个社会–生态时代结束和另一个时代开始的过程中，气候和疾病的自然机制扮演的角色。从13—15世纪的这一过程中，关键的转型包括：（1）从中世纪气候异常期的大气环流模式到小冰期大气环流模式的转变；（2）瘟疫沉寂的环境被鼠疫（鼠疫耶尔森菌）复活的疾病环境替代；（3）较低的和下降的人口水平取代较高的和上升的人口水平。与此同时，马穆鲁克和奥斯曼人的崛起在亚欧商业之间打入了政治、宗教和军事的楔子。

关于中世纪是全球气候重组时期的观点，直到最近才日益明朗，因为气候史是一门相对年轻的学科。目前可利用的许多高分辨时间序列对历史学家来说是一种信息富矿，它们解释了单个极端事件和气候条件更长期的变化，也确定了气候不稳定和环境恶劣加剧期的各个时段。考虑到许多历史学家对这种材料并不熟悉，本书用大量篇幅解释相关术语，并得出了一些关键的结论，它们多是以图解的形式来表现的。北半球占主导地位的大气环流模式，特别是厄尔尼诺–南方涛动［合称"恩索"（El Niño-Southern Oscillation），它引发南亚季风］和北大西洋涛动（它决定了大西洋西风带的强度和方向）之间的遥相关有助于解释欧洲和中国历史进程中的大致同步性：宋代的长期繁荣和同时期欧洲的商业革命；极端自然事件的交替——洪水和干旱、季风失效和毁灭性的饥荒、牛瘟和蝗灾的暴发——在14世纪时有发生，导致朝代更替和制度变迁；以及随后长达一个世纪之久的人口和经济衰退，那时主要的气候条件依然不稳定，而小冰期的第一次持续性寒潮则刚刚开始。不出意料的是，与欧洲西北部温带混合农业系统相比，东亚以灌溉为基础的农业系统更容易受到这些气候变化的影响。

对欧洲人而言，气候带来的最深刻影响可以说是间接的，经由气候诱发生态压力，将鼠疫从休眠的地方性兽疫重新激活，鼠疫死灰复燃，成为动物流行病。该事件发生在亚欧大陆缺水的内陆大草原，那里的穴居啮齿动物是病毒的天然宿主。鼠疫从那里向西传播至整个欧洲，并给人口和经济带来了严重而持久的影响。对此，进化生物学家的研究已经有了突破性进展，他们最终解决了黑死病是什么、起源于何地（青藏高原），以及大约什么时间重新出现（13世纪晚期或14世纪初的某个时间）等问题。本书提出关于第二次世界鼠疫大流行的起源和最初传播的证据，并按照历史学家可以理解的方式解释了这些新发现，它将取代以前几乎所有关于这个主题的历史著作。许多悬而未决的问题仍然存在，研究仍在继续，但已经广为接受的是，新的瘟疫研究范式需要运用多学科的方法，以及相应的全球视角的分析。

鼠疫，犹如气候变化、蒙古和奥斯曼帝国的建立或国际贸易网的形成，是一种泛大陆现象，也是本书的一个中心主题，因此我们的思考需要跨越狭隘的单个国家的局限，尽管历史学家仍将不可避免地依赖民族主义的叙述和特定国家的数据库。同样，本书展示了综合使用自然和历史档案的证据，并融合经济史和环境史的方法进行研究所取得的成果。遵循这些路径有望获得更多进展。考虑到自然灾害在塑造中国自身历史中的角色，这个国家是适用此类研究方法的首选，因为这次大转型绝不是欧洲独有的现象，西方在14世纪经历的已有生产和交换体系的破裂同样出现在东方。对二者进行更系统性的比较很可能有相当的启发性。

整个中世纪的数百年间，中国与中世纪欧洲在地理上一直相距甚远，连接亚欧大陆两端的贸易联系非常脆弱，而且经常被打断和破坏。然而，在马可·波罗夸夸其谈的东方游记出版之后，中国对欧洲人的想象产生了强有力的影响。随着穿越叙利亚和亚洲其他地区的古代陆路先后被关闭，有进取心和冒险精神的欧洲人梦想着绕开奥斯曼人和马穆鲁克，由海上航行至那里。需要注意的是，这种需求只有欧洲人有。即使在史诗般的郑和下西洋的远航（驶向阿拉伯地区和非洲）中，中国人也没有相应地抵达大西洋，也没有从那里到达欧洲的野心。相反，在几经尝试和犯错之后，到15世纪末，一支葡萄牙小船队绕过非洲，驶入印度洋。几年后，在1513年的广州，欧维士成为在中国港口落锚的第一个欧洲水手。这些海上探险叩开了中国的大门，使其与欧洲和欧洲商业建立了更直接和更稳固的联系，这远非之前发生的任何事情所能相比。但是，驱使探险的动力源于13世纪泛亚欧商业全盛期内东西方交往不断加强的那个早期阶段。希望《大转型：中世纪晚期的气候、疾病、社会与现代世界的形成》中文版的面世能提醒中国读者注意到西方在那个关键节点上所获得的成就，并期待将其与东方相应的情况进行更为深入的比较。

布鲁斯·M. S.坎贝尔
2018年1月

前言与致谢

回顾往昔，这本书标志着一段学术之旅的结束。启程之时，我16岁，在里克曼斯沃思文法学校副校长和地理科主任斯托先生的建议下，那时的我选择学习地理学、经济学和统计基础数学的高级课程。这个漫不经心做出的决定最终使本书聚焦于经济发展或广大地区内人们对经济进步的渴望，关注社会-生态变迁的关键要素——气候和疾病，倚重对关键变量和发展的量化分析和图解表达。在20世纪60年代，区域地理学是地理学课程的核心组成部分。在开始相关国家或地区的人文地理学的考察之前，人们总是先研究物质环境。这是因为，不言而喻，气温、降水、土壤、地形、植被和生态决定了人们生活的地点、可以获取的自然资源、谋生方式、运输的方式和路径，以及可能会遭受的物理和生物危害等要素。环境史也有同样的前提。

将自然列为历史变迁的"主人公"之一，会招致被扣上"环境决定论"帽子的危险。在利物浦大学地理系，我了解了埃尔斯沃思·亨廷顿的"环境决定论"，但被警告说，这是必须避开的理论。不过，我认识到，由于人们会做出选择，并创造了制度和技术，因此环境条件只是强烈地影响而不是简单地决定人类的命运。自然和社会之间的那些重要互动，无论是直接的还是间接的，无论是积极的还是消极的，均被视为不言自明，正如认为自然变迁与人类社会变迁并行且值得研究的理念一样。对我们而言，在一个囊括从单一领域到整个世界的嵌套层级结构中，相对年轻的生态学也许是分析、解释和理解环境与人类之间互动关系的最有效和最完整的理论框架。我一直向往这种整体方法，它可以容纳和解释更多样的变量和内在关系，这不是新古典主义经济学、制度经济学或马克思主义经济学所能比拟的。此外，我在校园的学习过程中，如果没有被要求广泛阅读自然地理学相关分支学科书籍的话，我很难用快速发展的古气候学和瘟疫生物学的现代科学文献为本书提供尽可能多的借鉴。多年之后，那时看起来既枯燥又绝对充满了挑战的事情，使我受益良多。因此，在本书中，我其实是回到了自己学术上的原点。

　　20世纪70年代初，我成了剑桥大学的一名研究生，在艾伦·贝克（Alan Baker）的指导下对中世纪晚期诺福克的三个庄园进行深入的个案研究。正是在那时，我第一次了解到1315—1322年欧洲大饥荒和1348—1349年黑死病对经济和人口造成的巨大影响。据我所知，任何将两种不兼容的灾难并置都不能令人信服，但当时马尔萨斯和马克思主义者关于中世纪经济史的经济决定论的解释方兴未艾。按照我之前的学术训练，将灾难作为突发性外部冲击忽视掉，对两个500年一遇的事件在短短一代人的时间里集中发生这样的情况不做进一步的研究，是绝对不能令人满意的。但是，在那时，人们还很难考察环境的维度，并对这些灾难的背景进行更细致的分析，因为相关的古生态学研究几乎还没有开始。尽管埃马纽埃尔·勒华拉杜里在自己的开创性著作《宴饮时代与饥荒时代》（*Times of Feast and Times of Famine*）中对此进行了强力提倡，但历史学家还是保守地忽略了气候的历史变化，因为对它了解太少。[1]该领域前沿的拓展直到具备以下条件才出现：当代人出于对"全球变暖"的焦虑而投入大量的科研基金，手提电脑的面世，万维网的到来，进

---

[1]　Le Roy Ladurie (1971).

而有了古生态学数据库，人们可以更便捷地存储、查找和访问不断增加的数据，这些数据来自树木年轮、冰芯、洞穴次生化学沉积物、湖泊纹泥、海洋沉积物和许多其他事物。此时，在美国国家海洋和大气管理局（NOAA）国家气候数据中心（NCDC）运营的网站已经证实了其不可估量的价值，并值得历史学家更深入地了解。[1]它要是在我开展研究和撰写博士学位论文之时就已经存在该有多好。

正是在研究生阶段，我开始从发现的材料中计算和收集粮食产量的证据，这些材料是13世纪中期到15世纪末的庄园账簿中真正的"金矿"。这项工作开始于诺福克，在1983—1984年得到英国经济与社会研究委员会（ESRC）一项个人研究基金的资助。1988—1994年，我与德里克·基恩（Derek Keene）、吉姆·加洛韦（Jim Galloway）和玛格丽特·墨菲（Margaret Murphy）合作进行的两个"供给城市项目"（Feeding the City Projects）得到利弗休姆信托基金会和英国经济与社会研究委员会的资助，由此将这项工作的对象扩展到离伦敦最近的10个郡。随后，2005—2007年，这项工作成为英国经济与社会研究委员会基金资助的项目，名为"粮食产量、环境条件和历史变迁，1270—1430年"。其他的资金支持来自英国国家学术院（British Academy），以及来自萨塞克斯考古学会（the Sussex Archaeological Society）的马加里基金（Margary Grant）。同时，安妮·德鲁里（Anne Drewery）、大卫·哈迪（David Hardy）、玛丽莲·利文斯通（Marilyn Livingstone）、克里斯托弗·威提克（Christopher Whittick）和伊莱恩·耶茨（Elaine Yeates）给研究提供了无价的协助。在诺福克和"供给城市项目"的10个郡的现有产量数据库的基础上，又加入了扬·蒂托（Jan Titow）和大卫·法默（David Farmer）关于温彻斯特主教区和威斯敏斯特修道院庄园的产量计算，还有来自战役修道院、坎特伯雷主教座堂小修院、格拉斯顿伯里修道院的庄园自营地的新数据，以

xviii

---

[1]　www.ncdc.noaa.gov/data-access/paleoclimatology-data.

及来自其他庄园的综合数据。其结果，关于单个庄园和全国总体水平的粮食产量数据，均列在www.cropyields.ac.uk上面，后文还会反复提及。

关于这个粮食产量项目的完整想法，源于我曾与女王大学树木年代学家迈克·贝利（Mike Baillie）进行的数次谈话，以及对树木年轮和粮食产量为过去的生长环境提供了补充性但差异性评价的认识。在英国经济与社会研究委员会最终提出资助建立一个配套的数据库（该数据库存储了英国长达225年粮食产量的数据）之前，向自然环境研究委员会提出的两个联合申请均未成功。上述结局证实，它们比我预期的更有趣。它们凸显了天气条件对农业产量的重要影响，并将1256—1257年、1292—1295年、1315—1316年、1436—1437年的严重歉收与1325—1327年、1376—1378年、1386—1388年的大丰收置于一个更加清晰的环境背景中。尤其令人震惊的是来自粮食产量与橡树年轮的证据，以及一批来自全世界的其他树木年轮和显示14世纪40年代末经历了一个重要的发展低迷期的证据。当时，黑死病正在对西亚、北非和欧洲的人口造成破坏性影响。极端气候、生态压力和瘟疫的暴发与传播之间呈现出明显关联，这在历史上尚属首次。同样清楚的是，欧洲大饥荒和黑死病都起源于一个气候高度不稳定时期。它为关于一个众所周知且相当有争议的时期的讨论提出了一个全新的视角。迈克·贝利在自己颇具争议的小书《黑死病新说》（*New light on the Black Death*）中表达了对这个复杂时期的看法，该书思想横溢、证据丰满，为我的研究提供了好几种可以深入的新方向。如果没有与迈克·贝利的收获颇丰的谈话，如果没有他不断向我讲解树木年轮学知识，本书是不可能以当前的方式写出来的。

在粮食产量项目进行过程中，我与史蒂夫·布劳德伯里（Steve Broadberry）、马克·奥弗顿（Mark Overton）、亚历克斯·克莱茵（Alex Klein）、巴斯·范莱文（Bas van Leeuwen）承担了另一个雄心勃勃的合作项目，这一项目试图重建1270—1700年英格兰和1700—1870年不列颠的国民收入。该项目开始于2007年，并获得利弗休姆基金会的资助，2014年3月，《1270—1870年英国经济发展》手稿最终完成并被提交给剑桥大学出版社。我从这个项目中受益良多，本书也对此多次提及，因为它提供了关于人口、农业、工业和服务业产出，国内生产总值和人均国内生产总值的数量估算，这比迄今已有的任何估算都要全面。不仅如此，通过参与史蒂夫·布劳德伯里和凯文·奥罗克（Kevin O'Rourke）召集的数次会议，以及由欧盟委员会第七框架计划（European Commission's 7th Framework Programme for Research，项目编号：SSH7-CT-2008-225342）资助的"历史发展模式"（Historical patterns of development, HI-POD）工程，我更加熟悉了保罗·马拉尼马（Paolo Malanima）、莱安德罗·普拉多斯·德·拉·埃斯科苏拉（Leandro Prados de la Escosura）、扬·卢滕·范赞登（Jan Luiten van Zanden）和其他国民收入历史数据的研究人员（他们所有人都非常无私地分享数据）的工作。他们的估算使我能够将文献保存相当完好的英格兰中世纪晚期的经济发展置于更广阔的比较背景中。约翰·蒙罗（John Munro）关于佛兰德斯纺织工业的内容丰富的论著使我能够将佛兰德斯列入讨论对象，我同作者曾进行过数次有启发性的谈话，不幸的是，他在该书完成之前去世了。从他那里，还有后来的拉里·爱泼斯坦（Larry Epstein），我还借鉴了关于14世纪初战争、交易成本上升和商业衰退之间的关系的论述。作为一名货币论者，我相信，约翰会赞成本书第五部分强调将金银稀缺作为造成黑死病之后持久的经济和商业衰退的一个因素。

　　其间，2004年，在教授中世纪和近代早期英格兰和爱尔兰经济史16年之后，我加入了贝尔法斯特女王大学新成立的地理、考古和古生态学院，在那里，我开了一门毕业年课程，名为《危险、人类与历史：上一个千年中人与环境的互动》。这门课非常受欢迎。根据英格兰和爱尔兰的资料，这门课程着手探讨过去1000年中，环境风险和危害对人口、社会和经济的影响与冲击。我们有必要将注意力投向极端事件和

xx

人类环境关系中较小的变化，前者指的是饥荒、兽疫、瘟疫和其他灾难（总是在研究者中引起震动），后者则如生长条件和人类患病率方面的变化。参加这门课的人被要求思考，为什么在面对自然危害时，有些社会无比脆弱，而另一些社会却更具韧性。这门课程的内容和方法既见于我提交给剑桥大学出版社最初的出版计划中（这本书当时拟定名为《危机剖析：1290—1377年的不列颠与爱尔兰》），也使我同时成功地申请到了德国柏林高等研究院（Wissenschaftskolleg zu Berlin，即著名的 Wiko）成员资格。当然，这些事项的时间安排意味着，如果"英国国民收入项目"超出预期，那么我将有两本书大约同时提交给剑桥大学出版社（一本是合著，另一本是独著）。这使两本书都延迟交稿，但好处是，两本书在紧密关联中互相受益。

2010 年 10 月，在德国柏林高等研究院提供的近乎完美的工作环境中，《大转型：中世纪晚期的气候、疾病、社会与现代世界的形成》的写作才真正开始。感谢格雷戈里·克拉克（Gregory Clark）的提名、院长和主管委员会的选择与科学院的资助。在这里，由于身处一个跨学科和学院式的环境中，并得到了一流图书馆的支持，我发现了 NOAA 的网站，开始认识到 1270—1420 年的气候重组发生在全球范围内，由此我开始重新设计最初仅考察英格兰的狭窄论著计划。几乎是立刻，在 2010 年 10 月，这项工作获得了进一步的动力，那就是亨施和其他学者发表的突破性论文证实，鼠疫耶尔森菌是导致黑死病的病原体。情况很快明了，我需要接触快速发展的生物学研究领域，在该领域内，来自马赛与美因茨的两支鼠疫研究团队（来自美因茨的团队目前在奥斯陆）正在竞相赶超。对我这个经济史学者而言，这意味着要涉足一个完全陌生的学术领域。在德国柏林高等研究院，我得到了生物学家贾尼斯·安东诺维奇（Janis Antonovics）和迈克·布茨（Mike Boots）的帮助和鼓励。最近，一支生气勃勃的团队提供的评论和指引帮助我及时了解到最新进展，这个团队成员都是具有生物学意识的中世纪史专家和疾病史学家，领衔者是米歇尔·齐格勒（Michelle Ziegler）、莫

妮卡·格林（Monica Green）和安妮·卡迈克尔（Ann Carmichael）。我　xxi
特别感谢安妮·卡迈克尔，她曾对关于黑死病的那些篇章的初稿提出
过独到和建设性的意见。当然，书中的所有观点皆由我个人负责。

2013年9月，在理查德·霍伊尔（Richard Hoyle）召集于雷丁大学
的一次有关鼠疫的研讨会上，我特别荣幸地聆听到一位出色的DNA研
究者芭芭拉·布拉曼蒂（Barbara Bramanti）的报告，并与之交谈，她
带领着美因茨的鼠疫研究团队，这个目前已经迁至奥斯陆的团队正在
对全部（三次）鼠疫大流行进行彻底追溯。[1]挪威瘟疫史研究领域的佼
佼者奥勒·本尼迪克托（Ole Benedictow）也出席了那次会议，并友好
地对我的论文做出了许多有益的回应。尽管我没有留心他的全部建议，
但他的帮助使我避免提出更多不被当前证据支持的论断。他的观点出
自仔细阅读印度瘟疫委员会的系列报告和关于第三次流行性鼠疫的大
量医学文献，也提醒我们，关于黑死病的几乎所有方面——它的地理
起源、激活、宿主和病媒生物、传递和扩散机制，及病死率——都尚
存争议。对任何严谨的历史学家而言，这都不是一个能够做出教条式
论断的课题。

在一个新数据集和论文激增的领域，学者们更倾向于优先搜集数
据和追踪最新出版物，而不是专注于分析、综合和论述，因为很难抗
拒新信息的诱惑。因此，学术会议和研讨会的邀约价值非常，它们推
动着我理解正在搜集的资料的意思，并提供了检验学界对这些材料的
反应的机会。参加下述研讨、工作坊和会议对我的思考和理解产生了
重要影响：2010年梅隆基金会索耶研讨班系列——"危机，何种危机？
比较视角下的崩溃和黑暗年代"，2010年5月在剑桥召开；"历史气候
学：过去与未来"，2011年9月于巴黎的德国历史研究所召开；"气候

---

[1]　欧洲研究委员会（ERC）项目："MedPlag: The medieval plagues: ecology, transmission modalities and routes of the infections"，奥斯陆大学生态与进化综合研究中心，科学研讨会，"The past plague pandemics (Justinian, Black Death, Third) in light of modern molecular life science insights"，Oslo, 19–20 November 2014: http://english.dnva.no/kalender/vis.html?tid=63069。

变化与大历史"，2013年美国历史学会在新奥尔良举行的一次座谈会中的一个小组会议（后续的讲座和研讨班演讲是在俄亥俄州哥伦布市和宾夕法尼亚州匹兹堡市举办的）；"千年中最冷的十年？史波勒极小期，15世纪30年代的气候，及其经济、社会和文化影响"，2014年12月在伯尔尼大学历史研究所召开；还有"小冰期（1300—1800年）的饥荒：前近代社会中社会-自然的互动"，于2015年2月在比勒费尔德大学跨学科研究中心召开。感谢约翰·哈彻（John Hatcher）、弗兰茨·毛尔斯哈根（Franz Mauelshagen）、格雷戈里·奎奈（Gregory Quenet）、约翰·布鲁克（John Brooke）、帕特里克·曼宁（Patrick Manning）、尚塔尔·卡梅尼施（Chantal Camenisch）和多米尼克·科莱特（Dominik Collet）邀请我在这些会议上发言，也感谢其他的与会者提出启发性的意见。同样感谢贝恩纳德·赫尔曼（Bernd Herrmann）、迈克尔·诺斯（Michael North）、马蒂厄·阿尔努（Mathieu Arnoux）、鲍勃·艾伦（Bob Allen）、约翰·沃茨（John Watts）、保罗·斯莱克（Paul Slack）、尼格利·哈特（Negley Harte）和莱安德罗·普拉多斯·德·拉·埃斯科苏拉邀请我在哥廷根大学、格赖夫斯瓦尔德大学（Greifswald）、巴黎第七大学、牛津大学、伦敦大学历史研究所和马德里的拉蒙·阿雷塞斯基金会（the Fundación Ramón Areces, Madrid）提交论文。

2009年4月，普拉托的达蒂尼研究所（Datini Institute at Prato）将第41研究周的主题定为"13—18世纪欧洲前工业时代的经济与生物学互动"，当时我是该研究所委员会成员之一。维姆·布劳克曼斯（Wim Blockmans）灵活地主持了这次开拓性的会议，它正好显露出有些历史学家是如何不情愿离开他们眼中的捷径。因此，能听到贝恩纳德·赫尔曼与理查德·霍夫曼（Richard Hoffmann）强有力又令人信服地倡导将环境方法应用于历史研究是非常令人兴奋的。霍夫曼杰出的导论性著作《中世纪欧洲环境史》的出版正好可以为我在修订本书的最后阶段提供帮助。在我的书桌上，摆着不久前出版的约翰·布鲁克（John Brooke）的《艰难的旅程》（*A Rough Journey*）和杰弗里·帕克

（Geoffrey Parker）的《全球危机》（*Global Crisis*），它们提醒并激励我继续前进，并对早期全球危机提出我自己的不同看法。令人欣慰的是，这个时代，环境史的研究和书写均已成熟，而两本在我心中酝酿许久的书，恰恰契合了这个时代。

我受邀在剑桥大学做2012/2013年艾伦·麦克阿瑟讲座（提交于2013年2月：播客信息见www.econsoc.hist.cam.ac.uk/podcasts.html），这促使我将已搜集的大量历史、古气候和生物学证据汇总并进行综合分析，而当时这些材料几乎让我崩溃。撰写这四份讲稿也为我整合关于环境和人的叙事提供了更合理的结构。考虑到之前艾伦·麦克阿瑟讲座的学术高度，提交这些讲稿本身就是一件令人生畏的事情。在米尔巷讲堂（the Mill Lane lecture theatre），我得到了克里斯·布里格斯（Chris Briggs）和利·肖-泰勒（Leigh Shaw-Taylor）的真诚帮助，在圣三一学院，我得到了马丁和克莱尔·达恩顿（Martin and Claire Daunton）的温馨招待。接下来，我又得到了大卫·阿布拉菲亚（David Abulafia）、艾伦·贝克、朱迪丝·贝内特（Judith Bennett）、约翰·哈彻和理查德·史密斯（Richard Smith）的款待、鼓励和反馈。为不同媒介的讲座所用演示文稿修订讲稿用去了我两年半中的大部分时间（包括为完成《1270—1870年英国经济发展》而暂停的时间）。在进入文本探讨之前观看播客的读者们将发现，当前的文本大大地扩展、更新和修订了那些讲稿。读者们也会发现，播客为本书提供了最有效的介绍。

所有学者都站在他人的肩上。我敬畏一代又一代历史学家的耐心，他们不遗余力地从档案中抽取系统性的信息；我也惊叹于科学家的灵巧和坚韧，他们从最意想不到和棘手的资料中提取有用信息，包括储藏在海洋大陆架上的藻类和遗骨的牙髓。本书的脚注清楚地证实，我受惠于大量独立和在团队中工作的研究者。我要特别感谢那些将自己搜集的数据发布在网上，以及那些允许自己发表在期刊上的文章被公开获取的学者。在历史学著作中，珍妮特·阿布-卢格霍德的《欧洲霸权之前》（*Before European Hegemony*）一书跨越了传统的历史学边界和年表，对我是一个特别的启发。弗兰克·勒德洛（Frank Ludlow）阅读了大部分文本，并做出了评论，他还鼓励我追踪关于基洛托阿火山和库瓦火山爆发的时间表。其他或是与我分享思路和资料，或是提供帮助的人还包括：马丁·艾伦、洛兰·巴里（Lorraine Barry）、肯·巴特利（Ken Bartley）、史蒂夫·布劳德伯里、约翰·布鲁克、扬·埃斯珀（Jan Esper）、巴斯·范莱文、司格特·莱维（Scott Levi）、马瑞林·利文斯通（Marilyn Livingstone）、蒂姆·纽菲尔德（Tim Newfield）、科马克·奥·格拉达（Cormac Ó Gráda）、理查德·奥拉姆（Richard Oram）、特里·平卡德（Terry Pinkard）、拉里·普斯（Larry Poos）、莱安德罗·普拉多斯·德·拉·埃斯科苏拉、大卫·莱赫（David Reher）、史蒂夫·里格比（Steve Rigly）、本·萨德（Ben Sadd）、菲利普·斯莱文（Philip Slavin）、雅各布·韦斯多夫（Jacob Weisdorf）和徐婷（Ting Xu）。吉尔·亚历山大（Gill Alexander）与我共事已经40余年，她一以贯之地精准绘制了插图1.2、2.8、2.14、3.19、3.22、3.25、3.27、4.9和4.10，其后按照出版社的要求将所有其他插图转换为印刷格式。在剑桥大学出版社，迈克尔·沃森（Michael Watson）适时地发送提醒邮件来激发我的责任心，然后极有耐心地等待完稿。理查德·霍夫曼是一个精心挑选的匿名审稿人，他阅读了全部书稿，在凸显本书重点和润色行文方面，他那智慧而富有建设性的意见对我帮助甚大。因他的建议，还有肯·莫克塞姆（Ken Moxham）的敏锐的文本编辑，我才得以将更优质的版本呈现给读者。我与之共事的是一家杰出的出版社，它的团队非常优秀地完成了工作。

　　2010年9月，要不是我翻修多尼戈尔公司在马尔罗伊庄园的废旧代理人房屋，并随之在饱受风吹和废弃许久的崖顶花园里重新栽种植物，本书可能会更快出版。幸运的是，2012年2月，我为之工作超过38年的贝尔法斯特女王大学向我提供了一份提前退休"大礼包"，这使我有时间兼顾打理花园和写作。在写作本书的最后阶段，在居所的一层，我越过新近架桥的马尔罗伊湾的狭窄海峡俯瞰每天两次的潮起潮落。正是在这里，我敲定了本书的最后框架，撰写全书，并进行了重写或修改。随着完成本书的压力在增加，马丁·迈克格罗迪（Martin McGroddy）、肖恩·博伊斯（Shaun Boyce）和威利·考德威尔（Willie Caldwell）成功地接手打理和保养花园的活儿，因此使我可以抽身在家里将文字敲进电脑，尽管在很多天里，多尼戈尔的蓝色天空、清新的空气和波光粼粼的大海让我渴望能与他们交换工作。戴安娜的挚爱陪伴使我在敲键盘的漫长时间里不再孤单。最近，桑普森和弗莱雅一口咬定，我偶尔需要休息一下，给他们和我自己一些新鲜空气，锻炼一下。对于完成本书来讲，这究竟是帮助还是阻碍，我不是很肯定。

在马尔罗伊，大西洋潮汐汹涌澎湃的涨落、在海洋性气候的温暖和北极苦寒之间交替的冬季、连续阴雨的光顾、七级以上甚至有时是飓风级的狂风、抑制不住的杂草丛生、紫菀的侵袭式生长、从短暂的冬季日照到短暂的夏季夜晚之间的季节性转换，都在不断地昭示着自然力不受任何约束，有时甚至是冷酷无情。回到贝尔法斯特，旗帜、游行和抗议证实了人类在其他领域的坚定追求，其中一些最不可调和的矛盾在帕克的17世纪"全球危机"之时已经开始出现在亚欧大陆这个遥远的西北角。在这里，爱尔兰北部，正如在其他为数不多的地方一样，自然和文化冲突并共存。在其他地方只能意会的事情，在此地却毋庸讳言。我希望，本书就是如此。

马尔罗伊，2015年6月7日

缩 写

ACA   Arid Central Asia   干旱中亚

aDNA   ancient deoxyribonucleic acid   古代脱氧核糖核酸

DSI   Drought Severity Index   干旱强度指数

ENSO   El Niño-Southern Oscillation   厄尔尼诺-南方涛动

GDP   gross domestic product   国内生产总值

LIA   Little Ice Age   小冰期

MCA   Medieval Climate Anomaly   中世纪气候异常期

NAO   North Atlantic Oscillation   北大西洋涛动

Poly.   Polynomial   多项式

SNPs   single nucleotide polymorphisms   单核苷酸多态性

TSI   Total Solar Irradiance   太阳总辐照度

VEI   Volcanic Explosivity Index (range 1–8)   火山爆发指数 (范围：1—8)

1

中世纪晚期自然与社会的互动

大转型的时间跨度是从13世纪末到15世纪末。它结束了欧洲扩张、文化繁荣和泛亚欧商业一体化的长时段，并确定了下一次最终腾飞的基线。环境与人为因素的独特关联引发了大转型，进而塑造和决定了它的进程。这些因素，一方面是全球气候变化和致命的牲畜与人类瘟疫的再次肆虐，另一方面是持续的战争、商业衰退、经济萧条、通货短缺和旧世界人口的大规模萎缩。现在，这些变化在生态和地理上的完整影响范围正逐渐浮现，这得益于对过往气候的深入科学研究、对鼠疫耶尔森菌基因组的生物学解码、对黑死病受难者的aDNA分析应用、全球史作为重要的科研领域的出现，以及对历史国民收入分析向14世纪和15世纪的扩展。对13世纪70年代到15世纪70年代历史轨迹的改变，学界已经做出许多尝试进行描述和解释，但这是第一次利用新的视角、第一次完整地聚焦于物理和生物过程与发展的作用来进行阐释。[1]要做到这一点，就需要扩大研究范围，其中囊括了拉丁基督教世界、整个亚欧大陆，在涉及气候时，北半球也将被纳入讨论范围，偶尔还要放眼全世界。

在大转型之前的很长一段时间里，在西欧和东亚，有利的气候条

---

[1] 对相关历史书写的评论，见 Hybel (1989)；Hatcher and Bailey (2001)。对这次转型几乎是排他性的人类中心论的解释，见 Aston and Philpin (1985)。环境研究视角，见 Hoffmann (2014), 342–351。

件、相对较少的重大疾病侵害、技术进步和大量制度创新促进了人口和经济产出的持续增长。拉丁基督教世界在西方复兴的同时，东亚的宋朝，东南亚的占婆、大越、吴哥和蒲甘，以及南印度的朱罗帝国在东方兴起。[1]它们都经历了一个国内外贸易的繁荣期，并从贸易创造的不断增加的市场专业化的机会中获益。这个时代最伟大的成就之一是持续性的发展和上述独立贸易圈的扩大。据珍妮特·阿布-卢格霍德的研究，最后它们拼接成了一个完整的世界贸易体系，将东方与西方的商业关联起来。[2]正是在此时，欧洲精英开始渴望东方的香料、丝绸和陶瓷，而购买这些则是由欧洲银矿的高产来保证的。这些变化是第二部分的主题（《勃兴：有利的环境和拉丁基督教世界的崛起》），它们对理解随后发生的变迁至关重要，因为这个时代的繁荣所赖以建立的环境和社会基础已经改变和瓦解了。从长远来看，这个时代的扩张和繁荣是否可持续仍然有待商榷，但毋庸置疑的是，它有力地塑造和影响了后来的衰退。[3]

十三世纪六七十年代，预示着转型即将来临的最初迹象逐渐明显。从那时到14世纪40年代构成了大转型的第一阶段（第三部分《摇摆的平衡：在气候日益不稳定和病原体重现时代，经济脆弱性日益加剧》），气候、生物、军事和商业等开始发展，由此，一次重大的社会-生态体系转变将准时出现。关键的转型发生在14世纪40年代到70年代，这是大转型的第二个，也是最剧烈的阶段（第四部分《临界点：战争、气候变化和瘟疫打破平衡》）。在这个短暂的转折期，环境和人类生存条件都发生了深刻和不可逆转的变化。在接下来的百余年间，在大转型的第三个，也是最后一个阶段（第五部分《衰落：不利的环境与中世纪晚期拉丁基督教世界的人口和经济萎靡》），社会-生态过程开始自

---

[1] Lieberman (2009), 687–689; Lieberman and Buckley (2012), 1053–1068; Tana (2014), 324–332; Abu-Lughod (1989), 263.
[2] Abu-Lughod (1989).
[3] 支持某种形式的危机不可避免的论据，见 Aston and Philpin (1985).

行运转，直到15世纪最后25年，最终触及转折点。那时，在环境和商业出现重大改变的条件下，在世界扩大并被重新定义的背景中，经济和人口开始更新和再次增长。正如在1.02部分概述的那样，这最终导致东西方大分流的发生：东方是商业化程度和技术相对先进但停滞不前的旧式经济；西方是复苏的、进行侵略性竞争的海洋经济。[1]

　　在考察自然与社会互动这个大转型的标志性特点（1.03部分），以及如何根据现有证据的性质最清晰地分析和描述它等实际问题（1.04部分）之前，有必要对大转型三个阶段的所有重要特征都进行概述。随着对事件描述的展开，很明显，任何发生的事件都不是注定要发生的。在任何既定的节点，都有可能出现几种不同的结果，具体出现哪种结果则有赖于人类和环境力量的精确配置。因此，偶然性发挥着重要作用，自然和人类社会进程偶然的同频共振也是如此。大转型的独特性是如此之多，因此，结语（《理论、偶然、契合与大转型》）将指出，在几乎所有重要方面，大转型都是一个内在的历史现象。

1.01　大转型：大致年表

1.01.1　13世纪60/70年代—14世纪30年代：大转型启动

　　在13世纪最后数十年，"沃尔夫极小期"（Wolf Solar Minimum）开始之前，相对高水平的太阳辐照度已经在全球，特别是北半球维持了超出平均水平的气温（见图1.1A），并相应地维持了跨越南北两个半球的稳定的大气环流模式。[2]这是中世纪气候异常期最后的延伸阶段。它的主要特征在1250年左右已有充分表现，图1.1B和1.1C对此进行了总结。美洲西部趋向于大干旱的干燥条件，以及遍布南亚的季风降雨，

---

[1]　彭慕兰（2000年）发明了"大分流"这个词，用来描述领先的亚洲经济被欧洲经济赶超的分界点。
[2]　Delaygue and Bard (2010a); Vieira and others (2011); below, Section 2.02.

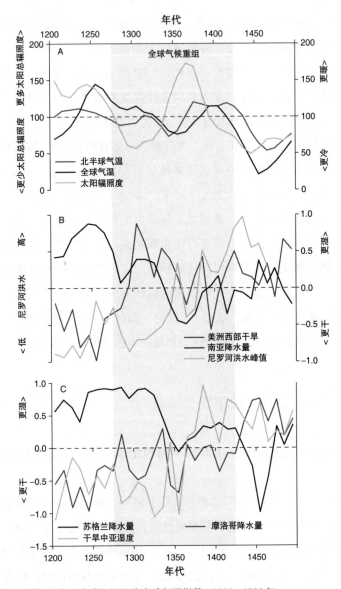

图 1.1A 太阳辐照度、全球气温和北半球气温指数，1200—1500 年
图 1.1B 美洲西部和南亚的降水指数，与尼罗河洪水的峰值，1200—1500 年
图 1.1C 苏格兰和摩洛哥的降水指数，干旱中亚的湿度水平，1200—1500 年

资料来源：（A）Delaygue and Bard（2010b）；Vieira and others（2011）；Loehle and McCulloch（2008）；Mann and others（2008）：100=1250—1450 年间的平均值（B）Cook and others（2004c）；Rein and others（2004）；Rad and others（1999）；Berkelhammer and others（2010b）；Zhang and others（2008）；Wang and others（2006）；Popper（1951），221-223（C）Proctor and others（2002b）；Esper and others（2009）；Chen and others（2012）

可以确定这些都是太平洋上厄尔尼诺-南方涛动的强烈信号。[1]相较于东非，印度和巴基斯坦更受益于印度洋上的季风环流，其结果是季风滋养的开罗尼罗河的洪水流量远低于潜在最大值。印度洋、太平洋和北大西洋之间的远距离遥相关使北大西洋涛动保持了一个同样正值的模式。[2]强烈的西向气流使欧洲西北部的冬季温和而湿润，苏格兰西部经常性的强降雨就是例证，而欧洲地中海和北非大部分地区的降水水平则因此较低（见图1.1 C）。[3]这些南部地区的冬季降水较少，意味着干旱中亚地区上空的西向气流同样难以形成降水，结果是亚欧大陆内部始终处于封闭的永久干旱状态，最严重的情况出现在12世纪90年代和13世纪初。[4]降水上的边际差异对这片广阔的干旱地区造成的潜在生态影响很大，而那些在大转型中将发挥重要作用的人类和生物学结果则更为多样。[5]

正是从13世纪70年代开始，由于太阳辐照度减弱，全球和北半球温度下降（见图1.1A），持续了很久的大气环流模式开始改变。那时，当东太平洋的海水和空气由冷变暖，厄尔尼诺现象出现的频率开始增加。相应地，美洲西部的降水水平上升，其顶点是约1300年的大涝。[6]此后，尽管干旱周期性地出现，但再也没有出现如13世纪50年代那样的极端干旱。[7]与此同时，南亚的季风开始减弱（见图1.1B），紧接着，印度的第一次系统性季风失效出现在13世纪80年代。[8]随后，北大西洋涛动在稍稍延迟后开始减弱。自14世纪20年代起，苏格兰的降雨量开始减少，欧洲北部开始经历若干年明显的极寒冬季，当时极地高压

---

[1] Cook and others (2004c); Rein and others (2004); below, Section 2.02.1.

[2] "远距离遥相关" 是 "一个贯穿广大地理区域的反复出现的、持久的、大规模气压和循环异常模式"：美国国家气象局，天气预报中心：http://www.cpc.ncep.noaa.gov/ data/teledoc/teleintro.shtml. Below, Section 2.02.2.

[3] Proctor and others (2002a).

[4] Chen and others (2010); below, Sections 3.03.1b and 4.02.2.

[5] Below, Sections 3.03.1b and 4.02.2.

[6] Below, Section 3.02; Magilligan and Goldstein (2001); Mohtadi and others (2007), 1062–1063.

[7] Rein and others (2004); Cook and others (2004c).

[8] Cook and others (2004b).

向南扩散，大西洋气旋路径向南偏移。[1]后者为欧洲南部和北非带来了一次次更为潮湿的天气，一股较湿润的西向气流渗入干旱中亚，因此，这里的湿度开始断断续续上升（见图1.1 C）。[2]原来的环流模式几乎在所有地区都变得不稳定，正因如此，极端天气和连续的严重歉收，才引起了蹂躏亚欧大陆的经济浩劫。[3]

正如极端天气会严重影响农本经济一样，疾病也有可能造成更大损害。例如，1279年，英格兰的羊群遭遇羊疥癣的侵扰，这使英格兰的羊毛产量减半，而当时的英格兰是欧洲上等羊毛的头号生产国。[4]羊疥癣的致病性病原微生物是寄生虫"羊痒螨"（Psoroptes ovis），它寄居在羊的皮肤上，其排泄物在畜群中引起急性或慢性过敏性皮炎。在1279年的畜疫中，许多被感染的羊死亡或被屠宰，使羊毛产量骤降，而羊毛如此劣质导致其单位价格暴跌。[5]对整个经济而言，全国羊毛产量大幅减少的影响范围是广泛的：农业收入减少，羊毛短缺抑制了英格兰纺织品产量，出口收入萎缩，人均GDP受到直接打击，依赖英格兰上等羊毛的海外布料生产商急需这一至关重要的原材料，佛兰德斯的产业工人因此发生暴动。[6]

英格兰羊毛生产的商业专业化，全国羊群的庞大规模，以及羊群、羊绒与羊毛联动的地理范围，使全国有1 500万只羊面临被感染的风险，但在最初阶段，羊痒螨难以被觉察，也很容易传播。实际上，商业流通使一种经媒介传播的绵羊传染病升级为全国性的农业灾难。在随后的数十年里，商业交换，加上高密度的牛群和人口，同样助长了牛瘟和人类瘟疫的传播，而人类瘟疫的影响在整个欧洲持续了数个世纪之久。

---

[1]　Proctor and others (2002a); Trouet and others (2009a); below, Section 3.02.

[2]　Below, Section 2.02.3.

[3]　Below, Section 3.02; Figures 3.3 and 3.8B.

[4]　羊的数量减少了近30%，羊毛重量下降了20%—25%: below, Figure 3.4. Lloyd (1977), 63; Stephenson (1988), 372–373, 381, 385。

[5]　Below, Figure 3.4.

[6]　Broadberry and others (2015), 206–207, 227; below, Section 3.01.2.

　　上一次牛的传染病（牛瘟）曾在10世纪中叶对欧洲的牲畜饲养者构成严重威胁。[1]300多年来，农民明显已经不再惧怕这种最致命和最具传染性的病毒性感染。但是，在13世纪90年代和14世纪第一个十年初期，亚欧大陆内部被蒙古人打通，横向联系随之增加，东欧和中欧的编年史学家再次开始记录牛的高死亡率，尽管起因尚不清楚。[2]此后，在1316—1321年，由于极端天气和严重的生态压力，牛瘟在波希米亚暴发，随后迅速向西传播，对整个欧洲北部的畜群和至关重要的耕牛造成了毁灭性影响，其波及范围远至大西洋沿岸农牧业混合的爱尔兰。[3]在亚欧大陆内部的本地牛群中，一种长期保持休眠状态的地方性兽疫（enzootic），在生态压力和商业交换的共同作用下，已经被放大为一种迅速传播的致命性动物大流行病，远在西方的没有免疫力的牲畜对此毫无抵抗力。[4]

　　与此同时，微生物学家和遗传学家已经推断，1268年之后的某个时间，鼠疫耶尔森菌，也就是腺鼠疫的病原体，在其位于中亚的疫源区已经进入了一个更加活跃的阶段。[5]看起来，鼠疫突然从一种地方性兽疫发展到动物流行病（epizootic）状态，其标志似乎是新分支的繁殖，这被称为生物学的"宇宙大爆炸"。[6]生物学家相信，这些扩散曾发生在半干旱的青藏高原，长期以来，那里的畜疫是流行于该区域穴居沙鼠和旱獭的地方性兽疫。[7]部分原因可能在于营养级联发生变化，其刺激源自从西部来的潮湿气流影响了植被生长、森林啮齿动物数量，以及它们携带的寄生跳蚤和病原体。一旦商业流量增大，活动升级，那么，运输商队就沿着穿越这片疫源地的贸易之路，将病原体及其昆虫媒介沿着中亚商路向西甚至更远地传播到森林啮齿动物群落中，直

8

[1]　809—810年暴发的牛的传染病，可能就是牛瘟，出现在从奥地利到英格兰北部和爱尔兰的十余份现存编年史记录中：Newfield (2012)。关于939—942年的牛瘟见 Newfield (2012)。

[2]　Below, Figures 3.25, 3.29 and 3.30 and Section 3.03.1b; McNeill (1977), 134; Abu-Lughod (1989), 154–184.

[3]　Newfield (2009); below, Figure 3.25.

[4]　Spinage (2003), 51; below, Section 3.03.1b.

[5]　Bos and others (2011), 509; Cui and others (2013), 579–580; below, Section 4.04.

[6]　Cui and others (2013).

[7]　Below, Section 3.03.2c.

到1338年抵达吉尔吉斯斯坦的伊塞克湖，这已经是亚欧大草原的最东端，那里的草地几乎毫无中断地向西延伸到"匈牙利大平原"。[1] 正是在这里，它开始交叉感染，作为一种人畜共患病（zoonotic）造成了人类的大规模死亡。但是，瘟疫的破坏潜力尚未全部显现，直到它越过里海盆地，抵达金帐汗国的领地，然后摧残热那亚人控制下的繁忙的卡法、佩拉和特拉布宗等黑海港口，以及它们连接的贯穿地中海内外的众多海上路线。[2]

随着鼠疫沿着横穿亚欧内陆的商路以某种方式悄然传播，其他连接东西方的更为重要的商业联系开始中断。蒙古和马穆鲁克在中东的征服（始于1258年洗劫巴格达，终于1291年阿卡城陷落）开启了破坏和阻断贸易往来的过程。这条贸易线曾经是跨越叙利亚连接波斯湾和地中海东部的繁忙商路。[3] 十字军国家的覆灭使意大利的热那亚和威尼斯共和政体丧失了此前的商业特权；教皇对仍在进行的与穆斯林的贸易进行报复性禁运，进一步限制了曾经繁荣的意大利商业中心和广受追捧的东方奢侈品来源地。同时，卡利姆商人联盟（Kārimīs cartel of merchants）收紧了对经红海到地中海的印度香料贸易的控制，并对这些商品征收所能承受的最高关税。[4] 在这种情况下，不出意料，威尼斯，特别是热那亚，重新将注意力放在来自黑海的其他商业机会上，因为黑海是在蒙古帝国建立之后兴起的由北京经青海到达拔都萨莱和塔纳的泛亚洲商路的终点站，也是由波斯湾改道经波斯大不里士到特拉布宗贸易路线的终点站。[5] 不过，这并不能阻止亚欧贸易中本已居于劣势的欧洲面临的贸易失衡的情况进一步恶化，也没能使双方金银的流动互惠。当欧洲银矿的产量较高时，这种单边贸易尚可以维持，不过，一旦银产量下降（开始于14世纪30年代），这种情形便不可持续了。[6]

9

---

[1]　Below, Figure 4.9.

[2]　Below, Section 4.03.3 and Figure 4.9.

[3]　Abu-Lughod (1989); below, Section 2.05.1.

[4]　Munro (1991), 122.

[5]　Below, Section 3.01 and Figure 3.1.

[6]　Below, Section 3.01.

　　与此同时，意大利与欧洲北部的跨阿尔卑斯山贸易也遭受了严重挫折，这是由于法国国王对迄今中立的香槟集市运转进行了政治干预，而香槟是当时欧洲商业的北部枢纽。腓力四世（1268—1314在位）对意大利和佛兰德斯商人实施歧视性政策，使各个市场的贸易量开始下滑。[1]热那亚人的回应是，穿越直布罗陀海峡，发展他们新近与布鲁日建立的直接海上联系，并使用重装护卫舰队应对海盗船和柏柏尔海盗的威胁。不过，这样一来，运费提高了至少1/5。[2]抢劫、盗窃与欺凌成性的封建领主同样威胁着旧陆路上的商人，这使贸易风险更大、成本更高。对那些价值低、利润微薄的大宗贸易而言，交易成本的上升特别不利，它迫使制造者和商人转向那些能够承担这些成本的高价值商品。[3]这就解释了为什么佛兰德斯的制造商会用上等的毛纺品取代便宜又轻盈的新呢布。[4]由于北海和地中海贸易圈的问题频发，不出意料，从13世纪90年代开始，欧洲就进入了一个日益恶化的商业衰退之中，而且短时间内看不到恢复的前景。[5]

　　随着制造业和服务业的扩张停滞不前，只剩下农业部门来承受人口进一步增长的冲击。结果，乡村日益拥挤，其表现是土地细碎化，（地主）通过对土地进行再分割和转租以寻租，以及对许多贫瘠的土地的零星开垦。[6]上述做法进展越快，乡村的贫困家庭就越是成倍增加，无地者向城市迁徙的规模也就越大，而这又加剧了城市的贫困问题。[7]频繁发生的歉收加速了这些趋势，引发了一波悲惨的土地出售行为，这导致土地持有者的数量被无情缩减。[8]到14世纪初，2/5的英格兰家庭仅能够维持最低的生活水平。[9]除了食不果腹，这些在温饱线上挣扎的

10

[1]　Edwards and Ogilvie (2012); below, Figure 3.1.
[2]　Munro (1991), 124–130.
[3]　Munro (1991), 111–114, 133–138.
[4]　Below, Section 3.01.2; Munro (1991).
[5]　Below, Section 3.01.
[6]　Below, Section 3.01.3d.
[7]　Below, Sections 3.01.3b and 3.01.3d.
[8]　Below, Figures 3.16 and 3.18.
[9]　Below, Table 3.2 and Figure 3.10

家庭还不得不面对残酷的贸易萧条和歉收，而且，随着国际贸易衰退的加深、极端天气和兽疫出现得更加频繁、战争的成本更高，萧条和歉收的出现频率和严重程度都在不断增加。此前的繁荣已经让位于摇摆的平衡。

1.01.2 14世纪40—70年代：社会-生态系统的改变

14世纪40年代，之前隐约显现的环境与人的系列危机最终变成现实：全球气候重组加速并进入一个高度不稳定的阶段，战争升级并驱使国际商业和经济产出陷入更深层的衰退，鼠疫抵达黑海之滨，并在七年之内遍布欧洲贸易系统。三重危机凝聚成一场完美风暴，每一种危机又都混入和放大了其他危机的影响。正是这种复合事件的广度和深度，以及由此产生的后果，导致了从一种社会-生态系统到另一种社会-生态系统的突然改变。因此，14世纪40—70年代成为大转型的关键时期。

气候条件不稳定几乎在所有地方都非常明显，这是因为，60年以来的太阳辐照度的大幅减少形成累积效应，破坏了之前由高水平太阳辐照度维持的环流模式。全球变冷将北半球的气温降到了8个多世纪以来的最低水平（见图1.1A），这对海洋-大气相互作用、气压梯度、环流模式、风力和风向，当然还有生长条件，都产生了重要影响。它对树木正常生长的负面影响也很显著，其表现是，在1342—1354年，树木年轮宽度明显变窄，其中以1348年最为清晰。[1]这种年轮模式如此清晰地显现在许多独立的树木年轮年表中，并在两个半球同时出现，暗示了全球范围内气候强迫（climate forcing）的巨大力量。长期存在的环流模式陷入无序状态，使天气从一个极端摆动到另一个极端（见图

---

[1]　Below, Figure 4.2B.

1.1B和图1.1C），同时，作为小冰期标志的气候模式变化开始显现。[1]

　　在这些变动中，亚洲首当其冲，因为减弱的厄尔尼诺-南方涛动破 11
坏了南亚季风的强度和准时性（见图1.1B）。[2]北美洲和南美洲西部的干
旱可能有所缓解，但代价是整个南亚降水水平的趋同。因此，1342—
1346年，中国遭遇大旱灾，其严重程度是在中世纪气候异常期未曾出
现过的。[3]那里与亚洲其他地方一样严重依赖水稻种植，对这样的社会
而言，这是一场灾难。由于季风不止一次失效，而是连续几年失效，
它带来的打击就更大了。在一个气候遥相关的清晰案例中，由于季风
环流在南亚减弱、在东非增强，将更大的降雨带到埃塞俄比亚，并增
加了青尼罗河和阿特巴拉河的流量，它们一同引发了尼罗河每年的洪
水。1341/1342年，根据开罗老城的水位计，洪峰高度达到有记录以来
的唯一最高值。[4]在14世纪50年代，当时记录的洪水峰值进一步上升，
使之前700年间任何10年内的洪峰都相形见绌（见图1.1B）。[5]

　　1342年，欧洲也遭遇了极端天气，其形式是罕见的热那亚低压系
统转向北方，给中欧大部分地区带来了强夏季降雨，将河流水位提升
到前所未有的高度，并造成大量的土壤流失。[6]不久之后，风暴潮在北
海沿岸造成了大面积的洪水。[7]这应归因于北大西洋上空环流模式的重
组，这导致北大西洋涛动的急剧减弱（见图1.1B）。随着西风带从北
转向南，再折回，大量的降雨对收成造成毁灭性打击，首先是1346—
1347年欧洲南部受到冲击，然后是1349—1351年欧洲北部遭灾。[8]后

---

[1] Grove (2004); Wang and others (2005); Sinha and others (2011). 尽管持怀疑论者继续质疑, 特征更明显、温度更低的小冰期是否曾经出现过, 但他们忽略了重要的一点, 即该气候时代与此前中世纪气候异常期的区别在于更低的年平均气温, 而非大气环流模式: Kelly and Ó Gráda (2014); Brooke (2014), 380–384; Mann and others (2009)。

[2] Below, Figures 2.3 and 2.4 and Section 4.02.

[3] Lieberman (2009), 554–559; Brook (2010), 72; Sinha and others (2011); Lieberman and Buckley (2012), 1073; Tana (2014), 335.

[4] 641—1469 年, 尼罗河的洪峰高度可以从保存至今的位于开罗老城尼罗河三角洲顶端罗达岛水位计每年的测量记录中找到: Popper (1951)。1341/1342 年的其他极端事件, 见 Fraedrich and others (1997); Hoffmann (2014), 325–326。

[5] Below, Figure 5.3.

[6] Fraedrich and others (1997); Dotterweich (2008); Hoffmann (2014), 325–326.

[7] Britton (1937), 139–141; Bailey (1991), 189–194.

[8] Below, Figures 3.3 and 3.8B.

者的显著特征在于，它是中世纪英格兰档案中唯一的"连续三年歉收"（double back-to-back harvest failure）。[1]当时的人清楚地意识到，他们经历的天气不是那个季节该有的天气，而且变化多端。[2]他们无法理解的是，这是气候系统处于变化顶点时的征兆。在病原体复活、战争和商业衰退正对经济产出形成巨大张力的时期，这些变化将生态系统置于严重的压力之下，并对农业生产造成了危害。

　　到14世纪40年代，国际政治和军事形势日益恶化，严重地冲击了欧洲与亚洲的贸易。[3]意大利与那时已经伊斯兰化的伊尔汗国和金帐汗国的关系正迅速恶化，意大利人不得不放弃在波斯的大不里士和位于顿河河口的塔纳基地。1343年，一支蒙古军队包围了热那亚重要港口卡法。[4]敌对的伊尔汗国和金帐汗国之间的冲突使中国和黑海之间先前原本畅通的陆上商路也变得不再安全。1347年，埃及的马穆鲁克征服了奇里乞亚的小亚美尼亚王国，并威胁到波斯湾和地中海之间残存的唯一一条航线。除了小宗贸易继续在黑海的特拉布宗开展之外，埃及苏丹实际上控制了印度的香料贸易。因此，欧洲人不得不以涨幅极大的价格购买，当欧洲的银矿产量下降之时，他们就越来越无力支付了。[5]此外，基督徒不顾教皇禁令，继续与埃及穆斯林进行贸易，这就要冒着货物被没收或被处罚金的风险。亚洲贸易因此萎缩到只有原来的一部分，由于意大利人处于贸易的前沿，他们的经济受到了最严重的挤压。[6]

　　不断升级的战争也加剧了拉丁基督教世界自身的内部问题。意大利敌对城邦之间的战争已变成地方性战争，不断榨取着共和国的财政。英法冲突的爆发，还牵涉佛兰德斯和苏格兰，造成了更具破坏性的经

---

[1]　Campbell (2011a), 144–147; Campbell and Ó Gráda (2011), 869.
[2]　Below, Section 4.02.1.
[3]　Below, Section 4.01.
[4]　Lopez (1987), 387; Phillips (1988), 119; Wheelis (2002); Di Cosmo (2005), 403, 413–414, 418.
[5]　Spufford (1988), 419; Allen (2012), 344; below, Figure 5.11.
[6]　Below, Section 3.01.1 and Figure 3.2.

济恶果。[1]事实证明，战争本身以及战争催生的不可避免的互相袭击，还有由此产生的抢劫和海盗行为，是对资本存量的极大破坏，更为重要的是，也是对商业赖以生存的和平与秩序的极大破坏。[2]税赋沉重地压在所有参战方头上。给养被征收，商船被海军征用。[3]贸易要承担更为苛重的关税，还要服从政治需要。[4]国际羊毛贸易陷入混乱。[5]通货不再稳定，英格兰的情况是通货紧缩，在法国则是货币贬值。所有交战方的特殊信贷需求引发国际信贷危机，导致佛罗伦萨大银行家族最终倒台。[6]军事给养的供应者活得滋润，赎金、掠夺品和战利品使少数人暴富，但大多数平民的生活日趋艰难。在气候日益不稳定的时代，战争及其所有的负面影响正在侵蚀社会对歉收的承受力。[7]

欧洲的经济前景惨淡。白银产量加速下降，有利可图的海外市场永久性丢失，与亚洲的贸易正在衰退，甚至已经萎缩至唯一的主干道，规避风险的国际信贷措施已经于事无补，糟糕的军事和政治形势看起来必将进一步恶化。在欧洲内部，更高的税赋和通行费，防卫、保护和保险费用的增加，造成交易成本上升，压缩了利润空间。除极少数情况外，欧洲的海外贸易都在衰退，地理上的势力范围正在变小，从事国际贸易的商人开始严重丧失商业信心。[8]由于战争的破坏和恶劣天气的负面效应，甚至连农业产量也受到了影响。

这些便是鼠疫穿越半干旱的、人迹罕至的亚欧内陆，并于1346年到达黑海沿岸的克里米亚，最终完成其曲折旅程时的不利环境。很可能，在最后阶段，它加快了步伐，因为气候变化影响了大草原的生态，而那里想必已经变成感染了地方性兽疫的森林啮齿动物的聚集区。时人记载，鼠疫在1346年围攻繁忙的热那亚港口卡法的蒙古人之中暴发

[1]　Below, Section 4.01.
[2]　Munro (1991), 124–126, 130; Bois (1984), 277–288.
[3]　Maddicott (1987).
[4]　Carus-Wilson and Coleman (1963), 194–196; Fryde (1988), 57, 59–60, 66–67.
[5]　Fryde (1988), 53–86; Nicholas (1987), 3, 48–52, 150–151.
[6]　Hunt and Murray (1999), 116–117.
[7]　Campbell (1995b), 94–96; Sharp (2000).
[8]　Kedar (1976), 118–132.

之前，已经在金帐汗国的土地上留下了死亡的脚印，人们接二连三地死去。[1]鼠疫可能是通过昆虫媒介传播的，先是从围城者开始，传给被包围的人，然后传播给共生啮齿动物，它们无疑已经大量出现在城市里和停泊在港口的船上。[2]鼠疫迫使札尼别汗（1342—1357年在位）的围城大军撤退，但在此之前，鼠疫耶尔森菌及其病媒生物和宿主已经登上了热那亚人的船只，这些船只的目的地是君士坦丁堡和环黑海及其他地区的较小的热那亚殖民地。一旦上了船，错综复杂的海运系统使鼠疫耶尔森菌可以抵达欧洲商业世界的各个角落，它的传播也就不可阻挡了。在接下来的7年里，它披上了高传染性人类大流行病的外衣，带着毁灭性的影响传播至小亚细亚、中东、北非和整个欧洲，向西向北远至爱尔兰和挪威。[3]很可能在第一波攻击中，欧洲就损失了接近1/3的人口，文献中记载的特殊群体有45%的死亡率并不罕见。[4]

　　黑死病暴发的时机具有决定性的意义。在与气候、战争和商业的共同作用下，它造成了连1315—1322年欧洲大饥荒都不能达到的后果，也就是说，这是一次巨大的、持久的人口衰退。[5]这场鼠疫暴发标志着拉丁基督教世界的流行病学环境出现了一个具有决定性意义的转折点，在此后的350年里，鼠疫频繁发生。[6]黑死病对人口造成的阴影幽暗而漫长。1360—1363年、1369年、1374—1375年和1382—1383年一系列较大规模的鼠疫暴发浇灭了黑死病之后靠生育驱动来实现人口恢复增长的希望，与之相反，它们造成了一种死亡率占主导地位的态势，在连续近五代人的时间里保持了一个较低的人口替代率。[7]到14世纪80年代，欧洲人口的净下降大概是50%。

　　鼠疫同时杀死了生产者和消费者，这使供需都降低了，由此改变

---

[1]　　Below, Section 3.03.2c.
[2]　　Wheelis (2002).
[3]　　Below, Section 4.03.3 and Figure 4.10.
[4]　　Below, Section 4.03.4.
[5]　　Below, Section 3.01.3e; Jordan (1996); Campbell (2009b); Campbell (2010a).
[6]　　Below, Figure 4.9.
[7]　　Below, Sections 4.04 and 5.03.2.

了生产要素和商品价格，以及人类与自然资源之间的生态关系。[1]在历史档案中，无论在什么地方，对鼠疫有明确记载的时期都是明显的人口、经济、文化和环境的中断时期。人口的减少造成人均货币供给量的激增，人口损失看来并非没有好处。鼠疫带来的死亡率也为解决棘手的乡村人口过多和结构性贫困问题提供了一种残酷的解决方式。幸存者享受到了诸多好处，如日实际工资上涨、获取土地的机会增加和潜在的家庭收入提高。最初，这些好处有助于缓和商业衰退带来的最坏影响，而且，在人口众多的商业化经济中，如英格兰，这带来了人均GDP的上升。[2]然而，这是一次短暂的繁荣，并没有比促成这种繁荣的特殊人口环境持续更久。它也不是普遍现象。人口数量的减少导致许多人烟更为稀少的国家和地区情况变得更糟，如伊比利亚半岛的大部分地区，那里人口太少，以至于无法维持之前的专业化和生产力水平。[3]生物学上的冲击对所有国家本来应该都是一致的，但是每个国家对这次全欧范围的灾难的反应取决于死亡危机发生时所处的社会-生态环境。

15

1.01.3　14世纪70年代—15世纪70年代：长期低迷

14世纪70年代到15世纪70年代，一方面是气候和流行病学因素，另一方面是商业和经济力量，二者的结合抑制了人口和经济的全面复苏。甚至某些国家在瘟疫之后立即体验到的经济大发展也被证实只是暂时的，到15世纪20年代，经济大发展基本结束，既而是持续半个世纪甚至更长时间的停滞。[4]这100年构成了大转型的第三个阶段，也是最长的阶段。在这个阶段，气候条件继续恶化，疾病往往与之亦步亦趋，

---

[1]   Below, Sections 5.04.1 and 5.04.2.
[2]   Below, Section 5.05.
[3]   Álvarez-Nogal and Prados de la Escosura (2013); Campbell (2013c).
[4]   Below, Figure 5.14B.

这使死亡率保持着很高水平，人口数量进一步减少，市场需求仍然低迷，马穆鲁克和奥斯曼势力的继续扩张为亚欧任何直接贸易的恢复制造了几乎不可逾越的障碍，这进一步蚕食了欧洲既有的贸易区，而且，西方对东方的持续贸易逆差使西方的白银日渐短缺，银本位制商业经济更加雪上加霜。除了白银之外，人均可支配资源相对丰富了，但更集中地开发这些资源的经济激励措施一直很薄弱，环境对人类和农业再生产的制约依然很强。

15世纪见证了小冰期的第一个漫长的寒冷时期。[1]14世纪下半叶，世界已经经历过一次太阳辐照度的短暂复苏（乔曳极大期），稍后是全球和北半球气温的普遍回升（见图1.1A），但其持续时间并不足以恢复之前的环流模式。相反，从14世纪末开始，史波勒极小期的开始标志着向与之不同的小冰期环流模式的转变（见图1.1）。太平洋内的情况继续产生影响：厄尔尼诺现象变得更加普遍，美洲西部继续处于逃离严重旱灾的路上，南亚季风在强度上波动很大，一直没有恢复到中世纪气候异常期的顶峰水平，随着东非的季风断断续续地变得更加潮湿，尼罗河每年的洪水在高度和可变性上都在增加（见图1.1B）。[2]同时，西伯利亚高压的力量增强，北大西洋涛动变弱，这就将欧洲北部暴露于一个更冷、更干的冬季气流中，而欧洲南部和北非则从增加的冬季降水中受益。西风带的航道更偏向南也使得一股更潮湿的气流有规律地渗入干旱中亚地区（见图1.1C）。

到15世纪50年代，在史波勒极小期到达最低点期间，全球气候发生了极大的变化。注意，在图1.1中，此时处于小冰期中最冷的一个时间段内，所有变量的值与它们在13世纪50年代的相应值是多么不同，因为在13世纪50年代，中世纪气候异常期的环流模式仍然稳固地处于上升期中。中世纪极大期和史波勒极小期这两个太阳活动的基点构成

---

[1]   Below, Figure 2.1 and Section 5.02.1.
[2]   Hassan (2011).

了这个长时段的框架。[1]到它结束之时，北半球和全球气温已经降低了0.4℃到0.8℃；欧洲北部的生长季缩短，严冬的频率增加；在欧洲南部，冬季更加潮湿，夏季更加凉爽；干旱在中亚已经减少；覆盖南亚的季风变得更弱、更不稳定。[2]

气候的遥相关使亚欧大陆的任何地方都能感受到这些在温度、降水和环流上的变化。每个地方的天气模式都变得更加不可捉摸。极端天气出现频率的升高使生态系统承受更大的压力，农业生产者需要面对更大的不确定性。10个来自北半球和3个来自南半球的树木年代学证据显示，负辐射强迫在1453—1476年特别强烈，15世纪60年代，它们表现得最为显著，当时，约1458年库瓦火山的爆发可能加强了较低的太阳辐照度的效果。[3]这个时段许多方面都标志着大转型的气候要素达到了顶峰。

在这个漫长的时期，鼠疫仍然是流行病体系的一个活跃因素，这一体系一直以高水平的死亡率为背景，并不时出现周期性的死亡危机。很可能，鼠疫耶尔森菌已经再次从其位于中亚的疫源输入欧洲，但鼠疫自身活动的维持通常要通过欧洲的村庄和城镇进行循环传播，除非半永久性的传染源已经在较大的港口城市和高山森林啮齿动物群体内建立起来。[4]不管残余传染源位于何处，也不管它们是如何维持的，鼠疫都已经成为生活中的既定事实。它的宿主和病媒生物对当时天气和生态条件的反应意味着，当恶劣的天气影响了收成，提升了贫困率，并激发了同源感染之时，鼠疫通常会暴发。[5]因此，在这个时期的大部分时间里，气候和疾病亦步亦趋，并将几代欧洲人带进一个健康状况不佳、意外死亡、死亡率上升和人口替代率低效的人口旋涡之中，这

17

---

[1] Below, Figures 2.7 and 2.8.

[2] Below, Sections 5.02.1 and 5.02.2.

[3] Below, Figure 5.13; Bauch (2016). 冰芯证据显示，约1453年，一座热带的火山爆发，约1458年，南太平洋的库瓦火山爆发，约1462年，位于北半球高纬度地带的火山爆发：Frank Ludlow，私人交流。

[4] Below, Section 4.04.2; Carmichael (2014); Schmid and others (2015).

[5] Below, Section 5.03.1.

并不是改善的营养、衣着和住房条件所能弥补的。直到15世纪结束之时，幸存的人口才慢慢进化出与鼠疫共存的能力，随着常年学习如何应对和控制病毒，疾病开始受到抑制，数代人遗传选择的累积效应可能已经有利于那些幸存者。[1] 鼠疫依然具有致命性，但人口困境已经开始缓解，死亡人数不再高于出生人数，结果，从15世纪最后25年开始，西欧的人口开始缓慢地增长。[2]

正是在15世纪第三个25年期间，欧洲经济活动陷入最低谷，因为人口负增长抑制了国内需求，白银短缺抑制了多边贸易形式，战争、海盗和奴隶掠夺摧残了地中海的海上贸易。此外，奥斯曼人夺取了君士坦丁堡，获得了黑海的控制权，并渗入巴尔干半岛地区。数个世纪以来，欧洲在商业上从未如此被孤立过。国际贸易继续进行，但水平大不如前；贸易的风险很高，除非可以进入有利可图的市场，否则很少有什么能激发人们从事商业的热情。例如，在英格兰，15世纪第三个25年的出口对国民收入的贡献仅仅是14世纪第一个25年的一半。[3] 恶劣的天气要负一部分责任：极端的降水和寒流限制了人口和商品流动，并周期性地降低了诸如粮食、酒类和羊毛等重要商品的产量。[4]

在这些不利条件下，除了少数有进取精神的沿海地区之外，经济发展依然不佳，而且易于衰退。[5] 城镇的生存相当挣扎。结果，城市化率——衡量经济活力的一个最清晰的指标——不是停滞就是下降。[6] 劳动力稀缺可能曾将男性的日实际工资提高到前所未有的水平，但当市场需求依然低迷和工作机会稀少之时，休闲而不是商品和服务消费的增加必然成为许多人的默认选项。[7] 有可能激发充分就业的动力匮乏。当时的世界完全转型为一个规模缩小的、重组的和更加封闭的经济世

18

---

[1]　Below, Sections 4.04 and 5.03.2; Laayouni and others (2014).

[2]　Below, Section 5.03.2 and Figure 5.7.

[3]　感谢巴斯·范利文提供上述估算数据，它们来自"重建大不列颠和荷兰的国民收入，1270/1500—1850年"项目，利弗休姆基金资助，项目编号：F/00215AR。

[4]　Below, Sections 5.02.2 and 5.04.1.

[5]　Below, Sections 5.04.1 and 5.04.3.

[6]　Below, Section 5.04.3 and Table 5.1.

[7]　Broadberry and others (2015), 283–285.

界。有趣的是，由于相关但不完全相同的原因，类似的逆转已经发生在亚欧大陆的另一端。在13世纪的繁荣消退之后，东方经济的衰退程度至少与西方的一样大。[1]

基督教世界的衰落虽然还未结束，但复苏的种子已在慢慢发芽。当情况最终在15世纪最后几十年开始好转之时，在12世纪和13世纪确立并在此后的低迷期中数次得到验证、界定和改善的法律制度、产权、要素和商品市场为发展提供了一个稳固的平台。[2]技术，尤其是那些被证实属于船舶设计和导航等关键领域的技术，在大转型期间也得到提升。[3]金银稀缺仍然是一个不利的制约因素，但正得到缓解，部分原因是信贷的发展，以及一系列新的金融工具的产生。[4]不断进取的欧洲人也已经在更接近本土的地区发展出替代丝绸、棉花、糖、香料、陶瓷和其他高价值亚洲商品的资源。[5]

随着寻租的穆斯林中间商收紧对旧的泛亚欧大陆陆上商路的控制，特别是从1453年奥斯曼人控制了博斯普鲁斯海峡开始，欧洲的商业逐渐转向单位成本更低的公海。在被排除出黑海，并被迫将地中海大部分地区让给穆斯林和马穆鲁克之后，欧洲人在离自己更近的波罗的海、北海、北大西洋和南大西洋创造大量的商业机会。借助于更大、更易操作的船只和更优越的导航仪器，欧洲人也开始向南、向西深入大西洋，直到15世纪90年代，他们发现了美洲，并进行了环非洲的航行。[6]与13世纪的情况相比，欧洲商人在随后复兴的亚欧贸易中占据了主导，新的亚欧贸易得益于新世界白银的大量注入，并得到完全更有利于欧洲的条件的支持。[7]此外，在欧洲内部这次意义重大的命运逆转中，不再是意大利商人领航，而是由那些北方低地国家的商人带路。一个新

19

[1]　Abu-Lughod (1989), 361: "东方的衰落" 早于 "西方的兴起"。Lieberman and Buckley (2012), 1068–1077; Tana (2014), 332–337.
[2]　Below, Section 2.04.
[3]　Unger (1980); Hoffmann (2014), 359–364.
[4]　Bolton (2012), 270–295.
[5]　Phillips (1988), 227–253.
[6]　Below, Section 5.06.
[7]　O'Rourke and Williamson (2002), 143–364.

的繁荣时代已经发端，大转型结束。

1.02　大转型与大分流

　　在11世纪，欧洲的商业革命慢慢开启之时，宋朝是最发达的经济体。即便是继承了罗马大部分道路、城镇、文化等国家发展基础的意大利也不能媲美拥有高超技术和经济发展水平的宋朝。[1]中国的版图和统一也意味着，它可以享受更低的交易成本，这不是政治上四分五裂的欧洲所能比拟的。然而，1235—1279年，蒙古人南下，北宋与南宋先后灭亡，极大地削弱了中国经济的领先地位。即便如此，在元朝第一代皇帝忽必烈（1271—1294年在位）统治期间，中国经济还是获得了充分复苏，这给马可·波罗、尼科洛·波罗和马菲奥·波罗留下了深刻的印象，当时他们从正接近其商业繁荣顶峰的威尼斯出发，造访忽必烈的宫廷。[2]但元朝的繁荣并不比忽必烈更为长寿。14世纪，在环境不稳定和王朝崩溃的双重影响下，中国与其东南亚近邻的经济遭遇了一系列重大挫折。[3]按照人均GDP估计，这个时期更具活力的欧洲经济正稳步前行，或略有增长。[4]西方经济命运更上一层楼与中国和东方经济命运每况愈下的直接结果是，到中世纪晚期，欧洲最发达地区的经济发展水平与亚洲最发达地区不相上下。

　　从大约1500年开始，在葡萄牙人发现了环非洲直达亚洲的海上航线之后，数个经济上有活力的欧洲国家加速前进，并领衔商业世界的发展。北方低地国家是这股发展浪潮中的第一批"弄潮儿"，到17世纪，它们的人均GDP水平已经与亚洲对手并驾齐驱，甚至更高。[5]在那个世纪之后，英格兰迎来了迅猛发展。在这种背景下，东西方经济轨

[1]　Broadberry and others (2015), 375, 384–387; Lo Cascio and Malanima (2009).
[2]　Yule (1875).
[3]　Brook (2010), 71–72; Lieberman (2009), 551–559; Lieberman and Buckley (2012).
[4]　Below, Section 5.05.
[5]　Broadberry and others (2015), 375–376, 386.

迹之间的差距不断加大，这就是著名的"大分流"。[1]没有人会在第二个千年的开端预见到这个结果，当时东方领先，西方落后，亚洲而不是欧洲的商人和商品主导着泛亚欧贸易。当时也不会有人预见到，经历了14世纪和15世纪的各类逆转之后，北海地区南部在商业和制造业上的比较优势得到大大提高，足以推动它的各个经济体进入上升的轨道。然而，对这个核心区域而言，大分流的根源在于大转型的完成。正是从那时起，布拉班特、荷兰和英格兰先后开始发展，它们先是超越了欧洲经济的长期领跑者意大利，然后是赶超最先进的和商业上最发达的中国省份。

1.03　自然和社会的关键转型

"大转型"之所以是一种转型而不是循环，是因为它使社会-生态系统不可能再恢复原状。它的发展既非畅通无阻，也非连续线性发展。停滞和逆转是其发展轨迹的必然。不稳定性也是如此，表现为歉收和饥荒、洪水、水灾和旱灾、动物和人类死亡率的上升与降低、暴动和战争、王朝崩溃、信贷危机、银行倒闭和商业混乱，这些现象在14世纪表现得尤为明显。[2]虽然转型的每个因素都被自身的强大活力所驱动，但环境变化和人类发展之间惊人的同步性暗示着它们之间存在重要的协同效应。

气候的影响是至关重要的：它改变了生态、生长条件、承载能力、边缘环境的活力、航行条件和遭遇极端天气事件的风险。微生物病原体、它们的宿主和病媒生物对生态环境很敏感，因此会对变化的气候条件产生回应。它们一旦被释放，那个时代的动物流行病、大瘟疫就会选择性地影响人口数量、结构和活力，并过滤了那些幸存下来的动

[1]　Broadberry and others (2015), 375–376, 384–387; Pomeranz (2000).
[2]　Scheffer (2009), 96–105, 282–295; Tuchman (1978).

物和人类的基因遗产。人口的密度和分布为疾病在大陆的流行创造了前提条件，无意间促进了疾病的传播。然后，它们以不同的方式对由疾病传播造成的健康、资源平衡及相对要素价格的变化做出反应。通过食品、有机原材料和动能活力源的再生产，人类也受到气候的挑战和影响，为了应对气候变化造成的无休止的不稳定性，人类积极寻找技术上和制度上的解决办法，并获得了不同程度的成功。[1]求助于化石燃料是解决办法之一，借助它们，然后通过排放二氧化碳，从而对气候产生一种互动性影响。[2]因此，为了理解和解释中世纪晚期世界的历史，需要理解气候、疾病和社会之间的互动：自然与社会几乎都需要被视为历史变化的主角。[3]

各式各样的自然和社会过程，以及不断发展的历史剧情中所包含的互动关系，构成了一个社会-生态系统。气候与社会、生态系统与生物、微生物与人类是这个动态系统的六个核心要素（见图1.2）。就其自身而言，每个要素都应被视为半独立的子系统，由通过直接和间接联系的子元素组成，因此，每一个组成部分都拥有自己的独立动力。尽管如此，它们都不是孤立存在的，六个要素中的任何一个发生变化，都将引起另一个或更多其他要素的变化，这种变化的特征，一定程度上受其他要素的流行状态影响。当这样一个系统处于平衡时，这种平衡是动态的，而非静止的。任何人类和环境压力的变化或潜在的变化都能打破这种平衡，并引发一个系统从一个动态的社会-生态系统，通过在一组边界内对自身进行平衡和调整，转变为另一个具有完全不同的边界模式的社会-生态系统。以这种方式把构成大转型的人类-环境互动进行概念化，就凸显了它们复杂的多边特征和变化的内在倾向。决定论，不论是环境的还是经济的，不论是气候的还是文化的，都是不恰当的，因为所有的变量都被视为以某种方式互相联系的，由此与

22

---

[1]　Mokyr (1992).
[2]　Kander and others (2014).
[3]　Campbell (2010a); Hoffmann (2014), 1–20.

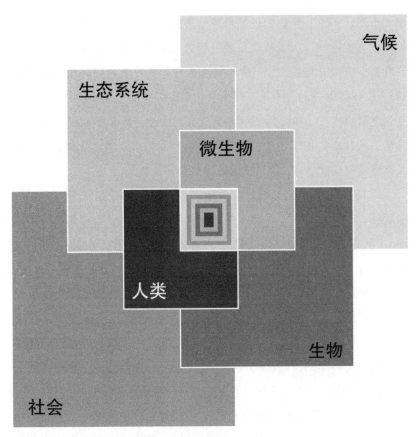

图1.2　一个动态社会-生态系统的六个核心要素

资料来源：根据美国国家科学院（National Academy of Sciences, 2008），figure SA-4, 14 绘制

将社会-生态系统作为一个整体进行阐释的模式相关联。将内生性的人类进程的重要性置于看似外生性的环境事件之上，也会造成一种错误的二分法，因为在这种模式中，没有哪种东西不是内生的。

　　当然，长期来看，中世纪诸社会总是能够对自己的气候和流行病环境习以为常。正如本书第2部分所论述的，从11世纪末奥尔特极小期结束到13世纪末沃尔夫极小期开始的200年间歇期内出现的正是这种情况。在这些年，太阳辐照度维持在很高的水平，除了明显的中

23

亚大干旱，不论是生物的还是自然的环境事件，都没有对社会发展进程产生太大影响，因为社会发展进程首先是由宗教、政治、军事、经济和商业互动来塑造的。[1]这些将社会变化抛出轨道的环境冲击，如1257/1258年暴发的大干旱，很少会长期发挥作用，几乎总是随后就恢复到之前的状态。[2]就这个方面而言，此时的社会是有弹性的。[3]其中更具活力的社会，如宋朝和拉丁基督教世界，很幸运地享受到了自然和人类环境的良性结合。但这样的好运气并不长久。

到13世纪末，人口增长、商业扩张、资源稀缺使社会对环境更加敏感，在这一时期，逐渐加剧的气候不稳定性开始直接影响人类活动。[4]从14世纪初开始，随着政治-经济张力增加和国家间冲突多发，气候导致的生态压力逐渐显现。气候条件、生长条件、谷物和羊毛收成，还有其他许多要素的年际变化方差都在加大，每一次倒退之后的恢复时间变得更长，因为恢复本身更加困难。[5]反复遭遇极端自然和人类事件正在侵蚀着当前体系应对此类危险的能力。[6]它们是一个系统正在接近一次重要转型的特征，此时，系统中任何一个细微的变化都可能会被放大，从而击溃整个系统，并引起向另一种状态的转型。[7]

在大转型的案例中，关键的临界点出现在14世纪中叶。从那个时间点开始，就如同恺撒跨越卢比孔河一样，退路已无，变化的势头和方向开始互相加强，并不可逆转：中世纪气候异常期最终结束，大气环流模式发生决定性的改变，第二次鼠疫大流行开启致命之旅，国际贸易和商业的既有模式和规模开始萎缩。结果，欧洲人口承受了上一个千年中最重大、最持久的逆转，既定的权力结构和生产关系受到挑战，并几乎在所有地方被重塑。[8]尽管它有时被描述为14世纪的危机，

[1] Below, Section 2.01.
[2] Below, Section 2.02.5 and Figure 2.8.
[3] 此处及后文中，弹性的定义为，"一种系统从混乱中恢复到初始状态的能力"：Scheffer (2009), 11。
[4] Below, Sections 3.01 and 3.02.
[5] Below, Figure 4.4.
[6] Below, Section 3.01.3; Scheffer (2009), 282–295; Hoffmann (2014), 342–351.
[7] 在系统理论中，这被称为"分歧点"：Scheffer (2009), 18–22, 96–105。
[8] Russell (1958); McEvedy and Jones (1978), 41–119; Biraben (1979).

但这个被滥用的术语很难准确地描述这些即将发生的变化的量级和重要性。[1]相反，"临界点"的生态学概念则更有效地表现出了变化的转型特征及其复杂的起源。[2]

临界点标志着重大历史转折点，无疑是罕见事件。[3]由于它们是宏大的、复杂的、多面性的事件，因此，一个新的社会-生态平衡需要很多年才能建立起来，直到那时，高度不稳定性都趋向于在许多前沿领域流行。就大转型而言，14世纪中叶临界点的前因和余波，持续时间近200年，在这段时间内，气候和社会、生态和生物、微生物和人类都逐渐发生转型（见图 1.2）。15世纪50年代起主导作用的所有六个要素与13世纪50年代的那些标志性要素已经截然不同。梳理这一切发生的线索，需要结合环境史和经济史的方法，整合古气候学家、微生物学家、遗传学家、骨骼考古学家和历史学家的研究成果，并根据证据、方法和范式的相关差别进行辩析。

1.04　循迹大转型：规模、焦点和证据问题

气候、疾病和社会发生的变化构成了大转型，其中气候变化是由最强大的力量决定的，并展现在最广阔的地理范围内。对气候的相关影响包括：太阳辐照度，科里奥利力（地球自转偏向力）和地球的轨道，海洋-大气相互作用的特征，大陆的地形，火山气溶胶的不定期喷射，以及地外撞击的沉降物。此外，存在于广阔的不同地区的气候系统通过气候学家所称的"遥相关"紧密联系，因此，它们很少彼此独立地发生变化。[4]正是通过遥相关，太平洋上的拉尼娜现象和厄尔尼诺现象对气候的影响在全世界蔓延，同样，正是遥相关将印度洋热带和

25

---

[1] Hybel (1989).
[2] Scheffer (2009), 11–25. 关于"临界点"一词的出处和在最近关于气候变化的争论中对它的评判，见 Russill（2015）。
[3] 将 17 世纪中叶看成这样一个时期的理由，是帕克（Parker, 2013）提出的。
[4] Above, note 8.

亚热带地区上空的气压梯度与那些遍布在西北方数千千米之外的北大西洋温带地区的气压梯度联系起来。[1]在中世纪，相隔甚远的社会之间，彼此缺少联系，但不同地区的气候在某种程度上是相互关联的，哪怕它们之间隔着千山万水。维克多·李伯曼（Victor Lieberman）并没有忽视这一点，他援引这一点来解释在相互孤立的社会历史中可以观察到的"奇异的平行/形异神似"（Strange Parallels）。[2]

因此，要理解发生于中世纪晚期的气候条件的变化，即当时作为中世纪气候异常期标志的环流模式如何让位于小冰期的那些典型环流模式，就需要将来自美洲、亚欧大陆、南北半球、格陵兰岛和南极冰盖的时间序列数据联系起来。这就依赖其他指标来代替气候监测，它们主要来自树木年轮年表、北极和高山冰芯、石笋（洞穴次生化学沉积物）、层结湖和海洋大陆架沉积物（纹泥）、珊瑚生长，同时尽可能根据最新的仪器气候记录进行校准。这些跨越数百年甚至数千年的数据集的数字、地理覆盖范围、时间分辨率和可靠性一直在优化，现在许多已经为公众所见。[3]如图1.1所示，正是对北半球平均时间序列的比较，发生于约1250—1450年的变化才得以凸显，并为当时欧洲的经济和人口发展提供了全球背景。

欧洲航海者进行地理大发现之前，大西洋和太平洋的卫生缓冲带将新世界与旧世界的病原体隔离开来，在地理大发现之后，疾病便再无国界。[4]因此，14世纪的牛瘟和人类瘟疫等重大致命疾病仍然主要是旧世界的事情。这两种疾疫，一种是病毒引起的，另一种是细菌引起的，都起源于亚洲内陆，从那里向西传播至欧洲的大西洋边缘。[5]对第二次鼠疫大流行的现代研究将众多信息联系起来，如关于干旱中亚的生长条件和降水水平的气候代用指标的信息，关于流行于不同地区的

---

[1]　Wang and others (2005).
[2]　Lieberman (2009), 79–87, 687–691.
[3]　美国国家海洋和大气管理署的国家气候数据中心（NCDC）运行着一个专业的古气候学网站：http://www.ncdc.noaa.gov/data-access/paleoclimatologydata。
[4]　Diamond (1999), 210–214, 357–358.
[5]　Below, Figures 3.25, 4.9 and 4.10.

鼠疫耶尔森菌菌株的当代基因组信息，从过去暴发的鼠疫受难者身上收集的古代DNA证据（到目前为止，所有这些都来自西欧黑死病期间被埋葬的受难者），以及大量描写并由此追踪历史上鼠疫暴发的文献信息。[1]由于资料保存完好，黑死病在英格兰的暴发和传播已经得到了特别详尽的研究，在欧洲其他地区和中东，也有不少对鼠疫的综合考察。[2]它们因对暴发于中亚、非洲和北美洲的现代鼠疫的科学研究而得到提升。[3]

这些丰富的信息与鼠疫跨越国界在整个大陆传播的情况，都需要进行泛亚欧范围的分析模式。[4]实际上，理解鼠疫在其中亚疫源区，尤其是在青藏高原的假定起源地的行为，对于解释鼠疫何时暴发，后来又如何反复造访欧洲是非常关键的。[5]当然，研究历史上鼠疫的暴发已经成为一种协同工作，所有的优秀团队都对黑死病在已知世界的波及范围保持警醒，他们也意识到，需要加深关于鼠疫在亚洲出现和传播的认识和理解。[6]

鼠疫从亚洲抵达欧洲和北非相对容易，由于商业和政治上的联系，它们不断扩大并在蒙古人征服之后穿越了这片广阔的区域。[7]它们更容易被描述，而不是被量化，因为中世纪史家依赖的书面记录具有零碎和多样化的特点。文献的建立与保存是不平衡的，明显缺乏那些能够重建长时段且超越国家层面的经济和人口趋势的材料。关于欧洲人口、城市化和铸币产量的有价值的宏观估算是有的，但其他的资料并不多。[8]因此，人们将更多的精力倾注在对地方、区域和国家的个案研究中。在这方面，英格兰的证据无与伦比。

---

[1]　例如，Schmid and others (2015); Green (2014)。

[2]　Shrewsbury (1971); Hatcher (1977); Biraben (1975); Benedictow (2004); Dols (1977).

[3]　例如，Stenseth and others (2006); Kausrud and others (2010); Vogler and others (2011)。

[4]　Green (2014).

[5]　Below, Section 3.03.2. Kausrud and others (2010); Cui and others (2013); Schmid and others (2015).

[6]　一个显著的例子是，欧洲研究委员会在奥斯陆大学资助的"中世纪的鼠疫：生态、传播方式和传染途径"项目，http://www.mn.uio.no/cees/english/research/projects/650125/。

[7]　McNeill (1977), 161–207.

[8]　Russell (1958); McEvedy and Jones (1978); Biraben (1979); Bairoch and others (1988); Spufford (1988), 419.

对英格兰而言，主要商品的价格数据从12世纪末开始出现，劳动者日工资数据最早出现于13世纪初，实际工资数据几乎同时出现。在13世纪60年代之前，这些物价和工资数据是断断续续的，但此后，每年的数据都连续出现。[1]从13世纪70年代开始，已经有了关于佃户数量、一系列农业产出、谷物产量、出口规模、国家财政、农村土地市场，以及其他许多领域的可靠数据。不仅如此，这些数据最近已经被用来估算年度人口、基于产出的国民收入和人均GDP。[2]对欧洲任何一个经济体而言，它们是当前可以使用的最早和最原始的此类时间序列，正如本书第2部分所述，对于讨论它们昭示出来的1300年之前的经济和人口趋势，不可避免地造成了一种强烈的"英格兰中心论"的偏见。[3]在这个时期，英格兰拥有最发达的历史编纂学，但由于根源于马克思主义理论或新古典经济学的"人类中心论分析"长期占据主导地位，这意味着目前对环境变化和影响的历史作用的关注还不多。[4]

由于没有其他欧洲经济体能够在大转型所有阶段对其进行如此详细的定量分析和追踪，或成为引起诸多争论的对象，因此，在接下来的部分中，英格兰就成为默认研究案例。虽然这个国家人口更稠密，城市化、商业化和货币化程度比中世纪晚期西欧的许多地区更高，但按照同样标准，它始终远远落后于领先的南部低地国家和意大利的主要经济体。[5]从17世纪晚期开始，它将完成对二者的赶超，成为世界经济的领先者，并成为第一个工业化国家，完成向现代经济增长的全面转型。[6]考虑到它后来在经济上的成功，有必要对其早期历史给予特别关注，尽管在中世纪，没有什么迹象表明英格兰注定成功。相反，中世纪晚期的英格兰在欧洲经济排名中仅仅占据中游，在大多数情况下，

28

---

[1]　大部分数据请查询 Clark (2009): http://www.iisg.nl/hpw/data.php#united。
[2]　Broadberry and others (2015).
[3]　Campbell (2013c).
[4]　马克思主义理论和新古典经济学关于中世纪晚期危机的解释在"布伦纳论战"（Brenner debate）中发生碰撞，Aston and Philpin (1985)。对相关英文文献的全面回顾，见 Hatcher and Bailey (2001)。
[5]　Campbell (2013c).
[6]　Broadberry and others (2015).

与其他国家相比，英格兰不好也不坏。[1]

　　13世纪和14世纪初英格兰数据的质量映照出其他所有国家的不足，它们大多缺乏诊断性的经济计量，如每年的小麦价格数据。在黑死病暴发之前，南部和北部低地国家也缺乏此类数据，在瑞典和西班牙，黑死病之前可资利用的信息很零碎，目前只有托斯卡纳拥有适当完整的年度数据，但它们开始出现的时间较晚，而且不像英格兰的数据那样原始且具有代表性。[2]但是，从1310年开始，对来自意大利中部和北部可资利用的日实际工资和城市化水平的估算，已经使保罗·马拉尼马得以重建意大利国民收入和人均GDP，本书第3部分和第5部分将充分利用这些估算，以对那个时代的英格兰和领先的欧洲经济体做出比较。[3]对其他经济体而言，经济发展的定性研究是存在的，但量化信息最多只是拼凑的。西班牙有丰富的现存文献档案，据此可以对伊比利亚半岛诸王国经济表现进行定量重建，但这样的工作还不多见。[4]这些工作必须依赖对国民收入和人均GDP的初步估算，其依据是该国不完整的价格和工资序列，并结合对西班牙城市化率的估计。[5]在这些方面，西班牙比南部低地国家得到了更好的研究，后者在其所有的经济重要性方面都严重缺乏定量的时间序列。而在北部低地国家，袖珍又早熟的荷兰省份更多地吸引了经济史学家的注意力，关于荷兰1348年以来人均GDP的尝试性估算为比较提供了进一步的基础，结果显示，荷兰从大转型中脱颖而出，成为欧洲发展最快的经济体，并在一个世纪的时间里成为世界上几乎是最成功的经济体。[6]英格兰、意大利、西班牙和低地国家为描述和分析大转型，及重建产生大转型的前述繁荣时代提供了具有经济-社会成分的基石。

---

[1]　Campbell (2013c).
[2]　Malanima (no date b).
[3]　Malanima (2011).
[4]　关于来自葡萄牙的数据的开拓性分析，见 Henriques (2015)。
[5]　Álvarez-Nogal and Prados de la Escosura (2013).
[6]　Zanden and Leeuwen (2012). 这里和后文中的"荷兰"指的是省份，而不是后来成为尼德兰的国家。

勃兴：有利的环境和拉丁基督教世界的崛起

在大转型之前的几个世纪里，社会–生态条件是相对稳定的。中世纪气候异常期的大气环流模式为温带欧洲和季风吹拂的亚洲带来了相对有利的天气，这为它们在中世纪盛期人口和经济的繁荣提供了环境先决条件。自古典时代结束，西方还未经历过如此持续的文化和经济繁荣时期。[1]鉴于繁盛的基点通常较低，许多地区最初的发展是粗放型的，更多的产出是通过在更多土地上投入更多劳动力实现的，而不是生产技术上的彻底革新。尽管如此，在此过程中，改进的农业技术更广泛地被采用，这保证了食物和有机原材料的产出能够持续满足不断增长的人口的需要。[2]即使如此，现有的农业技术很少被充分利用。[3]那个时代所达到的至关重要的成就是那些与经济关系和经济活动的商业化相关的制度和组织的创新。

那些培育、保护商人和贸易的制度尤其重要，特别是对那些参与高风险长途贸易的人来说尤为有利，在这些贸易中，遭遇海盗、被没收或违约的风险相当大。长途贸易可能是中世纪商业中规模最小、风险最大的分支，其商品价值和体量远远逊色于当地的主要商品交易，

---

[1]　Goldstone (2002). 其他类似的繁荣期包括：伊拉克的"伊斯兰黄金时代"、中国宋朝、荷兰"黄金时代"、日本德川幕府时期、中国清朝康乾盛世，以及英国"漫长的18世纪"。对前工业时代经济发展持悲观态度的马尔萨斯式解释，见 Clark (2007a)。

[2]　这种观点的基础，见 White Jr (1962)。

[3]　这个观点的强调者是 Epstein (2000a)，38–39。

但它是"经济面包"中的"酵母"：它在经济上会产生大得不成比例的乘数效应，那些成功参与其中的人所获取的利润也是如此。[1]那个时代的大多数关键商业创新都是由活跃在长途贸易中的商人开创的：复式簿记法、利损核算、汇票、"康曼达契约"，以及用阿拉伯数字取代罗马数字。这些人是精通货币兑换和拥有最大资本资源的商人，因此最适合发展银行信贷业务。他们的活动为交通运输部门带来了更多的业务，为出口带来了更多的原材料生产，并使制造业的发展与海外市场联系起来。领先的商业港口和金融中心变成那个时代一些最大的城市，热那亚和威尼斯的海洋共和国，以及内陆都市佛罗伦萨和米兰无不如此。

　　制度和组织创新的成果显现于一场真正的商业革命中，其间，更多的人开始依赖日益活跃的商品、土地、劳动力和资本市场以谋求生计。[2]有利条件是，欧洲银矿开采的蒸蒸日上保证了货币供给的稳步增长，它转而又为多边和长途贸易提供了便利。意大利比欧洲任何地区都更积极地参与到这些发展之中，因此获得了最丰厚的回报。不过，整个拉丁基督教世界都在不同程度上从中获得了收益。到13世纪中叶，几乎在所有地方，城镇在发展，制造业在扩张，国际贸易在繁荣。欧洲北部和南部的内部贸易圈已经连成一片，很快整合成为一个内部相互关联的交换体系，将整个已知的世界包括在内。[3]当商业机会不断增加，并伴随着持续有利的环境条件，拉丁基督教世界的大致经济前景很可能保持明朗。

　　这种大体上呈上升趋势的社会–生态发展模式正是这个长时段的中心。本书2.01部分考察了经济和商业开始复苏的时间。2.02部分描述了标志着中世纪气候异常期的大气环流模式，这种相对良好的气候条件流行于温带欧洲和季风吹拂的亚洲，它还探讨了中世纪极大期和其

31

---

[1] Dyer (2011).

[2] Lopez (1971); Britnell (1993a), 5–154.

[3] Abu-Lughod (1989).

他气候强迫因素在保持有利条件时所发挥的作用。2.03部分证实，在中世纪气候异常期的下半段，已知世界的几乎所有地区都在经历人口增长，尽管任何地方的增长都不如欧洲更为持久。2.04部分断言，经济繁荣的制度基础是：改革后的教会，西方法律传统的诞生，行会、公社和国际集市的建立。正是这些制度塑造了欧洲接下来数个世纪的发展。在12世纪和13世纪，它直接造就了2.05部分描述的意大利领衔的商业革命。不过，鉴于1.04部分所述原因，对这个形成期中的商业、货币和农业发展的研究，英格兰提供了最翔实的个案。

　　在意大利和英格兰，得益于市场拓展和贸易增长带来的"斯密型收益"，人口和经济发展亦同步增长，直到13世纪，生活水平都没有显著下降。[1]正如2.05.3部分讲述的那样，不断提高的城市化水平证实了当时正在发生的适度的且货真价实的经济增长。不出所料，城市化率在意大利和佛兰德斯两个领先的双子星经济体中达到顶峰，同时商业和制造业也高度发达。与其他地方一样，这里人口超过5万的大城市总是积极地以某种方式参与国际贸易。2.05.4部分叙述的是泛欧和泛亚欧级规模的商业，它是这个伟大时代最令人印象深刻的特征之一。最后，2.06部分将这些发展的环境和社会层面一并论述，并思考这个短暂却相当坚挺的社会-生态系统的全部特征。

　　当然，拉丁基督教世界在中世纪盛期的繁荣远非唯一。因为此时也是宋朝的黄金期，在李伯曼所称的一系列"奇异的平行/形异神似"中，这个从9世纪中叶到13世纪晚期的时代见证了蒲甘（缅甸）、吴哥（柬埔寨）、占城和大越（越南）等东南亚王国，以及南印度的朱罗文明的经济与政治兴盛。[2]上述国度的共同特征是边疆稳固、行政集权和文化整合。传染病作为一种限制人口增长的因素可能已经被消除了，季风的触及范围更远、力量增强，干旱发生频率减少和严重程度减弱，

---

[1]　"斯密型收益"源自市场发展和扩大的劳动分工，亚当·斯密在《国富论》（第1卷）中对其进行了阐述。

[2]　Lieberman (2009); Lieberman and Buckley (2012), 1056–1068;Tana (2014); Abu-Lughod (1989), 263.

以及随之发生的一种积极的厄尔尼诺-南方涛动，无疑都使农业产量受 34
益匪浅。[1]对水源的更协调的分配、灌溉系统的改善，以及种植耐寒快
熟水稻品种的多圃制的采用，进一步加强了农业产量的持续增加，因
此提供了更稳固的食物保障。城市发展刺激了剩余农产品的生产，其
本身正是发展中的区域内贸易和长途贸易的一个作用。

　　因此，在中世纪盛期的几个世纪里，以及不同贸易圈之间的内部
联系中，市场的拓宽和深化的现象既出现在亚洲，也出现在欧洲，阿
布-卢格霍德认为，这是那个时代的最高成就之一。[2]李伯曼也指出了以
下具有重要意义的事实：东南亚诸王国和西欧，除了主动对外出击以
外，从没有遭到来自亚洲内部的游牧民族的持续控制，这与中国、印
度、西亚和俄国不同。[3]相比之下，不论是拥有先进技术的中国北宋王
朝，还是实施先进的商业化战略的伊拉克阿拔斯王朝，以及它的首都
巴格达，都没有从蒙古人手中夺回自己之前被掠夺的财富。从1205年
开始，那个时代唯一最具破坏性的冲击是，看似不可击败的蒙古军队
从其处于环境边缘的中亚家园反复崛起。这些军事征服的破坏性在许
多案例中得到证实，不过，它们重新绘制了亚欧内陆的政治和军事地
图，并一度将统一强加于一片迄今都四分五裂的大陆上。这开启了一
种可能，即通过陆路进行的不断增长的人员和商品交换取代了传统的
海上之路，通过传统海上路线，商品或是穿越波斯湾被运输到巴士拉，
然后由商队装车穿越叙利亚沙漠到达地中海东部港口安条克、的黎波
里和阿卡，或是海运经红海到达埃及，然后换船转运至亚历山大港。
当这些脆弱的贸易路线保持畅通时，东西方商业区及它们的主要城市
的活力和财富也得到了保证。当然，其条件是，它们实现商业成功的
脆弱的社会-生态平衡没有受到危及。

---

[1]　Below, Section 2.02.1.
[2]　Abu-Lughod (1989), 352–364.
[3]　Lieberman (2009), 85–87, 92–93.

2.01 拉丁基督教世界从起飞到持续发展

考虑到看似自我延续的后罗马时代的地方军事冲突、政治分裂、去货币化、商业萎缩、城市衰落和人口密度下降，我们的问题是：拉丁基督教世界自身在中世纪盛期的繁荣是何时开始的？[1]迈克尔·麦考密克观察到，商业从8世纪末开始有复苏的迹象，大约同时，关键的农业技术创新，如重型板犁、马蹄铁和马颈轭，以及调控公地，小林恩·怀特认为，上述技术使农业产量出现重大突破成为可能。[2]欧洲西北部独特的混合农业体系还受益于更加温和又湿润的冬季、气温更高的夏季，以及通常更加稳定的气候条件，它们出现于中世纪气候异常期开始之后的9世纪和10世纪的大部分时间里。[3]

在中世纪气候异常期的第一阶段，北大西洋的航行条件得到改善，这帮助挪威人在9世纪20年代、70年代和90年代分别对之前尚未有人居住的法罗群岛、冰岛和格陵兰岛进行殖民，当然也便利了维京人对爱尔兰、不列颠和欧洲大陆南部沿海和河流低地进行不断的侵扰。[4]在一定程度上，由于维京人在北方的威胁、穆斯林在南方的推进，以及马扎尔人和斯拉夫人在东方的侵犯，这些比较良性的环境条件没有促成普遍的人口再增长和定居地的再扩大。相反，树木年轮年表记录显示，在10世纪和11世纪的爱尔兰，和那些可能受上述威胁最大的欧洲其他地区经历了一次大规模的林地再生，想必是因为农业用地的边界在后退。[5]在英格兰，相对充裕的土地偶然地引起一次意义重大的乡村居民点重组。[6]很明显，在这个政治仍然混乱的世界中，丰富的资源、有利的气候条件和改进的技术本身不足以启动一次完全的人口和经济复兴。

[1]　Russell (1958), 88–99.

[2]　McCormick (2001), 791："欧洲商业经济兴起，实际上是欧洲经济的崛起，其时间并非开始于10世纪或11世纪。毋庸置疑，它开始于8世纪末的数十年间。"White Jr (1962).

[3]　Below, Section 2.02.2.

[4]　Marcus (1980), 35–70.

[5]　Baillie (2006), frontispiece. 关于当时瑞典南部定居地扩张中断的证据见 Lagerås (2007), 50–52.

[6]　Oosthuizen (2010).

罗伯特·洛佩斯（Robert Lopez）和扬·卢滕·范赞登都将欧洲复苏的开端定在10世纪中叶。[1]迈克尔·曼恩（Michael Mann）则主张这个开端的时间稍稍靠后，在"最后的掠夺者——维京人、穆斯林和匈人——被击退之时，即公元1 000年"。[2]但是，直到11世纪末，当中世纪气候异常期进入奥尔特极小期之后的第二个也是最长的阶段，才有清晰的迹象显示，人口规模和定居地范围再一次缓慢扩大，并在全欧范围内出现。在接下来的250年里，树木年代学、考古学和历史学的证据证实了一次大规模的森林砍伐和建筑行业的显著热潮，此时正处于拉丁基督教世界的中世纪盛期。[3]人口和经济活力的迹象在有些地区 36 出现得更早，发展速度和模式自然差异很大，在欧洲西北部明显比欧洲南部更强（在欧洲南部，干旱频繁发生），伊比利亚半岛最弱（基督徒和摩尔人当时正在争夺其控制权），但变迁的轨迹在各地几乎是相同的。[4]拉丁教会的复苏、"西欧法律传统"的诞生、国家的形成、自治城市公社的建立、行会和公地共同体的形成、持续的技术改进、不断增加的金银和货币供给，以及普遍有利的环境条件，共同造就了11世纪至13世纪社会-经济的显著活力。[5]增长一旦开始，就几乎无法阻挡，直到14世纪初，战争、商业衰退、极端天气事件和传染病等一系列惩罚性因素最终打断了其发展的势头。

2.02 中世纪气候异常期

从9世纪到13世纪，盛行一种独特形态的大气环流模式，这就是

---

[1] Lopez (1971); Zanden (2009), 64–68, 89.

[2] Mann (1986), 377.

[3] Baillie (2006), frontispiece, 21–22; Lagerås (2007), 51–52; Williams (2000), 36–42.

[4] Moreno and others (2012); Russell (1958), 113, 148; McEvedy and Jones (1978), 23, 61–63; Brooke (2014), 363–364; Moreda (1988); Henriques (2015), 150–152, 169.

[5] Berman (1983), 7–10, 伯尔曼总结了"西方法律传统"的本质特征。至于公社、行会、平民群体共同行动的积极制度性遗产见 De Moor (2008); Zanden (2009), 50–55。

著名的"中世纪气候异常期"。[1]直到14世纪，这种模式一直处于主导地位，任何中断和偏离都会回到这种模式。因此，人们很容易视它为理所当然，但如2.02.5部分所述，它实际上是各自不同的气候强迫条件的产物。对气温的重建显示，中世纪气候异常期是一个全球性的变暖时期，但这种变暖在地理上是不平均的，复杂的海洋-大气相互作用导致一些较大地区出现更加寒冷的环境，最明显的出现在东太平洋。温度在10世纪中叶达到顶点，然后在10世纪末和11世纪初再次达到峰

37 值（见图2.1）。在北大西洋，正是在这两个特别温暖的时期，受益于相对无冰的航行条件、鱼群向北游溯和陆地上有利的生长条件，挪威人在冰岛和格陵兰岛建立了殖民地，然后，在新千年伊始，他们发现了文兰岛，又叫纽芬兰岛。[2]直到20世纪末的全球变暖，这些高纬度地区的环境条件才再一次变得如此温和。

全球和北半球气温在奥尔特极小期（约1010—1050年）的后半段显著降低，在12世纪的大部分时间里，它仍然低于那个千年之初达到的短暂的峰值（见图2.1）。这种气温下降，看起来以12世纪90年代一次特别急剧的降低宣告终结，紧接着是部分程度的恢复，到13世纪30年代，北半球气温可能已经上升到11世纪90年代以来从未有过的水平。[3]这个变暖的时期代表了一种稍后向盛行于中世纪气候异常期的大

38 部分时间中环境和环流模式的回归，这与中国宋朝、东南亚和拉丁基督教世界同时出现的经济繁荣阶段是一致的。

从全球范围看，与17世纪末小冰期最寒冷的年份相比，在中世纪气候异常期最温暖的阶段，气温可能上升了至少1℃；在北半球，温差或许已经变小（见图2.1）。这种温差的绝对幅度可能看起来并不大，但毫无疑问，它在较小的地理范围内包含了更大的变化。它也已经足

---

[1] Bradley and others (2003). "中世纪气候异常期"一词取代"中世纪暖期"是基于这样的认识，"这个时期的特征不是一致的更高的气温，而是一系列的气温、水文气候和海洋变化在不同区域和季节的表达"：Graham and others (2010), 2。针对这个时期的一篇有影响力的早期论文，见 Lamb (1965)。

[2] Dugmore and others (2007), 13–17; Patterson and others (2010).

[3] 历史记录显示，在13世纪期间，气温升高在中国东部特别明显：Ge and others (2003), 938–939。

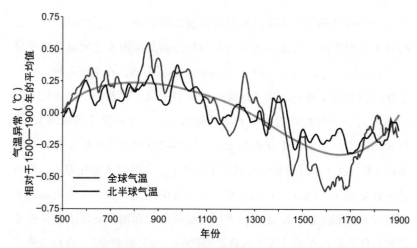

图2.1　重建全球和北半球的气温异常，500—1900年

资料来源：全球气温，Loehle and McCulloch（2008）；北半球气温，Mann and others（2008）

够深刻地改变了地球上广大地区的气候和天气模式，对植物群、动物群、微生物群和人类，以及它们之间复杂的内在生态关系产生了深刻影响。[1]本部分对中世纪气候异常期大气环流模式的综述涵盖了三个因素：第一，厄尔尼诺-南方涛动；第二，北大西洋涛动；第三，干旱中亚地带。之后将旧世界的气候作为一个整体做简要总结，并以此结尾。

2.02.1　厄尔尼诺-南方涛动

太平洋无论变暖还是变冷都会对气候产生特别深远的影响。太平洋是一个巨大而深邃的水体，它跨越赤道，向西的赤道信风从其上空拂过。它们引起了表层水体从东向西运动，越过赤道太平洋。在这一过程中，强烈的日光加温，由此引起西部海面温度相对于东部升高，这导致美洲附近的东太平洋和连接澳大利亚与东南亚的西太平洋之间

---

[1]　Above, Figure 1.2. 关于这些气候变化的性质与幅度，见 Graham and others (2010)。

形成一个强烈的气压梯度。东部海面温度降低越多，它们越推动升温的海水涌向西部。变暖的表层海水和较冷的深层海水之间出现的明显的"温跃层"（thermocline）在东部也比西部更浅。在美洲海域，这引起寒冷但营养丰富的海水从深海区的强烈上涌，因此进一步强化了寒冷的东太平洋和温暖的西太平洋之间的对比，并增强了信风的力量。日光加温因此能够产生导致东太平洋水温降低的神奇效果，降幅有时多达4℃。这些寒冷的近岸海域海水保证了大部分降水落在海上，而不是落在陆地上。因此，它们通常与中纬度的南美洲和北美洲西部的干旱气候条件相关联，由此，西太平洋温暖的海面温度确保了澳大利亚北部和印度尼西亚的湿度。这就是著名的"拉尼娜现象"，它对全球气候的影响是不可低估的。[1]例如，与强大的拉尼娜现象相联系的是，亚洲和印度强烈的季风，南美洲北部、萨赫勒和南非更大的湿度，以及东非和欧洲南部增加的干旱强度。

　　在中世纪气候异常期，拉尼娜现象看起来似乎特别强烈，其结果是美国西部大部分地区被禁锢在一种几乎永久干旱的状态之中。[2]树木年轮年表精确地记录了出现在广阔地理范围和长时间跨度上与干旱有关的火灾对树木的破坏，以及与降水有关的生长条件的变化。依靠这些丰富的古生态档案，爱德华·R.库克等人（Edward R. Cook and others, 2004c）为西经95度的美国西部建立了"干旱强度指数"，时间涵盖了过去的1 200年（见图2.2A）。它突显出的是"900—1300年干旱强度整体升高的400年间歇期"，这个时段与"中世纪暖期"大体一致，以及"1300年之后干旱突然不断减少的变化"。[3]长期干旱的插曲、强烈发展的拉尼娜现象的征候，集中出现于936年、1034年、1150年和1253年（上述大干旱中最后也是最持久的一次）。

　　同期的干旱和大旱灾出现在南美洲古气候学记录中。因此，通过

---

[1]　Herweijer and others (2007); Seager and others (2007).

[2]　Cook and others (2004b); Herweijer and others (2007); Seager and others (2007).

[3]　Cook and others (2004b), 2.

分析强烈厄尔尼诺现象催生的洪水所侵蚀的细粒岩屑，以及秘鲁沿岸海洋大陆架上的沉积物，可以确定10世纪40年代到13世纪80年代是一个降水和径流量最小的无洪水时期（见图2.2B）。[1]此后，河道流量和侵蚀显著增加，海洋沉积速度加快就是明证。通过对来自智利沿海大陆坡的地核的化学和矿物的全面分析，可以看到，海面温度在约700—1250年降低的证据（与拉尼娜现象主导的太平洋一致）也已经显现。[2]在同一时期，秘鲁的奎尔卡亚冰帽上结冰率的下降证明了降水水平的下降。它在约1250年降到最低点，与13世纪北美洲西部的大旱灾同时发生（见图2.2A）。它们共同证实了一次特别的较强的正位相厄尔尼诺-南方涛动事件的发生。[3]在智利中部的阿库莱奥湖（Laguna Aculeo），持续的夏季高温盛行于12世纪中叶到14世纪中叶，并于1240年左右达到一个明显的高峰。[4]1300年左右，秘鲁南部的一次暴洪终结了南美洲的大干旱时代（见图2.2B）。一块火山灰定年的玻利维亚冰芯（tephra-dated Bolivian ice-core）提供了一份高分辨率的铵记录（ammonium record），最近一次基于该记录重建的南美洲热带气温显示,（干旱）结束的日期甚至可能稍微更早。[5]直到那时，南美洲太平洋沿岸的干旱中世纪水文气候仍然是完整和稳定的。

一般而言，北美洲和南美洲西部太平洋沿岸地区越干燥，南亚和印度的季风带就越潮湿。库克等人（2010年）根据树木年代学的证据重建这片广阔地区大部分的干旱强度指数，按照可比较标准，也为北美洲建立了相应的干旱强度指数。不幸的是，为热带和亚热带环境中的树木生长重建长时段的树木年轮年表数据难度太大，这意味着干旱强度指数最早不可能早于14世纪和15世纪，当时南亚和东南亚的季风持续微弱。在这份记录上，1351—1368年的大干旱特别明显。[6]

41

[1] Rein and others (2004).
[2] Mohtadi and others (2007).
[3] Mohtadi and others (2007), 1061–1063.
[4] Gunten and others (2009b).
[5] Thompson and others (2013).
[6] Cook and others (2010), 488. 也见 Tana (2014), 335。

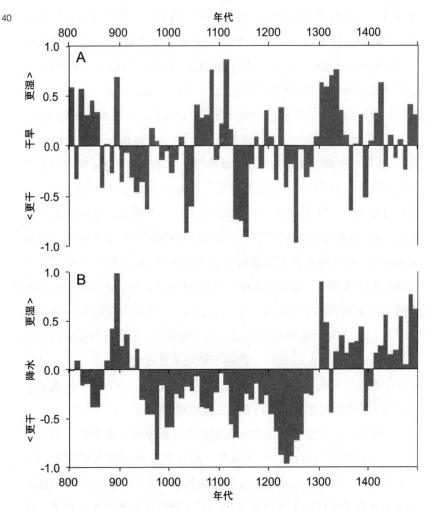

图2.2A　北美洲西部的干旱指数，根据树木年轮年表得出，800—1500年
图2.2B　南美洲西部太平洋沿岸地区的降水指数，根据秘鲁海岸的细粒岩屑沉积层数据得出，800—1500年
资料来源：改编自 Cook and others（2004c）；Rein and others（2004）

关于更早的世纪，依靠的是从巴基斯坦流到阿拉伯海的清晰的纹泥记录，以及对推测自确期带宽的洞穴次生化学沉积物的降水的估计，这些洞穴次生化学沉积物来自印度的丹达克洞、中国北方的万象洞和中国南方的董哥洞（见图2.3A到图2.4B）。上述"降水代用指标"（proxy precipitation measures）既单独也共同地（见图2.7B）证实了14世纪季风雨水的极大减少，从而突显出延续至13世纪末长期盛行的更加潮湿的条件（尽管在年度和地区之间有所差异）。

　　与位于阿拉伯海的海洋大陆架的纹泥记录相吻合的是巴基斯坦（大多数径流的水源）较高的降水水平。这里在11世纪、12世纪和13世纪的大部分时间里降水量大，只有从12世纪90年代到13世纪第一个十年，以及13世纪80年代出现短期降水大幅减少。纹泥沉积率（rates of varve deposition）在12世纪30年代达到顶峰，那时一个强大而有规律的季风已经长期稳定地形成，然后在13世纪更加多变，14世纪第一个十年降低到一个较低的水平上，并从14世纪40年代到15世纪出现了明显的衰退（见图2.3A）。在印度，从丹达克洞洞穴次生化学沉积物推测出的降水水平显示，强大而有规律的季风盛行于10世纪30年代到11世纪20年代，以及从11世纪70年代到13世纪50年代。在奥尔特极小期中，有一次短暂的季风变弱，出现于11世纪30年代到11世纪70年代，还有一次明显而持久的变弱从13世纪60年代出现，在14世纪40年代到70年代期间达到极值（见图2.3B）。[1]因此，在巴基斯坦和印度，这两个独立的年表证实，从10世纪中叶到13世纪末，强烈的季风雨是常见现象。

　　中国北方的万象洞接近于东亚夏季季风所能到达的最北部，一个等值的基于洞穴次生化学沉积物的降水指数显示，从10世纪中叶到14世纪初，出现了一次大致同步的持续性强季风雨，同样为奥尔特极小期在11世纪30年代到80年代的一次明显减弱的季风所打断（见图2.4A）。此时，降水的峰值出现于12世纪的第一个十年，紧接着是持续时间超过50年的强降水。13世纪的降水量有所缓和，但直到14世纪40年代，季风才出现决定性和持久性的减弱。此后，从14世纪50年代到80年代，季风或多或少地减弱，在中世纪的其余时间里，季风仍

---

[1]　Sinha and others (2007); Sinha and others (2011).

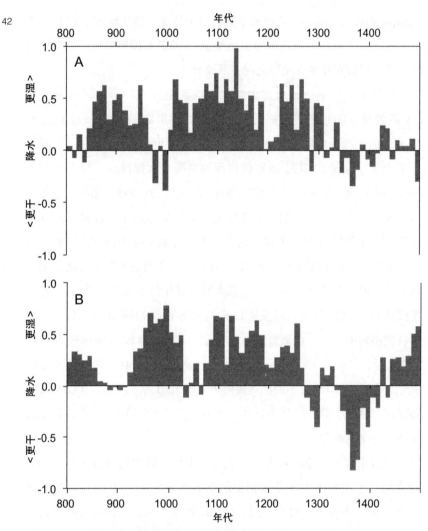

图2.3A 巴基斯坦的降水指数，根据阿拉伯海纹泥数据推算，800—1500年
图2.3B 印度的降水指数，根据丹达克洞洞穴次生化学沉积物数据推算，800—1500年
资料来源：Rad and others（1999）；Berkelhammer and others（2010b）

然极大地减弱了。在中国南方的董哥洞，洞穴次生化学沉积物记录提
供了一份相当不同的年表。在这里，降水水平在13世纪上半叶极大地
升高，并大约在1254年达到中世纪的峰值，那时洪水造成了比干旱更

44

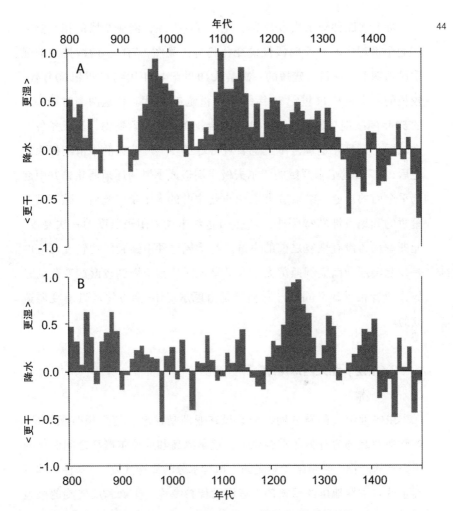

图2.4A　中国北方的降水指数，根据万象洞洞穴次生化学沉积物数据计算，800—1500年
图2.4B　中国南方的降水指数，根据董哥洞洞穴次生化学沉积物数据计算，800—1500年
资料来源：根据 Zhang and others（2008）；Wang and others（2006）改编

大的危险（见图2.4B）。这些强季风条件持续到14世纪，与其他地方一样，一直持续到14世纪40年代、50年代和60年代严重旱灾的开始。短暂但明显的复苏随后出现，直到15世纪初，强季风雨主导的时代戛然而止。

　　将上述四种降水指数合为一种，可以发现，南亚季风的相对强度在七个世纪中有一个时段性的变化趋势（见图2.7B）。两段持续的强季风雨期令人注目，较短的一次是从10世纪40年代到11世纪20年代，较长的一次是从11世纪70年代到13世纪70年代。将这两个时期隔开的50年间歇期与奥尔特极小期相吻合，在这个间歇期内，季风条件大大减弱，而且在地理范围上也表现得更加多样。持久的中世纪极大期之后，在13世纪末开始的沃尔夫极小期造成季风的逐渐弱化，并引起近乎全面的衰退，结果造成了14世纪中叶的大干旱。此后，除了某些短暂的和地方性的特例外，以及14世纪末期太阳辐照度的一次复苏，亚洲季风再没有恢复之前的力量。与季风这种由强到弱的转变对应的是，北美洲和南美洲西部太平洋沿岸地区从较干燥到较湿润变化的趋势，两者相反却又同步。它们都是由厄尔尼诺-南方涛动普遍变弱造成的。

2.02.2 北大西洋涛动

　　在中世纪气候异常期，强季风在亚洲是常态，与之相匹配的是，在欧洲西北部盛行强冬季西风带，这是冰岛和亚速尔群岛之间明显的压力差的产物，它带来了温暖的、饱含水分的海洋气流。[1]这种冬季气旋条件占主导地位的现象使上述海湾保持寒冷、干燥和反气旋的极地气团，并保证了温和的气温和高水平的降水。最明显的例外是，在11世纪中叶的奥尔特极小期及之后，来自苏格兰西北部的柯诺克南乌安洞（Cnoc nan Uamh Cave）的洞穴次生化学沉积物证据显示，那时发生了一次西风带的明显变弱，随着北极气团向南溢出，冬季变得更加干燥和寒冷（见图2.5A）。另外，除了一些明显的短期波动，约900—1300年这四个世纪的大部分时间里，强烈的气旋天气系统和温和的、

[1]　Seager and others (2007); Trouet and others (2009a and b); Graham and others (2010).

湿润的、西大西洋气流处于主导地位。[1]

这些气旋条件在13世纪40年代获得极大发展，当时欧洲北部经历了200多年之中最潮湿的天气。在英格兰南部温彻斯特庄园，1246—1247年盛行一种潮湿的、向西的气旋气流，这导致粮食歉收，并使粮食和盐的价格上涨。[2]尽管如此，橡树在这样的天气条件下茁壮成长，并在13世纪40年代和50年代长出了一些树木年轮年表记录上最宽的年轮。

在整个动态生长阶段，新旧世界的树木年轮宽度是呈正相关的（整个13世纪的相关指数为+0.46，在1230—1255年增加到+0.85）。它表明，在全球温带地区，树木对全球范围的影响做出了回应。[3]这些相同的气候条件使北大西洋海面温度保持适度温和，使冰岛附近的大部分海域不会结冰，并使格陵兰岛免于最严酷的寒冬，由此保证了挪威东部和西部定居点的环境适于人的生存。[4]这个基本良性气候环境的共同点是一次强正的北大西洋涛动。在13世纪中叶，它达到或接近于其中世纪力量的峰值。到13世纪末，它开始迅速衰落。

这种强北大西洋涛动的影响是使向西的冬季风暴路径偏向北，由此"剥夺"了地中海沿岸国家的降水，并在温暖而潮湿的欧洲西北部

47

---

[1] 例如，相对干燥、寒冷的气候在13世纪短暂回归（见图2.5A），抑制了橡树生长，并造成了严重的连续歉收，粮食价格的证据和时人的见闻显示，这次歉收将英格兰推向饥荒的边缘。1201年和1202年天气的明显特征是暴风雨和不合季节的天气：Britton (1937), 73–79; Cheney (1981), 580–581。粮食和牲畜价格在1203年翻了一番多，在次年仍然很高：Farmer (1956)。在格陵兰岛，气温在1197—1205年骤降至数百年来从未有过的极端寒冷，其程度如此严重，以至于直到14世纪初最寒冷的那些年才超越这一时期：Kobashi and others (2010b)。英伦列岛橡树的年轮宽度在1197年到1209年急剧变窄，在这个生长被抑制的时期，1207年成为一个明显的窄年轮事件（a narrow-ring event）（M. G. L. Baillie 提供数据）。

[2] 在温彻斯特庄园，1246年和1247年的收成整体较平均水平低10%，在汉普郡的海克利尔，小麦在1246年和1247年的收成只有1245年和1248年的一半：Hants R. O., Titow Papers。在1247年和1248年，小麦和盐的价格分别高于正常值50%和100%（小麦收成和盐水日晒蒸发都依赖于温暖、干燥的天气）：Clark (2009)。英格兰的橡树，在寒冷的冬季和温暖、潮湿的夏季长势良好，也显示出1246年和1247年超出平均水平的成长（M. G. L. Baillie 提供信息）。

[3] 旧世界是一个综合性年表，由 M. G. L.Baillie 根据极地乌拉尔（松树）、芬诺斯堪底亚（松树）、温和的欧洲（橡树）和爱琴海（橡树、松树和杜松）等地独立的多点年表而建立。在这个年表中，与最宽的年轮相符的年份是1248年、1249年（其中最宽的年份）和1250年。

[4] Jiang and others (2005); Massé and others (2008); Dugmore and others (2007); Kobashi and others (2010b)。

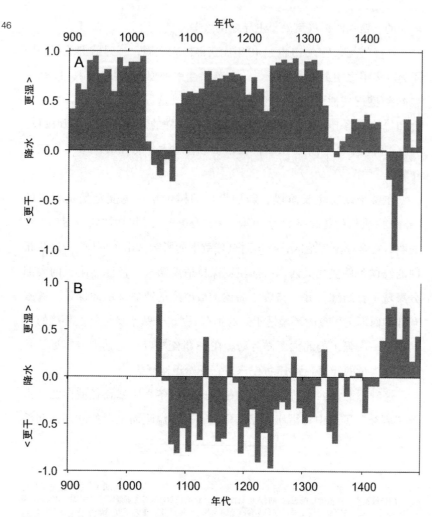

图 2.5A　苏格兰西北部的降水指数，基于柯诺克南乌安洞的洞穴次生化学沉积物的带宽，900—1500 年

图 2.5B　摩洛哥的降水指数，基于大西洋雪松的年轮宽度，1050—1500 年

资料来源：Proctor and others（2002b）；Esper and others（2009）

与炎热而干旱的欧洲南部和北非之间创造出一种明显的气候对比。[1] 例

---

[1] 吹进欧洲的西风的强度和方向受冰岛上空的低压和亚速尔群岛上空高压的相对强度和位置的控制。冰岛和亚速尔群岛之间的气压差越大，北大西洋涛动越强烈，西风带的强度越大。一个强北大西洋涛动通常为欧洲西北部带来温和与湿润的冬季。相比之下，一个较弱的气压差和弱北大西洋涛动使较干燥和更寒冷的极地空气进入。这种现象发生时，西风带向南偏转吹向地中海，为北非和欧洲南部带去多风暴的、潮湿的冬季天气。

如，在摩洛哥，根据大西洋雪松每年的生长年轮而重建的降水指数显示，11世纪中期奥尔特极小期内明显潮湿的间歇期之后，紧接着的是持续到14世纪初的极端干旱气候，它仅仅因出现于12世纪30年代和70年代，13世纪80年代和14世纪30年代等少数几次较潮湿的天气而得到缓解（见图2.5B）。通过基于年轮重建的摩洛哥的干旱指数和苏格兰洞穴次生化学沉积物的代用降水记录，可以发现，在12世纪和13世纪大西洋两个边缘地区之间，出现了湿度的巨大差异。[1]特别是13世纪40年代，是苏格兰极端潮湿和摩洛哥极端干旱的10年（见图2.5A和图2.5B）。直到14世纪中叶，北大西洋涛动才出现了一次普遍而持久的减弱，这导致冬季西风带及其伴随的降水的一次南移。到此时，值中世纪气候异常期结束之际，随着厄尔尼诺-南方涛动和亚洲季风的强度双双减弱，北大西洋涛动的每一次减弱之后都是一次复苏。

2.02.3　干旱中亚

中纬度西风带的轨迹和强度也对干旱中亚的湿度施加了强有力的影响，中亚位于亚洲季风的覆盖范围之外，只能依靠以西风为主的气流带来的降水。[2]因此，整个欧洲南部和北非的干旱状况，特别是地中海东部，往往会复制亚欧内陆类似的状况。这种广泛的联系清晰地显示在摩洛哥的降水水平与干旱中亚的十年综合湿度指数之间的密切时序对比中，前者重建自大西洋雪松的生长年轮（见图2.5B），后者则由陈发虎等人重建（2010年），其基础是一系列的代用古气候记录，它们来自咸海（哈萨克斯坦/乌兹别克斯坦）、苏干湖（中国西北）、博斯腾湖（新疆，中国西北）、古里雅冰帽（青藏高原，中国）和巴丹吉林沙漠（内蒙古，中国）（见图2.6）。正如在摩洛哥那样，11世纪初盛行

---

[1]　Trouet and others (2009a and b).
[2]　Chen and others (2008); Fang and others (2014).

于干旱中亚的相对湿润的气候条件并不比奥尔特极小期更长久。从11世纪最后十年开始，这里的湿度逐渐降低，到12世纪90年代和13世纪第一个十年，已经出现极度干旱，这就为蒙古人先是袭击，而后从1209年开始攻打西夏提供了一个强有力的动机。[1]在1220年左右的一段时间里，1211—1225年出现的所谓"蒙古雨季"（Mongol pluvial）使上述条件得到一定缓解，但此后的13世纪中后期数十年，湿度再次下降。在这次重建中，14世纪的干旱程度仅略低于13世纪。[2]此后，随着14世纪的推进，北大西洋涛动减弱，大西洋西风带的轨迹南移，同时，由于北半球较低的气温减少了蒸发造成的水分损失，因此干旱中亚的湿度开始断断续续地升高，蒙古、西藏东北部和天山山脉的树木年轮年表显示，从14世纪10—40年代出现了一个明显的湿润时段（在图2.6中不甚明显）。[3]

49 　　在苏格兰、摩洛哥和干旱中亚这三个地理上距离较远的地点，由独立的研究团队根据多种类型的古气候证据（洞穴次生化学沉积物、树木年轮、湖芯、冰层和地下水补给率）以不同的时间分辨率重新构建的降水和湿度代用指标，呈现出一个明显连贯的时序（见图2.7C和图2.7D）。奥尔特极小期与伴随的北大西洋涛动的减弱降低了苏格兰的降水量，使冬天的西风带向南偏转，给摩洛哥带来了更多的降水，并使湿润的气流渗入亚欧内陆。然而，从11世纪70年代开始，北大西洋涛动恢复了强度，冬季西风带继续它向北的进程，结果苏格兰的降水量重新反弹至10世纪的水平，摩洛哥和干旱中亚被置于一个几乎永久干旱的状态。在那个时期，欧洲北部温和湿润，欧洲南部、北非和亚欧内陆炎热干燥，二者在气候上的两极在毫无严重打断的情况下得以持续，直到14世纪上半叶，当时一直相当强烈的北大西洋涛动开始减弱，不同的环流模式开始明显为世人所感知。

---

[1]　　Lieberman (2009), 185; Brooke (2014), 369.
[2]　　Hessl and others (2013); Pederson and others (2014).
[3]　　Below, Figure 3.30.

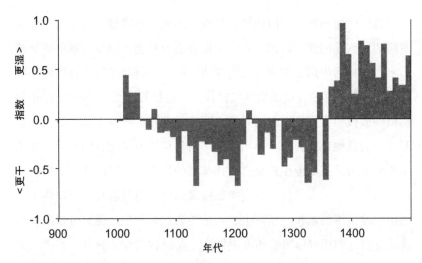

图2.6　干旱中亚的湿度指数，1000—1500年

资料来源：根据 Chen and others（2010）改编

2.02.4　旧世界在中世纪气候异常期最后延长阶段的气候

　　从11世纪末到14世纪初的200多年时间里，盛行着一种相当稳定和有弹性的全球气候系统。中世纪气候异常期的最后也是最长阶段有三个联系紧密和大致同步的因素：第一，较强的正位相厄尔尼诺-南方涛动与拉尼娜现象主导太平洋，这将北美洲和南美洲西部太平洋沿岸地区圈于干旱状态中（见图2.7A），并保证了亚洲和印度洋季风准时且富含水汽（见图2.7B）；第二，较强的正位相北大西洋涛动升高了北大西洋的海面温度，使欧洲西北部免受寒冷、干燥和极地空气的冬季入侵，并在欧洲北部和欧洲南部之间形成了明显的降水梯度（见图2.5A和图2.5B）；第三，盛行于中亚的周期性气候，有时是极端的干旱气候，源自正位相北大西洋涛动及与之相伴随的中纬度西风带明显向西北方偏移的轨迹（见图2.6）。

　　考虑到气温和降水对生物繁殖的有限影响，这些环流模式提升了一些地区的边缘性，同时使另一些地区的边缘性降低。尤其是，北大西洋的北欧共同体，欧洲西北部的混合农业社会，以及依赖季风种植小米和水稻的中国、东南亚与南亚诸文明，都得益于这些良性的环境条件，并都对必然发生的偶然气候异常，包括12世纪下半叶和13世纪初由一波火山大爆发引起的异常，表现出明显的弹性（见图2.7）。在旧世界的其他地方，降水不足限制了对环境资源更充分的开发，除了那些灌溉为维持农业生产提供替代基础的地方。亚欧内陆半干旱的大草原所保持的生态条件，不利于鼠疫耶尔森菌及其森林啮齿动物宿主超出当地范围的成长。实际上，各地的人们都发现，他们可以依赖当前天气模式的相对稳定性和可预见性。直到14世纪，这些环流模式失去稳定性，人们才发现，信任被放错了位置。

2.02.5　中世纪极大期

举例来说，在中世纪气候异常期，正是相对较高水平的太阳辐照度维持了大气环流模式的相对稳定。[1]因此，爱德华·巴尔德（Edouard Bard）和马丁·弗兰克（Martin Frank）宣称："有力的证据表明，太阳的变化促成了发生于几个世纪中的微小的气候波动，在类型上，它与描述上个千年的经典波动类似，即所谓的中世纪暖期（900—1400年），及接下来的小冰期（1500—1800年）。"[2]同样，据托马斯·克罗利（Thomas Crowley）计算，"在人为原因影响气温变化之前（1850年之前），多至41%—64%的十年期气温变化是由太阳辐照度和火山活动造成的"[3]。有待解决的问题是，估算出的辐照度变化是否足以解释我们所观察到的气候变化的程度，不过，太阳辐照度的时间表肯定与气温

52

---

[1]　Cook and others (2004a), 2072–2073; Graham and others (2010), 13; Jiang and others (2005); Mann and others (2005); Moberg and others (2005), 615–617; Wang and others (2005); Bard and Frank (2006); Seager and others (2007); Zhang and others (2008); Trouet and others (2009a and b); Berkelhammer and others (2010a); Graham and others (2010). 关于不同意见，参见 Cobb and others (2003), 274–275。

[2]　Bard and Frank (2006), 1.

[3]　Crowley (2000), 270.

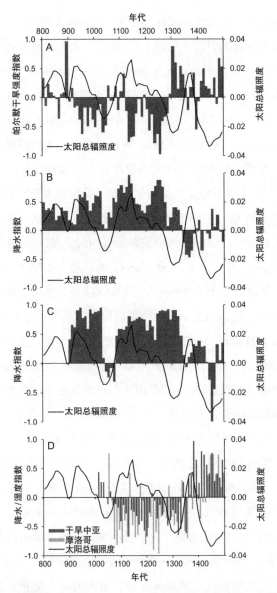

图2.7A　太阳总辐照度（根据铍-10和宇生同位素重建）和北美洲、南美洲西部太平洋沿岸地区组合干旱指数，800—1500年

图2.7B　太阳总辐照度和季风亚洲的综合降水指数，800—1500年

图2.7C　太阳总辐照度和苏格兰西北部的降水指数，800/900—1500年

图2.7D　太阳总辐照度、摩洛哥降水指数和干旱中亚的湿度指数，800/1000—1500年

资料来源：Delaygue and Bard（2010b）and Vieira and others（2011）; Figures 2.2A and B; Figures 2.3A and B and Figures 2.4A and B; Figures 2.5A and B

变化的时间表，以及大气环流模式变化的时间表相符合。

全球气温降低的时期（见图2.1）常常与太阳辐照度减少、低或零太阳黑子活动一致，正如在奥尔特极小期（约1010—1050年），沃尔夫极小期（约1282—1342年）、史波勒极小期（约1416—1534年）、蒙德极小期（Maunder Minimum，约1654—1714年）和道尔顿极小期（Dalton Minimum，约1790—1830年）。[1]相反，太阳活跃、太阳黑子活动频繁的时期，特别明显的是中世纪极大期和现代极大期，都与全球变暖有关。[2]而且，增加的太阳辐照度（乔叟极大期）看起来破坏了14世纪末期气温短暂但明显的恢复。然而，在吉勒斯·德莱格和爱德

53 华·巴尔德（Gilles Delaygue and Edouard Bard，基于南极冰芯的铍-10成分）、维利亚等人（Veiria and others，对格陵兰岛冰芯的宇生同位素进行测量，并对照上个千年树木年轮的碳-14成分进行了校准）重建的太阳总辐照度曲线，与克莱格·勒莱因和J.休斯顿·麦卡洛克（Craig Loehle and J. Huston McCulloch）、迈克尔·E.曼恩等人（Michael E. Mann and others）分别重建的全球和半球气温序列之间的匹配既不相称，也不精确（见图2.1）。[3]这是因为，正如气候变化的大多数方面一样，太阳辐照度的变化对地球大气和气候的影响，尤其是按照海洋-大气相互作用的代用指标来衡量，既不简单，也不直接。

从800年到1500年之间的七个世纪，有四个明显的太阳极小期（见图2.7）。最短暂的一个出现在9世纪末10世纪初，持续时间不超过20年。接下来是约1010—1070年持续时间更长的太阳总辐照度减少期，并在11世纪30年代出现了一个极小期，这就是著名的奥尔特极小期。约1280—1340年的沃尔夫极小期与之极为相似，并在14世纪的第一个十年达到最低点。50余年之后，史波勒极小期开始：太阳总辐

---

[1]　日期的提供者为 Stuiver and Quay (1980); 亦参见 Rogozo and others (2001)。Delaygue and Bard (2010a and b) 重建的太阳辐照度接替 Bard and others (2000) 的估算：868—1936 年两个序列数据的相关度为 +0.897。

[2]　Bard and Frank (2006), 1.

[3]　Delaygue and Bard (2010a and b); Solanki and others (2005). 太阳辐照度与全球和北半球气温的相关系数分别为 +0.28 和 +0.09。估计太阳黑子数量与气温的相关系数要低得多，分别为 +0.20 和 +0.08。

照度从14世纪90年代衰退，在15世纪40年代达到最小期，并在15世纪的其余时间里保持低水平。史波勒极小期在幅度和持续时间上超过了17世纪下半叶著名的蒙德极小期，并与全球和北半球气温的一次大幅下降有关（见图2.1），与之有关的还有15世纪30年代一段时间的严寒，这标志着小冰期第一个长期寒冷的开始。[1]

太阳总辐照度的每一次减少往往都会削弱太平洋内部的温跃层，并导致相应的厄尔尼诺-南方涛动的弱化，这正如美洲西部太平洋沿岸地区干旱条件的缓解（见图2.7A）和亚洲季风强度减弱所表现的那样（见图2.7B）。在根据丹达克洞（印度）和万象洞（中国）的洞穴次生化学沉积物重建的降水年表中，900年极小期和奥尔特极小期的印记显得特别清晰（见图2.3B和图2.4A）。同时，北大西洋涛动减弱，盛行的冬季西风偏向更南的轨道。奥尔特极小期给苏格兰西北部带来更加干燥寒冷的冬季天气，给北非带来更加湿润的天气，并使一股从西方吹来的湿润气流渗入干旱中亚（见图2.7C和图2.7D）。苏格兰洞穴次生化学沉积物记录显示，一些相似的情况可能已经在更早的900年极小期发生过（见图2.5A）。当然，大气环流模式的复杂性也意味着，它们从来都没有精确地自我复制，结果，上述阶段中的每一个都几乎是独一无二的。

每一次太阳极小期之后都会是一个强度和持续时间不等的太阳极大期。在9世纪的大部分时间里，太阳总辐照度已经非常高，在900年极小期之后迅速恢复。包括这个简短的、突然的间断期在内的中世纪气候异常期的头两个世纪，是一个相当持久的、太阳辐照度高的时期。这保证了厄尔尼诺-南方涛动和北大西洋涛动都普遍呈现出较强的正位相，给美洲西部太平洋沿岸地区带来干旱，给南亚带来有规律的潮湿季风，给欧洲西北部带来温和湿润的冬季。然后，奥尔特极小期破坏了这些既定气候模式的稳定性，并使中世纪气候异常期的第一阶段走

---

[1]　Below, Section 5.02.2.

向结束。稍后太阳总辐照度的巨大反弹恢复了之前的状态，并开启了中世纪气候异常期的第二个阶段，在这个阶段中，太阳辐照度保持在一个持续较高的水平上，但从11世纪90年代到12世纪40年代出现了一个明显的峰值（见图2.7A）。此后的任何极大期都不如中世纪极大期那样持久（见图2.7）。在其基础上建立的大气环流模式在长达200年的大部分时间里很少有明显的中断。在整个12世纪和13世纪，拉尼娜现象主宰了太平洋，使美洲西部太平洋沿岸地区进入一种几乎不间断的干旱状态之中（见图2.7A），此时的南亚则受益于准时而强劲的季风（尽管印度的收益建立在埃塞俄比亚损失的基础上）。同时，强烈的冬季西风带使欧洲西北部保持温和湿润，其代价则是由欧洲南部和北非承担的。西风带明显的朝向西北的轨迹也导致了中亚的气候逐渐变得干旱。

正是在13世纪中期，这种环流模式的特殊结构看起来达到了顶峰。秘鲁的降水量在13世纪20年代、30年代和40年代达到当时的低值，50年代则是北美洲西部一次大干旱的高峰（见图2.2A、图2.2B和图2.7A）。13世纪20—40年代给巴基斯坦带来了强季风降雨，50年代成为印度丹达克洞洞穴次生化学沉积物记录中特别潮湿的十年（见图2.3A和图2.3B）。中国北方在13世纪40—60年代的降水水平也很高，董哥洞的洞穴次生化学沉积物记录显示，中国南方在13世纪30—60年代也逐渐如此（见图2.4A和图2.4B）。根据稀有的福建柏的年轮宽度建立的干旱强度指数也证实，强季风雨在13世纪50年代发生在柬埔寨。[1]在欧洲，苏格兰西北部在13世纪40年代变得更加潮湿，但与此同时，随着北大西洋涛动在中世纪的强度达到最大值，摩洛哥，大概还有欧洲南部大部分地区，都退入一个严重干旱的状态（见图2.5A、图2.5B和图2.7D）。[2]不出所料，干旱中亚在13世纪50年代经历了一段时间的严重干旱（见图2.6和图2.7D）。[3]此后，这些极端条件逐渐得到缓

---

[1]　Baker and others (2002), 1342; Britton (1937), 99–104; Mohtadi and others (2007), 1061–1062.

[2]　Moreno and others (2012).

[3]　Below, Figures 3.29 and 3.30.

解，而且，由于中世纪极大期走向终结，从13世纪70年代开始，随着这次转型的发轫，先是厄尔尼诺-南方涛动，然后是北大西洋涛动，弱化成不同的小冰期的大气环流模式。

与这种太阳辐照度造成的气候年表重叠的是许多更加短暂的波动，它们由一系列强迫因子引起。火山爆发的影响在古气候记录中显得特别清晰，因为保存在格陵兰岛和南极冰盖中的硫酸盐和火山碎屑物透露出了明确的信息。其中一些可能归于有记录和有日期的历史事件，并转而与树木生长的精确日期偏差联系起来。[1]正如我们将在图2.8A发现的那样，先是没有明显证据显示150余年间硫酸盐气溶胶向平流层喷射，而后是1167年日本的雾岛火山爆发与1284年意大利埃特纳火山爆发之间，火山活动明显增加。在长达120年的时间里，明显的硫酸盐浓度激增出现于约1167年和约1176年（然后是约1188年和约1196年较小幅度的增加）、约1227/1232年、1257/1258年（整个全新世中唯一最大量的硫酸盐浓度峰值），然后是在约1269年、约1276年和约1286年的连续三次，其中迄今最大的一次很可能是由1280年左右厄瓜多尔指数为6级的基洛托阿火山爆发造成的。[2]它们的硫酸盐印记规模表明，上述每一次爆发都很可能影响此后几年的气候模式。

不仅如此，高超超（Chaochao Gao）等人估计，1227—1284年火山爆发的累积效应可能已经足以引起"一次气温明显下降十分之几摄氏度"，并加重了1270年之后太阳辐照度下降的影响。[3]事实上，吉福德·米勒等人（Gifford Miller and others, 2012）已经指出，1257/1258年指数为7级的火山大爆发（后被确认为萨马拉斯火山、林查尼火山复合体，印度尼西亚）造成的巨大大气强迫可能造成了中世纪气候异常期的终结，并引起小冰期大气环流模式的改变。[4]1257/1258年的硫酸盐

57

---

[1]　Ludlow and others (2013).

[2]　Frank Ludlow, 私人交流；Venzke (2013); E. Venzke, ed. (2013), Volcanoes of the world, v. 4.3.4, Global Volcanism Program, Smithsonian Institution 2013: http://www.volcano.si.edu/volcano.cfm/vn=352060 (accessed 27 May 2015)。

[3]　Gao and others (2008), 6 of 15.

[4]　Lavigne and others (2013).

印记规模令人印象深刻，道森等人（A. G. Dawson and others）据此推测，"未命名"的1257/1258年火山爆发可能对北半球气候产生了深远但仍未知的影响，曼恩等人则认为，它可能迫使类似厄尔尼诺的现象发生在热带太平洋地区，该主张最近得到朱利安·埃米尔-热艾（Julian Emile-Geay）等人的支持。[1]关于这次事件的历史重要性，学界也已经提出大量主张。[2]

但是，最近对可利用的环境证据的关键评估使人怀疑，这次大爆发对气候的影响是否确实很大，而且特别持久。[3]除非将火山爆发的日期定在不早于1257年春末的说法存在严重错误，否则，它显然不可能引起1256年和1257年年初的极端天气，也不可能导致1256年或1257年欧洲北部灾难性的歉收，以及随之而来的1258年的高粮价和高盐价。[4]更进一步讲，火山爆发造成的气候强迫本应该在1258—1261年被感知，但有趣的是，这些年并没有在古环境记录上作为特别极端或异常的年份而凸显，这是因为，正如有些火山学家和气候学家开始推论的那样，火山爆发的冷却效应很可能受到了释放出的气溶胶颗粒的数量和密度的限制。[5]但大气层因火山喷发而充满火山气溶胶，从而促成了随后发生的中世纪气候异常期的终结，现在看来，这是不太可能的。

事实上，虽然冰芯证据表明，1257/1258年火山爆发是中世纪气候异常期最大的一次爆炸性事件，但树木年代学确定1232—1236年大爆发才是造成迄今最大的环境衰退期的罪魁祸首。很可能，后者是由1227年冰岛的雷恰内斯火山和日本的藏王火山爆发，以及1231年雷恰

---

[1]　Dawson and others (2007), 431; Mann and others (2005), 450–451; Mann and others (2012). "我们得出的结论是，1258/1259年实际上发生了一次厄尔尼诺现象，尽管在幅度上也许并无特别之处"：Emile-Geay and others (2008), 3144。

[2]　Stothers (2000); Connell and others (2012), 228–231.

[3]　Zielinski (1995), 20, 949–950; Timmreck and others (2009); Brovkin and others (2010).

[4]　Oppenheimer (2003); Witze (2012).

[5]　但新世界的树木从未在1258年表现出生长衰退，旧世界的树木也是如此：树木年代学数据由M. G. L. Baillie提供。Emile-Geay and others (2008); Brovkin and others (2010). 在英格兰南部，1257/1258年火山爆发期间并没有明显的谷物价格或盐价的通胀：Clark (2009). 1261年，在拉德斯通（北安普敦郡）、1262年在弗洛尔（汉普郡），收获量可能会在一定程度上减少，但任何一次都没有达到引发危机的比例：The National Archives PRO SC6/949/3; British Library Add. Ch. 174. 关于伦敦的情况，见Keene (2011)。

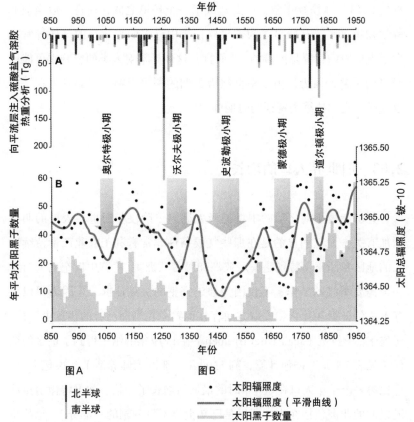

图2.8　格陵兰岛和南极冰盖中的火山硫酸盐沉积物，基于铍-10的太阳总辐照度和估算的太阳黑子数量，850—1050年

资料来源：Gao and others（2009b）；Delaygue and Bard（2010b）；Solanki and others（2005）

内斯火山再次爆发的共同作用下造成的，尽管这些爆发和随后的亚欧大陆树木生长的比例和时间对比很少。[1]更有可能的是，一些其他强迫因子或因子的组合可能应对此负责。这次持续12年的干扰（树木生长

---

[1]　根据史密森学会的全球火山项目可知，至少两次爆发——1226/1227年冰岛的雷克雅内斯火山爆发，1227年日本的藏王火山爆发——可能造成了1227/1228年格陵兰岛和南极洲冰芯中明显的硫酸盐峰值：Gao and others（2008 and 2009b）。在英格兰，1228年的夏季多暴风雨，1229年的冬天严寒，然后紧接着是1331年和1332年夏天的干燥：Britton（1937），88。干燥的夏季与1231年不列颠橡树生长年轮变窄是吻合的：数据由 M. G. L. Baillie 提供。

直到1244年才恢复正常）因此造成了一个环境之谜，而且，以当前的科学知识水平，这凸显了为古气候记录中许多明显较小的气候异常提供令人信服的解释是困难的。[1]而且，这种异常对人类的影响很可能已经得到缓解，因为，由于中世纪极大期的深远影响，它们发生在一个以气候稳定和持续为特征的时期内。

2.03　旧世界人口的增长

奥尔特极小期之后的中世纪极大期第二阶段与旧世界人口的明显增加有关，尤其明显的是在那些气候条件非常有利于农业产量持续增长的地区和国家（特别是季风亚洲和温带欧洲）。估算中世纪的人口是一项需要勇气的工作，不仅因为缺乏完整的文献证据，还因为得以保存下来的证据在社会和人口方面存在偏差。在当前已有的估算中，让-诺埃尔·毕拉班（Jean-Nöel Biraben）在1979年的结论得到了最多的信任（见表2.1）。[2]据他计算，到1300年，亚欧大陆养活了3.29亿人口，这比第一个千年人口在600年时的最低值增长了一倍。如果将撒哈拉沙漠以北的非洲包括在内（那里是已知世界不可分割的一部分），总数将提高到3.37亿。亚洲的陆地面积是欧洲的四倍，其人口占据了已知世界总人口的3/4。

大约在公元900年之前，人口增长是缓慢的、零星的，地理上分布不均衡，而且易于逆转（见表2.1和图2.9）。此后，直到13世纪的第二个25年，人口减少成为例外，增加成为常态。在技术发达的中国，人口增长率更高，因为那时它得益于充沛和相对准时的季风雨。在11世纪和12世纪，中国人口看起来增长了一倍多，在那个时期的大部分时

---

[1]　关于对当前思考的有益总结，见 Graham and others (2010)。

[2]　例如，毕拉班的数据被 Livi-Bacci (2001, 27) 引用。这里，对毕拉班的数据的引用优先于 McEvedy and Jones (1978) 的数据。

间里，增长率至少是0.4%。如果不是蒙古人南下造成人口数量自13世纪30年代锐减的话，这种增长的势头看起来还会持续一段时间，无疑本应如此。南亚次大陆人口的增长同样令人印象深刻，其累积的动力开始于10世纪，这与干旱肆虐的西亚、中亚、中东和北非形成鲜明对比，那里降水稀少，粮食生产能力的提高受到限制。欧洲的人口也处于上升的轨道上，在中世纪气候异常期第二阶段的大部分时间里，那里的人口增长率约为每年0.3%。在亚洲人口开始下降之后，欧洲人口增长持续了好长时间，到1300年，欧洲人口大约有7 800万，是公元1000年人口的两倍多（见表2.1）。[1]就整个亚欧大陆而言，12世纪因经历了最强劲的人口增长而显得异常突出，其中大约90%的增长发生在气候有利的季风亚洲和温带欧洲地区。

　　与其他地方一样，欧洲的人口增长也是不均衡的。约西亚·考克斯·拉塞尔（Josiah Cox Russell）对欧洲10个主要区域人口增长的估算显示，欧洲南部干旱地区和遭受蒙古人破坏的俄罗斯的人口增长率低于平均值，大北海地区则高于平均值，包括不列颠列岛、法国、低地国家、德国和斯堪的纳维亚半岛，这些地方的人口可能增长了两倍多。[2]科林·麦克伊维迪和理查德·琼斯同意欧洲南部的增长比欧洲北部缓慢，但他们认为，中欧和东欧尽管受到了蒙古人的侵扰，但增长也高于平均水平。按照他们的数据，人口数量在低地国家增长最为迅速，那里的人口增长了近3倍，由此成为可能是旧世界人口增长最快的地区。[3]维森特·佩雷斯·莫雷达（Vicente Pérez Moreda）对伊比利亚半岛人口所做的更为谨慎的估计证实，就人口而言，伊比利亚半岛是中世纪最不具活力的主要地区之一，西班牙和葡萄牙的人口总和从1100年的450万左右增长到两个世纪之后的550万（大大少于拉塞尔估算的

---

[1]　在这里，毕拉班同意约西亚·考克斯·拉塞尔 (1958, 148) 的意见，拉塞尔认为，欧洲人口在这三个世纪里翻了一倍，从大约3 800万增加到1340年的7 500万。麦克伊维迪和琼斯 (1978, 18) 则给出了一个几乎确定的数字：7 900万。Bairoch 等人 (1988, 297) 则提出了更高的数字：8 800万，而 Livi-Bacci (2000, 6) 主张，欧洲人口从1000年的3 000—5 000万增加到1300年的大约1亿。

[2]　Russell (1958), 113, 148.

[3]　McEvedy and Jones (1978), 23, 61–63.

59

表2.1　亚欧总人口估算，600—1400年

年份	估算的人口（百万）				
	中国	印度次大陆	亚洲其他地区	欧洲	亚欧大陆
600	49.0	37.0	53.5	27.5	167.0
700	44.0	50.0	46.0	27.0	167.0
800	56.0	43.0	52.0	30.0	181.0
900	48.0	38.0	58.5	33.5	178.0
1000	56.0	40.0	62.5	36.5	195.0
1100	83.0	48.0	64.5	42.5	238.0
1200	124.0	69.0	73.5	57.5	324.0
1300	83.0	100.0	68.0	78.0	329.0
1340	70.0	107.0	69.0	82.0	328.0
1400	70.0	74.0	63.5	58.5	266.0

资料来源：Biraben（1979），16

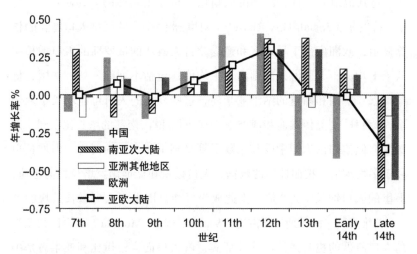

图2.9　亚欧人口年增长率估计，600—1400年
资料来源：根据表2.1计算

900万和麦克伊维迪、琼斯估算的875万）。[1]这种缓慢增长的背后是西

---

[1]　Moreda (1988); Russell (1958), 102; McEvedy and Jones (1978): 105. 关于伊比亚半岛的"例外主义"（exceptionalism）见 Zanden (2009), 40–41.

班牙干旱的气候和收复失地运动的破坏性影响。

关于意大利人口趋势的文献证据更为扎实。最近由乔瓦尼·费德里 61
科（Giovanni Federico）和马拉尼马提出的数据显示，拉塞尔严重低估
了这个国家人口的规模，以及它在1000—1300年的增长幅度，那时的
意大利正处于商业革命的盛期。就这一时期而言，他们认为，意大利
的人口由之前的520万增长到1 250万，是原来的2.5倍。令人些许意
外的是，其年增长率在1000—1150年略高于0.2%，1150—1250年加快
到0.3%，然后在1250—1300年进一步增加到0.4%。[1]此时的意大利是
欧洲南部人口最多、城市化程度最高、最富裕的国家，仅欧洲北部的
低地国家可以与其匹敌，后者的人口增长速度可能至少一样快。[2]

相比之下，英格兰完全是欠发达地区，城市化水平也不高，人均
财富可能只有意大利的一半，但其人口增长的幅度却差不多，从1086
年的约170万到1290年的约475万。[3]得益于幸存下来的一系列横向和
纵向证据，这些估算比大多数其他国家都要更扎实。关于佃户数量的
时间序列数据意味着，与意大利相比，最初快速的人口年增长率随着
时间逐渐降低，从1086—1190年令人印象深刻的0.57%，到1190—
1250年的0.52%，然后是1250—1290年的0.29%，此后进一步的持续
增长或多或少停止了。[4]1290年之前增长得以持续，尽管其间遭遇了周
期性的歉收，特别是1202—1204年和1256—1257年，还有大量人口移
民威尔士、爱尔兰和苏格兰。[5]英格兰的内部移民也将已有定居地区的
过剩人口重新分配到那些新的定居地，特别是东盎格利亚的沼泽地带、
被威廉一世破坏的英格兰北部的无人地带，以及那些有森林、荒野、
山坡为耕种和垦殖提供空间的地区。[6]1086—1290年，非垦殖地区和垦

[1]　Federico and Malanima (2004), 446.
[2]　Below, Section 2.05.1; Table 2.2
[3]　Broadberry and others (2015), 20—22.
[4]　这里使用的数据由 Hallam (1988, 536—593）提供，又补充了更多的信息，并使用类似指数–数量法
　　　进行重算，论点得到更有力的支持：Broadberry and others (2015), 10—15。
[5]　Davies (1990), 11—15.
[6]　这些变化反映在有记录的财富分布的重大变化上：Darby and others (1979)。

62　殖地区之间的人口年增长率的差别有时高达0.4%—0.5%。人口增长在英格兰南部，特别是西南部最慢，在北部最快，其垦殖潜力从未完全耗竭。[1]在已有定居地区和新垦殖地区之间的这种差异在整个欧洲曾多次出现。

这些移民和垦殖的离心过程确保了在中世纪扩张的高潮时期，很少有哪里仍然保持着完全没有定居点、经济上不事生产的状态。如果整个欧洲在1300年养活了8 000万—1亿人口，那么平均人口密度应该是8—10人/平方千米，相当于每户家庭有50公顷土地。如果抛开俄罗斯人烟稀少的广阔土地，人口密度将提高至14—16人/平方千米，每户家庭的土地数量将减少至30公顷。西班牙、苏格兰、波兰和匈牙利看起来都养活了这个数量级的平均密度的人口，而且每一个地区都存在零星有人居住的广大边缘地区与地少人多、人口更加密集的国家形成对比的情况。[2]例如，在苏格兰，人口密度不等，高地不足2人/平方千米，东部低地则超过30人/平方千米，东部低地成为欧洲人口密度中等偏高的最北部集中地之一（见图2.10）。在这里，每户家庭最多拥有16公顷土地。

英格兰的山地更少，气候也更适于粮食生产，总体上人口更密集，其平均密度为36人/平方千米，已经跻身欧洲人口最密集的国家之列。在人口最密集的东部诸郡（见图2.10），那里的乡村异常拥挤，人口密度是全国平均水平的两倍，为60—75人/平方千米，这与拥有较高乡村人口密度的佛兰德斯部分地区以及意大利中部与北部差不多，它们的平均人口密度超过40人/平方千米，这是欧洲最高水平的城市化所致。[3]这种密度意味着，每户家庭的土地面积少于8公顷。到14世纪初，在卢森堡南部和洛林的部分地区，人口密度达到70人/平方千米，但

---

[1]　Broadberry and others (2015), 19, 26–27. 关于东北部地区的持续垦殖，见 Dunsford and Harris (2003)。

[2]　约1300年，在新近重新征服和定居的土地充裕的葡萄牙，人口密度的范围是4—44人/平方千米，平均密度为11.4人/平方千米：Henriques (2015), 168–169。

[3]　关于乡村人口稠密的论述，参见 Campbell (2005)。

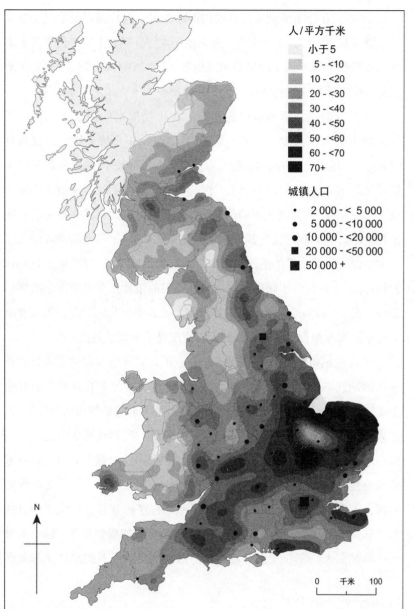

图2.10　1290年大不列颠的人口分布

资料来源：Campbell and Barry（2014）

在1344年，在托斯卡纳皮斯托亚周围的乡村，人口密度最低的是亚平宁山脉，只有10人/平方千米，最高的是63人/平方千米，位于排水不畅的亚诺河冲积平原上的过渡山丘地带。[1]类似的60—70人/平方千米的最大密度看起来盛行于佛罗伦萨、锡耶纳和圣吉米尼亚诺周围。[2]

只有最肥沃、播种最密集和原工业化程度高的低地国家保持了较高的乡村人口密度。因此，到14世纪初，在布拉班特，以及列日（Liège）、埃诺（Hainaut）的大部分地区，还有法国的阿图瓦和皮卡第，人口密度有时超过100人/平方千米（相当于每户家庭5公顷土地），也许除了意大利北部的伦巴第，这些地区如此高的人口密度看起来在这个时期的欧洲任何其他地方都找不出对手。[3]这些特别高的人口密度是以相当高水平的土地产出率为基础的：蒂埃里·迪雷松（Thierry d'Hireçon）在其位于阿图瓦的庄园里得到的粮食产量是中世纪欧洲的最高纪录。[4]如果没有亚洲式的复种制，及其更密集的劳动力需求和出众的单位面积粮食产出，更高的人口密度是不可能维持的。[5]

在11世纪末或12世纪的某个时间点上，是什么引起欧洲人口增长率从周期性不足转向经常性盈余，这是个谜。拉塞尔预见到李伯曼关于南亚的论断，他认为"这个时代很可能是中世纪最健康的时代"，由于人们对现有病原体形成了一定程度的免疫，疾病致死率因此稳步下降，这毫无疑问会提高存活率，并延长预期寿命。[6]这个长时段没有遭受瘟疫侵袭的事实应该也有助于人口增长，因为在半干旱的亚欧内陆地区，不利的生态条件限制了疫源区芽孢杆菌的存量，以及它的自然宿主和病媒生物的密度。[7]除了卫生条件极有可能得到改善，随着维京人、马扎尔人、斯拉夫人和穆斯林的威胁消退，并且封建领主和城市

---

[1]　Pounds (1973), 332, 337.

[2]　Pounds (1973), 337.

[3]　Pounds (1973), 332; Bavel (2010), 283.

[4]　Richard (1892).

[5]　持续的稻米复种维持了当时中国东部长江三角洲更高的人口密度，在元朝建立之初，约1290年，大约平均为160人/平方千米：Yoshinobu (1988), 146, 148（感谢徐婷博士提供了这条注释）。

[6]　Russell (1958), 113.

[7]　Below, Section 4.02.2.

公社的发展可以为地方提供有效的防护，政治稳定和军事安全也有了更可靠的保障。新的家庭构建因此可能也得到了鼓励。在一个土地充裕、劳动力短缺的时代，家庭和佃户数量的增加会让领主的既得利益增多。领主对劳动力和佃户的需求可能会对生育率形成一种正向的刺激，正如贸易和商业的复兴会创造可能改善的工作机会一样。商业的活力也肯定有助于解释，中国人为何会如此长时间地在亚欧诸国的发展队列中处于领先位置。

　　由于人口增长已然成为一种泛欧洲的现象，从某种程度上而言，也是泛亚欧的现象，因此，造成这种现象的原因在范围上往往也是泛大陆的。此外，它们已经如此稳固地发生作用，以至于增长的动力被证实能够承受周期性的严重短期冲击，而不会停滞或出现逆转。[1]因此，对欧洲西部大部分地区来讲，12世纪和13世纪多数时间里，人口的自然增长成为常态，这极大地加强了这个气候宜人的年代的扩张主义趋势。社会对食物、服饰和住房等基本必需品的需求增加，同样，从事生产的劳动力供给也增加了。商业化程度加深，随之带来了劳动进一步分化的机会。至少在这段时间内，人口增长对经济有利，劳动专业化和技术水平得到提升。

2.04　拉丁基督教世界商业扩张的制度基础

　　如果说，在一片广阔地理区域上有效的政治和军事权威是和平与繁荣的一个前提条件，那么宋朝已经展示出了这种人口和商业上的生命力，也就不足为奇了。在遭遇蒙古人的强力挑战之前，宋朝已经在一个广大和多样的地理区域内推动和管理着私人企业，并对强大的海

---

[1]　Hybel (2002), 788. 在属于温彻斯特主教的位于唐顿的庄园复合体上，1256/1257 年灾难性的歉收并没有打断成年男性所缴纳的什一税数额的稳定增长：其数量从 1255 年的 897 增加到 1265 年的 973，年增长率为 0.8%（根据 Christopher Thornton 提供的修正数据计算得出）。

军和外交进行了大量投资，以拓展和保护其海外利益。蒙古人1234年对金、1279年对南宋的影响并非完全是负面的，因为这个泛亚洲帝国的疆域是如此广阔，这样中国的商品就能够安全地出手，并降低了这样做的交易成本。[1]甚至，它一度使那些喜欢冒险的欧洲商人梦想着可能与中国进行直接贸易。

66　　更令人意外的是，政治上分裂的欧洲，具有多样性的相互竞争的和敌对的封地、领地和王国，每一个都是对贸易和商人的潜在掠夺者，也同时经历着一次商业繁荣。在意大利中部和北部，商业活力和政治分裂之间的反差最明显，在那里，每个城市实际上都是独立王国。然后，至少从11世纪开始，这个地区已经处于欧洲商业革命的浪潮之中，这里的商人在一个比任何其他地方都要广阔的地理区域内参与贸易。要做到这一点，他们需要一个能在超国家的层面上提升信任、保证公正，并为个人和贸易提供更多保障的机构。

在一个更宏观的层面上，就满足这样一个目的而言，拉丁教会（2.04.1部分）比其他任何实体都更合适，因为在政治和文化上分裂的欧洲大陆，它是唯一一个覆盖欧洲的统一的组织。从11世纪晚期开始，它成为"跨区域的广大社会组织的引领者"[2]。接下来的那个世纪，世俗权威（在一定程度上，它是对教会编纂教会法的反应）发展并加强了司法体系（2.04.2部分），这进一步改善了贸易管理的制度环境。同时，自治城市公社的增加、保护货物和成员的商人行会的建立，以及国际市场的形成（保证对经常在国际市场上从事交易活动的商人被公正对待），共同创造了这样一个环境：陌生人之间的信任得到提升，声誉得到捍卫，无赖和搭便车的人无处藏身，并受到惩罚（2.04.3部分）。这些制度性发展往往因国家而异，因此，在接下来的论述中，英格兰被当成案例来考察盛行于整个基督教世界的趋势。

---

[1]　交易成本指的是进行一项经济交易的成本：Williamson (1989)。
[2]　Mann (1986), 337; Zanden (2009), 33.

2.04.1 拉丁教会的复兴和改革

拉丁基督教世界的勃兴在很大程度上要归因于罗马教会。在8世纪，教会的命运和地位处于异常低潮期。那个时期的一个亮点在欧洲的西北端，与世隔绝、倡导清修的爱尔兰教会正在经历一个黄金时代。[1]在其他地方，欧洲中部和北部，以及整个斯堪的纳维亚半岛依然遍布着好战的异教徒；在中东、北非、伊比利亚半岛，伊斯兰教势力正处于上升期；在地中海世界，罗马和君士坦丁堡之间开始出现裂痕。到11世纪，这种危险的形势得到改变，拉丁基督教世界开始复兴。[2]撒克逊人、波希米亚人、克罗地亚人、斯堪的纳维亚人、波兰人和匈牙利人已经全部皈依罗马基督教。在不列颠，凯尔特教会开始遵循罗马模式。1054年，罗马与拜占庭的内部冲突已经得到解决，希腊教会正式与拉丁教会决裂。同时，在西班牙，基督教的"收复失地运动"已经取得重大成功，1085年，具有战略意义和象征意义的重要城市托莱多被夺回。最后，教皇乌尔班二世（1088—1099年在位）鼓吹第一次十字军东征，表面上是帮助拜占庭皇帝抵抗来自安纳托利亚的塞尔柱突厥人，但其终极目标是将基督教在巴勒斯坦的圣地从伊斯兰教势力的统治下解放出来。故事的高潮出现在1099年，耶路撒冷、的黎波里、安条克和埃德萨的十字军国家建立，基督徒，尤其是意大利商人直接参与到黎凡特的商业之中。

在内部，拉丁教会通过格列高利七世（1073—1085年在位，他最初是教皇的官员，后成为教皇）的激进改革实现了复兴。教皇首次宣告了自己在政治和法律上凌驾于整个教会之上的权威。这次宣告通过模仿10世纪的克吕尼派的改革得以实现，它将教皇置于一个集权化的教会等级制之首，这个体制包括教省、主教区、副主教辖区、执事长

---

[1]　Ó Cróinín (1995), 196–224.

[2]　比较737年和1000年的基督教世界地图，这两幅图见 McEvedy (1992), 36–37, 54–55。

辖区和堂区，这一体制得到加强并扩展到整个拉丁基督教世界。[1]此外，教会着力反对买卖圣职（买卖教会的职位）、教士结婚（随后，1139年第二次拉特兰公会议强制教士独身），最具挑战性的是反对世俗统治者选择和任命大主教和主教的权力。[2]事实上，格列高利七世已经宣称，教士应独立于世俗控制；他还进一步主张教皇在世俗事务上的终极权威，包括废黜国王和皇帝的权力。据哈罗德·伯尔曼（Harold Berman）的研究，拉丁基督教转型的整体性影响是如此巨大，其更广泛的内涵是如此深远，以至于已经造就了一次真正的"教皇革命"。[3]

为了坚持自己的权威和捍卫这些主张，教会创造并系统化了自己的教会法典，并通过自己的教会法庭来实施。[4]正是在教会法庭中，教士被审判，但更重要的是，这里也是审理宗教（亵渎神明、异端）和道德（诽谤、性行为不端、违约、婚姻和遗嘱认证）性质的案件的地方。通过这些法庭提供的权力，教会既能够改变欧洲的婚姻规则，并由此改变家庭生活，也可以主持财产的遗赠。[5]

在由各国语言和各地方言拼接而成的拉丁基督教世界，这个时代的教会在以共同语言——拉丁语——创造读写文化方面也发挥了重要作用，直到13世纪，它甚至享有一种近乎垄断的权力。[6]按照范赞登的说法，1000—1300年，人均书籍产量在不列颠列岛增长了几乎6倍，在欧洲西部增长了7倍，而同期书籍的绝对产量增长了12倍。[7]修道院和其他图书馆中存储的文化知识逐年累积。由于《圣经》比其他任何书籍都更为重要，而唯一的权威版本是拉丁文版本，所有誊写员都需要拉丁语法的基本知识。因此，教会学校与识字的神职人员的数量一起成倍增加，以至于拉丁语被更广泛地用作大众通用语，在基督教世

[1]　Golding (2001), 136–142, 162–165.
[2]　Lepine (2003), 375–376.
[3]　Berman (1983), 99–107.
[4]　Berman (1983), 199–224, 认为教会法构成了"现代西方的第一个法律体系"。
[5]　Goody (1983).
[6]　Mann (1986), 379.
[7]　Zanden (2009), 77, 81.

界的每一个堂区通行，无论是读、说还是写。结果便是一场"传播革命"，对整个世俗社会产生了极其广泛而深远的影响。

有文化的教会官僚机构得到发展，很快为国家机构所效仿，国家创造、保存，并逐渐将司法权威转化为成文档案。[1]现存每年书信的数量在教皇亚历山大二世（1061—1073 年在位）和亚历山大三世（1159—1181 年在位）时期增长了 7 倍，在英格兰，威廉一世（1066—1087 年在位）和亨利二世（1154—1189 年在位）统治期间，书信数量的增长超过 11 倍。[2]1226/1230 年到 1265/1271 年，英格兰大法官法庭购买的印蜡增长了几乎 9 倍，这证实了那时中央政府书面业务体量的爆炸式增长。[3]英国现存最早的庄园账簿和庄园法庭档案也出现在同一时期，这很难只是一种巧合。[4]后者证实，在地方层面，实际读写技巧逐渐有用，并受到依赖。[5]

在一个政治上分裂为超过 200 个实体的世界中，教会的力量在某些方面比任何君主都要强大，因为教会是一个代表现世和来世的超国家的永久实体，而国王的统治权则受到时间和国界的限制。对上帝的绝对信仰和恐惧赋予了教会巨大的道德权威。从 10 世纪末开始，教会更积极地推广这样的理念，即基督徒应该尊重教友的生命和财产：亵渎和抢夺会带来道德上的耻辱，并有可能受到神的惩罚。[6]这有助于建立商业和贸易所依赖的信任：交易主要通过誓言和有证人作证的对《圣经》的宣誓来达成。基督徒的道德贯穿于市场运转和商业管理，以及公平交易和公正的基本理念。[7]它也包含了某些对待穷人的信息。然而，与此同时，对非基督徒的态度，特别是对犹太人和穆斯林的态度恶化了。对十字军的鼓吹往往伴随着暴力的反犹太主义，如 1190 年，当理

69

---

[1] Clanchy (1979).
[2] Clanchy (1979), 44.
[3] Clanchy (1979), 43.
[4] Campbell (2000), 27–28; Razi and Smith (1996).
[5] Razi and Smith (1996), 67 : 1250—1349 年，英格兰肯定拥有大量能够读写的乡村人口，其比例比欧洲任何国家都高。
[6] Duby (1974), 162–165; Mann (1986), 381–382.
[7] Davis (2011), 22–31.

查一世（1189—1199年在位）即将启程前往圣地之际，他就推动对伦敦、约克和其他城镇的犹太人的屠杀。教会的不宽容也扩展至那些在宗教信仰和性行为上不端的人，而自相矛盾的是，随着对圣母马利亚的崇拜的兴起，对妇女反而更加歧视，因为圣母崇拜证明的就是女人从属于男人。[1]

教会逐渐支持这样的观点，即真正的美德在于生产性劳动之中。这种观点得到12世纪几个改革后的教会派别的积极回应，这些人建立了节欲、自律、研习和体力劳动的榜样。[2]虽然教会在施舍方面并不慷慨（教会用于济贫的支出很可能不足其巨额收入的5%），它却主张慈善是地主和富人的一种责任。值得救济的穷人（他们的贫困并非由于自愿，而是因为疾病，或不幸遭遇，或没有工作或土地）有权利获得社会多余财富的救济。通过施舍［虔诚的亨利三世（1216—1272年在位）每天为500个穷人提供食物］和慈善机构的建立（医院、济贫院、麻风病院和救济院），有钱人应该拯救流浪汉和穷人的命运。这种新的劳动伦理打击了懒散，大张旗鼓地利用自然法获取经济利益。教会本身是技术改进的一个重要投资者，特别是在排水、机械、磨坊和钟表等行业，技术进步的步伐稳步加快。[3]

因此，教会在11世纪及之后的复兴和改革，以及它掌控的极大扩展的"基督教的和平"帮助确立了欧洲经济实现复兴的制度性前提，而欧洲经济复兴的基础是人口、商品和信息进一步的大流通，技术进步（包括改善的组织），市场交换和扩张的国际商业与贸易。实现这一点的途径是，在一个地理上极为广阔的区域内确立标准、规则、信仰和态度，这个区域超出了单个领主、王国、司法管辖区、城市腹地、市场区域和贸易网络。由此，正如曼恩观察到的那样，它"使更多的

70

---

[1] Moore (1987); Golding (2001), 136.
[2] Burton (1994), 63–66.
[3] Mokyr (1992). 关于基督教对资源攫取的可能进行合法化，见 White Jr (1967)，以及 Hoffmann (2014)，85–94 的观测。

产品能够实现长途交易，比经常在许多小而掠夺成性的王国和统治者的领地之间发生的贸易都要远"。[1]

通过积累自己拥有和控制的土地、劳动力、资本和经营资源，以及享有的获取知识和信息的特权渠道，教会也变成一个日益重要的经济参与者。主教和修道院院长是商业基础设施的积极投资者、食物和一系列原材料的重要生产者，他们大规模地购买和出售商品。此外，教会改革的一个影响是吸引了更大份额的资源，因为男人和一些妇女蜂拥加入新的宗教团体，信众给予这些宗教团体丰厚的捐赠和礼物。到1300年，在虔诚的英格兰，教会控制了一半甚至更多的土地资源（见表3.5）。但是，如果说教会有助于促进以市场交换和技术进步为基础的经济发展，那么正是国家在其领土内维持了这种发展。国家在改变市场持续发展所依赖的规则上有更多的利益纠缠，它们能够利用司法和军事力量来施加和执行这些变化。

教会的某些态度和教义，尤其是反对收取贷款利息，对有效的商业发展实际上是不利的。由于高利贷被视为与自然法相左，违背了《圣经》的教义，它在1139年第二次拉特兰公会议上被禁止，1179年的第三次拉特兰公会议对收取利息施加了更多的禁令。这些规定对一个开放和竞争性的资本市场的发展造成了巨大障碍，而当时资本投资对保持发展的进程十分关键。[2]此类规定并非不可逾越，进行规避却相当困难，需要精巧的设计，一度还需要那些被排除在外的人，特别是犹太人的配合。[3]即便如此，犹太人在基督教社会中的位置依然是模糊和脆弱的。英格兰国王保护犹太人，以便榨取并掏空他们的财富，还在1290年将他们驱逐出境。[4]法国的犹太人在1306年遭遇了相似的命运。长远来看，进步依赖于商人借贷的出现，其中意大利人走在了前

[1]　Mann (1986), 383.
[2]　Davis (2011), 213–215.
[3]　Hunt and Murray (1999), 70–73. Below, Section 2.05.2b.
[4]　Stacey (1995); Mundill (2010).

面，但这并不能造就繁荣，直到教会法学家反思并修订教会关于货币、借贷和利息的态度。

　　教士和教堂数量的增长是教会改革进程的另一种评价手段。在英格兰，《末日审判书》记录了1 800个有一座或更多教堂的地方，以及500个有一名教士的地方。[1]尽管如此，这种分布依然是不均匀的。[2]在王国的许多地方，特别是在北部，大的堂区仍然由中央"敏斯特"教堂负责，其成员是一群教士，他们通过卫星小教堂满足周围区域居民的精神需求。诺曼征服之后，庄园数量的激增引起了这些大堂区的分化，分化后的小堂区则主要由当地庄园领主建造的新教堂负责。结果，庄园、堂区和村庄往往相互毗连，并发展出重叠的功能和特征。到1150年，更加地方化的堂区系统完全建立起来；到1200年，当时存在的堂区数量总计在8 500—9 500个，这是1086年存在的教区数量的4倍。[3]为每个堂区服务的教士平均至少三个，包括一名堂区长，或者，在堂区的第三名教士被划拨给一所修道院的情况下，堂区就会有一名代理神甫，往往有几名不领取圣俸的教士加以辅助。[4]

　　更多的教士，有些服务于教区世俗教士掌管的主教座堂，在越来越多的私人小教堂和祈祷堂担任忏悔神甫，这些小教堂和祈祷堂附属于拥有大量土地的贵族的住所；有些服务于救济院和医院，它们当时被建立用来接济朝圣者和贫病交加的人，并帮助那些病入膏肓的人准备踏入来世。还有一批数量不断增加的不领圣俸的教士，他们往往神品较低，因此不具备负责圣礼的资格，也不被要求保持独身，他们提供的是社会日益依赖的基本读写技能服务。这些书记员（如罗伯特，他的父亲亚当是沃灵顿修道院的碾磨工）大多出身较低，他们在一个日益依靠书面文字的社会中任何能找到工作的地方发挥着自己的书写

[1]　Darby (1977), 346.
[2]　Darby (1977), 52–56.
[3]　Blair (1988); Lepine (2003), 361.
[4]　Lepine (2003), 361, 369.

技能，在触及法律时，他们宣称自己拥有作为教士的权益和由教会法庭审判的权利。[1]因此，在12世纪和13世纪，在俗教士的数量很可能增长了至少10倍，总数达到大约3万—3.5万（相当于每40个成年男性中就有一名教士）。[2]

在同一时期，正式的神职人员——僧侣、修士、修女和托钵僧（托钵修士广为人知的名称）——的数量的增长更为惊人，因为教宗发起的神职改革伴随着类似的甚至更为成功的修道院改革项目。后者表现在修道院理想的复兴，而复兴的结果是一系列新的修道院教派的建立，每一派都要求回归纯粹的修道院制度，不为物质财富和外在形式污染，这已经成为圣本笃经典院规的一个明显特色。[3]这次改革运动的主体在法国。910年，在勃艮第的克吕尼，这些改革教派的先行者建立了克吕尼修会，其在当时的新特征是，它下属的所有修道院都服从克吕尼修道院院长的管辖。[4]随着克吕尼改革获得重大成功，加尔都西会于1084年在大沙特勒兹建立，稍后建立的是西多会、萨维涅克会（Savignac）和蒂龙会（Tiron），它们都出现在法国，在一定程度上也是作为对克吕尼改革的回应。此后，这些改革后的宗教派别在整个拉丁基督教世界扩散。

在英格兰，诺曼征服后的十余年中，第一个克吕尼修道院于1077年建立于萨塞克斯的刘易斯，其他修道院很快纷纷建立。[5]40年之后，是新式法国改革派修道院的建立。首先，在1120年左右，蒂龙会修士们在安德威尔和汉布尔（汉普郡），以及怀特岛的圣克洛斯（St Cross）建立基地。[6]此后，在1124年，萨维涅克会在兰开夏郡的图尔凯斯（Tulketh）建了一所修道院，它在1127年迁至该郡的福尔内斯

[1]　Harvey (1965), 144.
[2]　Lepine (2003), 368–369; Harvey (2001), 256–257.
[3]　Burton (1994), 63–66.
[4]　Berman (1983), 88–94.
[5]　Burton (1994), 35–39.
[6]　Victoria County History (1973), 221–223.

（Furness）。[1]此后，1128年，西多会在萨里郡的韦弗利扎下根。[2]西多会是所有这些教派中最集权、最讲究等级和最成功的组织，其管理和沟通体系不局限于国家和教会的边界，到13世纪末，它已经成为一个由遍布欧洲大陆、不列颠和爱尔兰的500所修道院组成的"家庭"。同时，新的奥古斯丁会在12世纪90年代已经扩散到科尔切斯特的圣博托尔夫。[3]该修会的基础是于396—430年任北非希波主教的奥古斯丁所写的信件，并重视神父的职责和关怀。主要由于这一点，也由于修士们的适应力，奥古斯丁会最终成为所有教派中最受欢迎的那一个，其在英格兰建立的修道院比其他任何教派都多。[4]最晚的是加尔都西会，其修士在1178/1179年在萨默塞特郡的威瑟姆（Witham）建立起自己在英格兰的第一所修道院。[5]他们将隐修士的禁欲主义理念与修道院的集体礼拜理念结合起来，但他们确立的崇高精神标准意味着，他们拥有的修道院数量总是很少。

　　这些新宗教派别的到来为教会扩张的进程提供了全新的动力，并为将来的拓荒者增加了可能的选择，因为建立修道院的热情迅速传播到社会下层。1066—1100年，英格兰修道院的数量增加了一倍多，达到119个；在接下来的半个多世纪里，随着建立速度的加快，修道院数量几乎是原来的三倍（见图2.11B），这个进度表与太阳总辐照度的上升过程异常吻合。在12世纪30年代，当这场运动处于顶峰之时，新建修道院不少于76个。这正是西多会传播的高潮时期。它的大部分吸引力和成功来自它给了真正出身卑微的人成为辅理修士（lay brother）的机会，从而他们得以有望从事神圣的职业。甚至在斯蒂芬和马蒂尔达之间的内战结束后的10年里，新建修道院的数量比之前一个世纪里的还多。此后，随着临近饱和点，以及赞助和虔诚的目光再次转移，新

---

[1]　Burton (1994), 67–69.
[2]　Burton (1994), 69.
[3]　Burton (1994), 43–45.
[4]　Knowles and Hadcock (1971); Golding (2001), 151.
[5]　Burton (1994), 77–80.

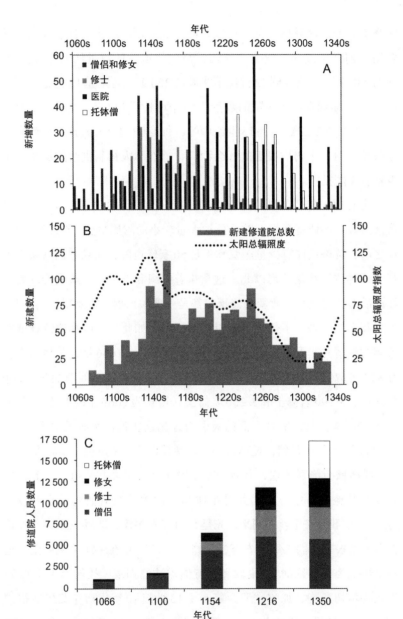

图2.11A 英格兰新建修道院的数量，11世纪60年代—14世纪40年代
图2.11B 英格兰新建修道院总数和太阳总辐照度，11世纪60年代—14世纪40年代
图2.11C 英格兰修道院教士总数，1066年、1100年、1154年、1216年和1350年
注：太阳总辐照度的指数范围为40—120，其中，12世纪40年代为120
资料来源：Knowles and Hadcock（1971）；Figure 2.7A

建修道院的速度开始下降，这次转向了成本较低、实用且能快速发挥效用的创办医院的事业上。然而，新建修道院的数量从12世纪上半叶的230余个，减少到12世纪下半叶的220个，再降至13世纪上半叶的77个，而同期新建医院的数量从54个增长到144个，然后又上升至171个（见图2.11A）。到13世纪中叶，每1万—1.2万人差不多就有一家医院。对一个物质匮乏的社会而言，这在私人福利供给领域是一个极富意义的投资。

75 　　截至1260年，英格兰有超过400家这样或那样的医院，有超过600所修道院、小修院和修女院，外加大量较小的附属单位。[1]然而，200年之前，英格兰仅有少量医院和不足50家修道院，而且它们都属于本笃会，都位于特伦特河以北。这意味着组织和决策领域蕴藏着巨大的经济活力。建立每一所新的修道院都是一项大工程，需要审慎的谈判、规划和实施。许多事情都会出错，而且事实如此，一所修道院迁址并重建的事情并非无人知晓，但成功率是惊人的。1066年，英格兰教会有844名僧侣和206名修女，到1216年，这个群体已经有超过5 500名僧侣、3 700名修士和3 250名修女，增长为1066年的12倍（见图2.11C）。事实上，宗教生活的吸引力远比这些数据所显示的更强大，从13世纪20年代开始，托钵僧的到来使教会成员队伍进一步壮大。

　　托钵僧拒绝财产权，并致力于宗教关怀、讲经和传道。因此，伦敦以及其他城市中心，尤其是牛津和剑桥大学城对他们特别有吸引力。[2]多明我会修士首先到来，先是1221年在牛津，然后是1224年在伦敦落地生根。他们之后，方济各会修士于1224年在牛津（在那里，他们很快成为思想领袖）、伦敦和坎特伯雷站稳脚跟，拄拐修士于1235年在科尔切斯特、加尔默罗会修士于13世纪40年代初在艾尔斯福德（肯特）和赫恩（诺森伯兰）、奥斯汀修士于1248年在克莱尔（萨福

---

[1]　到14世纪初，欧洲有超过4000所寺院，参见《天主教百科全书》。www.newadvent.org/cathen/02443a.htm.

[2]　Burton (1994), 112–115.

克）、布袋修士于1257年在伦敦纷纷落户。到1260年，100多所托钵僧修道院建立，托钵僧的数量已经增加到超过2 000人。事实上，托钵僧的吸引力是如此之大，原有教派的成员招募都受到影响。尽管如此，总的来说，教会成员数量有一个净增加（见图2.11C），修道院教士的数量增加到大约1.5万—1.6万（其中，1.2万—1.3万是男性）。

到此时，这次宗教改革运动基本结束，到13世纪末，新建修道院的数量逐渐萎缩。拉丁教会的名誉也每况愈下，因为教皇变得逐渐政治化和世俗化。1291年，阿卡的陷落使宣称保护基督徒到圣地朝圣的整个十字军东征事业不光彩地落幕，不到20年，为保护朝圣而建立的圣殿骑士团就在异端和巫术的指控中解散。从1305年开始，一系列法国籍教皇被选举也显示出，教皇受到法国国王的过度政治干预，尤其是克莱芒五世（1305—1314年在位）在1309年将教廷从罗马迁至阿维尼翁，在那里，教宗一直是"巴比伦之囚"，直到1376年。不过，在那时，特别是在12世纪，拉丁教会帮助创造了泛欧洲贸易和商业全面复兴的前提条件。

在教会影响下出现的这些变化是巨大的。到1300年，教士在人口中占据的比例要高于教皇改革运动开始的1070年，新的堂区、教堂和修道院的基础设施建设保证了宗教关怀更近、更有效。重要的投资出现在提供福利方面。修道院、救济院和桥梁（其中许多因慈善的目的而建）的修建，以及基督教团体文化使旅行更便利、更安全，当时，十字军、朝圣和教会的业务为许多人提供了旅行的动机。在整个基督教世界，拉丁语作为礼拜语言，是所有受过教育的人（包括学者），以及大多数政府和管理机构使用的语言。更多的国家和国际信息、理念和人员的交流因此变得便捷。这个时代的思想活力表现在，新宗教派别、学校和第一批大学（1088年博洛尼亚大学、1150年巴黎大学、1167年牛津大学），以及伴随而来的由知识的积累导致的书籍生产的持续增长。[1]在这次文化和经济勃兴期间，艺术呈现出前所未有的繁荣，教会成为极大扩张的建筑业的唯一最大赞助人。在一个贫穷的社会中，大多数人能够享受到更好的休闲，而不是物质产品，教会使宴饮日和斋戒日变得理性和正式，它规定了重要节日和圣日的数量，并对温驯和谦恭的人允诺确信的救赎。在金碧辉煌的建筑中（主要是富人付钱建造而所有人都能进入），精巧的典礼和重大宗教仪式的举行满足了大众对音乐、盛大场面和神秘的渴望。在所有这些领域（基本上是非物质的且无法计数），生活质量和来世的前景得以改观。

2.04.2　世俗国家和西方法律传统的诞生

教会对教会法的编纂引起了人们对法律兴趣的普遍复兴，这造就了多元法律体系（伯尔曼称其为"西方法律传统"）。在此框架下，更复杂的社会和经济关系蓬勃发展，多边商品交换模式不断扩展，要素市场得以建立。[2]从12世纪开始，君主、城邦和其他世俗权威开始编纂它们自己的民事和刑事法律体系，其依据要么是《罗马法》，就像6世纪编纂《查士丁尼法典》那样，要么是普通法，其模板是不列颠和爱尔兰。从法律创制的多样性中，人们对研究、教学、编纂、应用和执行法律越来越感兴趣，并出现了一批专业律师。[3]因此，所有的社会和经济关系都被纳入这种不断发展的法律结构中，而这本身就是教皇改革的副产品。

在英格兰，亨利二世（1154—1189年在位）对普通法的创立成为经济力量发展更充分的一个主要动力，尽管他不可能意识到这一点。从其外祖父亨利一世（1100—1135年在位）开始，在荣誉法庭和庄园法庭上，王室司法制度就以削弱领主司法审判权为代价而获得

---

[1]　Zanden (2009), 69–91.

[2]　Berman (1983).

[3]　Berman (1983); Zanden (2009), 43–50.

发展。[1]原有的郡法庭每40天开庭一次，在这些发展中依然起到了关键作用，保有了其原有地位，因为从1166年开始，它们成为国王的巡回法官在巡行时开庭的地点。[2]在这里，刑事罪犯由来自百户区和村庄的陪审团带到王室法官面前。从此时开始，王室法庭处理的刑事犯罪的体量开始增加。然后在1176年，《北安普敦诏令》（The Assize of Northampton）开启了建立民法体系的进程，该体系基于统一的规则，由国王任命的专门法官实施。[3]

此后，那些身陷土地或财产纠纷而欲寻求司法途径的人，就会通过从国王那里购买一种有一定适用范围的令状来发起一项诉讼。这要求相关郡守选任一个由守法的人组成的陪审团来调查案件，并给出证据。然后案件由一名特定的法官听审，不管被告是否选择出庭，判决都会被做出。大量的此类民事诉讼得到处理的同时，刑事案件也在郡法庭上由王室巡回法官来听审。随着诉讼数量的提升，郡法庭的事务也在增加，它们与威斯敏斯特的御前会议（curia rege）的联系更加紧密。早在1179年，国王就已经要求21名法官分四路巡游全国，以召集一次常规的巡回法庭。[4]甚至在半自治的达勒姆帕拉丁领地，也是主教们分派的王室法官，而不是领主自己的法官（执行法律），因为其至上的权力并没有延伸到法律的颁布。

先前，不能由巡回法官听讼的案件就交由财税法庭来审判，该法庭召集于威斯敏斯特的威斯敏斯特大厅。随后是普通民事诉讼法庭的建立，在该法庭中，开庭期的任何时间都可以做出判决。相比之下，王座法庭处理在郡法庭延期的复杂案件。[5]上述三类法庭的业务在13世纪40年代激增，由此确定了威斯敏斯特在法律和司法界的中心位置。在威斯敏斯特，还居住着未离开首都的君主，还有其家庭成员、王室

78

---

[1]　Chibnall (1986), 161–183.
[2]　Chibnall (1986), 192–207.
[3]　Palmer (2003), 244–249.
[4]　Harding (1973), 54.
[5]　Harding (1973), 53–54, 75, 84.

管理官僚机构，以及王室御前会议成员。

与成文、理性和严格的大陆罗马法相比，英格兰的普通法和爱尔兰的领主权是不成文的、合理的和灵活的。它包括一套清晰的法律规定和原则，判决应该依据先例做出。这种法律结构的内在简明性赋予它十足的魅力，因为它将案件简化为要件，并保证了诉讼的合理化。在与封建领主权力相联系的司法权逐渐变得支离破碎之时，王室司法因此变得成本低廉且高效。结果，王室法庭经历了一次诉讼数量的膨胀，其推动力来自当事人，而不是王室。为了处理这种业务，国王任命了一批专业法官，他们均受过专门的法律教育。此后，随着识字率的提高，以及土地所有者更加熟悉公文，任何一个有头脑的人都会发现，他们可以在国王的法庭上提起诉讼，甚至如果足够审慎的话，起诉他们的领主也不无可能。到1215年，这次法律革命完成了，因为国王的司法制度和普通法得到国王的广大臣民全心全意的接受。[1]由此这个国家随后经济发展的一个基石得以建立。直到中世纪结束，普通法与教会法、领主司法并存，但它在这几种司法体系中最终占据了优势。

这些制度的发展对经济的主要影响是，稳固的和可守护的土地财产所有权得以建立。[2]《收回被占继承土地令状》使那些被错误地剥夺继承权的人恢复他们的财产，《新近侵占令状》向那些被其领主非法剥夺财产的佃户提供了救济。不论这是不是亨利二世的初衷，土地权利都独立于个人和封建关系而存在。而且，这些个人的土地财产权是可以转让的。随着转让和出售的明确法律程序逐渐确立，土地就转型为一种经济资源，经济和社会关系的商业化速度加快。最初，自由持有农通过置换取得了出售土地的权利，由此土地被移交给领主，后者又将土地授予另一个人。但随着13世纪的发展，在御前会议上提起的一系列诉讼允许自由人之间通过置换来转让土地，而无须获得领主的允

---

[1]　"从1176年到1215年，英格兰建立起一种司法制度，并产生了财产法，在使足够广泛的臣民受益的过程中，政府机构获得了他们真正的忠诚"：Palmer (2003), 244。

[2]　Palmer (1985a); Campbell (2009a), 88–92.

准，由此使自由人持有的土地得以自由转让。[1]此类判决将越来越多的业务从领主法庭吸引到王座法庭上，它也成为封建的社会-财产关系的一个主要解决方式。

随着土地成为一种商品，关于其作为一种经济资源的使用和管理的基本假设也在变化。例如，将土地用作贷款的担保，就可以使土地成为资本。如此，土地就有了流动性。罗伯特·帕尔默（Robert Palmer）曾指出，资本突然注入经济，可能就是为什么英格兰的普通法问世后，紧接着出现了中世纪唯一一次也是最著名的一次价格通胀。[2]当然，普通法的出现强化了自由人和维兰（villein，农奴）之间的法律差别，因为只有自由人被赋予了在王座法庭提起诉讼的权利。[3]随着庄园领主逐渐失去对自由人的管辖权，领主们也失去了对数量迅速增加的自由持有地的控制。这对乡村财产结构和农业状况产生了重要影响。[4]

自由持有农的司法判例也没有被浪费在持有惯例份地的维兰身上，因为维兰依赖领主在其自治庄园法庭上任意派遣地方官员来判案。到13世纪下半叶，越来越多的领主开始允许他们的维兰使用置换方法来买卖惯例份地。[5]领主从中收取"过户费"，相应地，这种"入场费"也为庄园法庭案卷记录权利变更提供了一种廉价和便利的方式。一旦领主将这种"权利"让渡给维兰，它就获得了习惯的力量，而且被证明是不可能被撤销的。此后，领主像国王一样，也满足于来自此类交易所产生的大量潜在许可费的收益。尽管有进取心的领主成功地将新的业务吸引到他们的法庭上，但总体来看，王室司法的发展是以领主司法的萎缩为代价的，而且前者使不自由的人渴望享受仅授予自由人的

80

---

[1] Yates (2013).
[2] Palmer (1985b); Palmer (2003), 249; below, Section 2.05.2c.
[3] Hyams (1980).
[4] Campbell (2005); below, Section 3.01.3d.
[5] Razi and Smith (1996), 50–56; Campbell (2009b), 90–92.

司法特权。[1]买卖土地的权利便是其中之一。首先在自由持有地，然后在惯例持有地上发展起来的市场，对土地的分配、持有地的规模和布局产生了深远影响。尤其是在人口增加的背景下，它们有可能造成份地和地块的细碎化。[2]

2.04.3　行会、公社和国际集市

与教皇改革运动同时，一系列国家层面下的制度发展促进和便利了第三方之间的交流，并可以快速而有效地解决它们之间的争端。[3]与陌生人或在陌生的地方进行交易要承担明显的风险，如欺诈、违约、违反合同和被罚没。至少从 11 世纪开始，参与长途贸易的意大利商人们就已经自行组织正式的联盟或行会，这有助于保护他们的人身和财产安全，以防止交战军队、专制统治者、土匪和海盗的侵害。每次商品或货款易手时，这些商人行会也会督促契约的履行。阿夫纳·格雷夫（Avner Greif）定义的"交易中的两个重要问题"由此得到解决。[4]在欧洲北部，汉萨商人行会和贸易城市联盟，从 12 世纪初的无名之流发展到 14 世纪的重要组织，是这种现象的最好例证。在一个政治上分裂和不稳定的世界中，汉萨同盟经过各种运作来保障商业特权，并消除对其成员的贸易限制。由此，汉萨商人在获取市场信息、谈判和保护方面享受到了比同一市场中的竞争者更低的成本。凭借这些更低的交易成本，他们开始主导波罗的海和北海两个贸易圈内部及其之间的贸易，范围从东部的诺夫哥罗德延伸到西部的布鲁日和伦敦。[5]

同时，成倍增加的自治城市共同体也产生了类似的效果。在它们

---

[1]　到 14 世纪上半叶，最赚钱的庄园法庭充斥着国王的世俗直属封臣的案件，每年产生的收益超过 20 英镑；但《死后财产调查清册》（*Inquisitiones post mortem*）所记录的 3/4 以上的收益仅有 1 英镑或更少：Campbell and Bartley (2006), 269–273。

[2]　Campbell (2005); Campbell (2013b); Bekar and Reed (2009).

[3]　Greif (2006); De Moor (2008); Zanden (2009), 50–55.

[4]　Greif (2006).

[5]　Hunt and Murray (1999), 164–166.

的市民宪章里，已经写入了对商业活动尤为重要的迁徙自由和契约自由。它们的市政会议颁布法律来管理市场、集市上的贸易行为，并规范度量衡，它们的城市法庭则维护契约的履行和公平交易。一个运转有序的城镇才有可能吸引其他地方的商人。城镇的发展往往与城堡、修道院或主教所在地有紧密联系，因为它们需要后者最初提供的保护和司法公正。然而，领主的权力和司法正义是有局限的，久而久之，大多数城市都努力主张自己的司法自治权。[1]那些已经得偿所愿的城市能够组建自己的法庭，征收自己的赋税，管理自己的事务，而免于领主的干涉，从而更好地促进了长途贸易的发展。从11世纪末开始，意大利、法国北部和佛兰德斯的许多城市公社摆脱了领主的统治，获得了独立，以至于从此以后，这些城市的市民承担了共同行为的责任。在商业上早熟的意大利中部和北部，克雷莫纳在1078年，比萨在1081年，热那亚在1096年，维罗纳在1107年，佛罗伦萨、锡耶纳、博洛尼亚、菲拉拉等在1115年后不久，分别获得了完全自治的权利。[2]

正如S. R.爱泼斯坦（S. R. Epstein）强调的那样，商业生活节奏的加快，以及与其他地方志同道合的商人共同体建立公平和永久贸易关系的渴望，激发出商人掌握自身事务的愿望。[3]这意味着，要尊重来自其他城镇的商团的人员和货物，保障财产权，并在为解决商业争议而设的法庭上提供快速和公正的判决，尽管对每个城镇而言，偏向保护自己的公民是一个明显的诱惑。在一个等级森严、寻租行为流行的保守社会中，真正的自由贸易几乎是不可能实现的。相反，在一个重商主义流行的社会中，贸易许可或垄断，或将免税的特权授予特定的商人行会或城邦，就会损害或排除其他人的利益。

1082年以后，威尼斯共和国经历了一段史无前例的繁荣期，当时它精明地与拜占庭皇帝阿莱克修斯一世（1081—1118年在位）签订条

---

[1] Trenholme (1901).
[2] Epstein (2000b), 6 of 36.
[3] Epstein (2000b), 6–7 of 36.

约，该条约把对君士坦丁堡主要港口设施的控制权和整个帝国范围内的贸易免税权授予威尼斯人。几年后的1098年，热那亚这个刚独立不久、仍相对无足轻重的自由城市干得也不错。热那亚曾向成功的第一次十字军东征提供船只和武装人员，作为回报，它在新近被占领的地中海东部港口安条克和阿卡获得了利润丰厚的贸易特权。安条克和阿卡是古代穿越叙利亚商路的双终点，该路线连接的是阿拉伯海、波斯湾与地中海东部的海上商业。在接下来的两个世纪中，黎凡特贸易使热那亚成为欧洲商业领域的佼佼者，与历史更悠久的海上共和国威尼斯形成竞争之势。其他意大利城市大多转型为城市共和国，由此，像热那亚一样，成为自己政治命运的主宰者，并通过战争、外交和商业影响力的综合运作，更好地实现经济获利。[1]尽管如此，它付出的长期代价是政治分裂的延续，破坏经济的国际冲突和战争爆发的可能性的上升，以及交易成本降低的幅度变小。[2]

　　已建立的贸易中心，如君士坦丁堡、安条克和阿卡，强烈吸引着欧洲商人。如果没有这些中心，商人自然就会聚集到其他地方，与其他商人交易商品，互通有无。周期性的集市往往持续几天，具有明显的吸引力。在11世纪，特别是12世纪，这种集市大量建立。[3]它们的时间安排往往会避开昏暗、寒冷的冬季，因为那时的旅行和交通最为困难，也是为了与季节性的牲畜、羊毛、盐或鱼类生产同步。这类集市最初规模并不大，后来其中少数几个集市在12世纪发展成国际性的大市场，比如英格兰的圣艾夫斯集市（1110年获得特许状）、波士顿集市（1125年之前建立）、北安普敦和圣贾尔斯、温彻斯特集市（建立于1096年）；佛兰德斯的伊普尔、里尔、梅森、托尔豪特和布鲁日集市（都建立于14世纪20年代）；莱茵河畔的乌特勒支、杜伊斯堡、亚琛和科隆；最著名的是位于法国拉尼、奥布河畔的巴尔、普罗旺斯（2个）

83

---

[1]　Epstein (2000b).
[2]　Epstein (2000a), 49–72.
[3]　Pounds (1974), 355.

和特鲁瓦（2个）的香槟集市，它们在国际上的崛起看起来在12世纪40年代已经开始。[1]上述集市纷纷发展成持续时间较长的市场，使商人有充足的时间可以抵达、展示、谈判、出售和支付。集市循序举行，由此商人们可以在不同集市之间旅行，六个香槟集市的时间分散于全年的大部分时间里，形成了一个协调的循环圈。[2]

所有这些集市的成功应主要归因于大贵族的保护。这些人有实力、有声望，能够保障安全，保护财产权，保证契约履行，往往也会给那些参与集市的商人带去便利。英格兰集市的监护人包括里士满荣誉领主（波士顿）、拉姆西修道院院长（圣艾夫斯）、北安普敦伯爵（北安普敦）和温彻斯特主教（圣贾尔斯，温彻斯特）。[3]国王也积极参与其中（尤其是圣贾尔斯集市，集市时长开始超出最初批准的天数），最终亨利八世在威斯敏斯特建立和推广了自己的集市。[4]佛兰德斯的集市都处于佛兰德斯伯爵的治下，正如香槟集市都处于香槟伯爵的治下一样。这些大领主向旅行的商人允诺在其统治区内可以安全通行，以使他们的集市更有竞争优势。差不多只有香槟伯爵成功地将这种允诺扩大到自己的领地之外。

香槟集市成为欧洲的佼佼者，在很大程度上要归因于香槟伯爵给予它们的积极鼓励。[5]接连几代伯爵改善了道路和运河等交通基础设施，促进了四个主办城市规模的扩张，规范了度量衡，并运用他们在商业和政治上的影响力保护外国商人，向强大的债务人提供贷款，并保证外来者和当地人都能在法律之下得到公平的对待。在这样的推动措施下，这些集市很快成为大的市场，在那里，佛兰德斯和法国北部商人带来的成品和未成品的布料、羊毛，与意大利商人运来的香料、丝绸以及其他奢侈品进行交换。在适当的时候，意大利人也将这些集市当

[1]　Moore (1985), 12–22; Bavel (2010), 221; Edwards and Ogilvie (2012), 131–132.
[2]　Pounds (1974), 355–356; Bavel (2010), 221; Edwards and Ogilvie (2012), 135.
[3]　Moore (1985), 13–21.
[4]　Moore (1985), 17–21.
[5]　Edwards and Ogilvie (2012).

成他们进行汇兑和借贷活动的基地，也将其当成每个贸易年结束之时
84　进行结算余额和实现收支平衡的地方。当然，这得益于香槟的战略位
置，它坐落于南部意大利和北部低地国家之间跨阿尔卑斯陆路要道的
轴线上。

　　在这些国际集市上，信任如何建立、信誉如何形成或毁掉、契约
如何履行、即时公正如何提供，是经济史和法律史学家长期沉迷的话
题。人们的兴趣大量集中于这样的主张，即在缺乏一个公共司法体系
支持的环境中，非个人的长途贸易得到发展，是因为国际商人共同体
认可了一种非正式的司法制度，也就是众所周知的"商法"。[1]也有人认
为，非正式的契约履行系统确保了只有那些信誉良好的人才能在集市
上进行贸易；那些被私人法官发现有欺诈行为和不诚实交易的人将被
驱逐和排除在外。尽管如此，在对英格兰圣艾弗斯集市和法国香槟集
市的司法系统重新进行深入考察之后，这种吸引人眼球的观点已经受
到质疑，因为在上述两个地方，契约的履行主要是由具备强制力的公
共机构提供的。[2]

　　在圣艾夫斯，集市法庭由拉姆西修道院院长的人来主持，这些人
听命于修道院院长，法庭的收益也上缴修道院。商人们出席的法庭本
质上是一个领主法庭，其业务主要带有商业性的特征。[3]同样，在香槟
集市上，"各种保证契约履行的法庭的审判权来自公共权威，而不是
商人，也没有证据表明，任何这些法庭在适用私人的、商人制定的法
律"。[4]前来寻求公正的商人可以到由伯爵掌控的四级公共法庭系统，或
者选择集市所在地的城市法庭，以及当地修道院的教会法庭。除此之
外，伯爵任命的集市督监主持集市的公共法庭，契约诉讼在那里得到
判决和履行。[5]因此，寻求快速、有效和公正司法的商人们可以选择公

[1]　例如，Milgrom and others (1990)。
[2]　Sachs (2002); Sachs (2006); Kadens (2011); Edwards and Ogilvie (2012).
[3]　Sachs (2002).
[4]　Edwards and Ogilvie (2012), 146.
[5]　Edwards and Ogilvie (2012), 133–135, 146.

共机构。正是商业企业、开明而有影响力的领主和有利的地理位置的综合作用，使这些集市以及其他大型国际市场像磁铁一样，吸引了长途贸易，并适时成为商业发展的动因。

2.05　拉丁基督教世界的商业革命

城市化是欧洲贸易和商业复兴最明显和最成熟的表现，麦考密克现在已经将其起点重新定位在8世纪。[1]在接下来的数个世纪中，市场交换所依赖的制度、行为准则、心理状态、知识和信任体系得到发展，并深植于社会之中。逐渐地，随着众多因子的聚集和相互作用，一场真正的"商业革命"发生了，当时的市场得到拓宽和深化，除去生存必需的产品，生产剩余的大部分产品得以在市场上出售，越来越多的欧洲人开始依赖市场交易谋求部分或全部生计。[2]在此过程中，地方贸易逐渐与区域的、国家的、国际的，最终是大陆间的贸易圈联系起来。到13世纪最后几十年，阿布-卢格霍德认为，世界的八大贸易圈覆盖欧洲、亚洲、东非和北非，最终相互连接成一个全球贸易网络，这使欧洲最西部和亚洲最东部之间进行通货和商品交换成为可能，但要付出一定的代价。[3]

欧洲各个地区都在某种程度上参与到新的商业秩序之中。例如，从13世纪40年代开始，北斯堪的纳维亚半岛的萨米人（拉普人）与芬兰人在北极海域得到的上乘毛皮成为重要的商品，遍布在汉萨商人与诺夫哥罗德及其他俄罗斯城市开展的活跃的贸易中。这些毛皮中的一部分顺着俄罗斯大河，由船运到黑海和里海的出海口，最终到达拜占庭和中东的市场。[4]远至西方，在北大西洋上，身处偏远之地的挪威人

[1]　McCormick (2001).
[2]　Lopez (1971); Britnell and Campbell (1995), 1.
[3]　Abu-Lughod (1989).
[4]　Dugmore, Keller and McGovern (2007), 18.

在格陵兰岛的殖民地（严格来说属于北美洲）也依赖不定期但赚钱的海象象牙和独角鲸牙贸易，这两种传统商品贸易量不大，价值却很高，它们被用来交换格陵兰岛居民在其他方面短缺的一系列生活必需品。[1]同时，从11世纪开始，冰岛成为鳕鱼干的主要供货商，因为此时的欧洲人日益食不果腹又无比虔诚，严守教规，由此，鱼的消费量大幅增加。[2]对这些贸易的依赖有助于维持这些地理上偏远、环境上处于边缘的共同体的生存能力，但也将它们暴露于随之而来的商业混乱和失败的风险之中。

86

商业的替代选择包括相对的自给自足（绝对的自给自足很难实现）；各种形式的互惠，包括款待和礼物交换；赎金、纳贡、海上劫掠和战乱抢劫；通过奴役制度，强制性劳役，剥削生产性地租和征收捐税。由于它们并非互相排斥，因此它们与市场交换同时长期共存，而且，在商业活动的核心区域之外，它们有时仍然是占主导地位的社会-财产关系。在这方面，中世纪晚期的大多数欧洲经济都是混合经济。但是，一定程度的社会秩序一旦建立，人口增加到劳动力必须竞争工作机会的水平、土地实际上不再充裕的时候，商业就成为一种替代性选择，由商业带来的生产力的提升和效能的节省往往是更具掠夺性的制度所不能匹敌的。[3]

从10世纪开始，为了交换而进行的生产逐渐取代为了使用而进行的生产，货币更加广泛地被用作交换媒介、价值尺度和贮藏手段，物价对经济行为产生了更加有力的影响，左右着生产和消费的选择。这对欧洲社会的影响是深远的。当时涌现出了许多从事贸易的特色组织和社会群体。资本对生产进行投资的动力增强，资本本身变得更加廉价，更加易得。[4]公共机构和个人努力改善交通和通信设施，由此降低

[1]   Dugmore, Keller and McGovern (2007), 16–17.
[2]   Dugmore, Keller and McGovern (2007), 18; Woolgar (2010), 7.
[3]   Domar (1970).
[4]   Below, Section 2.05.2b.

了远距离贸易的成本。实用技术和有用的知识在增加。[1]在一个被R. A.道奇森（R. A. Dodgshon）称为"为市场提供空间"的过程中，经济、地理学和职业专业化得到推进，财富在社会和地理上的分配也发生了相应变化。[2]最终，只要交易成本继续下降，国民总收入和人均收入就会增加，直至收益递减。由于在很多方面都位居发展的前列，意大利在1300年明显比1100年更为富裕，城市化程度也更高，那时，它的人均GDP是英格兰的两倍，而英格兰在经济和商业上也要比城市化程度较低的爱尔兰、苏格兰和斯堪的纳维亚半岛大部分地区发达许多（见表2.2）。[3]在这两种截然不同的经济体中，商业革命的进程值得更进一步的考察。

2.05.1　意大利：领先经济体

87

在意大利，正如在欧洲南部的许多国家一样，商业及其支撑的城市生活并没有因罗马帝国的崩溃而完全消失。因此，二者复兴的基础是存在的，其萌芽在8世纪就可以找到。马拉尼马估计，到新千年伊始，意大利中部和北部的城市化率可能达到了8%，人均GDP在1 000美元左右。[4]尽管这两项指标都大大低于罗马时期的顶峰，即15%—20%和1 400美元，但都高于同时代的其他任何欧洲国家。[5]在接下来的三个世纪中，意大利人口增长了2.5倍，生活在城镇的人口的比例至少翻番，这是因为城市的商业和制造业飞速发展，贵族精英惊人的消费力在那里集中。[6]到1290年左右，意大利（中北部）的人口更多，城市化水平更高，更加富裕，商业活动也在一个更广阔的地理区域内开展，这绝非拉丁基督教世界的其他地区所能比。城镇居民至少占总人口的

[1]　Mokyr (1992), 31–56; Landers (2003).

[2]　Dodgshon (1987), 287–351.

[3]　Malanima (2005), 99–102, 111–112; Broadberry and Campbell (2009); Campbell (2008), 931.

[4]　Malanima (2005), 101, 108; Malanima (2002), 450.

[5]　Malanima (2005), 99; Lo Cascio and Malanima (2009), 396–400.

[6]　Malanima (2002), 450; Malanima (2005).

1/5，人均GDP已经上升到大约1 665美元，年均增长率达到惊人的0.16%。[1]正如前现代经济勃兴的其他时期一样，人口增长很快，但经济增长更快。[2]

最初，这种增长的主要原因是意大利国内市场需求上升并为扩大劳动分工创造了机会。优良农业用地供给有限，这意味着，意大利中部山区和北部快速扩张的城市，从很早便开始依赖于从更广阔的意大利南部和西西里农田通过水运而来的粮食。[3]这种粮食贸易和其他重要商品的大宗海运贸易，连同酒类、油和盐的联合贸易，成为意大利商业的支柱之一。而亚平宁半岛位于地中海中心的有利位置，这就意味着，它很快就成为更大贸易圈的一个中心点。

在这场商业革命的几乎所有阶段，意大利商人都比欧洲其他国家的商人更积极地推动长途贸易和商业。而在意大利人中，没有什么地方的人比威尼斯人和热那亚人更擅长发展有风险但潜在利润相当可观的来自东方的高价奢侈品贸易了。[4]在1082年与拜占庭签订商业条约后，威尼斯最初占有优势，该条约使其获得通往"基督教世界最大、最繁荣的城市和中亚门户"的特权。[5]不过，它很快发现自己处于与热那亚的直接竞争中，热那亚积极支持第一次十字军东征，从而换取贸易特权，并据此获得商业分红，直到1268年和1291年十字军港口安条克和阿卡的陷落，这个时段走向结束。1204年，威尼斯人参与洗劫君士坦丁堡，这使他们重获主动权，最终他们实现突围，直接抵达黑海的港口进行贸易。这使他们可以直接获得亚洲的香料和丝绸，这些商品经以上述各港口为终点的陆路运送而至。[6]

考虑到路途之遥和需要克服的重重障碍，在欧洲市场上出售的东

---

[1]   Malanima (2002), 450; Lo Cascio and Malanima (2009); Malanima (2011), 204–205. 这可以媲美荷兰在1500—1650年间0.33%的年增长率、翻了三倍的人口（Zanden and Leeuwen，2012），以及英格兰在1680—1800年间0.36%的年增长率、70%的人口增长（Broadberry and others，2015，28–33）。

[2]   Goldstone (2002).

[3]   Abulafia (2005).

[4]   Abu-Lughod (1989), 102–134.

[5]   Abu-Lughod (1989), 105.

[6]   Abu-Lughod (1989), 109–111.

方商品必然要价格高、批量小，并少有替代品。由于缺乏等价商品，这些商品主要通过金银来支付。一些人到达地中海，然后从那里去欧洲西北部，通过海上航线穿过阿拉伯海到波斯湾（然后由商队运至巴格达，并穿过叙利亚沙漠到达安条克和阿卡）或红海和埃及（在那里，换船运至亚历山大港）。其他商品则通过沙漠成片的陆路（被统称为"丝绸之路"），其终点是在黑海南岸的特拉布宗、亚速海的塔纳和克里米亚的卡法，而位于博斯普鲁斯海峡的君士坦丁堡是前往这些地方的必经之地。[1]黑海在东方贸易中的比重从13世纪50年代末开始增加，那时蒙古人占领并摧毁了巴格达，导致大部分抵达波斯湾的海上贸易转道，离开巴格达、阿勒颇、安条克和黎凡特，向北转向波斯的大不里士，然后是特拉布宗。[2]遵循这条穿越亚欧大陆的南部商路的陆路贸易同样也绕过巴格达，朝向大不里士。

　　1261年，威尼斯在欧洲与君士坦丁堡的贸易垄断被热那亚人打破，热那亚人的势力随后渗入黑海，并在君士坦丁堡对面的佩拉、克里米亚的卡法、塔纳（通往草原的门户，位于顿河注入亚速海的海口）、特拉布宗，以及13世纪80年代之后的大不里士等地站稳了脚跟。[3]那时正值横穿亚欧大陆的香料和丝绸陆路贸易进入异常活跃和繁荣的时期。对这些优质商品而言，来自欧洲封建社会和城市精英的需求前所未有地增加，13世纪中期蒙古人的征服实际上将亚欧内陆凝聚在一个权威之下，由此赋予陆路商贸更大的安全保障。阿布-卢格霍德认为，这是"世界历史上的一个非凡时刻"，因为"在以前任何时期，都没有如此多旧世界的地区互相建立联系"。[4]半个多世纪之后，大约1340年，佛罗伦萨商人弗朗切斯科·巴尔杜奇·佩戈洛蒂（Francesco Balducci Pegolotti）在他的著作《通商指南》（*Pratica della mercatura*）中对北

89

[1]　Abu-Lughod (1989), 137–151.
[2]　Phillips (1988), 66, 106–107; Abu-Lughod (1989), 145–147; Karpov (2007).
[3]　Lopez (1971), 109–111; Phillips (1988), 108–109; Abu-Lughod (1989), 207.
[4]　Abu-Lughod (1989), 3.

方陆路的描述是"极其安全，无论昼夜"，该商路穿越亚欧大陆，从西方的亚速海到东方的北京，途经乌兹别克斯坦的阿斯特拉罕、希瓦，哈萨克斯坦的讹答剌和中国西部的伊犁。[1]

对外贸易使威尼斯和热那亚海上共和国成为第一流的欧洲城市，到1300年，二者都养活了大约10万人口，在繁荣的长途贸易的刺激下，热那亚的人口在13世纪里翻了一番多。[2]内陆城市佛罗伦萨和米兰的规模更大，它们的商人沉浸于发展迅速的跨阿尔卑斯山的欧洲北部贸易之中，该贸易向南方的制造商和加工商提供羊毛和生布料（制成品被出口到黎凡特及其他地中海市场，这些价廉、轻薄的欧洲布料在那里大受欢迎）。[3]12世纪70年代，意大利商人开始造访香槟集市，从90年代开始大量参与，在接下来的那个世纪中，他们与弗莱芒人一起，成为参与这些集市的最重要的商人群体。[4]在用香料和丝绸交换羊毛与布料的同时，意大利人也成为借款人和经销商，由此成为集市持续兴旺的不可或缺的因素。在欧洲，出现了一条清晰的贸易轴心，它连接了北海商业与地中海、黑海的更大规模的贸易，前者经佛兰德斯、香槟集市和阿尔卑斯山通道，到意大利中部和北部，后者的联系则向东至阿拉伯半岛、印度和中国。

在漫长的13世纪，繁荣的商业城市伦巴第、托斯卡纳成功地吸引并积累了金银，非其他任何城市所能相比。来自这些城市的商人率先组织了行会，以此与第三方执行契约，并保护商人及其商品免遭领主、海盗和盗贼的劫掠。现在，他们是那个时代关键商业创新的领衔者，特别是勇于承担国际贸易结算使用汇票"无须高成本和水运真金白银的风险"，复式簿记法为追踪"多处进行的多项交易"而发展起来，以及建立商业伙伴关系或公司，筹集资本和分担风险。[5]同样重要的是人

---

[1]　转引自 Lopez (1971), 111。
[2]　Greif (2006), 243.
[3]　Munro (1991).
[4]　Edwards and Ogilvie (2012), 131–132, 136.
[5]　Hunt and Murray (1999), 56–57, 65–67.

们的金融意识的进步，即通过投资让货币和金银流通起来，比将它们储藏起来更为安全。投资一旦实现，商业借贷就成为意大利北部商业生活中的一个日常内容，这使贷款及其支撑的经济活动得到扩展。这进一步增加了货币供给。

在这个初步成形的金融体系的发展中，商业货币兑换商充当了关键角色。[1]凭借关于黄金价格和外币汇率的高超知识，他们成为意大利各种铸币厂所需旧币和金银的主要供应商。这是一门生意，其中最重要的是专业知识、诚实和信任。那些获得最大信任和尊重的银行吸引了为妥善保管而储存的货币，以至于储户开始用它们进行结算。接下来，这些商人使用他们新获得的财富投资新生意，为自己兴旺的买卖承保，资助自己不断参与对外贸易，并向君主提供贷款，这些均是凭借下降的利率来完成的。事实上，商业银行就此诞生了。

在这些发展之下，较大的国际商人发现，他们不能离开自己的生意运营中心太长时间，这样做在经济和政治上都没什么好处。他们不再亲自带着货物奔走于各种国际集市之间，而是将自己的海外贸易委托给专业代理人，同时雇用专业的运输商发送和转运货物，并使用汇票结算。伦敦是13世纪末意大利代理人常驻的几个主要欧洲城市之一。[2]到1299/1304年，意大利的阿曼蒂、巴尔迪、贝拉尔迪、邦奇尼、切尔基·比安奇、切尔基·内里、奇亚伦蒂、科罗内、弗雷斯科巴尔迪、玛格莱特、马肯内尔、莫奇、佩鲁齐、波尔蒂纳里、普尔奇-利姆贝尔蒂尼和斯佩尼商社都在伦敦设立了办事处。30年之后，佛罗伦萨佩鲁齐公司的大分支机构设在那不勒斯和巴勒塔（意大利）、帕勒莫（西西里岛）、罗德兹、阿维尼翁和巴黎（法国）、布鲁日（佛兰德斯）和伦敦（英格兰），小分支机构则位于威尼斯和比萨（意大利）、卡斯特罗堡（撒丁岛）、马略卡、突尼斯（北非）、齐亚伦萨（巴尔干半岛）、塞

91

---

[1]　Hunt and Murray (1999), 64–65.

[2]　Lloyd (1982), 7, 172–203; Keene (2000b), 198–199.

浦路斯，还有代理处位于巴塞罗那（阿拉贡）、拉古萨（巴尔干半岛）和君士坦丁堡（拜占庭）。[1]实际上，只要在有商业前景的地方都可能碰到意大利人，他们的商业头脑大有作为，而且国王和其他大领主需要大规模借贷。因此，13世纪末造访中国的第一批西方人中就有意大利人，这并不足为奇。

2.05.2　英格兰：落后经济

　　在意大利领先的领域，英格兰和拉丁基督教世界的其他地区都处于追赶状态，在城市化率及其相关的人均GDP方面，只有佛兰德斯的表现能与高度商业化的意大利中部和北部达到的成就相媲美。[2]不过，英格兰的人口增长幅度也很高，这与意大利差不多。到1290年，英格兰的人口从1086年的171万左右增长到475万，人口增长率在12世纪为每年0.58%，在13世纪是每年0.43%，而在该世纪最后几十年里明显加速。[3]与意大利不同，英格兰缺乏大量迅猛发展的城市和扩张的工业，也没有积极参与对外贸易，但至少直到13世纪中叶，其国民收入的增长也成功地与人口的增加保持同步：1086—1250年，人均GDP的年增长率达到0.15%。对一个处于欧洲商业边缘的贫穷、封闭、以农业为主导的经济体而言，这并非易事，而上述成就在一定程度上是通过沿商业化的途径进行深刻的经济调整来实现的。

　　英格兰的人均GDP可能从诺曼征服后的低值——在1086年可能少于700美元，增加到13世纪中叶的高值——也许在1253年是850美元，但随后在13世纪末回落到730美元，这是由于13世纪80年代羊疥癣疾病对这个国家的羊毛产出及布料生产和出口造成的负面影响。[4]在12世

92

---

[1]　Hunt (1994).
[2]　Bairoch and others (1988, 259）估计，1300年佛兰德斯的城市化率为25%—35%。
[3]　Broadberry and others (2015), 12, 20–21, 31.
[4]　Walker (2009). 1253年人均GDP的估算由巴斯·范莱文提供。关于羊疥癣病的论述见 Stephenson (1988), 381; above, Section 1.01。

纪末的经济繁荣时期，当时的人肯定感觉到，物质条件正在改善。例如，亨利二世的司库大臣理查德·菲茨尼尔（Richard FitzNigel）抱怨道，由于人们生活好了，酗酒和犯罪率不断增加。[1]可以肯定的是，在13世纪初，农业雇工并不需要像在该世纪末那样努力工作来获得维持生计的收入。此外，目前已知的物价和工资证据显示，雇工的实际工资率合理上涨，直到1256—1257年的歉收，此后，实际工资率和人均GDP双双下降。[2]在此之前，英格兰经济更加商业化带来的生产率提高，以及海外对英格兰的锡、铅、羊毛和生布料的需求日益增加，似乎使产出增长与人口增长同步。

　　1175—1250年的发展特别明显，当时国王积极地参与王国商业基础设施的建设。在这些建设年份中，普通法形成，档案出现并迅速增加，人均货币供应量攀升（见表2.3），度量衡得到规范，特许市场、集市和市镇的数量成倍增加（见图2.12），堂区教堂激增，医院建设达到顶峰（见图2.11A），牛津大学风生水起，剑桥大学开始组建。第一批托钵僧修道院也建立起来（见图2.11A），大量桥梁开工建设，修道院建设高潮开始出现。这次商业化进程的关键主题是商业基础设施建设（2.05.2a部分），土地、劳动力和资本要素市场确立（2.05.2b部分），铸币量和货币供给（2.05.2c部分），以及农业产量、农产品剩余生产的增长（2.05.2d部分）。

2.05.2a　商业基础设施建设

　　与意大利众多互相对立的城市共和国相比，英格兰是一个统一的中央集权的王国，拥有明确的且受保护的国界，其内部享有高度的和平与秩序。因此，按照当时欧洲的标准，当需要创造一个有利于进行贸易和交换的制度环境时，英格兰国王显然具有相当的优势。[3]从12世

---

[1]　Warren (1973), 355.
[2]　Clark (2007b), 99, 130–131.
[3]　关于当政治力量更加分裂时，协调会失效并由此造成高额交易成本的论述，见 Epstein (2000a)。

纪末开始，国王开始采取措施建立全国统一的度量衡、货币和价格体系，所有这些都有助于贸易的便利和效率。[1]1196年，英王颁布新法《度量法令》(The Assize of Measures)，规定了通行于整个英格兰的重量标准 (测量谷物和液体的体积标准，当涉及羊毛布料时，宽度按照标准厄尔来测量)。虽然这一法律制定的标准并未被大规模采用，但它确实启动了最终实现这一目标的进程。例如，1255年、1257年和1270年，亨利三世任命的委员会调查了上述规定的执行情况。[2]随后，爱德华一世和爱德华二世均在自己统治之初进行了全国范围内的度量衡调查：那些没有采用标准度量单位的人被处以罚金。大多数秩序良好的城镇还采取措施保证商人遵守一套统一的度量衡标准，任何使用错误标准的人都将受到惩处。从12世纪90年代开始，一项面包和啤酒法令得到通过，以规范这些主要食物的价格和质量，其方法是规定一便士所能购买的面包和啤酒数量。更多的规定从13世纪70年代开始颁布 (而且，从1307年开始，它们与关于度量衡的法律一起得到正式实施)，它们的目标是，通过禁止囤积居奇 (例如，有意或无意造成在售商品价格上涨的收受回扣行为) 来保证一个竞争性的市场价格；此后，囤积居奇被地方政府当成违法行为进行打击。[3]

　　当然，管理贸易的规章制度大多能够得到顺利执行和审查的地方是那些正式设立并因此获得召开法庭的权利的市场，在那里，市场法庭可以快速而有效地处理违反这些规定的行为，以及人们聚集进行贸易时不可避免地引发的许多民事和刑事案件。授予一份特许状建立一个市镇，或召集每周一次的市场，以及每年一次的集市，是国王的特权。这些特许状被授予个人，而不是地方，被授予特许状的人往往是当地的庄园领主，就获得了建立一个市镇和/或在特定时间或地点创办一个市场或集市的资格，可以对交易的商品征收通行税，对那些从事

---

[1]　Britnell (1993a), 90–97; Davis (2011), 141–144.
[2]　Britnell (1993a), 91.
[3]　Britnell (1993a), 93; Davis (2011), 254–256.

交易的人征收摊位费，并从市镇、市场和集市法庭的罚金中获利。领 94
主们从成功的集市和市场建设中获取了丰厚的金钱回报，这使他们获
得了继续建设的强大动力：在这方面，一个正式市场网络的经营离不
开领主权的运作。[1]到14世纪初，根据《死后财产调查清册》，市镇、市
场和集市的年平均价值分别为6.5英镑、3.38英镑和2.6英镑，其中最
成功的地方所得收入至少是这个数字的10倍。[2]1100—1350年，国王授
权建立了600个市镇、1 700个市场、2 000个集市，因此，这些许可的
总净值约为1.5万英镑。[3]这些惊人的估值也证实了以小规模和地方化为
主的商业活动所达到的高水平。

　　1086年的《末日审判书》仅记载了41个开设市场的地方，这意味
着地方贸易规范性较差、不够正式，其中的商业交易较少，商品交易
量也较小。[4]大部分贸易很可能发生在流动市场，并由商贩进行买卖。
其他的交易无疑发生在非正式的市场上，它们有固定的日期和地点，
主要是因为当时人们因其他目的而聚集，例如周日。[5]安息日明显是12
世纪最常见的市场日，在兰开夏，周日市场一直延续到15世纪。[6]尽管
如此，从13世纪初开始，随着乡村市场的增加，教会强烈反对在安息
日开展交易，许多当时未获许可的周日市场被改在一周的其他时间进
行，并且只有获得市场许可证的市场才合法。[7]

　　从流动到固定、从非正式到正式，市场的转型只有在一种情况下
才能实现，即大量当地居民开始参与每周一次的贸易，且该市场贸易
的体量已经大到商贩们无法应对的地步（尽管每周各地市场的开市时
间往往协调错峰，以便行商能够在它们之间奔走）。[8]授予市场许可证也
意味着中央政府对地方贸易更严格的管理，它规定新建市场需距已有

[1]　Britnell (1981); Letters and others (2003); Jamroziak (2005).
[2]　Campbell and Bartley (2006), 301–308.
[3]　Letters (2010).
[4]　Darby (1977), 318–319, 369–370.
[5]　Davis (2011), 184–186.
[6]　Tupling (1933).
[7]　Davis (2011), 184–186.
[8]　Unwin (1981).

市场至少6.67英里，试图以此保护已有市场的生存能力。从档案中的皇家特许证书数量推断（见图2.12），乡村市场在性质、体量和频率上的这种关键转型发生在约1175—1225年。当时正是空间上密集的自治市镇、市场和集市网络在整个王国内得以建立之时，特别是在人口稠密的东盎格利亚和东米德兰兹。从长远来看，那些早期建立的开拓性的市场被证明是最赚钱和最持久的，相对于后来建立的那些市场（且数量很大）也具有明显的优势。[1]但后来建立的市场极大地增加了对市场的选择，并保证了大多数乡村居民可以在一天之内步行往返一个正规的市场。同时，王室供应商、粮贩、羊毛商和其他大宗商品经销商继续直接从生产者那里购货，往往是在农场门口，如果是羊毛，则在庄园账房。同样，大量非正式的贸易发生在许多村庄，因为邻居之间会交换土地和劳动力、住房和衣物、饮料和食品、用具和工艺品。克里斯托弗·戴尔称之为中世纪的"地下贸易"。[2]

　　无论如何，到1300年，在英格兰的大部分地区，市场关联已经变得无所不包。[3]那时，正如大量现存庄园账簿和其他账簿证实的那样，几乎所有物品，不论新旧，都可以买卖，并因此有自己的价格。刑事档案显示，财产犯罪非常普遍，这是因为赃物可以被轻易地转让和出售。[4]在其他地方，可见到的物价信息的范围和数量从12世纪末开始几乎呈指数级增长，这与商业化程度的加深相一致。在此过程中，读写能力、计算能力、成文档案的建立和保存都变得越来越重要。[5]会计方法也快速发展，例如领主在损益会计上的尝试便是例证。[6]由于保存了丰富的中世纪档案，英格兰保存下来的物价信息相当完善：一系列主要产品的年度价格序列已经得到重建，它可以连续地追溯到1268年，

---

[1]　Masschaele (1994).
[2]　Dyer (1992).
[3]　Masschaele (1997).
[4]　Hanawalt (1979).
[5]　Clanchy (1979).
[6]　Stone (1962); Postles (1986); Bryer (1993); Hunt and Murray (1999), 62–63, 111.

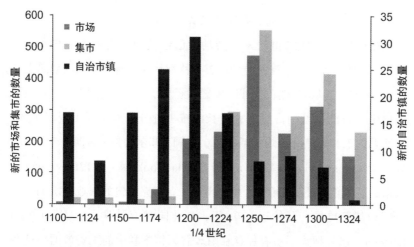

图2.12　英格兰王室授予的市场、集市和自治市镇特许的数量，1100—1349年
资料来源：Letters（2010）

然后断断续续地持续数百年。[1]当然，这些是现金价格，它证实了这样一个事实，即在这个时期，货币正在成为被广泛采用和常见的一种支付手段。

2.05.2b　劳动力、土地和资本要素市场

随着商业交换在各个层面的发展，商品生产所依赖的劳动力、土地和资本市场的发展更加不规则和不平衡。此类市场对于一个成熟的商业经济的发展和资本主义社会-财产关系的最终建立是非常重要的。要素市场甚至比商品市场更受制于它们所处的法律、土地所有和制度性背景。[2]劳动力市场可能首先出现，因为它面对的制度性约束最少。然后是土地市场，先是自由持有地，然后到13世纪末是农奴持有地。一旦土地成为可以买卖的资产，财产所有者就有可能使用自己的土地

---

[1]　对早期价格数据进行汇编的先驱是 J. E. Thorold Rogers (1866–1902), Beveridge (1939) and Farmer (1988)。贝弗里奇的手稿表格保存在伦敦经济学院，法莫尔的数据保存在萨斯喀彻温大学档案馆。其他物价信息保存在尚待整理的英格兰 1300 年之前浩如烟海的手稿资料中。

[2]　Bavel and others (2009).

作为贷款担保，资本市场从而发展起来。

在英格兰，到 12 世纪末，劳动力已经被用来交换现金和实物工资。[1]雇佣劳动力在建筑业中是常态（特别是在当时许多大的建筑工程中），而该行业从 11 世纪末到 14 世纪初经历了持久的繁荣期。[2]建筑账簿提供了目前可见的最好的、最长的按工种分类的系列工资率序列，男性熟练工和非熟练工均包括在内，亨利·菲尔普斯·布朗和希拉·霍普金斯（Henry Phelps Brown and Sheila Hopkins）对 1264—1954 年数据的著名重建便是例证。[3]格雷戈里·克拉克重建的农业雇工的工资率序列甚至更早，开始于 1209 年，与此同时，保罗·拉蒂默（Paul Latimer）已经搜集了所有保存在财政署风笛案卷中的工资数据，这些工资被支付给国王的葡萄酒师、忏悔神甫、搬运工和看守人，以及那些临时或零星受雇的人，如水手、舵手和步兵等，这又将英格兰工资的历史追溯到 12 世纪 60 年代。[4]雇佣劳动自然是城市经济不可分割的一部分，而且，在 12 世纪和 13 世纪，不断增加的工作机会为城市吸引了更多移民。在整个经济中，理查德·布瑞特内尔（Richard Britnell）估计，到 1300 年，雇佣劳动可能占到生产商品和服务所消耗的全部劳动的 1/5—1/4 左右。[5]

正是在乡村中，挣工资的就业人数最多，全年都是如此，最明显的是在干草、羊毛和谷物收获期间的劳动力需求高峰期。个体经营和家庭劳动在农业生产中占据的份额可能一直较大，但到 1300 年，雇佣劳动无疑已经比农奴劳动更为重要，尽管农奴劳动仍然被视为封建经济的标志之一，并在当时的账簿上相当醒目。[6]大量没有奴隶般的佃户的小庄园别无选择，只能雇用劳动力，在许多领主自营地上，劳役的

[1] Latimer (1997).
[2] Morris (1979); Knowles and Hadcock (1971).
[3] Phelps Brown and Hopkins (1956). 对这个系列的修正和订正版本，见 Munro (no date)。关于从 13 世纪 60 年代开始构建的按天和年度契约受雇的工资数据系列，见 Humphries and Weisdorf (2015)。
[4] Farmer (1988) 为 Clark (2007b) 提供了大量的证据基础；Latimer (1997)。
[5] Britnell (1993b), 364.
[6] 参见 Hatcher (1981) 提出的关键修正观点，这一观点得到 Campbell (2005) 的支持。

供应不足以满足耕作的需求。[1]数以千计的属于堂区长的中等农场情况也是如此。像英格兰南部那些由格拉斯顿伯里修道院院长和温彻斯特主教经营的大型农奴庄园，在很大程度上是例外。[2]

　　大多数领主，即使农奴劳动力的供应足以满足他们的需求，也更倾向于使用一群永久性的农场仆人或庄仆（famuli，后世"农业仆人"的前身）来打理自己的自营地，这种劳动力由领薪的农事官和管家监督，按照一定期限或年度契约受雇，以换取食物、住处和固定数量的现金工资。[3]在大多数英格兰庄园里，他们是犁地、耙地、播种、收获、运输、看管役畜、放养和看护家畜的工人。因此，领主使用劳役得到的产出部分的比例应该少至8%，而雇佣劳动力产出的比例是它的10倍以上。[4]大量自由持有农，甚至许多12.5公顷（30英亩）的雅兰农（yardlanders，或标准份地农，持有标准农奴份地的最大的佃户群体）也无疑零星或每年都会使用雇佣劳动力。在依靠农奴生产的地产上，需要提供周工的雅兰农往往缺少足够的家庭劳动力来经营12.5公顷的耕地，并向领主自营地提供可能的沉重劳役，因此，他们往往雇用工人来代替他们服劳役。[5]

　　相比之下，小土地持有者通常拥有超出耕种自己土地所需的劳动力，而在13世纪，他们在乡村家庭中的比例不断增加。如果没有一个发达的劳动力市场，这样的家庭本不能存在，尽管由于找工作的人数增加，他们所获得的工资的实际价值下降了。他们只有通过每天工作更长时间、每年工作更多天，家庭成员更充分地进入劳动力市场，才能保证收入，反过来，由于越多的人进入劳动力市场，就越缺乏就业机会，实际工资率进一步下降。[6]在乡村，那时只有少数人仅依靠劳动

98

[1]　Campbell and Bartley (2006), 251–268.
[2]　Keil (1964); Titow (1962a); Campbell (2003a).
[3]　Postan (1954); Farmer (1996).
[4]　Campbell (2000), 3.
[5]　Page (2003), 66–67.
[6]　Farmer (1988, 778) 估计，在 13 世纪，农业雇工通过增加 1/3 的工作天数，才能维持相同的生活标准。关于日实际工资率和劳动力供给之间的反比关系，见 Langdon and Masschaele (2006), 69–77; Angeles (2008); Allen and Weisdorf (2011); Broadberry and others (2015), 260–265.

谋生，没有任何形式的持有地（包括使用公地的权利）。就业机会因季节和年度差异太大，以至于打工挣钱无法为组建家庭和养活全家提供可靠的基础。如果没有任何土地，哪怕是一间茅舍和一片在公地上放养一头牛或一只羊的园地，雇工们就很难度过淡季和艰难岁月。因此，家内仆人的主要来源是既定佃户家庭的年轻人——在文献中被称为"男孩"——和那些劳动力超出自身需求的茅舍农和小土地持有者。[1]兹维·拉齐（Zvi Razi）已经证实，在伍斯特郡的黑尔斯欧文，殷实农民家庭的众多子女们的社会地位持续下降，成为茅舍农、普通农民、空屋农、转租农，他们维持着庄园上"打工者"这一群体的数量。[2]那些进一步沦落为无地者的人常常容易陷入贫困和流浪，成为乞丐和盗贼，而不是雇工。身体健康的流浪汉是当时社会批判的主要对象。[3]

　　与劳动力市场相比，土地市场的发展要缓慢许多，因为它必须等待十二世纪七八十年代亨利二世的司法改革来确立有法律保障和可辩护的私人土地财产权。[4]由国王任命的法官在王座法庭上执行的普通法的创制，为13世纪不动产市场的真正发展提供了必要的前提条件。证明这个市场兴起的文献证据来自"保存在地产所有者的储藏室、地方档案馆和其他资料库中成千上万的授予、出售、交换、放弃或出租小块土地的私人特许状文件"[5]。读写技能的商业应用的不断发展为这种土地市场的孕育提供了进一步的动力，正如王座法庭创造的廉价而有效的司法程序的发展对自由土地转移的影响那样。[6]尤其是，从12世纪60年代开始，一波司法改革增强了令状的效率和适用范围，使其成为在王座法庭上发起诉讼的必需条件。[7]只有自由农交易自由持有地才能使

[1]　Fox (1996).
[2]　Razi (1980).
[3]　Horrox (1994), 289.
[4]　Above, Section 2.04.2.
[5]　Harvey (1984a), 19. "放弃宣告"（quitclaim）就是一份宣告放弃一块土地的现有和其余法律财产权的正式文件。
[6]　Razi and Smith (1996), 57—68.
[7]　Above, Section 2.04.2.

用这种服务，但自由持有地和农奴份地在庄园化程度最高的英格兰低地地区的并存意味着，在自由土地市场率先出现的地方，当地庄园上的农奴份地市场往往会紧随而至。[1]

农奴之间出售和出租农奴份地非王座法庭所管辖，而是受庄园法庭的管辖，庄园法庭案卷提供了惯例份地转让的完整登记信息，这非关于自由土地的任何信息所能比。[2]尽管有些领主，如格拉斯顿伯里修道院院长，坚决反对在份地分配和劳役、货币地租缴纳上做出任何妥协，但大多数领主都宽恕了租售农奴份地的行为，条件是超过五年的租售要在庄园法庭中登记，而且已经缴纳过户费。由于惯例差异很大，甚至在同一块地产的不同庄园之间也是如此，因此，这个市场呈现出相当复杂的地区多样性。[3]温彻斯特主教的财税卷档提供了关于惯例份地市场的最早文献证据，直到13世纪40年代，相应的证据才开始在其他地产上出现，那时，这些在当事人之间有效的农奴份地转让都在使用王座法庭的语言和惯例。[4]

稳定和可转让的土地私人财产权的建立有助于释放土地蕴藏的资本价值，这反过来又加剧了通货膨胀。[5]1176—1215年，当财产法生效时，平均物价翻了一番，此后继续稳步上涨，在14世纪的第二个10年达到峰值（见图2.13）。[6]因此，土地成为一种不断升值的资产。土地价值的攀升转而又有利于资本市场的成长。尽管信贷和借贷在亨利二世司法改革之前的英格兰流行已久，但直至那些改革前夕，它们才获得显著增长，并成为经济生活诸多方面不可或缺的要素。[7]

英格兰资本市场的发展很大程度上要归功于犹太金融家，因为他们长时间主宰着英格兰的借贷市场。威廉一世和亨利一世已经在英格

[1] Campbell (2005), 36; Hyams (1970); Harvey (1996).

[2] 参见 Maitland (1889) 提供的例子。关于自由土地市场协议诉讼的文书附尾（Feet of Fines）提供的证据，见 Yates (2013)。

[3] Page (2003).

[4] Stocks (2003); Razi and Smith (1996), 38–42.

[5] Palmer (1985a), 249; Palmer (1985b).

[6] Farmer (1988); Latimer (1999); Bolton (2012), 148–149, 176–182.

[7] Briggs (2008); Bolton (2012), 191–214.

兰建立了若干犹太人社区，这些犹太人得以利用黄金交易、货币兑换和贷款的机会积累财富。[1]在13世纪，他们变得完全依赖借贷活动，并且在13世纪上半叶享受着实际上的垄断地位。英格兰的犹太人使用的是一种依靠债券而非抵押（担保）的借贷制度，在这种制度下，犹太人的收支库为债券登记和收回贷款提供了一个可靠的机制。[2]13世纪40年代，那时记录他们的资产（包括借款）的详细记录得以被保存下来。罗伯特·斯泰西（Robert Stacey）据此估计，英格兰的犹太人社区借出的全部债券金额在7.65万—7.9万英镑之间，不包括任何利息，其价值相当于当时英格兰全部流通货币价值的1/5（见表2.4），可能是国民收入的2%。[3]

然而，从13世纪60年代开始，主要基于政治原因，犹太放贷者发现他们的活动逐渐受到限制和约束，他们的资产也因王室税收而遭受严重损失。他们还因反犹主义而受损，这一现象在整个欧洲蔓延，但在英格兰尤其激烈。[4]在爱德华一世于1290年驱逐犹太人之前的最后若干年里，他们的借款通常量小、期短，而且集中在乡村，例如，他们成为典当商和农民的资本供应商。随着犹太人时运不济，那些基督徒金融家因此崛起。事实上，一旦土地成为最常见的贷款担保，意大利人在提供贷款方面就有了比犹太人更多的法定权益，因为逾期取消债务赎回权赋予了他们获取土地的一种方式，而犹太人实际上是被排除在这一选择之外的。[5]这可能有助于解释，为什么随着基督徒更加积极地参与信贷市场，土地市场在13世纪的最后几十年里日益活跃。[6]

英格兰的1283年《阿克顿·伯内尔法令》（Statute of Acton Burnell）最终将基督徒放贷者置于与犹太放贷者同样的地位，此后信

---

[1]　Stacey (1995), 82–88.

[2]　Stacey (1995), 78–101; Mundill (2002).

[3]　Stacey (1995), 94.

[4]　Mundill (2010).

[5]　Stacey (1995), 101：犹太人"对得到土地财产本身的占有权往往并不感兴趣。基督徒则不然"。关于爱尔兰领主的情况，见 O'Sullivan (1962), 26–86。

[6]　Stacey (1995), 101.

贷市场的规模可以从1285年《商人法令》(Statute of Merchants)下登记的债务证明进行估算。1290—1309年，每年登记的证明数量为167—864个，总价值是3000—27 000英镑。[1]尽管债务的平均价值在1284—1289年是17英镑（令人印象深刻），而且此后逐渐升高，但大量全额不是很大的债务被登记下来，足以支付许多农民抵押的那几英亩质量一般的土地的购买价格。事实上，债权人和债务人囊括了社会生活中的大部分阶层：乡村的和城市的，世俗的和教会的，社会下层和上层。尽管债务证明是否真正代表王国内产生的所有相关债务还不清楚，但如果事实如此，帕梅拉·奈廷格尔（Pamela Nightingale）计算出，它们所代表的未偿还债务的平均价值是每年1万英镑。[2]如果所有契约债务的1/5未偿还的话，这意味着，信贷的总价值为5万英镑，相当于国家应纳税财富总额（教俗财富均包括在内）的2.6%，可能是国民收入的1%—1.5%。值得注意的是，随着国家应纳税财富从1290—1291年的中世纪峰值下降，其债务规模也因此增长，在某些年份高达15万英镑。[3]几乎可以肯定，这些是信贷价值的最小估值。考虑到每年的利率超过10%，大多数贷款都是短期的，只有几个月，而不是几年。[4]

102

　　为了发动战争，国王们需要的借贷数额巨大。他们的贵族和教会精英借钱来缴税、搞建设，并维持大量赏赐和炫耀性消费的生活方式。此外，那些直接进行农业生产的人需要贷款来弥补播种与收获、饲养与剪毛、繁殖和选择性扑杀之间不可避免的款项延迟。农民使用借来的钱购买土地、牲畜、种子、农具和房屋，然后用他们收获的羊毛和粮食进行偿还。他们还借钱用于扩大生产，如果超出了自己所拥有的土地和牲畜能承受的范围，这是更大的风险。[5]尤其是，许多修道院将

[1]　Nightingale (2004b), 15.
[2]　Nightingale (2004b), 15.
[3]　Jenks (1998); Nightingale (2004b), 12, 15.
[4]　Bell and others (2009a).
[5]　Schofield and Mayhew (2002).

大量羊毛预售给意大利商人而陷入严重的财政困难，然后他们因某种原因无法兑现货物。[1]那些被逼破产的人将进入破产管理，直到他们的债务被偿清为止。[2]他们的困境与许多小生产者相似，这些人本就面临无力还债的风险，频繁的歉收更是增加了这一风险，这些歉收现象开始于13世纪90年代，并在14世纪上半叶不时出现。[3]经济的商业化程度越高，对信贷的依赖程度无疑就越高。

那些借助放款而发达的人包括职业放债人、商人、市民和那些收入大大超过家庭支出的人，尤其是乡村的堂区长。庄园法庭、市镇法庭、郡法庭和王座法庭上的债务诉讼突显了这些债务的规模和范围，以及参与借贷的人员。[4]然而，尽管借贷无处不在，特别是在人口最稠密、商业化程度最高的南部和东部地区，资本市场的集中化还没有那么强烈。对诸如1329年米迦勒节间普通诉讼法庭上记录的债务诉讼的分析证实，伦敦可能已经成为全国最大的单一信贷来源地，但它的借贷活动仍然主要局限于南部和东部的临近各郡。[5]伦敦也将在未来崛起为英格兰信贷市场的中心。[6]

克拉克使用永久租金推断12世纪70年代以来的资本成本。直到14世纪30年代，年利率从未低于8%，在大部分时间里都超过10%，14世纪20年代的峰值要超过12%。[7]由于债务人很可能违约，借款利率通常更高：感知到违约的风险越大，贷款成本就越高，特别是没有抵押品或抵押品价值较低无法抵消风险之时更是如此。1270—1340年，英格兰国王以王国的税收收入作为抵押，获得的信用足以使他们能够以15%的年利率借款。[8]在1294—1295年和1340—1341年金融危机期间，

[1]　Lloyd (1977), 289–295; Bell and others (2007).
[2]　For examples see Lloyd (1977), 289–290.
[3]　Schofield (1997); Briggs (2008), 149–175.
[4]　关于庄园法庭档案记载的债务诉讼见 Clark (1981); Briggs (2003); Briggs (2004); Briggs (2008).
[5]　Centre for Metropolitan History (2000).
[6]　Keene (2000a).
[7]　Clark (1988).
[8]　Bell and others (2009a), 419, 432.

协定短期贷款的年利率高达原来的10倍。[1]在上述两种情况下，同期爆发的战争增加了借款需求，极大地提高了贷款的成本。对于大量军费的紧急需要，三位爱德华国王[2]求助的主要是意大利商业银行家。[3]

里恰尔迪、弗雷斯科巴尔迪、巴尔迪、佩鲁齐和其他意大利大银行家族能够保证，借款给英格兰王室的回报要高于得自意大利城市共和国的收益。后者看起来在欧洲享受着最低的利率，这是与其自身丰厚的财富、更高的商业发展程度和更强的制度稳定性相符合的。[4]按照爱泼斯坦的说法，1285—1326年，威尼斯长期贷款的年平均利率是8%—12%，1303—1340年，热那亚的年平均利率是6%—12%。[5]就所有情况而论，各式工具的运用保证了资本和信贷的基督徒借款人不会违反基督教的高利贷禁令。因此，利息支付可能被改装为放债人的"礼物"、对"拖延"还款的补偿，或通过夸大贷款数额的伪造账目而掩盖过去。[6]

2.05.2c 白银产量和货币供给

在意大利，将货币作为交换媒介、计账单位和贮藏手段的做法至少可以追溯到古罗马时期。相比之下，在罗马帝国统治崩溃之后，不列颠和欧洲北部大部分国家陷入了无货币状态。直到7世纪初，货币才再一次在英格兰被铸造。此后又过了几个世纪，货币才被普遍使用，这是因为铸币供给量增加，以及单个硬币的价值降到1便士可以买到一条面包，其相应比例——半便士和1法寻（1/4便士）可以买价值更小、数量更少的商品，这为货币的普遍使用提供了条件。反过来，要做到这一点，需要白银供给量持续增加。在那之前，物物交换仍然是流行

104

---

[1] Bell and others (2009a), 417, 419, 432.

[2] 三位爱德华国王指英格兰国王爱德华一世、爱德华二世和爱德华三世。从1272年到1377年，他们祖孙三人先后在位，统治时间长达105年。——译者注

[3] Prestwich (1980), 33, 85, 106, 217, 223.

[4] Epstein (2000a), 19–20.

[5] Epstein (2000a), 20.

[6] Hunt and Murray (1999), 70–73; Bell and others (2009a), 422–425; Briggs (2008), 74–79.

的交换方式，租金和其他费用继续主要使用实物来支付。

1130年左右，英格兰北部（坎伯兰、诺森伯兰和达勒姆）发现了银矿，随后是一次小规模的银产量井喷。[1]英格兰短暂地成为重要的白银生产国。1168年，在德意志的弗莱堡发现了储量更丰富的银矿，欧洲白银生产由此进入繁荣期，并在此后延续了160年之久。[2]弗莱堡银矿的产量在13世纪初就很快达到一个顶峰，据彼得·斯普弗特（Peter Spufford）计算，当时这些银矿每年的产量可能达到至少20吨：按照当时的标准，这是相当庞大的数量，足以铸造1 800万枚银币。[3]弗莱堡未铸造的白银很快进入国际贸易。12世纪70年代，这些白银出现在科隆、佛兰德斯和法国北部的香槟集市上；从80年代开始，被进口到英格兰；到90年代，到达了法兰西岛和意大利。此后，货币重铸几乎发生在所有地区。[4]这促进了经济货币化程度的提高，货币也用来购买欧洲从亚洲进口的不断增加的奢侈品，而向黎凡特支付的部分货款也是以"大规模的各式金银出口"来实现的。[5]

根据铸币记录和货币贮藏的证据，马丁·艾伦估计，在弗莱堡银矿运营的40年（1170—1210年）里，英格兰的货币数量增长了六倍左右，从大约3.3万英镑增长到20万英镑（见表2.2）。由于这快于经济所能吸收的速度，原本在两个世纪里几乎保持稳定的物价开始出现剧烈的上涨。[6]与此同时，土地私人财产权的确立造就的信贷发展进一步推动了物价上涨。[7]在13世纪的第一个25年，英格兰的牲畜价格翻了一番，谷物价格翻了两番（见图2.13）。1203—1204年严重的收成危机引发了一次尤为明显的物价上涨，但此后物价没有恢复到危机暴发之前的水平。[8]相

105

---

[1]　Claughton (2003) 修正了 Blanchard (1996) 提供的数据。

[2]　关于银的开采和精炼，参见 Hoffmann (2014), 219–221。

[3]　Spufford (1988), 110–113. 将白银的重量（千克）转换成铸造的硬币数量以及提炼该数量的银所需矿石的数量，见 Hoffmann (2014), 221。

[4]　Spufford (1988), 139–140.

[5]　Day (1987), 3–10.

[6]　Harvey (1973); Latimer (1999).

[7]　Above, Section 2.04.2; Palmer (1985b); Latimer (2011).

[8]　Britton (1937), 73–79; Cheney (1981), 580–581; Keene (2011), 45–46. 1203 年，粮食和牲畜价格翻了一番多，在第二年仍然很高：Farmer (1956)。

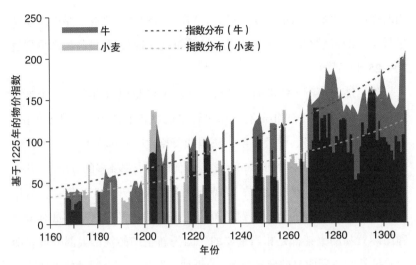

图2.13 英格兰的物价上涨，1160—1309年

资料来源：Clark（2009）

反，物价继续上涨，在接下来的100年，随着英格兰黄金和信贷量继续增长，物价的年增长率达到0.5%。[1]而造成英格兰白银财富攀升的原因在于其在锡、铅，尤其是羊毛和布料上繁荣的出口贸易。[2]

在整个通货膨胀时期，弗莱堡继续向欧洲经济供应白银，尽管供应速度不断下降，因为现有技术水平所能勘探到的银矿逐渐被开采殆尽。从13世纪初开始，短期内，大量的白银产自开放于奥地利阿尔卑斯山的弗里萨赫、施第里尔、卡林西亚和托斯卡纳的蒙蒂耶里的矿山。1230年左右发现于波希米亚和摩拉维亚边界的伊赫拉瓦的银矿储量更大。从该世纪中叶开始，撒丁岛的伊格莱西亚斯银矿的产量也相当可观，并一直持续到14世纪30年代。所有这些银矿的生产都经历了一个典型的繁荣—破产的过程。同时，勘探工作在欧洲其他分散的地点确定了一些小银矿，包括德文郡的贝尔奥斯顿，它们的产量有助于弥补 106

---

[1]　但参见 Bolton (2012), 182–184 的考察。

[2]　Miller and Hatcher (1995), 181–197; Mayhew (1999), 24–25.

当时弗莱堡银矿产量的萎缩。最后，"在该世纪结束之时，整个时期储量最丰富的银矿在波希米亚的库特纳霍拉被发现"，其最高年产量超过20—25吨。[1]

除了佛兰德斯（那里的产量高峰出现在15世纪20年代）这个唯一的例外，那些在1350年前有铸币量记录的城市和国家——佛罗伦萨、巴塞罗那、撒丁岛、佛兰德斯、法国和英格兰——都在14世纪上半叶铸造了比14世纪下半叶到1500年之前任何时间点都要多的货币。[2]几乎可以肯定的是，正是在此时，受持续繁荣的银矿开采业的推动，对用于日常交易的零钱的铸造达到了短暂的高峰期。保持白银产量对国内和国际贸易的繁荣都是相当重要的，因为新生产的货币大部分被立即用来填补与亚洲明显的贸易逆差。[3]再加上购买非洲金制品的支出、使用过程中不可恢复的损失，以及去圣地朝圣的花费，这意味着，拉丁基督教世界的货币供给量总是处于需求补给状态。在大额支付，尤其是国际支付中，金币明显比银币更方便，因此，意料之中的是，正是意大利城市共和国率先转向复本位货币并铸造金币。[4]到1252年，热那亚和佛罗伦萨已经从与北非的贸易中积累了足够的金币，使它们能够开始铸造热诺文诺和弗罗林。随后，威尼斯在1284年铸造杜卡特。而英格兰的铸币厂直到14世纪40年代才铸造出第一枚金币（先是雷奥帕德，后是诺波尔），当时爱德华三世（1327—1377年在位）正在进行巨额的国际支付。[5]

英格兰可能从来都不是贵金属的主要生产者，但它与欧洲大陆长期保持的贸易平衡意味着，它在货币量上非常富有，因此跻身货币化程度最高的欧洲经济体之一。艾伦修正后的估算显示，英格兰通货的名义价值在1158—1319年增长了90多倍，其价值最终可能超过200

[1]　Spufford (1988), 124.
[2]　Spufford (1988), 415–419.
[3]　Day (1987), 4–10.
[4]　Spufford (1988), 176–178.
[5]　Spufford (1988), 281–282.

表2.2　英格兰通货数量估算，1086—1331年

年份	通货量中间值估计	误差范围（英镑）	误差率（%）	人均便士占有量约值
1086	£ 30 000	± £ 7 500	± 25%	4 ±1
1158	£ 22 500	± £ 7 500	± 33%	2 ±1
1180	£ 37 500	± £ 22 500	± 60%	3 ±2
1210	£ 200 000	± £ 100 000	± 50%	14 ±7
1247	£ 475 000	± £ 15 000	± 3%	27 ±1
1279	£ 650 000	± £ 150 000	± 23%	35 ±8
1282	£ 835 000	± £ 35 000	± 4%	44 ±2
1290	£ 1 150 000	± £ 150 000	± 13%	58 ±8
1310	£ 1 700 000	± £ 200 000	± 12%	88 ±10
1319	£ 2 050 000	± £ 250 000	± 12%	118 ±14
1331	≥ £ 1 700 000	± £ 200 000	± 12%	≥92 ±11

资料来源：Allen（2012），344

表2.3　英格兰通货数量年增长率估算，1158—1348年

年份	年增长率:	
	通货量	人均通货量
1158—1180	2.3	2.2
1180—1210	5.7	5.1
1210—1247	2.4	1.9
1247—1290	2.1	1.8
1290—1319	2.0	2.5
1319—1348	−3.3	−3.8

资料来源：Table 2.4

万英镑（见表2.2和表2.3）。人均货币供给量在12世纪50年代是2便士，到欧洲大饥荒前夕增加到接近90便士，在那次人口灾难后几乎达到120便士。人均货币供给量在漫长的13世纪增长了大约30倍，平均年增长率为2.6%。在1180—1210年的通货膨胀时期（见表2.3），增长率几乎翻倍（超过5%），因为来自弗莱堡矿山的白银流入开始使货币供给充盈起来，而英格兰在12世纪40年代和50年代短暂的白银产量激增已经增加了货币供应。到13世纪中叶，伦敦造币厂所需的几乎所

有金属都必须从欧洲大陆获取，伦敦商人正是最积极的供给者。[1]他们出口商品以换取金银，在国家扩张的海外贸易中独占的份额不断增加，以充盈自己和这个大都市的财富。最重要的是，向大陆纺织商持续出口羊毛和未染色布料给英格兰带来了大量银币，英格兰王室要求"英格兰境内的所有交易必须使用英格兰货币进行"，这确保了大部分白银被送进铸币厂。[2]

货币供给的累积不可避免地加剧了通货膨胀。一系列主要商品的价格在13世纪稳步上涨，导致1315—1318年饥荒期间出现天价。例如，到了14世纪的第一个十年，小麦价格和牛的价格分别是150年前的3倍和4倍，年均增长率分别是0.9%和1%（见图2.13）。结果，一枚银币的购买力下降甚多，以至于少量小商品的日常交易逐渐要使用银币来进行。到1300年，最小的货币单位1法寻可以买1/4条面包、1/4—1/2磅黄油、1/2磅奶酪、2条腌鲱鱼、2盎司蜡烛、5磅盐、6个鸡蛋、6盎司铁钉，或一个不熟练的农场工人2小时的劳动。通货膨胀也造成了对价格上涨的预期，由此刺激了投资和更广泛的市场参与。

在上述条件下，金银日益充盈，货币迅速成为国家首选的交易媒介，这不足为奇。王室对铸币的垄断和保持货币重量的政策也增强了人们对货币的信心。简单的双边交易，如买卖劳动力或实物，让步于更集中、更复杂的多边交易，在这种模式下，劳动力和商品被出售，所得的货币被用来支付租金、购买商品和服务。因此，市场活动几乎呈指数级增长，它反映在当时市镇、市场和集市的同期激增（见图2.12），以及受其影响，市场之间更大套利机会的增加。随着流动性的增加，交易成本下降，专业化程度提高，个人、家庭和共同体之间的商业依赖性增加。资源的价值也开始按照它们能够产生的货币被衡量，更精明的会计师开始站在损益的角度来思考，并计算得自股票和土地的回报。

---

[1]　Mayhew (1999), 22–24; Britnell (2000), 120.
[2]　Mayhew (1999), 25.

2.05.2d 提高农业产量

109

英格兰在中世纪盛期的人口的增加和商业进步，以及高质量羊毛和廉价半成品布料出口的增长，因农业产量的提高而得到加强。而农业产量提高的基础是中世纪极大期太阳辐照度的增加，而对欧洲西北部而言，同时发生的还有中世纪气候异常期带来的相对温和的气候条件，表现为温和湿润的冬季和温暖的夏季。与欧洲各地的农民一样，英格兰农民采取的也是多种形式的混合农业，不但分散了风险，而且有助于营养的循环利用，还生产出一系列农产品和畜牧产品，并且这明显适于物质环境和市场机会的多样性。役畜被广泛用来完成重要的犁地、耙地和运输工作。因此，到1300年，英格兰的役畜为农场工作贡献的力量多达人力的4倍。[1]因此，用足够数量的役畜——大多是草饲牛——代替人力劳作对谷物生产的可持续性至关重要。除此之外，大多数谷物的研磨是通过水力或风力（1180年以后）驱动的磨来完成的。[2]

由于严重依赖消耗大量资源的役畜，因此需要大量土地来生产人类所赖以生存的主食。而且，作为这些农业系统基本要素的大量昂贵的流动资本和固定资本，加上将谷物加工为粗粉和细面粉的磨坊，意味着每个人为生产和加工而消耗的能量相当昂贵。每一碗粥、每一条面包、每一品脱啤酒、每一磅奶酪、每一片培根和每一块肉的附加值都很高。尽管如此，那些农业系统的发展潜力更大。来自役畜的巨大能量补充是提高农业劳动生产率的潜在来源。创造和维持可观的固定资本和流动资本存量为建筑雇工、铁匠、木匠、轮匠和磨坊工人提供了大量技术性的辅助工作。磨工出现在几乎所有的乡村共同体中，他们拥有关于齿轮和传动的实践知识。食品加工、酿酒和为工业生产准备农业原材料（稻草、亚麻和大麻；皮、革和羊毛）为人们创造了大量的就业机会。关键性投入，如铁和磨石，往往需要从较远的地方购

[1] Campbell (2003b).
[2] Holt (1988); Langdon (1991); Langdon (2004).

110 买，结果总是有过量的产出和多余的劳动资本需要处理。因此，这些农业系统因贸易而兴盛，也使自身有助于制造业和商业的发展。

　　牲畜是流动资本的重要来源。它们拉动的犁、耙、马车和牛车也是如此。马蹄铁、牛的前蹄、犁头和犁刀、轮圈、锹头都需要铁，在木炭烧热的火炉里锻造。木材是锻造、加热、烘焙和烹饪的通用燃料，有时以泥煤或煤炭来补充和替代。[1]木材也是大多数农业器械、交通工具和建筑物原料中占比最大的部分。因此，在提供牲畜（马、牛、羊和猪）饲料的草地、栽种一系列粮食和豆类作物（小麦、黑麦、大麦、燕麦、豌豆、菜豆、野豌豆及其混合物）的耕地之外，不可避免地，林地是农业用地的一个重要组成部分。正是从农业用地的构成和粮畜结合生产中，英格兰农业形成了它显著的混合特征。这些构成要素在配置后，能够创造一个多样性的农业系统，适合不同的土壤、地形、气候条件和制度环境，强度和生产力各不相同，并与现有的商业机会相适应。[2]

　　到1300年左右，英格兰的农业生产者成功地比1086年多养活了至少300万人，其中城市人口极大增加，它们在总人口中的比例已经接近1/8。[3]在已经出现的几个大城市中心，伦敦是当时最大的一个。正是在其中世纪发展的顶峰期，它容纳了至少7万人，并从广阔的乡村腹地获取食物和燃料的补给。[4]要是这座大都市进一步扩张，无疑会从更大的腹地吸取更多的给养。农业也向扩充的和多样化的制造业部门提供一系列园艺、耕种、畜牧和林区的产品，并向海外大量出口上述这些初级产品。[5]总体来看，羊毛和皮革的价值在农业净产值中的比重超过15%（见表2.4），羊毛和布料在规模不断增大的英格兰出口中占了很大111 份额。在14世纪初羊毛出口最繁荣的时候，每年有相当于800万—

---

[1]　Galloway and others (1996).

[2]　Campbell and Bartley (2006), 209–230.

[3]　Campbell (2000), 386–410; Campbell (2008), 922.

[4]　Campbell and others (1993); Galloway and others (1996).

[5]　Campbell (2002b).

表2.4　1300—1309年英格兰农业年度净产值的比例构成

产品		占农业总产出价值的百分比（扣除种子和饲料）
谷物	小麦 25.7	49.9[1]
	黑麦/玛斯林 3.2	
	大麦/豌豆 12.0	
	燕麦 8.9	
豆类		1.3
耕地产出小计		51.2
肉类	牛肉和小牛肉 2.3	20.7
	羊肉 13.4	
	猪肉 5.0	
牛奶		11.7
羊毛		14.6
皮革		0.7
干草		1.1
畜牧产出小计		48.8
农业产出总计		100.0

资料来源：Broadberry and others（2015），116–117

1 000万包羊毛离开这个国家。[2]它们的价值远远超过了一种值得注意的净进口农产品，即葡萄酒的价值。

　　英格兰农业产量增加的唯一最直接的来源是对极大扩张的农业区域的开发。[3]根据《末日审判书》中列举的份地数量和面积，1086年的耕地面积不到250万公顷，外加至少同样大面积的草地、大量林地和荒地。[4]到1300年左右，尽管大量潜在耕地仍然储备在公共牧场和荒地、王室森林和私人狩猎场，但垦殖与将草地和林地转化为耕地的行为很

112

---

[1] 此处"49.9"和下文"51.2"计算有误，经查阅，原书和资料来源均如此。——译者注
[2] Campbell (2000), 386–389.
[3] Donkin (1973), 98–106.
[4] 这个数字是对 Seebohm (1890), 102–103 所做估计的重新计算。关于根据《末日审判书》所包含信息估计耕地面积的替代方法的相对优点的讨论，见 Campbell (2000), 386–388。

可能使耕地面积翻番，达到530万公顷（略少于19世纪记录的580万公顷）。[1]在许多适于耕作的低地地区，耕地增加的代价是某种永久牧场的减少，尽管保留一些草地来饲养食草役畜的需要限制了这一过程。而且，在全国范围内，这些低地牧场的损失无疑无法因其他地区牧场的增加而得到弥补。事实上，除非永久性牧场仍然充裕，否则全国几乎养不活近1 500万只羊和超过200万头牛。同样，皮革、羊毛和羊毛制品出口的主导地位证实，这个国家在国际上的主要比较优势在于畜牧业生产。

清理林地和森林、排干低地的沼泽和洼地、围圈和改良山坡"荒地"的主要受益者是牧场，而非耕地。事实上，大部分开垦围绕英格兰广阔的高地边缘进行，尤其是许多新建立的西多会修道院在这些地区获得大量土地赠予，修道院开垦的主要目的是建立牧场。[2]除了城市对燃料的强烈需求使木材储备更加重要之外，林地，而非草地，在农田扩张中首当其冲受到影响，因此木材往往成为供给最有限的城市用地产品。[3]接近和获取这种稀缺资源被严格监管，而贸易发展弥补了最严重的不足。活畜能够被运到相当远的地区，其产品更能够抵消长途陆路运输的成本，非粮食、干草、柴火或木料所能比，粮食等的批量运输严重依赖廉价的水运。[4]

垦殖是一项劳动密集型工作，往往经过一系列土地利用上的转变才能完成。例如，哈罗德·福克斯（Harold Fox）已经指出，在萨默塞特的波蒂莫，沼泽是如何首先变成粗糙的牧场，然后经过进一步开沟和排水，成为可以每年收获干草的可收割草场的。[5]这种从沼泽到草场转型的结果是单位面积的劳动力需求持续增长。当耕地取代牧场，劳动力投入增加了大约5倍，因此，有效劳动力供给的显著增长通常是这

[1]　Broadberry and others (2015), 65–73.
[2]　Donkin (1978), 104–134.
[3]　Galloway and others (1996), 449.
[4]　Farmer (1991a and 1991b).
[5]　Fox (1986), 544.

种转变的一个前提条件。农田也可以以不同的强度来耕作，这依赖于其休耕的频率、作物的选择，以及维持和改善土壤肥力的时间。在 12 世纪和 13 世纪，劳动力与土地之间的比例不断上升，从而产生了更密集的畜牧业体系。

内卷，根据克利福德·格尔茨所做的定义，在最小的份地上无疑表现得最明显，因为它们通常缺乏资本，而劳动力的供给又多于土地所需。在 13 世纪末，诺福克郡马瑟姆的公薄持有农拥有的单位土地可用劳动力资源至少是诺里奇小修院院长所拥有的 90 公顷自营地的 6 倍。[1] 即便如此，马瑟姆自营地本身的耕作强度还是很明显的，温彻斯特主教在萨默塞特郡利姆普顿自营地的耕作强度明显较小，尽管这块自营地上每公顷的劳动力投入在 13 世纪增长了 40%。[2] 与其他地方一样，成文账簿也在这里得到采用，这方便对工人进行更精细的管理和更密切的监督。随着自营地农业劳动力投入的增长，劳动变得更加专业化。部分或全部使用雇佣劳动代替农奴劳动有助于改善劳动力投入的质量，而劳动力市场货币化的发展有助于更频繁地季节性使用临时劳动力，他们按照除草、施肥、割草、剪羊毛、收割、脱粒和扬壳的工作获取报酬。[3]

在 11 世纪，低廉的土地和昂贵的资本限制了投资。此后，人口的增加、商业的发展和产权更清晰的界定提升了土地价值，使资本投资更加划算（尽管高利率仍然是一个障碍）。[4] 迄今为止，那个年代最惊人的资本投资是实施大规模排水工程，包括若干共同体之间的合作，开沟、修建堤坝和水闸，这使大面积有可能变得肥沃的冲积沼泽地带变成农业用地。没有什么地方比东盎格利亚的转型更为宏伟。[5] 到 14 世纪 30 年代，原本在 1086 年无甚价值的土地集中了这个国家最大规模的应

114

[1] Campbell (1983), 39.
[2] Campbell (2000), 341–345; Thornton (1991), 205.
[3] Stone (1997), 640–656; Farmer (1988), 760–772.
[4] Clark (1998), 265–292.
[5] Hallam (1965).

税财富和纳税人口。[1]

同时，对更大和更好的农场建筑的大量固定投资让谷物存储和牲畜圈养从中获益。[2]更加密集的播种意味着一种更深层的投资形式，而且是一种提高单位面积产量的最保险的方式，正如土地租赁价值所证实的那样。这个国家播种密度最大的地区和土地价值最高的地区分别在诺福克郡东部和肯特郡东部，两者都是高度商业化的肥沃耕地和高人口密度区域。[3]然而，即便小土地持有者有财力投资更高的播种密度，并在这方面领先，也只有领主能独自筹集到建造磨坊所需的大量资本。由领主领衔，磨坊在12世纪和13世纪被大量建造和重建。尤其是风磨在1180年的发明使磨坊可以建在以前从未出现过的地方。[4]磨坊改善了谷物的加工而非生产，这代表了基础设施建设的进步。桥梁建设上的类似投资同样为各个阶层的生产者提供了更好地进入市场的途径。[5]

随着人口增加和土地相对稀缺性的提高，人们把更多的注意力放在了单位面积粮食生产率和能源生产率更高的农业食物链上面。有些谷物和牲畜总是能产生更多的现金、食物和（或）能量。例如，工艺和园艺作物的单位面积现金回报率特别高，随着份地面积的萎缩、商业依赖性的增加以及对手工业工人的需求增加，它们获得了青睐。亚麻和大麻的种植看起来几乎已经成为佃户生产者的专利，领主生产者被排除在外。[6]将粮食加工成麦芽酒是对食物更为奢侈的处理，远非将麦粒磨成面粉做成面包和（或）粥食用所能比。因此，随着时间的流逝，相较于将粮食酿成酒，烘烤和蒸煮谷物更受青睐，而且较廉价的食用谷物——玛斯林（冬种小麦和黑麦的混合）、德莱奇（春种大麦和燕麦的混合）和燕麦——相对于最高价值的谷物（小麦和大麦）更受

[1]　Darby (1940); Darby and others (1979), 249–256; Campbell and Bartley (2006), 320–334.
[2]　Hurst (1988); Dyer (1995); Campbell and Bartley (2006), 97–103.
[3]　Campbell (2000), 309–317.
[4]　Holt (1988), 20–32, 171–175; Langdon (1991); Campbell and Bartley (2006), 279–298.
[5]　Britnell (1995), 17–18; Harrison (2004).
[6]　Evans (1985), 41–46; Livingstone (2003), 277–281.

青睐。[1]如此简单的生产转移使单位面积食物产出率极大提高，尽管这是由牺牲饮食偏好来实现的：啤酒和肉类，尤其是牛肉，在饮食中所占比重减少，但面包（尤其是较粗制的面包）、粥和奶制品都有所增长。[2]通过种植豆类来代替休耕是这个过程的一部分。豆类为人类、猪和役畜提供了营养丰富的食物来源，而且其长远优点在于，它们有助于改变轮作，并将大气中的氮固定在土壤中。

一旦做出种植饲料作物的决定，再加上其带来的那些额外的苦差事，用马取代牛就成为顺理成章的事，因为马能够以更高的效率将饲料转化为劳动。在12世纪和13世纪，马被广泛用于各种各样的农业劳动中，尤其是用于拉车和耙地。在商业化和城市化程度更高的英格兰东部和东南部，对马的使用最为彻底，尤其是在佃户份地上，它被用作全能的力畜。[3]用豆类喂养的猪同样是最有效的肉类生产者，也是小土地持有者拥有的典型牲畜。[4]家禽也承担了类似的角色，因为鸡蛋是最有营养的食物之一。[5]能够被加工成黄油和奶酪的牛奶有相当高的食用价值，生产者用马代替牛，往往可以更集中地从事牛乳制品生产，从而更加有效地利用稀缺的草地和牧场。[6]在这些畜群之中，对成年母畜的数量统计明显更多，而种牛畜群中，公畜和幼畜更突出。在所有动物之中，羊需要的土地面积最大，而食物产量最少，要不是它们所产的羊毛具有工业价值，本不会是这个时期食物产量更高的动物的敌手。然而，不断发展的佛兰德斯和意大利纺织业需要更多高质量的英格兰羊毛，这使得佃户和领主都大量养羊，因此羊肉也成为供应量最大的肉类之一。

由于谷物仍然是主要食物，与人口增长同步提高作物产量显然是当务之急。中世纪的农民要从一片给定的土地上生产更多食物，其途

[1]　Campbell (2000), 238–248, 399–400.
[2]　Dyer (1989), 151–160.
[3]　Langdon (1986).
[4]　Biddick (1989), 121–125; Campbell (2000), 165–168.
[5]　Slavin (2009).
[6]　Campbell (1992).

径是通过延长和改变轮作，由此降低非生产休耕的频率，而不是试图提高谷物本身的产出率。在由常规的公地制度限定的表面上僵硬的框架中，想要实现更大的轮种多样性和灵活性，途径是创造额外的土地分区，为休耕地的暂时抛荒提供更多空间。相比之下，正式用三圃制替代二圃制需要一个更为深刻的结构重组，因此，这种情况并不常见。[1]对改革来说，那些拥有非正规和灵活性的土地系统的地区，就是制度性障碍最脆弱的地方，也是轮作制上易于发生最大改变的地方。

到13世纪末，在最先进的农业区域，轮作得到改进，耕种事实上在持续进行，而每年的休耕被保持在最低限度。[2]这些发展的背后是更广泛地采用大量提高肥力的措施，包括种植固氮的豆类作物，系统性地养羊，定期使用农肥、城市粪便、泥灰、石灰和任何可用的提高肥力的东西。[3]为了应对长期休耕造成的野草生长，对裸露的休耕地要进行多次夏耕，彻底准备好苗床，播种更密集，特别是在轮作结束时，对价值更高的谷物要进行系统地除草。至关重要的是，这些密集耕作体系需要更多的畜力和肥料，这就意味着，保持更高的牲畜饲养密度是其发展的必要条件。

综合混合农业体系被调整为密集型粮食生产，后者通过部分由饲料（干草和谷物）喂养的牲畜来实现营养的快速循环利用，这是那个时代一项特别惊人的成就。在上述体系中，农业的耕地和牧场互相支持，耕地提供饲料，暂时的休耕地则用来放养牲畜，反过来，耕地又从休耕地放养的牲畜那里得到肥料、牵引和运输的畜力。[4]如果没有这种功能性的共生关系，这些对生态要求高、基于耕地的混合农业系统是不可持续的。[5]保持持续性的措施包括系统地修剪林地树木以促进其生长，密切地规范和节约可用草地，集中管理草场，紧密控制休耕

---

[1]　Hall (1982), 44–55; Astill (1988), 75–80; Fox (1986).
[2]　Campbell (2000), 290–301.
[3]　Smith (1943), 135–137; Campbell (1983), 31–36.
[4]　Overton and Campbell (1991), 42–43.
[5]　Pretty (1990), 1–19.

地的放牧和保护，发展可转换的农业体系，使土地在可耕地和临时牧场之间交替，对饲料作物（主要是豆类和燕麦）以及栏养和圈养牲畜（尤其是在冬季）的更大依赖，再加上通过收集牲畜粪便并将其投入耕地实现对氮肥更加系统的循环再利用。[1]在诺福克郡东部——英格兰 117 自然土壤最肥沃、人口最密集、最具创新性的农业区域之一，到13世纪40年代，成熟的综合混合农业体系已经出现在圣贝内特修道院的庄园里。[2]在接下来的100年里，它们变得更复杂，结果，1275—1349年，随着耕作方法改进、单位面积劳动力投入增加，平均粮食产量呈现出适度增加的趋势。[3]

转向更加密集型的生产方式不可避免地会导致收益递减，如果不是土地，那就是劳动力。更大规模的专业化和交换提供了最有效的弥补措施。[4]贸易使土地稀缺地区可以利用土地充裕地区的资源，并鼓励个体农民专注于自己所能生产的最好的东西，由此将比较优势最大化。专业化的程度取决于市场的规模：在12世纪和13世纪，地方、地区、国家和国际的农产品市场都在发展。在某种程度上，需求变得更加集中。几乎所有地方的农民都受到这些商业机会增加的某种影响，尽管他们利用机会的能力受制于将自己的产品运至市场的成本，而这些成本通常是惩罚性的。[5]

畜牧生产尤其适用于专业化，因为动物及其一些产品，如羊毛、皮革、熏肉、黄油和奶酪，可以很容易地进行长途运输，而不会变质。此外，乡村生产者对牲畜的需求远远高于城市消费者。因此，农民逐渐在不同的牲畜品种、牲畜生产阶段和牲畜产品上变得专业化。[6]约1150—1250年，如此多的新集市获得许可证建立起来，正是为了应对畜牧生产带来的季节性特定产品的销售（见图2.12）。在这些集市上，

[1] Rackham (1986), 62–118; Witney (1990); Campbell (1995a), 290; Simmons (1974).
[2] Norfolk Record Office (Norwich) Diocesan Est/1 & 2, 1.
[3] Boserup (1965); Campbell (1991).
[4] Persson (1988), 71–73; Grantham (1999).
[5] Campbell (1995b), 91–94; Campbell (1997a), 235–242; Campbell and others (1993), 46–75.
[6] Overton and Campbell (1992); Campbell (1996).

来自高地的畜牧业生产者出售过剩的牲畜，低地农民则寻求替代的载重用的牛马。奶农售出多余的小公牛，这些小公牛由缺少自己的种牛的小生产者买下；到了一定时候，无用的牛会被出售，或者用来耕地，或者被屠宰。大量的奶酪和黄油也被出售，产量因牛奶生产的季节性而异。[1]一些最好的羊毛产自最遥远的地区，甚至实现了更高程度的商业化，通常是批发、大宗出售，偶尔也会进行带有一定风险的预售。[2]而任何农产品都不会被运输和销售到更远的地方以获利。

在农业部门，商业专业化机会的确是存在的，但在地理上更加受限制，这是因为谷物的单位运输成本较高，尤其是陆路运输。超出本地范围之后，是否能使用河运和海运等廉价大宗的运输方式决定着农业专业化的模式。[3]大城市中心的集中需求对其腹地的商业化是一个刺激，对谷物产出通常超过领主消费需求的自营地而言尤为如此。到13世纪末，伦敦的正常供给谷物的腹地范围已超过1万平方千米。在这个腹地内部，选择生产什么种类的谷物取决于将它们运输至首都的距离成本。因此，最便宜的饲料和面包谷物在城市周围大量生产，高质量的酿造谷物在中间地点生产，而小麦这种最珍贵的制作面包的谷物，在最远的地方生产。[4]商业性的干草生产，以及木柴、泥炭和木料生产，都与伦敦市场呈现出类似的距离成本关系。[5]

像伦敦这样的大城市是农业变迁的推动力量，其腹地内部经济租金的水平和范围被重新配置，以满足扩大了的城市需求。然而，在阿尔卑斯山以北，大城市及其提供的商业机会仍然很少，且距离腹地较远，城市化程度较高的佛兰德斯是明显的例外。甚至伦敦的"冯·杜能圈"，对全部商品而言，所涉及的范围占全国土地总面积的比例也不超过1/5，还不到定期向城市供给粮食的区域的面积的一半。此外，在

---

[1]　Campbell (1992), 113–114; Campbell (1995a), 172–173; Atkin (1994).

[2]　Power (1941); Lloyd (1977).

[3]　Campbell (1995b), 81–91; Campbell (1997a); Campbell (2002b).

[4]　Campbell and others (1993), 76–77, 111–144.

[5]　Galloway and others (1996).

这个定期供给粮食的区域内，相对低的经济租金水平要比较高的租金
水平占优势，结果粗放型生产比密集型生产更占优势。[1]这是符合冯·杜
能理论的。这一理论认为，在向一个大城市提供给养的腹地，高产出
率的集约型系统将占据6%的耕地，中等生产力和集约型系统占据54%
的耕地，而低产出率的粗放型系统占据40%的耕地。[2]较小的城市中心
对经济租金的影响效果更弱，向它们供给粮食的腹地面积更小：埃克
塞特的腹地距离城市不超过20英里，温彻斯特的距离最多12英里，剑
桥则仅有10英里。[3]

　　在1300年之前，小城镇很大程度上都是英格兰模式的，因为它们
都位于城市化水平最低的欧洲国家，结果，城市需求更为分散，而不
是集中。因此，较低的经济租金和粗放型的耕作制度在很大程度上仍
然是当时的常态。较低的单位土地价值是特伦特河以南农业区的特色，
而且，在英格兰南部和西部某些距离大都市和东海岸繁荣的商业中心
最远的地方，它也占据主导地位（见图2.14）。对这些区域的农民而
言，"地方市场及其周围的共同体是乡村产品最重要的出路"[4]。尽管如
此，此类市场也无法像大城市那样刺激经济租金和农业集约化，这就
是为什么这些地区的地产提供的证据传递出一种强烈的技术惰性和低
土地生产率的印象。[5]直到英格兰城市中心的规模有了巨大的飞跃，以
及主要原工业在乡村扎根，乡村生产者采用更集约化和生产率更高的
农业系统的动机都不可避免地在本质上有选择性，在影响上受到地理
范围限制。

　　在适当的经济动机存在的时间和地方，唯一涉及黑死病之前的英
格兰的详细和丰富证据显示，中世纪的农民积极改进生产方法，并提
高产量。与原有的悲观主义论调相反，他们并不愿意落后，也并不缺

[1]　Campbell (2000), 425–426.
[2]　Thünen (1826). 在特伦特河南部的农业区域，高单位土地价值占12%，平均单位土地价值占35%，
　　低单位土地价值占52%（见图2.14）。
[3]　Campbell and others (1993), 172–174; Campbell (1997), 241–244; Lee (2003), 261.
[4]　Farmer (1991a), 329.
[5]　Astill and Grant (1988), 213–216.

120

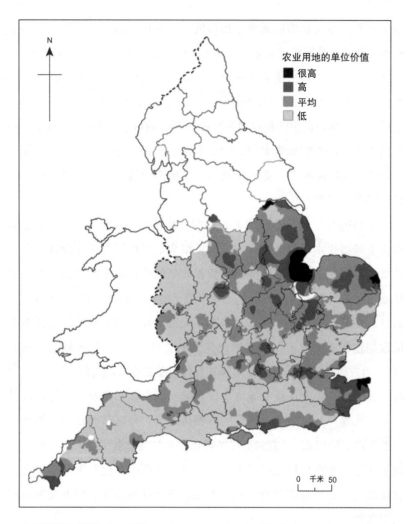

土地类别	耕地平均单位价值（便士）	平均比例（单位价值：单位价值）		
		草地：耕地	草场：耕地	草场：牧场
很高	16.2	1.1	1.3	2.9
高	7.0	2.2	2.8	3.3
平均	4.3	3.6	4.3	3.9
低	2.6	5.7	6.5	5.3
全部	3.9	4.5	5.3	4.5

图2.14 《死后财产调查清册》提供的英格兰农业用地的单位价值，1300—1349 年

资料来源：Campbell and Bartley（2006）：191-195（120）

乏技术。相反，他们的问题是，在这个国家的大部分地区，正如在欧洲的广大地区那样，需求动机还不够强大，不足以证实广泛采取更进步和集约的方法，以及它们对劳动力和/或资本的额外需求是合理的。当这些经济条件出现之时，农业仍然处于一个低生产率陷阱，无法将技术潜力完全发挥出来。集中的边缘灌木林、围圈的草场、或多或少持续耕作的耕地，以及紧密结合的混合农业系统是当时最好的做法，但它们只限于在人口密度高、资源匮乏和市场需求强劲的东米德兰兹、东盎格利亚和英格兰东南部相对有限的部分区域被采用。其他地方仍未更全面地采用这些方法，必须等待17世纪和18世纪发生的意义更为深远的社会经济变革。直到那时，对距离国内主要市场较远的内陆地区而言，最好的商业前景在于为出口市场大量生产高质量羊毛，或饲养将来用于出售的其他牲畜。

　　因此，英格兰1300年以前的农业变迁过程是一个发展不平衡的过程；不同的区域以不同的方式使农业总产量增长到了不同程度。这个国家证实了中世纪混合农业系统的多样性和生产潜力，并对为何如此多的生产者选择不去开发这些系统所具有的全部技术潜力，提出了完全正当的理由。因此，尽管农业生产在12世纪和13世纪显著增长，但产量增长几乎赶不上人口增长的步伐。由于质量更好、更受上层人士青睐的食品的相对价格上涨，越来越多的贫困家庭不得不牺牲自己的饮食偏好，转而购买更廉价的以饱腹为主的食品。[1]最终，可能至少有1/3的英格兰家庭仅仅依靠"糊口的一篮子消费品"维持生活。这些家庭在饮食上的短缺与其说是因为农业供给端的限制，不如说在于制造业和服务业无法创造报酬较高的工作以提高收入，并为有商业头脑的农民提供需求激励，以最大限度地利用现有的技术性机会。

---

[1]　Campbell (2000), 238–248.

2.05.3 作为相对经济发展代用指标的城市化

城市化率（具备一定规模的城市的居民在总人口中的比例）提供了一个对评价经济发展有所助益的代用指标，当前对约1300年欧洲所有主要地区的城市化率均已有估计数据。[1]正如西蒙·库兹涅茨（Simon Kuznets）所阐明的那样，城市化代表了"这个国家劳动分工的扩大、商业化的加深，以及许多活动从家庭或村庄中的非市场导向目标转向市场导向的商业组织"[2]。一般而言，只有那些拥有发达的制造业和服务业部门，并积极参与国际贸易的经济体，才能够支撑拥有5万或更多居民的大城市中心，并使城市化率超过20%。这样的经济体证实了 E. A.里格利的判断，即"在前工业时代的经济中，人均实际收入水平的提高与城市居民比例的上升很可能是互相关联的"[3]。到1300年，在商业持续发展了近250年之后，保罗·拜罗克（Paul Bairoch）、简·巴图（Jean Batou）和皮埃尔·谢弗尔（Pierre Chèvre）估计，7%—9%的欧洲人居住在拥有5 000名及以上人口的城市之中，如果再加上250年形成期中涌现的小城市，这个比例可能会翻一番。例如，在英格兰，在拥有2 000—5 000名居民的小城镇中居住的人口明显要多于拥有2万名及以上居民的大城市中的人口，而且，还有一系列小市镇拥有的居民数量更少。如表2.5所示，欧洲的整体情况并无太大差异。

按照拥有最低5 000名居民的城镇计算，英格兰的城市化率略低于7%，因此略低于欧洲的平均水平。威尔士、爱尔兰、苏格兰、斯堪的纳维亚半岛、俄罗斯欧洲部分、波兰、德国、瑞士、奥地利和匈牙利的城市化率都很低，或更低。它们在1300年拥有的城镇都比1000年的多，但由于这些国家的经济仍然根植于初级生产，因此这些城镇很少发展到更大的规模。它们的许多初具规模但仍然很小的城区的命脉是

---

[1] Bairoch and others (1988), 259.
[2] Kuznets (1966), 271.
[3] Wrigley (1985), 683.

表2.5 1300年欧洲城市的大小分布和人口估计

城市人口 （千人）	欧洲（不包括俄罗斯）		英格兰和威尔士	
	数量 %	城市人口 占比/%	数量 %	城市人口 占比/%
50+	0.9	13.9	1.6	18.3
20-<50	4.5	17.8	1.6	6.0
10-<20	11.8	20.5	4.7	10.2
5-<10	24.0	21.1	29.7	35.1
2-< 5	58.8	26.6	62.5	30.4
近似总值	1 484	10 560 000	64	382 000

资料来源：欧洲的数据根据 Bairoch and others（1988），255, 271 估算；英格兰和威尔士的数据出自 Campbell（2008），911

每周和每日进行的买卖，其对象包括食物和饮料、谷物和牲畜、油和酒、盐和鱼、羊毛、毛皮、皮革、铁、铜、铅和锡，以及一系列手工产品，如丝绸、金属物品和陶器。商业生活所依赖的正是这些商品的定期交换，其表现为小商贩进行的小批量兜售，也表现为批发商进行的大宗买卖。[1]在这个囊括欧洲西北部、欧洲北部和欧洲内陆的广大区域，正是12世纪和13世纪出现的这种小城镇现象将城市化率提高到新的水平上，尽管水平并不高。在这种经济结构中，商业已经获得发展，但其中的向心力发展仍然很微弱。除了一些主要中心之外，小城镇对重大商业的参与依然受到明显的限制。

从历史上来看，由于拥有至少5 000名居民的城市最为引人注目，因此正是基于这些城市，关于1300年左右欧洲城市化规模的最为系统的分析才得以做出。虽然只有2个爱尔兰城市、2个苏格兰城市和19个英格兰城市符合这种规模标准，但马拉尼马（根据之前拜罗克的工作进行的构建）估计，在意大利，至少有193个此等规模的城市，约占该国人口的20.6%。[2]如果将拥有少于5 000名居民的城市包括在内，这个

---

[1]　Hilton (1985); Masschaele (1997).

[2]　Malanima (1998).

比例将明显提升，可能会超过总人口的1/3。很明显，意大利比不列颠群岛的城市化程度更高，这意味着意大利的经济也更为发达，因为不列颠群岛相应的城市化率不足5%。[1]实际上，意大利城市几乎囊括了欧洲城市人口的1/3，在拥有至少2万名以上居民的欧洲大陆特大城市中，意大利几乎占到了1/4（103个城市中有24个）。[2]如果如此多的城市居民都集中到那些大城市中心（其中7个城市至少拥有5万居民，至少3个城市的居民超过10万人，它们是佛罗伦萨、威尼斯和米兰），能养活这么多人的地方必须具备这样的条件：农民经常生产出大量剩余产品、人均收入之高足以维持制造业和服务业中的有效就业机会。[3]

据马拉尼马估计，在1000—1300年的意大利，居住在较大城镇中的意大利人的比例翻了一番，在总人口中的比例从1/10增加到1/5。在意大利中部和北部，城市化速度尤其快；在那里，居住在这些城镇的居民比例几乎增长为原来的3倍，在总人口中的比例从5%—8%提高到21.4%，增速比总人口的增速快；这是经济充满活力的明显表现。[4]但半岛的政治分裂导致群星般的敌对城市共和国的出现，造成没有独占鳌头的城市占主导地位的局面，不像英格兰的伦敦（约7万—8万人）和法国的巴黎（15万—20万人）。相反，几个相对自治的城市子系统占了上风，每一个都由一个大城市领衔：在托斯卡纳和阿诺河谷是佛罗伦萨，在威内托是威尼斯，在伦巴第是米兰。实际上，由大型沿海贸易中心威尼斯和热那亚为首的广阔的海运城市系统在很大程度上与意大利并不相干。

在意大利，罗马帝国崩溃之后，城市生活仍在继续，在欧洲南部的许多地方也是如此，以至于中世纪城市复兴的根已经扎得足够深。然而，在欧洲北部大部分地区，却没有这样的持续性，因此，从10世

---

[1]　Campbell (2008), 911, 931.
[2]　Bairoch and others (1988), 259.
[3]　Kuznets (1966), 271.
[4]　Malanima (2002), 375, 380. 根据 Zanden (2009, 40) 的估计，居住在拥有至少 1 万居民的城镇中的意大利人口的比例从 1000 年的 12% 上升到 1300 年的 13.5%。

纪开始，城镇的建立和发展代表了一种全新的起点。在这种背景下，低地国家城市发展的规模与活力尤其惊人，以至于到1300年，其程度基本可以媲美意大利中部和北部城市的水平（见表2.5），甚至可能更高，但意大利的城市发展始于一个更高的基础之上。巴斯·范·巴维尔（Bas van Bavel）估计，低地国家的整体城市化率是20%，在比利时的布拉班特上升到27%，阿图瓦上升到30%（与马拉尼马所估计的同期托斯卡纳的27.9%—30.4%相差无几）。[1]拥有超过2.5万居民的大城市的集中化，包括佛兰德斯内陆的图尔奈、伊普尔、布鲁日和根特（根特最大，拥有6万—8万居民），以及阿图瓦和佛兰德斯内陆的里尔、阿拉斯、杜埃、圣奥梅尔，支撑着这些高城市化率，并见证了之前数个世纪的经济活力。结果，佛兰德斯的人均GDP在1000—1300年的增长可能至少与意大利的增长一样令人印象深刻。[2]荷兰的城镇也在迅速发展，其造就的城市化率从1200年的5%左右增长到1300年的13%。[3]

根据拜罗克等人的估计，这个时期还没有其他国家拥有同样高的城市化率，因此，这意味着它们应该都更为贫困。伊比利亚半岛、法国和巴尔干半岛的城市化率都接近欧洲的平均水平，即9%—10%，卡洛斯·阿尔瓦雷斯-诺加尔和莱安德罗·普拉多斯·德·拉·埃斯科苏拉指出，1300年，西班牙的人均GDP达到1 050英镑。[4]这比同期马拉尼马估计的意大利中部和北部1 650美元的水平低了40%，但与西班牙城市化水平仅有上述意大利地区一半的事实一致。当时英格兰的人均GDP仍然很低，只有750美元，其城市化率也只有7%。后者与德国的水平大致相当，因为随着日耳曼定居点在12世纪和13世纪向东扩张，德国也出现了新的小型城市中心涌现的类似现象。上述两个国家的城市人口都更加分散，而不是集中。

125

---

[1] Bavel (2010), 281; Malanima (1998), 104.

[2] Bavel (2010), 280–281, 375.

[3] Bavel (2010), 281. Zanden (2009, 40) 的研究显示，到1300年，拥有至少1万居民的城市的人口比例在佛兰德斯是约20%和约13.5%。尼德兰对应的城市化率为约4.5%。

[4] 西班牙的城市化率计算不包括居住在城市的乡村工人：Álvarez-Nogal and Prados de la Escosura (2013), 13–14, 23, 34–36。

在贯穿从地中海到北海南部的整个欧洲商业活动的轴心线之外，城市化率往往低于欧洲的平均水平。[1]在这些最贫困、人口最稀少的商业边缘经济体——斯堪的纳维亚半岛、俄罗斯欧洲部分和中东欧中，人均GDP低至500—600美元，安格斯·麦迪森（Angus Maddison）认为，这是同期欧洲几乎所有地区的标准（也是今天撒哈拉以南非洲最贫穷国家的普遍水平）。[2]这些地区的人口过于分散，不可能实现人口众多、城市化水平较高和商业活跃的意大利和佛兰德斯所达到的经济专业化和商业发展水平。这些地区可能资源丰富，但这并不能阻止它们仍然处于经济不发达状态，因此，按照人均GDP标准，它们既绝对贫穷，也相对贫困。这些地区处于低生产率陷阱：有限的市场需求限制了劳动分工，因缺乏经济专业化而导致的低劳动生产率又限制了市场需求的增长。对它们而言，挑战在于如何启动斯密型增长，而对意大利和佛兰德斯的主要商业经济来说，挑战是如何保持这种增长。[3]在后者的案例中，欧洲北海和地中海贸易圈的进一步整合，以及与亚洲商业更密切联系的形成，似乎提供了前进之路。

126

2.05.4 拉丁基督教世界整合成一个相互联系的世界贸易体系

集中的城市发展是中世纪盛期这个斯密型增长阶段的一个关键引擎，因为它对中心地区的功能和层级，以及相关的经济租金模式产生了差异性影响。反过来，大商业支撑了特大城市的财富和人口。到1300年，十几个欧洲城市的人口都至少达到了5万。其中几个最大的城市——君士坦丁堡、威尼斯、热那亚、米兰和布鲁日——的超级规模和繁荣都归因于它们积极参与国际贸易。其他城市，特别是佛罗伦萨和佛兰德斯纺织业城市群，也因向国际市场提供工业产品而繁荣。

---

[1]　Bairoch and others (1988), 258, 259.
[2]　Maddison (2007).
[3]　斯密型增长根源于市场发展和扩大劳动分工，亚当·斯密在《国富论》第一卷中对其进行了阐述。

第三梯队——罗马、那不勒斯、巴黎和伦敦——是大的教会和王国首都、潮流领先之地、富人的消费区，以及来自国际贸易的商品的分配中心。如果没有直接和/或间接参与国际贸易，拉丁基督教世界的任何城市都无法达到这种超级规模，因为国际贸易会使需求的集中在所有方面都产生多重乘数效应。因此，只要商业扩张能够得到维持，它们的财富就有可能得到保证。这种扩张取决于持续降低交易成本，改善进入海外市场和优质贸易品来源地的渠道，以及维系用于弥补欧洲对亚洲净贸易逆差的白银生产。

12世纪和13世纪，欧洲自己的贸易圈明显拓宽和加深，其新兴的地中海和北海贸易网合并成为一个整合的跨阿尔卑斯山贸易体系。这个漫长的过程始于11世纪末，伴随着一系列构建性的发展。在地中海，1082年的《拜占庭-威尼斯条约》（Byzantine-Venetian Treaty）赋予了威尼斯极大的商业优势，包括与拜占庭帝国的免税贸易。1099年，第一次十字军东征的胜利使热那亚在叙利亚和巴勒斯坦拥有了相同的商业特权。意大利的两个超级海上共和国当时享受的特权是，更多的获取亚洲丝绸、香料和陶瓷的渠道，以及在爱琴海、地中海东部和黎凡特不断增加的贸易机会。大约同一时期，意大利和法国南部的大量城市开始拒绝承认封建领主的权威，并将自己转型为自治公社，这样就能更好地与其他城市及其商业行会进行互惠贸易。

犹太商人是这种重新出现的以市场为基础的社会-经济秩序的积极参与者，他们传播信息、改善信贷，更为关键的是，他们在基督徒和穆斯林之间充当贸易的中间人。[1]作为一个分散而无国家的民族，广泛的国际联系使他们在商业贸易中站稳脚跟，同时犹太教鼓励识字，也不禁止高利贷。社会排斥使他们无法通过传统的拥有土地和做官的渠道实现物质进步，从而使他们把精力和进取心转向商业。这些特征让犹太人得以接触威廉一世和亨利一世，这两位国王邀请犹太人在英格

127

---

[1] Lopez (1971), 60–62.

兰建立社区，那时英格兰的商业如欧洲北部大部分国家的商业一样，处于欠发达的阶段。

在北海地区，正是在11世纪末和12世纪初，大领主和有权势的王公建立了集市，在他们的庇护下，这些集市随后得以在国内和国际上崭露头角。建立于1096年（圣贾尔斯，温彻斯特）和1125年（波士顿）的英格兰集市都坐落在距离外国商人频繁光顾的东部和南部港口的适宜位置上，而且其战略位置既接近羊毛生产的来源地（逐渐为外国商人所青睐），也不远离这个国家不断发展的纺织业城市中心，尤其是约克、贝弗利、劳斯、林肯、莱斯特、斯坦福和北安普敦。[1]大约同时，佛兰德斯伯爵在伊普尔、里尔、梅森、托尔豪特和布鲁日建立了大弗莱芒集市，集市位置的选择可能是对新兴城市羊毛纺织业带来的商业潜力的回应。此时，羊毛、布料和其他商品被运来和出售，货币交换的规模前所未有，越来越远的地方的商人被吸引至此。到12世纪80年代，来自佛兰德斯和法国北部的著名布料（这是产品专业化的明确标志）在整个地中海和黎凡特销售，纺织品产量超过了当地的羊毛供应，以至于英格兰的羊毛开始进口。[2]同时，12世纪30年代，英格兰北部银矿的发现开启了欧洲的一次白银量充盈期，随后在德国、波希米亚、撒丁岛和巴尔干半岛陆续发现的银矿将这一充盈期维持了200年。不久之后，香槟集市开始崛起，成为欧洲南部和欧洲北部不断发展的商业中枢。

商人，无论是独自还是集体行动，都是这些扩大的国际贸易圈的关键主角。出售布料和购买羊毛的弗莱芒人很早就在更广阔的北海地区举足轻重，到12世纪末，他们活跃在整个英格兰，让英格兰商人在能力和进取心上黯然失色。来自法国北部的商人也很早就开始活跃，随后是布拉班特人和德意志人。到12世纪中叶，这些北方商人定期频

128

---

[1]　Moore (1985), 10–62; Chorley (1988).

[2]　Lloyd (1977), 5.

繁出现在香槟集市，至少从1174年开始出现并从1190年逐渐增多的现象是，意大利人加入了，在需求迅速增加的情况下，他们被用丝绸、香料和其他异域商品交换布料和羊毛的商机吸引。[1]

北方布料往往很轻，而且未经染色，这项工作会由意大利染布工人使用从亚洲进口的染料和小亚细亚进口的明矾来完成，染色后的布匹进入意大利国内、拜占庭和黎凡特市场出售。这种贸易利润可观，因为香槟伯爵为商人及其商品的安全流动提供了有效保证，同时又得到了教会推动的"上帝的和平"运动（Peace of God movement）的加强，这使得交易成本很低。这些南方市场对廉价、轻盈、色彩鲜艳的北方纺织品的强烈需求保证了弗莱芒和英格兰城市布料业，以及意大利加工贸易的持续发展。[2]北方消费者对南方和东方奢侈品的胃口同样不小。这引起了北海和地中海贸易区之间的互惠交换，贸易走陆路经跨阿尔卑斯山通道，这条通道的交通运输成本适中，而且几乎毫无障碍。从1204年开始，它受到了进一步的推动，当时威尼斯最终赢得了前往黑海的直接通道，黑海是几条最重要的跨亚洲商路的最后目的地。此后，而且直到15世纪末葡萄牙人渗透到印度洋，威尼斯人一直是欧洲市场最大的香料供应商。

在整个13世纪上半叶，尽管意大利和普罗旺斯商人在北方市场定期出现，但弗莱芒人和其他北方人在这些市场上的优势还是可以保证的。佛兰德斯是英格兰的头号贸易伙伴，其出口依赖型纺织业严重依赖进口英格兰羊毛，进口量已经超过了佛兰德斯当地的羊毛供应量，对英格兰羊毛的数量和质量青睐有加。从1226年开始，以吕贝克和昂堡为首，1259年科隆、罗斯托克和维斯马加入的汉萨同盟崛起，这补充而非挑战了弗莱芒人的霸权，因为汉萨同盟对羊毛的兴趣不大，它主要进行盐、鲱鱼、木材、粮食、毛皮、蜡和其他波罗的海产品的贸

129

---

[1]　Edwards and Ogilvie (2012).
[2]　Munro (1991a); Munro (1991b); Munro (1999c).

易。此外，1236年，弗莱芒人从亨利三世那里得到经由其领地进行陆上和海上贸易的永久安全承诺，有效地保证了他们主导英格兰羊毛出口的能力。[1]因此，这一形势一直持续到1270—1276年，英格兰和佛兰德斯之间的政治关系破裂，将机会让于其他商人。[2]

意大利人很快利用了弗莱芒人的不幸，因为那时他们有了自己快速发展的城市纺织业来供应羊毛。来自皮亚琴察、卢卡，尤其是佛罗伦萨等纺织中心的商人向西多会羊毛供应施压，这保证了他们比任何外国团体获得更多的羊毛出口许可证。[3]通过把自己变成爱德华一世不可或缺的财政助手，这些商人巩固了自己的地位，从1275年开始，在他们的帮助下，爱德华一世开始定期对羊毛、布料和兽皮出口征税。到13世纪末，许多领先的意大利超级公司在伦敦设立了办事处，这样，商人们就将自己在北海地区不断扩张的商业份额与他们在地中海和黑海贸易中占优势的份额结合了起来。

到13世纪第三个25年，意大利商业似乎活力无限。当佛罗伦萨人渗入英格兰羊毛市场之时，热那亚人已经在黑海取代威尼斯人，积极地建立海岸商业殖民地，并从那里向西进入波斯，以利用"蒙古和平"（Pax Mongolica）创造的更加稳固的陆路贸易条件。事实上，拉丁基督教世界正在整合，在阿布-卢格霍德眼中，它"可以毫无困难地被称为世界体系"[4]。商人-水手城市共和国威尼斯和热那亚是这一发展的主角。它们一起构成了两条不同商路的终点站：一条南方海路，它连接了地中海，经埃及和红海，或巴勒斯坦/叙利亚和波斯湾，到达印度、马来西亚和中国南部；一条北方陆路，从小亚细亚的黑海诸港穿越新兴蒙古帝国内陆，延伸到中国北部。这些竞争商路的出现提供了一种保险措施，以应对圣地不稳定的政治和军事局势，并保持了贸易成本的竞

---

[1] Lloyd (1977), 22.
[2] Nicholas (1992), 176–179.
[3] Nicholas (1992), 176–179.
[4] Nicholas (1992), 176–179.

争力，由此繁荣成为普遍现象。[1]尽管只有马可·波罗一人留下了关于 130
其旅行的记录，但无数好奇而有魄力的意大利人早已闻名于世，他们
竭力抓住这些诱人的机会，并在13世纪的最后扩张年代向东冒险至中
国。在他们的往返旅程中，意大利商人行走的路线在阿布–卢格霍德8
条交换线路中占了7条。

2.06　有利的环境和拉丁基督教世界在中世纪盛期的勃兴

从9世纪起，中世纪气候异常期的气候条件更为温和和稳定，农业
技术的改善，包括重犁翻耕、更好地利用役畜、定期的两圃制和三圃
制轮作，以及商业和城市生活的逐渐复兴，为欧洲人口的重新增长和
经济活动的再次繁荣提供了前提条件。[2]然而，从起飞到快速发展似乎
被延迟到11世纪晚期，紧随奥尔特极小期之后。直到那时，再加上重
新活跃的太阳辐照度，拉丁基督教世界在中世纪盛期的勃兴才真正步
入正轨。那次繁荣可量化的方面包括人口增加了1—3倍，修道院数量
增加了近2.5倍，每年的手稿产量增加了13倍，万人以上城市的数量
增加1倍，城市化率至少提高50%。[3]小城镇的数量急剧增加，许多建立
在原本很少或根本没有城市生活的地方。[4]在12世纪30年代英格兰北部
银矿开采和200年后波希米亚库特纳霍拉银矿的枯竭两个时间点之间，
欧洲的金银产量急剧增加，随之增加的是流通中的货币数量：在此期
间，英格兰的货币数量增长超过了50倍，不出所料，物价出现了持续
上涨（见表2.2和图2.13）。大多数主要的河口都架上了桥梁，一大批
炫耀性的军事和教会建筑工程也完工了。[5]识字率大大提高，以至于在

---

[1]　Abu-Lughod (1989), 124.

[2]　Above, Section 2.02; White Jr (1962); McCormick (2001).

[3]　Table 2.1; Figure 2.11A; Table 2.5; Zanden (2009), 40, 44, 77.

[4]　Graham (1979); Britnell (1996).

[5]　Harrison (2004); Duby (1976).

131　管理、司法和金融事务中使用书面文件已成为规范。[1]

一系列互相加强的因素产生的协同效应使拉丁基督教世界进入了这个更具活力的文化和经济轨道。基督教世界本身已经扩大，之前由维京人、马扎尔人、斯拉夫人和穆斯林造成的威胁已经在基督教传教士、十字军和征服者的努力下消解了，因此，除了13世纪20—80年代蒙古人进攻俄罗斯、波兰、匈牙利、保加利亚和克罗地亚这个特殊例外，欧洲北部和南部边缘的社会和经济生活最终变得更加稳定。[2]商业复兴和改良农业技术的传播，自9世纪起一直在进行，并得到了一种自我维持的势头。需要缴租佃户的领主可能已经实现了较高的家庭构建率，因为那时改善的气候条件降低了发病率，以至于生育率高于死亡率，自然增长率始终为正（见图2.9）。[3]李伯曼曾指出，人口可能也已经开始从更广泛地暴露于曾经致命的疾病（特别是天花和麻疹）中获得免疫力。[4]

在一个政治上四分五裂的世界里，格列高利七世的教皇革命将拉丁教会改造成一个强大的统筹机构，在一个广阔的地理区域内规范了基督徒的行为和教徒之间的关系，教会权力凌驾于欧洲众多国家政权和领主权之上，这些国家和领主相互竞争、掠夺成性，经常处于战争状态。[5]这降低了交易成本，使更多在支离破碎的政治分裂环境中难以实现的旅行和贸易得以进行。作为对教会汇编教会法的回应，西方法律传统的诞生创造了一种法律环境，在这种环境中，更复杂的社会和经济关系形式能够繁荣，商品交换的多边模式蓬勃发展，要素市场得以建立。[6]行会、公社和城市企业制度，以及强力领主建立和推动的集市，促成了对资源更好的管理和分配、城市自治、商人及其商品的安

[1]　Clanchy (1979).
[2]　McEvedy (1992), 36–37, 54–55.
[3]　Duby (1974); Russell (1958), 113.
[4]　Lieberman (2009), 78–79.
[5]　Mann (1986), 337, 383.
[6]　Berman (1983).

全保障和契约的履行。[1]技术进步绝非无足轻重，也绝非毫无意义，因为正如乔尔·莫基尔（Joel Mokyr）记载的那样，欧洲人可获得的有用知识和实际技术的储备持续增加。[2]然而，正是"这次突如其来的制度性构建浪潮"，既有教皇革命和西方法律传统创造的宏观形式，也有单个商业行会的微观形式，从11世纪开始激发了西欧扩张和发展的潜力，由此使进步变成现实。[3]

132

得益于有利的环境条件，一旦拉丁基督教世界在中世纪盛期的繁荣开始，人口就迅速增加。[4]实际上，在人口结构最有活力的地区，0.5%的年均增长率持续了数代人时间，不断上升的人口数量很快就在经济上适得其反。在农业领域，不断增加产量的压力可能破坏脆弱的经济平衡，并引发能源消耗的恶性循环。[5]对土地和劳动力的边际生产率而言，还存在一种内在的衰减趋势，因为被用来生产的贫瘠土地和劳动力投入的密集度不断累加。然而，这些限制只会出现在特殊的情况下，而且是在扩张过程中相对较晚的阶段。在某种程度上而言，这是因为增长开始于一个资源相对丰富的形势下，但也因为它具有变革性和广泛性。农民设计出更好的系统来管理资源，保持土地生产力，商业的发展和城市的兴起为投资、创新和专业化提供了更强有力的动力。此外，随着市场的拓宽和加深，非初级生产部门得以扩张，创造了其他谋生方式，并赋予了农产品更大的价值，其方式是将兽皮制作成皮革，将蜡和羊毛制作成布料，将粮食制作成面包和酒，等等。在商业和城市发展最强有力的地方，只要它们的扩张能够持续，经济发展的过程就更倾向于斯密型和博塞拉普型，而非马尔萨斯式或李嘉图式。[6]

在这个广阔而自信的时代留下的有形遗产中，没有比拉丁基督教

---

[1]　Greif (2006); De Moor (2008); Zanden (2009), 50–55; Edwards and Ogilvie (2012).

[2]　Mokyr (1992), 31–56.

[3]　Zanden (2009), 65.

[4]　Lieberman (2009), 80–83, 162–164; Brooke (2014), 358–360.

[5]　Abel (1935) and Postan (1966) 阐述的一个观点。

[6]　Grantham (1999). 斯密型增长在前文注释 7 中已有界定。Boserup (1965) 认为，人口增长决定了农业生产方式和产量。马尔萨斯在《人口论》中的观点与此相反。土地和劳动力的增加超过一个临界点，就会引起收益递减的趋势，这是由大卫·李嘉图在《政治经济学及赋税原理》中提出的。

133　世界的众多哥特式主教座堂更令人印象深刻的了。事实上，如此多的主教座堂同时建立，以至于乔治·杜比极好地将中世纪盛期的这几个世纪称为"大教堂时代"。[1]法国走在了前列，开创了新的哥特式风格，将其结构潜力发挥到极致，重建了一个又一个主教座堂。其他国家也纷纷效仿。1066—1350年，英格兰宗教改革之前的所有16个主教座堂都得到重建和扩建，而且往往是反复进行的。索尔兹伯里主教座堂先后被扩建和美化，最著名的是在14世纪30年代，当时在该教堂123米高的石头尖塔上，6 397吨的重量被加到了之前的十字上。[2]每一次重建都延展了其长度——从1075年的53米，到1120年的96米，最后在1220年是137米——并在外观上更加辉煌耀眼，最为壮观的是，在13世纪初，这座主教座堂被迁至空间开阔的山谷底部，并与一座宽敞的新城镇一道规划和建设，建造出一个全新的结构。[3]

不论以何种标准衡量，建造这种纪念性建筑物在艺术和组织上都是一项巨大成就。每一个工程的完成都需要调动不可估量的资源。如果没有和平、繁荣和自信，要一次性进行如此规模的建设，并保持几十年的建设势头，是不可能的。和平部分地源于拉丁教会在1054年与希腊教会分裂之后重新焕发的活力与权威、基督教通过皈依和征服积极拓展基督教世界的边界，以及法律规则的发展。增加的人口、增长的农业产量，尤其是贸易和商业的复兴（在索尔兹伯里，同时建造新主教座堂和新城镇，这绝非巧合）带来了繁荣。自信来自基督教信仰的复苏和物质创造时代迈向高潮，回顾起来，这是一个稳定、繁荣并拥有极高文化成就的醒目的"黄金时代"。[4]如此显著的经济发展以前工业时代而非现代的速度进行，但它仍然是真实的，因此，在这个社会-生态时代的盛期，许多人的物质条件逐渐得到改善。

---

[1]　Duby (1976).

[2]　威廉·戈尔丁的小说《教堂尖塔》(The spire, 1964) 认为，这是一次在从未计划承担如此重量的基础上进行的提升尖塔高度的惊人重建：如果没有15世纪和16世纪增加额外的支撑，索尔兹伯里的尖塔将不复存在。

[3]　Rogers (1969).

[4]　Goldstone (2002), 333; De Moor (2008); Zanden (2009), 50–55.

摇摆的平衡：在气候日益不稳定和病原体重现时代，经济脆弱性日益加剧

到13世纪末，在欧洲西部的核心区域，一个商业化和货币化的社会，及其发达的商品和要素市场、运作良好的城镇网络和等级制度，还有区域间、区域内部和跨国的稳定的商品流动都已经出现，与旧世界其他地方的商业发达社会的联系也建立起来。[1]在两个世纪的大部分时间里，经济活动扩展，更加多样化，并在有利的环境及粮食安全得到保障和公共卫生同期改善的条件下得以维持，同时，人口也在增长。[2]但是，造就12世纪和13世纪拉丁基督教世界繁荣的宏观和微观制度创新的收益正在迅速递减。[3]如果没有新的制度和技术创新进一步降低交易风险和成本，拓宽和加深国内外市场，继续沿这些方向发展是不可持续的。这些发展也有赖于持续稳定和良好的气候条件，以及足以应对相对适度的流行病暴发，但它们看起来都不会持续下去。

事实上，从13世纪末开始日渐清晰的是，经济和环境条件正在恶化，发展的基础正在崩溃。[4]正如3.01.1部分和3.01.2部分所述，在意大利和佛兰德斯这两个迄今处于领先地位的经济体中，这种恶化是显而

---

[1]   Above, Section 2.05; Abu-Lughod (1989).

[2]   Above, Sections 2.02 and 2.03.

[3]   Above, Section 2.04.

[4]   Below, Sections 3.01 and 3.02.

易见的。与上述两个地区相比，英格兰（3.01.3部分的主题）较为贫穷、不够发达，也就没有什么可以损失，反而保持了稳定，而不是彻底衰落。[1]西班牙等其他国家仍在追赶，并在人口和资源之间保持了较好的平衡，发展得相对不错，但仍普遍地受到国际经济衰退、环境不稳定等因素的影响。[2]甚至远在冰岛和格陵兰岛的"挪威人社区"，也受到了贸易方式改变的不利影响，当时非洲象牙的供应开始取代北极海象和独角鲸牙，更低的海面温度导致鳕鱼群向南迁移，鉴于日益恶化的航行条件，去往这些遥远的北方水域的航行减少了。[3]当然，首当其冲的是冰岛人和格陵兰人，他们遭遇了突如其来的严冬。[4]

事实上，几乎在所有地方，维持既有的社会-生态平衡都在变得更加岌岌可危。有清晰的迹象表明，经济和环境条件从13世纪70年代开始变得不稳定，从13世纪90年代逐渐恶化（3.01、3.02、3.03.1b和3.03.2d部分）。14世纪前20年经历了一次重大危机，气候异常、歉收、战争破坏、畜疫大有摧毁当时的社会-生态平衡的危险（3.01.3e和3.03.1d部分）。同时，鼠疫在其疫源区重生，并穿越中亚的商路（3.03.2部分），不可阻挡地向西蔓延。导火线正在慢慢燃烧，当既有的脆弱平衡表现出不可持续时，社会-生态关系通常也会接近临界点。

3.01　从勃兴到衰退

马可·波罗（1254—1324）经历了变迁的高潮，这次变迁是从一个接近其巅峰的社会-生态系统变为一个明显下滑的系统。1271年，他17岁，与自己的父亲尼科罗和叔叔马费奥开始其著名的旅程，从威尼斯出发，前往忽必烈汗位于今天中国北京的皇宫。他们史诗般旅程的

---

[1]　Below, Section 3.01.3.

[2]　Álvarez-Nogal and Prados de la Escosura (2013); Kitsikopoulos (2012).

[3]　Dugmore and others (2007).

[4]　Figure 3.22.

第一站是坐船穿越地中海东部，到达黎凡特海岸由十字军控制的阿卡港。从那里，他们沿着最短和最直接的路线抵达了波斯湾，他们本来应该走通往大马士革的古代内陆商路，然后向东穿越叙利亚沙漠到巴格达，最后沿底格里斯河河谷而下到达波斯湾的源头巴士拉。另一条路线是，他们可以向北穿过十字军国家到安条克，然后由陆路到阿勒颇，并穿过沙漠到幼发拉底河河谷，最终到达巴格达。直到1258年，上述路线一直是连接阿拉伯海和地中海之间繁荣的海上贸易的关键陆路通道，当运转良好时，这些陆路通道比当时任何其他替代路线都更便捷、更经济。[1]蒙古伊尔汗国推翻阿拔斯王朝，摧毁了这些联系，从13世纪60年代开始，这些曾经是东西贸易枢纽的商路变成战场，伊尔汗国和埃及马穆鲁克王朝的军队在此对垒。对无人护送的商人而言，这些路线实际上是很难通过的。[2]

　　由于无法通过阿布-卢格霍德所称的"辛巴达之路"到达东方，三位波罗先生只能谨慎地再次乘船，向北沿黎凡特海岸去往奇里乞亚小亚美尼亚基督教王国的繁忙港口阿亚斯。那里已经成为从波斯湾经曲折而崎岖的陆路运输货物的主要目的地。这条商路在马穆鲁克王朝与伊尔汗国开战之时仍可通行。[3]通过这条商路，三位波罗先生穿过安纳托利亚高原到达大亚美尼亚的埃尔津詹，翻越阿拉特山后，沿蒙古人控制的底格里斯河流域到达巴格达（自1258年陷落和被洗劫以来已大大萎缩），最后到达波斯湾的巴士拉，再从那里抵达阿曼湾的霍尔木兹。由于乘船前往中国的计划受挫，他们改为走内陆，沿着丝绸之路的各个分支，穿越"蒙古和平"的中心地带，到达亚洲半干旱内陆深处的绿洲城市巴尔赫和喀什噶尔（伊塞克湖以南）。他们继续向东，穿过干燥的青藏高原，到达中国北部黄河畔的兰州，绕道前往蒙古人的

[1]　Abu-Lughod (1989), 185–211.
[2]　Ashtor (1976), 263.
[3]　……所有的香料、丝绸和黄金，以及来自内陆的其他贵重货物，都被带到了那个城市。威尼斯、热那亚和其他国家的商人来到这里出售他们的货物，购买他们需要的东西"：Yule (1875), 43。

136

旧都哈拉和林，然后继续上路，在历经三年多的旅程之后，他们到达了元朝位于北京的新都。

在忽必烈汗的皇宫寄居了24年之后，三位波罗先生由南方海路返回意大利，其起点是长江三角洲的杭州，经过马六甲海峡，跨越印度洋到达印度锡兰，最后回到亚欧商业通道之间至关重要的交汇点阿拉伯。在那里，他们找到了返回威尼斯最安全的路线，即在霍尔木兹上岸，进入波斯湾，然后经2 000千米通往内陆的陆路后转向西北，经过巴格达，到达波斯的大不里士，然后翻越大亚美尼亚的山区抵达黑海南岸的特拉布宗，从那里，他们乘船完成最后的旅程，回到威尼斯。[1]

阿卡，三位波罗先生的出发地和十字军在圣地最后的据点，于1291年落入马穆鲁克手中。当时，马穆鲁克控制了黎凡特的全部海岸，从北部的安条克环转到埃及，并与伊尔汗国处于或多或少的永久性战争状态。底格里斯河流域已经在事实上成为这两个敌对和好战的集团的前线，结果，到达波斯湾的贸易现在被转移到西北部的大不里士，然后向东去往地中海西里西亚海岸的阿亚斯，或向北去往黑海的特拉布宗，这是沿着三位波罗先生曾走过的路线。[2]如果没有低通行税，这种转运的长度和成本将令人望而却步。因此，在更为廉价的红海商路上征收的关税，以及控制该商路的卡利姆穆斯林商人联盟得到的收益，能够以相当比例增长。[3]结果，不论是在亚历山大港，还是在地中海的阿亚斯，或者在黑海的特拉布宗进行贸易，从13世纪60年代开始，尤其是13世纪90年代，欧洲商人不得不为印度香料和其他受欢迎的亚洲奢侈品支付更高的价格。

随着十字军国家的最终败落，热那亚也丧失了大冒险开始之时所获得的丰厚利润的贸易特权，以及这些特权带来的直接进入宝贵的黎凡特市场的机会。教皇因阿卡的陷落而对基督徒与埃及马穆鲁克的贸

---

[1]　Ashtor (1976), 264–265.

[2]　Ashtor (1976), 298–299; Ashtor (1983), 43–44, 57–61.

[3]　Ashtor (1976), 300–301; Ashtor (1983), 57.

易进行制裁，加剧了这些损失，这尤其不利于热那亚和威尼斯在亚历山大港的贸易，由于横穿叙利亚的陆路的关闭，亚历山大港作为货物跨越印度洋并上溯至红海的最后目的地而更加重要。[1]因为，只要这些制裁存在，意大利与埃及的贸易就会以高成本且经常冒着被没收的风险进行。在对峙最激烈的时候，1323—1344年，威尼斯被迫关闭了其在亚历山大港的领事馆，经塞浦路斯与马穆鲁克进行间接交易。[2]亚历山大港对意大利人的诱惑在于三方面：第一，在地中海东部，它是欧洲布料、铁和木材仅存的出口；第二，那里是主要的奴隶市场，这些奴隶大多是从塔纳和卡法的热那亚黑海商站运来的，用于补充马穆鲁克军队兵员；第三，它已经被默认为经海运供应亚洲香料的主要来源地。[3]

138

中东和地中海东部形势逆转的直接影响是，意大利人将商业利益的中心重新放到了黑海。这里有替代市场，可以弥补在黎凡特的损失，一系列亚洲商路的重要目的地，在斯基泰和俄罗斯南部有重要的奴隶来源地，可以维持与亚历山大港之间利润丰厚的多边贸易。自1204年以来，威尼斯人一直是君士坦丁堡和黑海的海上主导力量，但从1261年开始，随着《尼姆费乌条约》（Treaty of Nymphaeum）的签订，他们为热那亚人所取代，热那亚人开始在君士坦丁堡跨越金角湾的佩拉区立足，并在黑海沿岸建立了一系列驻防基地和商站，其中位于克里米亚的卡法和位于南部海岸的特拉布宗是两个最重要的据点。从卡法启程，热那亚人的贸易路线是向东到达顿河河口的塔纳，然后再向东到金帐汗国的首都萨莱巴图，这是穿越中亚内陆大草原的商路的枢纽。[4]从特拉布宗出发，他们的贸易路线是向南到达锡瓦斯，向东南到达波斯的大不里士，这里是伊尔汗国的首都，也是连接波斯湾和黑海商路

[1] Ashtor (1983), 17–57.
[2] Ashtor (1983), 45–46.
[3] Ashtor (1983), 7–17; Malowist (1987), 588; Abu-Lughod (1989), 124, 214.
[4] Malowist (1987), 584–588; Abu-Lughod (1989), 154–159.

的关键枢纽。[1]

1291年，威尼斯人和热那亚人最终丧失了在黎凡特的贸易特权，二者在有商业战略价值的黑海地区的对抗更加激烈，在此后的80年间，两强之间进行了一场严酷而极具破坏性的海上战争。正是在这次冲突期间，三位波罗先生冒着风险，经由黑海、博斯普鲁斯海峡、爱琴海和亚得里亚海最终回到威尼斯。三年之后的1298年9月，马可·波罗指挥一艘威尼斯大帆船参加了科尔丘拉决战，热那亚人获胜，而马可·波罗本人被俘。在被热那亚人羁押期间，马可·波罗向来自比萨的狱友鲁斯蒂切罗（Rustichello da Pisa）口述了他的东方之旅，极力渲染故事的细节。这些故事的出版给马可·波罗带来了经久不衰的名声，并在接下来数个世纪里激起了欧洲人对东方的好奇心。[2]矛盾的是,《马可·波罗游记》面世并开始流传之时，西方的商业活力正在开始衰退，跨亚欧贸易的障碍正在增加。实际上，热那亚对威尼斯的胜利被证明是有代价的，它在国际贸易中的高光时刻结束了，到1324年马可·波罗去世时，这个共和国海上商业的规模与巅峰时期已不可同日而语。[3]

欧洲北部的商业衰退在很大程度上也要归因于地中海东部经济形势的恶化。从12世纪中叶开始，在连续几代香槟伯爵的开明治下，法国中北部的香槟集市已经崛起为"欧洲最重要的贸易中心"。[4]香槟集市的成功取决于其有利的位置，还在于统治者们保证经长途而来的商人及其货物能够安全通行，以及所有商人可以享受无差别待遇而自由选择公共法庭来快速和公正地解决争端。[5]随着已经通过婚姻成为香槟伯爵的腓力四世的继位，这块采邑被纳入法兰西王国，那些有利的制度性条件就不再适用了。

---

[1]　Ashtor (1983), 57–58. 波罗记录了"拉丁商人，特别是热那亚人在大不里士"的出现：Yule (1875), 75–76。
[2]　Yule (1875).
[3]　Lopez (1987), 381–383; Kedar (1976), 16–19. Munro (1991, 124–127）总结了此时地中海商业普遍衰退的证据。
[4]　Abu-Lughod (1989), 70.
[5]　Edwards and Ogilvie (2012).

腓力四世不择手段地利用集市提供的经济杠杆来实现他在政治和领土上的野心，特别是对于仍然半自治的法属佛兰德斯采邑。他因此将矛头指向弗莱芒商人及其主要贸易伙伴意大利人的活动。他的策略包括，禁止弗莱芒商人参加集市，扣押并没收他们的货物，拘捕意大利商人并对其征税，并禁止法国出口羊毛和未染色的布料。[1]这种独断的、歧视性的和在经济上有害的行为使集市丧失了基本的吸引力，结果，各国商人逐渐不再到集市中来。由于弗莱芒人是各集市的主流之一，随着1302年7月法国在库特赖战役中失败的冲击，他们遭受了报复和胁迫，这被证明是尤其有害的。[2]6个香槟集市中有4个不完整的税收记录显示，集市上进行的贸易在13世纪90年代初至1310年下降了70%，到1340年，已经进一步下降到仅有13世纪末顶峰时期水平的1/5（见图3.1）。

集市上失去的生意经常会被带到其他地方，不过，通常会付出一定的代价。最典型的例子是热那亚和布鲁日之间从13世纪70年代开始建立的直接海上商路。在这条商路上，重装护卫的帆船穿过马林王朝控制下的直布罗陀海峡，并对抗海盗的威胁。尽管这实际上是绕过了法国和香槟集市，使意大利人可以直接与弗莱芒人及其不同的北海邻居进行贸易，但这比跨越阿尔卑斯山的陆路更远、更慢，运输成本也更高。[3]在这种单位成本增加造成的损失中，最为明显的是历史悠久的廉价、轻便、未染色的北方布料的大宗贸易。它们微薄的利润空间意味着，它们现在被排除出地中海市场之外。相反，弗莱芒人专注于提供毛织品，这种奢侈品能够抵消交易成本的增加，而意大利人从漂染和加工业转向发展自己的纺织业，使用进口的细羊毛，英格兰人几乎垄断了这些羊毛的生产。[4]

---

[1]　Edwards and Ogilvie (2012), 139.
[2]　Nicholas (1992), 186–197.
[3]　Munro (1991), 129–130; Munro (1999b); Edwards and Ogilvie (2012), 138–139.
[4]　这个论题在Munro (1991), Munro (1999a), Munro (2001) and Munro (2003a) 中得到发展和详细阐述。

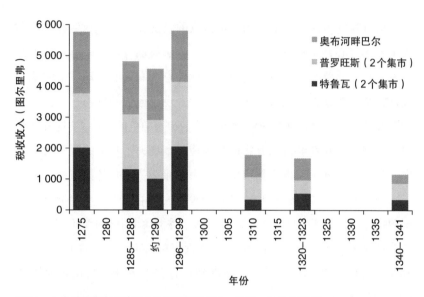

图3.1　六个香槟集市中的五个集市的税收收入，1275—1340/1341年

注释：在第六个，即马恩河畔拉尼集市，税收收入从1296年的1814里弗减少到1340/1341年的360里弗

资料来源：Edwards and Ogilvie（2012），137

　　在地中海和北海之间建立直接海上联系的另一个原因是，原来跨阿尔卑斯山的陆路变得越来越不安全。在拉丁基督教世界的商业革命之初，"上帝的和平"运动促进了基督徒之间的互相尊重，但到13世纪末，它就丧失了效力。[1]教会的政治化、神圣罗马帝国和教皇之间的长期分歧、十字军东征的最终失败，以及一些修会的敛财和世俗化，都导致了教会声誉受损。从13世纪90年代开始，数量众多和规模不断升级的封建争端、王朝冲突和领土纠纷的局势极大地增加了旅行的风险和不确定性。在一个靠战争发财的时代，散兵游勇是许多欧洲战争遗留的特别棘手的流毒。陆上抢劫的增加，以及可与之匹敌的频发的海盗劫掠，都犹如战争一般，创造了赎金和抢劫盛行的文化与时机。[2]

　　因此，风险分摊，连同采用新的商业方法，即实现硬币最小化、

[1]　Above, Section 2.04.1.

[2]　Lloyd (1982), 5–6; Munro (1991), 121–124.

金银流通与重要人员流动，变得至关重要。较大的意大利商人现在仍然在自己的账房中，通过通信打理自己的业务，将当地的业务交易委托给信任的代销人和代理人，通过汇票进行国际转账，并将自己的货物装进不同的船舶和货车。[1]然后，运货商和承运人投资了大量昂贵的防御措施，其中，武装的、高舷热那亚帆船是最贵的。[2]虽然这些创新性发展无疑会提高效率，但按照约翰·蒙罗的评估，它们不足以抵消欧洲交易成本的普遍上升，对于国际贸易的规模和构成会产生明显的负面影响。[3]

此外，意大利新一代超级公司被诱入规模和复杂性攀升的信贷业务的陷阱，这使他们逐渐无力应对信贷危机，一旦资产流动性枯竭和紧张的储户挤兑，这些危机就会暴发。西西里王国和那不勒斯王国之间、英格兰与苏格兰和法国之间的大规模战争，对于意大利公司的脆弱命运所依赖的国际商业活动尤其具有破坏性，而这些公司也早已不情愿再向这些王国提供借款。1298年，锡耶纳邦西尼奥里的格兰塔沃拉银行是第一个破产的意大利大商业银行；1344/1345年破产的佛罗伦萨巴尔迪公司是最后一个。在意大利，这是一个破产而非创造财富的时代。

所有这些发展都破坏了斯密型增长，而斯密型增长正是拉丁基督教世界的商业革命及其相关的经济繁荣得以建立的基础。现在交易成本正在升高而非降低，市场正在停滞和萎缩而非扩张，通过扩大劳动分工来实现专业化和提高生产力的机会在减少，因此，在人口较稠密和资源匮乏的欧洲地区，人均产出和收入往往走向衰减。[4]当人口继续增长，但服务业和工业中的工作机会增长停滞之时，对日实际工资率、家庭收入和持有地面积的下行压力尤其明显。在乡村地区，受雇为仆人、土地再分、荒地的分包和零星垦殖是过剩人口靠土地生存的标准

---

[1]　Hunt and Murray (1999).

[2]　Unger (1980), 172–182.

[3]　Munro (1991), 120–130; Munro (1999a), 20–25; Munro (2001), 420–426.

[4]　人口稀少的西班牙和葡萄牙是例外：Álvarez-Nogal and Prados de la Escosura (2013); Rodríguez (2012); Henriques (2015). 关于斯堪的纳维亚半岛、中欧和俄罗斯，见 Myrdal (2012); My sliwski (2012); Martin (2012).

办法。[1]在城市，依赖打零工、乞讨和偷盗为生的人数增加。不论何种方式，结构性贫困已经形成，而且随着权力和财富变得更加两极化，针对财产的犯罪增多。[2]商业衰退持续的时间越长，这些问题就越棘手。

从13世纪70年代开始，随着上述因素的能量不断累积，气候变化成为上演的剧情中的另一个不稳定来源。[3]长期盛行的大气环流模式变得不稳定，而且随着持久的转型开始朝向小冰期的环流模式，这是一个明显的改变，极端天气事件发生的概率及其对农业生产者造成的其他问题和不确定性都在增加。残酷的是，严重歉收的风险，以及更糟糕的连年收成不好的风险在上升，而当时经济条件差的家庭的比例也正在增加。羊疥癣、肝吸虫和其他破坏性的动物流行病，以及流行于欧洲的毁灭性的牛瘟（可能是受极端天气引起的生态压力的影响），也对羊毛、牛奶、畜肉生产和重要畜力的供应造成直接冲击。[4]欧洲很少有哪里完全逃脱了上述环境问题，尽管它们的表现形式和流行时间因地区而异。此外，由于它们是全球性的问题，因此以某种方式影响了旧世界，并影响到人类、经济，以及与欧洲人直接或间接互相影响的生态系统。从此，"奇异的平行／形异神似"便是，西欧和东亚在当时同样经历了严重的环境困难。[5]

3.01.1 意大利商业的衰落

作为拉丁基督教世界的主要经济体，意大利更富裕、商业上更成功也更发达。进入13世纪90年代，因许多地区政治和军事形势恶化，意大利遭受了相当沉重的打击，因为在那些地区，意大利的城市和商人曾攫取大量的商业利益。在半岛内部，当时圭尔夫派与吉伯林派、

[1]　Below, Section 3.01.3d.
[2]　Hanawalt (1979).
[3]　Below, Section 3.02.
[4]　Stephenson (1988); Newfield (2009); Campbell (2011b); Slavin (2012).
[5]　Above, Chapter 1; Brook (2010); Lieberman (2009); Lieberman and Buckley (2012), 1068–1078; Tana (2014), 332–337.

表3.1 意大利（中北部）：宏观经济趋势，1300—1350年

变量	1300	1310	1320	1330	1340	1350
人口（1310年=790万）	98	100	100	101	97	71
农业价格指数	82	100	116	131	149	206
非农物价指数	100	100	100	100	100	100
实际工资率		100	93	56	79	131
国内生产总值（GDP）		100	97	88	85	68
人均GDP（1310年=1650美元）		100	97	87	87	96

资料来源：Malanima（2002），366, 405; Malanima（2003），289–290; Malanima（2011），205

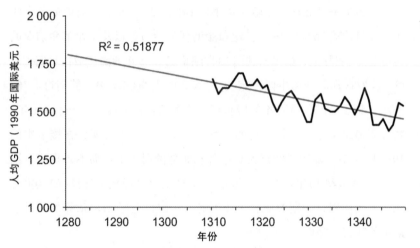

图3.2 意大利（中北部）：人均GDP（1990年国际美元），1280/1310—1350年
资料来源：Malanima（2011），205

安茹人与阿拉贡人、威尼斯与热那亚、雄心勃勃的城市共和国之间的冲突使意大利国内市场雪上加霜。结果，各级贸易体系的风险加大、成本上升，市场更加脆弱、不稳定和政治化，这对持续就业和收入增长极为不利。[1]从1310年开始——如果不是更早的话——随着交易成本增加、国内外市场网络的破裂和萎缩，这个迄今最有活力和城市化程

---

[1] Epstein (2000a), 52–72. 关于商业信心不断下降的表现，参见 Kedar (1976)。

度最高的经济体走向衰落。到14世纪40年代，意大利及其打工者要比14世纪初贫穷很多。这是一次巨大的命运逆转，其负面影响将为整个基督教世界所感知。[1]

当前关于意大利国民收入的估计证实了13世纪末该国经济发展所达到的骄人水平。据马拉尼马谨慎估计，1310年，人口密集、高度城市化的意大利中部和北部地区，包括翁布里亚、托斯卡纳、利古里亚、皮埃蒙特、伦巴第和威内托，基于需求的人均GDP为1 664美元（按1990年国际美元），它使这个政治上分裂的地区在前工业时代的富裕集团中占据一席之地，不输于该地区1454—1494年和平时期的黄金时代，亦可比肩16世纪和17世纪黄金时代的荷兰，以及工业革命前夕的英格兰。[2]实际上，如果回溯到13世纪第三个25年的高速增长时期（马可·波罗在那时开启中国之旅），意大利的人均GDP很可能超过1 750美元，非常接近欧洲经济在19世纪腾飞前所达到的峰值。[3]到1310年，繁荣明显结束了。马拉尼马的一系列年度估算数据表明，在接下来的30—40年中，最发达的意大利中部和北部的财富缩水而不是膨胀，结果，到14世纪40年代中期，该地区人均GDP已经减少到只有1 400美元。不出所料，同期农业和工业工资（它们是上述GDP估算的关键要素）的购买力降低了大约1/5。

截至1310年，工业和服务业已经占据了意大利国民收入的半壁江山，其持续发展取决于进一步扩大这个份额。[4]然而，形势发生了逆转，战争、银行破产和商业衰退先后打击了这些领先的经济部门。因此，阴差阳错，农业变得相对重要，随之而来的是城市化率开始下降。1400年，拥有5 000居民以上的城镇的比例在中北部从21.4%下降到17.6%，在整个意大利的比例则从20.3%下降到13.9%。尽管从1348年

---

[1]　Above, Section 2.05.1.
[2]　Malanima (2011); Zanden and Leeuwen (2012); Broadberry and others (2015), 375–376. 按照惯例，历史国民收入的所有估计都表现为国际货币，也就是1990 年国际美元（1990 Geary–Khamis dollars）。
[3]　Campbell (2013c).
[4]　Malanima (2003), 282.

起，瘟疫在城市中造成的高死亡率助长了这种势头，但逆城市化明显在遭受瘟疫打击之前就已经开始了。[1]这就使意大利经济逐渐依赖于它没有活力的部门——农业。

根据马拉尼马诅咒式的论断，意大利农业技术水平"从长远来看，不足以平衡资本与劳动力、资源与劳动力之间的比例下降，并使资本或资源更富成效"[2]。让问题更为复杂的是，欧洲乡村的人口密度几近峰值。[3]由于无力阻止乡村人口过剩，农业劳动生产率下降了；同时，由于无力提高土地生产率，相对于非农业商品，农产品价格上涨了，这进一步榨取了可支配收入。一种颠倒的乘数-加速数效果从而准备就绪，由此导致了消费不振对投资、总收入和需求施加进一步的下行压力。实际上，在1310年之前，人口已经停止增长，但乡村人口密度仍然很高。到1340年，人口的小幅减少显示出1328—1330年意大利的严重饥荒对人口产生的负面影响。[4]

到1300年，托斯卡纳的主要城市卢卡（2.5万人）、比萨（3万人）、锡耶纳（5万人）和佛罗伦萨（11万人）及它们的次级卫星城对粮食供应的总需求已经远远超出它们的直接"附属地"的生产能力，因为其丘陵地带的优质耕地生产力已经达到极限。例如，佛罗伦萨的腹地可以满足该城每年不到一半的粮食需求，它要依靠来自南意大利和西西里岛的粮食进口。[5]这些城市也不能实现细羊毛的自足，细羊毛是纺织业的主要原材料，而纺织业又是许多工匠家庭谋生的依靠。因此，一种复杂的贸易得以发展，商业公司借此在这些内陆城市立足，并在主要贸易伙伴所在的商业中心都建立起代理网，其功能是：1.就重要的贸易特权展开谈判，以大量购买英格兰羊毛、意大利南部与西西里的粮食；2.增加教皇、好战和缺钱的金雀花王朝和安茹王朝君主

146

---

[1]   Malanima (2005), 99–102, 108.

[2]   Malanima (2012), 113.

[3]   Above, Section 2.03.

[4]   Jansen (2009); Alfani and others (2015).

[5]   Abulafia (1981), 385; Hunt and Murray (1999), 101.

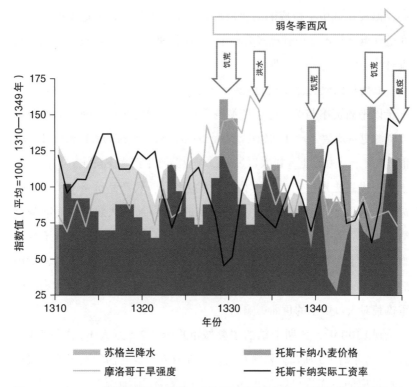

图3.3　1310—1349年苏格兰降水指数、摩洛哥干旱强度指数、托斯卡纳小麦价格和日实际工资率

资料来源：Proctor and others（2002b）；Esper and others（2009）；Malanima（2008）；Malanima（no date a）；Malanima（no date b）

147　的贷款；3.向城市纺织工人提供必要的劳动资本，并进行监督；4.通过它们在意大利境内外的分支机构与其他活跃在本国和地中海市场上的意大利商人分销制成品。[1]

正是在这个时期，好战的英格兰和那不勒斯君主们对借款的需求、托斯卡纳纺织业城市对高质量小麦和羊毛的需求不断增长，造就了超大型商业银行公司的兴起，最著名的包括卢卡的里奇亚迪，锡耶纳的

---

[1]　关于佛罗伦萨佩鲁齐公司的个案研究，见 Hunt (1994)。关于意大利和英格兰的羊毛贸易，见 Lloyd (1977), 60–98；关于意大利谷物贸易，见 Abulafia (1981)。

邦西尼奥里，佛罗伦萨的弗雷斯科巴尔迪、亚齐埃沃里、佩鲁齐和巴尔迪。与君主做买卖，利润非常可观，但又相当危险，因为统治者也是凡人，他们会取消贸易优惠、没收资产，也会拖欠债务。此类政治因素造成了1298年邦西尼奥里的格兰塔沃拉银行的破产，该事件预示着锡耶纳作为重要银行中心的终结，它使新兴的佛罗伦萨的超级公司获益匪浅。严格的管理和控制制度、高水平的内部沟通、复杂的会计制度（包括复式簿记）、阿拉伯数字的知识和使用、细致的利息计算和使用汇票以方便国际货币支付和转账，都是那个年代最先采用的新商业手段。[1]然而，尽管这些商业手段在管理和金融上都很成熟，但到1346年，它们都失败或崩溃了。不过，这场灾难对经济的影响被1348年年初抵达佛罗伦萨的瘟疫掩盖了。[2]

诸多因素的综合作用逐渐破坏了意大利超级公司生存的基础。政治是其中之一。1294年，卢卡的里奇亚迪公司走向没落，原因是法国国王腓力四世反对公司向自己的对头英王爱德华一世提供财政支持；四年之后，他没收了锡耶纳人的资产，这导致了格兰塔沃拉公司的倒闭。[3]事实证明，战争尤其危险。从1337年开始，随着英法开战，佩鲁齐和巴尔迪两家公司都发现，它们已无力与英法王室和困在二者之间的弗莱芒人维持良好的贸易关系。他们允诺的贷款数额越大，就越无法应对君主们谋求政治和军事利益的诡计。同时，从14世纪30年代开始，由于欧洲白银产量枯竭、黄金产量增加，这些大公司还发现它们的利润空间在缩小，因为黄金/白银比率下降了1/3，这使收入（以黄金支付）相对于支出（主要以白银支付）的价值、所有以黄金为基础的商业公司的资产都出现贬损。[4]

不过，对于埃德温·亨特（Edwin Hunt）和詹姆斯·穆雷（James

148

---

[1]　Hunt and Murray (1999).
[2]　Benedictow (2004), 94–95.
[3]　Bell and others (2011).
[4]　Hunt and Murray (1999), 118–119; Munro (2001), 419n.

Murray）来说，导致这两家超级公司破产的原因是"其繁荣赖以建立的国际粮食贸易的根本恶化"[1]。战争、税收、恶劣的天气、歉收和随之而来的城市政府欲直接参与粮食供应的需求（在饥饿和不满的工匠的施压下），共同侵蚀了超级公司的活动范围，而这曾是它们最有利可图的主要生意。因此，意大利经济整体衰退和十四世纪三四十年代商品流通骤减，再加上城市政府在食物价格上涨之时维持公共秩序的需要，导致超级公司成为最终的牺牲品。在一个经济紧缩的时代，它们的规模和相伴而生的高营运成本对自己十分不利。

在14世纪第二个25年，城市政府还要面对更为尖锐的洪水和食物供应问题，而多变的天气模式是其中的一个关键因素。将来自苏格兰的基于洞穴次生化学沉积物的降水指数与来自摩洛哥的基于树木年轮的干旱指数进行比对，可以发现，从14世纪20年代开始，北大西洋涛动正在减弱，富含雨水的冬季西风带呈现南移迹象。因此欧洲北部的降水量趋于下降，而欧洲南部和北非的降水量趋于增加。1327—1333年是苏格兰一个世纪以来最干旱的时期，西风带给摩洛哥带来了更潮湿的天气，远非自11世纪中期出现"奥尔特极小期"以来该地经历的任何事情所能比拟。[2]

长期以来，由于让位于粮食生产，意大利托斯卡纳丘陵地带的保护性森林大部分遭到砍伐，连年暴雨的突然降临证实了该地区遭受的环境破坏。土壤和切沟侵蚀非常严重，亚诺河谷的流量急剧增加。1333年11月4日，佛罗伦萨暴发灾难性的洪水，见证人乔瓦尼·维拉尼称，三座桥梁被冲垮，城市的中心部分被淹没在三米深的洪水中。[3]这一长时间的气候偏差可能解释了当时普遍发生于整个地中海欧洲的

---

[1]   Hunt and Murray (1999), 119. 关于佛罗伦萨人在那不勒斯王国购买粮食的规模，见 Abulafia (1981), 379–383。

[2]   Proctor and others (2002b); Esper and others (2009). 在英格兰，1333 年标志着一系列异常的超平均产量的第一次出现：Campbell (2007)。

[3]   Bartlett (1992), 38–40; Hunt (1994), 169; Hoffmann (2014), 326–327.

歉收和粮食短缺。[1]尽管它本身持续的时间不长，但这种极端的环境波动是气候条件越来越坏的一个信号，并有可能给类似于托斯卡纳的地区带来深层次的恶果，因为在这些地区，大部分土地不适合大规模种植粮食作物，城市对基本食物的需求超出了其直接腹地的生产能力。[2]

　　1328年和1329年，史无前例的潮湿天气导致整个欧洲南部粮食歉收。[3]1329和1330年，"饥荒在意大利全境肆虐"，在马拉尼马的托斯卡纳消费价格指数中，这两年创造了最高纪录，物价暴涨事实上造成农业和工业日工资购买力下降一半。[4]乔瓦尼·维拉尼的《新编年史》（ *Nuova Chronica* ）宣称，饥饿的流民从农村涌入城市寻求救济，但都被佩鲁贾、锡耶纳、卢卡和皮斯托亚赶出城外。佛罗伦萨虽然有更多需要填饱的肚子，却做出了不同的反应，它以巨大的公共资金支出实施了那个年代最有效的补贴性食物救济计划之一。佛罗伦萨政府从西西里购买粮食，将其装船送至塔拉莫内（锡耶纳南部），然后经过140千米的陆路运至佛罗伦萨，这当中的风险和开销极大。在佛罗伦萨，粮食由公共烤箱制成面包，在武装监督下，以低于市场价的优惠价格卖给穷人，据估计，佛罗伦萨在这两年危机时期总共支出了7万弗罗林。[5]

　　1339—1341年和1346—1347年，饥荒再次先后来临，后一次更为严重，当时的牲畜瘟疫使粮食歉收雪上加霜。[6]在这种情况下，食物短缺更加普遍，特别是在佛罗伦萨的"腹地"，从乡村涌入的贫困人口因此更加庞大。但佛罗伦萨应对危机的能力已不比从前，它背负着战争

149

150

---

[1]　西班牙1333年危机，见Furió (2011) and Furió (2013)。加泰罗尼亚在1333—1334年经历了严重歉收，在1334年冬，巴塞罗那见证了明显过高的死亡率；同年，将粮食从普奇塞达运往佩皮尼昂引发了强烈抗议：Maltas (2013)。

[2]　Malanima (2012), 101, 102–103, 116–117.

[3]　Maltas (2013). 意大利在1315—1322年的欧洲大饥荒中毫发无损，当时北海地区的超高物价刺激了有胆量的热那亚商人将便宜的地中海的粮食运到那里（托斯卡纳地区的小麦价格在1315年和1316年都远低于平均水平：见图3.3）。加泰罗尼亚商人也将粮食运到埃格－莫尔特，然后沿罗讷河而上到达法国北部：Maltas (2013)。

[4]　Jansen (2009).

[5]　Jansen (2009).

[6]　Alfani and others (2015). 1346—1347年也是加泰罗尼亚的饥荒之年：Furió (2013) and Maltas (2013)。

借款，大商业公司也资不抵债。佛罗伦萨再次远距离购买粮食，然后以补贴性价格出售面包（这次是用小麦、大麦和谷糠混合烘烤而成），并依赖一种票证制度在有需求的穷人中间进行合理分配。根据颁发的票证数量，乔瓦尼·维拉尼计算，到1347年4月，当危机几乎结束之时，有9.4万人以这种方式解决了吃饭问题。[1]这场危机得以控制，要归功于佛罗伦萨政府的智慧与决心，但结果是巴尔迪、佩鲁齐和其他大商业公司破产，佛罗伦萨和托斯卡纳经济陷入低谷。

尽管遭遇了种种不幸，14世纪的佛罗伦萨仍然是一个富裕的城市，因此付得起钱来保证不断增加的贫困人口的食物需求，这比大多数城市都强。然而，即使是在能够保证粮食充足供应的丰年，佛罗伦萨都要严重依赖与那不勒斯的安茹国王们或他们的敌人，即西西里的阿拉贡统治者们进行贸易特权谈判，相应地，获得特权又取决于佛罗伦萨为统治者们提供贷款和政治支持。[2]此外，在寻求粮食和对那些控制粮食供应的人的偏好方面，佛罗伦萨都在与邻国和公国进行直接竞争，因为意大利还是一个政治上分裂的国家。那里尚不存在一个能统一号令的中央权威来限制既得利益集团的寻租行为，这些人企图对贸易进行征税、监管、限制甚至垄断，或者对一个商业活跃、分裂为多个主权国家的地区实行统一的司法管辖。因此，全意大利范围内的市场一体化，及其所提供的更好的市场协调、更低的交易成本和更大的价格套利，都是不可能实现的。

爱泼斯坦认为，意大利的政治分裂是其经济持续发展和进步的一个最大障碍。[3]但是在9世纪、10世纪和11世纪，意大利中北部半独立的城市政府的兴起已经成为经济活力的一种来源，这些城市到14世纪蜕变为一心为自己谋取私利的城市共和国，由此造就了这样一种形势，

---

[1]　Jansen (2009).

[2]　Abulafia (1981).

[3]　Epstein (2000a), 36, 169–174.

其中"强大的……城市司法权与长远的经济发展互不相容"[1]。这种并非最佳的形势体现在：半岛的多元城市结构、分散的管辖权、激烈争夺的边界、国家间无休止的小规模战争、城市对其腹地产品的垄断、大量边境贸易都附带政治性条件，以及超级公司现象。[2]减少市场低效和摩擦的多重来源取决于政治和司法集中化与国家建设过程，但这在14世纪上半叶的意大利是不可想象的，因为它们在经济和政治分裂流行的情况下难以实现。

151

3.01.2 佛兰德斯的工业危机

按照人口密度、城市化率和参与国际贸易的积极程度，佛兰德斯可以说是与意大利最相似的欧洲北部地区，而且它们在13世纪末面临许多相同的问题，如土地稀缺、依赖进口食品和原材料、海外市场萎缩且不稳定、交易成本上升，以及关键商业联系遭到政治和军事性的破坏。尽管佛兰德斯的全部领土并不比一个意大利大商业城市所控制的领土面积更大，但大量城市在其内部的集中是意大利所不能比的。[3]大多数城市是在11世纪、12世纪和13世纪发展起来的，当时佛兰德斯作为一块法国国王分封的半自治采邑，因其伯爵们的开明统治而迅速发展。[4]它们的商人和制造商从与北方的不列颠、南方的意大利、北部相邻的德意志、东部和西部接壤的法国不断发展的商业联系中获利。佛兰德斯自己的国际集市很早就吸引了来自四面八方的商人，后因香槟集市的兴起而衰落，香槟集市成为弗莱芒人和意大利人青睐的市场，他们在那里进行自己大部分的贸易，并因安全的管理而获利。[5]像热那亚人、威尼斯人和佛罗伦萨人一样，弗莱芒商人经营的商品范围极广，

[1] Epstein (2000a), 51; Epstein (2000b), pp. 14–22 of 36.
[2] Epstein (2000b). 关于托斯卡纳城市皮斯托利亚的个案研究见 Herlihy (1967)。
[3] Bairoch and others (1988), 259; Nicholas (1992), 117; Bavel (2010), 280–281.
[4] Nicholas (1992), 97–139.
[5] Nicholas (1992), 171–172; Edwards and Ogilvie (2012), 132, 136, 139–140.

但粮食、羊毛和布料在价值和数量上最大。[1]

佛兰德斯经济的商业活力确保了其人口增长率远远高于欧洲平均水平。[2]因此，到1300年，佛兰德斯的人口密度超过40人/平方千米，最大人口密度超出这个数字的两倍。[3]因此，在基本食品和一系列原材料方面，佛兰德斯早已不能自给自足，其中，大量城市纺织业所需要的细羊毛最重要。所以佛兰德斯的发展是建立在斯密型的专业化和交换过程，以及博塞拉普型农业集约化过程的基础上，这确保了在土地生产力方面，其农业能够跻身欧洲生产力最高的农业之列，并比大多数其他国家更接近技术前沿。[4]土地利用的替代过程导致牧场变为耕地，因此从12世纪开始，不断扩大的纺织业越来越依赖从英格兰进口的羊毛。[5]后来，随着城市对主要食品的需求开始超出自己农业的供给能力，英格兰成为向佛兰德斯运送粮食和其他供给品的几个国家之一。[6]弗莱芒运货商和托运人也从经营这些生意中获得了巨大的利润，并由此对具有巨大增长潜力的经济做出了重要贡献。其实，如果在其13世纪繁荣的盛期，弗莱芒人均GDP远低于同期的意大利（中北部）（表3.1），或中世纪末期的南部低地国家——埃里克·布伊斯特（Erik Buyst）估计该地区的人均GDP约为1 600美元（1990年国际美元），那才令人惊讶。[7]

1270年之后，佛兰德斯在如何延续其原有发展轨迹上面临的困难不断增加。[8]随着人口增加，土地的负荷越来越重。12世纪，许多领主已经靠将土地以优惠条件出租以收取固定地租为生，而地租的实

---

[1] Lloyd (1982), 108–112.

[2] Above, Section 2.05.3.

[3] Pounds (1973), 332; Bavel (2010), 283. Nicholas (1976, 25–26）计算，在14世纪初，弗莱芒乡村人口密度平均超过60人/平方千米。

[4] Nicholas (1976), 7; Thoen (1997), 74–85; Bavel (2010), 133–136, 141.

[5] Lloyd (1977), 2–24.

[6] Lloyd (1982), 108–110; Nicholas (1992), 97–104; Campbell and others (1993), 180–182; Campbell (2002b), 6–7, 15–16, 21–23.

[7] Buyst (2011). 14世纪初，佛兰德斯的人均GDP是英格兰的两倍，这与其相应的高城市化率是一致的。

[8] Nicholas (1976), 28–29.

际价值随后因通货膨胀和土地价值上涨而受损。[1]对那些以优惠条件持有土地的人而言，这些情况强烈刺激着他们将土地再分割和转租给他人以获取全部市场地租。乡村人口剧增意味着，对土地的需求几乎不可能得到满足。再加上活跃的土地市场和分田继承权制度（partible inheritance）的惯例，导致了更严重的土地细碎化，这使不断增多的家庭无法保证占有充分的或能够提供足够生计所需的土地（到14世纪，根特地区的大多数农业生产者持有的土地数量仅有2—3公顷）。[2]从13世纪末开始发展的契约租地（leasehold）也造就了这样一种态势，即市民往往以契约持有土地，然后加价转租给他人。[3]不论如何，农场的规模和收入都受到了挤压。土地占有者提高单位土地生产率的动机很强烈，但这往往是以牺牲单位劳动力生产率为代价的。[4]这种形势促使人们寻求补充收入来源，并鼓励过剩的乡村人口转移到城市，那里的纺织业为许多人提供了就业机会。事实上，如果没有充足的相对廉价的劳动力，弗莱芒的纺织业就不可能在13世纪70年代跻身国际前列。

过剩劳动力从乡村到城市、从农业到工业和服务业的再分配至关重要，因为乡村人口过多和贫困已经成为无法解决的问题。然而，从13世纪70年代开始，弗莱芒的城市纺织业经历了数次明显低迷。从1270年到1274年，英格兰-弗莱芒关系破裂，这严重打击了弗莱芒工业所依赖的英格兰羊毛的供应，也限制了弗莱芒将英格兰的羊毛转运到其他地方，这使弗莱芒运货商失去了利润丰厚的运输贸易（他们再也没能完全恢复元气）。[5]此后，在1279/1280年，一次毁灭性羊疥癣的流行急剧降低了英格兰羊毛的产量和质量，导致出口严重下滑（见图3.4）。[6]与此同时，不满的弗莱芒纺织工人发动了第一波暴动。[7]接下

[1] Nicholas (1992), 106–107; Thoen (1997), 81, 84–85; Bavel (2010), 171.
[2] Nicholas (1976), 7, 26; Nicholas (1992), 124, 262, 264; Soens and Thoen (2008), 41–45.
[3] Nicholas (1968), 477; Nicholas (1992), 127; Soens and Thoen (2008), 36–37, 46–47; Bavel (2010), 170–178.
[4] Nicholas (1992), 262–263; Bavel (2010), 327, 329, 331.
[5] Lloyd (1977), 25–40.
[6] Lloyd (1977), 63; Stephenson (1988), 372–373, 381, 385.
[7] Nicholas (1968), 461; Nicholas (1992), 181–185; Cohn (2006), 312n.; Bavel (2010), 272.

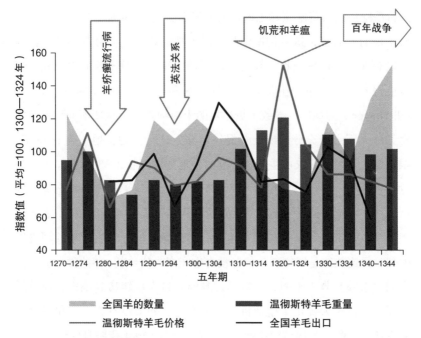

图 3.4　英格兰羊的数量、羊毛重量、羊毛价格和羊毛出口，13 世纪 70 年代—14 世纪 40 年代

注释：羊毛价格经紧缩修正

资料来源：温彻斯特羊毛重量和价格：Stephenson（1988），378，388；羊的数量：National Accounts Database；羊毛出口：Carus-Wilson and Coleman（1963），36–46

来，1294 年，法国与英格兰因加斯科涅（它是英王作为法国国王的封臣而持有的法国采邑）爆发战争，使佛兰德斯令双方都反感，因为佛兰德斯伯爵是法国国王的封臣，而英格兰是佛兰德斯的首要贸易伙伴，以及在弗莱芒人抵抗法国腓力四世的封建和领土野心时的天然同盟。[1]

154　在这些困难的政治条件下，既要保持英格兰羊毛的固定供应，又要在当时归法国人控制的香槟集市上出售成品布料，这被证明是不可能维持的平衡。要么很难买到羊毛（英格兰羊毛出口在 1290—1294 年和 1295—1299 年减少了 1/3），要么卖不出去布料（尤其是腓力四世取消

---

[1]　Lloyd (1977), 75–98; Prestwich (1988), 376–400; Nicholas (1992), 186–192.

传统上授予参加香槟集市的弗莱芒商人的安全通行权，由此阻止了弗莱芒商人向意大利商人出售布料）。[1]这种不确定性自然对工业造成了极大的损害。

上述两种形势在1297年之后略微缓和。由于无法在香槟集市上购买弗莱芒布料，热那亚人试图与佛兰德斯建立直接的海上联系。[2]布鲁日最初是热那亚船队的目的地，然后从1314年开始成为威尼斯船队的终点站，成了国际商业中心，布鲁日的交易所于1309年建立，发展为北海地区最重要的货币市场。同时，随着与法国敌对状态的结束，以及受到来自弗莱芒和意大利买家（当时意大利人在这种贸易中所占的份额极大增加）强劲的海上需求的鼓励，英格兰羊毛出口得以恢复，并上升到新的高度：在1304/1305年的顶峰时期，超过4.5万包羊毛出口（见图3.4），相当于1.08亿—1.35亿只羊所产羊毛的数量。[3]

这种繁荣并没有持续太长时间。混乱的英-法和法-佛政治关系继续使向佛兰德斯的出口陷入困境，此后，在1315—1330年，糟糕的天气和家畜瘟疫的暴发导致羊大量死亡（见图3.4）。英格兰羊毛出口再次萎缩，价格随之上涨，这加剧了佛兰德斯的政治紧张局势，并引发了1319—1320年和1323—1328年的城市骚乱。[4]接下来，在1336年8月12日，爱德华三世计划对法国宣战，并意欲强迫佛兰德斯与其结盟反法，英格兰完全切断了对佛兰德斯的羊毛供应，这引发了弗莱芒纺织业城镇更多的抗议。[5]1340年1月，在弗莱芒人保证提供支持并承认爱德华三世为法国国王后，英格兰的羊毛出口才得以恢复。从1275年开始，所有出口的英格兰羊毛都要缴纳关税，而关税通常被转嫁给了外国购买者。1294—1297年，关税税率有一次短暂的急剧提高，然后在1303年，对外国商人出口的羊毛基本税率由每包1/3英镑被永久提高到

---

[1]　Carus-Wilson and Coleman (1963), 38–39; Edwards and Ogilvie (2012), 8–10.

[2]　Munro (1999b).

[3]　Lloyd (1977), 99. 羊群数量估算的依据是，每包装有364磅羊毛，剪自240—300只羊。

[4]　Nicholas (1992), 212–217; Munro (1999a), 9–10; Bavel (2010), 271–273.

[5]　Lloyd (1977), 144–146; Fryde (1988), 53–86; Nicholas (1992), 217–224; Bavel (2010), 271.

1/2英镑。百年战争爆发之后，羊毛税率又一次永久性地全面上涨，从每包2英镑提高到每包2.5英镑，这极大地增加了英格兰羊毛出口到弗莱芒和其他海外纺织商手中的成本，因此也就提高了成品布料的价格。[1]

原材料供给上的这些问题，又因国际贸易交易成本上升、几个重要海外市场的丧失或萎缩而变得复杂。正如蒙罗强调的那样，在13世纪的繁荣时期，用于出口的大宗纺织品是产于"佛兰德斯和布拉班特大大小小的城市"的"西呢（廉价布料）和其他轻便织物"[2]。许多未经染色的布料在香槟集市上被出售给意大利商人，意大利人对这些布料进行加工，然后将它们售往遍布地中海和黑海的基督徒市场和穆斯林市场。[3]这是一种面向市场底层消费者的大宗贸易，其成功依赖于压低成本。其中有些布料仅仅是粗糙的毛织品，其他的有些是十足的精纺品，有些则是羊毛/亚麻或羊毛/棉的混纺物。它们都仅以"最低档次弗莱芒毛织品价格的40%—60%出售，而且有不少价格更低（20%—40%）"[4]。

1291年之后，黎凡特贸易的崩溃使廉价布料失去了重要市场，各处的运输成本都在增加，因为在许多边界上迅速增多的战争使陆路和海上运输更加危险，将它们排除在其他市场之外。"向地中海盆地出口的此类纺织品，其生产、运输和交易成本逐渐高于那些地区之前的市场价格，这些廉价轻型纺织品被迫停止生产。"[5]从14世纪20年代开始，商业档案中关于这些布料的记录消失了。在大部分弗莱芒纺织业城市中，管理这些纺织品的规定从14世纪初开始不再被修订，在伊普尔，出售这些纺织品的布摊往往从那个时间开始无法租出去。[6]阿图瓦的圣奥梅尔曾经每年出口6万匹上述布料，从1299年开始不再可能从这些

[1]　Carus-Wilson and Coleman (1963), 194–196.

[2]　Munro (1999a), 21.

[3]　Munro (1991), 110.

[4]　Munro (1991), 111.

[5]　Munro (1999a), 25.

[6]　Munro (1991), 112.

织物上征税；在鲁汶，从1298年开始，不再有人提及廉价布料。[1]这个残存的工业部门所能做的是供应国内，而不再是国际市场。

弗莱芒纺织商总是生产一系列较高质量和较昂贵的毛织品，而且从13世纪末开始，就国际市场而言，这些毛纺织品的生产销售本身仍然是一个可行的商业计划。毛纺织品产量因此提高，西呢的制造商转向生产这些更为昂贵的产品，这就是有名的"新呢绒"。它也受到更严格的管理，特别是从14世纪30年代开始，出口的成功依赖于对质量的严格把控。[2]从14世纪20年代开始，这些布料出现在意大利公证档案中的频率越来越高，而对廉价布料的记录几乎消失了。[3]但是，地中海市场根本没有扩张，意大利制造商处于更有利的供应商的位置，这就是为什么意大利商人对获得英格兰羊毛供应的特权如此热心。不幸的是，对他们的弗莱芒竞争者而言，生产最好的布料需要最好的羊毛，因此，这加强了弗莱芒人对英格兰羊毛供应的依赖程度，而对此还没有充足的替代供应来源。同时，严把质量关的努力导致一些弗莱芒纺织城镇禁止使用劣质羊毛，例如产自爱尔兰的羊毛。[4]这就对弗莱芒毛纺织工业的发展强加了一个巨大的供给侧的限制，使它面对环境性和政治性的供应中断极其无力，而这从14世纪第一个十年开始影响了英格兰的羊毛出口贸易（见图3.4）。[5]

约1290年之后，弗莱芒纺织业将其产品类型从轻便廉价型调整为厚重昂贵型，可能将这一出口工业分支从最终崩塌的厄运中拯救了出来，但这个行业没有恢复往日的活力。相反，现有的大量证据显示，布料产量从14世纪30年代甚至可能更早就开始下降（见图3.5）。在伊普尔，印花布的数量在14世纪第一个十年到40年代几乎持续下降，

157

---

[1]　Munro (1991), 112–113.
[2]　Munro (1999a), 56.
[3]　Munro (1991), 117.
[4]　Munro (1991), 136; Munro (2003a), 245. 爱尔兰羊毛、毛皮和皮革出口的价值在14世纪第一个十年至1332年下降了几乎60%：根据McNeill (1980), 132–135 估算。
[5]　Lloyd (1977), 99–203.

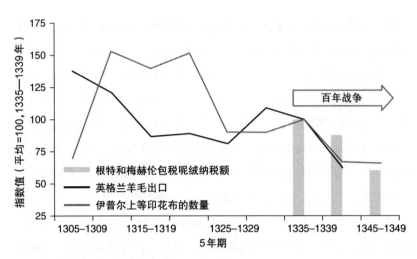

图 3.5　弗莱芒毛纺业产量指标，1305—1349 年

资料来源：羊毛出口：Carus-Wilson and Coleman（1963），36-46；伊普尔印花布：Boussemaere（2000）；
根特和梅赫伦包税呢绒纳税额：Munro（1999a），42

158　到黑死病暴发前夕，已经减半。[1]在根特和梅赫伦，来自包税呢绒的销售收入在 14 世纪 30 年代末到 40 年代末分别下降了 20% 和 60%（见图 3.5）。[2]由于纺织业陷入困境，三个领先的纺织巨头城市——根特、布鲁日和伊普尔——此时加倍努力精心守护它们的产业，试图禁止乡村布料生产者模仿它们生产奢侈品一样的豪华布料，并禁止降价出售。[3]这几个巨头也禁止市民购买其他地方生产的布料。[4]这种保护性的行为预示着灾难，而不是繁荣。

　　因此，对弗莱芒纺织业和经济而言，14 世纪上半叶是一个困难不断增加的时期。经济衰退使佃户与领主、乡村与城市、织工与漂洗工、无产阶级与贵族阶级、城市与城市、城市贵族与佛兰德斯伯爵、佛兰德斯伯爵与法国国王之间的紧张关系不断加剧。社会骚乱开始在城市

[1]　Nicholas (1992), 279; Boussemaere (2000).

[2]　Munro (1999a), 42.

[3]　Nicholas (1968), 464–465, 467; Nicholas (1992), 281–283.

[4]　Nicholas (1992), 206.

蔓延，而日益加剧的不平等和许多乡村家庭在经济上的边缘化在乡村滋生了不满。短期租约、什一税、税收和那些施加或征收税收的人都变成了人们日益不满的对象。愤怒和沮丧在1323年弥漫开来。当年同时爆发的城市和乡村的起义被称为"中世纪西欧规模最大、持续时间最长的起义"[1]。它最终被极度残忍地镇压下去。

弗莱芒大起义的前夜是1315—1322年的大饥荒，以及随之而来的牛瘟和羊疥癣。[2]如此多的佃农持有地面积不足的家庭依赖补充性收入来源，以及这个国家普遍缺乏粮食自足，这意味着，即使在正常年份，这次欧洲范围内的饥荒"看起来在低地国家南部也要比其他地方更加严重"[3]。随着对布料需求的减少、对食物需求的陡增，城市工业工人遭受了尤其严重的食物获取权的损失。城市的通货膨胀率在高度城市化的佛兰德斯看起来要比欧洲北部任何地方都高。[4]在伊普尔，城市人口至少有2.5万人，市政记录显示，在1316年5—10月饥荒最严重的时候，死亡人数为2 794人。[5]布鲁日尽管更大，但应对得更好，主要是因为它与欧洲南部地区已经建立了直接的海上联系，而欧洲南部地区的粮食价格在1315年和1316年特别低（见图3.3）。城市官员从意大利商人那里购买了200万升粮食（足够城市1/3的人口一年之用），并以成本价或低于成本价出售给有执照的面包师。[6]然而，饥荒杀死了许多人，2 000具尸体从街道上被收集并被埋在乱葬岗中。[7]据估计，当时佛兰德斯有5%—10%的人死去。[8]与此同时，泥炭的萎缩、低洼沿海地区的洪水和沙丘系统的不稳定加剧了大多数生态脆弱地区的人口与资源之间潜在的紧张关系。[9]

159

---

[1]　Bavel (2010), 272.
[2]　牛瘟看起来已经在1318年传播到低地国家：Newfield (2009), 162。
[3]　Nicholas (1992), 207; Jordan (1996), 146, 161.
[4]　Bavel (2010), 279.
[5]　Jordan (1996), 146; Bavel (2010), 279.
[6]　Jordan (1996), 146–147, 161–162.
[7]　Nicholas (1992), 207–208.
[8]　Nicholas (1992), 207–208; Bavel (2010), 279.
[9]　Nicholas (1992), 260; Bavel (2010), 47; Soens (2011); Soens (2013), 161–173.

佛兰德斯率先向世俗民众提供识字教育，该地区的宗教和城市机构无疑广泛使用了成文档案。令人失望的是，现存文献太少，不足以重建每年的物价和工资指数，并对GDP做出估计——就像马拉尼马对商业化和城市化程度相仿的意大利中部和北部地区所进行的重建那样。[1]在某种程度上，这反映了该国缺乏一个有效的中央管理机构以及相关的官僚机构，这反过来也在一程度上解释了这个地区的政治动荡，及其与两个更大、更集权的邻国——法国和英格兰之间的复杂关系。但是，由于缺乏物价、工资和GDP数据，实际上很难追踪弗莱芒经济在大饥荒和黑死病这两次重大自然灾难之间经济发展的精确轨迹。一般而言，这个国家最重要的工业和外汇来源——毛纺织业——正努力维持其早期的产出和就业水平（见图3.5）。纺织业城镇对外部羊毛和粮食来源的依赖也使它们必须面对政治和环境供应中断的影响。从1337年开始，英法战争的爆发使佛兰德斯在政治上妥协，并再次威胁到羊毛或/和粮食的供应。同时，农业用地仍然像以前一样被分割，领主和市民参与的短期租约的流行形势更可能得到了加强而不是逆转。

毫无疑问，14世纪初期，佛兰德斯的人均财富比欧洲北部任何其他国家或地区都要多。但是，到14世纪40年代，像意大利一样，佛兰德斯的财富很可能正在减少，而不是在增加。佛兰德斯的开放、商业化、城市化和工业化经济之所以能够成长，是因为12世纪的"上帝的和平"运动，弗莱芒和香槟集市吸引更远、更广阔地区的商人和商品的能力，地中海市场对廉价的北方织品的需求，以及英格兰和法国北部生产者弥补佛兰德斯在羊毛和粮食生产不足方面的能力。鉴于多种原因的共同作用，这些有利的前提条件不再占优势。相反，人口过剩、日益严重的生态问题、纺织业就业和产量的萎缩、出口的下降，以及佛兰德斯陷入的迅速升级的政治和军事危机，都将其当前脆弱而低迷的经济置于被动之中。

---

[1]　Bavel (2010), 313–317.

3.01.3　英格兰的农业萧条

3.01.3a　工资率和人均GDP

英格兰更为集权，因此相较而言不太容易像意大利或佛兰德斯那样陷入协调失灵的困局，但在成熟化和发达程度上也比二者都要低许多：13世纪第一个十年，英格兰的人均GDP约为750美元（1990年国际美元），不足意大利的1 650美元的一半。[1]尽管如此，它已经是一个商业化的经济体，具备发展良好的商品和要素市场，社会各阶层普遍依赖某种形式的市场交换。虽然英格兰是个海岛，但它并没有被孤立，其出口主要是未加工的初级产品，贡献了近1/6的国民收入。因此，同意大利和佛兰德斯一样，英格兰完全受到了1290年后国际商业衰退的强烈影响，但其制造业和服务业规模比上述两个地区都要小，损失也更少。事实上，由于缺乏细羊毛和优质锡的替代来源，海外对英格兰出口贸易中的这两种堡垒性商品的需求得以长盛不衰。[2]衰退甚至对英格兰商人有利，因为这能保证他们在外贸中占据更大份额。

在领主、机构和政府管理部门中，建立并保存档案的做法很早就得到推广，再加上较高的档案保存率，这意味着，英格兰拥有的物价、工资和一系列经济产量数据比欧洲其他任何国家都要早。连续的年度物价和工资序列开始于13世纪60年代，基于产量的国民收入和人均GDP估算已被重建至1270年，并可以更精细地推至1253年。[3]关于自营地部分的农业信息尤其丰富、详细和完整，为重建13世纪70年代以来的谷物年产出率与牲畜数量的变化趋势提供了基础，并由此可以观察收获质量的波动和牲畜疾病的影响。[4]在一个主要依赖生物能源的农业和有机经济中，它们明显与基本食物和重要原材料的产出有直接关系，

161

---

[1]　Above, Section 3.01.1.

[2]　Below, Section 3.01.3c.

[3]　Broadberry and others (2015, 1–244) 阐述了这些 GDP 估算构建的过程。它们已经由巴斯·范莱文延长至 1253 年。

[4]　Campbell (2000), 26–37; Campbell (2007).

并由此影响物价、购买力和国民收入。[1]由于基于产量的国民收入估算是独立于日实际工资率数据得出的，因此这两个系列数据的相关性不太明显，并使二者可以互相检验，这比马拉尼马对意大利从需求侧做出的重建要清晰得多。英格兰因此提供了一个特别的、证据充分的案例，可以用来描述一个仍然相对不发达、贫穷的中等经济体的经历。

　　研究这个经济衰退期的历史学家现在可以选择另一种日实际工资率序列。最有用的是著名的石匠师傅和建筑雇工的数据，它由菲尔普斯·布朗和霍普金斯构建于20世纪50年代，最近由蒙罗检验、修正，并根据经修正的"一篮子消费品"进行了重新计算，另一个是关于农业雇工工资的相应系列数据，由克拉克运用略微不同的"一篮子消费品"进行构建。[2]两者都绘在图3.6中（以及关于建筑雇工工资的系列数据），并呈现出明显相似的时间变化表，其正相关指数为+0.7。在13世纪的第三个25年，农业雇工的日工资购买力大约下降了1/5，此后固定在一个相对较低的水平上，尽管随着消费品价格的变动，它也表现出明显的短期波动。实际上，建筑雇工的日实际工资率在13世纪70年代到1348/1349年同样仍然走势不明，而1348/1349年严重的瘟疫死亡率改变了劳动力的供给和需求。如果与意大利同行的经历进行直接比较（见表3.1），那么英格兰建筑雇工在1310年到14世纪40年代中期遭受的日工资购买力的下降不超过5%，而农业雇工的工资购买力到14世纪40年代中期时提高了15%。建筑雇工和农业雇工相应经历的这种分歧只出现在14世纪30年代末（见图3.6），这反映出这样的事实，即由于大型宗教建筑工程的数量明显减少，对建筑雇工的需求急剧下降，而对农业雇工的需求保持坚挺，通货紧缩对农业雇工有利。[3]

　　纵观这关键的80年，两类工人的日名义工资率明显保持稳定。

---

[1]　Wrigley (1962).

[2]　Phelps Brown and Hopkins (1956); Munro (no date); Clark (2007b), 130–134.

[3]　新的重大教会建筑工程的数量从14世纪第一个十年的15个减少到14世纪20年代的13个，到30年代的7个，再到40年代的2个：Morris (1979, 178–181)。新建医院的数量分别是18个、11个、24个和9个（图2.11A和图2.11B）。

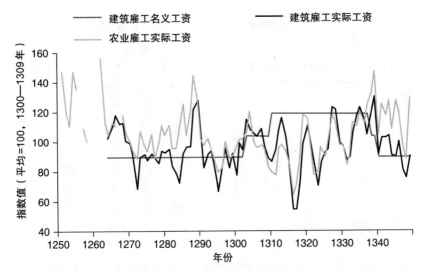

图3.6 英格兰男性工人的日名义工资率和日实际工资率：建筑雇工，1264—1349年；
农业雇工，1251—1349年

资料来源：Munro（no date）；Clark（2007b），130-134

1264—1302年，一名建筑雇工的日工资为1.5便士，1303—1309年上涨
到1.75便士，1310—1337年与法国开战时是2便士，此后，很快恢复到
1.5便士，这一水平持续到瘟疫在1348/1349年引起劳动力供给的崩溃。[1]
在黑死病之前，各种工人的日名义工资实际上具有一种明显的"黏性"，
并缓慢而适度地对劳动力需求、消耗品价格和货币价值的变化做出回
应。[2]因此，从1302年开始，尤其是1310—1337年，较高的名义工资与
此后较低的名义工资可以被解释为一种调整，是对同时发生的因连续货
币重铸引起通货膨胀所导致的人均货币供给量变化的回应，直到爱德华
三世在百年战争开始阶段大规模进口金银，这种趋势才突然逆转（见图
3.7）。[3]货币短缺使物价在14世纪40年代保持相对较低的水平，这对那些

163

---

[1] Munro (no date). 同期记录的农业雇工名义工资的适度增长是从1.25便士到1.5便士：Clark (2007b,
     131–133)。

[2] Munro (2003b).

[3] Allen (2012), 283–285, 329–331, 344–345.

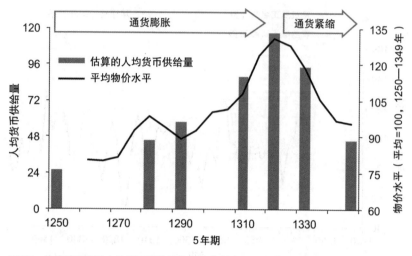

图3.7　估算的英格兰人均货币供给量和平均物价水平，13世纪50年代—14世纪40年代

资料来源：估算依据来自 Allen（2012），343-345; Broadberry and others（2015），20, 227-229。关于综合价格指数的论述，见 Broadberry and others（2015），189-194，由 Bas van Leeuwen 补充

实际上获取固定名义工资的人有利，例如农业雇工（见图3.6）。

除了这些货币上的影响，决定一名打工者能够买什么、买多少的通常是基本生活品的价格，由于一系列供给侧的因素，其价格因季节和年度而变化很大（见图3.8A）。1290年，一名非技术农业雇工的日工资为大约1.25便士，一名农场工人需要工作166天才能买到R. C.艾伦（R. C. Allen）所称的"体面的一篮子消费品"（按照当时物价计算），包括足量的麦酒、面包、豆类、肉、鸡蛋、黄油、奶酪、肥皂、布、蜡烛、灯油、燃料和租金，以提供每日所需，其包含的2 000千卡热量能够满足一名成年男性基本的营养需求。[1]对一名单身男性而言，还可以维持基本生活，但如果还要养活妻子和三个孩子，他的工资远远不够。此外，不管他的妻子是否打工都无济于事，因为妇女的工资总是较

---

[1]　Allen (2001); Allen (2009), 36–37. Livi-Bacci (1991, 27) 认为，2 000 千卡热量是满足基本营养需求的最低标准，尽管需要大量更高的摄入水平才能保证所有天气条件下在土地上的重体力劳动。Allen (2001); Allen (2009, 36–37).

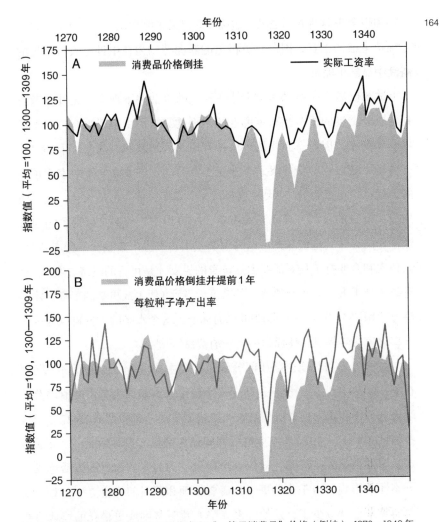

图 3.8A 英格兰农业雇工日实际工资率和"一篮子消费品"价格（倒挂），1270—1349年
图 3.8B 英格兰种子净产出率和"一篮子消费品"价格（倒挂并提前1年）
资料来源：Clark（2007b），130-134; Clark（2009）; Campbell（2007）

低。[1]甚至，如果要以更简单和更低廉的"糊口的一篮子消费品"，包括
燕麦粥，以及有限的豆类、肉、黄油、少量的肥皂、布、蜡烛、灯油、

---

[1] Langdon and Claridge (2014); Humphries and Weisdorf (2015), 25.

燃料和租金来养活五口之家，也需要 227 天来赚取工资。[1] 由于这几乎是维持生活的工资，因此，英格兰的雇佣劳动力在中世纪人口增长的高潮中显然很廉价。[2]

试图仅靠工资来供养并维持一家人的生活并不现实，尤其是考虑到对农业劳动的季节性和年度性的不平均需求。由于很少有打工者可以全年受雇，因此有必要从小块持有地、公地权利、渔业、采矿或手工劳动中获取一些额外收入来补充工资劳动。妇女和儿童对家庭预算的贡献也是很重要的。[3] 大多数乡村家庭需要一些自己的土地，或者使用公共资源的权利，获取方式简单，又可以作为应对难以得到固定有偿工作的办法，他们靠此可以为消费或出售而生产或收获一些产品。[4] 做仆人和全职打工只对那些仍然单身的男女才是可行的经济方案。[5] 只有技术型工人，如石匠师傅，可以每天得到 3 便士或更高的工资，才能够每年赚取 56 先令，按照 1290 年的标准，这个水平的工资可以为一个五口之家每年提供"体面的一篮子消费品"。[6]

对打工者和其他全部或部分依靠购买主要消费品的人而言，问题在于，1290 年之后，价格逐渐变得不稳定，这是因为货币贬值以及极端天气事件和重大牲畜疾病使农业产量遭受了一系列严重的冲击。[7] 这些问题在 1315—1322 年农业危机期间最为尖锐，当时标准"一篮子消费品"的价格翻了一番，对依靠出卖劳动力为生的家庭的生活造成了灾难性的影响。由于收获更少，需要管理和照料的牲畜更少，对劳动力的需求也就减少了，这使许多人陷入暂时贫困或更糟糕的境地。在此之前，物资短缺和高物价已经在 13 世纪 90 年代中期严重挤压了打

166

---

[1] Allen (2009), 36–37.

[2] Henriques (2015), 160–161.

[3] Langdon and Masschaele (2006), 69–77.

[4] Britnell (2001), 10–14; Campbell (2005), 60–74.

[5] "anilepimen/anilepiwymen" 一词被用来形容男女工人，以及单身的男性仆人：Clark (1994); Fox (1996)。

[6] 1290 年"体面的"和"糊口的"一篮子消费品详细成本，见 Appendix 3.1, Table 3.4 由 Alex Klein 在与 Stephen Broadberry 的合作下完成。

[7] Campbell (2010a), 287–293.

工者的购买力, 1310/1311年, 这个现象再次发生, 使日实际工资率下降了1/4 (见图3.8A)。然而, 1315年和1316年的饥荒时期更为糟糕: 农业雇工的购买力萎缩了1/3, 建筑雇工工资的购买力则下降了一半。劳工日实际工资再也没有下降到如此低的水平, [1]尽管1322—1323年、1331年和1347—1348年也是极其困难的年份。相比之下, 在1288—1289年和1388—1389年的低物价时期, 劳工的购买力增长了40%。尽管如此, 这种幸运只是例外, 从1290年到1333年的40多年里, 它发生的概率明显很低 (见图3.8A)。

这些由价格驱动的日实际工资率的大幅摆动掩盖了后者的长期稳定性, 并凸显了极大的经济压力和张力, 这成为这个不安的半个世纪的特征。丰收和歉收是等式中的一个主要因素。因此, 1278年、1287—1288年、1325—1326年、1333—1334年、1337—1338年、1340年和1342年的丰收都带来了物价的大幅下降 (见图3.8B)。相反, 1283年、1293—1294年、1315—1316年、1321年、1328年、1331年和1346年的歉收则提升了主要食品的价格, 并造成日实际工资率的下降。此外, 灾难性的1319—1320年的牛瘟让社会的恢复更为缓慢, 以及频发的羊瘟, 使物价在1321—1326年连续6年居高不下 (见图3.8B)。但是, 并非所有的严重歉收都推动了相应的物价上涨: 1339年和1349年是两个明显的例外, 当时, 首先是缺乏货币, 其次是需求的大量减少抑制了物价的反应。因此, 粮食和牲畜生产率方面变化的影响可能会因其他因素缓和或加重。但是, 从收成、物价和日实际工资率的清晰联系中可以明显看出, 这是一个 "收获敏感型经济" (见图3.8A和图3.8B)。打工者在丰收的时候生活得好, 歉收的时候生活得差, 在缺乏任何有效公共福利救济的情况下, 没有什么办法可以减轻歉收的影响。[2]

---

[1] 在 Munro's (no date) 修正的建筑雇工的工资数据和 Clark's (2007b) 的农业雇工的日实际工资指数表中, 1316 年都是唯一的最低点。

[2] Keene (2011); Sharp (2013).

167

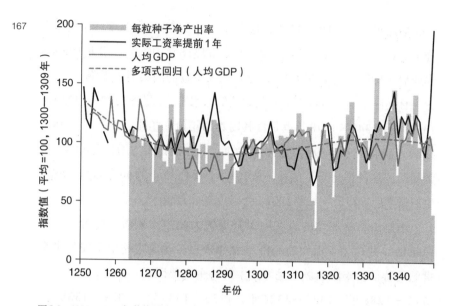

图3.9 1250—1349年英格兰农业雇工的日实际工资率、每粒种子净产出率和人均GDP
资料来源：Figures 3.8A and B; Clark（2007b），130-134; Campbell（2007）; Broadbery and others（2015），227-229; 1270 年之前人均 GDP 估算由 Bas van Leeuwen 提供

因此，更加令人印象深刻的是，人均GDP在这个时期保持得非常好（见图3.9）。可以肯定的是，这时没有任何经济增长，而且，从13世纪50年代到80年代，当人均GDP从大约828美元下降到679美元（在1289年绝对最小值为637美元）之时，可能还有一些经济衰退。然而事实证明，下降是暂时的，因为在很大程度上，它源于13世纪70年代末和80年代羊疥癣病对国家羊毛的产量、羊毛的质量和价值、农场收入、国内纺织业就业和生产，以及出口收入的影响（见图3.4）。[1] 1277—1285年，国民收入萎缩了近1/4，这正好解释了这种单一原材料的大量生产在国家经济产出价值中占了多么大的比重，以及用了多长时间才将羊群规模和羊毛生产恢复到羊疥癣暴发之前的水平。一旦度过危机，人均GDP就在14世纪的第一个十年里恢复到755美元，并在

---

[1]　Lloyd (1977), 63; Stephenson (1988), 372-273, 381, 385.

接下来的半个世纪中在763美元上下浮动，其范围是从最低的1316年饥荒之年的686美元和1339年战争之年的682美元，到最高的1319年的827美元和1338年、1344年的836美元。矛盾的是，考虑到正在恶化的国际贸易形势，人均GDP在14世纪第二个25年比在13世纪最后一个25年高（见图3.9）。

168

　　尽管有明显的不稳定迹象，但英格兰经济还是具有显著的弹性。它缺少的是发展的能力。根据日实际工资率和人均GDP的证据，它坚持着自己的路数，但仅此而已。四种因素使其陷入了低生产率和低人均收入的怪圈：第一，受制于萎缩的国际贸易和较低的人均国内需求，英格兰无力扩大其平庸的商业和制造业部门；第二，随之出现的对初级生产的过度依赖，造成附加值很少；第三，海外贸易由外国商人主导；第四，农业劳动力过剩使过多的家庭和工人集中在不断缩小的土地上，对劳动生产率和家庭收入不利。其结果是，这个社会的贫困负担十分沉重，大众需求被限制在最基本的生活必需品上，只有享有特权的少数人才拥有大量可支配收入。

3.01.3b　重心偏低的社会-经济结构

　　如果贫困线被界定在"足够为一个包括2名成人和3个孩子的家庭提供'体面的一篮子消费品'的收入"的话，那么根据图3.10重建的社会-经济概况的证据，在1290年，几乎有30%的英格兰家庭在这条线上挣扎，还有40%的家庭生活在贫困线以下，仅靠"糊口的一篮子消费品"维持不同程度的生活。[1]正如历史学家早就认识到的那样，而且数据也证实，12世纪和13世纪人口增长了两到三倍，其后果之一是生活在最低生存线附近的家庭的比例急剧增加。[2]在此后的几个世纪中，当年景好、穷人普遍可以得到救济时，处于这种状况的家庭的比

---

[1]　这项重建工作的受制约因素是，它需要符合475万总人口、530万公顷耕地和420万英镑国民收入的估算。

[2]　Postan (1966), 563–565.

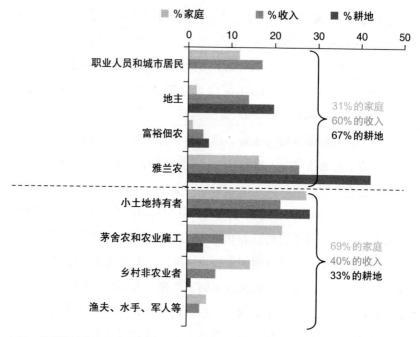

图 3.10 英格兰的社会-经济概况，1290 年
资料来源：Appendix 3.1, Table 3.4

例会减少到 20%—25%。[1] 相反，在 14 世纪的第二个十年，当时年景极其糟糕，工人工资的购买力处于历史最低点，贫困家庭的比例上升到近 70%。[2]

在 13 世纪末，那些生活仅能糊口的人包括大多数仅有一块菜园、一两公顷土地和/或公共权利的小土地持有者和茅舍农家庭，加上许多乡村和城市工匠，大多数矿工，渔夫，水手，军人，所有农业、非农业和城市的雇工，当然还包括乞丐和流浪汉。这些群体都没有足够的土地资源实现自足，因此他们都以某种方式依靠市场来维持生存。有小块土地或没有土地的家庭的激增实际上是商业化的一个症状。相比

---

[1]   Lindert and Williamson (1982).

[2]   Above, note 137.

之下，预算之中能够包括一份"体面的一篮子消费品"的人是国王、所有领主、富裕的市民、工匠师傅、领俸教士、大多数富裕的佃户和少数小佃户。

按照以上分析，只有少数家庭（也许是总数的1%）确实很富有，每年的收入比全国平均水平（3.84英镑）高出100倍。还有2%富裕家庭的收入是国民平均值的3—5倍，其生活水平远远高于贫困线。这些富裕家庭可能只占总人口的3%，但其收入在国民总收入中的比例几乎是15%。另外42%的国民收入被掌握在24%的中等家庭手中，包括富裕的自由持有农、农奴雅兰农（villein yardlanders）、磨坊主、技术工匠和富裕的市民，他们有能力购买一份"体面的一篮子消费品"（见附录3.1，表3.4）。这些富裕整体包括31%的家庭，手握60%的国民收入，占有67%的耕地（见图3.10）。其他的国民收入和土地属于那些生活在贫困线上下的69%的家庭。这种收入群体中贫困线以下的家庭生活在赤贫之中，整日为得到一份仅可"糊口的一篮子消费品"而挣扎。

唯一现存的郡税收档案记录了1290年按照动产估值（例如，那些被认为是维持生计之后剩余的东西）的1/15来征收的世俗协助金中单个纳税人的缴税情况，为这种社会-经济重构的可信性提供了一份有价值的再检验途径。[1]从全国范围来看，这次协助金共获114 400英镑，为国王获批单次税收额度之最。[2]在赫特福德郡，大约40%的家庭纳税，其他大部分家庭因贫困而免税。[3]个人估税平均额度为4.75英镑，这意味着这个国家可能半数或更多的家庭有足够的钱购买一份"体面的一篮子消费品"（见附录3.1，表3.4）。但是，人均缴税额仅为0.32英镑（相当于一个农场雇工年收入的1/4），这使许多家庭明显变得贫穷了。记录在赫特福德郡世俗协助金档案中的一系列个人估税额证实，社会

---

[1]　The National Archives, PRO E179/120/2.

[2]　Jenks (1998), 31; Ormrod (1991), 153.

[3]　假设全国人口为475万人，一个郡人口为76 400人，全部家庭数为15 300—17 000户，至少有6 500名纳税人，他们都是一家之主。

群体内部的差距往往与群体之间的差距一样大，但事实上，如此多的家庭拥有的动产太少，以至于无法缴税，这凸显了当时盛行的重心偏低的社会-经济结构。

这种高度两极化和偏斜的社会财富分配自然限制并塑造了消费。大多数家庭专注于满足基本消费需求。超过半数的家庭缺少足够的土地养活自己，并因此逐渐求助于市场谋求生计和得到基本的生活品。他们要满足简约生活的需求，这滋生了二手和偷盗物品买卖，以及大量非正式和非法交易。他们的交易量小，大多数需求通常可以在当地的交易圈中得到满足。商业化和城市化可能为穷人提供了维持生存的新经济方法，但其代价是，他们生存方式的基础被破坏，而且要逐渐暴露于变幻莫测的市场之中。对他们而言，歉收带来了双重危机，因为贸易条件偏向不利于手工产品、服务和劳动的市场供应者，由此加重了食品价格上涨对收入的负面影响。

相比之下，富裕的佃户拥有足够多的土地来满足自身生存需求，因此经常向市场供应剩余的土地。进入国际贸易的大部分羊毛是由他们的牲畜生产的，其中一部分羊毛是通过来自大陆的银币支付的，从而刺激了货币贸易的发展。[1]部分打制马蹄铁和修理耕犁、马车的铁同样来自国外，大量用于将粮食研磨成食物和面粉的磨石，以及用于保存部分主食（尤其是鲱鱼）所用的盐也是如此。[2]一般而言，这些较富裕的家庭购买种子、牲畜和工具，雇用劳动力，并定期购买食品、饮料、布料和住房。事实上，这些人"发现从邻居那里或当地市场上购买面包、酒、肉类、馅饼和布丁是很方便的"[3]。尽管他们对商业化产品的需求量很大，但本质上仍然很简单。他们对通过长途贸易获得的异域商品的消费大多就在附近，最常见的方式是去教堂里，那里装饰丰富的图书、服饰、祭器和建筑都包含了来自国外的东西。

---

[1]　Campbell (2000), 158–159.
[2]　Childs (1981), 26–27; Farmer (1992).
[3]　Dyer (1992), 142.

到13世纪末，仅有5%的家庭拥有强大的购买力，因此这些家庭可以通过足够规模的消费来刺激生产、影响品位和引领时尚。正是这些家庭更加差异性的需求维持了外来奢侈品和高质量工业品的国内和国际贸易。此外，地主精英的大地产向市场提供大宗的粮食、牲畜、畜产品、木料和木材。[1]出售这些大宗商品的收入，以及佃户交纳的地租，还有来自领主司法权和垄断权的收益，使他们有财力购买奢侈的一篮子消费品，包括葡萄酒、鱼、肉、野味、香料、蜡、上等布料、鹰隼、供骑行用的马匹、武器和盔甲、宗教艺术品，以及复杂而美观的建筑。[2]尤其是为上帝的荣耀而建立的教会，在12世纪和13世纪比 172 其他社会群体获得了更多的土地和财富。教会提供的公共产品——礼拜和仪式，通常由富人买单，但是为了所有人的利益和救赎。实际上，宗教是那个时代富人和穷人的消费量大致相等的少数基本商品之一。

3.01.3c 商业、城镇和工业

与佛兰德斯和意大利一样，英格兰受1291年后国际贸易下滑的深刻影响。在整个13世纪，英格兰保持着一种积极的贸易平衡，其做法是，依靠未加工初级产品——羊毛、羊皮和皮革、粮食、鲱鱼、锡、铅和煤——和一系列通常轻便而未经染色的高质量布料的出口，来换取大量一般商品和金银的进口。银的净流入表现为持续的通货膨胀，因为英王成功地增加了王国的银币流通量（见表2.2）。但大部分这种贸易及其产生的利润仍然掌握在外国商人的手中。例如，到13世纪70年代，虽然英格兰本土商人是最大的羊毛出口商，但他们仅掌握1/3的羊毛贸易。不过，到1304—1311年，当羊毛出口贸易正值顶峰之时，英格兰商人已经将自己的份额扩大到了57%。[3]尤其是伦敦人，他们主要通过排挤弗莱芒人更多地参与到北海贸易中，然后从14世纪20年

---

[1]　Campbell (1995a).

[2]　Dyer (1989), 49–85; Woolgar (1999).

[3]　Lloyd (1982), 204.

173

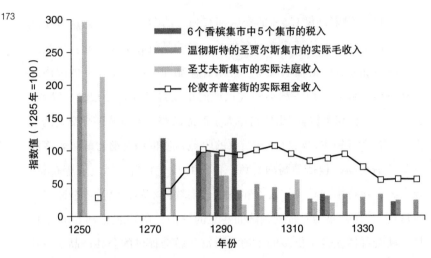

图3.11　来自香槟（法国）、温彻斯特的圣贾尔斯和亨廷顿郡的圣艾夫斯集市的收入指数，以及伦敦中部齐普塞街的租金价值，1250—1345年

资料来源：Titow（1987），64–65；Moore（1985），208；Edwards and Ogilvie（2012），137；Keene（1984b）

代开始，他们在葡萄酒贸易中成功地取代了加斯科涅人。[1]更大范围的业务超出了他们的资源所能承受的范围，就地中海和亚洲产地的奢侈品长途贸易而言，"外来商人的参与对整个时期这个国家的发展至关重要"[2]。因此，一般商品贸易的主导者仍然是外国人——德意志人、布拉班特人、弗莱芒人、加斯科涅人、普罗旺斯人，尤其是意大利人。1304年伦敦关税收入显示，这些商人都在首都保持着强劲的影响力。[3]

　　到1304年，伦敦的商业财富很可能达到了顶峰。德里克·基恩重建的齐普塞街的租金价值和租用率显示，它"如果不是整个王国的商业街的话，也算得上伦敦城最主要的商业街"，上述两个指标都被哄抬到了特别高的水平上（见图3.11）。[4]在那里，鳞次栉比的店铺和私有的顶棚市场（著名的"塞尔兹"）中有无数互补性和竞争性的零售渠

---

[1]　Childs (1996), 133.
[2]　Lloyd (1982), 206.
[3]　Lloyd (1982), 227–233.
[4]　Keene (1984a), 13; Keene (1985), 19–20; Schofield and others (1990), 185, cited in Nightingale (1995), 139.

道。威斯敏斯特法庭的永久设立，为这个城市带来了更多的金主和购买力，并刺激了国际公司将这座城市作为在英格兰的业务基地。正是在那时，伦敦成为德国汉萨同盟在英格兰的首要基地，更重要的是，意大利的巴尔迪、切尔奇比安齐、齐亚伦齐、科罗内、弗雷斯科巴尔迪、莫奇、佩鲁齐、波尔蒂纳里、普尔齐-里姆波尔蒂尼和斯皮尼商社都在伦敦设立基地，集中在城市中心的坎德尔威克（Candlewick）、齐普（Cheap），尤其是朗本区（Langbourn wards）。[1]意大利人在商业上取代弗莱芒人也为伦敦带来了更大的羊毛贸易份额，这对波士顿造成了损失，同样使首都能够从王国中曾经繁荣的国际集市那里得到更多的生意，而这些集市的盛期到1290年明显已经结束了。[2]温彻斯特主教们从圣贾尔斯集市得到的总收入在1250—1290年减少了一半，而拉姆西修道院院长们从圣艾夫斯集市得到的法庭罚金同期减少了2/3（见图3.11）。与此同时，齐普塞街对商业站点的需求增加，其租金价值也在上升。[3]很明显，商人的流动性正在变弱，他们开始摒弃集市，而选择城市中的永久基地。

13世纪90年代，圣艾夫斯和圣贾尔斯集市的收益急剧下降，几乎与香槟集市上的收入变动完全相同，然而，这也见证了当时国际商业活动的明显减少，其前情是阿卡的陷落，在欧洲北部则是腓力四世加强了对佛兰德斯的居伊·当皮埃尔（Guy Dampierre）和英格兰爱德华一世的军事进攻，二人分别是法国的佛兰德斯和加斯科涅采邑的拥有者。正是这种封建恩怨将英格兰和法国，以及它们的邻居苏格兰和佛兰德斯推入了接下来长达半个世纪的冲突之中，对这些王国的经济所依赖的多边贸易造成了相当消极的影响。国王对商业活动进行直接政治干预，先是在13世纪90年代，更为严重的干预是在14世纪30年代和40年代，造成了一种破财易、创富难的态势，这严重打击了人们的

174

---

[1] Lloyd (1982), 227–233.
[2] Nightingale (1996), 93–94; Campbell (2008), 914–915.
[3] Keene (1985), 12–13, 19–20.

商业信心。耗费巨大、破坏性强的军事行动动摇了法国和英国货币的稳定性，其引起的信贷危机，对那些向交战方提供大量借款的人而言，如里恰尔迪及后来的巴尔迪，是一种灾难。[1]逐渐地，商人、承运人和运货商不得不面对抢劫的军队、土匪和海盗的多面夹击，这些劫掠者正是利用战争造成的治安混乱而发财致富。

不出所料，圣贾尔斯和圣艾夫斯集市在13世纪90年代的商业和政治危机期间的贸易损失再也没有完全恢复。到14世纪20年代，来自圣贾尔斯集市的收入只有其危机之前水平的一半，而圣艾夫斯集市的法庭收入则下降了2/3（见图3.11）。艾伦·魏德迈·莫尔（Ellen Wedemeyer Moore）对圣艾夫斯法庭案卷中准入费的分析证实，1291年之后，尤其是从1302年开始，参加该集市的人数大大减少。偶尔露面的欧洲南部商人不见了，曾经大量出现的弗莱芒人消失，取而代之的是布拉班特人，从远方而来的英格兰行商更少了。值得注意的是，来自英格兰生产布料的城镇的人数"到13世纪90年代明显锐减，并在14世纪初继续下降"[2]。由于圣艾夫斯与其他大集市一样，曾作为英格兰布料的一个批发渠道而繁荣，因此，最后这些变化意味着对城市纺织产品的需求明显大大减少了。

175　　高质量和高价值的猩红呢总是有海外市场，并构成了布料贸易中的奢侈品类。除此之外，帕特里克·乔利和蒙罗曾指出，在13世纪，英格兰像佛兰德斯一样，成为向国际市场供应廉价、轻便、半成品和未加工布料的著名地区。[3]这些织品包括海运出国的大宗布料。这个国家所有成功的集市的地理位置都非常有优势，非常适合促成本国布商和外国买家之间的交易，买家之中有许多是弗莱芒人，他们将英格兰布料在佛兰德斯和香槟的大集市上出售给意大利商人。[4]这些较低等的

---

[1]　Nightingale (1995), 114–115, 121, 169–171, 175–176; Hunt and Murray (1999), 116–117; Bell and others (2011).

[2]　Moore (1985), 210–213.

[3]　Chorley (1988); Munro (1999a); Munro (1999c).

[4]　Moore (1985), 11–12.

布料在意大利经染色和加工之后，最终在一系列南方市场上出售。尽管如此，从13世纪90年代开始，黎凡特贸易特权的丧失、较高的运费和上升的交易成本使这个商业分支无利可图，英格兰工业遭受了与生产西呢的弗莱芒同行大致相似的命运。奢侈猩红呢的小规模出口仍在继续，但英格兰布料出口档案不再提及廉价、粗制的轻型纺织品，即知名的布尔呢、西呢、斯坦福呢和瓦德麦尔呢。同时，许多与制造业关系尤为紧密的城镇也抱怨工业的衰退。温彻斯特、牛津、伦敦、莱斯特和林肯都抗议说，它们的纺织工人的生活水平下降，数量减少。1334年，北安普敦为了少缴税，曾报告说，亨利三世时期该镇活跃的300名织工，一个也没剩下。[1]

在14世纪的最初20年，由外国商人出口的未染色（未除毛）和半成品布料数量的锐减（见图3.12A）表明，那些"工业危机"的说法并非没有依据。[2]与此同时，由国外商人出口的英格兰商品减少了1/3，而在价值上总是三倍或四倍于此的进口商品减少了一半（见图3.12B）。这些下降趋势持续到14世纪30年代中期，几乎无疑的是，海外商人正对参与英格兰的商业失去兴趣。如此一来，有一定实力扩张业务并攫取英格兰海外贸易更大份额的本国商人就获得了机会，这就是温迪·蔡尔兹（Wendy Childs）在本土布料工业的命运及其调整和生存问题上比蒙罗更乐观的一个原因。[3]减少的布料进口则是又一个原因。

到14世纪30年代初，外国商人运营的布料进口下降了1/4，减少到不足9 000匹（在1333—1335年少于7 000匹），而在14世纪第一个十年之初是每年12 000匹，在1304/1305年更是达到16 700匹的峰值。[4]由于英格兰的纺织业没有出现类似的萎缩，这就让本土生产者占据了更大的国内市场份额。例如，在诺里奇，纺织业中的就业实际上 177

---

[1]　Munro (1999c), 118, 119–121.
[2]　Munro (1999c), 118.
[3]　Childs (1996), 133.
[4]　根据 Lloyd (1982), 210–226 的数据计算。

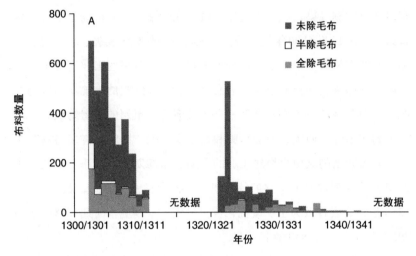

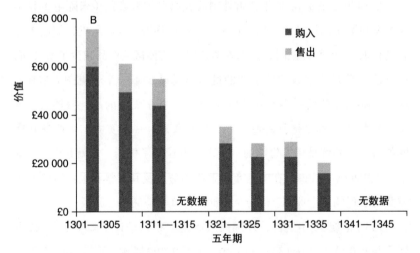

图3.12A 外国商人运营的英格兰布料出口，1303—1346年
图3.12B 外国商人经英格兰八大港口（波士顿、林恩、雅茅斯、伊普斯维奇、伦敦、桑威奇、温切尔西、南安普敦）完成的一般商品进出口，1303—1336年
资料来源：Munro（1998），63-64；Lloyd（1982），210-224

在此时增加了，尽管布料出口几乎没有扩大，一系列英格兰布料继续被发往国外，尤其是伊比利亚半岛。[1]工业复苏的迹象从14世纪30年代

---

[1]　Rutledge (2004), 166, 169, 188; Childs (1996), 133, 135, 146–147.

开始清晰起来，向外国商人出口的羊毛征收的差别关税开始形成关税保护，它使本土布料生产者免于承受国外竞争的全面压力。[1]不过，那时英格兰人取得的商业进步主要体现在至关重要的羊毛和酒类贸易上。它们的规模之大，足以剥夺本土商人和托运人用来弥补外国人在其他商业分支领域造成的所有损失的财源。因此，一般商品的进口无疑下降了，这对那些靠出售和分配一般商品为生的人不利。香料进口萎缩可以解释伦敦杂货商在14世纪20年代和30年代的人数减少与命运多舛。[2]

到14世纪第二个25年，圣贾尔斯和圣艾夫斯集市贸易的体量已经远低于14世纪之初的水平，这两个商业中心的非国际化和区域化的特征更加明显。伦敦也感受到国际商业衰退加深的影响，因为进口商品更加稀少和昂贵。从这个世纪的第二个十年开始，齐普塞街的租金出现不可逆转的下滑，到14世纪40年代，其实际价值已经减半（见图3.11）。[3]零售空间的竞争大大缓解，商铺和摊点无人承租。[4]奈廷格尔认为，大都市的贸易活动和就业都在萎缩，而且，波动的汇率和周期性的货币短缺使形势更加恶化。[5]民众的不满最终演变成1326年10月的伦敦骚乱。

这座城市经济活力的丧失表现为其大部分腹地可税财富的减少。伦敦和米德尔塞克斯对1334年世俗协助金的相应贡献比1290年减少了15%，其下降的幅度堪比邻近数郡，包括赫特福德、白金汉、北安普敦、亨廷顿、贝德福德、剑桥、萨福克、埃塞克斯和肯特。[6]1340/1341年关于对摆荒土地征收九分之一税（征收对象为谷物、羊毛和羊肉）和其他经济问题的抱怨，以及大量《死后财产调查清册》记录的自营地财产和资源的价值下降，加深了一切都比较糟糕的印象，如果都市

178

[1]　Bolton (1980), 199–202.
[2]　Nightingale (1995), 571; Nightingale (1996), 98–99.
[3]　Keene (1985), 20.
[4]　Keene (1984b); Keene (1985), 19; Nightingale (1996), 97.
[5]　Nightingale (1996), 99.
[6]　根据 Jenks (1998), 31, 39; Glasscock (1975) 提供的郡总值计算得出。

需求仍然被视为一个发展引擎的话，本应是这个国家最富裕区域之一。[1]这些农业上的困难确保了伦敦继续吸引移民，但这可能更多地与其腹地城镇和乡村内部运作的因素有关，而不是刺激了城市中的就业繁荣。[2]生物考古学分析显示，当时埋在该城墓地中的许多人都经历过短缺而艰难的生活，以及较差的营养条件。[3]

　　许多其他城镇的情况也是如此，它们萎缩的商业和衰落的工业难以阻止饥饿而贫困的移民流入，这些人来自乡村，受到表面上能够找到零工和享受慈善的更大机会的吸引而进入城市。没有继承权的儿女无疑是其中重要的群体，而移民数量在歉收时期大大增加，那时，土地和信贷市场的运转将许多最边缘化的财产所有者降至无地者的行列。在英格兰人口最稠密的诺福克郡，这就是保证诺里奇人口在1311—1333年增长的过程，尽管该城的商业和制造业根基正在变弱。[4]其结果是财富两极化程度的加深。"在曼克罗夫特法庭辖区，绝对财富集中在一小部分人手中，而移民可能增加了城市穷人的数量"，以至于"当诺里奇的规模和人口在14世纪初获得发展之时，其相对财富和社会凝聚力可能下降了"[5]。

　　由于诺里奇的大部分新移民缺少资本，无法保证固定的工作和可靠的收入，因此，几乎没有人成功拥有房产。没有房产的人在曼克罗夫特缴纳什一税人口中的比例从87%上升到94%，而且，随着人口增长超过辖区内可居住房产供应的速度，租房的需求主要是通过增加入住人数来满足的，也就是可用空间的再分隔和分租。房产所有者充分利用了这一形势，他们增加廉价住房的供应量，并向倒霉的租客索要高额租金。即使如此，到14世纪30年代和40年代，租金收入也下降

[1]　Baker (1966); Livingstone (2003), 320–361; Campbell and Bartley (2006), 44–51.

[2]　Kowaleski (2014), 593–596. 从14世纪20年代开始，在埃塞克斯的几个庄园中，成年男性数量下降的趋势很明显，部分原因可能是向伦敦的移民：Poos (1985)。

[3]　Dewitte (2010); Connell and others (2012); DeWitte and Slavin (2013); Kowaleski (2014).

[4]　"在14世纪初，诺里奇看起来已经从拥有广大工商业基地的繁荣城市变成拥有大量城市贫困人口、严重依赖单一工业（纺织业）的城市"：Rutledge (2004), 188。

[5]　Rutledge (1988), 28.

了，因为就业机会减少、贫困加重降低了许多人的支付能力。因此，此时持续的人口流入的"影响是，在一个人口更为密集的环境中，城市穷人的比例提高，生活水平降低"[1]。

若不是其布料制造业的复苏，诺里奇的经济困境本会恶化。这种判断同样适用于许多其他城镇，包括约克、贝弗利、温彻斯特、索尔兹伯里和布里斯托尔，以及一些乡村地区，如约克郡西雷丁、东盎格利亚和威尔特郡，所有这些地区，从14世纪第二个25年早期开始，都发展成为重要的布料生产中心。[2]与此同时，本土商人攫取了更大的羊毛出口份额，以至于到14世纪30年代初，超过3/4的贸易都掌握在他们手中，相当于每年运货量超过25 500包（见图3.13）。一旦爱德华三世在1336年决定利用羊毛贸易吸引国外盟友，并获取巨额贷款来实现其对法国王位的追求，这种主导地位和出口规模便被证明是不可持续的。[3]由于英格兰细羊毛缺少直接替代品，他的干涉对国外买家和制造商，尤其是弗莱芒人而言更具破坏力，而英格兰生产者和商人受此影响较小。除了什罗普郡是明显例外，领先的养羊和羊毛生产诸郡，从西萨塞克斯到多塞特、约克郡东区，从林肯郡西南部到萨默塞特，都在1290—1334年增加了可税财富的相应比例（牛津郡、伯克郡、汉普郡、萨默塞特和多塞特郡更是如此）。[4]它们大多数已经挽回了1315—1325年频发的羊瘟造成的损失，而且从14世纪30年代开始，羊的数量极大地增加了（见图3.4）。因此，百年战争开局十年间的羊毛出口减少意味着，不断提高的羊毛产量增长的份额正在被转移到英格兰的布料制造商那里。

在14世纪上半叶，这个国家的西南部比其他地区做得都好。实际上，1290—1334年，康沃尔郡的相对缴税额比其他郡都要多，德文郡

180

---

[1] Rutledge (1995), 23.

[2] Lloyd (1977), 144–192; Bolton (1980), 200–201.

[3] Lloyd (1977), 144–192; Ormrod (1990), 181–183, 188–194.

[4] 根据 Jenks (1998), 31, 39; Glasscock (1975) 提供的郡总值计算得出。

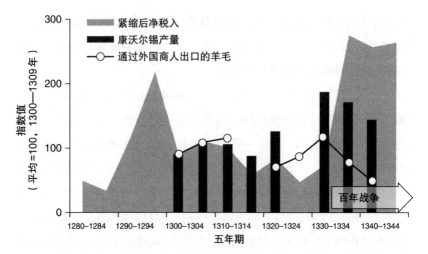

图 3.13　英格兰：用于铸币的康沃尔锡产出、通过外国商人出口的羊毛、直接税和间接税紧缩后的净收入（五年期均值）的指数，1280/1284—1345/1349 年

资料来源：Hatcher（1973），156; Carus-Wilson and Coleman（1963），40–46; Ormrod（2010）

紧随其后。[1]其繁荣主要应归因于锡矿的高产。14世纪30年代，这是记载中的生产高潮时期，用于铸币的锡的重量，以及来自康沃尔矿山的锡的产量，都是该世纪初的两倍（见图 3.13）。这种产量上的惊人增长得以维持，是因为廉价劳动力的充裕供给，以及海外，尤其是意大利，对英格兰锡的强力需求。佩鲁齐和巴尔迪公司是锡的有名买家，它们通过水运经南安普敦和伦敦将锡运至佛兰德斯，然后到意大利。在那里，锡往往转变为柱状和片状，被销至整个地中海和黑海，远至克里米亚的卡法和顿河口的塔纳。[2]因此，这两家公司在数年之后的破产造成了锡产量的明显下滑，而在爱德华三世于1337年对法国宣战之后，其衰退已经严重影响了锡的产量（见图 3.13）。

　　战争的破坏性影响最明显地体现在北方诸郡——坎伯兰和威斯特摩兰、诺森伯兰、约克郡北雷丁和西雷丁、德比郡——相对缴税额度

----

[1]　根据 Jenks (1998), 31, 39; Glasscock (1975) 提供的郡总值计算得出。
[2]　Hatcher (1973), 93–95.

的急剧减少，最能说明班诺克本战役之后苏格兰偷袭的冲击和防守的英格兰军队的掠夺对这些地区造成的恶果。[1]法国军队对南部海岸侵扰的效果与之类似，但其影响更地方化，主要集中在怀特岛和一些城镇，如温切尔西和南安普敦。[2]此外，给养征发和强征商人船只充作战舰破坏了经济活动的进行，并一再影响许多郡和港口，这在当时引起许多争议。[3]沉重而频繁的税收，特别是在进行重大战役之时，影响的范围更大，税收重新分配了财富和购买力，以利于国王及其军事行动目标。在一个原本由初级生产主导的经济体中，英格兰卷入了一系列针对苏格兰和法国的代价高昂的战争，从而促进了国家及其征税机制的发展。随后是军费开支的增加。矛盾的是，如果战争主要发生在国外，而非本土，就构成了发展的一个源泉。[4]

17世纪瑞典的类似例子显示，对一个原本相对贫困的初级生产经济体而言，国家大规模赞助的战争行为可以提高人均GDP。[5]当时的瑞典要成为一方交战国，"所要动员的不仅包括人力资源，还有工业资源，如武器、弹药和纺织品"[6]。同样，在14世纪初英格兰的例子中，雇用、装备、运输、供养和维系三位爱德华国王部署的军队规模，并使其在相当长的一段时间内待在遥远的战场上，需要动用惊人的资源。[7]尽管战争的成本出现明显下降，但它催生了许多工作机会，军火供应商和制造商及其他许多人因为对他们的服务和产品需求的增加而发了大财。1346年英国为入侵法国做准备期间尤其如此。直接和间接税收带来的净收入源于这时和此前的公开战争造成前所未有的财政需求，并因此使大量军事支出投入经济这种现象在这个时代成为可能（见图3.13）。1335—1349年，实际税入一直是14世纪初的三倍之多，在爱德华三世

182

[1] 根据 Jenks (1998), 31, 39; Glasscock (1975) 提供的郡总值计算得出。
[2] Livingstone (2003), 347.
[3] Maddicott (1987), 299–318.
[4] Langdon and Masschaele (2006), 75–76.
[5] 受"军事国家"（Military State）刺激，瑞典的人均 GDP 从 1600 年的 847 美元增加到 1700 年的 1251 美元：Schön and Krantz (2012), 541–543, 546.
[6] Schön and Krantz (2012), 542.
[7] Hewitt (1966); Allmand (1988), 91–119.

治下的1339—1341年绝对高峰之时，其额度比之前1294—1297年的峰值高出2/3，当时爱德华一世同时进行着保卫加斯科涅和入侵苏格兰的战争。[1]实际上，爱德华一世和爱德华三世的军事行动的规模所需要的税收强度使国王的国际债权人处于财政压力之下，并引发了重大的国内宪政危机，而且对许多穷人而言，这极大地加重了1293—1294年和1339年歉收的不利影响。[2]此外，不管这些重大冲突对英格兰的经济带来了什么模糊不清的好处，它们都不可逆转地损害了和平的贸易和商业活动，而贸易与商业活动曾是拉丁基督教世界普遍繁荣的基础。

3.01.3d　土地细碎化与结构性贫困的发展

英格兰的人均GDP在黑死病造成人口灾难之后上涨了1/4，这个事实强烈地表明，那时人口数量的压力使经济水平下降，并使人均产出降低。[3]在接下来的若干世纪中，当人口最终恢复增长之时，再也没出现过13世纪末和14世纪初人均GDP的低水平，因为实际产出和制造业、服务业中工作机会的增加对初级生产提供了需求刺激，也提供了职业选择。[4]相比之下，12世纪和13世纪，规模较小和活力较弱的第二和第三产业意味着，农业要吸收大部分增长的人口，而这种增长的开始和得以维持是因为当时流行的有利环境、制度和经济条件。这种状况一定程度上是通过将更多土地用作生产来实现的。因此，1086—1290年，这个国家的耕地数量翻了一番多，从不到250万公顷增加到约530万公顷。[5]但乡村家庭的繁殖速度更快，在这两个世纪中增长了两倍，其不可避免的结果是持有地的平均面积萎缩了。

如果持有地面积的缩小匀速进行，那么，它对家庭收入的影响可能就不会如此严重。恰恰相反的是，之前存在的持有地面积和租佃的

---

[1] Prestwich (1988), 401–435; Ormrod (1990), 10–15.
[2] 个案研究参见 Schofield (1997)。
[3] Broadberry and others (2015), 229.
[4] Broadberry and others (2013), 228–238.
[5] 关于《末日审判书》编纂时期的区域，见 Campbell (2000), 386–389。关于1290年的区域，见 Broadberry and others (2015, 65–73)，向上修正了 Campbell (2000, 388–390) 的估算结果。

差异变大，不平等由此也更加严重。[1]对生活标准和劳动生产率尤为不利的是，5公顷（包含5公顷）以下面积的持有地成倍增加。到1290年，接近70万户家庭（超过乡村家庭总数的3/4）依靠如此小的持有地维持生计，其中40万户家庭赖以生存的土地少于1公顷，而其中又有24万户家庭要靠在他人土地上打工来增加收入才能生活（见附录3.1，表3.4）。[2]他们向耕作全国2/3土地的少数大生产者提供的剩余劳动力日益廉价和充裕，这有助于提升和刺激以市场为导向的部门的土地生产率。[3]在他们并非最好的持有地上，他们投入并不短缺的劳动力来代替不足的土地和资本，这对劳动生产率产生了不利影响，因为在如此少的时间里，他们有效而实际地配置的劳动力如此之少。[4]在劳动力回报微薄的地方，贫困便不可避免，而且正如早先假设的那样，与其说贫困源于剥削和专制的封建领主，不如说贫困是由资源匮乏和对土地分割实施有效的限制措施导致的。[5]

　　各地佃户的经济复苏有赖于家庭财产和土地，它们是福利和生计的双生资源。因此，向成年孩子提供土地是一个优先事项。实现这一点的一种方式是，通过蚕食性地垦殖荒地以建立新的持有地。运用均产继承是另一种做法。当有数个继承人存活之时，分割继承具有明显的细碎化后果。这种继承模式的决定性影响更为深刻，因为正常做法是给予每个继承人以相等的土地份额。[6]甚至长子继承制也可能导致再分，因为在没有儿子的情况下，所有的女儿都平等地继承土地。父母往往也会努力为原本没有财产继承权的孩子至少争取一些土地财产。为实现这一目的，一块耕地可能会被作为礼物，但更普遍的做法是，

184

[1]　1086年，根据《末日审判书》，13 600户自由农家庭持有地平均是16.7公顷，23 300索克农家庭和109 200户农奴家庭持有地平均为每户9.4公顷，88 800户边地农、茅舍农和科塞特家庭的持有地平均为每户1.3公顷：家庭户数记录来自Darby (1977), 89, 337；平均持有地面积见Seebohm (1883), 102–103。

[2]　一个可比的极度土地细碎化的例子，见Vanhaute (2011)。

[3]　Campbell and Overton (1993), 74, 97–99; Campbell (2000), 306–385.

[4]　关于剑桥郡奥金顿的小土地持有者的生产率，见Sapoznik(2013)。

[5]　这与Brenner (1976) and Brenner (1982) 的主张相反。

[6]　例如Baker (1964); Campbell (1980)。

幼子定居在小块持有地上，它分割自主持有地，或为此目的而承租或购买的土地。在诺福克的塞奇福德，"大量持有地的细碎化可以通过13世纪的法庭档案和土地调查册而追踪到，是因为佃户为了向无继承权的子女进行土地转让的结果"[1]。在一代更比一代人多的人口形势下，所有形式的继承制度的直接影响因此都是一种对家产和土地的进一步分割。然而，正如克利夫·贝卡尔和克莱德·里德（Cliff Bekar and Clyde Reed）强调的那样，就其本身而言，死后财产再分不会必然引起不平等：引发不平等的原因是当时流行的土地市场的运行。[2]

尽管土地市场可能被用于应对继承所造成的土地分割，以及对土地的独占，但在13世纪和14世纪初的英格兰，它们的直接影响是相反的。事实上，一旦小块土地从家庭持有地中分离，并永久性地转移到非亲属的手中，它再转移回来的希望非常渺茫。这种交易之所以能引起寻求生计的生产者的注意，是因为它有令人疑惑的双重优势，即当情况允许时可以获得额外的土地，当必要时又可以出售土地，使土地的价值变成资本。这样就可以降低歉收的风险。[3]为了进入市场，佃户主要利用借贷购买土地，并出售土地以偿还债务。这加重了歉收的影响，因为债务拖欠更可能发生在这个时候，许多债权人自己在危机年份也受到了不利影响，他们更可能在这些年份求助于诉讼。事实上，"资金短缺和债务追讨增加之间的一致性已经得到了很好的检验"[4]。坚持追讨债务的债权人因此很大程度上会逼迫债务人出售土地，以满足其获取现金来购买食品的需求。[5]

长远来看，正是这种反复出现的情况造成了持有地的持续损失，并使许多家庭陷入一种半无地的状态之中。这个过程的影响可以由东诺福克的赫文汉庄园和马瑟姆庄园的情况得到很好的说明。这两个庄

[1]　Williamson (1984), 100.

[2]　Bekar and Reed (2013), 298–301.

[3]　Bekar and Reed (2013), 300–301, 312.

[4]　Briggs (2009), 187.

[5]　Schofield (1997).

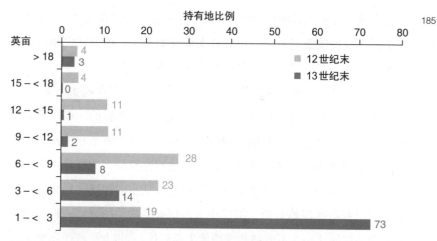

图3.14　诺福克的赫文汉庄园和马瑟姆庄园的持有地面积不断缩小的证据，12世纪末到13世纪末
资料来源：Campbell（1981），18-26

园分别属于诺里奇主教和诺里奇主教区小修院院长（见图3.14）。两个庄园的土地细碎化在11世纪末之前已经发展很快，那时记录中全部土地中的70%要小于9英亩（3.64公顷），典型的持有地面积是6—9英亩（2.43—3.64公顷）。一个世纪之后，典型的持有地面积已经下降到不足3英亩（1.21公顷），95%的佃户的持有地面积小于9英亩。毫无疑问，这些佃户中有许多人一定也从其他领主那里以其他租佃方式持有额外的土地，但也出于这个原因，他们经历了相似的土地损失过程，因此无法避免的事实是，大部分佃户家庭明显降至小土地持有者的地位。[1]这是带有报复性的土地细碎化，在接下来的半个世纪里，这种现象在两个庄园进一步发展，因为直到人口增长的趋势被逆转之前，这个过程一直包含着其自我延续的势头。[2]

一旦土地市场建立，每一次土地出售之后，都会减少一户家庭的

---

[1]　关于土地市场对格雷森豪和塞奇福德（诺福克郡）、雷德格雷夫和辛德克雷（萨福克郡）的持有地面积的破坏性影响，见 Williamson (1984); Smith (1984a); Smith (1996); Schofield (1997)。

[2]　在 1275/1300 年到 1349 年，临近的科尔蒂瑟尔（Coltishall）的持有地继续细碎化：Figure 3.17。

土地资源，并增加其面对歉收的风险，另一个也会跟随而至。[1]丰收显然提供了一些喘息的机会，但弥补损失就太难了，因为在灾年时的土地出售相对不利于卖家，丰年时的购买则不利于买主。灾年时的土地出售因此有利于那些经济上依然强势、能够以优惠条件购买土地的人，其成本是由那些不可避免地陷入更大困境的人来支付的。那些相对富裕的人能够使自己免于其他人遭受的不幸，并使无继承权的孩子安居在购买的土地上，正是这种能力保证了他们自身较高的生育水平。正如拉齐对伍斯特郡黑尔斯欧文的个案研究所证实的那样，社会流动性向下的过程由此开始有助于扩大小土地持有者阶层的规模，较差的物质生存条件使这些人不会如此成功地生养后代。[2]因此，一个不断变宽的鸿沟形成：一方是拥有足够的土地，即使在灾年时依然能够维持生活的家庭，这类家庭越来越少；另一方是不断增长的占多数的贫困家庭，对这些家庭而言，生存就是一种不断升级的斗争。实际上，在赫文汉和马瑟姆，这个过程进行得如此彻底，以至于大量持有地实际上消失了，几乎所有佃户都陷入了仅持有小块土地的处境（见图3.14）。这种极端情况得以形成的原因是，在人口增长和收获不稳定的情况下，无限制地耕作土地和信贷市场的流行，以及分割继承的惯例。

在赫文汉和马瑟姆，这些可怜的持有小块土地的维兰佃户是农奴，他们根据惯例而非契约持有土地，并享有其中的继承权。按照惯例，他们"出售"农奴土地的方式是，首先将土地返还到领主手中，然后领主将土地重新授予"买方"佃户，以换取过户费。[3]庄园法庭对这种交易的记录提供了所有权凭证。因此领主的许可对所有权的转让是至关重要的，其结果是，农奴土地市场因庄园、地产和区域，以及惯例和地产政策而差异很大。[4]在这方面，赫文汉和马瑟姆代表了一种极

---

[1]　Bekar and Reed (2013), 301, 308–310.

[2]　Razi (1980), 94–98. 也见 Britton (1977), 132–143。

[3]　Razi and Smith (1996a), 54–55.

[4]　Harvey (1984b); Page (2003).

端情况。现存的庄园法庭档案显示，活跃的农奴土地市场早已出现在这两个庄园上，它们的领主早就放弃了保持标准佃户份地完整性的尝试。[1]在两个案例中，交易的目标是单个1/4到1/2公顷的小块土地，而不是完整的份地，这反映出那些买卖土地的人拥有的资源很有限。[2]在人口稠密的诺福克的其他地区，一个个小块土地交易行为的记录同样遍布在所有当前可见到的庄园法庭案卷。

187

　　自由持有地也存在类似的市场，它们按照王国的普通法通过私人令状（其中数千份得以保存）进行着自由而活跃的交易。大英档案馆中保存的协议诉讼的文书附尾是最完整的包含这些财产交易的单类记录（见图3.18）。到14世纪初，虽然自由持有地在整个国家中的分布并不均匀，但几乎跟农奴持有地一样多。[3]自由持有地的获得和持有并不带有奴役的痕迹，其买卖也很少受到领主的干涉，因此，在一个土地逐渐不足的年代，自由持有地受到许多人的青睐。[4]自由持有地的地租较低而且固定，这是它另一个吸引人的地方，它们带来的地租负担明显要比农奴份地的惯例地租轻得多：1279年的百户区卷档中记录了9 827份自由持有地，它们的平均地租为10.23便士/公顷，相比之下，10 080份农奴份地的地租平均为17.54便士/公顷。[5]因此，自由持有地可以交易的便利性，及其普遍较低的地租意味着，它比农奴份地更易于细碎化。尽管百户区卷档记录了许多面积为16公顷甚至更大的自由持有地，但2/3的面积不足4公顷，60%低于2.5公顷。相比之下，它们分别是农奴份地的41%和36%。[6]

　　尽管公薄持有农通常要支付高得多的地租，并经常被视为专断和压迫性的领主统治的玩物，但事实上，自由佃户已经变成了新穷人。[7]

---

[1]　　Campbell (1980), 178–182.

[2]　　Campbell (1975), 71–79, 124–125, 280–282, 294–295.

[3]　　Campbell (2005), 24–44; Campbell and Bartley (2006), 253–265.

[4]　　参见 Smith (1984b); Harvey (1984b); Razi and Smith (1996b); Britnell (2003) 中的文章。

[5]　　Kanzaka (2002), 599.

[6]　　Kanzaka (2002), 599.

[7]　　Campbell (2005).

他们的持有地萎缩如此严重，以至于自给自足已经不是一种选择。相反，为了满足生计所需，他们被迫逐渐依赖市场，出租他们的劳动力，并生产高价值产品来出售，这样他们就可以购买低价值的产品用于消费。他们的经济只够维持生计。然而，市场力量却对他们越来越不利：成倍增加的渴望土地的贫困家庭数量抬高了土地价值，并且他们在一个逐渐供过于求的劳动力市场上竞争工作机会。[1]通过其他资源增加收入的机会越来越少，进一步降低了他们的生活水平，还加强了他们对于自己那块不怎么大的持有地的依赖程度。歉收沉重打击了他们，并引发被迫出售土地现象的进一步泛滥，以及进一步的土地细碎化（见图3.18）。[2]

到那时为止，极少的土地（其中大多是以前的领主自营地）是为契约持有，承租人的财产权利没有得到很好的界定和保护。非正式的短期转租可能很普遍，尽管大多不在现存档案的关注之列。[3]到13世纪末，大多数自由持有地和农奴份地的头租金早已经由惯例固定，因此远远低于当时土地的地租价值，百户区卷档中的记录证明了这一点：1/10的农奴和半数的自由佃户，他们支付的地租不足5便士/公顷。[4]很低的固定租金、上涨的物价和地价是寻租的理想条件，因为由于土地再分和转租土地，那些支付这些次级市场租金的人能够将完整的高额租金据为己有。这样做对许多自由持有农最有利。1279—1280年记载的最低头租金属于自由持有地，其中大量被乡绅、神职人员、工匠和商人获得，他们并不亲自耕作，而是充当"中间人"，他们无疑将土地按数年的期限零星转租，以换取租金收益。[5]例如，在格洛斯特郡毕晓普斯克里夫，21个分租佃户从一个自由佃户那里持有土地。[6]当能够逃避惩罚之时，大量农奴佃户也不会对转租的好处无动于衷，尤其是到14世纪初，他们也经常向他们的标准份地农支付分租的租金。在百户

---

[1] Langdon and Claridge (2014).
[2] Davies and Kissock (2004).
[3] Campbell (2005), 45–60.
[4] Kanzaka (2002), 599.
[5] Kanzaka (2002); Barg (1991).
[6] Dyer (1989), 120.

区卷档记录的庄园上，维兰佃户支付的租金总是低于最近商业性出租自由持有地和契约持有地所收取的租金。[1]转租也为他们提供了一种招募农场仆人并向其支付报酬的手段。到1315年，可能至少有25万个贫困家庭勉强维持着一种悲惨而无名的状态，即身为他人的佃户和依附雇工。

到13世纪末，这些互相联系的分割、再分、零星出售和转租过程已经造成一种重心过低的土地持有结构，这体现在图3.10中。[2]歉收是这种过程的一个关键诱因，因为正是为了缓解歉收的影响，许多小生产者才首先选择进入土地市场，也正是受其影响，如此多的人才会不幸地被迫出售土地。这种危机引起的土地出售可能已经使这些小土地持有家庭从歉收中活了下来，但他们付出的经济代价很高，许多人不得不舍弃一部分甚至全部生计来源。[3]正如贝卡尔和里德指出的那样，社会中大量的生存危机因此转移到这些家庭头上，当歉收到来之时，它们的成员也因此遭受最严重的损失。[4]令人担心的是，一个庞大的、经济脆弱的社会经济群体出现，而此时正值长期盛行的大气环流模式变得不稳定，极端天气事件的频率增加。[5]1300年之后，尽管人口增长速度下降，但歉收打击的严重程度和频率却为土地细碎化过程提供了新的动力，并让那些持有地已经趋于细碎化的个人和家庭成为牺牲品。一个棘手的结构性贫困问题已经形成，它让人看不到任何收入不平等减轻、农业劳动生产率改善或大众对非农产品和服务需求复苏的前景。

对最贫困的家庭而言，谷物做成的粥、面包和麦酒提供了每日80%以上的能量。[6]每年的剩余很少。因此，他们对每年的收获量有一种绝对的依赖，在饥荒的年岁和次年收获之前的数月里，物价基本是

189

---

[1]　Kanzaka (2002), 599, 610–612.

[2]　Bekar and Reed (2013, 312) 将土地细碎化归因于继承惯例、土地市场、大持有者家庭的相对规模、收获危机、储蓄的程度对多种变量的相互影响。

[3]　Campbell (1984).

[4]　Bekar and Reed (2013), 310–312.

[5]　Below, Section 3.02.

[6]　Broadberry and others (2015), 289.

上涨的，短缺也在攀升。作为应对歉收的一种措施，大多数农夫混播冬春作物。这使轮播更有意义，经验也证明，要想两种谷物的产量都受到同样影响，生长和收获的条件必须特别好或特别坏才行。[1]单独来看，小麦、大麦和燕麦总是定期出现收成不好的情况：1270—1349年，大约每6年，每一类谷物的收成就要低于平均水平20%（见表3.2）。[2]低于平均水平30%及以上的更严重歉收可能大约每十几年就要出现。尽管如此，所有谷物同时歉收并不经常出现。1280—1314年、1277—1278年和1288年的丰收相当显眼，但仅1294年和1304年出现了全面的歉收（见图3.15）。

191   事实上，这个关键时期最明显的特征是不同作物的收获之间的关联较弱，包括春播大麦和燕麦，这令人意外（见表3.2）。甚至，当13世纪90年代出现了长期的歉收时，四成的小麦和燕麦收成、不少于七成的大麦收成都至少低于平均水平的10%，但几乎不可思议的是，1294年是唯一一年，所有三种作物的产出都严重不足（见图3.15）。在这个特别困难的十年中，每隔一年，通过种植混合作物很明显分摊了危机，并帮助缓解了盛行的恶劣天气条件所造成的最不利影响。尽管如此，1315—1340年，这种策略被证明远未奏效，因为半球的大气环流模式及其关联的天气条件发生了极为深刻的改变。[3]

3.01.3e 1315—1322年农业危机的影响及其后果

在长期的收成年表中，1315年标志着一个特别的20年时段的开始，在这个时段内，歉收频发，小麦、大麦和燕麦产量的同比方差呈现出明显的同步性，一起丰收，或一起歉收（见图3.15和表3.2）。播种混合作物以防歉收的保险策略不再奏效，生产者发现环境因素对他们不

---

[1] Campbell and Ó Gráda (2011).
[2] Hoskins (1964, 29–30）根据谷物价格的证据计算，每6年就会出现一次真正的歉收，同时引自伊丽莎白时期的约翰·海尔斯博士（Dr John Hales）的判断，即7年之中会有一年是歉收。
[3] Below, Section 3.02.

表3.2 英格兰的种子净产出率，1280—1340年：歉收频率、方差比例和关联系数

歉收幅度	歉收次数（N=80）			
	小麦（W）	大麦（B）	燕麦（O）	W（BO）
≥10%	24	24	23	21
≥20%	12	14	13	8
≥30%	6	9	5	3
≥40%	3	1	0	2
年份	方差%			
	小麦（W）	大麦（B）	燕麦（O）	W（BO）
1280 - 1314	12.9	14.3	17.4	9.3
1315 - 1340	26.1	21.8	15.9	19.6
	关联系数		
	小麦：大麦	小麦：燕麦	大麦：燕麦
1280 - 1314	+ 0.13	+ 0.04	+ 0.13
1315 - 1333	+ 0.69	+ 0.55	+ 0.83
1315 - 1340	+ 0.58	+ 0.35	+ 0.70

注释：W（BO）指的是主要冬春作物的平均产出（W×0.5）+［（B+O）×0.25）］

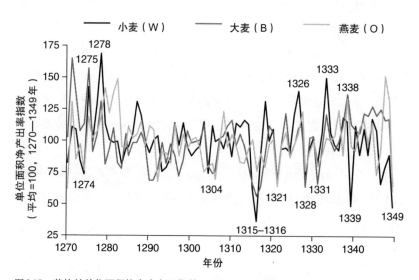

图3.15 英格兰单位面积粮食净产量指数，1270—1349年
资料来源：Campbell（2007）

利。在15年的时间里，这三种主要作物出现了五次严重的歉收，分别是在1316年、1321年、1324年、1328年和1331年（见图3.15）。同时，差异性的增加意味着，生产者要面对更大的不确定性（见表3.2）。尽管燕麦（最耐寒的作物）的产量并没有出现明显的方差变化，但大麦的产量方差增长了50%，小麦的产量方差则翻了一番。当时冬春作物的产量相互紧紧追赶，而且每年都差别很大。在最糟糕的年份，歉收的程度也比时人记忆中的任何一次都大，在1315年、1316年、1321年和1328年，净歉收量超过25%。自1256—1257年连续两次出现歉收以来，还从没有出现过如此规模的歉收。[1]1316年的歉收是两次被持续降雨破坏的收成中的第二次，完全是一场灾难：燕麦、大麦和小麦（主要的面包作物）的产量分别比平均水平低25%、40%和60%。

这次受天气影响的主要食品作物产量出现崩溃之时，正值两个世纪的人口增长和收入不平等攀升的顶峰，其糟糕程度无与伦比，尤其是还受到与之相关联的羊疥癣的暴发（图3.4）、苏格兰人对英格兰北部边境的不断侵扰和1319—1320年出现的严重牛瘟造成的进一步破坏。[2]如此规模的连续歉收是250年一遇的事件，尽管全球气候变化的背景表明，1315—1316年歉收意味着它只是一次随机出现的统计异常。[3]农业产量和工作机会都在急剧萎缩，种子谷物变得稀缺而昂贵。国民收入减少，食品价格攀升，建筑和农业雇工的日实际工资率下降到历史最低（见图3.6和图3.9）。如此多的家庭在经济上的脆弱性使这个时期成为真正的饥馑之年，贫困、营养不良和疾病的三重惩罚造成了明显过高的死亡率。[4]

1315—1316年的饥荒也不是一次短暂事件。随后出现于1321年、1324年、1328年和1331年（见图3.15）的歉收慢慢破坏了许多有正常

---

[1] Campbell (2013a).
[2] 对这个时段的详细考察见 Campbell (2010a), 287–293。
[3] Campbell and Ó Gráda (2011), 865–870.
[4] Postan and Titow (1959); Campbell (2010a), 291–292.

偿付能力的家庭的预算，并使这些家庭缺吃少穿，不能够满足生存所需和借贷负担。这种困难空前地波及了社会-经济的上层，其结果是，更多的家庭不得不求助于通过出售土地来维持生活。在位于人口密集的东诺福克的科尔蒂瑟尔的哈克福德庄园中，正常稳定的小额交易的涓涓细流变成了洪灾，幅度和持续时间都非13世纪90年代规模较小的歉收和战争引起的经济衰退之后的任何土地交易所能比（见图3.16）。[1] 当下的形势已容不下半点儿感情，因为那些有需要的人都在尽力从任何想买地的人手中索取最高的价格。[2] 大多数交易发生在非亲属之间，而且通常涉及的是可怜的小块土地，这是因为卖家试图让自己的损失最小化，因此很少有买主有钱购买大块土地。[3]

危机出售浪潮牵扯成百上千人，它持续至1333年的丰收，而此后高于平均水平的连年丰收，给这次危机画上了句号（见图3.16）。第一波出售土地的浪潮出现于1315年和1316年的饥馑岁月之后，第二次伴随着1319年毁灭性的牛瘟出现，第三次由1321年的灾难性歉收引起，第四次则是因为1328年和1331年的收成不好。每一次连续的歉收冲击及其后续的价格上涨都会引起一阵不成比例的更大的土地出售潮流，这个庄园上的许多小土地持有者的经济命运慢慢恶化。[4] 但是，为了应对不平等，也部分地因为那些孤注一掷的求生措施的有效性，这个庄园的佃户人口实际上在1348年黑死病暴发前夕比大饥荒前夕的一代人增多了。[5] 事实上，在14世纪30年代中期意外出现的丰收期间，土地市场比之前任何时候都要活跃，因为许多人不顾一切地尝试挽回他们早先的损失。在这次对早先危机形势逆转的短时期内，买家的数量因此超过了卖家。[6]

193

如此多的小块土地交易发生在如此短的时间里不可避免地导致又

[1]　Campbell (1984).
[2]　Schofield (2008).
[3]　Campbell (1984), 107–115.
[4]　Campbell (1984), 118–119.
[5]　Campbell (1984), 95–101.
[6]　Campbell (1984), 111, 115–117.

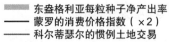

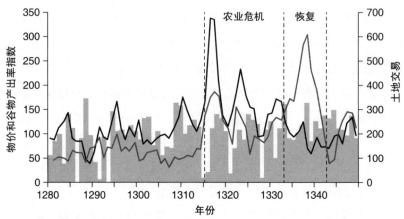

图 3.16　科尔蒂瑟尔的哈克福德庄园惯例土地交易的数量，诺福克郡，1280—1349 年
注释：价格指数×2；东盎格利亚产出指数（小麦×3+大麦×0.6+燕麦×0.1）×1.5；土地交易数量进行 3 年滑动平均处理
资料来源：Munro（no date）；Campbell（1984），131−132；Campbell（2007）

一轮集中的土地细碎化。那些在 1349 年黑死病中死去的科尔蒂瑟尔佃户的持有地，平均而言，仅仅是他们的先辈在 13 世纪最后 25 年持有地面积的一半。这主要是因为农业危机加剧了灾年的土地出售，曾经持有至少 3.25 公顷的少数特权佃户消失了，而持有地面积在 0.75 公顷及以下的佃户的比例增长了 50% 以上（见图 3.17）。事实上，持有地的细碎化如此严重，以至于很难想象，它是如何能够进一步发展的。少数有进取心的个人占据土地的努力并非无人知晓，但在他们死后便不再持续。经济大势不利于这样做。随着持有地面积进一步萎缩，土地也被分割和裁剪，以向市场提供参与者当时交易的小块土地。耕地因此逐渐像持有地那样细碎化，这对提高投入其中的劳动力的效率和生产力而言没有什么用处。[1]

　　1315—1322 年危机引起的土地出售大潮在其他地方得到重演，其

---

[1]　Campbell（1980）；Campbell（1981）.

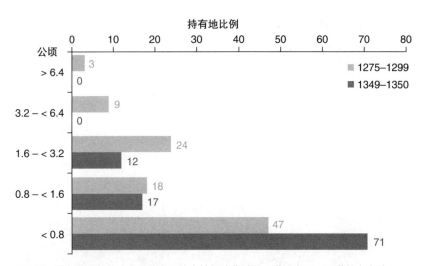

图3.17　科尔蒂瑟尔的哈克福德庄园的土地细碎化过程，诺福克郡，14世纪上半叶
资料来源：Campbell（1984），105

结果也极为相似。在13世纪90年代的生存危机期间，萨福克的辛德克雷（Hinderclay）和雷德格雷夫（Redgrave）庄园早已经历过灾年土地出售浪潮，但与它们对大饥荒做出的反应相比黯然失色。在1310—1316年的危机高潮期间，雷德格雷夫的土地销售额增长了2.5倍，在辛德克雷则是5倍；在诺福克的辛多尔维斯顿（Hindolveston）庄园上，土地市场活跃度增长了三倍，而温彻斯特庄园的非亲属间土地转让翻了一番。[1]在1319年和1320年的短暂停歇之后，生计问题在1321年再次出现，这一问题在1322年和1323年的辛德克雷和辛多尔维斯顿庄园上掀起了新的被迫出售土地的潮流。　　　　　　　　　　　　　195

　　从一个相当大的程度上来说，英格兰中部和南部九郡无数协议诉讼的文书附尾记录显示出来的自由持有地市场的时间表与那些东盎格利亚的庄园惯例持有地市场的情况类似（见图3.18）。自由持有地市场　　196
的活动没有迹象表明13世纪90年代会出现严重危机，但大饥荒期间，

[1]　　Smith (1984a), 154–155; Schofield (2008), 46; Hudson (1921), 202–203; Page (2001).

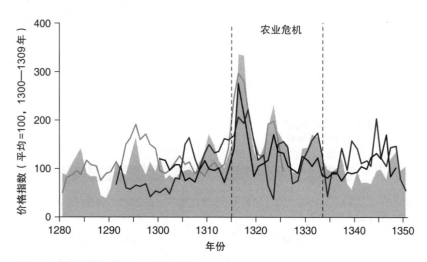

图3.18　英格兰的物价、土地交易和犯罪，1280—1349年

注释：惯例持有地交易指数来自以下庄园的年表中：诺福克的科尔蒂瑟尔（1280—1325年）和辛多尔维斯顿（1309—1326年）、萨福克的辛德克雷（1288—1322年）和雷德格雷夫（1280—1319年）；自由持有地交易指数来自伯克、埃塞克斯、格洛斯特、赫特福德、什罗普、萨默塞特、萨里、沃里克和威尔特等郡的协议诉讼的文书附尾记录

资料来源：价格：Munro（no date）。惯例土地交易：Campbell（1984），131-133；Hudson（1921），202-203；Schofield（2008），由作者提供的数据补充支持；Smith（1984a），154-155。自由持有地交易：Davies and Kissock（2004），220，225，玛格利特·耶茨博士（Dr Margaret Yates）热心地提供了伯克郡和埃塞克斯郡的数据。犯罪情况：Hanawalt（1979），278-280

这些危机的严重性毋庸置疑，当时土地转让数量翻倍，达到了黑死病之前的最高水平（见图3.18）。由于1322年的男爵战争暂时停止了自由持有地的转让，1321年的收获危机并未在这个困难指数上显示出来，但后来明显地出现于1324年、1328年和1331年的歉收中，并传达出一种清晰的印象，即相当广泛的区域都感受到了这些冲击后遗症的严重度。[1]贝卡尔和里德已经证实，由于中世纪土地市场的直接影响是推动

---

[1]　关于同期发生的苏格兰对广大英格兰北部地区的侵扰的影响，见 McNamee (1997), 72–122; Dodds (2007), 55–64; Campbell (2010a), 290–291。

了土地细碎化和土地持有上的更大不平等，因此，在如此长的时间内出现了如此多的被迫出售土地的行为，其后果是将更多的家庭降低到小土地持有者或转租农的地位上。[1]这个悲惨的阶层可能承受了饥荒高死亡率的冲击，但它又不断地因社会上层变穷而获得补充。[2]结果，14世纪40年代乡村的贫困问题明显比1290年更加尖锐、更加普遍。

在危机期间，受害最深的那些人丧失了赖以维持生计的土地，而陷入无地者的境地。由于工作机会不多，加上财产所有权赋予的经济权力的丧失，许多人难以通过合法途径生存，转而走上犯罪道路。[3]在损失最严重之时，原本遵纪守法的人求助于不法行为的现象如此普遍，以至于造成社会秩序的全面崩溃。[4]领主和国王法庭业务不断，清监提审案卷则充斥着刑事案件，大多涉及偷盗财产，它们的日期与惯例和自由持有地市场活跃度及重要生活品价格的变化紧密相连（见图3.18）。毫无疑问，这些犯罪中的大部分都是因急切的需求而起，就像大多数土地转让契约的订立一样。经济上被边缘化的家庭数量不断增加，这些家庭的生活更加不稳定。这些就是许多人到城市寻找工作或救济的推动因素。[5]

尽管如此，这是一阵让所有人都不怎么舒服的"妖风"。那些能够维持经济实力的人因物资稀缺推高的物价、供过于求的劳动力市场和充裕的可购买的土地而受益。这些人包括粮贩和其他食品商，购买农村土地供出租的市民，因自营地生产的产品价格高昂以及庄园法庭因过户费攀升而收入增加的领主，敛取什一税的教会土地的所有者、堂区长和修道院，以及拥有足够土地、资本和良好信誉而得以善其身的富裕佃户。最后一类人包括许多维兰，他们占据着不可分的标准份地，

[1]　Bekar and Reed (2013).
[2]　Longden (1959), 413–414.
[3]　On entitlements see Sen (1981).
[4]　关于诺福克的情况，见 Hanawalt (1976, 14–15)。尽管相对平和，走向犯罪之路的现象在约克、埃塞克斯、北安普敦和萨默塞特也很常见：Hanawalt (1979), 241–249。
[5]　关于乡村人口向诺里奇的流动及其导致的人口拥挤，见 Rutledge (1995) and Rutledge (2004)。

而这些份地的租金是按照习惯以低于当时的经济水平来固定的。[1]他们几乎不愿意与那些比自己经济状况差的人互换地位，他们正是从这些人手里购买土地使自己没有继承权的孩子安家落户。[2]他们的物质保障使他们能够比自己的穷邻居保持更高的人口生育率，并保证不会出现人口压力明显减轻的迹象。

在萨默塞特和多塞特的格拉斯顿伯里修道院的庄园里，修道院反对农奴持有地被分割或转租，这使许多年轻的成年人成为仆人，直到继承、获得馈赠或婚姻才会得到土地。[3]在温彻斯特主教位于唐顿的大庄园复合体中，完整继承已故丈夫土地的寡妇不乏求婚者。在那里，对于供给有限的固定标准份地的竞争提高了主教的要员可以收取的过户费的水平。[4]只有拥有可观资源的公薄持有农才付得起这些高涨的罚金。事实上，拉姆西修道院疯狂地向标准农奴持有地征收高额过户费，就是为了防止资本和信用不足的佃户试图占据这些土地，而且修道院并不乏合适的候选人可供选择。[5]他们是法庭档案中最显眼的出席人，是这些庄园重建的基础，更令人印象深刻的是，他们成功地从经济低迷和那些气候不佳年月的压力下存活了下来。[6]在拉姆西修道院庄园和黑尔斯欧文修道院庞大而包含多座别墅的黑尔斯欧文庄园上，正是这个富裕农奴阶级的人口和经济适应力使庄园人口从大饥荒及其影响的困境中恢复过来。[7]尽管如此，从全国范围看，重心过低的社会经济结构仍在持续，在此背景下，初级生产在经济上仍然占据主导地位。

198　　极度的土地细碎化绝不仅限于英格兰。它也以某种方式流行于所有人口稠密的地区，只要那里没有严格执行对租佃的控制，而且生产要素市场与人口增长一同发生作用。[8]但是，在欧洲，很少有地区能像

---

[1]　Hatcher (1981); Kanzaka (2002).
[2]　Schofield (2008); Razi (1980), 94–98; Raftis (1996), 19, 31–33.
[3]　Fox (1996), 535–536.
[4]　Titow (1962b), 4–6.
[5]　Raftis (1997), 11–46.
[6]　例如，DeWindt (1972); Raftis (1974); Britton (1977)。
[7]　Razi (1980), 30–98.
[8]　关于诺曼底的情况，见 Bois (1984), 287。

英格兰那样生动地展示土地极度细碎化产生和持续的过程。[1]歉收在推动土地细碎化方面发挥了关键作用，它开启了灾年土地出售的闸门，如此一来，每一次危机都为下一次创造了前提条件。这些也是14世纪上半叶欧洲范围内流行的现象，它紧随着既定大气环流模式不稳定和极端天气事件发生频率而增加。因此，气候条件的自动变化是这种剧情发展的重要一幕。这种诸过程同时发生作用的现象意味着，越来越多的家庭在经济上的生存变得越来越不稳定。

3.02　气候不稳定性的加剧

3.02.1　气候强迫与大气循环模式的变化

到13世纪60年代，中世纪极大期正在走向结束，因为太阳进入了一个沉寂的阶段，出现于1269年、1276年和1286年的一系列重大火山爆发，包括指数6级的厄瓜多尔奎洛托亚火山爆发，使地球蒙上了一层火山灰，由此进一步减少了渗入大气层的太阳能的体量。[2]到13世纪最后10年，据估计，太阳黑子活动实际上停止了，所谓的沃尔夫极小期已经开始（见图2.7A和图2.8）。[3]缓慢但不可避免地，全球和北半球气温开始再次呈现出下降趋势（见图2.1），而且，与此同时，全球大气环流模式开始偏离13世纪40年代和50年代达到发展顶峰的模式。随着气温下降，海洋变冷，随之改变的是海面温度、温跃层、大气循环、降水水平和频率，及其他许多条件。约1260年以后，厄尔尼诺-南方涛动、亚洲季风和北大西洋涛动都减弱了，这对全球天气模式具有深远影响。这种钟摆式的气候波动在之前曾发生过，但从未在数个世纪

---

[1]　Bekar and Reed (2013).

[2]　Gao and others (2008); Salzer and Highes (2007), 62–63; Frank Ludlow, 私人交流。

[3]　Rogozo and others (2001); Solanki and others (2005).

的时间里向相反方向偏离这么远。确实，它们可能已经摆出了那个可以返回的点。在一些主要地区，变化是突然的，且幅度很大，按照人类的发展历程，可以说是空前的。经由远距离遥相关，一个地区的气候变化有时会波及离其原点很远的地方。今天，太平洋上较大的拉尼娜和厄尔尼诺现象可以为全世界所感知，其表现是正常天气模式的突然中断。[1]尽管如此，在这种情况下，之前的状态再也没出现过，而且古气候学家并不怀疑，当时正发生着一次较大的全球气候系统重组，尽管关于那次重组的性质和原因，还有许多问题并不清楚。[2]

在南美洲太平洋沿岸的大陆架上，13世纪最后25年，沉积率急剧上升，这表明，拉尼娜引起的长达数个世纪的干旱最终结束（见图2.2B）。[3]在北美洲，受干旱影响的区域也在缩小，而且再也没有像之前那样广阔（见图2.2A）。相比之下，在整个亚洲，季风的力量开始变弱（见图2.7B），这在13世纪70年代引起了近一个多世纪以来第一次由大干旱导致的歉收。稍后，阿拉伯海的纹泥层厚度的急剧变窄表明，降水和径流已经减少到了10世纪末以来从未经历过的水平上（见图2.3A）。[4]印度洋和大西洋的海洋-大气相互作用由远距离遥相关联系起来，在13世纪70年代和80年代，变化的第一批迹象也开始在北大西洋出现，时值一系列高幅度海洋表面冷却事件发生，它们以不同持续时间和量级在接下来的数百年里持续（见图3.19A和图3.19B）。[5]

对以大米为基础的东南亚和南亚农业文明来说，季风雨的突然减少造成的影响尤其严重。[6]在中国南方，约1285—1304年，董哥洞的洞穴次生化学沉积物记录显示特别干燥，其中，1287—1288年最甚（见图2.4B）。在印度的丹达克洞的洞穴次生化学沉积物记录中，约1285—

---

[1] 2010—2011年拉尼娜现象的全球影响已经被广泛报道和评论。关于厄尔尼诺现象，见Grove (1998)；Grove and Chappell (2000)。

[2] Seager and others (2007)；Graham and others (2010)；Sinha and others (2011)。

[3] 约1300年的米拉弗洛雷斯洪水（Miraflores flood）彻底结束了干旱：Magilligan and Goldstein (2001)；Mohtadi and others (2007), 1062–1063。

[4] Rad and others (1999)。

[5] Graham and others (2010), 18–20。

[6] Sinha and others (2011)。

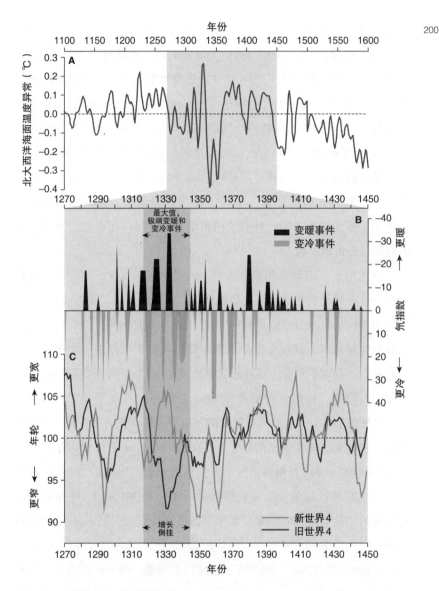

图3.19A 重建的北大西洋海面温度，1100—1599年

图3.19B 根据格陵兰岛冰层中的氚含量重建的北大西洋海面温度，1270—1450年

图3.19C 旧世界和新世界树木的平均年轮宽度，1270—1450年

资料来源：Mann and others（2009）；根据Dawson and others（2007）的数据重绘，Figure 3B；树木年代学数据由M. G. L. Baillie提供。旧世界的树木年轮年表来自多个独立的地点，有极地乌拉尔（松树）、芬诺斯坎迪亚（松树）、温和的欧洲（橡树）和爱琴海（橡树、松树和杜松）；新世界的树木年轮年表来自北美洲（狐尾松）、南美洲（智利柏）、新西兰（雪松）、塔斯马尼亚岛（水松）的等效年表。两类年表都进行5年滑动平均处理

1298年左右也是特别干燥的年份，也是至少200年内最糟糕的时期，约1287年（紧随约1286年的火山大爆发）再一次成为记录中自890年以来最干旱的一年（见图2.3B）。[1]随后发生的是歉收、食物短缺和饥馑。[2]整体来看，可用的代用指标显示，在整个南亚，13世纪80年代是自11世纪40年代和奥尔特极小期以来最干旱的十年（见图2.7B）。也许约1276年和1286年热带火山爆发造成的短期气候强迫是部分原因，但沃尔夫极小期的冷却效应可能也已经开始发酵，随着太阳黑子活动减弱（见图2.7A和图2.7B），这加速了气温的降低，使既定的海洋-大气相互关系变得不稳定，抑制了树木生长，并破坏了收获，不论那里的农民是否依赖季风。

　　13世纪末，旧世界和新世界树木的平均年轮宽度急剧变窄，这是环境条件突然改变并很可能变得更糟的一个明确信号（见图3.19）。按照树木年代学家M. G. L.贝利的看法，"这次短期的条件恶化可能已经影响到大量树木，这在全世界树木年轮年表的宏大网络中清晰地反映了出来"。[3]在西伯利亚，落叶松的年轮宽度在1283—1302年明显变窄，在这个时段内，1287—1289年、1293年和1302年是明显生长最少的年份（见图3.30）。[4]在蒙古落叶松的年表中，最严重的生长衰减发生在1291—1307年，其中最窄的年轮出现在1295—1296年和1299年。[5]4—6月降水的减少和7月更低的气温可能是其原因。[6]同样，1293年是中国西藏东北部杜松年表中年轮较窄的一年（见图3.30）。按照中国福建柏树的年轮宽度推断的柬埔寨干旱强度指数证实，1291—1292年和1295—1296年是降水量特别少的年份。[7]

　　在英格兰，1292年和1293年显然特别潮湿，因为橡树的年轮变宽

[1]　Salzer and Hughes (2007), 62–63; Frank Ludlow, 私人交流。
[2]　Sinha and others (2007).
[3]　Baillie (2006), 135.
[4]　数据由 M. G. L. Baillie 提供。
[5]　Jacoby and others (no date); Figure 3.30.
[6]　Velisevich and Kozlov (2006).
[7]　Yang and others (2014); Buckley and others (2010).

了，这与当时流行的消极趋势相反。[1]这些年的谷物收获也严重不足，以至于到1294年，这个国家出现了一次较大的生存危机，这是自1258年以来最糟糕的一次。[2]有趣的是，1292—1295年也很引人注目，因为当时格陵兰岛冰层中的氨和硝酸盐的浓度上升，这是太空碎片进入地球的标志性特征，而这符合时人关于流星的记载，从东方的中国和俄罗斯到西方的英格兰和爱尔兰，编年史学家对这种现象都有所提及。[3]根据这个证据，贝利推测，此时的地球可能遭到了某种来自外太空的撞击，而且正是因为这次特别的大气负载，环境恶化才在这些年中如此明显。13世纪90年代是恶化即将发生的先兆，它标志着一个天气条件更加极端、更加不稳定时期的到来。

3.02.2　年度差异增长的证据

在欧洲，关于格陵兰岛、斯堪的纳维亚半岛北部、中欧、瑞士高山地区和斯洛伐克（来自冰芯和树木年轮数据）重建的年度温度系列数据在14世纪第二个25年都显示出逐年增加的变化，并在14世纪中期上升到一个剧烈变动时期（见图3.20）。这个趋势在曼恩根据一系列代用指标重建的北半球温度系列数据中更加明显，只是，区别在于，方差峰值出现在那个世纪之末。所有六种温度数据系列同时出现方差上升几乎是独一无二的，接下来的那个世纪的第二个25年普遍存在的方差同步下降也是一样。

在西伯利亚，落叶松每年的年轮宽度方差为这些变化提供了一种有趣的长期视角。在过去的2 000年里，落叶松年轮宽度的方差以

---

[1]　数据由 M. G. L. Baillie 提供。

[2]　在1289—1294年连续六年间，每粒谷物种子的产量都低于平均水平，在1290—1291年和1293—1294年更为明显。最糟糕的是1293年，产量低于平均水平25%。这种程度的歉收史无前例：Campbell (2007)。到1294年，粮价上涨了40%，到1295年上涨超过50%；计算自 Farmer (1988)，790。这些天气导致的歉收和物价上涨的负面经济影响更加复杂，因为加斯科涅和苏格兰缴纳给爱德华一世的军事税收突然增加：Ormrod (1991); Schofield (1997)。时人对这些困境的论述见 Britton (1937), 127–129。

[3]　Baillie (2006), 135–141.

203

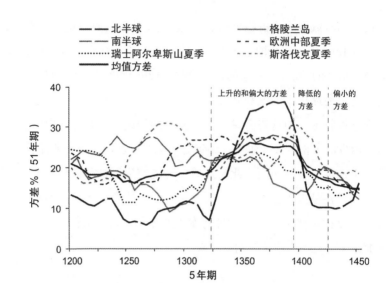

图 3.20　温度方差：北半球、格陵兰岛、斯堪的纳维亚半岛北部、欧洲中部、瑞士阿尔卑斯山和斯洛伐克（51 年为期，绘出最后一年），1200—1450 年

资料来源：北半球，Mann and others（2008）；格陵兰岛，Kobashi and others（2010）；斯堪的纳维亚半岛北部，Grudd（2008 and 2010）；欧洲中部和阿尔卑斯山，Büntgen and others（2011）；斯洛伐克，Büntgen and others（2013）

300—400 年为间隔，出现了四次高峰：分别在 3 世纪 50 年代、6 世纪 50/80 年代、10 世纪 80 年代，最后也是最重要的一次在 14 世纪 30 年代（见图 3.21）。在西伯利亚，这种代用指标的证据显示，1290—1340 年是过去 2 000 年中最不稳定的 50 年。这种不稳定性愈发明显，是因为落叶松生长的方差随后在 15 世纪中叶急剧减少到当时的最小值，从那以后，一直远低于 14 世纪初的峰值水平。

在不列颠，同时发生的苏格兰洞穴次生化学沉积物带宽、橡树年轮宽度和英格兰南部谷物产量（每一种都提供了不同且完全独立的由天气决定的生长条件指数）的年度方差进一步对这种时间表做出了说明，在 14 世纪初，上述三种数据系列的方差都很小，发展到 14 世纪中叶，方差变大，然后在 14 世纪 70—90 年代降低到新的最低水平。[1]

———————

[1]　Below, Figure 4.4.

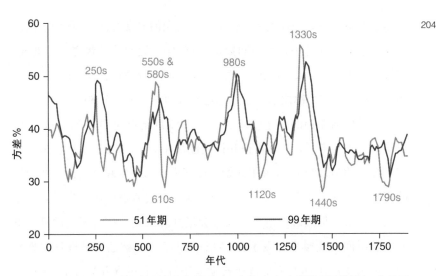

图3.21 西伯利亚落叶松年轮宽度的方差（以51年和99年为期做平滑曲线），公元元年—1900年

资料来源：根据 M. G. L. Baillie 提供的数据计算

此时，在欧洲西北部的大西洋边缘，天气看起来已经在14世纪上半叶逐渐多变，这可能对那些人口已经对稀缺的农业资源造成巨大压力的社会造成严重后果。它证明了北大西洋涛动的稳定性发生了深刻变化，在那之前，北大西洋涛动一直保持着持续高水平的冬季降水量和相对稳定的洞穴次生化学沉积物增长率。[1]随着冬季西风减弱并向南偏移，欧洲南部和北非的降水量增加，而极地高压的侵入为欧洲北部带来了严寒和干燥的天气，它先是出现在1321年，然后在1330—1348年更为持久地出现。

北大西洋海面温度的波动是造成苏格兰和欧洲西北部其他大部分地区天气条件变化的一个主要因素。最近由曼恩等人重建的数据显示，约1275—1375年，北大西洋海面的平均温度呈现出很大的不持续性，从冷到暖的摆幅比之前和以后都要大得多（见图3.19A）。道森等人对

[1] Above, Figure 2.5A; Trouet and others (2009a and b).

海面温度所做的另一种重建验证了这个时期的非常特征。[1]他们运用保存在格陵兰岛冰芯中每年不同数量的氚-10（氢的同位素之一，重氢）来推断北大西洋表面的温度，而含氚的风在到达格陵兰岛并将其化学印记留在积雪和积冰之前，已经掠过北大西洋（见图 3.19B）。

205

　　一系列强振幅的大洋冷却事件始于 13 世纪 80 年代，然后从 14 世纪第一个十年末开始，其规模和持续性都在增长，直到 14 世纪 80 年代初。惊人的是，约从 1300 年开始，冷却事件与幅度和持续性不断增加的变暖事件交替出现。虽然寒冷的大西洋表层海水往往会降低欧洲北部的降水量，但温暖的地表水通常会增加降水量，有时还会过量。第一次长时间的变暖事件发生在 1315—1318 年，被证明是极具灾难性的，因为这次事件似乎是造成长期夏季降水和风暴并导致 1315 年和 1316 年粮食歉收的罪魁祸首，还降低了 1317 年的收获量，由此造成了欧洲大饥荒。[2]海面温度在冷暖之间的交替在约 1315—1345 年最为显著（见图 3.19B），因此，降水量要么太少，要么过量，正如苏格兰的柯诺克南乌安洞洞穴次生化学沉积物带宽的高度可变性显示的那样。这就解释了为什么这个时期的橡树生长和谷物收获每年都有很大差别，因为持续的夏季降水有助于橡树的快速生长，却不利于谷物的生长。[3]此后，这些变暖事件趋向减少，但强振幅的变冷事件仍在持续，而且，在 14 世纪 50 年代和 60 年代，它们出现的频率实际上还在增加，直到从 80 年代开始，它们才减少并最终消失（见图 3.19A 和图 3.19B）。

　　北大西洋海面温度最摇摆不定的这个时期在环境方面也有特殊性：旧世界和新世界的树木年轮宽度之间通常是同步的关系变得不再同步，因为两个半球的树木对当时流行的环境条件的反应是相反的（见图 3.19C）。首先，约 1314—1322 年，旧世界的树木生长更快，然后，约

---

[1]　Dawson and others (2007).

[2]　Dawson and others (2007), 428–430, 431; Kershaw (1976); Jordan (1996).

[3]　Below, Figure 4.4.

1322—1342年，新世界的树木表现出更快的生长。[1]旧世界和新世界的
树木生长之间原本正相关的关系如此突然且彻底地被颠倒，这意味着
某些特别的事情在全球范围内发生。[2]北大西洋海面温度的奇怪波动似
乎已经构成这个时段的一个组成部分，该时段开始之时，正值大西洋
表层海水异常温暖，致使最潮湿的天气持续不断，欧洲农业生产者曾
不得不与之抗争，其结尾则是一个更长时间的海洋变冷，而这是四次
毁灭性瘟疫暴发的前奏。[3]

206

　　在这个时期，北大西洋和更广大地区都明显变得更加寒冷。根据
包含在每年冰层里的气泡中的氮和氩同位素来估算，到1300年左右，
格陵兰岛中部的温度平均要比1100年左右低1℃。[4]此后，三次连续的
集中变冷事件的发生，使它们进一步降低了0.5—1.5℃：1303年，温
度降至自13世纪第一个十年以来从未经历过的水平，1320年，温度进
一步下降，然后极寒天气在1353年再次造访，再后来，温度在14世纪
其余的时间里升高（见图3.22）。[5]随着北大西洋海水变冷，尤其海面温
度一旦下降到2℃甚至更低，鳕鱼和其他鱼群则会向南迁徙。[6]这些恶化
的条件将格陵兰岛的挪威殖民者置于极端困境之下，当时，他们正在
遭遇更多来自因纽特猎人的竞争，还要面对欧洲人对海象象牙和鲸齿
需求的下降，而这些是他们经济的商业砥柱。[7]结果，在1341年和1364

[1]　1314—1342年的两种复合树木年轮年表之间的数据相关性是强负-0.69；相比之下，1200—1314年
　　和1342—1600年这两个时期的正相关性分别为+0.46和+0.39（在1230—1355年和1510—1535年
　　两个短暂的子时期，相关性的峰值超过+0.8和+0.9）。
[2]　新世界和旧世界的树木之间呈现出明显负相关的时期是：1173±10-0.67; 1205±10-0.49; 1325±10-0.79;
　　1464±10-0.41; 1607±10-0.40; 1635±10-0.52; 1649±10-0.66; 1729±10-0.30; 1745—1747±10-0.67;
　　1794±10-0.79; 1803±10-0.70; 1847±10-0.76; 1859±10-0.71; 1924±10-0.42; 1932±10-0.64;
　　1965±10-0.65。因此，只有1794±10可以与1325±10年间的负相关-0.79相比，而且任何时期
　　都没有再出现更强的正相关度。
[3]　Hatcher (1977).
[4]　Kobashi and others (2010).
[5]　请注意，格陵兰岛每一次极寒冲击之后的2—3年内，在欧洲中部就会出现一次特别寒冷的冬天。
　　因此，基于历史资料编制的欧洲中部冬季指数将1305—1306年、1322—1323年和1354—1355
　　年列为14世纪最冷的四个冬季中的三个。此外，此后很少出现比这更加严寒的冬季：Pfister and
　　others (1996), 100–101, 104。Wiles and others (2004) 提供了阿拉斯加冰川在1300—1450年明显变厚
　　的证据，他们将这种现象归因于太阳辐照度的大量减少。
[6]　Grove (2004), 607.
[7]　Dugmore and others (2007), 18–22, 29–30.

207

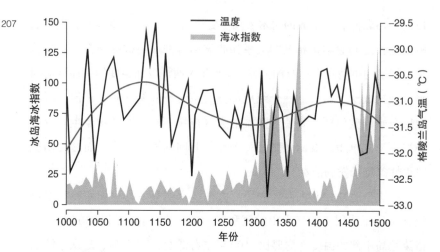

图 3.22　格陵兰岛气温根据包含在每年冰层里的气泡中的氮和氩同位素重建；海冰指数根据储存在冰岛北海岸大陆架中海冰藻类产生的生物标志物（IP25）沉淀物计算，1000—1500 年

资料来源：Kobashi and others（2010）；根据 Massé and others（2008），figure3 重绘

年的某些时间，西部的定居点被放弃了，该定居点的生存部分地依靠使用诺德塞特（Nordrsetur）的北方狩猎区。[1]随着环境条件变得更加恶劣、更加不可预测，对冰岛上的挪威人母殖民地而言，可选择的农业出路已经受到严重限制。粮食生产不再可行，牲畜越冬成为更大的挑战，夏季可供牲畜食用的生物数量减少，因此能养活的牲畜更少。[2]在欧洲北部许多高地地区的各个角落，更严酷的冬季和更短的生长季使畜牧业生产者的生活愈加困难。[3]

　　在北大西洋，强烈的极地严寒的侵入造成海冰明显扩大。冰岛北海岸海冰的不同范围已经得到估算，其依据是海冰藻类产生的生物标志物（IP25）在大陆架中的沉淀物储存，并根据一系列其他环境衍生

---

[1]　Grove (2004), 617; Dugmore and others (2007), 18–22.
[2]　Dugmore and others (2007), 22–26.
[3]　Oram and Adderley (2008a).

的代用指标和同时期的历史证据进行校准。[1]从这些估算来看，格陵兰岛每一次受极寒冲击之后都紧跟着冰岛海冰的一次生长，海冰面积首先在14世纪第一个十年变大，然后在20年代和30年代进一步扩张（见图3.22）。海冰形成的部分原因是太阳辐照度水平的下降，但这个过程不是持续的，因为正如大西洋海面温度和格陵兰岛的气温，海冰也有与当时北大西洋涛动力量相对应的明显的短期振荡。

　　与此同时，瑞士阿尔卑斯山区的冰正在累积，冰川正在生长和扩张。[2]这种现象的发生需要"数年时间充分的冰雪积累，其增加量超过融化使其减少的程度"[3]。克里斯蒂安·菲斯特等人（Christian Pfister and others）的文献研究已经证实，1303—1328年，一连串特别严酷的冬季恰恰提供了这些条件，这些年也是尼德兰冬季气温系列数据和欧洲中部年度气温系列数据中异常寒冷的时期，上述两份数据都是根据历史证据得以重建的。然而，此后大西洋冬季西风向南偏移，为欧洲南部带来了更温和湿润的天气，严酷的冬季在欧洲中部有所缓和。菲斯特特别指出，1339—1354年这15年是一个特殊的时期，当时"没有一个冬季如此寒冷，可以与1901—1960年的平均寒冷程度相比"[4]。来自尼德兰的类似冬季温度系列数据显示，当时，除了1339年，这些冬季相对温和，特别是1341年、1343年和1350年的几个冬季。1338—1343年，大风暴在北海肆虐，并在荷兰和英格兰东部引起大海泛事件。[5]在这个时期，1342年7月欧洲中部发生了著名的圣抹大拉节洪水，每年尼罗河洪水的高度也会攀升。[6]巧合的是，据闵茨·斯图伊沃和保罗·D.奎伊（Minze Stuiver and Paul D. Quay）推算，1342年标志着沃尔夫极

[1]　Massé and others (2008).

[2]　Grove (2004), 153–159.

[3]　Grove (2004), 159.

[4]　Pfister and others (1996), 101. 1339 年除外，这些冬天在尼德兰也相对温和，尤其是在 1341 年、1343 年和 1350 年：Engelen and others (2001)。

[5]　Britton (1937), 139–141; Bailey (1991), 189–194.

[6]　Tetzlaff and others (2002); Dotterweich (2003): Kundzewicz (2005), 387; Rohr (2007), 93–94. 关于这里涉及的一种可能的天气模式类型，见 Bohm and Wetzel (2006)。Dotterweich (2008), 204："今天欧洲中部大多数的坡沟系统是灾难发生的结果。例如，1342 年，这些事件造成的许多坡沟系统和山体滑坡带来了 50% 的坍塌物质。" Fraedrich and others (1997) and above, Section 1.02.

小期的结束，对太阳黑子数量和太阳辐照度的估计明确表明，太阳活动从14世纪40年代开始再次增加。[1]然而，到那时，木已成舟，在这种情况下，太阳辐照度增加的影响为已经上演的全球大气环流模式的改变增加了新的动能。

209 ## 3.03 病原体重现

3.03.1 羊和牛的大瘟疫[2]

从13世纪70年代开始，不断变化的气候条件对生态的影响是巨大的。植物群、动物群、人类和微生物都以单独和互相联系的方式受到影响，因为它们对一系列环境冲击和危险采取了行动，做出了反应。[3]尤其具有破坏力的是一系列重大家畜疾病，特别是羊疥癣（一种由羊疥螨的粪便引起的急性或慢性过敏性皮炎）、肝吸虫病（被寄生性扁形虫肝片吸虫感染），极有可能还有牛瘟（一种在牛和其他一些偶蹄类动物中传播的高传染性疾病）。随之而来的动物发病率和死亡率降低了食物（肉、油和奶）产出、优质原料（皮、革和羊毛）产出和挽力的使用，破坏了重要的营运资本，摧毁了混合农业系统生产力赖以维持的脆弱的生态平衡，并打击了重要的农业和出口收入来源。

考虑到中世纪的大部分牲畜，特别是羊和牛，主要在户外活动，它们和作物一样，暴露在极端降水、极寒和干旱之中，而这些正是这次气候转型期的特征。严寒天气不可避免地提高了牲畜死亡率，尤其致命的是当它长期持续，并与春季产犊和产羔活动同时发生时。严酷的春夏反过来又破坏了牧场的营养价值和饲养能力，以及干草和饲料

---

[1] Above, Figures 2.7 and 2.8; Stuiver and Quay (1980), 11, 16.

[2] 这类动物流行病（大瘟疫）是一种跨界的、不感染人类的重大疾病：Newfield (2009), 180–188.

[3] Above, Figure 1.2.

作物的产量。在极度短缺的年份，通常用于饲养牲畜的燕麦和豆类便转为人类使用。不停的降雨和浸透的牧场也会为肝片吸虫及其中间宿主淡水螺提供理想的滋生土壤，从而引起羊瘟的暴发。此外，为应对极端天气而改变惯例往往导致牲畜过度拥挤，并产生了不卫生的条件，极易传播疾病，例如，牛瘟病毒，通过被感染的牲畜与健康牲畜的直接接触或通过被污染的土壤、饲料和水源传播。通常，这种病毒也与肺炎等继发感染相互呼应，肺炎在寒冷、潮湿的气候条件下容易滋生。正如18世纪的评论家注意到的那样，"当牛因时令不正的反常天气而体质变弱之时，牛瘟就开始了，从而使它们暂时容易受到感染"[1]。牛瘟对温度敏感，在冬季毒性最强，这与羊疥癣一样。羊疥癣也最容易通过密集养在圈或屋中的牲畜直接传播，也通过共用的摩擦桩和被污染的羊毛携带物或依附于荆棘和灌木上的疥癣而传播。[2]由于传播机制相对简单，牛瘟和羊疥癣的传播实际上惊人的容易。

210

　　在看到疾病的最初迹象时，大多数农民的自然反应是，在牲畜变得一文不值之前，尽可能地挽回患病牲畜的价值。这种恐慌性抛售不可避免地有助于疾病的进一步传播，因为牲畜本质上是流动的，它们经常会被驱赶到相当远的地方放养，其出售也是如此。军队的行李运输车、士兵和盗贼抢夺的牛羊同样有助于传播疾病，正如在较大的地产上，牲畜在庄园之间转移的效果与之类似。牲畜流动在羊疥癣传播的过程中起了很大的作用，因为直到今天，螨感染很难在其早期阶段被发现。关键是，家畜传染病和瘟疫并不局限于行政或国家边界，而且在缺少兽医学或没有实施从长期经验中提炼的补救和预防措施的情况下，它们是不可能得到控制的。一旦生物扩散过程被激活，它们就表现出其自身的活力。它们通常可以自然运行，直到疾病自行消亡，或者环境条件的进一步变化阻止其发展。

---

[1]　转引自 Spinage (2003), 20。
[2]　1952—1973 年，当浸渍法被强制推行之时，它才被完全消灭。

上述三种动物疾病之中，最危险和最具传染性的是牛瘟，它在接下来的数个世纪里都不是损害限制措施的对象。[1]监管和资助此类措施总是产生许多问题，因为尽管疾病预防很大程度上是为了公共利益，但个人总是怀揣着强烈动机规避干涉他们的私人事务的法律。农民为获取利益总是将可能生病和死亡的牲畜变现，而且，如果能够侥幸逃脱惩罚，他们便将他们知道的病畜冒充健康牲畜。传染刺激了流动，反过来，流动又加速了传染。因此，人类的行为和反应、他们已经创造的商业基础设施和网络，以及欧洲半畜牧商业经济逐渐赖以存在的大规模活畜贸易，对致命病原体的传播是非常重要的。牲畜的密度也有影响，感染病毒的机会随着牲畜密度的增加而增加，而且，14世纪初欧洲发达的混合农业体系养活的牛科动物可能比之前若干世纪都要多。[2]

3.03.1a　1315—1322年农业危机期间的牛羊瘟疫

位于西约克郡的克雷文地区的博尔顿小修院庄园的畜牧业经济在1315—1322年农业危机期间的命运生动地说明了极端天气和疾病给牲畜饲养者带来的风险（见图3.23）。这个中等规模的英格兰奥古斯丁修会的自营地和农场坐落在一片土壤相对贫瘠、降水量高于平均水平的高地上，对农业而言，它处于环境的边缘地带。[3]唯一的意外是，从1296/1297年（当时，现存的博尔顿账簿首次记录了作物与牲畜生产的详细信息）到1313/1314年的15年间，几乎没有潜在危险真正变成现实。相反，在修道院院长劳恩德的约翰的扩张式管理之下，"到14世纪的第二个十年之初，博尔顿庄园的开发达到了顶点"，播种面积超过800英亩，有役马20匹，役牛240多头，其他牛大约530头，有一个包括80匹各年龄段马匹的马场、至少100头猪，以及3 150只羊用来生

---

[1]　Broad (1983).

[2]　Campbell (2000), 102–187.

[3]　Kershaw (1973b), 19–21.

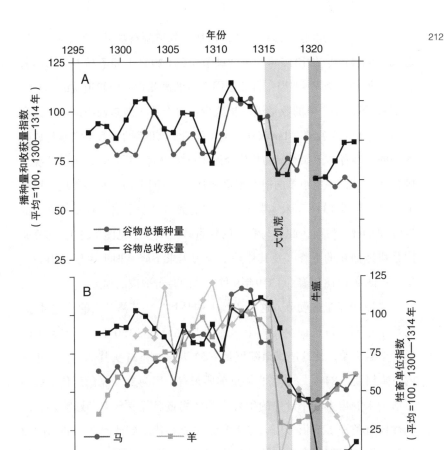

图 3.23　1315—1322 年农业危机对西约克郡博尔顿小修院庄园农业经济的影响
资料来源：根据 Kershaw and Smith（2001）计算

产羊毛进行出售。[1] 然后，在 1315 年和 1316 年，糟糕的天气化作暴雨袭来。

　　1315 年的谷物收获比 1314 年下降了 25%，1316 年和 1317 年的收获更少，因为土壤浸水和种子短缺减少了可以播种的面积（见图 3.23）。

---

[1]　Kershaw (1973b), 19–112; Kershaw and Smith (2001).

同时，干草出现歉收。饲料短缺，再加上修道院自身紧张的给养需求，造成了94%的牛在1316年的米迦勒节（9月29日）和圣马丁节（11月11日）被仓促屠宰。[1]当年自然原因造成的高死亡率使修道院的羊减少了2/3，第二年，羊的数量进一步减少。对专注于博尔顿小修院庄园研究的专家伊安·克肖（Ian Kershaw）而言，"饥饿的牲畜必定容易成为疾病的受害者，正如潮湿的牧场会滋生肝吸虫病一样"[2]。母羊的情况比阉公羊糟糕，一岁小羊的情况则最糟糕。[3]庄园上的马和牛表现出更好的恢复力，在1316年米迦勒节，它们的数量分别是前一年米迦勒节的74%和84%。然而，此后马和牛的数量持续减少（见图3.23），部分原因是耕地面积的下降，及其伴随的挽力需求下降，但更主要是因为苏格兰军队在1318年春和1319年9月发动的袭击造成的损失。

到1319年米迦勒节，这个庄园上的马和牛（苏格兰人的首选目标）的数量还不到危机前夕的一半。此后，在1319/1320年冬季的某个时候，牛瘟来袭，使这座修道院仅剩下53头阉牛和31头其他牛，一年之内下降幅度达84%。[4]损失之惨重前所未有，因为20头暴露于传染病中存活下来的母牛和小母牛的生育率和产奶量已经受到不利影响。其破坏性仅有圣马丁节依习俗大量屠宰猪可以相比。到此时，羊和马的数量开始恢复，但粮食产区的最初恢复因挽力资源的突然缩减而受到打击，第二年，即1321年，牛瘟因再次出现的坏天气和大麦、燕麦的歉收而进一步加重（见图3.23）。因此，牛瘟肆虐"是压垮教士努力恢复生产的最后一根稻草"[5]。此外，尽管这些年的粮食生产损失惨重，但疾病的暴发对该庄园上的畜牧经济的影响更大。

博尔顿小修院庄园在这些灾难中的遭遇格外不幸。该庄园的沼泽地带和谷底牧场容易受到洪水的影响意味着，从环境上而言，这座庄

---

[1]　Kershaw (1973b), 107.
[2]　Kershaw (1973b), 84.
[3]　Kershaw (1973b), 80.
[4]　Kershaw (1973b), 96–98.
[5]　Kershaw (1973b), 16.

园的畜群更容易感染肝片吸虫，在英格兰南部渗水力强的低地牧场上，许多牲畜则毫发无损。但是，这个时期的肝吸虫病及其他与天气相关的疾病在当时足够普遍，使1314—1317年东盎格利亚、英格兰东南部和南部自营地羊的总数减少了30%（见图3.24）。这导致1314—1319年伦敦和英格兰东部、南部港口的羊毛出口规模萎缩了1/3（见图3.24）。这应归因于连绵的雨水对寄生性扁形虫肝片吸虫及其钉螺宿主大量繁殖的环境造成的生态影响。然而，与这些疾病的破坏性类似，13世纪80年代初的羊疥癣造成的损失看起来更大。引起羊疥癣的螨虫并不依赖特定的栖息地，从而更易于大范围传播。因此，全国的畜群都处于潜在的风险之中，结果英格兰南部领主自营地的羊的数量在1277—1282年减少了一半。1279年米迦勒节之后，这种动物流行病袭击了坎特伯雷主教座堂小修院在肯特庄园的畜群，并导致在那个会计年度中，牲畜数量净减少了47%。[1]羊疥癣对羊毛重量和质量的破坏如此之大，以至于羊毛价格骤降，温彻斯特羊毛产量在1275/1279年到1285/1289年下降了1/4，使羊毛出口落入低谷，几个主要的修道院羊毛生产商也因此陷入破产境地（见图3.4）。[2]然而，尽管这无疑是一次影响更大的羊疾病事件，而且螨虫的繁殖和传播无疑得益于寒冷潮湿的冬季天气，但它并不如1315—1325年的家畜传染病那样明显与异常的气候条件有关。

214

同样，在1315—1321年暴发的多个自然灾难中，尽管牛瘟可能是最具破坏力的一个因素，但牛瘟在1319/1320年的冬天抵达博尔顿庄园时，最糟糕的天气已经过去，畜瘟引起的其他牲畜的死亡现象也已经结束了（见图3.23）。牛瘟是一种更加致命、更具传染性的疾病，其在西约克郡的暴发只是构成了一次泛欧洲生物传播模式的最新阶段，这一模式早在几年前就开始了，最初源于中欧东部，这一来源的源头可

215

---

[1] 根据坎特伯雷主教座堂档案（Canterbury Cathedral Archives），农事倌账簿（beadles' accounts）计算得出。

[2] Lloyd (1977), 290; Barnes (1984), 43–44; Bell and others (2007b)。

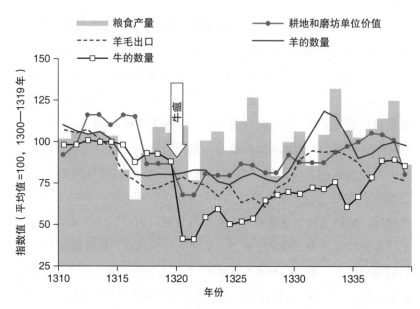

图 3.24　英格兰的粮食产量，耕地和磨坊的单位价值，羊毛出口，牛羊数量，1310—1339 年

资料来源：粮食产量，Campbell（2007）；耕地和磨坊单位价值，Campbell and Bartley（2006），167，207，and IPM Database；羊毛出口，Carus-Wilson and Coleman（1963）；牛羊数量，Manorial Accounts Database

能是干旱中亚的大草原。[1]博尔顿庄园上剩余的牛损失了80%，相比之下，全国的减少量接近60%（见图3.24）。据菲利普·斯莱文估计，牛的总死亡率为62%。[2]然而，博尔顿小修院再一次不走运，因为就当前可获得的牛死亡率数据来看，其损失规模高达1/4。当然，牛瘟到来之时，苏格兰袭击者已经将小修院的牲畜选过一茬。因此，遥远的苏格兰养牛人并没有受到影响，但那一年晚些时候，在贝里克围城中，英格兰辎重车中的牛成为疾病的受害者，苏格兰入侵者、骚扰者和盗贼可能将其从这里带到了北部边境，牛瘟在那里有可能对以牛为生的高地盖尔人的社会政治秩序造成更大的破坏。[3]

---

[1]　Below, Section 3.03.1b.

[2]　Slavin (2012), 1242.

[3]　McNamee (1997), 90–96; Oram and Adderley (2008a).

3.03.1b 大牛瘟的特性、起源和传播

在现代牛的传染病——炭疽热、牛胸膜肺炎、口蹄疫和牛瘟——之中，牛瘟长期以来被视为动物大流行病的首要可疑诱因，因为其动物流行病学特点与14世纪初疾病暴发的历史记录和可观测特征最为匹配。不幸的是，牛瘟是这样一种病毒，它拥有核糖核酸作为其遗传物质，因此，对其进行 aDNA 的临床诊断永无可能。[1]现在已经灭绝的牛瘟是一种急性的、通常致命的麻疹病毒，类似麻疹和犬瘟热，它存在于症状和毒性并不相同的多种遗传系谱中。[2]它对环境敏感，由于病毒易受到高温、光照和干旱的损害，而在温度低和湿度高的时候充满活力。[3]与炭疽热不同，人类并不受其影响，尽管牛瘟并不局限于牛（其他偶蹄有角类动物也会受传染），但庄园账簿中的牲畜清查册清楚地显示，在 216 1319—1320年的英格兰，马、羊和猪基本无恙。[4]

作为一种呼吸道感染病，牛瘟直接在动物之间传播，其媒介是富含病毒的气溶胶分泌物和飞沫。以较高的密度圈养或以其他方式被限制活动的动物因此特别容易受感染。牛瘟主要通过健康牲畜与患病动物的接触进行传播，但病毒也可以间接传播，其媒介是患病尸体的皮肉、农业雇工被沾染的衣服和鞋子、被污染的水，以及鸽子、老鼠、狗和野兔。[5]事实上，在现代疫苗出现之前，预防传染性疾病的传播是极其困难的，除非所有暴露于传染源之下的动物都被立即屠宰，它们的尸体被烧掉（在没有确定的补偿的情况下，大多数农民是不情愿接受这种极端措施的），而且所有动物的流动都要停止（这有违许多既定利益群体的意愿）。没有坚定的政府和有效的公共基金，就看不到毫不妥协地实施这些措施的任何前景。[6]

---

[1] 感谢米歇尔·齐格勒（Michelle Ziegler）提供这一信息。
[2] 2010年10月，联合国粮食及农业组织临时宣布，牛瘟病毒在持续的兽医运动之后最终被消灭：http://www.fao.org/news/story/en/item/46383/icode/。2011年5月，世界动物卫生组织大会正式宣布，牛瘟已被根除。
[3] Spinage (2003), 13–14.
[4] Slavin (2010), 175–177.
[5] Spinage (2003), 15–19.
[6] 18世纪的英国政府更加成功：Broad (1983)。

一旦动物被感染，牛瘟往往就开始运转了，从潜伏到出现症状，到最后死亡，通常在9—21天。[1]在潜伏期内，动物可能具有传染性，但不会表现出明显的染病迹象。紧接着是开始发烧，具有传染性的物质开始急剧增加，这将所有与病畜接触过的牛都置于危险之中。因此，在疾病暴发期间，牲畜的死亡率可能高达100%，往往仅有一小部分动物可以病愈。[2]在这之后，少数动物获得了免疫力，尽管有时会导致不育。怀孕的母牛通常会自然流产，病愈的母牛的产奶量往往会受损。[3]瘟疫之后牲畜的数量、生育率和繁殖力大大下降（见图3.26）。因此，恢复到之前的水平是一个旷日持久的过程，尤其是疾病再次发作会造成进一步损失。[4]

克利夫·斯宾纳奇（Clive Spinage）认为，中世纪暴发的许多疾病的最终发源地都是位于欧洲之外的亚洲内陆。那里的牛瘟是地方性兽疫，牛的远距离运动——被掠夺、被买卖、被用作军队的运输工具和食物——很普遍。[5]蒂姆·纽菲尔德指出，与鼠疫耶尔森菌一样，牛瘟在里海盆地是一种地方性兽疫。[6]根据各种编年史中提及"畜瘟"（当时大多数牲畜疾病的通用称谓）和牛的"死亡率"的证据，斯莱文认为，可能有一个向东甚至更远的起源，从那里"瘟疫穿越俄罗斯大草原来到欧洲"，这条路线就是之前牛瘟的传播路线。[7]正是当这些来自地方性兽疫区的动物接触到此前从未受此种疾病影响的牛之时，升级为全面动物大流行病的感染风险才变得最大。

14世纪的中国编年史记载了从1288年开始牛瘟在蒙古的反复暴

217

218

---

[1]　Spinage (2003), 5–7.
[2]　案例见 Newfield (2009), 185–188。
[3]　Slavin (2010), 170–172.
[4]　例如，在坎特伯雷主教座堂小修院的肯特庄园里，公牛在十年间就恢复到了瘟疫之前的水平，但补充母牛及牛犊用了更长时间；此后所有的牛在1333—1334年都大量减少，正因如此，该庄园直到1349年黑死病到来之时仍然没有恢复：Campbell (2010b), 48–49。
[5]　地方性兽疫，一种影响或专属于某一特定地理区域的动物疾病。Spinage (2003), 51.
[6]　Newfield (2009), 188; Norris (1977), 19.
[7]　Slavin (2010), 165–166. 关于809—810年的欧洲动物大瘟疫，见 Newfield (2012)。

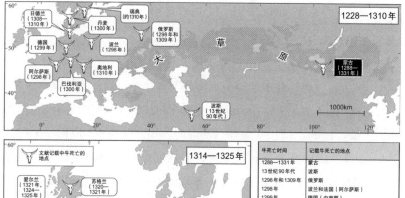

图3.25 1314—1325年大牛瘟和一些可能的前兆

资料来源：Spinage（2003），54；Newfield（2009），160-161；Slavin（2010），165-166

发。[1] 紧接着，在1291年之后的某个时间，两名波斯作者记录道，"所有的牛都死了"，然后在1298年，瘟疫造成的牛的死亡出现在俄国和波兰的史书中，第二年出现在德国中南部和阿尔萨斯，再然后是1300年的巴伐利亚，那里的恩斯多夫修道院的编年史记载，"最大的动物瘟疫，尤其是牛瘟，在整个世界暴发"。同年，丹麦也有人提及牛瘟，这可能是1308—1310年那场更糟糕、更普遍的瘟疫的前奏，当时丹麦、瑞典南部、俄罗斯和奥地利的文献中都提到了整个欧洲北部牛的严重损失。[2] 如果这些死亡案例中的任何一个或多个是由同一次牛瘟所引起的，那么就表示这次瘟疫的传播时间长达20余年，它从东到西贯穿了

---

[1] 我受惠于 Newfield（2009），159–163，Slavin（2010），165–166，本部分包含的所有案例和证据都来自与两位作者的私人交流。

[2] Janken Myrdal，私人交流，他慷慨地提供了瑞典的证据。

养牛和牧牛的亚欧大陆心脏地带。不过遗憾的是，在亚欧大草原西部尽头的匈牙利，牛的命运还是未知的。

有趣的是，瘟疫传播之时，似乎正值一系列代用指标显示气候条件正在恶化。[1]瘟疫在中亚的第一次暴发恰逢蒙古松树年轮急剧变窄，当时气候条件更加严峻，在南方，亚洲季风出现了一次明显弱化。[2]在欧洲大陆，1306—1310年是相当寒冷的几年。德国和中欧的年平均气温从1299—1310年几乎持续下降，而在尼德兰，1306年的冬季异常寒冷，1310年的冬天则仅比1306年冬季稍暖和一点。[3]根据菲斯特的欧洲中部冬季气温指数，1306年的冬天是14世纪最寒冷的冬天之一，而1308年和1311年的冬天也比其他冬天的平均气温要低。[4]因此，具有说服力的是，这个时期记录的牛的死亡可能更多源自极端的天气，而非瘟疫的打击。另一方面，稍后欧洲牛瘟暴发尤其与寒冷、潮湿的冬季天气有关联，当时"牲畜可能被赶入圈棚下，这种做法使它们相互之间密切接触，造成传染病更加快速的传播，而且，它们在冬天也更易于遭受由肺炎导致的继发感染"[5]。

不论是什么情况，接下来的五年内，在一段更加极端的天气期间，毫无疑问的是，一种最可能是牛瘟的致命疾病在欧洲中部暴发，并在接下来的六年中向西蔓延到爱尔兰。[6]波希米亚在1314年遭遇"大型牲畜"瘟疫，并在1316年遭遇"阉牛和田里所有的牛"都受害的瘟疫。[7]到1316年欧洲大饥荒最严重的时候，德国中部也受到了严重影响。[8]德国和欧洲中部的气温看起来也特别低。[9]疾病在处于困境的人类中开始流行，可能出于类似的原因——草料和饲料缺乏、压力、过于拥挤、

---

[1]　Sinha and others (2011).

[2]　Jacoby and others (no date); above, Section 3.02.

[3]　Glaser and Riemann (2009); Pfister and others (1996); Engelen and others (2001).

[4]　Pfister and others (1996).

[5]　Spinage (2003), 19.

[6]　Newfield (2009), 161–171.

[7]　Newfield (2009), 161.

[8]　Jordan (1996).

[9]　Glaser and Riemann (2010).

卫生条件较差和营养不良，牛似乎也遭遇了同样的命运。关于牛的问题很普遍，几乎所有地方的畜牧业生产者都经历了艰难的岁月，然而，仅在欧洲内陆，这些物质和生态上的压力成为激活牛瘟并使之走上破坏之路的催化剂。要做到这一点，病毒或者从原本潜伏或休眠的状态苏醒，或者在此时从其他地方引入，因为当时病牛与那些从未接触过此类疾病的脆弱而敏感的牲畜密切接触。

瘟疫最初从哪里暴发并不重要，因为一旦致命的病毒被释放，它就胜利在望了。牛瘟是一种具有高度传染性的疾病，拥有一套简单的感染机制，正因为简单，所以有效，它不需要任何病媒生物或中间宿主就能在受害者之间进行传播。这就解释了14世纪暴发的牛瘟是如何以及为何如此快速地在广阔的地理范围内感染了畜群。人类在无意识中促进了这个过程，而且可能要对帮助瘟疫跨过英吉利海峡和爱尔兰海的隔离带负有直接责任。此外，牛被广泛用于拉车和牵引，各种牛（及它们的毛皮和皮革）都被用于有时相当远距离的交换和买卖，也就成为窃贼、强盗和军队青睐的目标。[1]在缺乏有效预防措施、缺少对疾病的真正理解或对抵抗传染最新经验不足的情况下，疾病的传播是不可阻挡的。

到1317年，两份法语文献显示，牛瘟已经到达使用牛耕的法国中北部的产粮区。[2]第二年（1318年），在低地国家北部的畜牧业中，"母牛的死亡率如此之高，以至于十头牛中难有一头存活"。牛也是丹麦经济的支柱，同年丹麦编年史同样证明了"牛的高死亡率"。这种动物流行病在大陆上传播如此之远，到1319年复活节，它已经跨越北海，并在英格兰东南部暴发，这无疑是通过往来于低地国家南部和英格兰东部之间农产品和其他商品的活跃的海上贸易运输而来的。[3]在这里，"所

220

---

[1]　Langdon (1986); Campbell (1995a), 142–143, 148–149, 152–153, 163–174; Hanawalt (1979); McNamee (1997).

[2]　Newfield (2009), 162.

[3]　Newfield (2009), 172n.

有的牛很快死掉"，这就将新的经济困境带给了乡村经济，而乡村经济才刚刚开始从毁灭性的1315年和1316年连续歉收及1317年收成不佳中恢复。[1]两年之后，这次畜疫越过爱尔兰海，继续在爱尔兰各地肆虐。[2]

3.03.1c 英格兰和爱尔兰的大牛瘟

在精确追踪大牛瘟的进程和影响方面，没有任何地方能够与不列颠和爱尔兰相媲美。1319年，根据圣阿尔班修道院编年史学家约翰·德·特罗克鲁（John de Trokelowe）提供的证据，"在复活节，瘟疫开始在埃塞克斯传播，并持续了整整一年"[3]。特罗克鲁将其称为"一次引发牛大量死亡的大瘟疫"，雷丁的罗伯特（威斯敏斯特修道院的一名修士）则认为它是一次"大畜疫"对"英格兰人"王国的"入侵"，丁登修道院（Tintern Abbey）的佚名编年史学家将其描述为"最高的牲畜死亡率，波及牛、母牛和其他牲畜，因此人们甚至根本没有牛来耕作土地"。最初，夏初的天气减慢了畜疫的传播，因此，在以1319年米迦勒节为结尾的那个会计年度中，很少有庄园账簿记录有重大损失。[4]然而，从1319年秋开始，随着更寒冷天气的到来，（牲畜）死亡率攀升，随后，正是在1319—1320年这个会计年度内，英格兰发生了大规模的死亡事件。[5]在这12个月内，坎特伯雷主教座堂小修院的肯特庄园里的牛的数量减少了60%，原因就是染病而死、剔除病畜和恐慌性出售的共同影响。[6]在其位于东法利的领地上，13头阉牛中的9头、1头公牛、9头母牛中的8头，所有4头小公牛和小母牛，2头一岁小牛

---

[1] Dean (1996), 409–414 行：另一种悲伤在大地上蔓延 /1 000 年以来，如此撕心裂肺的悲伤从未出现 / 它所到之处，所有穷人哀号着，奄奄一息 / 所有的牛很快死掉 / 土地迅速荒芜 / 此前从未有如此让人恐惧的恶魔造访英格兰。Kershaw (1973a), 14, 24–29; Campbell (2010a), 287–293.

[2] Newfield (2009), 169–170.

[3] 参见 Newfield (2009, 163–171) 论及这次和随后的不列颠人与爱尔兰人对牛瘟的记载。

[4] 一个例子是，坎特伯雷主教座堂小修院位于肯特郡的伊克姆庄园：DCc/Bedels rolls Ickham 23. Slavin (2012), 1241.

[5] Spinage (2003), 19–20.

[6] Campbell (2010b), 48–49.

和所有5只牛犊损失掉了。[1]两年之后，伊斯特里小修院院长亨利估计，该庄园的损失"超过一千头阉牛、母牛和其他牛"[2]。同年，王国各地都出现了疾病来袭的消息，从最北部的贝里克和苏格兰边境的卡莱尔周边，到远至西部的位于德文的纽厄纳姆修道院的庄园。[3]

病毒向英格兰北部和西部的传播预示着紧邻的苏格兰和威尔士畜群很可能被感染，因为这两个地区都是重要的养牛区。苏格兰人的袭击和掠夺将动物大流行病带到边境北部的可能性很大，尽管没有苏格兰庄园账簿证实这一点，也没有苏格兰编年史学家提供任何当时的记录。[4]关于苏格兰深受动物大流行病之害最清楚的记载是包含在富尔顿的约翰的《苏格兰人编年史》（*Chronica gentis Scotorum*）中的简明观察，该书写于14世纪70年代，大意是说，1321年，"几乎所有的牲畜都消失了"。不论这是不是整个苏格兰的真实情况，养牛的高地和混合农业的低地仍有待考察。[5]对威尔士而言，文献证据更加完整和翔实。因此，边境的格拉摩根郡和蒙茅斯郡的王室佃户在1320年抱怨，他们无法缴纳租役，"因为受到大牛瘟的影响"。少数可见的当时东南威尔士的庄园账簿显示，这里的畜群也被感染了。大约同时，在班戈主教位于卡那封郡的土地上，以及在威尔士西北部公国的另一角安格尔西，也出现了关于牛群损失严重的抱怨。[6]

此前，这次动物大流行病用了大约两年时间覆盖了从波希米亚到布拉班特（距离波希米亚720千米）的土地，其推进速率几乎是每天1千米。从1319年复活节英格兰的埃塞克斯到1320年末抵达威尔士的安格尔西，这次瘟疫保持了大致相同的速度。从威尔士，或者可能是苏格兰或英格兰，它随后越过爱尔兰海，并在1321年开始对爱尔兰牲畜

222

---

[1] DCc/Bedels rolls East Farleigh 12–13.
[2] Newfield (2009), 155. 关于英格兰牛瘟的论述包括：Kershaw (1973a), 14, 24–29; Spinage (2003), 81–84, 92–94; Newfield (2009); Campbell (2010a), 287–293; Campbell (2010b), 48–49; Slavin (2010); Slavin (2012)。
[3] McNamee (1997), 90–96; Newfield (2009), 165, 173n., 185, 187.
[4] 在此后的数世纪中，牛瘟倾向于随着军队传播：Spinage (2003), 43, 52。
[5] 但参见 Oram and Adderley (2010, 262) 的推测。
[6] Newfield (2009), 168, 185.

进行摧残，爱尔兰的康诺特、克朗麦克诺伊斯和因尼什福伦的编年史都记载了"当年爱尔兰的一次大牛瘟"[1]。三年后的1324年，当时英格兰中部和南部的领主自营地再次遭受了牛的大量死亡（见图3.24），"严重的牛瘟"又一次在爱尔兰许多地区暴发。[2]康诺特的史书称这次畜疫为"Mael Domnaigh"，克朗麦克诺伊斯称之为"Moyle Dawine"，纽罗斯的史书则称之为"Maldow"（上述三词均为古爱尔兰语，意为"牛瘟"），这次牛瘟也出现在阿尔斯特、圣玛丽的都柏林和基尔肯尼的修士约翰·克莱因的编年史中。[3]因此，毫无疑问的是，瘟疫蹂躏牲畜的范围是整个爱尔兰岛。第二年，"牛瘟继续侵扰爱尔兰"，这次畜疫最终还是没有减缓，直到1326年，它的势头才耗尽，而这一年是现存记录中最干燥的年份。[4]

在英格兰，这次畜疫影响了活牛及其产品的价格，特别是黄油和奶酪（见图3.26），在某种程度上类似于13世纪80年代羊疥癣病对羊和羊毛价格的影响（见图3.4），但与以恶劣天气和歉收为特征的饥荒之年的影响方式相反。在后一种情况下，购买母牛是一种较少人能够负担的不必要的成本，因此，到1316年，当农业条件最为糟糕时，母牛的成交价格平均下降了20%—30%。相比之下，黄油和奶酪也遭遇了价格上涨，价值增长了10%—20%，这促使所有主食和粮食的价格抬升。尽管牧场被淹，干草和饲料短缺，但牛的数量相对保持较完整，因此到1318年，当极端天气的第一波冲击已经过去时，母牛和乳制品的价格多少回到了正常水平（见图3.26）。这种喘息被证明是短暂的。第二年，随着牛瘟到达英格兰，牛及其产品的市场状况陷入混乱，因为所有地方的牲畜都在患病和死亡。在整个农事年里，王国内自营地上的牲畜减少了60%（见图3.24），斯莱文关于165个庄园中7 605头牛

---

[1] 转引自 Lyons (1989), 64。
[2] Newfield (2009), 171.
[3] 转引自 Lyons (1989), 64。
[4] 干旱天气和牛瘟活动减少之间可能的关联，见 Spinage (2003), 19。关于1325—1327年英格兰的干旱，见 Stone (2014), 437–439。

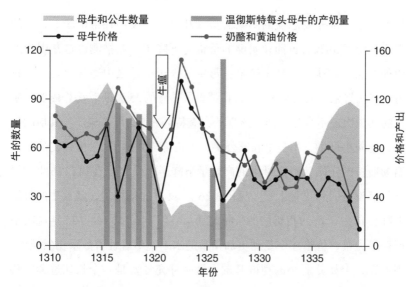

图3.26　1319—1320年英格兰牛瘟对牛的数量、母牛、奶酪和黄油价格，及牛奶产量的影响

资料来源：牛的数量，Manorial Accounts Database；价格，Clark（2009）；产奶量，Slavin（2010），171

死亡率的精确计算显示，死亡率的中间值为61%—70%，典型的死亡率为71%—80%，整体死亡率为62%。[1]从全国来看，在所有阶层的生产者中，可能有超过25万头役牛在这次瘟疫袭击英格兰的数月中消失，还有无数的母牛、小母牛、小公牛和牛犊。由于每一头公牛可以提供相当于6个男性的劳动力，这相当于社会中至少损失了150万名成年男性，而当时成年男性总人口可能都不足150万。[2]

　　然而，在1319/1320年，牛的价格崩塌了，这与歉收对粮食价格的上涨影响形成鲜明对比。对一名买家而言，在这样一次致命的瘟疫暴发期间，购买的牲畜可能很快就患病并死去，或更糟糕的是购买的牲畜已经感染了病毒，这显然是不明智的。在这种不确定和高风险的形

[1]　Slavin (2012), 1242.
[2]　Langdon (1983), 397–400; Campbell (2003); Apostolides and others (2008). 全国人口不太可能超过475万，其中，成年男性的比例可能不足1/3：Broadberry and others (2015), 8–9, 21。

势下，在一个充满恐慌的卖家而买家却避之不及的牲畜市场上，牛的售价下降了30%。黄油和奶酪的价格也下降了，据推测，这是因为这两种产品也被认为受到了感染：母牛暴露于病毒之中通常会丧失生育力，产奶量也会大大减少。[1]肯特郡霍灵伯恩的25头母牛死了19头，幸存的几头出现不育症，而在该郡的大查特，有5头母牛流产，其他的母牛，连同小母牛、小公牛和阉公牛，很快都被卖掉了。[2]瘟疫之后，在温彻斯特的庄园，每头母牛的产奶量下降了一半多，直到1326年大旱之年都没有回到正常水平（见图3.26）。反常的结果是，随着牛的数量下降，母牛、黄油和奶酪的价格也下降了。直到1324/1325年这次畜疫耗尽力量，价格才恢复到更加正常的水平，尽管牲畜数量仍然减少，因为在这个如此弱小的畜群基础上繁殖补充牲畜是一个长期过程，特别是在干旱频繁的情况下。[3]到1339/1340年，这个国家自营地上的畜群规模仍然比20年前病原体抵达英格兰时低26%（见表3.3）。

瘟疫频发也延缓了全面恢复。[4]英格兰中部和南部的自营地似乎在1324年及10年之后的1333/1334年遭受了更多损失，盛行于各处的高死亡率使全国自营地牲畜的数量减少了近1/5（见图3.24），这一事件随后由编年史家亨利·奈顿（Henry Knighton）记载。[5]在1333/1334年肯特的大查特，由于母牛虚弱，没有牛犊出生，许多牛死掉了，那些没有死掉的牛很快被卖掉，以至于在这块自营地上，这次危机非常像1319—1320年灾难的重演。[6]然后，在1345年，英格兰牲畜进一步减少了大约20%，但这究竟是一次牛瘟造成的还是其他一些瘟疫同时造访造成的，还并不清楚。此后，在14世纪的剩余时间里，该地区全部自

[1] Slavin (2010).
[2] DCc/Bedels rolls Hollingbourne 29; DCc/Bedels rolls Great Chart 32–33.
[3] Stone (2014).
[4] 18世纪的欧洲曾暴发过多次牛瘟，因为一旦这种疾病侵入，就很难被根除：Spinage (2003), 103–150。
[5] 引自 Newfield (2009), 171。
[6] DCc/Bedels rolls Great Chart 42 (cf. DCc/Bedels rolls Great Chart 33). 两年后，冰岛文献记载了"一次牛的严重损失"，在1339年，康诺特编年史记载了"一次大牛瘟"造成的更大损失：Newfield (2009), 171。

表3.3 1319/1320年英格兰牛瘟的地区性影响

地区	米迦勒节时牛数量变化的百分比	
	1317/1318年到 1320/1321年	1317/1318年到 1339/1340年
东盎格利亚[1]	−28%	−1%
东南部[2]	−44%	−14%
米德兰兹[3]	48%	−24%
西约克郡	−60%	
南部诸郡[4]	−78%	−44%
西南部[5]	−84%	−59%
英格兰	−56%	−25%

1 剑桥郡、亨廷顿郡、诺福克郡、萨福克郡；2 埃塞克斯郡、赫特福德郡、肯特郡、米德尔塞克斯郡、萨里郡、萨塞克斯郡；3 白金汉郡、格洛斯特郡、北安普敦郡、牛津郡、沃里克郡；4 伯克郡、汉普郡、威尔特郡；5 德文郡、萨默塞特郡

资料来源：Manorial Accounts Database

营地上再也没出现类似规模或同步性的疫情，它意味着，任何其余的牛瘟的暴发都逐渐在其影响的地理范围上受到限制。此外，现在暴露于病原体之下的畜群已经具备了一定的生物性免疫力。

在所有这些瘟疫中，鉴于一些尚不清楚的原因，东盎格利亚的自营地牲畜显示出最强的弹性，其恢复也最为迅速（见表3.3）。瘟疫暴发前，这一集约混合农业地区人口密度大、商业化程度高，对产乳牲畜需求旺盛，瘟疫使这一地区遭受重创，但恢复速度如此之快，这多少有些自相矛盾。[1]不过该地的净减少数量仅仅是全国平均数的一半。1319—1320会计年度中，诺福克郡牛的净损失平均为42%，诺里奇修道院院长的辛多尔维斯顿自营地损失最少，只有13%，损失最多的是位于诺里奇边缘的凯西克的瓦里布自营地，高达90%。这是一个商业开放的地方，传染应该是不可避免的。[2]相比之下，用马犁地的塞奇福德，在地理上位于偏远的诺福克西北部的轻质土地上，看起来完全避

---

[1] Campbell (1996).

[2] Manorial accounts database; Norfolk Record Office DCN 60/18/21–22; Norfolk Record Office NRS 23357 Z 98.

开了这次畜疫。[1]肯特的总体损失更大。[2]在那里，位于罗姆尼沼泽核心区的阿格尼和位于肯特北部沼泽区的巴克索的牲畜是为数不多未被感染的畜群，也可能是因为它们离潜在传染源足够远。[3]一般而言，英格兰南部、中部和西南部反复遭受最严重的损失，而且那里也无法完全恢复到瘟疫之前的圈养量水平（见表3.3）。同样明显的情况是，与小土地持有者的邻居相比，资金充裕的领主生产者更易于补充自己的畜群，其方式是从已经大大减少的在瘟疫中活下来的存量牲畜中购买。环境、畜群管理、动物营养、自然抵抗力、暴露于感染和资本资源等方面的差异清晰地解释了动物大流行病的不同影响，以及恢复的不同程度。

3.03.1d 1315—1321年大牛瘟：一些结论

当前描绘的这场泛欧，甚至可能是泛亚欧事件的图画是拼凑的和不完整的。病原体最有可能起源的地方是在蒙古人统治的半干旱的中亚内陆某地，从那里，也许受气候引起的生态冲击和转变的压力，它在1288年之后的某个时间向西传播，其路径和方式仍不清楚，直到它到达俄罗斯南部的草原地带和邻近的养牛地区。在那里，它可能就成为引发13世纪90年代广泛记载的牛大量死亡事件的罪魁祸首。此前数十年，蒙古人在一系列侵略和征服中采取了大致相同的路线，他们一度打开了跨越大陆的商路，使旅行者、商人和货物得以更多和更定期地流动。[4]这就为病原体在亚欧之间进行更大范围的大陆间交换创造了可能。

尽管如此，与1314—1316年的极端天气（它引起了那些年欧洲大饥荒近乎全面的歉收）关联最为密切的还是主要传染病的出现。在此情形下，连年不正常的寒冷潮湿天气和一次致命牛瘟的暴发之间的联

---

[1] Norfolk Record Office DCN 60/33/18–25.
[2] Campbell (2010b), 48–9.
[3] DCc/Bedels rolls Agney 31–32; DCc/Bedels rolls Barksore 25–27.
[4] Abu-Lughod (1989).

系似乎在于天气对牲畜营养和畜群管理的影响，因为从生物学上讲，一旦无生物性免疫力的牲畜与那些长期是病菌宿主的中亚本地牲畜接触，集中放牧和围圈营养不良的牲畜就为牛瘟病毒迅速和广泛传播提供了几乎完美的机会。

目前已有的证据显示，这次动物大流行病在波希米亚呈现出最致命、最具侵略性的形式，时间是在1314—1316年，当时物理性环境强迫对脆弱的生态环境的影响特别强。此后，它几乎以每天1千米的速度向西传遍欧洲，并在1319年到达不列颠，最后在1321年抵达爱尔兰。[1]只有英格兰现存的编年史、庄园账簿和价格证据详细记录了它的传播路线及其对人口的影响。在其他地方，它的进程尚不清楚，而且也没有吸引到多少历史学家的关注。大西洋边缘的爱尔兰显然代表了受到这次畜疫影响的西部边界，但它是否渗入阿尔卑斯山脉南部，并越过比利牛斯山，我们不得而知。当前，没有任何明显的气候或环境原因来解释，地中海地区的欧洲为何避开了这次瘟疫。考虑到这次动物大流行病可能起源于亚洲，欧洲东部广阔牧场的畜群不太可能不被这次灾难光顾，尽管当前缺乏证实此事的明确证据。

在欧洲西北部，被瘟疫袭击的牛群此前从未接触过它，因为这种瘟疫也许自被广泛记录的939—942年大牛瘟以来还从未暴发过。[2]对症药物还未发现，个体的应对大多适得其反，制度性的防控措施还不存在。因此，瘟疫或多或少并未受到控制而顺其自然发展，直至最终耗尽能量。瘟疫所到之处，踩躏牲畜，杀死重要的役牛，减少了牛奶产量，由此降低了营养标准，并严重放大且延长了已经由1315年和1316年毁灭性歉收造成的破坏。[3]这场瘟疫造成的后果如此严重，以至于直到牲畜，特别是耕牛群得到补充之前，农业产量和食物生产都不会立

227

---

[1]　Newfield (2009).
[2]　Newfield (2012).
[3]　对于如此多的奶牛损失可能在营养方面造成的消极影响的推测，见 Slavin (2012), 1263; DeWitte and Slavin (2013).

即恢复到瘟疫之前的水平。英格兰至少用了20年时间才恢复到之前的水平（见图3.24），这也凸显了这个国家以农业为主导的经济所依赖的摇摆的平衡。首先，1315—1321年的大牛瘟说明了旧世界某一部分的环境变迁激活致命病原体的能力，致命病原体没有遇到抵抗，在大陆传播，并对它们最终接触的所有物种产生毁灭性影响。这同样适用于一代人之后袭击欧洲的人类瘟疫，致命病原体在静止500多年之后的生物性重生，正是在同样的气候和生态不稳定时期开始的。

3.03.2　鼠疫耶尔森菌

　　大转型初始阶段的某个时候，鼠疫重新出现，在其位于亚洲半干旱内陆的疫源区内，成为森林啮齿动物的动物流行病。在更大区域内，越来越多的动物受到感染，而且随着病原体体量的积累，鼠疫耶尔森菌基因组发生突变，并产生新的分支。最初这种疾病危害不大，且在地理传播范围上受到限制，后来这种疾病逐渐增强和转型，直到完全从森林啮齿动物大规模扩散给共生啮齿动物，进而，人类成为下一个被感染对象的可能性急剧上升。14世纪40年代，当鼠疫耶尔森菌开始攻击人类之时，鼠疫对西亚大部分地区、小亚细亚、中东、北非和欧洲大部分地区的人口造成了巨大的破坏。自8世纪下半叶第一次大流行暴发以来，还从未发生过如此致命的疫情。13世纪60年代到14世纪40年代的生物性发展构成了这次旧世界最严重的人口灾难的前兆，灾难的起源明显在很大程度上归因于当时已经开始发生的环境变迁。生物学、遗传学和古气候学的最新研究使这些发展的性质、顺序和时间日益明了，它们正是旧世界大部分地区社会命运的基础。

　　鼠疫是一种媒介传播疾病，因此特别容易受到气候和环境变化的影响，因为病原体及其宿主和病媒生物都会直接或间接地对生态影响做出反应。[1]吉尔·林耐·考斯路德（Kyrre Linné Kausrud）等人已经指出，在苏联时期的哈萨克斯坦，温暖潮湿的天气是最可能促使鼠疫的宿主沙鼠和病媒生物跳蚤繁殖的条件，它们导致鼠疫在森林啮齿动物中暴发，并随后在人类中引发人畜共患病。[2]同样，在20世纪初席卷世界的第三次大流行期间，由于鼠疫耶尔森菌传入美国西南部，厄尔尼诺雨季事件造成了鼠疫在北美洲草原土拨鼠群中的暴发，在这个半干旱地区，病原体的宿主已经变成了森林啮齿动物。[3]

在所有这些地区，气候和鼠疫之间的相互作用非常复杂，因为它们通过气温和降雨影响下列因素而发生作用：1.植被生长；2.鼠疫的森林宿主的阈值密度；3.这些宿主携带的跳蚤；4.这些跳蚤的活跃度。例 229 如，在亚洲中部和西部，较高的降水量加速了该地区缺水的草原地区自然植被的生长，并因此增加了森林大沙鼠群的食物供给，使它们的数量增加。如果沙鼠的密度过于松散，那么鼠疫耶尔森菌既不能成长，也不能传播。要想成为鼠疫耶尔森菌的宿主，沙鼠群体就需要足够的规模来支撑其最初的侵入，然后使其持续，而不至于自我消耗殆尽。[4]同时，较高的土壤湿度提高了跳蚤的日存活率，而较温和的春天和潮湿的天气有利于跳蚤繁殖，因此，跳蚤侵染率随着宿主种群密度的增加而提高。[5]这样一来，传染性跳蚤和易感宿主之间的接触和传播被放大了。此外，春天的气温越早上升到10℃的阈值，跳蚤就会越早变活跃，而夏天越潮湿，跳蚤的数量就越多。假如沙鼠宿主的密度已经增长到引起鼠疫暴发的最低水平之上，那么，较温暖的春季和凉爽但潮湿的夏季就可以使鼠疫流行的频率和水平不断升级。[6]相比之下，我们已经知晓，炎热和干旱的条件不利于未成熟和成年跳蚤的生存。实地

---

[1] Woodruff and Guest (2000), 92. Above, Figure 1.2. 疟疾、裂谷热（rift-valley fever）在东非、汉坦病毒肺综合征在美洲西南部、霍乱在孟加拉的肆虐同样受环境条件的影响（感谢 Ben Sadd 提醒我注意这种类似现象的存在）: Patz and others (2005), 311。

[2] Kausrud and others (2010); Schmid and others (2015).

[3] Stapp and others (2004).

[4] Davis and others (2004).

[5] Kausrud and others (2010).

[6] Eisen and Gage (2012), 64–65.

研究结果显示，温度、降雨和湿度对宿主密度、跳蚤存活和繁殖的影响是这个循环中最关键的两个因素。[1]

气候条件和动物流行病、人畜共患病之间存在明确的联系，这一点已得到充分证实，尽管这一发现对思考瘟疫的历史性暴发的影响还未开始。[2]证实极端天气事件和鼠疫暴发之间的联系是一回事，但阐明它们之间关系的精确性和可能的不稳定性是另一回事。例如，1999年，理查德·斯托瑟斯（Richard Stothers）将注意力投向公元536年、626年和1783年的大规模火山爆发与随后在公元541—544年、627—639年和1784—1787年中东和/或地中海东部暴发的鼠疫大流行之间"暗含的因果联系"。[3]这些鼠疫中最大的一次是6世纪的"查士丁尼鼠疫"，230 长期以来它被怀疑是第一次跨大陆的鼠疫耶尔森菌传染病，现在这一怀疑得到证实，其依据是对巴伐利亚阿施海姆中世纪早期的墓地中出土的6世纪遗骸的aDNA分析结论。[4]正如贝利已经证实的那样，它提供的案例清楚显示，一次毁灭性的人类鼠疫的暴发与一场至少全球范围相当短的气候异常同时出现，当时生态系统、病原体、宿主和病媒生物之间的关系可能已经在鼠疫的天然疫源区内被打乱，而该疫源区最可能在干旱中亚的某个地方。[5]有趣的是，第二次鼠疫大流行时的环境背景并非不同，因为其在经历数个世纪的沉寂之后重现的先兆是中世纪气候异常期大气环流模式到小冰期模式转型的开启。

3.03.2a 鼠疫耶尔森菌的宿主和病媒生物

作为一种疾病，鼠疫的特别之处在于其入侵和拓殖新领域、适应不同生态环境，并寄生于不同宿主的能力。由于细菌看起来每次都能

---

[1] Ari and others (2011).
[2] Enscore and others (2002); Stapp and others (2004); Stenseth and others (2006); Zhang and others (2007); Mills and others (2010); Kausrud and others (2010).
[3] Stothers (1999), 719–729.
[4] Wiechmann and Grupe (2005); Harbeck and others (2013); Wagner and others (2014).
[5] Below, Appendix 4.1, Figure 4.15; Baillie (1994); Baillie (2008). 关于第一次大流行可能起源于中亚的论述，见 Morelli and others (2010); Wagner and others (2014)。

够独立地在土壤中生存和坚持数日、数周，甚至数月，被污染的土壤就提供了一个可能的疫源区，从那里挖洞的哺乳动物通过吸入和/或摄食被再次传染。[1]在中亚地区，土拨鼠、沙鼠和地鼠都是森林（野生）哺乳动物类宿主，但雪貂和田鼠，以及美洲的黑尾犬鼠和地松鼠也可以隐匿这种传染病。[2]正如在宿主/寄生虫关系中普遍存在的那样，大多数长期固定栖息于森林（或维生）的宿主对鼠疫耶尔森菌有相对高的忍耐力；仅仅当细菌传播到共生（家养）啮齿动物时，快速传播才会发生，人类死亡率才会攀升。[3]与流行观点不同，共生啮齿动物（特别是黑家鼠）很少是鼠疫耶尔森菌的主要宿主。相反，它们在瘟疫暴发中的角色通常来自它们"扮演'联络'宿主的能力，即在森林疫源区和人类之间传播鼠疫"[4]。

　　鼠疫耶尔森菌主要是一种动物病原体，往往通过昆虫叮咬来传播，这些昆虫通过吸食它们宿主的血液维生。[5]跳蚤一般在传播细菌的过程中承担关键角色，直接通过寄生于森林宿主，或间接通过共生啮齿动物传播给人类，因此长期以来，人们一直认为菌栓蚤（blocked fleas）在传播过程中的角色至关重要。[6]这些跳蚤在从一次取自一种被感染啮齿动物的血餐中摄入高浓度的杆菌（通常每毫升106个菌落形成单位）之后，胃部就形成了鼠疫耶尔森菌栓塞。[7]栓塞仅仅发生在少数跳蚤身上，这些跳蚤享用过血餐，并对热度敏感，它们需要的理想温度是16℃—22℃。栓塞通常有2—3周的潜伏期，因为栓塞会导致跳蚤变得饥饿，大多数跳蚤在被感染之后很快死去。在这个短暂的感染期内，饥饿驱使跳蚤们贪婪地吸食啮齿动物的血液，或万不得已之时，以人类的血液为生，其方式或是使混入携带鼠疫耶尔森菌的栓塞物质的血

231

---

[1] Drancourt and others (2006); Ayyadurai and others (2008). 但也见 Eisen and others (2008).
[2] Gage and Kosoy (2005), 513–514.
[3] Gage and Kosoy (2005), 509, 513–514; Christakos and others (2007), 701–702.
[4] Stenseth and others (2008), 0010; Gage and Kosoy (2005), 518–520.
[5] 参见 Sun and others (2014)，关于"一种逐级进化模式，鼠疫耶尔森菌在其中以一种跳蚤携带的克隆菌的面目出现，每一次基因变化都在逐步加强传播循环"。
[6] Shrewsbury (1971), 2–3, 21–22; Benedictow (2010); Eisen and others (2015).
[7] Eisen and Gage (2012), 65.

液回流至被咬过的伤口，或将粪便中的病菌排泄到皮肤上，由此通过搔抓进入伤口，受害者的血液中因此被鼠疫耶尔森菌污染。在人类的案例中，

> 在由跳蚤传播的第一周内，细菌从皮肤上被咬的位置传播到局部淋巴结，从而引起腺鼠疫。从那里，细菌很快入侵血液，并感染许多内脏器官。被感染的组织通常包含大量细菌，血液中含有高浓度细菌、往往致命的败血症是鼠疫的一个标志。[1]

当通过这种方式传播时，跳蚤在其啮齿动物宿主大量死亡之后才转向寄居人类。[2]因此，J. F. D. 什鲁斯伯里（J. F. D. Shrewsbury）宣称："在人类历史上的所有腺鼠疫中，家鼠身上的流行病必定先于人类疾病发生，并与人类疾病共进化"[3]。换句话说，"除非啮齿动物死绝，否则人类无法独善其身"[4]。鼠疫的两种最有效的病媒生物跳蚤是印度客蚤和欧洲鼠蚤，其中，印度客蚤（这种病媒生物也传播鼠型斑疹伤寒）是迄今更危险的病媒生物。在一种动物流行病全面暴发之前，需要高密度的被感染的啮齿动物群体，以及单个啮齿动物宿主携带大量跳蚤，这反过来又是一种人畜共患病暴发的重要前提条件。[5]根据这种分析，没有啮齿动物或它们的森林同类的地区，如斯堪的纳维亚半岛北部大部分地区，应该没有受到过传染。[6]

　　奥勒·本尼迪克托坚称，以黑家鼠为主要宿主和印度客蚤为主要病媒生物的这样一种传播机制足以解释第二次鼠疫大流行的暴发。[7]现

[1]　Lorange and others (2005), 1907.
[2]　Lorange and others (2005), 1908; Prentice and Rahalison (2007), 1200–1201; Monecke and others (2009), 587, 590; Eisen and Gage (2012), 65–69.
[3]　Shrewsbury (1971), 4.
[4]　Herlihy (1997), 26.
[5]　Lorange and others (2005), 1907; Gage and Kosoy (2005), 506–509. 关于鼠疫的顽强防御的经典模式，及鼠疫对黑家鼠和跳蚤的依赖的论述，见 Benedictow, 2010，特别是 3–22。
[6]　Hufthammer and Walløe (2013).
[7]　Benedictow (2010).

代生物学家并不确定，而且现在也承认，"鼠疫耶尔森菌通过菌栓蚤传播……无法充分解释鼠疫和动物流行病的典型特征——快速传播"[1]。一般而言，鼠疫传播的其他方法是有效的，包括菌栓蚤、其他类鼠蚤，可能是人蚤，乃至其他人类体表寄生虫，如虱子。[2]因此，当前更多的注意力逐渐投向对造成鼠疫传播的病媒生物、它们所寄生的宿主和传播发生的精确机制的考察。[3]

鼠疫在20世纪初传入美国西部，在那里，它成为在穴居黑尾草原土拨鼠和地松鼠群中传播的地方性疾病。在这里，蒙大拿山蚤是造成疾病向人类转移的主要病媒生物跳蚤。这些跳蚤很少"形成栓塞"，在它们具有传染性之前，也没有一个长潜伏期。相反，在享受完一顿携有鼠疫耶尔森菌的血餐之后，它们几乎立即变得具有传染性，而且在此后至少四天时间里仍然如此，如果它们吸食了增强传染性的血液的话，其传染性可以保持更长时间。此外，这种传播方式可以发生在明显低于菌栓蚤传播方式所要求的16℃—22℃的温度环境中。[4]瑞贝卡·艾森（Rebecca Eisen）等人认为，这种经"菌栓蚤的有效早期传播的场景"足以"解释鼠疫和动物流行病的特征——快速传播"。[5]当前我们已经得知，无数种类的跳蚤都具备早期传播的能力，包括鼠蚤和印度客蚤。[6]此外，鉴于第二次鼠疫大流行的传播与那些在营养不良和贫困的条件下人与人之间直接传播的疾病蔓延有相似之处，可能更有意义的是，"人蚤进行的早期传播能够解释黑死病在少有或者没有印度客蚤的欧洲地区也能快速传播"[7]。

人蚤曾被误认为是"一种非常弱的鼠疫生物媒介"：它不形成栓

233

[1] Eisen and others (2006), 15380; Webb and others (2006); Eisen and Gage (2012), 65–66; Eisen and others (2015).
[2] Gage and Kosoy (2005), 514–517; Ell (1980), 502–503, 510; Walløe (2008), 71–73; McMichael (2010); Houhamdi and others (2006); Leulmi and others (2014); Ratovon-jato and others (2014).
[3] Inglesby and others (2000); Prentice and Rahalison (2007); Stenseth and others (2008); Eisen and Gage (2012).
[4] Williams and others (2013); Eisen and others (2015).
[5] Eisen and others (2006), 15380; Eisen and Gage (2012), 66.
[6] Eisen and others (2006), 15380; Eisen and Gage (2012), 66.
[7] Eisen and others (2006), 15383; Eisen and others (2015).

塞，而且，它是否可以隐匿足够多的细菌以实现传播也受到怀疑。[1]然而，长期以来，人们也曾怀疑人蚤是一种鼠疫病媒生物，因为它更好地解释了黑死病表现出的在人与人之间快速和直接传播的能力。[2]1965年，它被指出现在"玻利维亚安第斯山脉暴发的一次不大的腺鼠疫"之中；2007年，一项关于坦桑尼亚鼠疫传播的个案研究证实，人蚤密度与鼠疫频率之间呈现出清晰的正相关关系；[3]2008年，生理学家拉尔斯·瓦隆（Lars Walløe）满怀信心地宣称：

> 欧洲历史上大多数（或全部）鼠疫的中间宿主都不包括啮齿动物。传播模式是经一种昆虫媒介在人类之间传播。人蚤可能是19世纪末之前欧洲最重要的昆虫媒介，但其他体表寄生虫（其他跳蚤、虱子等）也可能属于此列。[4]

尽管如此，迄今为止，可以确认人蚤是第二次鼠疫大流行在整个大陆传播中的一种活跃媒介的结论性证据仍没有找到。[5]

同样的定性也适用于虱子。众所周知，虱子是引起流行性斑疹伤寒（一种在中世纪晚期可能存在，也可能不存在的疾病）的普氏立克次体细菌的病媒生物，因而臭名远扬。[6]虱子作为一种有效的病媒生物的例证来自对摩洛哥南部和刚果的实地观察，以及实验室中对兔子的实验结果，后者证实鼠疫耶尔森菌的东方型菌株能够以这种方式传

234

---

[1] Eisen and others (2015). 人蚤已经被认定在 1526—1527 年的拉古萨瘟疫和 1575—1577 年的越南瘟疫中引起了人与人之间的快速传播：Blažina Tomićand Blažina (2015), 162, 301。

[2] Slack (1989), 462–463; Ell (1980), 502–503, 510; Gage and Kosoy (2005), 517. 但也有反对观点，见 Benedictow (2010), 9–16。想要传染发生，病媒生物跳蚤应该：1. 在寄生于一个菌血症宿主后被感染；2. 存活时间足够长，使细菌繁殖到保证传播的足够数量；3. 能够将足够浓度的鼠疫耶尔森菌转移到一个无抵抗力的宿主身上，以引起传染：Eisen and Gage (2012), 69。

[3] Eisen and others (2015), 引自 Beasley (1965); Laudisoit and others (2007). 关于马达加斯加和刚果的人蚤中的鼠疫耶尔森菌的考察，见 Leulmi and others (2014); Ratovonjato and others (2014)。

[4] Walløe (2008), 72–73; Eisen and others (2015).

[5] Eisen and others (2015).

[6] Raoult and others (2004); Bechah and others (2008). Nightingale (2005, 54, 61) 推测，斑疹伤寒可能曾在 14 世纪的英格兰暴发。

播。[1]如果这对于引发黑死病的更加原始的鼠疫菌株同样正确的话，虱子应该为将人类转变成鼠疫耶尔森菌的庞大宿主和牺牲品提供了一种理想的病媒生物。人类感染虱子在中世纪可能就很普遍，而且虱子就像跳蚤一样，能够跟随衣物和丝织品流动。它们在比印度客蚤所要求的更低的温度下大量繁殖，毫无困难地由人类带到没有鼠疫的地区，而且能够在它们的人类宿主死后保持长达三天的传染性，由此传染给那些处理尸体的人。有意思的是，马赛研究小组报告称，他们发现了一名中世纪晚期威尼斯的鼠疫受害者，此人同时感染了五日热巴尔通体（由人体虱传播）和鼠疫耶尔森菌。这一报告宣称："这印证了之前的假设，即人体虱是推动黑死病在欧洲肆虐的病媒生物。"[2]根据这些线索，米歇尔·德朗古（Michel Drancourt）等人认为，共生啮齿动物中的动物流行病可能引发了地方性人类疾病的流行，然后演进成由人类体表寄生虫传播的大流行。[3]由此可见，人类受这些体表寄生虫的感染越严重，此类交叉发生的可能性就越大。这也有助于解释，在没有啮齿动物的情况下，人类瘟疫、恶劣天气、歉收、饥荒、贫穷与鼠疫出现之间存在清晰的联系。[4]

在人类当中，鼠疫耶尔森菌也可以通过呼吸道进入人体内，以这种入侵肺部和致命的形式，一旦动物流行病演变为人畜共患病，鼠疫就可以直接在人与人之间传播。然而，尽管有人宣称肺鼠疫是黑死病期间更大的杀手，但"这种形式在缺乏腹股沟腺炎症的情况下无法作为一种独立的疾病持续下去"[5]。现代流行病学的证据表明，通过这种途径感染鼠疫的风险是很低的，因为"感染鼠疫的人通常只在疾病晚期，即感染者咳出大量的血痰时，并且通过亲密接触来传播"[6]。疾病的广泛

235

---

[1]　Blanc and Baltazard (1942); Drancourt and others (2006); Houhamdi, and others (2006); Ayyadurai and others (2010); Piarroux and others (2013).

[2]　Tran and others (2011), 3 of 5.

[3]　Drancourt and others (2006). 此外，Shrewsbury (1971, 124–125) 提出，鼠疫可能与流行性斑疹伤寒同时发生。

[4]　Cohn (2002a), 1.

[5]　Morris (1971); Shrewsbury (1971), 2; Benedictow (2010), 7–8, 511–514.

[6]　Kool (2005), 1166.

传播也受到肺部感染者生病和死亡的速度的限制，因为那些感染者很快就会严重到无法出行。肺鼠疫因此通常是鼠疫的一种次要而非首要的特色。而由人到人的原发性腺鼠疫能够单独暴发，最著名的发生在1910—1911年和1921—1922年的中国东北，但这种暴发在时间和空间范围上总是受到限制，死亡人数也不多。[1]在一种甚至更罕见的情况下，这种疾病通过摄食来自动物尸体的感染组织而得到传播。[2]

3.03.2b   从地方性兽疫到大流行：鼠疫周期

鼠疫在荒野已经存在了数千年，主要是一种在穴居啮齿类动物之中流行的偶然性地方性兽疫，只是偶尔会导致人类的死亡。然而在6世纪、14世纪和19世纪，它发生转型，变成一种毁灭性的泛大陆人类大流行病。从生物学角度来看，这种情况发生的概率很低，因为每一次大流行都要求宿主（在不同的森林啮齿动物之间，以及从森林啮齿动物到共生啮齿动物）和病媒生物（从鼠蚤到可能的人蚤，可能也有虱子）发生关键变化，它反过来依赖更广泛的生态发展。在细菌、土壤、啮齿动物宿主、昆虫媒介和人类之间的互动关系中，鼠疫实际上是一种深刻的生态疾病。米歇尔·德朗古、琳达·胡哈米迪和迪迪埃·拉乌尔勾勒出了一个连续的"鼠疫周期"轮廓，它包括五个阶段：地方性兽疫、动物流行病、动物大流行病、人畜共患病和大流行（见图3.27）。[3]前四种已经被充分记录和认识，最后一种仍然是假设。

最初的地方性兽疫阶段，盛行于重大瘟疫之间漫长间歇期中（见图3.27，阶段1），永久性的疫源出现在森林穴居啮齿类动物之中，如土拨鼠、地鼠和沙鼠，它们原产于半干旱的中亚内陆。由于长期接触这种细菌，这些动物与鼠疫耶尔森菌保持着一种相对良性的关系，这

---

[1]   Benedictow (2010), 8, 511–514.
[2]   Eisen and others (2006), 15380.
[3]   Drancourt and others (2006). [原为：Kausrud and others (2010); McMichael (2010)。]

236

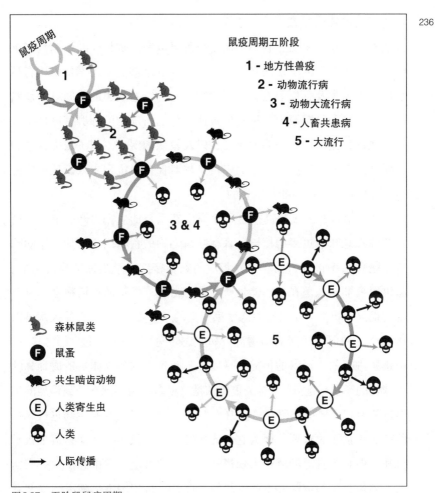

图 3.27 五阶段鼠疫周期

资料来源：Drancourt and others（2006）

些病原体造成的死亡率也很低。[1]鼠疫耶尔森菌能够存续，是因为足够多的宿主仍然抵抗力脆弱，足以维持细菌在血液中的高度集中，而这是蚤传播及此后传播周期得以持续所需要的。[2]细菌在哺乳动物洞穴中　237

[1]　Gage and Kosoy (2005), 506–509; Stenseth and others (2006); Eisen and Gage (2009); Kausrud and others (2010).

[2]　Eisen and Gage (2012), 69.

长期存活的能力是鼠疫耶尔森菌不可能灭绝的另一个原因。实际上，鼠疫不像天花和牛瘟，它不可能是一种可以完全被根除的疾病。当鼠疫耶尔森菌仍然处于休眠状态时，它很少以足够高的浓度集中于森林啮齿动物宿主及它们的蚤类病媒生物之中，它对人类的威胁只是偶然的。这些半干旱草原上的稀疏植被使森林啮齿动物的种群密度低于引发一次动物流行病所需要的密度，以及较低的湿度限制了蚤类数量和活跃度的上升。因此，当时的气候条件对保持鼠疫耶尔森菌处于这种地方性兽疫状态中是非常重要的。

　　降水增加和湿度提高使这种草原生态系统的生产力开始上升。更多的降水意味着更多的植被、森林啮齿动物的食物供应增加、年幼啮齿动物存活率提高，而且，其相应的数量密度升至更加危险的水平，超出鼠疫耶尔森菌在自然储量所要求的密度。幼蚤的存活率也随着湿度的提高而提高。这就是生态学家定义的"营养级联"，它使疾病可以传播至一种更为活跃的动物流行病状态（见图 3.27，阶段 2 ），其中，由跳蚤进行的更活跃的传播容易接触不断集中的病原体，造成森林啮齿动物的死亡率上升。[1]至关重要的是，更多的动物现在受到强烈的菌血症的侵扰（鼠疫细菌在血液中的浓度），这对蚤类病媒生物进行鼠疫的有效传播至关重要，因为它们的血餐太少。虽然啮齿动物宿主数量可观，但它们身上的跳蚤大规模转移到人类身上，并由此扩大为全面的人类流行病的危险并不高。尽管如此，直接接触森林啮齿动物和它们毛皮的人，尤其是猎人、围捕者和牧人，现在处于更大的感染瘟疫的危险之中。在有确定的森林疫源的地区，通过这种途径的人类感染可能是相当普遍的，但通常只是引起零星死亡，而不是死亡率激增。

　　只有当鼠疫从森林啮齿动物转移到共生啮齿动物，并变成一种动物流行病时，它才成为对人类的一种严重威胁（见图 3.27，阶段 3 ）。这很可能是在鼠疫已经传播至各种其他森林啮齿动物和小型哺乳动物

---

[1]　Eisen and Gage (2012), 69.

之后才发生的，所有这些动物都成为这种疾病的供养宿主。鼠疫耶尔森菌向共生啮齿动物溢出因此应该被视为一种特别的发展，最可能发生在森林啮齿动物突然减少之时，因突然干旱导致的食物供给减少，或异常严重的疾病死亡率，使它们的嗜血且携带病原体的病媒生物跳蚤去寻找其他宿主。正是在这个阶段，家鼠被扯进病原体的传播之中。家鼠紧密地居住在人类周围，与它们的森林同类相比，它们对鼠疫耶尔森菌很少有抵抗力，因此，当跳蚤通过家鼠的聚居地迅速传播病原体时，鼠疫暴发就采取了一种"动物流行病"的形式，啮齿动物开始大量死亡。死亡主要发生在啮齿动物被感染后的10—14天之内。随后共生啮齿动物数量的锐减对人类产生了严重影响。再一次，病媒生物跳蚤，不论有无形成栓塞（形成栓塞的胃口更大），都被迫去寻找替代宿主，这一次是人类，他们与共生啮齿动物一样，对这个传染病毫无抵抗力。[1]在多种鼠蚤之中，印度客蚤被视为最有效的潜在病媒生物，因为它能够有效地进行传播，其方式是通过初期阶段和栓塞机制，并依靠共生啮齿动物、森林啮齿动物，必要的时候也包括人类为生。[2]

　　一开始主要局限于森林啮齿类和共生啮齿动物的动物流行病现在已经溢出，成为一种人畜共患病（见图3.27，阶段4），并导致大量人口死亡。虽然啮齿动物成为鼠疫耶尔森菌的供养宿主，但它们身上的蚤类，特别是印度客蚤和欧洲鼠蚤，是鼠疫的主要病媒生物，但人畜共患病的延续和传播无法独立于伴生的动物流行病维持。正如斯特凡·莫内克（Stefan Monecke）等人关于1613—1614年弗莱堡鼠疫的研究所证实的那样，首先，共生啮齿动物感染了鼠疫耶尔森菌，并开始大量减少，接着嗜血的蚤类将人类作为临时宿主，接着人类感染鼠疫耶尔森菌，随后蚤类数量减少，向人类的传播停止，鼠疫消失。[3]此外，只要鼠疫主要由菌栓蚤传播，这种人畜共患病的传播便以啮齿动

---

[1]　Christakos and others (2007), 702.

[2]　Eisen and Gage (2012), 69; Eisen and others (2015). 相同的病媒生物造成了鼠型斑疹伤寒的传播。

[3]　Monecke and others (2009).

物首先感染为条件，并由人类接触和携带那些跳蚤而得到维持，结果，这种疾病断断续续而且不均衡地传播，并对人类造成无差别的影响。[1] 肺鼠疫的暴发本不会明显改变这种模式，除非它与流感等其他传染性肺部疾病结合，因为这样的病例太少，从感染到死亡的过程也太快。[2]

只有在第五个阶段，也是至今仍是完全假设性的最后一个阶段，当人类的体表寄生虫取代鼠蚤成为鼠疫耶尔森菌的主要病媒生物，鼠疫才可能摆脱对伴生的动物流行病的依赖，并作为一种致命的人类疾病而独立存在。为了完成这最后一次转型（目前尚未得到科学验证），从地方性兽疫到大流行（见图 3.27，阶段 5），可以想象，人蚤和虱子需要变成活跃的病媒生物。有了这种关键的生物性替代，鼠疫就有了通过脆弱的人类向更远和更广大地区传播的可能，不管共生啮齿动物是否存在或被传染。[3]现在，这种疾病的传播取决于人类旅行的速度、方向和距离，以及被感染的人和相应昆虫媒介各自的潜伏期。[4]利于疾病在人类中传播的前提条件包括稠密的人口，完整的交通网络，较高的流动水平，饥荒和/或战争引起的营养、卫生和公共卫生的崩溃。因此，贫困、人口过多和感染体表寄生虫的不卫生人群特别危险。在这个最后阶段，尽管这种或那种昆虫媒介仍然是鼠疫传播的固有特征，但这场大流行病还是会呈现出人传人的特点。[5]然后，鼠疫正常发展，直到易感病媒生物的储存耗尽，此时，它或者消失，或者进入休眠，只有在下一代人中才会复燃或被重新引入，那时生态、生物和人口的条件再次成熟。请注意，只有极少数鼠疫具有明显的感染性传播模式，如黑死病，才能够以这种方式传播，这种传播机制是否能够完全独立于一种以啮齿动物为病媒生物的动物流行病/人畜共患病，还是一个悬

---

[1]　Lorange and others (2005); Drancourt and others (2006), 235–236; Christakos and others (2007), 716–717; Vogler and others (2011).

[2]　Kool (2005); Drancourt and others (2006), 235–236.

[3]　Wood and others (2003), 427：“黑死病在各个地区之间传播过于迅速，以至于它还没有演变成类似腺鼠疫的人畜共患病。”

[4]　Ell (1980), 502–503, 510; Drancourt and others (2006).

[5]　Welford and Bossak (2010a), 568–570; Welford and Bossak (2010b).

而未决的问题。

　　之所以提及这种演进情节中的假设性第五阶段，是因为它符合长期困扰历史学家的第二次鼠疫大流行的六个关键特征，并导致有些人质疑这次大流行是否就是鼠疫。第一，它可以解释当今广泛流传的观点，即人类是鼠疫传播中的积极角色。第二，它符合黑死病表面上的传染模式，即通过港口到港口、城市到城市、定居点到定居点的人类交通动脉传播，在夏天达到死亡率高峰，因为那时的旅行和流动人口最多，气温和湿度最适合细菌及其昆虫病媒生物。[1]这既不是病原体随空气传播的模式，也不是通过森林啮齿动物和共生啮齿动物连续传播的模式。第三，它可以解释当时的记载为何明显没有任何提及伴随的啮齿动物的动物流行病，尽管它曾经应该规模很大，而且更为特别的是，鼠疫蔓延到了那些被认为没有黑家鼠的地区。[2]第四，它符合鼠疫侵入广大地理环境的能力，不论那里是否有人类定居，从北非到斯堪的纳维亚半岛北部，从黑海之畔到爱尔兰海滨，由此凸显大部分欧洲共同体在商业和政治上有非常紧密的联系，从地中海到波罗的海，从黑海到大西洋，直到今天也是如此。第五，人类的体表寄生虫成为一种病媒生物将解释为什么整个家庭都容易被感染，不论身处何种财富或社会阶层，以及为什么在那些受跳蚤和虱子侵扰最严重或与其接触的人群中死亡率最高，特别是穷人和领俸教士。第六，随着人类及其体表寄生虫作为宿主和病媒生物，以及迅猛的初期传播，我们更容易看到，黑死病如何能够以其更为简单的病毒传播机制，以两倍于20世纪印度大瘟疫（依赖动物流行病，辅以铁路运输）传播的速度，以及5倍于1316—1321年具有高度传染性的大牛瘟的扩散速度进行传播的。[3]鼠疫在船只和马匹的帮助下，以人类的速度越过海洋和陆地，而不是

240

---

[1]　Benedictow (2010), 396–484.

[2]　Herlihy (1997), 26：" 并非只有一个西方编年史家注意到这次畜疫的暴发，大量老鼠的死亡应该发生在人类瘟疫之前，并与之相伴随。在经典的腺鼠疫流行病学中，人类只可能从一只垂死的啮齿动物那里接触到这种疾病。" Hufthammer and Walløe (2013).

[3]　Christakos and others (2007); above, Section 3.03.1b.

以放牧牛群或用牛拉车的慢得多的速度前进，更不用说黑家鼠和它们身上的跳蚤或偷乘船只，或藏于托运的粮食或成捆的商品中，从一个定居点到另一个定居点连续迁移。

3.03.2c　鼠疫的中亚起源

“医学史之父” J. F. C. 赫克（J. F. C. Hecker）在1832年提出，第二次鼠疫大流行起源于中国，然后向西席卷亚欧大陆。[1]这个观点一直流传至今，到了1977年，威廉·麦克尼尔在其著名的《瘟疫与人》一书中进行了重新阐述。[2]麦克尼尔推测，中国西南部的云南省（1855年第三次大流行的起源），位于中国、不丹和印度之间的喜马拉雅山脉东麓，是鼠疫的一个天然疫源地。他提出，从这里开始，在13世纪或14世纪初的某个时候，人类无意中向北传播芽孢杆菌，直到鼠疫耶尔森菌出现在位于中国东北和俄罗斯南部亚欧大草原上的穴居哺乳动物群中。他认为，1331—1332年发生在中国东部河北省的一场致命但未有详细记录的大流行是关于黑死病大暴发的最早记录。他还提出，在接下来的15年，鼠疫经由跨越“蒙古和平”的内陆商路，向西传播了近6 500千米，直到1346年，它出现在围攻黑海港口卡法的蒙古军队之中。

并非所有人都被这一论点说服。根据对现有的已发表证据的详细梳理，约翰·诺里斯（John Norris, 1977）宣称对“历史记录均将14世纪黑死病的发源地定为中国、印度和中亚的观点表示强烈质疑”[3]。乔治·苏斯曼（George Sussman, 2011）在较近一次对文献的全面考察时，未发现中国有与确诊的鼠疫相符的疾病症状的任何描述，因此，他得出结论说，黑死病“从未到过中国”[4]。汉学家保罗·D. 布埃尔（Paul

---

[1]　Hecker (1832).

[2]　McNeill (1977).

[3]　Norris (1977), 24.

[4]　Sussman (2011), 354.

D. Buell，2012）对此表示赞同。在他看来，在中国的文献中既没有令人信服的关于鼠疫的医学证据，历史档案中也没有任何记载表明中国"遭遇了西方和中东经历的大规模鼠疫流行"[1]。事实上，上述三位学者认为，黑死病更可能发源于西方，而不是东亚。[2]

诺里斯将引发黑死病的关键性生物性事件，也就是鼠疫耶尔森菌从森林啮齿动物到共生啮齿动物宿主的传播，定位在里海盆地某处，而不是中国。那片冬季寒冷、夏季十分炎热的半干旱大陆地带，其降雨量依赖西风带气流，长期以来是鼠疫的天然疫源地之一。这里的草原地带蛰伏着穴居的土拨鼠和黄地鼠，它们继续扮演着鼠疫病毒的森林宿主的角色，它们被污染的洞穴成为鼠疫的传染源。在诺里斯的分析中，鼠疫从里海盆地向西穿越金帐汗国的土地到达克里米亚，向东进入现在的哈萨克斯坦，向南进入库尔德斯坦地区和伊拉克。本尼迪克托（2004年）对此表示同意，并认为，有必要只在注入里海和黑海的伏尔加河和顿河下游寻找造成14世纪40年代中期肆虐的黑死病的鼠疫源头。[3]

"西亚起源说"肯定与拜占庭编年史学家尼基弗鲁斯·格里戈拉斯（Nicephoros Gregoras）的叙述一致，他认为，鼠疫于1346年春来自"斯基泰和马尤泰与顿河河口"[4]。同样，拜占庭皇帝约翰六世曾提到，黑死病首先出现在斯基泰，它位于里海和黑海之间，当时属于金帐汗国的领地。[5]根据意大利北部皮亚琴察的律师和编年史学家加布里埃尔·德·穆西斯（Gabriel de Mussis）的说法，札尼别汗的蒙古军队将鼠疫传给了卡法港的热那亚居民，他们的水手接着将其带到了黑海、爱琴海和地中海的各个港口。[6]尽管贝利（2006年）已经质疑穆西斯记载的精确性，而且苏珊·司各特和克里斯托弗·邓肯在2001年也提出

242

[1]　Buell (2012), 129.
[2]　关于异议，见 Hymes (2014)。
[3]　Benedictow (2004), 50.
[4]　转引自 Norris (1977), 11; Benedictow (2004), 44–54。
[5]　Aberth (2005), 15–16.
[6]　Schamiloglu (1993); Horrox (1994, 14–26) 提供了德·穆西斯的完整记载。

瘟疫的东非起源说（他们宣称此次瘟疫是一次出血热，而非鼠疫），但大多数权威学者现在普遍接受，在14世纪40年代中期侵扰金帐汗国的鼠疫是关于黑死病暴发的第一次明确的文献记载。[1]目前所缺乏的只是从这个广阔地区的14世纪鼠疫受害者的遗骸中提取的关于鼠疫的可靠aDNA证据。

但是，里海盆地和黑海之间的草原地带是否是第二次鼠疫大流行的终极发源地，还是仅仅是最接近的发源地呢？当诺里斯将该地选为黑死病的终极起源地时，他也接受了鼠疫是外来的和更早暴发的可能性，即来自向东3 000千米之外的吉尔吉斯的伊塞克湖，位于被称为"丝绸之路"的东西商道北部分支的天山山脉北麓。[2]在这里，根据无法核实的1885年俄国考古发掘结果，两座聂斯托利派坟墓的墓志铭显示，1338/1339年，一场神秘而致命的"瘟疫"导致大量人口死亡。[3]直到今天，森林鼠疫仍然在该地区庞大的沙鼠种群中蔓延，而沙鼠的数量通常反映出不同降水量对植被生长和食物供给的影响。[4]当病媒生物跳蚤将鼠疫传播给人类受害者时，灾难仍会偶尔发生。[5]

从诺里斯开始，历史学家迈克尔·多尔斯（Michael Dols，1977年）、乌利·沙姆格鲁（Uli Schamiloglu，1993年）和罗斯玛丽·霍罗克斯（Rosemary Horrox，1994年）都将黑死病的起源地定在中亚某地。[6]关于这种观点的历史证据来自当时的评论家阿布·哈夫斯·奥马尔·伊本-阿尔·瓦尔迪（Abū Hafs ʿUmar Ibn al-Wardī）。1348年，伊本-阿尔·瓦尔迪正在巴勒斯坦北部的阿勒颇写作，他记载，鼠疫在到达克里米亚之前袭击了印度北部、"乌兹别克人的土地"、中亚河中地区和波斯。[7]

---

[1]　司各特和邓肯提出的"中非起源说"与黑死病在1347/1348年传播的记录日期和方向不一致：Benedictow (2010), 586–587。

[2]　Below, Figure 4.9.

[3]　Norris (1977), 10–11。

[4]　Stenseth and others (2006); Kausrud and others (2010).

[5]　2013年8月27日，星期二，英国广播公司世界新闻频道报道，在吉尔吉斯斯坦东部靠近哈萨克斯坦边界的一个叫伊茨克-折尔格茨的小山村中，一名15岁的牧羊人死于淋巴腺鼠疫，这显然是30年来第一个死于鼠疫的人。

[6]　Dols (1978); Schamiloglu (1993); Horrox (1994).

[7]　Aberth (2005), 17.

243

奥斯陆鼠疫研究团队长期研究苏联时代关于哈萨克斯坦东部的哈萨克地区（靠近伊塞克湖北部）鼠疫暴发和天气的详细记录，也认为第二次鼠疫大流行"可能出现在中亚内陆地带，那里的鼠疫细菌看起来在与其现存最近的亲属假结核耶尔森菌分裂后可能已经进化，至今在许多地区仍然是一种地方病"[1]。

虽然历史学家理所当然地认为，黑死病最终起源地问题的答案"如果真在某处的话，应该在中亚和远东文献中"，但解决这个问题似乎反而靠的是微生物学家和遗传学家联合提供的基因组新证据。[2]这是因为鼠疫耶尔森菌基因组在空间传播期间发生变异，这创造了特定国家的系谱，其特定系谱的单核苷酸多态性为它进行空间传播的路径及此后的续发事件提供了线索。[3]因此，焦万纳·莫雷利等人（Giovanna Morelli and others，2010年）表明，鼠疫耶尔森菌基因组的最初系统发育重建强烈地显示，病毒很可能"在中国进化，并抓住多个机会传向其他地区"[4]。至关重要的是，正如微生物学家马克·阿克特曼（Mark Achtman，2012年）所解释的那样，在任何地方都找不到如此多的古代鼠疫菌株和变种；此外，该系谱的基本种群发现于中国，所有分支的多个其他种群也是如此（见图3.28）。[5]

正是古代中国基因型与最近确定的造成14世纪英格兰、法国、荷兰的鼠疫受害者大量死亡的鼠疫菌株有着最密切的联系。[6]这一aDNA证据推翻了诺里斯所假设的传播方向，他曾提出"这种微生物从里海的核心区向东传播"，他也曾反对"这种微生物的远距离、快速而隐秘的传播"，而这种传播现在已经为系统发生分析所证实。[7]相反，新的基

[1] Kausrud and others (2010), 2 of 14; Suntsov (2014).
[2] Dols (1978), 113.
[3] 关于这种方法在马达加斯加鼠疫传播中的详细应用，见 Vogler and others (2011)。单核苷酸多态性是最常见的基因变种类型；每一种单核苷酸多态性都代表了单一 DNA 构成要素上的一种差异，被称为一个苷核酸：http://ghr.nlm.nih.gov/handbook/genomicresearch/snp。
[4] Morelli and others (2010), 1141; also Achtman and others (2004), 17842.
[5] Achtman (2012), 864.
[6] Haensch and others (2010), 5 of 8; Bos and others (2011); below, Section 4.03.1.
[7] Norris (1977), 24; Norris (1978). Benedictow (2010, 621n.) 也表达了这个观点，即"存在有趣的理由认为，腺鼠疫从欧洲来到中国"。

245

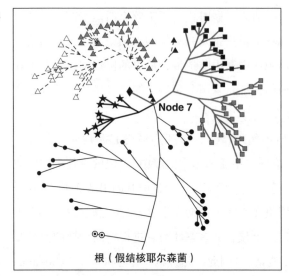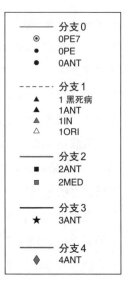

图 3.28　鼠疫耶尔森菌系统发生树

基因组序列的名称：ANT&IN= 古典型（antiqua）；MED= 中世纪型（medievalis）；ORI= 东方型（orientalis）；PE= 田鼠型（pestoides）；Node 7= 黑死病之前的多歧分支（multiple polytomy that preceded the Black Death）
黑死病基因组 = 根据对来自圣洛朗–德拉卡布勒里斯（法国）、赫里福德（英格兰）和卑尔根奥松姆（尼德兰）的 14 世纪鼠疫受害者的 aDNA 分析确定的特殊鼠疫耶尔森菌菌株
资料来源：根据 Cui and others（2013），578 重绘

因组证据显示，从中亚分离出的鼠疫的多样性低于中国，系统发生树上并非所有的种群都出现在中亚，最古老的中亚种群比最古老的中国种群更新。阿克特曼因此总结道："因此对这些现象最简单的解释是，森林鼠疫起源于古代中国，并以多种途径传播到全球其他地区。"[1]

　　崔玉军等人（2013 年）曾展示出 2 326 种单核苷酸多态性，确定它们的依据是从中国和其他地区分离出的 133 个鼠疫耶尔森菌菌株的基因组，以将这种系统发生树的中国和东亚部分放在更清晰的聚焦之下。他们的工作将青藏高原东北部指认为第二次鼠疫大流行最可能的终极起源地（见图 3.28）。仅从这里，鼠疫系统发生树最深的分支已经被分离出来（特指 0.PE7），其更年轻的系统发生树的典型从这里分散

---

[1]　Achtman（2012），864.

出去。在一个以西风带季风气流为主导的气候区内，青海地理位置偏远、海拔高，至为关键的是，它位于东南亚季风在一个西向气流为主宰的气候区域所能达到的最北界。[1]从历史上来看，它坐落在古代几条内陆商路的交会处，具有战略意义。13世纪70年代早期，马可·波罗和他的父亲、叔叔正是穿过这个地区走上通往兰州和北京之路。崔玉军团队的推测是，沿着这些运动轴线以某种方式旅行的人类使瘟疫在鼠群中传播，南至云南，东北至蒙古，西至中亚，然后从那里传至西亚和欧洲（见图3.28）。这就回应了莫莱里等人（2010年）的假设，即鼠疫向西传播至哈萨克斯坦和高加索的载体是"在商路上运输的贸易物品"，而这些商路的一个分支要穿过伊塞克湖。[2]人们普遍认为，被感染的昆虫病媒生物，甚至啮齿动物通过人类的转运，使鼠疫可以跨越罕有森林啮齿动物的不毛之地，并由此沿着这些路线在其他无关联的处于原始状态的森林和共生啮齿动物群体中引发瘟疫。[3]这就是本尼迪克托定义的"转移性传播"。[4]尽管如此，迄今为止，支持鼠疫实际上沿着这条道路并以这种方式传播的互相印证的生物和/或历史证据仍然是不足的。

3.03.2d　鼠疫跨越亚洲传播的环境背景

麦克迈克尔认为，正是亚欧大陆半干旱内陆地区"自然发生的气候波动"，"经环境、生态和政治影响的互动"，结束了鼠疫五个世纪的相对沉寂状态，并激活了第二次鼠疫大流行。[5]崔玉军等人（2013年）搜集和考察的新生物学证据显示，这在黑死病暴发至少80年之前已经发生，那时鼠疫从地方性兽疫激活为动物流行病状态，催生出许多新

---

[1]　感谢 John Brooke and Scott Levi，他们阐释清楚了这个气候方面的关键点。关于亚洲季风的最北界，参见 Chen and others (2008); Fang and others (2014)。

[2]　Morelli and others (2010), 1140.

[3]　Davis and others (2004); Eisen and Gage (2009); Heier and others (2011).

[4]　Benedictow (2010), 151–193.

[5]　McMichael (2010), 1 of 3.

的系谱（见图3.28中的Node 7）。[1]他们将这种多样性的明显增加归因于中性单核苷酸多态性在交替的地方病和流行病条件下的快速固定，并将这次"大爆炸"的时间定在1268年左右，还指出其可能的时间范围是1142—1339年（见图3.28）。[2]但柯尔斯滕·I. 鲍斯等人（2011年）将这一事件定在稍晚和稍短的1282—1343年的时间段内。[3]不论哪种年代测定，正是在这个很短的时间内，从法国、英国和荷兰的黑死病受害者的牙齿残骸中提取的aDNA序列首次出现。

这种新的遗传学证据清楚地显示，青藏高原东北部是第二次鼠疫大流行的最终起源地（见图3.28）。这可能排除了1331—1332年左右在中国东部河北省暴发的神秘瘟疫是黑死病的首次大暴发这个说法，却将同样神秘的1338—1339年伊塞克湖瘟疫认定为这次瘟疫向西传播的一个可能结果，到那时为止，根据集中的人类死亡数量判断，这次瘟疫很明显应该进入了动物流行病/人畜共患病阶段，因为病媒生物跳蚤将鼠疫从崩溃的啮齿动物种群传播给了人类（见图3.27）。[4]它也符合伊本-阿尔·瓦尔迪的观察，即鼠疫"开始于黑暗之地"，并已经在那里"流行了15年"（从1333年开始），它也契合了鲍里斯·施密德（Boris Schmid）等人的最新估计，即鼠疫从中亚传播到黑海的欧洲港口用了10—12年时间。[5]

在这种不断发展的情景下，首先引发黑死病，随后驱使黑死病进入其终极致命进程的是亚洲中东部半干旱疫源区和草原地带的生态条件变化，后来鼠疫传播正是穿越了这片地区。中短期的气候变化对植物生长以及因此对细菌、宿主和病媒生物跳蚤的密度和行为的影响是很关键的。接下来，它们与当时发生的气候模式转型——从中世纪气

---

[1]   Bos and others (2011, 509) 倾向于黑死病暴发前的 60 年之内。

[2]   Cui and others (2013), 580.

[3]   Bos and others (2011), 509："时间估计显示，所有与人类传染病有关的鼠疫耶尔森菌通常在 668 年和 729 年前之间的某时有个共同的祖先，（1282—1343 年，95% 的最高概率密度，HPD），包括一个比最近面世的估算小得多的时间间隔，它进一步表明，所有当前循环的分支 1 和分支 2 隔离菌最早出现于 13 世纪，其根源可能在东亚。"

[4]   Cui and others (2013); McNeill (1977), 143; Schamiloglu (1993), 448; Horrox (1994), 9.

[5]   Aberth (2005), 17; Schmid and others (2015).

候异常期相对稳定的大气环流模式到小冰期相对不稳定的条件——发生了联系。

重建的青藏高原东北部的年降水指数自然引起了人们特别的兴趣，这个指数得自祁连刺柏的年度解析和绝对日期年轮宽度，因为它清楚地显示出这个区域的气候条件，并暗示了生态条件，正是在这个地区，曾有人假设，鼠疫首先从长期休眠的地方性兽疫状态重新苏醒（见图3.28）。[1]如图3.29所示，13世纪，这片高海拔的大陆地区的自然干旱强度有加剧的趋势，其结果是，1108—1109年、1112年、1145年和1152年的干旱程度不断增加，直到1191—1201年的连续干旱，而1200年是自公元374年以来最干旱的一年。报复性干旱于1207年卷土重来（这一年成吉思汗穿越戈壁沙漠对西夏发动第二轮攻击），直到1210年才有所缓解。陈发虎等重建的以10年为期的中亚多代用降水指数（multi-proxy precipitation index，见图3.29）显示，这些干旱条件盛行于这块大陆的草原地带。可以推断，降水量的减少自然限制了植物生长，而且，鼠疫的天然宿主穴居森林啮齿动物的数量因此也受到限制。高温和低湿度的结合应该也减少了它们身上跳蚤的数量。因此，鼠疫很可能仍然处于一种区域性状态，在这个长时段内对人类的威胁很小。

1211—1253年，这些情况大大缓解了。在青海及更广阔的地区，只在1225年和1242年出现干旱，而其严重程度不及12世纪最干旱的年份（见图3.29）。相反，这个时期的特征是有许多比平均值更潮湿的年份，特别是1222年、1230年、1241年（250多年来最潮湿的年份）、1247年和1249年。1215—1252年，降水量出现明显上升，13世纪40年代成为11世纪90年代以来最潮湿的10年（见图3.29）。在北方的蒙古，这个多雨的时段开始稍早，1211—1225年是第二个千年中持续时间最久的潮湿期，这一时期"没有任何年度值或其自举置信界限低于

248

---

[1] Cui and others (2013).

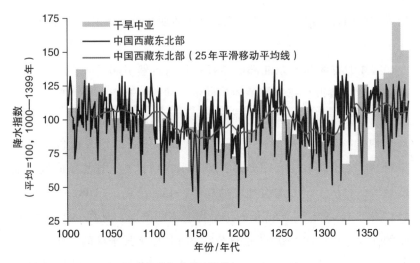

图3.29 干旱中亚和中国西藏东北部的降水指数，1000—1400年
资料来源：Chen and others（2010）；Yang and others（2014）

（暖季帕尔默干旱强度指数）重建的长期平均值"。[1]向西2 000千米的
天山山脉看起来并没有享受到降水条件的改善，但在青藏高原和蒙古，
草原生产力毫无疑问得到很大提升，这使得森林啮齿动物的密度增加，
使鼠疫发展到足以保证它从地方性兽疫到动物流行病的转变阈值（见
图3.27）。

较高的草原生产力有利于成吉思汗的骑兵部队，因此也有助于保
持蒙古军事征服的势头（最初发动征服的部分原因是长期干旱对草原
游牧民族的不利影响），结果到了13世纪中期，整个亚欧的草原地带实
际上都被纳入了蒙古人的控制之下。[2]它使这片广阔的、迄今在政治上
分裂的地区成为一片开放区域，军队、信使和商队活动的范围极大扩
展，因此，这很可能有利于经昆虫媒介携带、在人类协助下进行的鼠
疫病原体的转移性传播，而这些昆虫媒介造成了病原体在森林啮齿动

---

[1]　Pederson and others (2014), 4376.
[2]　Pederson and others (2014), 4376–4378.

物、共生啮齿动物和人类之间的扩散。

在青藏高原，1255—1260年连续6年干旱，其中最糟糕的是1258年，使这个持续很久的多雨期突然画上了句号（见图3.29和图3.30）。接下来是持续50年的最糟糕的干旱期，也是更严重的生态灾难期，因为这一时期之前，湿度水平的上升几乎长达40年：1255年是1207年以来最干旱的年份，1258年是1200年大旱灾以来最干燥的年份。这些干旱现象的开始与整个北半球极端气候出现的时间一致，当时厄尔尼诺-南方涛动、北大西洋涛动和亚洲季风都处于最强状态。[1]然而，1258年明显的少雨可能与前一年春/夏印度尼西亚指数高达7级的萨马拉斯火山爆发有关。[2]然而，1259年青海干旱条件的快速缓解与蒙古和天山的松树与刺柏缺乏任何相应的窄年轮事件，很难证实这场最具威力的火山爆发对全球气候的影响（见图3.30）。[3]实际上，在蒙古，大衰退在若干年之后的1262—1264年到来；在青海，1271年的旱灾远比1258年严重，成为自360年以来最干燥的年份。直到14世纪第一个十年之前，这两个地区的降水量都没有持续恢复。

这些干旱事件对动物区系而言是一种生态灾难，因为动物们已经习惯于依靠较为丰富的植被生存，而这个条件是由之前盛行的较潮湿的条件来维持的。1271年的大旱灾恰恰是对那种环境的打击，它可能提高了森林啮齿动物的死亡率，导致病媒生物跳蚤迁移并寻找替代宿主，并引起病原体更广泛的传播。很有可能的是，这种关键的变化将会让人类与病菌及其病媒生物的接触增加，并提高了鼠疫宿主和/或病媒生物无意的远距离迁移的可能性。注意，这些气候变化及随后的生态变化与鼠疫耶尔森菌系谱的突然翻倍几乎同时发生（见图3.28的Node 7），崔玉军等人将它的日期确定在13世纪60年代左右，并将其

250

---

[1]   Above, Figures 2.1 to 2.6.
[2]   Lavigne and others (2013).
[3]   Stothers (2000); Oppenheimer (2003). 关于这次火山爆发对北半球夏季气温的影响的最新评估，见 Stoffel and others (2015).

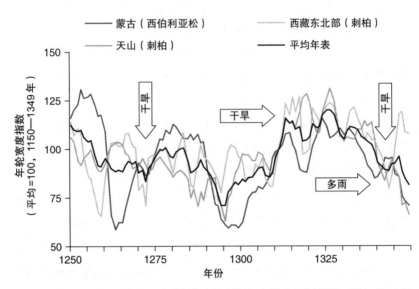

图 3.30 蒙古、西藏东北部和天山的树木生长（进行 3 年滑动平均处理），1250—1349 年

资料来源：蒙古, Jacoby and others（no date）；西藏东北部, Yang and others（2014）；天山，数据由 Jan Esper 提供

解释为鼠疫进入一个更加活跃的阶段的明确信号。[1]大概就是在这个时候，鼠疫开始从青藏高原向外传播。

251　　而博斯等人（2011 年）将引发黑死病和随后所有鼠疫的鼠疫耶尔森菌菌株在东亚出现的时间确定在 1282—1343 年的某个时间，[2]在那种情况下，13 世纪 90 年代出现了第二次和更加普遍的干旱期（见图 3.30），其表现分别是 1293 年青海（刺柏）、1294 年天山（刺柏）和 1295 年蒙古（西伯利亚松）生长的最小值，并与树木生长的全球性急剧衰退相吻合，这可能已经成为引起病原体跨亚洲传播的催化剂。[3]如果是这样的话，它的进展可能从 14 世纪第一个十年的另一次雨季［与但丁异常期（Dantean Anomaly）的开始一致］开始就获得了动力，这

[1]　Cui and others (2013), 579–580.

[2]　Bos and others (2011), 509.

[3]　Baillie (2006), 135–141.

次雨季一直持续到14世纪40年代初。[1]这符合伊本-阿尔·瓦尔迪给出的关于黑死病首次出现的日期，以及在青海以西2 000千米之外的伊塞克湖的聂斯托利派教徒社区中鼠疫暴发的可能时间。[2]就青海本身而言，1316年（整个亚欧大陆流行极端天气的一年，也是欧洲西北部连续降雨和出现严重饥荒的一年）是自974年以来最潮湿的年份。[3]有趣的是，青海和天山刺柏的树木年轮年表显示，青藏高原/昆仑山脉两侧的地区却因这个间隔期内更高水平、更规律的降水而受益。[4]有了更高水平的生物量生产，森林啮齿动物的数量有望增加，动物流行病的进一步扩散即将发生。

任何干旱的缓解都有利于鼠疫越过将青海和伊塞克湖分隔开的、辽阔的、炎热的、人口稀疏的高原地区进行传播。这个过程开始于13世纪70年代，鼠疫需要沿着通向吉尔吉斯的商路的支线传播，其速度为每周超过500米，每年30千米，到1338年已经到达伊塞克湖。或者，开始于13世纪90年代，它已经获得了更快的速度，每周1千米，每年50千米。考虑到要克服气候和地形等自然屏障的规模，很难相信鼠疫的传播能够达到这种速度，并仅通过连续的传播过程完成了它向西的陆路旅程中最困难的一段。相反，最可能的机制是被感染的体表寄生虫附着于仍然定期穿越这片荒凉地区的商队携带的商品之上，从而进行传播。或者，骆驼本身可能已经被感染。[5]通过候鸟及其身上的跳蚤进行传播是另一种可能性。[6]很可能，鼠疫及其病媒生物通过更多的方式，间歇性地穿越这片广阔的半干旱地区，向西被带到更远的地

---

[1] 值得注意的是，这些更潮湿的条件只盛行于中亚的部分地区，这些地区能够触及主导性的西风带气流和亚洲季风所能到达的最北界。在这个关键气候带的南部，干旱条件在1311—1351年处于优势：Sun and Liu (2012), 6 of 11。关于这两个区域的边界，见 Chen and others (2008); Zhao and others (2013); Fang and others (2014)。关于但丁异常期，参见 Brown (2001), 251–254; Campbell (2010a), 13–14, 19–20。

[2] Norris (1977), 10–11。

[3] Jordan (1996); Campbell (2011b)。

[4] 相比之下，由于亚洲季风的强度减弱和触及范围的缩小，干旱仅在向南数百千米的地方普遍存在：Sun and Liu (2012)。

[5] Schmid and others (2015)。

[6] Heier and others (2011), 2921：沙鸥在沙鼠洞中筑巢，为了寻找合适的筑巢地，它们从一个洞飞到另一个洞，可能携带着被感染的跳蚤。

方。不出意料，跳蚤将攻击它们的首选宿主，也就是啮齿动物，但当鼠疫到达伊塞克湖时，啮齿动物的数量应该下降了，因为它们的病媒生物跳蚤正在选择人类作为它们最后的宿主（见图 3.27）。

从吉尔吉斯地区起，鼠疫接下来必须再前进 2 000 千米到达里海盆地，抵达金帐汗国的领地。在这条路线上，没有任何山脉屏障或沙漠需要跨越，只有一个辽阔的、呈波浪形的人口稀少和半干旱的草原地带。要在不足 8 年的时间里完成这一旅程，鼠疫的传播速度必须加快到每天 2/3 千米，每年约 250 千米，这再次证实了人类在这个过程中的推动作用。尽管鼠疫在啮齿动物种群中的持续传播也许很少能够实现每年 0.1 千米的速度，据本尼迪克托计算，但有了人类协助的转移性传播，"可以看到，黑死病在陆地上的平均传播速度是每天 0.5—2.5 千米，沿着主干道的传播速度往往能达到平均每天 1—2 千米。"[1]鸟类的传播速度应该会更快。因此，以这样或那样的方式，通过骑马、乘牛车和骆驼商队到西方去的士兵、官员和商人必定携带着鼠疫，留下了被感染的啮齿动物种群，以及像在伊塞克湖那样，在他们身后留下了一连串的人类伤亡。[2]这一扩散过程并非一蹴而就，因为陆路贸易的缓慢意味着，它的传播需要许多中间步骤。鼠疫也还没有必然成为一种快速传播的流行病。弗朗西斯科·巴尔杜奇·佩戈洛季（Francesco Balducci Pegolotti）对它造成的危险肯定没有任何概念，当时，也就是在 14 世纪 40 年代初，他记载说商人和买卖人走这条路到中国是如何安全。[3]又过了 5 年，由于政治和流行病学因素的共同作用，这条路变得愈加危险。

[1]　Benedictow (2010), 170, 173.
[2]　Norris (1977), 13–15.
[3]　Pegolotti (c.1340 and 1936), 21–23.

3.04 摇摆的平衡

12世纪和13世纪初的商业革命经历了几乎不受束缚的发展，之后，欧洲商业扩张的第一次严重衰退发生在1258—1291年的黎凡特。那时，远东诱人的新商业机会令人心动。这一具有商业战略意义的地区绵亘在跨叙利亚贸易路线上，该路线将地中海贸易与波斯湾、阿拉伯海、印度洋及以外的贸易连接起来，是印度香料、东方的陶瓷和丝绸运往欧洲市场的主要渠道。[1]黎凡特也是欧洲出口商品的一个重要市场，尤其对轻便、廉价的染色布料而言。[2]然而，在巴格达被蒙古人占领的1258年和阿卡陷入马穆鲁克王朝手中的1291年之间，其商路逐渐中断，欧洲商人慢慢被排除在其港口和市场之外。十字军国家的最终覆灭，取而代之的是教皇对埃及马穆鲁克王朝的贸易实施惩罚性禁运，热那亚人和威尼斯人把持的利润丰厚的贸易特权逐渐丧失。[3]考虑到红海到亚历山大港的路线仍然是唯一不受限制的通道，通过这条通道，印度洋和阿拉伯海的海上贸易能够到达欧洲，上述情况就更加有害。随着最具竞争性的贸易路线中断（除了那些处于霍尔木兹和巴士拉之间的漫长转运路线，其路线是经波斯的大不里士到地中海的西里西亚的阿亚斯或到黑海的特拉布宗），控制黑海贸易的卡利姆穆斯林商人联盟强势索取垄断收益，埃及苏丹向基督徒商人强加贸易条件。基督徒商人为了讨好苏丹，便向他的马穆鲁克军队提供来自俄罗斯和斯基泰的奴隶，以及木材、铁和其他军用物资。

不出所料，从13世纪60年代开始，尤其是在90年代，意大利商业活动的中心向北偏向黑海及其提供的替代市场、经蒙古帝国到东方的另一条道路，还有在这条路线上与马穆鲁克王朝进行的重要奴隶贸

---

[1]　Abu-Lughod (1989), 185–211.
[2]　Munro (1999b).
[3]　Above, Section 3.01.

易。[1]1291—1299年，热那亚人和威尼斯人进行了一场激烈海战，其目标是这一战略性经济区域的主导权，热那亚是这场战争的胜利者，马可·波罗成为俘虏。热那亚商人从黑海向西南渗透进波斯，并向东进入里海盆地，从而在不经意间为鼠疫传播提供了关键环节，鼠疫由此可以按部就班地进入欧洲。[2]

254　　　同时，十字军在圣地的失利似乎引起了欧洲内部重大军事冲突的高发，这些冲突源于一系列封建、王朝、领土和宗教因素。[3]在这些冲突中，最激烈和代价最高昂的，发生在安茹人和阿拉贡人之间，英格兰和法兰西之间，法兰西和佛兰德斯之间，苏格兰和英格兰之间，相互竞争的归尔甫派（Guelph，又称教皇派）和吉柏林派（Ghibelline，又称帝国派）之间，众多的冲突侵犯了财产安全，摧毁了贸易，增加了财政负担。它们也破坏了持续已久的海峡贸易，并引发陆上的强盗行为和海上的劫掠行为，由此推高了运费，并在此过程中造成风险和交易成本普遍上升。[4]

尤其具有破坏性的是，腓力四世从13世纪80年代开始介入香槟集市的管理，他无情地剥夺了该集市的商业和司法中立，以支持他对半独立的佛兰德斯法国国王采邑的封建和领土野心。[5]腓力四世对弗莱芒和意大利商人的公然歧视使他们将自己的生意转移到其他地方，并让他们永远失去了这个位于地中海商业和北海地区商业之间曾经的贸易中心。相对于那些跨阿尔卑斯山的旧陆路，经直布罗陀海峡到布鲁日、南安普敦和伦敦的新海路运费较高，这进一步催化了交易成本升高的趋势。

尽管有一些港口，如布鲁日，从这些发展中获利，但欧洲长途贸易的体量缩减了。[6]因地中海东部商业机会的丧失、东方商品供给萎缩

---

[1]　Above, 129.
[2]　Below, Sections 4.03 and 4.04.
[3]　Munro (1991), 121–124.
[4]　Munro (1991); Munro (1999b).
[5]　Above, 139; Figure 3.1.
[6]　Munro (1991), 124–127.

和价格上涨，以及香槟集市作为一个与欧洲北部进行商业交易的有效又便捷的中心的衰落，意大利的大海上贸易中心受到严重打击。尽管这个国家的商业公司是那个时代新商业模式的急先锋，但许多意大利人被诱惑，将摊子铺得过大，然后不明智地成为急需贷款的君主们的战争资金提供者。[1]当商业信心不足时，破产便不可避免地接踵而至，商人们的财富储备流失，且/或发现自己无法承担有时过于沉重的责任。长期以来，大宗谷物贸易的利润是他们的支柱之一，这部分利润在14世纪的第二个25年受到严重挤压，当时一系列天气引起的连续歉收导致几个意大利城市政府大量购买粮食，然后加工成面包，并以补贴价格出售，这其实于事无补。[2]发达的意大利中部和北部的城市发展因此随着该地区经济的衰退而停滞。意大利的日实际工资率和人均GDP都至少从14世纪20年代开始呈现明显下降趋势。[3]

255

在欧洲北部，交易成本上升，导致用于出口廉价、轻便、非成品布料制造业的商业可行性被削弱，而该制造业在很大程度上是英格兰和弗莱芒城市纺织业繁荣的基础。[4]由于弗莱芒工业的规模一直比英格兰的大，而且实际上也是欧洲北部最大的工业劳动力雇主，因此，这就造成了一次严重的经济衰退。向奢侈性纺织品转型能更好地抵制上涨的交易成本，保证弗莱芒工业的生存，但按照产出总价值和雇用劳动力体量来看，其规模已大为缩小。这也加深了它对进口的英格兰细羊毛的依赖，结果，弗莱芒人不得不面对来自布拉班特人和意大利人日益激烈的竞争。问题在于，英格兰羊毛的交易容易受到羊疥癣的破坏和英王为实现其政治和军事目标而实施的管控措施的冲击。以工业为基础的城市发展因此停止了，频发的贸易衰退加剧了政治紧张局势，并引发了一系列城市抗议，有时甚至是暴力起义。而且，随着曾经繁

---

[1]　Above, 147–148; Hunt and Murray (1999), 116–119.

[2]　Abulafia (1981); Hunt and Murray (1999), 119; Jansen (2009).

[3]　Above, Section 3.01.1; Figure 3.2.

[4]　Above, 155–158 and 175; Figure 3.5; Figure 3.12A.

荣和活力十足的布料业的停滞和衰落，看起来很可能像在意大利一样，人均产出和收入呈现下降趋势。[1]

不论是意大利（中北部），还是佛兰德斯，这些地区在重要的工业原材料——羊毛、明矾和燃料——或基本食品上都不能自给自足。因此，出口收入的损失对这些地区的经济造成了损害，在意大利，这导致农产品价格上涨超过了制成品价格（见图3.1），由此抑制了国内对第二产业和第三产业产品的需求。这些地方都是人口密集地区，平均密度超过每平方千米40人，在最稠密的地区则是这一数字的两倍，而且它们都保持着庞大的农业部门，其中持有地的细碎化已经趋于极限。[2]服务业和制造业部门中就业机会的减少因此使过多的劳动力被截留在稠密地区的土地上，缓慢但持续的人口增长势头使这种形势进一步加剧。马拉尼马的估算表明，意大利乡村的人口密度直到14世纪20年代才达到顶峰，当时有很大一部分乡村家庭试图靠持有地维持生计，但持有地已不足以保证生存。同样的问题也在佛兰德斯流行，在那里，数量不断增长的乡村家庭转而将纺织业作为增加收入的一种方式。这种发展将他们抛入与联合起来的城市纺织品生产者的直接冲突之中，而后者联合的目的就是碾压这些来自乡村的不受欢迎的竞争者。[3]国际商业衰退越是加剧，这些问题就变得越糟糕，当发生歉收、基本食品价格暴涨、贸易混乱压低非农产业的收入之时，陷入严重生存危机中的家庭数量也越来越多。大量城市纺织工匠受食品价格大幅上涨以及对布料需求突然减少的共同打击，在欧洲大饥荒期间大量丧生。[4]

此时，英格兰的问题则截然不同，因为除了极度短缺的年份之外，英格兰都可以实现基本食品的自给，而且它还是依然有强烈国际需求的重要原材料——羊毛、皮革、锡和铅——的净出口国。廉价、轻便、

256

---

[1]　Above, Section 3.01.2.
[2]　Above, 62–64.
[3]　Nicholas (1968); Bavel (2010), 346.
[4]　Jordan (1996), 144–148.

非成品布的出口工业的损失对英格兰是一种打击，尤其是对那些受最直接影响的城镇而言，但从14世纪30年代开始，受到羊毛出口税增加的保护，并得益于羊毛进口的下降，主要为国内市场而生产的纺织工业开始复苏。[1]同时，尽管这个国家的海外贸易总体量毫无疑问地萎缩了，但外国商人的退出为那些有能力扩张的本国商人创造了商业机会。[2]然而，这些成就引发了灾难而非繁荣，英格兰主要国际集市商业的衰落和伦敦自身的命运蹒跚便是见证（见图3.11）。因为只要国际经济仍然处于衰落之中，就看不到都市经济复苏的任何前景，更不用说这个国家扩大其发展不足的第二和第三产业，以及减轻它对初级生产的过度依赖了。接着，较低的日实际工资和人均GDP水平又压低了国内对非农产品和服务的需求。[3]

农业的低劳动生产率成了一个特别的问题，因为持有地面积不足的案例是如此之多，且随处可见。在乡村中人口最稠密的地区，工作机会太少，以至于不能保证全部身体健全的劳动力都能充分有效地就业。原工业可能已经吸收了过剩的劳动力，并向妇女和儿童提供了工作机会，由此增加了家庭收入，但其发展仍然很脆弱。租佃权而非技术，以及城市对食品和原材料的有限集中需求，才是农业的根本问题。获得土地和额外持有地的便捷性对新家庭的组建几乎没有任何阻碍，由此保证了持久的人口增长。[4]自由持有地的充裕和领主对大部分惯例持有地宽松的控制对活跃的土地细碎化提供了许可。[5]次经济的头租金不高催生了寻租，其途径是土地的再分和转租以获取全部的高额租金。土地和信贷市场的运作，连同惯例形式的继承，不论是可分的还是不可分的，在人口增长的条件下都推动了土地细碎化，而不是地块和持有地的集中。[6]其结果是，那些依靠仅能维持生计的持有地为生的贫困

---

[1] Above, 176–177.
[2] Above, Section 3.01.3c.
[3] Above, Section 3.01.3a.
[4] Above, Section 3.01.3d.
[5] Campbell (2005).
[6] Bekar and Reed (2013).

家庭——小持有者、茅舍农、贫民和雇工——成倍增加。[1]

对可能引起积极经济发展的各种结构性变革而言，这些过程的运作给经济带来贫困的负担，形成了一种几乎不能克服的障碍。它还制造了一种对收获敏感的社会，在这个社会中，每一次危机都会引发新一轮的债务违约、灾年时的土地出售和不可阻挡的土地细碎化的增加。[2]无地现象愈演愈烈，乡村的穷人因此流入城市。如果没有土地持有方式的深刻变革，以及不对要素市场运行的经济和人口环境进行全面改革，这种恶性循环不可能出现逆转。[3]14世纪初，英格兰因此经历了一次不断升级的财富和购买力的两极分化。这种分化的一极是拥有超出自己生计所需的土地、资本和收入的少数人，他们因此能够从要素相对价格趋势中获益；另一极是贫困和失业家庭，这一极的人数占大部分，且不断增加，他们依靠不足的和资本化不充分的持有地勉强糊口，并试图在一个供过于求的劳动力市场上出售自己过剩的劳动力。[4]

258　　　这个底部庞大的社会-经济结构保证了歉收对经济和人口产生了选择性但不成比例的影响，它提高了食品价格，减弱了对非必需品的需求，使得很多人被迫通过犯罪来生存，而且，在最极端的情况下，降低了结婚率，增加了死亡率。[5]周期性的歉收是农业生活中不可避免的现实。[6]然而，从13世纪末开始，由于一次影响深远的大气循环全球性重组，连同中世纪气候异常期的终结以及沃尔夫极小期开启的共同影响，欧洲的气候进入了一个高度不稳定期，极端天气和严重歉收变得更常见。[7]大量连续歉收出现的风险也增加了。

持续不断的暴雨是粮食生产者面临的最大困难，1315—1316年和

---

[1]　　Above, Section 3.01.3b; Figure 3.10. Appendix 3.1, Table 3.4.
[2]　　Above, Section 3.01.3d.
[3]　　Campbell (2013b).
[4]　　Above, Section 3.01.3b.
[5]　　Above, Section 3.01.3a; Campbell (2010a); Figure 3.18.
[6]　　Campbell and Ó Gráda (2011).
[7]　　Above, Section 3.02.

1329—1330年，这样的天气将饥荒首先带给欧洲北部，然后是欧洲南部。[1]任何一次饥荒都不是孤立或偶然事件，因为每一次都是当时北大西洋海面温度、北大西洋涛动以及冬季西风的方向和力量发生变化的结果。这些变化也与全世界范围内同时发生的气候变化遥相呼应。[2]每一次饥荒都使这些苦苦挣扎的社会弱点和脆弱性暴露无遗，并使社会的贫困问题更趋严重。尽管如此，任何一次饥荒都不是一次纯粹的马尔萨斯事件，因为这两次饥荒发生于半球范围的大气环流模式变化期间，而且也是这种变化的产物。任何饥荒看起来也都不是一次分水岭事件。

在这个关键的历史节点，严重的饥荒带来了严重的短期影响，但除了在少数特殊的背景下，它很少导致任何持续性的社会-生态现状发生转型，只是破坏了恢复能力，并使社会-生态系统逼近转型的临界点。在一个人口比较稠密、政治竞争激烈的世界中，气候变迁加剧了而不是造成了经济形势的普遍恶化，并使生活水平下降，有时甚至是剧烈的下降。[3]它给边缘群体和环境，尤其是那些同时受到歉收、社会混乱和/或战争影响的边缘群体和环境带来的影响越来越大，甚至是最大和最持久的影响。在这种情况下，气候变迁偶尔会引起大规模的环境退化或定居点收缩。[4]

当与疾病关联时，极端天气的消极影响也被极度放大，最明显的是1315—1325年英格兰羊疥癣和欧洲牛瘟的例子。[5]前者降低了英格兰细羊毛的产量及其对欧洲纺织商的供给，而那时市场条件已经对它们不利。[6]后者摧毁了重要的畜力资本，极大地限制了挽力资源，并剥夺了一个业已营养不良的人群的重要蛋白质来源。[7]它们大大延长了天气

259

---

[1]　Above, Figures 3.3, 3.8A, 3.8B: above, Section 3.01.3e.

[2]　Above, Sections 1.01.1 and 3.02.

[3]　Above, Figures 3.3, 3.8A, 3.8B.

[4]　Above, Section 3.03.1a; McNamee (1997), 72–122; Dotterweich (2008).

[5]　Above, Section 3.03.1.

[6]　Above, Figures 3.4 and 3.24.

[7]　Above, Figures 3.24 and 3.26.

引发的农业危机，因为牛羊比粮食储备需要更长的时间恢复，而且是混合农业系统完全恢复生态平衡必不可少的一部分。[1]这些动物流行病也使得畜牧业生产者在这个时期与粮食生产者一样受到严重影响。[2]

在羊疥癣的案例中，连绵的降水、浸水的牧场、肝片吸虫及其钉螺宿主的繁殖，与羊和其他牲畜摄入肝片吸虫之间有着相当直接的关系。相比之下，牛瘟病毒在饥荒之后立即进入英格兰则完全是一种巧合，只是中欧的波希米亚或其附近地区暴发的一种生物性传染扩散过程的最后阶段。[3]尽管如此，这场牛瘟确实与极端天气同时发生，而且，在未受感染的牲畜在极端生态压力下与受感染的牲畜密切接触时，灾难可能就已经因此启动。[4]从这个最初疫源起步，致命的病原体以每天1千米的速度穿越欧洲养牛和牛耕的地区，在其被发现出现在波希米亚的3年后到达英格兰，5年后到达爱尔兰。[5]欧洲有多少地区逃过了这场牛瘟依然有待确定，但迄今为止，阿尔卑斯山以南还未发现对它的记载。因此，受到这种气候和生物灾难双重冲击的地区，欧洲北部首当其冲。

那时，鼠疫还没有到达欧洲，直到1346/1347年情形才有所变化。然而，在半干旱的中亚内陆地区的沙鼠和土拨鼠宿主群中，它已经从一种地方性兽疫状态被再次唤醒。紧随北大西洋涛动的减弱而起源于北大西洋的湿润西风气流渗入中亚似乎对这种发展起到了决定性作用。降水的边际收益引起了植物生长茂盛的营养级联，增加了森林啮齿动物的数量，提高了跳蚤的活跃度，这种活跃度曾强化了病原体的传播，并推动鼠疫从其原始中心进入一个更加活跃的动物流行病状态，而这个中心现在被认为最可能在青藏高原。在这个过程中，随着病原体的储量增加，自动发生的生物性变化使几种新的鼠疫耶尔森菌序列出现。鼠疫的系统发生树上新分支的突然增加是一个明确的信号，即在13世

[1]　Above, Figure 3.24.
[2]　例如，Oram and Adderley (2008b)。
[3]　Above, Figure 3.25.
[4]　Above, Section 3.03.1b.
[5]　Above, Figure 3.25.

纪末的某时，病原体已经进入了更加活跃的阶段。命中注定的是，这些生态性和生物性的发展正发生在中亚商路北部支线横贯的那个区域里，而中亚商路在13世纪末和14世纪初几乎是中世纪商业最重要的支柱。沿着这条重要的东西贸易轴线往来的长途商队运输可能无意间引起鼠疫逐渐向西部区域传播，而那里很长时间都没有暴发鼠疫了。很可能，1310—1340年出现的一个小雨季也帮助加快了这一进程，结果到14世纪30年代，鼠疫或许已经抵达地中海盆地东部的草原地带。一旦站稳脚跟，鼠疫耶尔森菌传播至中亚商路的西部终点，并与塞满繁忙的黑海商贸港口的黑家鼠和人类接触，就只是时间问题了。尽管如此，14世纪40年代初，一场大灾难正在潜滋暗长，几乎没有哪个欧洲人曾觉察到这次重新出现和无情传播的病原体可能对人口造成巨大的威胁。

当时的人们可能没有注意到鼠疫，但他们很难无视天气日益变化无常。在欧洲北部，受天气影响的农业危机开始于1315年，实际上直到1332年还没有结束，而那时欧洲南部开始感受到极端天气的结束。[1]因此，在这些困难时期，欧洲大陆几乎没有哪里能做到毫发无损。同时，随着南亚季风力量的波动，气候变化正在对成长中的东南亚和中国文明产生不稳定影响。[2]环境变化往往是恶化的，而且几乎总是不稳定，因此为整个亚欧大陆所感知，而且极大地加剧了几乎同时出现的一系列经济问题。战争也在许多边境地区开打，鉴于一系列原因，战争也极大地加重了那个时代的困境，并且从14世纪30年代开始迫使拉丁基督教世界脆弱的商业经济更深地陷入衰退。战争，连同增加的气候不稳定性、生态紧张和人口对资源的持续压力，使14世纪40年代对普通人而言是中世纪里最困难的10年。一旦鼠疫最终抵达欧洲，它也变得最为致命。

261

---

[1]　　Above, 148–150 and Section 3.01.3e.

[2]　　Above, Section 3.02; Brook (2010), 50–73.

附录3.1 1290年英格兰家庭的土地收入

1290年英格兰家庭收入的社会分布可以准确重建，见表3.4。国王当然是最大的土地领主。国王的地产大约占全国总地产的1/13，爱德华一世的土地收入达到约13 500英镑。[1]在一定程度上，由于其规模巨大、分布广泛以及那些管理人员的贪占和腐败，它的产出明显远低于应有水平，也远远低于国王管理国家所需的费用水平，即使是在和平时期也是如此。[2]因此，需要直接税和间接税来补充收入，而税收的规模和频率在战争期间会增加（见图4.1）。为了应对在威尔士、法国和苏格兰的代价高昂的战争，爱德华一世先从卢卡的里恰尔迪公司，后从佛罗伦萨的弗雷斯科巴尔迪公司筹借巨款，向世俗社会的人征收动产税，从教士那里获得直接的协助金，并得到了好几种教皇税的收入，并对海外贸易征收关税（从1303年开始，对外国商人征收比本国居民更多的商品税）。[3]从这些多样的财源中，他在十三世纪八九十年代得到的年平均收入是国王地产收入的3倍之多（见图3.4和图3.5）。战争刺激了这些税收需求的产生，并推动了行政管理及其产生的档案汇编和保存的同步发展。1295—1298年，当爱德华一世最积极地坚持他对加斯科涅和苏格兰的领土诉求之时，他征收并支出的税收总计34.5万英镑（见图3.13）。[4]在如此短的时间内征收如此巨额的税收，这将许多普通人置于巨大压力之下，并使国家的兑付能力更加令人印象深刻。

地位和财产排在国王之后的是149个贵族家庭，每年平均土地收入为376英镑（见表3.5）。除了级别最高的教士，没有其他社会群体控制着如此大的可支配收入。商人和金融家当然有可能获得可观的财富，但没有国内商人在财富上可以与最大的贵族匹敌。这群数量很少的社

264

---

[1]　Hoyt (1950), 85–92; Wolffe (1971), 36–37.
[2]　Hoyt (1950), 156–170.
[3]　Ormrod (1991); Lloyd (1982).
[4]　Ormrod (2010).

262

表3.4　英格兰社会收入分析表，约1290年

社会经济分类	家庭总数估算	每户家庭人口假定平均数	总人口数估算	假定户均耕地面积（公顷）	总耕地面积（千公顷）	户均年收入（英镑）	总收入估算（千英镑）
低级教士，专业人员，律师，批发商，零售商，工匠，建筑雇工，城市劳工	130 000	5.50	715 000			£5.50	£715
地主（高级教士，贵族，乡绅，中级教士）	21 000	8.5	178 500	50.0	1 050	£28.00	£588
富裕佃农	12 500	7.00	87 500	20.8	260	£12.00	£150
标准份地农	180 000	5.50	990 000	12.5	2 250	£6.00	£1 080
小土地持有者	300 000	4.00	1 200 000	5.0	1 500	£3.00	£900
茅舍农和农业劳工	240 000	3.50	840 000	0.8	200	£1.50	£360
农村工匠，非农业劳工，贫民，流民	160 000	3.50	560 000	0.3	50	£1.75	£280
军人，矿工，渔夫，水手	50 000	3.50	175 000			£2.50	£125
英格兰总计	1 093 500	4.34	4 746 000		5 310	£3.84	£4 198

注：贫困线（表中虚线）是一个家庭用来购买"体面的一篮子消费品"的最低收入。"体面的一篮子消费品"（190千克面包；40千克豆类/豌豆；26千克肉；5.2千克黄油；5.2千克奶酪；52个鸡蛋；182升啤酒；2.6千克亚麻布；5米亚麻布；2.6升灯油；2.6千克蜡烛；500万英亩的燃料）每年的成本，据估计是每名成年男性为17先令3便士，一个包括2名成年人和3名儿童的家庭则需要2英镑16先令1便士。为了购买一篮子消费品（155千克面包；20千克燕麦；1.3千克肉；3米亚麻布；5千克亚麻布；200万英亩的燃料），一名成年男性需要最低年收入为7先令3.25便士，一个五口之家需要1英镑3先令8便士。两种一篮子消费品都能满足最低的食物需求，即每天大约2 000千卡热量。换算使用的平均价格来自Allen（2001）。M BTU=millions of British thermal units（百万英国热量单位）。

资料来源：根据Campbell（2008），940 改编

263

表 3.5　英格兰领主的数量和土地收入估算，约 1290 年

社会阶层	户数	每户年均土地收入	每个阶层的总土地收入		总土地收入占比%
大地主：	993		£ 256 550		47.4
王室	1	£ 258		£ 13 500	2.5
贵族（伯爵，男爵，贵妇）	149	£ 13 500		£ 56 050	10.4
高级教士（大主教和主教，修道院）	843	£ 376		£ 187 000	34.5
		£ 222			
小地主：	19 600		£ 284 800		52.6
乡绅（骑士，小乡绅，女性乡绅）	11 100	£ 15		£ 182 800	33.8
堂区教士	8 500	£ 16		£ 102 000	18.8
		£ 12			
全部地主：	20 593	£ 28	£ 541 350		100.0

资料来源：Campbell（2005），12—13

会精英攫取了全部土地财富的1/10，而且作为一个阶层，戴尔认为，他们的收入在13世纪增长了。[1]即便如此，过奢侈生活的愿望、维持庞大的随从队伍，以及沉迷于一系列诱人的当时供他们享用的高品位消费品，包括更大规模地建造城堡和教堂，导致许多贵族家庭负债累累。诺福克伯爵"建设者"罗杰·比戈德四世（Roger IV Bigod）"在这条路上走向了灾难"，尽管其总收入高达2 500—4 500英镑。[2]高级教士中级别最高的人也同样富有，其代表莫过于温彻斯特的主教们，但他们通常谨慎地管理着自己的资产。他们的平均收入低于高级贵族，但收入总额是高级贵族收入的3倍之多（见表3.5）。最富裕的修道院，像级别最高的教士，拥有每年几百英镑的收入。个别僧侣可能过着清贫的生活，但他们所属的家庭绝不清贫，因此，修道院生活在物质上是一种最有保障的生活。信徒的遗赠和捐献也意味着，修道院的土地财产通过积累稳步增加，这一财富增长的途径直到1279年和1290年的《永久管业条例》（Statutes of Mortmain）的颁布才受到阻碍。

总体而言，大地主的收入略低于总土地收入的一半，小地主的收入略高于总土地收入的一半（见表3.5）。到13世纪末，小地主发现他们的收入面临越来越大的压力。大多数人的收入仅来自单个小庄园或骑士领。他们的自营地的收益，佃户支付的地租（许多是固定的），来自法庭、磨坊和市场的罚金、磨坊捐、通行税和摆摊税，以及其他补充性收入，平均每年为他们带来16英镑的收入（见表3.5）。他们凭借这些收入努力维持着自己的社会地位。[3]尽管和地主阶层中那些实力雄厚的大地主相比，他们不过是小虾米，但整体来看，他们获得了大约1/3的总土地收入。还有19%由他们的教会同行获得，8 500名堂区教士（下层教士）的收入来源是堂区的圣俸土地和什一税收入。堂区教堂和修道院的建设及捐赠使教会成为唯一最大的地主，其收入在总土

---

[1] Dyer (1989), 35–41.
[2] Morris (2005), 148–149, 190.
[3] Dyer (1989), 38–39; Coss (1991), 264–304.

地收入中占据一半以上（见表3.5），约占国民总收入的7%。

265 　　佃户的上层，包括大多数农奴标准份地持有者获得的收入使他们的生活远远高于贫困线。一个管理良好、资源丰富的12.5公顷的农奴标准份地，持有它的代价通常是一份经济租金，可以保证一份大约6英镑的年收入，以及因此享有的诱人地位。[1]那些耕作如此规模土地的群体，包括大约1/5的乡村家庭，但他们持有超过2/5的耕地，掌握的家庭收入大约比平均水平高出50%（见表3.4）。这类人所处的地位使他们可以在持有地上投资，生产剩余用来出售，使用雇工和仆人，而且还会经常派他人替自己服劳役。[2]在乡村，他们是明显富裕的、通常过得不错的群体，在公地、牧场的规范和管理、庄园法庭的运转、自营地的监管等方面发挥着领袖作用。因此，在乡村家庭中，除了地主外，仅有数量不断减少的富裕自由农，以及那些成功经营磨坊、铁匠铺的人，过得不错或更好，可以定期地获取可支配剩余收入。

　　半标准份地持有农的生活接近贫困线，尽管到底有多接近仍然存在争议。表3.4中给出的估算显示，小土地持有者平均每户家庭持有5公顷土地，往往正好能够购买"体面的一篮子消费品"。这符合马克·佩奇（Mark Page）对汉普郡南部许多佃户经济条件的乐观判断，这些人成功地依靠少至3公顷的土地生活，并在饥荒和农业危机的冲击下生存下来。[3]相比之下，哈里·基茨科普洛斯（Harry Kitsikopoulos）根据一项对黑死病之前佃户生产者预算的假设性重建得出结论说，在英格兰中部三圃制乡村的农奴生产需要至少7—7.5公顷耕地，才能够维持收支平衡，并在一个适度舒适的水平上养活一家。[4]一小块3—6公顷的持有地不足以做到这一点。然而，持有此等贫瘠土地的佃户大量出现，而且事实上成功地在几乎最糟糕的收成年份养活了自己。这意

---

[1]　　Hatcher (1981), 268; Raftis (1997), 125, 131.

[2]　　Fox (1996), 539–560; Raftis (1997), 34–35.

[3]　　Page (2012), 194–195.

[4]　　Kitsikopoulos (2000), 237–261.

味着，佩奇关于这些持有地的乐观主义是站得住脚的。不可避免的是，歉收使他们过得更辛苦，榨取了他们微薄的剩余，减少了零星的工作机会，降低了对副产品的需求，提升了基本食品的价格，动摇了脆弱的信贷基础，并使许多人被迫放弃土地。[1]1290年，超过25万户乡村家庭生活在这种脆弱的境况中。这些家庭的数量将生活在贫困线上下的乡村家庭的比例增加到总数的2/3。无疑，很大一部分城市家庭受到了同样打击，因为许多家庭的生计依赖相当微薄的收入来源，在食品价格高的年份里，当贸易条件对他们不利时，他们的收入明显减少。

那些最缺乏土地的人通常也是生活困苦的人。毫无疑问，这些半无地人群在1290年英格兰社会中的比例要比1086年高得多。此外，在地位和收入的惊人逆转中，他们许多人是自由人，因为自由农的家庭繁衍最迅速，他们的持有地在逆转过程中的那两个世纪里经历了最极端的细碎化。事实上，小块自由持有地的增加，通过零星的垦殖、再分和转租，辅以一个无限制的活跃的土地市场的运转，是那个时代最明显的特点。[2]惯例持有地并不能免于这些过程，但领主处于强势地位，能够规范土地市场的运行和继承惯例的运用。农奴负担更高地租也意味着，如果想要持有地制度维持下去，就不能把土地分割到如此极端的地步。[3]在1279年百户区卷档涉及的区域中，59%的自由持有地小于6英亩，36%的农奴持有这类面积的土地；33%的自由持有地小于1英亩，农奴持有地的相应比例是22%。[4]正如牛津大学莫顿学院的监管人和成员们发现的那样，在位于萨里郡的索恩克拉夫特庄园里，不论他们对农奴持有地施加的是何种租佃权，都无法延伸到自由佃户持有的土地上，对于其解体，他们无力阻止。[5]

[1] Campbell (1984); Schofield (1997); Briggs (2008), 149–175.
[2] Campbell (2005), 45–70; Bekar and Reed (2009); Bekar and Reed (2013).
[3] Witney (2000), lxxvii–lxxx.
[4] Kanzaka (2002), 599.
[5] Evans (1996), 236–237.

临界点：战争、气候变化和瘟疫打破平衡

14世纪40年代，大转型的进程进入关键时刻。升级的战争引起交易成本上涨，战争中断了贸易，摧毁了经营资本，并因此将拉丁基督教世界衰落的商业经济抛入深渊（4.01部分）。随着中世纪气候异常期的永久结束，大气环流模式改变，几乎所有地方的生长条件都不理想（4.02部分）。饥荒又一次在欧洲北部和欧洲南部蔓延。中国和东亚其他地区的情况甚至更糟糕，在那里，史无前例的大干旱破坏了当时社会-政治关系所依赖的农业根基，导致了元朝的灭亡。在这些困难之中，已经在亚洲悄悄蔓延的鼠疫最终抵达黑海。就是在黑海，鼠疫发展成一种迅速传播的大瘟疫，在7年时间里，它在小亚细亚、中东、北非和欧洲的大部分地区消灭了大量人口，一举改变了人口现状（4.03部分）。这场三重危机造成的悲剧相互混合，最终凝聚成一个复杂的转型事件。它的冲击是巨大的。这是大转型决定性的临界点。随后而来的社会-生态变迁与调整导致已知世界的任何地方都不会再有相同的生活图景。基督教和穆斯林贸易集团的关系僵化了，向着小冰期改变的和更不稳定的环流模式的转型继续进行，一个由鼠疫主导的疾病肆虐的新时代开始了（4.04部分）。

4.01　战争升级和商业衰退加剧

拉丁基督教世界对战争并不陌生，事实上，其封建统治精英热衷于战争。尽管如此，在12世纪和13世纪的大部分时间里，这些精英固有的好战性并没有阻止欧洲商业革命的进程。实际上，十字军在圣地 268 的征服及对君士坦丁堡的投机性占领有助于欧洲商人接触黎凡特和黑海的市场，以及有利可图的陆路贸易线。这些路线将地中海、黑海与波斯湾和阿拉伯海的商业连接起来。[1] 由教会推动的"上帝的和平"运动，再加上关于反对异教徒的"十字军东征"的布道，也为欧洲带来了一定程度的内部秩序，这足以降低交易成本，并能使区域贸易、国内贸易和国际贸易走向繁荣。从13世纪末开始，相比而言，战争日益成为沿着既定路线实现经济持续进步的障碍。十字军国家一个接一个地崩溃，欧洲商人逐渐被排挤出黎凡特。在中东和西亚，包括小亚细亚，伊斯兰教正在复兴，尽管贸易仍在继续，但参与其中的商人面临更大的风险。在基督教世界，教会已经失去了其道德权威，"上帝的和平"运动不再，结果再没有什么可以限制基督教君主以各种各样的王朝、封建和领土为借口，发动更大规模的战争。战争给当时流行的以市场为基础的经济秩序造成了直接威胁。尤为不利的是，在欧洲经济发展的这个分水岭上，正是那些战争破坏了贸易和商业，提高了其成本，使脆弱的信贷结构丧失稳定性，使（欧洲商人的）贸易特权被取消，并被排除在利润丰厚的海外市场之外，这不利于市场造就的斯密型增长。[2]

在西方，英法百年战争（1337—1453年），苏格兰、佛兰德斯、意大利和西班牙都以各种方式被牵扯在内，足以证明是一次特别有害的冲突。这场冲突使战争的主角变贫困，摧毁了为战争提供资金的意大

---

[1]　Abu-Lughod (1989), 137–149.
[2]　这个主张首先由 Munro (1991) 详细阐述，此后由 Munro (1999b) and Munro (1999c) 进一步发挥。

利财政支持者，打击并取代了贸易和商业，使投资转移，并破坏了生产能力。引发1337年战争的争议来源已久，它根源于英王身份的模糊不清，英王是自主的统治者，但作为阿奎丹公爵，他又是法国国王的封臣。[1]爱德华三世尽力摆脱作为法国国王封建臣属的耻辱身份，他坚持向法国国王要求继承法国王位，但这个诉求不仅在1328年被拒绝，连爱德华三世本人此后也遭受了羞辱，即1337年腓力六世（1328—1350年在位）没收了他在法国的公爵领地。毫无疑问，腓力六世认为自己在这场争论中是更强势的一方。法国是两个王国中更大、更富裕和人口更多的一方。最初，对英格兰而言，与这样一个可怕的对手作战代价高昂，所承受的财政压力几近于惩罚。在一场将持续100年的冲突的开局阶段，看起来当然好像是爱德华三世严重高估了自己。到1340年，当他正式对法国国王头衔提出要求之时，他的王国的经济资源已经被频繁的税收榨尽，沉重的海外开支吸干了货币经济（见图4.1），引起了通货紧缩，并造成了严重的货币短缺，反对他的政策的贵族力量使爱德华三世陷入了其长期统治期间最严重的宪政危机。[2]

为了推进大业，爱德华三世认为，他需要强力的大陆同盟，而且他准备好支付大价钱，并中断利润丰厚的羊毛贸易来获取弗莱芒人和神圣罗马帝国皇帝的支持。他因此向王国征收比以前任何时候都要重的税，在1337—1341年战争的前5年里，他将这个国家的实际年税负提高了4倍多（见图4.1）。[3]由于等待现金的时间过久，爱德华三世以高息从佛罗伦萨的巴尔迪和佩鲁齐及其他一些公司筹借大量款项，这种高利率被证明对贷款本身也是一种很大的金融风险。[4]此外，爱德华三世对羊毛出口施加政治性的强制禁运，并在地理上有选择性地使用采买权来供应他在苏格兰边界和国外的军队，他还征召商船供海军使用，

---

[1]　Ormrod (1990), 7–10.
[2]　Ormrod (1990), 11–15; Ormrod (1991), 182–183; Allen (2012), 263.
[3]　Ormrod (2010).
[4]　Hunt (1990); Bell and others (2009a), 419, 432.

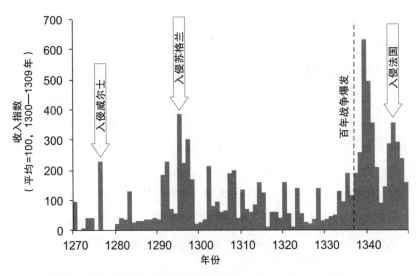

图4.1 英格兰：来自直接税和间接税的通缩后全部净收入，1270—1349年

资料来源：Ormrod（2010）

从而建立了一支舰队。[1]

与此同时，爱德华的宣战已经招致尼古拉·贝乌塞（Nicholas Béhuchet）将军率领的法国人对海峡群岛，以及对英格兰南海岸的乡村、港口和船运的突袭。[2]怀特岛被袭击了三次，在1338年6月和10月，朴茨茅斯和南安普敦的城镇被洗劫。这些破坏性的攻击一直在持续，直到1340年6月，英国海军在斯勒伊获胜。这次迟来的胜利代价极高，但被证明是不可能持续的，因为对国王政策的政治异议过于强大，这个国家的税收基础已经耗尽，货币短缺，至关重要的羊毛贸易陷入混乱，海上贸易已中断，而且看不到从当时财政拮据的巴尔迪和佩鲁齐公司获取额外贷款的任何希望。

使问题复杂的原因还有，由于特别严酷的冬季天气，1339年的

---

[1] Lloyd (1977), 144–192; Nicholas (1987), 3, 48–52, 150–151; Ormrod (1991), 175–181; Maddicott (1987), 329–351; Hewitt (1966), 50–63, 77–78; Saul (1979).

[2] Hewitt (1966), 1–5.

小麦和黑麦收成是灾难性的，随后由于夏季的干旱，甚至连燕麦和穷人的口粮产量也不佳（见图4.6）。[1]供给因此变得短缺而昂贵，这加剧了那些面对新的重税负担的人的困境。现存关于爱德华三世对所有谷物、羊毛和羔羊征收的九分之一税（相当于对农业产量的附加什一税）的收税记录显示，乡村中的许多人无疑已经被压榨到了一种危险的境地。[2]在剑桥郡的西拉汀，"堂区的人据说'被多种税榨干'，在汉普郡的金普顿，"十五分之一税的征收使人们变穷了，而且相当比例的土地不可能再被耕种"，而在什罗普郡的克兰冈福德，"因为贫困和国王征收的大量税收"，20维尔格特的土地撂荒。[3]关于九分之一税非常不完整的现存记录显示，足以供给一个如伦敦规模的城市的耕地已经不再耕种。[4]

271

爱德华三世的政治和财政命运因政策、行政人员和战略的改变而复苏，碰巧又得益于1341年布列塔尼王位继承战争的爆发。从1343年开始，他的目标变成"发动一次大的大陆攻势，包括在几个不同前线同时发动攻击"，其资金来自一系列税收，以及英格兰商人财团提供的贷款，因为当时巴尔迪和佩鲁齐公司均已破产。[5]1346年出现的坏天气和歉收再一次加重了国王的纳税者的负担。第二年春夏之际，粮食储备告急，在王室许可下向波尔多出口粮食的企图引发了粮食暴动，它们发生在布里斯托尔、波士顿、林恩、塞特福德，以及肯特的某些港口。[6]不过，在这种情况下，1346年7月对诺曼底的一次成功入侵，8月在克雷西完胜腓力六世亲自率领的法国军队，以及对关键的海峡港口加来的包围，使国王投资巨大的军事赌博物有所值。为了应对爱德华三世的胜利，10月，苏格兰军队在大卫二世的领导下对英格兰北部发

[1] Britton (1937), 139; Titow (1960), 363, 396–397.
[2] Baker (1966); Maddicott (1987), 346–348; Livingstone (2003), 321–330, 344–352.
[3] Livingstone (2003), 349; 转引自 Maddicott (1987), 347。
[4] Livingstone (2003), 352–361.
[5] Ormrod (1990), 17.
[6] Below, Figure 4.6; Titow (1960), 363, 399–400; Sharp (2000).

动了一次反击，这导致了内维尔十字之战和苏格兰国王被俘。[1]英格兰
北部边境的安全得到保障，大卫二世被囚禁在英格兰，苏格兰人被强
加给一项惩罚性的赎金。1347年8月攫取加来之后，爱德华三世运用
军事力量实现他对法国王位的野心。现在，这样做的代价改由法国来
承担。

这回轮到法国出血了，而且是动脉出血。诺曼底，法国最富裕和
人口最多的省，起初承受着英国入侵的攻势。在这里，税负、一位处
于破产边缘的君主强加的采买和军事勒索自1337年冲突爆发以来一直
在增加，这让当地居民身处更大的财政压力之下，其中1/3的人口都是
"主要靠一二英亩土地为生的贫苦小土地持有者"[2]。居伊·布瓦（Guy
Bois）认为，英法战争的爆发无疑标志着该公爵领地经济命运的转折
点，"因为在那些累积的影响之下，佃农经济业已飘摇的平衡趋向于崩
溃，一个衰落时代即将出现"[3]。法国的失败使乡村易于受到掠夺成性的
英格兰军队和雇佣兵部队的攻击，而加在被俘法国贵族地产上的高额
赎金索取进一步破坏了正在崩溃的资源基础。据布瓦分析，结局是一 $\quad$272
个恶性循环，由此"人口下降，幸存者的财政压力加重，生产进一步
衰退，如此等等"[4]。简单而言，战争是引起一次巨大的经济和人口危机
的工具。

到1348年，诺曼底东部的社会"已经崩溃"：税收下降，纳税者
抗议和连续的货币贬值破坏了货币系统中的商业信心。[5]当英国领工资
的劳动者受益于那些年战争引起的通货紧缩之时，他们的法国同行正
在受到货币贬值引起的通货膨胀的狠狠压榨。[6]甚至在英国人入侵之前，
商业活动的萎缩已经有迹可循，因为来自1340—1341年位于特鲁瓦
（圣让和圣雷米）、普罗旺斯（圣阿约尔集市）、马恩河畔拉尼和奥布河

---

[1]   Ormrod (1990), 17, 26.
[2]   Bois (1984), 287.
[3]   Bois (1984), 277.
[4]   Bois (1984), 287.
[5]   Bois (1984), 288.
[6]   Spufford (1988), 304–305.

畔巴尔等5个香槟集市的税入减少，它们的税入额均创最低纪录，并在其20年前已经降低的水平上进一步下降了近1/3（见图3.1）。佛兰德斯与英格兰的联盟进一步破坏了这些集市的贸易，而且，到1340年，由于受英格兰羊毛出口政治性中断的影响，弗莱芒纺织业产出本身大大减少了。与10年前的水平相比，到14世纪40年代末，根特来自布料的税入下降了20%，伊普尔的印花布料数量下降了34%，梅赫伦的布料税入下降了60%（见图3.5）。在佛兰德斯，就像在法国一样，战争显然使已经困难的经济形势更趋恶化。

　　英法战争的影响波及佛罗伦萨，那里的史家乔瓦尼·维拉尼谴责爱德华三世，因为他造成该城最后一个大银行公司巴尔迪和佩鲁齐的破产。[1]现代学者很少将这些超级公司的崩溃归因于传说的爱德华三世拒不偿还战争贷款，而是强调它们在快速萎缩的市场中过度扩张和头重脚轻的经营规模，进而认为将它们推向深渊的是储蓄金耗尽，以及相伴随的战争引起的国际信贷紧缩所诱发的资产流动性的失败。[2]当然，商业的潮流正在离它们远去，尤其是对粮食暴动的恐惧迫使城市政府介入曾经利润丰厚的来自意大利的谷物贸易，由此可以在这些商业公司赖以活命的利润中分成。[3]同时，佛罗伦萨刚刚与比萨就卢卡进行了一场代价高昂却无果的战争，而那不勒斯的安茹王国和西西里的阿拉贡王国之间的旧王朝战争还在继续，这让意大利的商业信贷和西西里谷物出口不堪重负。[4]

　　较大的意大利商业城市的命运，特别是威尼斯和热那亚，对地中海东部、爱琴海和黑海地区的商业机会的依赖至少与对阿尔卑斯山北部地区商业机会的依赖差不多。然而，14世纪40年代，它们也衰落了，因为埃及的马穆鲁克王朝继续在黎凡特进行领土扩张，基督徒与逐渐

[1]　Russell (1918); Hunt and Murray (1999), 116–117.
[2]　Hunt (1990); Hunt (1994); Hunt and Murray (1999), 116–119; Bell and others (2009a), 432; Bell and others (2009b).
[3]　Hunt and Murray (1999), 119.
[4]　Russell (1918); Epstein (1992), 316, 397.

伊斯兰化的蒙古金帐汗国的关系恶化了。随着1291年阿卡陷落，威尼斯人和其他意大利人将塞浦路斯作为他们的基地，从那里，在教皇的贸易禁令许可的范围内，他们继续与亚历山大港的埃及苏丹进行贸易，他们也继续与残存在阿亚斯的奇里乞亚小亚美尼亚基督教王国进行贸易，这里是1271年马可·波罗走过的曲折但重要的商路的西部终点站，这条商路经锡瓦斯、埃尔津詹、埃尔祖鲁姆、大不里士，通往波斯湾上的霍尔木兹。[1]然而，在1347年，阿亚斯最终被马穆鲁克占领，这使其垄断了利润丰厚的印度香料贸易地中海分支，大部分印度香料经亚历山大港输送。[2]现在，外来商品从波斯湾和红海进入地中海的有效通道只有一条，多条竞争性商路的时代已不再有。[3]从那时起，威尼斯人请求教皇解除对基督徒与埃及穆斯林之间直接贸易的禁令就变得日益急切（而且马穆鲁克对贸易征收的捐税更加苛刻）。[4]随着马穆鲁克加紧对香料贸易的控制，英格兰的胡椒价格上涨了。因为马穆鲁克的垄断权更加收紧，而且黑死病进一步打击了这种经典的长途贸易，到1343—1345年，物价比阿卡陷落前夕的水平已经高出30%，并在1346年进一步上涨，到1348年已经上涨了70%。[5]1345—1351年，胡椒价格上涨幅度不小于150%。

　　正当马穆鲁克巩固其对香料贸易的垄断之时，意大利人在波斯和黑海北部的商业利益正遭受持续严重衰退，黑海北部是穿越亚欧大陆内部的北方商路的终点，以及出口到埃及的珍贵的斯基泰奴隶的来源地。1258年，巴格达陷落之后，蒙古伊尔汗国在波斯的首府大不里士位于连接波斯湾的霍尔木兹与地中海的阿亚斯、黑海的特拉布宗的航路上，战略位置重要，成为意大利人，尤其是热那亚人的一处圣地。[6]1295年，伊斯兰教成为伊尔汗国的国教，但旭烈兀的后裔仍然对

274

[1]　Lopez (1987), 352; Abulafia (1987), 458–460; Abu-Lughod (1989), 185–186.

[2]　Phillips (1988), 119; Abu-Lughod (1989), 212–247.

[3]　Lopez (1987), 387; Abu-Lughod (1989), 359–360.

[4]　Lopez (1987), 387–388; Abu-Lughod (1989), 189, 207, 214–215.

[5]　根据 Clark (2009) 计算。

[6]　Abulafia (1987), 460; Phillips (1988), 108–109; Abu-Lughod (1989), 165, 185; Di Cosmo (2005), 411.

其他宗教很宽容，如萨满教、佛教和基督教。然而灾难性的是，那种状况在1338年随着阿布·赛义德汗的死去而改变：大不里士为一位暴君所控制，它的意大利商人群体或者遭抢劫，或者被屠杀。[1]此后，意大利人再也无意返回那里，他们退到他们位于特拉布宗帝国安全的黑海基地。

同时，意大利人在黑海北部卡法、塔纳的贸易点的同胞与金帐汗国的关系也转向恶化。卡法1266年为热那亚人所建，是一个大奴隶市场和农产品供应地，它的领事统领热那亚人所有的黑海殖民地。[2]卡法定期开展繁忙的海上贸易，这些贸易覆盖从黑海到特拉布宗、君士坦丁堡及更远的地方。塔纳提供了去往汗国首都萨莱巴图的替代路线，而且是跨越中亚经伊塞克湖和青海到北京的长途商路的西方终点。这条商路早在1340年就被弗兰西斯科·巴尔杜奇·佩戈洛季称为"绝对安全，不论日夜"[3]。

意大利商人与他们的蒙古东道主之间的关系从未完全融洽，部分原因是他们的奴隶贸易活动。1307/1308年，出于对突厥奴隶贸易的不满，脱脱汗（金帐汗国可汗，1299—1312在位）逮捕了首都萨莱巴图的意大利侨民，并迫使意大利人放弃卡法。[4]他的继任者月即伯汗（1312—1340在位）成功地使汗国伊斯兰化，但他宽容地对待基督徒，并欢迎热那亚人回到卡法。这些热那亚人在那里无视1295年教皇对与穆斯林的贸易禁令，由此到1316年，这个汗国重新成为一个繁荣的国家，汇聚了来自各国的人，有意大利人、亚美尼亚人、希腊人、犹太人、蒙古人和突厥人。[5]此后，月即伯汗授权重建卡法的商站和城墙，并将顿河上塔纳的土地让与威尼斯人，由此威尼斯人可以扩大自己的贸易。[6]

275

[1]　Lopez (1987), 387; Phillips (1988), 119; Di Cosmo (2005), 403, 418.
[2]　Malowist (1987), 588; Phillips (1988), 108; Abu-Lughod (1989), 124; Di Cosmo (2005), 398–389.
[3]　转引自 Abu-Lughod (1989), 168。
[4]　Di Cosmo (2005), 412–413.
[5]　Wheelis (2002).
[6]　Grousset (1970), 404; Wheelis (2002).

形势在1343年发生了逆转，当时塔纳的基督徒与穆斯林之间的一场争斗使新可汗札尼别汗将意大利人驱逐出该城。从塔纳逃出的难民跑到卡法，但卡法很快被札尼别汗包围。[1]因此，1343年实际上标志着基督徒从黑海到中国的陆路交通线最终关闭。到1345年，因中亚察合台汗国的一场叛乱，沿线交通遭到进一步破坏。[2]在金帐汗国，不断增长的"对西方人的敌意伴随着新近的伊斯兰化浪潮"，同时，金帐汗国与马穆鲁克的外交联系进一步增强。[3]卡法之围持续到1344年2月，困局被一支来自意大利的援军打破，但这座城市在1345年再次被围，直到包围者中暴发毁灭性的瘟疫，札尼别汗被迫撤围。[4]最终，意大利人对蒙古港口的封锁迫使札尼别汗谈判。1347年，意大利人获许重建他们在塔纳的殖民地。然而，在10年之内，札尼别汗发动了对阿塞拜疆的征服，并攫取了大不里士。蒙古帝国很快分裂，为商队提供穿越中亚安全通道的"蒙古和平"到14世纪40年代不复存在。[5]

东西方之间的商业联系被一个接一个地切断了，而热那亚和威尼斯的部分海上财富正是建立在这种联系之上。马穆鲁克势力的崛起、蒙古帝国的解体和伊斯兰教的传播共同建立起了一道不透气的政治、军事和宗教屏障，这道屏障的一侧是位于西方的地中海和黑海海上贸易，另一侧是位于东方的阿拉伯海和印度洋的贸易。到14世纪40年代末，热那亚商人——迄今欧洲最富进取心的商人，很快失去勇气和信心，并缩小了活动的地理范围。[6]由于抵达欧洲的此类亚洲贸易现在基本上被埃及扼住了咽喉，因此，比热那亚人更依赖印度香料贸易的威尼斯人别无选择，他们不得不对教皇视而不见，他们与穆斯林中间商打交道，从马穆鲁克苏丹那里获得最有利的条件，并以高价购买那时必不可少的奢侈品，因为金银通货出口日益贬值。

---

[1]　Wheelis (2002); Di Cosmo (2005), 413–414.
[2]　Abu-Lughod (1989), 169.
[3]　Grousset (1970), 405.
[4]　Wheelis (2002).
[5]　Yule and Cordier (1916), 143–171; Abu-Lughod (1989), 169.
[6]　Kedar (1976), 1.

另一个不利的情况是，1341—1347年拜占庭的内战将这个曾经强大的帝国消耗得奄奄一息，它的人力资源耗尽，使其难以面对奥斯曼土耳其的崛起及其包围。[1]一年之中，黑死病——几乎是542年查士丁尼瘟疫事件的重演——进一步吞噬了衰败的首都的人口。这次双重灾难使奥斯曼土耳其能够在1352年攫取加里波利，并在博斯普鲁斯海峡两岸立住脚，以此发动对巴尔干半岛的征服。从这一点来看，占领君士坦丁堡、确保独占黑海入海口并向意大利人关闭该口岸只是时间问题。一旦这一目标达成，在1453年和1475年（紧随着1394年一次失败的尝试），欧洲与亚洲的商业隔离几乎就可以完成了。

到14世纪40年代，与12世纪和13世纪商业革命中不断拓宽的市场、存在替代性和竞争性贸易线路，以及下降的交易成本不同，萧条时代已经降临，它使欧洲大部分贸易衰退，通货存量减少，城市化停滞，并对初级生产过分依赖。[2]战争在许多条战线因一系列原因开打，是直接造成形势恶化的主要原因。[3]1346年，英格兰入侵法国，苏格兰入侵英格兰，佛罗伦萨的巴尔迪财团宣布破产，札尼别汗的军队在克里米亚围攻卡法，拜占庭帝国仍然困于自我毁灭的内战，奥斯曼的力量在小亚细亚崛起，地中海东部的马穆鲁克王朝准备攫取小亚美尼亚的阿亚斯，拉丁基督教世界的经济前景一片暗淡。通货已经不稳，信贷耗竭，国际贸易的体量大幅下降，打劫和海盗成风，香槟集市已徒有其表，曾经庞大的弗莱芒纺织业明显处于低潮期。[4]在欧洲的领先经济体中，人均GDP处于停滞或下降状态，且实际工资率处于或接近它们在中世纪晚期的最低值。[5]

一种经济和商业僵局已经到来，甚至看不到能立即解脱的前景。几乎所有地区都处于当时普遍存在的恶化的政治和军事环境之中，这

---

[1]　Smyrlis (2012), 145.
[2]　Lopez (1987), 390：“我们处于一种波及全欧洲的衰退之中。我们必须用适用于全欧洲的原因来解释它。”
[3]　Munro (1991).
[4]　Above, Table 2.3, Figures 3.5 and 3.11.
[5]　Below, Figures 5.8A, 5.09A and 5.14.

种经济上的困难状态看起来还在继续，而且极可能变得更糟。1346年夏天，没有欧洲人能够预见，对此次僵局的摆脱是一次近在眼前的突然而大规模的旧世界的人口下降。然而，正是在那时，鼠疫从亚洲传播到欧洲，感染了包围克里米亚卡法港口的蒙古军队。它的宿主和/或病媒生物只是爬到了该城守军身上，并偷偷登上了停泊在港口的热那亚大帆船进行传播，就在欧洲广大且联系密切的商业系统内对人口造成了毁灭性和变革性的影响。与其他更加好斗的入侵者不同，鼠疫导致了人口减少，但对基础设施、制度和资产的影响不大。通过重新分配资源、重新确定相对要素价格和增加货币供给，它选择性地将意外之财交给了许多幸存者。此外，它还使欧洲北部免于再次上演欧洲大饥荒，因为在1349年、1350年和1351年，天气异常引起三次连续的严重歉收，而鼠疫正好减少了需要养活的人口。

4.02 变化中的旧世界气候

4.02.1 14世纪40年代和50年代的气候异常

在一系列古气候记录中，14世纪40年代和50年代初作为几乎唯一的紊乱和气候不稳定时期而特别显眼，那时长期以来盛行的大气环流模式正处于持续变化的时间点上。根据洛尔和麦卡洛的全球气温异常指数，这些年标志着一个长达几乎100年的寒冷时期的终结，它曾给整个温暖的世界和南北半球的生长条件带来了消极影响，其明证是1343—1355年树木显示出来的生长低谷，以及1348—1350年的连续生长最低值（见图4.2B）。[1]对北半球、中国西部、欧洲（东部、中部和北部），以及格陵兰岛的气温重建，都证实了这些年的寒冷（见图4.2A）。

---

[1] Above, Figure 2.1. 在美国西部的狐尾松的生长时间表中，1348—1350年因明显极其寒冷的年份而突出：Salzer and Hughes (2007), 62。

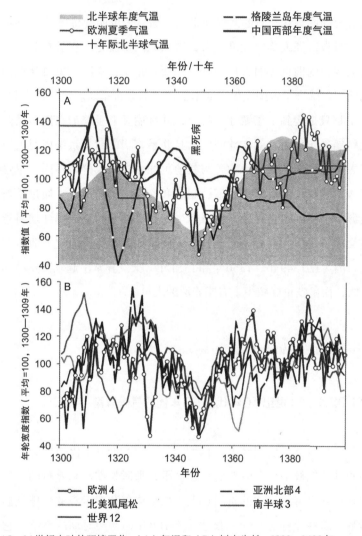

图 4.2 14世纪中叶的环境恶化：（A）气温和（B）树木生长，1300—1400年

资料来源：（A）北半球年度气温，Mann and others（2008）；十年际北半球气温，Ljungqvist（2009）；格陵兰岛年度气温，Kobashi and others（2010）；欧洲夏季气温＝芬诺斯堪底亚北部，Grudd（2010）；欧洲中部，Büntgen and others（2011）；和欧洲东部，Büntgen and others（2013）；中国西部年度气温，Shi and others（2012）。亚欧四种树木年轮宽度年表（进行 3 年滑动平均处理），再加上欧洲橡树、芬诺斯堪底亚松树和爱琴海橡树的年轮年表（数据由 M. G. L. Baillie 提供），以及蒙古西伯利亚落叶松的年轮年表 [Jacoby and others（no date ）]

（B）欧洲4＝欧洲橡树、芬诺斯堪底亚松树和极地乌拉尔松（数据由 M. G. L. Baillie 提供），以及阿尔卑斯山针叶树 [Büntgen and others（2011 ）]。亚洲北部4＝天山刺柏（数据由 Jan Esper 提供）、青海刺柏 [Yang and others（2014 ）]、蒙古西伯利亚落叶松 [Jacoby and others（no date ）]，加上西伯利亚的西伯利亚落叶松（数据由 M. G. L. Baillie 提供）。北美狐尾松（数据由 M. G. L. Baillie 提供）。南半球3＝智利和阿根廷肖柏、新西兰雪松和塔斯马尼亚胡恩松（数据由 M. G. L. Baillie 提供）。所有年表进行指数化的基础是 1300—1399 年，其标准化使用的是相同的变量系数

在整个欧洲，有大量证据表明14世纪天气恶劣。因此，一份基于年轮的斯洛伐克夏初气温系列数据显示，5/6月气温远低于1348年到1354年的正常值，而在1361—1362年再次出现，记录显示，1348—1351年，冰岛周围出现大面积的海冰。[1]1350—1352年，英格兰盐价 279 出现一次明显的上涨，1351年价格翻倍。这表明，1349—1351年的寒冷和潮湿天气使依靠日光蒸发的盐产量（不论是国产还是进口）下降（见图4.3）。[2]关于这些年的异常特征，尤其是异常寒冷的更多证据来自格陵兰岛冰芯中所含氘显示出的寒冷指数。它表明，格陵兰岛西部在14世纪里出现了几个集中寒冷的时段，最突出的是1312—1314年、1323—1327年、1336—1338年、1349—1353年、1378—1382年、1389—1390年和1392—1394年。然而，没有一个能比1349—1353年更极端。[3]事实上，据道森等估计，1352—1353年，气温降至最低点，低于之后历史上的任何时间点，包括臭名昭著的寒冷的17世纪90年代——蒙德极小期最寒冷的10年。[4]苏格兰在1355—1356年也一样特别寒冷。[5]一般而言，这些"冰"年是相同气候异常的症状，它导致了从 280 1342/1343年开始的全球树木生长的明显衰退。

随着天气变冷，大气环流模式改变，极端天气事件变得更加常见。这表现在重建的北半球气温和北大西洋海面温度中极大增长的年际方差上（见图4.4）。在这两个重建的气温系列数据涵盖的1 400余年里，方差（按51年为期计算）达到4—5。高度不稳定时期出现在10世纪50年代、11世纪90年代、14世纪50年代、15世纪40年代和17世纪

[1]　Above, Figure 3.22; Büntgen and others (2013); Dawson and others (2007), 432; Massé and others (2008).
[2]　文献中这次唯一的盐价上涨发生在1316年，处于欧洲大饥荒的顶峰，并紧随着前一年的持续降雨：Campbell (2010c), 20–21。1350—1352年物价上涨并不如1315—1317年明显，是因为英格兰已经从一个净出口国，变成盐的净进口国，大量的供应来自法国的布尔纳夫湾（Bourgneuf Bay），那里的海盐是经太阳蒸发过程而低成本生产出来的：Bridbury (1955), 29–30, 46–47, 50, 95, 110–111, 151–152。1350—1352年的高物价与天气的关系，至少与突然暴发的鼠疫引起的劳动力短缺的关系差不多，其证据是1350—1351年过量的降雨破坏了肯特的查塔姆、大查特和伊克姆的收获：Campbell (2010c), 47n。
[3]　Above, Figure 3.22.
[4]　Dawson and others (2007), 430.
[5]　Baker and others (2002), 1342.

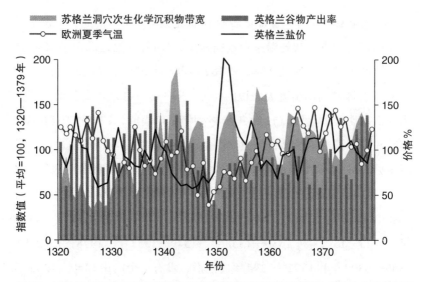

图4.3　14世纪40年代和50年代欧洲北部和英格兰恶劣天气的证据：洞穴次生化学沉积物带宽（值越低，天气越潮湿）；1320—1379年欧洲夏季气温和英格兰谷物产出率平均值指数；盐价以与之前25年平均值的百分比来表示

资料来源：苏格兰洞穴次生化学沉积物带宽，Proctor and others（2002b）；欧洲北部夏季气温，综合指数来自 Grudd（2010）、Büntgen and others（2011）、Bntgen and others（2013）；英格兰每粒种子的产出率，Campbell（2007）；盐价，根据 Clark（2009）计算

70年代，其中最明显的，按照半球和海面温度两个标准，是14世纪50年代。

281　　　　环境不稳定性在13世纪中叶中世纪气候异常期的最后阶段相对较低，然后在14世纪初随着中世纪气候异常期的衰弱而上升，最后在14世纪中叶随着向小冰期环流模式的转型积聚动能而升至最高（见图4.4）。注意，正是在那个战略性的临界点上，人畜共患的鼠疫在西亚的金帐汗国暴发。随着北半球内部每年的天气模式在两个距离越来越大的极端之间摇摆，苏格兰洞穴次生化学沉积物带宽、不列颠群岛橡树年轮宽度和英格兰谷物产出率的方差急剧增加，以至于到14世纪50年代，橡树年轮宽度的方差增长了50%，洞穴次生化学沉积物带宽和谷物产出率的方差翻了一番。在增长幅度最大的那些年，正值鼠疫穿

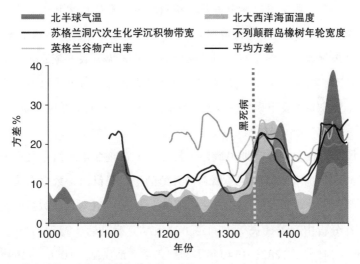

图4.4 作为环境不稳定程度指标的方差百分比，1000—1500 年

注：本图计算的是 51 年（25 年谷物产出率）运行周期的方差，绘出最后一年，然后以 5 年为期对数据进行平滑处理。谷物产出率的方差指的是小麦、大麦和燕麦产出的什一税毛重和种子净重的综合指数

资料来源：北半球气温和北大西洋海面温度，Mann and others（2008）；苏格兰洞穴次生化学沉积物带宽，Proctor and others（2002b）；不列颠群岛橡树年轮宽度（25 年主序列年表），数据由 M. G. L. Baillie 提供；英格兰每粒种子的产出率，Campbell（2007）

越亚欧大陆西部（见图4.4）。[1]鉴于每一个时间序列都是从本质不同的数据来源独立生成的，比如石笋、橡树和庄园账簿，这种一致性更加令人印象深刻。

当然，当时的人缺乏气象知识，也无从知晓正在进行中的气候变化的意义。即便如此，到14世纪40年代末，他们肯定意识到，天气正在以陌生和令人不习惯的方式变化着，一旦鼠疫暴发，他们对疾病雾瘴理论（the miasma theory of disease）的信仰意味着，他们对它投入了特殊的注意力。因此，巴黎医学院在1348年10月记载道：

[1] 当寒冬之后是温暖、潮湿的春夏天气之时，橡树生长最好；冬季气温和夏季降雨上的明显年际方差因此加强了橡树生长的差异性。

在某些年份，季节并没有按照正常的顺序依次到来。去年冬季（1347/1348年）没有应有的寒冷，而且雨量很多；春季多风，后来潮湿。夏季来迟，没有应有的炎热，而且极其潮湿——天气每天、每时每刻都在变化；时而狂风大作，时而风平浪静，看起来好像马上要下雨，但后来又没有下雨。秋天也多雨和多雾。[1]

那时正在发生的日期最确定、最显著的深刻变化的信号是由分析尼罗河每年洪水流量的最小值和最大值的记录提供的，数据采集位置就在开罗老城对面的罗达岛的尼罗河水位计处。[2]在对这些数据的精密的统计分析中，姜建民等人确定了"干旱"泄洪期（935—1095年、1195—1245年、1282—1340年）和"正常"泄洪期（1096—1194年、1246—1281年）的交替出现，直到1341年，那时发生了一次突然向"潮湿"条件的变化，这种情况在1395—1427年之间发生了一些变化（见图4.5），一直持续到1469年记录结束。[3]从一个泄洪期到另一个泄洪期的连续变化通常是突然的，尤其是1341—1342年。[4]从这个时期起，普遍出现的较高的洪水流量水平意味着赤道非洲出现了更强的降雨，同时，埃塞俄比亚（东非）季风也大大增强。从此时开始，洪水流量也更加多变，高水位和低水位洪水的发生率也在升高。[5]

因此，关于世界上最长之一的河流每年洪水流量的唯一记录精确

283

---

[1]　Horrox (1994), 161.

[2]　"水位计"一词由希腊人创造，被用来描述埃及人发明用以精确观察和记录尼罗河洪水涨落的阶梯水位。现存位于开罗老城的罗达岛水位计是由阿拉伯人根据这种传统建造的。约1800年，它的内部构造被描绘在路易吉·马耶尔（Luigi Mayer）的原稿水彩画之中，该画保存在伦敦的维多利亚和阿尔伯特博物馆之中，水位计再次出现在马耶尔的《埃及风景》（*Views in Egypt*, 1804年，伦敦）中。按照传统，尼罗河洪水流量的最大值和最小值总是在儒略历6月20日（也就是格里高利历的7月3日）读取，在9月末，当青尼罗河泛滥，尼罗河水达到最高水位。它们分别显示的是赤道非洲的降水、白尼罗河的源头与埃塞俄比亚季风的降水、青尼罗河和阿特巴拉河的源头。测量和保存记录是世袭的水位计管理员的责任。这个职位首先在715年因此目的设立，641—1469年的800多年间（715年之前的记录来自更早的水位计）的水位记录都为伊本（Ibn Taghrī Birdī）的编年史所提及，这本史书写于1441—1469年。这些统计数据出版在 Prince Omar Toussoun (1922), *Mémoires présentés à l'Institut d'Égypte*, IV, Cairo, 135–145, 随后成为 Popper (1951) 开罗水位计研究的课题。

[3]　Jiang and others (2002).

[4]　Fraedrich and others (1997).

[5]　Hassan (2007); Hassan (2011).

地显示出大气环流模式的重大转变，那时正值军事冲突频发，也是史料中记载的1345/1346年黑死病在金帐汗国暴发之前不久（4.02.2部分）。作为此等规模的环境临界点的特征，与之伴随的是差异性和不确定性的明显增加。[1]

有趣的是，1341/1342年在其他环境记录中也是一个极端天气的年份。在中亚，1310—1340年短暂的湿润期突然结束；在东亚，季风停止（见图4.5）。[2]在中国，卜正民（Timothy Brook）已经确定1342—1345年被他命名为"至正泥潭"（Zhizheng Slough）的那段时间，是环境恶化特别严重的时期，那时频发的大规模干旱、蝗虫袭击和洪水引发了毁灭性的饥荒与瘟疫。[3]在欧洲北部，暴风雨带来的洪水席卷了地势低洼的北海南部海岸，[4]而在1342年的德国，一次少见的热那亚低压气旋（Genoan Low）将如注的雨水以史无前例的规模倾倒在美因河和其他欧洲中部河流的流域，导致1342年7月底圣抹大拉节暴发洪水，当时维尔茨堡的美因河水位之高空前绝后。[5]同年，在苏格兰西部，是250年来最干旱的一年（见图4.3）。[6]在北大西洋，显著的寒冷和温暖现象（前者与冬季暴风雨联系在一起，后者则是与严重夏季降雨有关）的交替在1315—1342年获得了全面发展，此后开始消退。[7]这些巧合的天气现象与姜建民等人的观察相符，即"尼罗河洪水的气候事件经全球遥相关过程与不同地点的气候差异联系起来"[8]。

很明显，随着埃塞俄比亚降雨的增加，印度，特别是中国南部的

[1] Above, Section 3.03.2c. Scheffer (2009), 286："随着关键转折临界点的接近，方差涨落波动通常会增加。"
[2] Above, Figure 3.30.
[3] Brook (2010), 72.
[4] Britton (1937), 139–141; Bailey (1991), 189–194.
[5] Tetzlaff and others (2002); Böhm and Wetzel (2006). 维尔茨堡历史博物馆的一份现存碑铭如此描述洪水："公元1342年的一天，美因河水前所未有地上涨。河水漫过了维尔茨堡主教座堂的台阶，并在第一个石像周围流动。维尔茨堡的桥、塔、城墙和许多石头房子崩塌了。同年，在全德国和其他地区也出现了类似的洪水。这座主教座堂是由维尔茨堡的建筑师迈克尔建造的。"Hoffmann (2014), 325–326.
[6] Proctor and others (2002a); Proctor and others (2002b).
[7] Above, Figure 3.19B; Dawson and others (2007).
[8] Jiang and others (2002), 112.

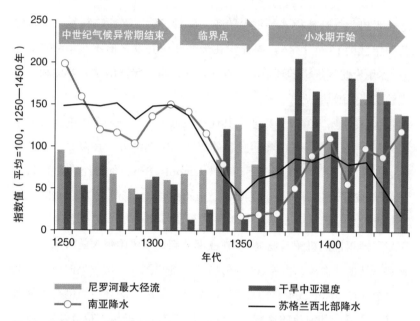

图4.5　14世纪40年代是从中世纪气候异常期到小冰期转型的临界点，1250—1450年

资料来源：尼罗河最大径流，Popper（1951），221-223；南亚降水，根据 Berkelhammer and others（2010b），Zhang and others（2008）估算；干旱中亚湿度指数，Chen and others（2010）；苏格兰西北部降水，Proctor and others（2002b）

降雨都减少了（见图4.5）。到14世纪40年代，1082—1268年近200年的大部分时间里盛行且罕有中断的定期强季风降雨，已经永远结束，这对依赖稻米的中国南部和东南亚文明产生了灾难性的影响。[1]这些强季风降雨是较强的正位相厄尔尼诺-南方涛动和拉尼娜现象主宰太平洋的结果，这保证了海面温度和湿度水平在太平洋西部（亚洲）都要高于太平洋东部（美洲）。[2]随着厄尔尼诺-南方涛动从13世纪70年代开始，尤其是在14世纪30年代的衰弱，南亚季风也变得如此；到14世纪40年代，向一种截然不同的季风体系的深刻转型顺利发生。厄尔尼诺-南方涛动也与北大西洋涛动密切地联系起来，以至于当厄尔尼诺-

[1]　Lieberman (2009), 554–559; Lieberman and Buckley (2012), 1073–1075; Tana (2014), 332–335.
[2]　Above, Section 2.02.1.

南方涛动变为负位相，南亚降水减少之时，北大西洋涛动也减弱，冬季西风带南移，使更寒冷、更干燥的极地空气进入欧洲北部（见图4.3）。[1]柯诺克南乌安洞的洞穴次生化学沉积物记录显示，1340—1344年的冬季是自11世纪奥尔特极小期以来所经历的最干燥和最寒冷的冬季，而1357—1359年的冬季甚至更为极端（见图4.4和图4.5）。

树木年轮年表更清晰地说明了这些变化。14世纪40年代初，自从14世纪第一个十年在旧世界的树木生长及亚洲和新世界的树木生长中流行的明显逆转突然结束，在那时，世界树木生长接近平均水平。[2]然后，自1342/1343年开始，整个温带世界几乎所有地方的生长都减缓了：在北半球，生长最小值出现在1346年（那一年，鼠疫在克里米亚暴发）；在南半球，则是在1348年（那一年，迅速传播的鼠疫到达欧洲的大西洋和北海沿岸）（见图4.2B）。[3]在青海（刺柏），极小期出现在1344年；在欧洲西部（橡树）、极地乌拉尔（松树）和斯堪的纳维亚半岛北部（松树）则是1345—1346年；在蒙古（西伯利亚落叶松）和天山（刺柏）是在1348年；在加利福尼亚（狐尾松）是在1349年。在南半球的对应日期分别是，1347年在塔斯马尼亚（侯恩松），1348年在智利和阿根廷（智利柏），1350年在新西兰（雪松）。这么多来自不同地区和环境的树木年轮年表都证实了如此大规模的生长减缓，这意味着，在全球范围内出现了特别强负的气候强迫。而树木生长在亚洲、旧世界和新世界之间的相关度在这些年一直呈正相关，且在1340—1368年平均超过+0.5，这并不令人感到意外。这种重大的生长异常是第二个千年中最大和持续时间最长的异常之一，几乎精确地吻合于这样一个时间点，即在西亚，鼠疫耶尔森菌最终从森林啮齿动物传向共生啮齿动物，然后开始向更远和更广大地区传播，并对人类造成灾难性影响之时（见图4.2）。这些环境和生物变化之间的联系来源于受气候影响

---

[1] Trouet and others (2009a); Trouet and others (2009b).

[2] Above, Figure 3.19C.

[3] Baillie (2000), 62–65; Baillie (2006), 33–38.

286　的生态条件，而它塑造了病原体-宿主-病媒生物的内在关系。

4.02.2　气候和瘟疫之间的互动

第一波被记载的人类鼠疫大流行暴发于1341/1342年气候恶化之后的4年间，这不可能只是一种巧合。这次大流行的受害者是位于里海盆地和黑海之间的金帐汗国土地上的人们。其诱因很可能是源于天气突然变化所造成的生态压力，这导致交叉感染，要么直接从森林啮齿动物传播到人类，要么间接传播，先到共生啮齿动物再到人类（见图3.27）。任何降水的减少和这些缺水的草原地带上植物生长的突然减缓，都将破坏沙鼠种群的生存能力，并促使已经被感染鼠疫的动物身上的蚤类病媒生物与人类接触。[1]此外，随着森林宿主数量的减少，森林动物供养的大量饥饿的跳蚤不得不寻找替代宿主。宿主可能是人类，由此引起人畜共患鼠疫病例的增加，但更可能是共生啮齿动物（例如家鼠），因为它们是更受跳蚤青睐的替代宿主。如果事实如此，那么这将引起鼠疫病菌的迅速繁殖，并导致它从动物流行病状态升级为迅速传播和致命的家栖啮齿动物大流行病的进程加快。从这一点来说，人类将日益面对人畜共患疾病全面打击的风险，尤其是一旦共生啮齿动物大量死亡，它们身上饥饿的跳蚤再次被迫寻找替代宿主。正是在鼠疫循环周期的这个阶段，第二次大流行被引爆（见图3.27）。

场景已经备好，几乎正好是800年前第一次大瘟疫暴发之初发生的事件将再次上演，当时，在一次比较剧烈的气候紊乱之后，鼠疫耶尔森菌同样从森林啮齿动物传向共生啮齿动物，接着是人类，并传播至君士坦丁堡，从那里再传向整个罗马帝国及其他地区（附录4.1）。在第二次大流行中，鼠疫在1346年攻陷了克里米亚的黑海港口卡法，次年5月踏足君士坦丁堡，并于当年秋传向西西里的墨西拿。此后，旧世

---

[1]　McMichael (2010), 2 of 3.

界大部分地区被感染只是时间问题。两次大鼠疫都在气候驱动的复杂
生态变化的大时代中暴发。每一次鼠疫的暴发都因生态变化而起，这
些变化在鼠疫耶尔森菌、宿主和病媒生物之间不断演变的内在关系之 287
外独立发生。结果，一种在穴居野鼠群中流行的毒性缓慢发展的疾病
突然变成一种人类大杀器，并侵入那些从未见过这种疾病的国家，它
们的气候和生态也与鼠疫疫源区所处的亚欧内陆的气候和生态大相
径庭。

人类可能已经成为这次蔓延事件最明显的受害者，但其主角是病
媒生物跳蚤，它们连续地大规模地从森林啮齿动物身上转移到共生啮
齿动物身上，然后再转向人类。很可能，正是人类将跳蚤带出青藏高
原西北部的鼠疫耶尔森菌核心疫源区，这对第二次大流行的暴发起了
重要作用。跳蚤在潮湿和温暖的天气中繁殖，这就是为什么鼠疫造成
的死亡率通常在夏季达到顶峰（见图4.7）。基于同样的原因，巴黎医
学院记载的不合时令的潮湿和多雨天气可以解释，为什么在欧洲南部
鼠疫于1346/1347年歉收前夕得以发展，然后在欧洲北部，糟糕的天
气、歉收和鼠疫一起出现。

跳蚤可能在潮湿的夏季天气中繁殖，但谷物无法在这样的天气里
成熟。英格兰庄园账簿中记载的抱怨无疑证实了1348/1349年恶劣天
气对农业生产造成的破坏。[1]尽管在1339年和1346年已经出现歉收，
但它们与1349年开始的灾难性歉收相形见绌（见图4.3和图4.6）。在
1349—1357年的9年里，每粒谷物种子的平均净产出率比长期平均值
低27%；在1349—1352年，连续4年比平均值低40%；在其中最糟糕
的两年，即1349年和1350年，比平均值低52%。[2]在有持续的产出率数

---

[1] 英格兰，切斯特，1348年："在仲夏节和圣诞节之间下的大雨异乎寻常，几乎没有一天不下雨的，
有时甚至整日整夜地下雨"：Horrox (1994), 62, 以及 54, 66, 74。1347年秋很潮湿，1348年的秋冬、
1349年全年也是如此，1350年的冬夏都有土地浸水的记载：Titow (1960), 401–403; Stern (2000),
100, 164–166。
[2] Farmer (1977, 557) 提供的1349—1350年两个收获年份的小麦、大麦和燕麦的产出率分别比平均值
低33.5%、28.2% 和46.2%。夏季气温降低1℃，小麦收获量就会降低5%。

288

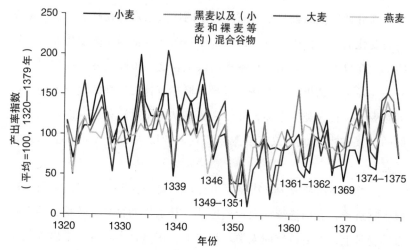

图4 6　英格兰谷物收获，1320—1379年

资料来源：Campbell（2007），产出率是什一税的毛重和种子的净重

据可用的整个这一时期，1270—1455年的收成是有记录以来最糟糕的。[1]历史学家已经倾向于将它们归因于管理者和工人的大量死亡，但很明显，恶劣天气应负更大的责任。[2]实际上，如果没有鼠疫造成的人口锐减，英格兰与欧洲北部大部分地区无疑会遭遇又一次大饥荒的打击。[3]劳动力稀缺和管理链条的断裂只是使歉收变得更糟。[4]

289　　　粮食歉收加剧了贫困、营养不良和流民聚集，必然会为病媒生物经由啮齿动物和/或人类体表寄生虫进行的传播创造出理想条件。大规模的军队、武器、给养的流动，加上英法之间、苏格兰和英格兰之间

[1]　Campbell (2007); Campbell (2009b), 25–29.

[2]　Stone (2005), 101–104. 1349—1453年，赫特福德郡金斯本的威斯敏斯特修道院自营地上的歉收是天气和劳动力供给问题共同引起的：Stern (2000), 164–166, 178–179。但 Benedictow (2004, 351) 强调后者："食物短缺和饥荒是黑死病（和此后的瘟疫）的常见后果，因为在瘟疫近似屠杀般的冲击下，农业和城市工业的正常生产往往陷于停滞，对生产和收入造成严重影响。"这种解释得到了当代许多持关于劳动力短缺和田里的作物未被收割的证据的评论的支持：Horrox (1994), 64, 66, 70, 72–73, 78。关于这些年单个特别地区经历的大规模生产冲击的个案分析，见 Stone (2011)。

[3]　Campbell (2009b), 23–26; Campbell (2010a), 144–147; Campbell and Ó Gráda (2011), 871–873.

[4]　1349年，在坎特伯雷主教座堂小修院位于肯特的庄园上，阿格尼和拉金的庄头们分别抱怨道，豌豆、菜豆和冬大麦因缺少雇工而未收割；很可能基于同样的原因，查塔姆和莫瑟姆的牲畜分别是由未收割的大麦和小麦来饲养的；第二年，莫瑟姆仍然没有足够的收割工人来收获所有的菜豆：Campbell (2010b), 47n.。

正在打得不可开交的战争，进一步推动了病菌的传播。鼠疫、糟糕的天气、歉收和战争是一组有毒组合，如果在这些条件下流行的斑疹伤寒是组合中的一个因素的话，它们更是如此。[1]

然而，在这种正在展开的场景中有一个悖论，即鼠疫这种流行病通常与半干旱气候为特征的大陆地区有关联，它以毁灭性力量席卷欧洲北部，其影响范围远至北纬63度，但当时受影响地区的天气异常凉爽。这种天气条件更多是斑疹伤寒暴发的特征，而跳蚤传播的早期阶段通常要求最低温度达到10℃，菌栓蚤传播（由亚历山大·耶尔森确定、本尼迪克托强调的方式）则在16℃—22℃的温度范围内最有效。[2]除非出现了斑疹伤寒和鼠疫两种流行病，不然在其他条件不变的情况下，这些气候条件本应限制了以跳蚤为媒介的病菌在时空上的传播，并由此抑制了鼠疫大流行。此外，随后大的欧洲瘟疫的暴发同样与恶劣天气和糟糕的生长条件有关。[3]寒冷的天气显然极少甚至根本没有限制鼠疫的传播。造成这种现象的原因明显取决于参与瘟疫传播的明确的病媒生物，以及决定和塑造它们活动的生态参数。这当然意味着，随着鼠疫向北传播到更冷的高纬度地区，早期传播阶段一定越来越突出。[4]

4.03　黑死病在欧洲的暴发

4.03.1　不蒙面的杀手：黑死病病原体的特征

1984年，格雷厄姆·特威格（Graham Twigg）发起了一项关于黑死病生物性特征的争论，直到2010年，它才得到令人普遍满意的

---

[1] Bechah and others (2008), 417, 418："普氏立克次体造成了流行性斑疹伤寒，这种疾病发生在寒冷的月份，那时厚重的衣物和较差的卫生条件有利于虱子繁殖。"从历史上而言，它曾"在战争、饥荒和移民前夕引起大规模的死亡"。

[2] Eisen and others (2006); Eisen and others (2015); Benedictow (2010), 396–398.

[3] Below, Figure 5.5.

[4] Eisen and others (2015).

290　解决。[1]分歧在两派之间产生，一派主张经媒介传播的鼠疫耶尔森菌感染是这次瘟疫的原因；另一派则认为，尽管当时人们对腺鼠疫的许多典型症状都有描述，但这次疾病传染性太强，传播太快，潜伏期太长（如其被见证的那样，它在漫长的海上旅途中依然可以存活），导致的人口死亡率太高，以至于传统的腺鼠疫诊断无法成立。[2]这一派认为，它是炭疽（特威格，1984年）；病毒性出血热（司各特和邓肯，2001年）；一种致命但现在已经灭绝的病毒性疾病（科亨，2002a）；甚至是想象的1348年1月25日来自外太空影响的生物性后果（贝利，2006年）。[3]许多人误以为，黑死病的传播速度和模式更接近于一种由人到人的病毒性传染疾病，而不是一种由病媒生物传播的人畜共患病。[4]

在2007年对这次争论的评述中，约翰·蒂尔曼和弗朗西斯·卡特（John Theilmann and Frances Cate）承认，由此类著名的鼠疫怀疑论者，如特里格、司各特和邓肯，以及小萨穆埃尔·科亨提出的质疑和反对并非没有合理性。蒂尔曼和卡特还认为，这些"关于鼠疫的批评"已经"产生了一个令人信服的理由，即鼠疫大流行展示出了与第三次大流行不同的特征"，第三次大流行开始于1855年的中国云南省，随后传播到所有有人居住的大陆。[5]虽然他们自己也认同腺鼠疫的诊断，但蒂尔曼和卡特推测，在第二次和第三次大流行之间的差异可能是因为，与鼠疫一起发作的还有其他危险的和传染性疾病，如斑疹伤寒和流感，或者是一种特殊的恶性鼠疫耶尔森菌菌株。[6]即便如此，他们仍怀疑是否有确凿的实验室证据来允许对黑死病病原体进行临床鉴定。

---

[1]　关于对这场争论的重要回应，见 Benedictow (2010)。同时参见 Morris (1971) 对 Shrewsbury (1970) 的回应。

[2]　Nutton (2008a); Scott and Duncan (2001), 356–362; Cohn (2008), 77–88.

[3]　1348年1月25日事件通常被视为集中在意大利中部和北部的一场地震：Hoffmann (2014), 306–307。同时代人将黑死病归因于从地球内部释放出来的有毒气体：Horrox (1994), 158–163。

[4]　例证见 Wood and others (2003); Christakos and others (2005); Welford and Bossak (2010a)。

[5]　Theilmann and Cate (2007), 390. Twigg, Scott and Duncan, Cohn 和其他几位"鼠疫否定者"的观点在 Benedictow (2010) 中受到系统性批判。

[6]　Shrewsbury (1971, 197, 124–125) 同样认为，鼠疫伴随着由人类体表寄生虫传播的斑疹伤寒：Theilmann and Cate (2007), 392–393。相比之下，Benedictow (2010) 坚称，第二和第三次大流行之间并无多少明显差异。

不过在这方面，轮到他们被证明是错的了。

米歇尔·德朗古和迪迪埃·拉乌尔的马赛鼠疫研究团队发表了第一份法医学证据，由此确定了造成鼠疫的病因学要素。在一篇发表于2000年的关键文章中，他们证实，耶尔森菌（染色体的）aDNA可以根据从鼠疫受害者的遗骸中提取的牙髓中得到临床上的鉴定。[1]更准确地说，马赛团队宣称，他们已经发现了耶尔森菌的aDNA，其来源是一名孩童和两名成人的牙齿，发掘自法国蒙彼利埃的据称是14世纪的一块墓地中。[2]他们的发现被证明是有争议的。第一，这不能明确无疑地证实，耶尔森菌组织就是鼠疫耶尔森菌。第二，腺鼠疫在法国濒地中海地区的出现并不一定意味着，鼠疫耶尔森菌是泛大陆鼠疫的肇因，因为之前和之后的几次鼠疫暴发的传播范围都没有超出地中海。[3]第三，由于DNA的实验室分析极易受到污染，最激烈的鼠疫批评者坚持认为，这些结果缺乏科学严谨性，在它们被独立确证之前是不可信的。事实上，这些反对者的批评看起来是有理由的，另一项由M. T. 吉尔伯特等人（M. T. Gilbert and others，2004年）从事的相应研究一无所获，他们得出结论："尽管扩增了许多其他细菌的DNA序列，但从61个人的108枚牙齿中提取的DNA中无法扩增出鼠疫耶尔森菌的DNA序列。"[4]

直到2010年，马赛团队争议性的结论才得到由一个12人组成的强大的国际跨学科团队的论断的确认和扩展。他们突破性的成果来自对76具人类遗骸的牙髓的成功的aDNA分析。这些遗骸发掘于位于意大利、法国、德国、荷兰和英格兰的5处疑似鼠疫受害者埋葬地。[5]从14世纪的墓葬中，1具来自法国圣洛朗-德拉卡布勒里斯的遗骸、2具来自英格兰赫里福德的遗骸和7具来自荷兰卑尔根奥松姆的遗骸提取的牙髓

[1] Raoult and others (2000).
[2] Raoult and others (2000). 尽管有些批评意见,但Noymer (2007, 620)接受了这种aDNA结果的重要性。
[3] Stothers (1999); Hays (2005), 134–142; Alfani (2013).
[4] Gilbert and others (2004), 341; Duncan and Scott (2005).
[5] Haensch and others (2010).

产生了明白无误的证据。这些证据显示，这些受害者感染了现在被确定为鼠疫耶尔森菌的细菌。不仅如此，一项单独进行的快速诊断测试还发现了鼠疫耶尔森菌特殊F1抗原的痕迹，这些证据得自7具圣洛朗-德拉卡布勒里斯的遗骸、4具赫里福德的遗骸和3具卑尔根奥松姆的遗骸，再加上4具来自奥布斯堡（德国）和6具来自帕尔马（意大利）的遗骸。在这些以严谨的科学方法得到的更为详细的发现的强力支持下，斯特凡妮·亨施（Stephanie Haensch）和她的同事们得出结论：

> 两种独立的方法证实，那些集体埋葬的与黑死病及其死灰复燃有历史性和背景性联系的人，确实在欧洲南部、欧洲中部和欧洲北部感染了鼠疫耶尔森菌。因此，第二次大流行很可能主要是由鼠疫耶尔森菌引起的……[1]

关于伦敦的东史密斯菲尔德的黑死病墓葬和威尼斯的鼠疫墓葬的类似研究成果已经发表。[2]关键是，这些aDNA结果得自独立的实验室，它们是不同的科学家团队使用最严谨的方法获得的。生物考古学工作现在专注于精准确定哪种细菌菌株牵涉其中，以及它们各自的基因系谱。这些发现无疑使遗传学家相信，一种或更多的鼠疫耶尔森菌菌株独自或与其他病菌共同作用，引发了黑死病。遗传学家也已经很快确定了这些黑死病基因组如何匹配重建的鼠疫耶尔森菌的系统进化树，以及这可能揭示出的第二次大流行的起源和传播的时间表与影响范围的一些信息。[3]在面对这种法医证据时，对鼠疫的替代性间接诊断已经被放弃了。[4]

科学家们对现存隔离培育的鼠疫耶尔森菌菌株进行研究，也已经

---

[1]　Haensch and others (2010), 5 of 14.
[2]　Bos and others (2011); Schuenemann and others (2011); Tran and others (2011).
[3]　Achtman and others (2004); Morelli and others (2010); Cui and others (2013).
[4]　清楚地阐述这些科学发现的主旨的重要文章是 Little (2011)。

破解了鼠疫耶尔森菌的基因组。[1]这种细菌进行无性进化，其有限的遗传多样性非常突出，几乎没有证据表明其任何变异基因型在过去或现在本质上比其他基因型更致命和更危险。[2]当变异发生，主要由于诸如遗传漂变等中性过程会产生不同基因组菌株，每一种都由其单核苷酸多态性界定，并来自一个共同的祖先。[3]根据这些信息，鼠疫耶尔森菌的系谱已经得到重建，直到其第一个最古老的突变祖先。[4]从可确定日期的鼠疫埋葬者的尸骸中提取的基因组被用来确定关键分支首次出现在何时。结果就是为大家所熟知的系统发生树，它的连续分支（或多歧分支）代表了已经进化的细菌的不同系谱，在过去的2 000年里的某个时间，菌株从其亲本种——假结核耶尔森菌中分化出来，这些系谱一直进化。[5]这些系谱中的大多数都能引发人类瘟疫。[6]

现在，对鼠疫耶尔森菌基因组的重建，使得仅仅使用记载鼠疫暴发的历史文献就可以推断出这种细菌在时间上和空间中的传播。在一个关键的后续研究中，崔玉军等人（2013年）发现，在13世纪的某时发生了一次"大爆炸"。当时，几种新的系谱在短期内出现，其中包括由对圣洛朗-德拉卡布勒里斯、赫里福德和卑尔根奥松姆的鼠疫死亡率的aDNA研究确定的黑死病序列。[7]现在，遗传学家和生物学家已经达成一种明确的共识：这些系谱的地理分布显示，鼠疫耶尔森菌首先在东亚进化，然后从那里辗转传播到亚欧大陆和非洲其他地区，最终在第三次大流行中传向整个世界。[8]这个过程的结果是，今天存在的特定国家的遗传多样性，由此吉尔吉斯斯坦和马达加斯加的鼠疫死亡源于

---

[1]　Achtman and others (2004); Morelli and others (2010).
[2]　Bos and others (2011); Cui and others (2013).
[3]　Cui and others (2013).
[4]　Above, Figure 3.28.
[5]　Above, Figure 3.28; Morelli and others (2010). Suntsov (2014) 曾主张，从最初的假结核耶尔森菌向耶尔森菌的转型发生在西伯利亚和中亚，其途径是"蒙古土拨鼠蚤-长须山蚤寄居系统"。
[6]　Cui and others (2013), 579.
[7]　Above, Figure 3.28; Cui and others (2013), 580.
[8]　Achtman and others (2004), 17842; Morelli and others (2010), 1140; Bos and others (2011), 509.

在系谱和时间表上属于同一病原体的不同菌株。[1]

海恩茨等人引用解码的鼠疫耶尔森菌基因组序列指出，这个菌株与黑死病的三种现代鼠疫系谱——东方型、中世纪型和古典型——的超前进化有很大关系。[2]换句话说，这种暴发于1347—1353年的疾病在西亚、欧洲和北非将数百万人在成人之前送进坟墓，它在生物性上与细菌学家亚历山大·耶尔森于1894—1897年在香港研究和诊断的鼠疫并不等同，耶尔森诊断的这场鼠疫在1896—1907年席卷印度，成为印度鼠疫委员会详细报告的主题，它也被许多历史学家认为是在14—18世纪肆虐欧洲的瘟疫的类型。[3]这也为R. 戴维纳特（R. Devignat）在20世纪50年代提出并被不断重复的论点奠定了基础，这一论点认为，中世纪鼠疫耶尔森菌是引起被称为"第二次大流行"的黑死病的鼠疫病原体（因为古典型鼠疫耶尔森菌引起的是古代的大流行，东方型鼠疫耶尔森菌引起的是现代的那些鼠疫）。[4]正如今天人们理解的那样，鼠疫耶尔森菌基因组有一个更加古老的起源，它经历了古典型、中世纪型和东方型分支的发展，并在地理上从东向西进化。[5]

鼠疫耶尔森菌在瘟疫期间的突变能力也为海恩茨等人有趣的发现所证实。他们发现，这种通常造成法国人和英国人死亡的基因型在进化阶段上低于在卑尔根奥松姆引起死亡的菌株，由此他们推断，"是不同的细菌在14世纪席卷整个欧洲"[6]。由于卑尔根奥松姆菌株不同于所

---

[1]　Morelli and others (2010). 2013 年 8 月 27 日，星期二 (http://www.bbc.co.uk/ news/world-asia-23843656) 和 2013 年 12 月 11 日 (http://www.bbc.co.uk/news/ world-africa-25342122) BBC《世界新闻》分别报道了吉尔吉斯斯坦和马达加斯加岛的鼠疫造成的死亡。在吉尔吉斯斯坦，鼠疫的源头是一种被感染的土拨鼠，其致死率堪比中国西部甘肃省玉门市（青海西北方向）所记录的致死率：http://www.bbc.com/news/world-asia-china-28437338。

[2]　Haensch and others (2010), pp. 1–2 of 14.

[3]　例如，Ziegler (1969); Shrewsbury (1971); Hatcher (1977); Bolton (1980); Benedictow (2010)。关于修正的观点，见 Theilmann and Cate (2007), 390–391。Nut-ton (2008b), 16："如果耶尔森菌是黑死病的生物代理人……它当时及此后数个世纪的行为，经常与上个世纪观察到的行为大相径庭，鼠疫的症状明显是相同的，但其流行病学和人口统计学是明显不同的。"还可见 Royer (2014)。

[4]　Devignat (1951), 260–261："变体 III（来自俄罗斯东南部）酝酿出了甘油，但没有产生亚硝酸……看起来它在 14 世纪从里海传播至整个欧洲，在那里，它引发了'黑死病'，并通过黑家鼠，在 4 个世纪里使自己成为地方性病原体。"

[5]　Above, Figure 3.28.

[6]　Haensch and others (2010), 7 of 14.

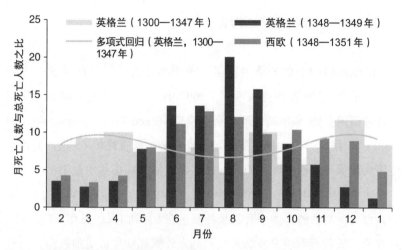

图 4.7　黑死病在英格兰和西欧的季节性影响

注：英格兰 = 国王直属封臣的月死亡人数与总死亡人数之比；西欧 = 鼠疫引起的月死亡人数与在全部地理范围内所估计的总死亡人数的平均比例

资料来源：根据 Christakos and others（2007），715; Campbell and Bartley（2006），15 计算

有已知的现代亚欧鼠疫耶尔森菌，因此他们认为它趋于灭绝，但他们并没有排除圣洛朗-德拉卡布勒里斯／赫里福德基因型仍然存在的可能性。[1]随着更多 aDNA 证据的积累，人们也期望更多欧洲基因组变种现身，尤其是否在某个阶段，鼠疫变成欧洲范围内的地方性兽疫，而不是每次都从它在亚洲的疫源区重新传入，正如施密德等人最近所主张的那样。[2]崔玉军等人（2013 年）的研究提供的经验是，aDNA 样本库越大，来自的地理范围越广，对过去鼠疫的传播模式及其起源就越清楚。在黑死病的案例中，当前黑海和爱琴海周边地区的此类信息是缺失的，人们对这类疾病于 1346—1347 年在这个区域的传播明显并无多少了解。

---

[1]　Haensch and others (2010), 8 of 14.

[2]　Schmid and others (2015).

295 ## 4.03.2 鼠疫的简要时间表

鼠疫在时间上的发展采取了一种类似波浪的季节性模式（见图4.7）。乔治·克里斯塔克斯等人（2007年）的估算可能有缺陷〔它们是通过使用里德–弗罗斯特流行病学模型（Reed-Frost epidemiological model）〕得出的，这种模型假定鼠疫是一种病毒性传染病），但他们使用的证据可以信赖。他们的推断显示，黑死病在冬季最不活跃，在三个连续的瘟疫年——1348—1349年、1349—1350年和1350—1351年中，每一次最低的传播率看起来都发生在1月到4月（见图4.7）。从5月开始，随着春季较温暖的天气的到来，黑死病变得更加致命，而且每年此时都开始以更快的速度传播。地域上的扩张在7月趋于顶峰，那时气温最高，跳蚤最为活跃，但此后逐渐减退。1348年是个例外，当时，随着鼠疫在意大利、法国南部和伊比利亚半岛肆虐，流行病在秋天恢复传播，并在11月以更快的扩张速度达到顶峰（见图4.7和图4.10）。这种在夏秋的双重顶峰再未出现过。稍后，随着鼠疫向北传入气候更冷、人口更稀疏的地区，冬季平静、夏季活跃的季节性对比变得更加明显，其地域性扩张的势头衰弱，直到1353年完全停止。[1]

296 鼠疫传播有清晰的季节性，夏季明显比冬季更危险，显示出温度和湿度对传播疾病的跳蚤的活跃度以及人类流动的影响，而人类通过自己的身体、衣物和商品携带着跳蚤。[2]鉴于显而易见的原因，夏季的水陆交通量要比冬季的大得多。[3]注意，在英格兰，这种季节性的死亡模式几乎与1300—1347年之间盛行的模式相反，那个时期12月曾是死亡率最高的月份，而最低的月份则是8月（见图4.10）。

在单个群体内的鼠疫死亡展现出一种相似的时间分布。当鼠疫还处于动物流行病时，从第一批共生啮齿动物被感染到第一个人死于瘟

---

[1]　Benedictow (2010), 398.

[2]　Gage and Kosoy (2005), 506–509, 515–516; Bossak and Welford (2009); Benedictow (2010), 396–398.

[3]　Twigg (1984), 51–52; Bossak and Welford (2009).

疫之间总是有一段时间的滞后。这是因为，菌栓蚤传播占主导的地方，被感染的跳蚤需要10—14天才能在一个尚未被感染的鼠群中发展为动物大流行性鼠疫，然后跳蚤再用三天才能将疾病传染给第一批人，疾病在感染的人群中有3—5天的潜伏期，然后1—3天后开始发作。因此，从第一批鼠群被感染到第一批人类鼠疫受害者死亡需要19—27天。[1]相比之下，早期传播阶段只需一半的时间便可达到同样的结果。[2]本尼迪克托认为，正是菌栓蚤传播固有的滞后性解释了为什么在文献丰富的16世纪晚期的威斯特摩兰的彭里斯的案例中，从1597年9月22日鼠疫造成的第一例死亡到10月14日的第二例死亡间隔了22天。[3]此后，在初冬的彭里斯，由于更低的温度和跳蚤活跃度的下降，鼠疫的传播变慢，1598年1月，鼠疫似乎已经完全消失了（见图4.8）。然而，在3月，随着天气转暖重新激活跳蚤的活跃度，鼠疫造成的死亡率开始攀升，在6月、7月、8月和9月，一年中最温暖的月份，死亡率攀至顶峰。

　　起初只是偶尔的少量死亡，然后是死亡率的突然攀升，紧接着是同样突然的下降，这种模式看起来已经成为典型，反映出啮齿动物和跳蚤类似的死亡概况。[4]在彭里斯，跟其他地方一样，这个城镇的非免疫鼠群将首先死于外来传染病，而第一批人类死亡则将是那种动物流行病的附带结果。只有在鼠群崩溃之后，人类鼠疫的暴发才真正开始，因为饥饿的跳蚤开始大规模地将人类作为其替代宿主。温暖和湿润的夏季天气极大地提升了跳蚤的活跃度，在彭里斯，鼠疫造成的最严重的死亡危机出现在夏末，该城鼠群在那时应该接近于灭绝。一旦这种现象发生，随后跳蚤在接下来的四五个月中大规模消失只是时间问题，因为人类宿主无法维持鼠蚤的永久生存。在彭里斯，较寒冷天

297

---

[1]　Benedictow (2010), 6.

[2]　Eisen and others (2015).

[3]　Benedictow (2010), 639–653 [作为对 Scott and Duncan (2001) 的回应]。

[4]　对发生在 1613—1614 年萨克森州弗莱堡的鼠疫的相应分析，见 Monecke and others (2009)。感谢 Ann Carmichael 提醒我注意这条文献。

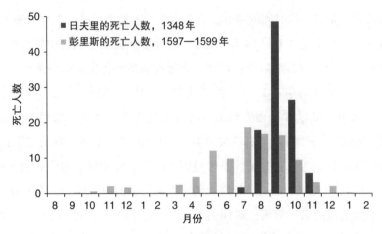

图 4.8　鼠疫 1348 年在日夫里和勃艮第、1597—1599 年在坎布里亚的彭里斯造成的不同
死亡情况
注：总死亡人数估计，在日夫里占鼠疫暴发前人口的 31%，在彭里斯的比例是 45%
资料来源：日夫里, Christakos and others（2005），127［Gras（1939）］；彭里斯, Scott and Duncan（2001），
120

气的回归加强了这个趋势，到 12 月，随着第一批啮齿动物及其后饥饿
的跳蚤的大规模相继死亡直至死光，鼠疫通常也燃尽了自己：最后一
只能够传播鼠疫的跳蚤很可能在 1599 年 1 月 6 日最后一次鼠疫造成的
死亡者被埋葬两周之前就已经消失。埋葬最后一批鼠疫死亡者距埋葬
第一批鼠疫死亡者有 15 个半月，也几乎是危机顶峰 6 个月之后。鼠疫应
该清除了这个城镇的啮齿动物及其身上的跳蚤，但它也杀死了 485 个人
（36%），而鼠疫暴发之前的城镇人口至少有 1 350 人。[1]

　　按照莫内克等人（2009 年）的说法，鼠疫暴发通常开局缓慢，在
沉寂之前迅速升级，然后随着不具备免疫力的啮齿动物及其身上跳蚤
的（之前或同时的）死亡而消退。他们宣称，当对鼠疫有抵抗力的啮
齿动物出现之时，鼠疫暴发更加无声，因为啮齿动物是跳蚤强烈青睐

298

---

[1]　Scott and others (1996); Scott and Duncan (2001), 115–148.

的宿主。人类是饥饿的鼠蚤最后求助的宿主。[1]鼠疫死亡率在夏季达到顶峰，如彭里斯的数据显示的那样，是这种病媒生物传播疾病最明显的特征，这一特征与气温和湿度对跳蚤繁殖和活跃度的影响是相符的。[2]同样的季节性高峰也于1348年出现在与彭里斯面积相似的勃艮第的日夫里。在那里，根据保存在堂区登记册中的唯一证据，疾病的传播速度是彭里斯的3倍，可能仅用了4个月就完成了传播过程，鼠疫死亡人数从7月中旬开始激增（最早的死亡可能无人注意），6周之后死亡人数达到高峰，最后超过600人的死亡出现在11月19日。[3]在上述两个小城，鼠疫暴发造成的死亡的持续性上的差异是惊人的，这意味着，在日夫里，生态条件特别有利于疾病通过啮齿动物和人类快速传播，而且其早期传播阶段很可能产生了更为重要的影响（见图4.8）。另外，如马赛鼠疫研究团队推测的那样，人类体表寄生虫可能造成了日夫里的鼠疫快速和相应地在人类之间的传播，而啮齿动物体表寄生虫则可能是鼠疫在彭里斯持续更久的传播和看似长期不活跃的原因。[4]

　　黑死病在日夫里传播之迅速似乎是第二次大流行中第一波也是最致命的一波袭击的典型特征。在1348年夏末的波尔多，前英格兰御前法官罗伯特·布尔彻（Robert Bourchier）及其被监护人——即将成为新娘的图尔的乔安娜公主（Princess Joan de la Tour），分别在抵达这座鼠疫肆虐的城市之后10—15天和30天之内过世。[5]第二年，在英格兰的考文垂和里奇菲尔德教区，主教登记册中记载的教士死亡的时间表显示，鼠疫在4—6个月内席卷了当地。[6]在其他地方，健康的人患病和死亡的速度之快吸引了更多的评论。1348年，乔瓦尼·薄伽丘对佛罗伦萨的情况有生动的描述："在那些遭受（这次瘟疫）痛苦的人与尚未被感染的人混杂在一起的地方，瘟疫就像大火烧上了干柴或油料一样，

299

[1]　Monecke and others (2009).
[2]　Benedictow (2010), 396–398.
[3]　Figure 4.8; Benedictow (2010), 108.
[4]　Drancourt and others (2006).
[5]　Christakos and others (2005), 226–227, 281.
[6]　Wood and others (2003).

迅猛地冲向那些健康人。"[1]尽管很难与菌栓蚤的传播相协调，但这与早期传播阶段是一致的，由此跳蚤在数小时内就能将鼠疫耶尔森菌从宿主那里传播至受害者身上，最多通常不超过4天，前提是前者的菌血症水平足够高。[2]在现代鼠疫暴发时，人类在被感染和症状首次显现（高烧、发冷、肌肉疼痛、极度虚弱、肿胀和淋巴结疼痛、腹泻、恶心和呕吐）之间会经历一个只有1—8天的短暂潜伏期。对罕见且传播性较差的肺部疾病而言，这种潜伏期较短，只有1—3天。[3]令人困惑的是，在14世纪，那些如此快速染病的人，在丧失行动能力之后和死去之前的这段时间内，本没有什么机会完成长途陆上旅行和艰苦的海上航行。此外，如果啮齿动物必须在人类死亡攀升之前大量消失，那么啮齿动物聚集地被感染和被摧毁的速度应该同样很快才对。

这次瘟疫到底是如何在仅仅6年的时间里就成功地席卷整个大陆的，仍然是黑死病最令人费解的一个特征。当然，同样惊人的是，没有任何检疫或其他相应的预防措施可以阻止这场瘟疫。在后来暴发的鼠疫中，意大利城镇从14世纪末开始发展并实施的检疫措施认为，个人应被隔离并受到持续数周的观察，之后才能被认为没有感染鼠疫，并对他人没有危险。[4]1377年7月，达尔马提亚地区的拉古萨共和国颁布了世界上第一项检疫法，当时它对从染疫区到达杜布罗夫尼克的访问者、旅行者、商人、商品和船只强加一个30天的隔离期，之后在1390年，它建立了一个常设卫生局。[5]威尼斯以拉古萨为榜样，并将隔离期限延长至40天。在那里，当检疫规定得到有效执行之时，那些从海上到达的人被隔离在位于威尼斯潟湖南部的拿撒勒的圣马利亚小群岛［现在的老拉扎雷托岛（Lazzaretto Vecchio）］。在隔离期间（超出啮齿动物和人类感染鼠疫并死亡所需的时长）活下来的人被视为未

[1]　Horrox (1994), 27–28.
[2]　Eisen and others (2015).
[3]　Kool (2005).
[4]　Cliff and others (2009); Henderson (2010), 373–374.
[5]　Frati (2000); Blažina Tomić and Blažina (2015), 106–112.

染病。在15世纪，许多其他城市采取了相似的措施，建立了常设卫生局，并进行立法，旨在提升环境卫生和个人卫生标准，这可能就是鼠疫的传播速度减慢、影响的地理范围更加受限的原因。[1]1347—1353年，最初毁灭性打击所造成的死亡率及其影响的地理范围实际上将再也不会出现。

4.03.3　鼠疫在欧洲的传播

鼠疫最终在1346年下半年左右或在这之前从亚洲传播到欧洲，当时若干史家记载，它达到了黑海的克里米亚海岸（见图4.9）。[2]在那里，它立即释放出了其全部的破坏性的潜能，它在札尼别汗的蒙古军队中横冲直撞，然后从外部包围了繁忙的热那亚港口卡法。[3]在卡法，如果不是更早的话，鼠疫很可能传播到黑家鼠的聚集地，包括每一艘热那亚战舰和商船中偷渡的船鼠。病媒生物跳蚤当时将鼠疫耶尔森菌从一块高度易感的啮齿动物聚集地带至另一地，从一艘船带至另一艘船，从一个港口带到另一个港口。一旦与欧洲的商人和他们的贸易发生直接接触，鼠疫通过密集的海运网络、黑海和地中海的港口与定居点进行快速传播就得到了保证。当时，鼠疫沿着更繁忙的水路和陆路旅行路线传播，其传播速度上升至每天6千米，一年2 000千米。[4]在接下来的6年里，它渗入人类生活、互相影响和贸易的所有地区，几无例外，以至于"西欧唯一未被黑死病感染的区域还无人居住"[5]（见图4.10）。

一个被反复讲述的故事说，卡法的鼠疫从包围者传染给了被包围者，因为当时的蒙古人将尸体扔进城里，而加布里埃尔·德·穆西斯是

[1]　Cliff and others (2009); Blažina Tomić and Blažina (2015), 134–137.

[2]　Above, Section 3.03.2c.

[3]　Norris (1977), 11; McNeill (1977), 146–147.

[4]　Christakos and others (2007). 这些估计因依赖里德-弗罗斯特模型而被放弃，该模型假定了一个病毒式的而非依靠媒介的传播机制。

[5]　Christakos and others (2007), 706, 711.

那个故事的源头。[1]据推测，正是那些存活在刚刚死去的人的尸体和衣物上的仍然具有传染性的携菌昆虫将鼠疫耶尔森菌传播到城墙内的人以及与他们共生的老鼠身上。在1347年春，热那亚商人和水手乘船逃离了这座被蒙古人和鼠疫包围的城市，他们携带着这些被感染的体表寄生虫，毫无疑问还有大量啮齿动物宿主，一起穿越黑海。到1347年5月，鼠疫已经被带到佩拉和君士坦丁堡。然后，在整个夏季，它被传播到爱琴海诸港口，到秋初已经到达埃及的亚历山大港和西西里的墨西拿。随后是意大利和克罗地亚被传染，最终到1347年11月，鼠疫到达马赛（见图4.9）。[2]

这个过程可能需要许多船只和水手，而不是几条船或几个水手，而且需要大约半年的时间进行传播，这就是鼠疫从克里米亚到达欧洲南部的时间（相较之下，从伊塞克湖到克里米亚之间3 300千米的陆路里程可能需要8—12年时间）。[3]考虑到旅途的里程、路上中转港口的数量和这个地区海上活动的规模，如果认为只是一条船所载的逃亡的热那亚人将鼠疫带到意大利或只有热那亚人是鼠疫病媒生物，那就是夸大其词和罔顾事实。[4]但是，当时的人事实上一致谴责热那亚人是病媒生物的人类载体，认为是他们将这种致命传染病传播到他们所到之处。[5]

西西里岛是地中海上的海运十字路口，该岛的商业联系如此密集和广泛，以至于鼠疫一到这里就很快传播到地中海的各个角落。[6]这就导致几乎整个地中海海运贸易区域中的人口都在1348年被感染（见图4.9）。在托斯卡纳、普罗旺斯和加泰罗尼亚，鼠疫吞噬了尚在遭受极端天气和1346—1347年饥荒余灾的人们。[7]鼠疫从海滨城市传入内陆，

---

[1]　Wheelis (2002).

[2]　Benedictow (2004), 61; Christakos and others (2005), 213–218, 243, 244–251, 256–259; Benedictow (2010), 585–587.

[3]　Schmid and others (2015).

[4]　Twigg (1984), 49–53; Scott and Duncan (2001), 370–371.

[5]　Horrox (1994), 18–20, 35–36, 41–42, 45–46.

[6]　Benedictow (2004), 60–104; Christakos and others (2005), 243–259.

[7]　Figure 3.22.

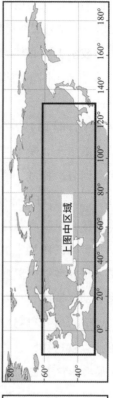

图4.9 鼠疫从亚洲到欧洲的传播，1338—1347年

资料来源：Norris（1977），12, 20; Benedictow（2004），map 1; Christakos and others（2005），241–259

进入它们的腹地及其他地区，随着贸易和旅行主干线，从东到西、从南到北沿着一系列战线穿越欧洲。[1]由此，它在1348年夏抵达法国大西洋沿岸的波尔多、北部的鲁昂和巴黎，并在大约同一时间到达英格兰西部的威茅斯（国王的梅尔科姆），以及爱尔兰的德罗赫达和都柏林（见图4.10）。

第二年，即1349年，鼠疫挺进西班牙南部和葡萄牙，几乎整个英格兰、威尔士和爱尔兰，加上法国其他地区，低地国家南部，莱茵兰和多瑙河谷，挪威（渗入北部远至特隆赫姆，离北极圈只有200千米），以及波罗的海南部港口但泽及其产粮的腹地（见图4.10）。[2]在上述北部地区，鼠疫的蔓延与寒冷潮湿天气的开始和严重歉收的发生相伴随，其带来的困境大大加剧（见图4.3和图4.6）。1350年，随着寒冷潮湿天气的继续，鼠疫进一步向北和向东迈进，并侵入苏格兰、低地国家北部、德国、丹麦、瑞典南部、波兰北部、波希米亚和斯洛伐克。[3]从那里，它于1351年渗入波罗的海国家——波兰东部、立陶宛和拉脱维亚。就这样，它几乎完成了一个循环，欧洲很少有地区未受其影响，最终，它于1352—1353年在俄国的东部和中部燃尽所有能量。[4]

尽管鼠疫后来被认为主要是一种城市现象，但克里斯塔克斯等人并未在这次第一轮和最致命的鼠疫中发现定居规模与死亡率之间存在任何关联，也没有发现乡村居民和城市居民在受感染难易程度上有任何实质区别。[5]因此乡村并非安全的避难所；逃离被感染的尝试被证明是徒劳的，这只会为鼠疫无情的传播增加动力。一旦一个定居点被感染，如在1348年7月或之前的日夫里（见图4.8），鼠疫通常就会快速达到顶峰，随后很快衰退。[6]这种明显的高传染速度意味着，数量更庞

---

[1] Christakos and others (2005), 208–209; Christakos and others (2007), 714.
[2] Hinde (2003, 43) 绘制了黑死病于 1348—1349 年在英格兰的传播图。关于挪威，见 Hufthammer and Walløe (2013)。
[3] 对瑞典的证据的评论，见 Myrdal (2006)；关于斯洛伐克，见 Büntgen and others (2013)。
[4] Benedictow (2004), 209–215, 218–221; Christakos and others (2005), 260.
[5] Christakos and others (2005), 144–151, 223–235.
[6] Gras (1939), 305–306; Christakos and others (2005), 126–127; Benedictow (2010), 108.

大的易被感染的啮齿动物对鼠疫更持久地蔓延是必要的，以至于一个定居点的规模越大，鼠疫的持续时间就越长。只有在居民超过6万的欧洲城市，鼠疫才需要多于12个月的时间完成其传播过程。[1]在拥有大约8万居民的伦敦，鼠疫持续了至少15个月，在巴黎（居民数量也许是伦敦的2倍）持续了16个月，在威尼斯（有11—12万居民）持续了18个月。[2]这些大城市居民的庞大数量，导致啮齿动物和人类会更久地暴露于病原体之中，这不是只有几千居民的小城市日夫里或像只有数百居民的萨福克的沃尔沙姆（Walsham）的大村庄所能相比的。[3]对后者而言，只需数周即可受到最大的影响，用不了数月。鼠疫传播的速度因此加大了其冲击力。随之而来的是，鼠疫给人们在肉体和精神上带来的巨大损失和创伤。 305

根据现存的关于鼠疫在空间上的扩散模式的书面记录进行历史重建，可以看到人类发挥能动性起到的推波助澜的作用。除非证据及其分析是伪造的，否则黑死病似乎是沿着既定的贸易路线，从一个城镇到另一个城镇，在规模等级递减的中心之间，从港口和城市的外围至其乡村腹地，以连锁反应的方式传播（见图4.10）。如果它是一种靠空气传播的疾病，正如当代人认为它应该适用当前流行的疾病的瘴气理论一样，由风将其带到不同的地方，那么它的传播模式就会完全不同，就应该与那些在相距遥远且看似无关的地方同时发生的疾病一样，以它们广泛的波及范围展示出盛行风的影响。[4]实际上，这种传播模式更加类似于人类之间直接传播的致命传染，而不是经媒介传播的人畜共患病，后者的传播有赖于其啮齿动物宿主身上相应的动物流行病。[5]为

[1] Olea and Christakos (2005); Christakos and others (2005), 224–225.
[2] Christakos and others (2005), 249, 259, 278.
[3] 沃尔沙姆在鼠疫暴发之前的人口约为1 500人。第一波鼠疫带来的人口死亡可能发生在1349年3月下旬，最后一波发生在1349年7月中旬。Hatcher (2008)对这几个月令人痛苦的恐怖事件进行了想象性的重建。关于黑死病对虚构的Blakwater村的影响，另见齐格勒的重建：Ziegler (1969), 202–223。
[4] Bossak and Welford (2010). 当前关于黑死病的瘴气诊断的论述，见Horrox (1994), 158–186。马铃薯疫病（Potato blight）——一种吸血病菌（vampire fungus），在1845年9月由一股异常东向气流从比利时带到爱尔兰，是空气传播的极好例子。
[5] Scott and Duncan (2005); Cohn (2008), 79–81; Welford and Bossak (2010a).

304

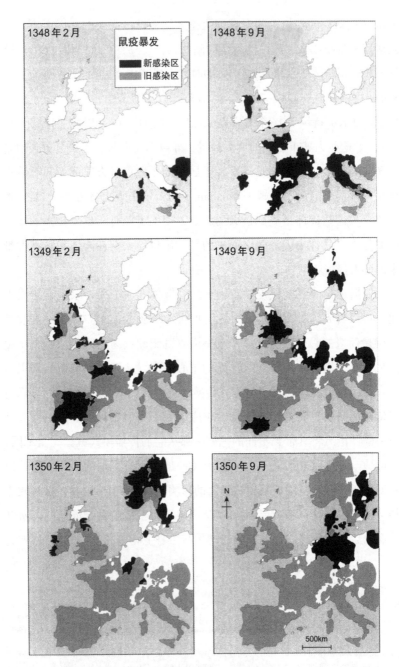

图4.10 鼠疫在欧洲西部的传播，1348年2月到1350年9月

资料来源：根据 Christakos and others（2007），709–710 重绘

什么许多历史学家和一些科学家怀疑黑死病应该是鼠疫耶尔森菌，这就是其中一个原因，然而，现在通过aDNA分析证实了这一判断。[1]从啮齿动物到人类体表寄生虫的病媒生物转换将在一定程度上进一步解释这种差异。[2]

4.03.4　人口灾难的规模

306

当时的文献明确记载了黑死病造成的灾难。对见证者加布里埃尔·德·穆西斯而言，它造成的大量死亡意味着对社会多宗罪的天谴。他描述各地的死亡和痛苦，城市和小镇的人口都在一定程度上减少了，大众葬礼和公共墓穴被用于处理大量死去的人。[3]乔瓦尼·薄伽丘估计，仅在佛罗伦萨，这次"致命灾难"可能使"超过10万"人死亡。[4]在阿维尼翁，一名观察者认为，至少半数人口消失了，主要是因为"当家庭中有一人死去，几乎其他所有人随后都会死去"[5]。修道院院长吉勒斯·利·穆希斯（Gilles li Muisis）在佛兰德斯图尔奈的圣贾尔斯修道院写作，他记录道："1347年，死亡率在罗马、罗马尼亚、西西里、托斯卡纳、意大利、加斯科涅、西班牙和许多其他国家急剧攀升，最后（鼠疫）在1348年进入法国。"[6]按照他的计算，"死亡率是如此之高，以至于在许多地方，1/3的人口死亡，其他地方为1/4或1/2，在一些地区，存活下来的人只有十之一二"[7]。

在欧洲北部最大的城市巴黎，《圣德尼大编年史》（*The Great Chronicle of Saint-Denis*）记载，每天死亡800人，因此在18个月的时

---

[1]　Scott and Duncan (2001, 356–362) 列出了传统上将黑死病诊断为鼠疫耶尔森菌的诸问题；也可见 Cohn (2008), 77–88。科学家莎伦·德维特（Sharon DeWitte）和詹姆斯·W. 伍德（James W. Wood）都怀疑鼠疫是否就是鼠疫耶尔森菌，直到令人信服的 aDNA 证据的出现：Schuenemann and others (2011), E751。

[2]　Above, Sections 3.03.2a and 3.03.2b and Figure 3.27.

[3]　Horrox (1994), 14–26.

[4]　Horrox (1994), 33–34.

[5]　Horrox (1994), 43.

[6]　Horrox (1994), 46.

[7]　Horrox (1994), 49.

间里，巴黎和圣德尼有6.6万人死亡。[1]在伦敦，教士埃夫斯伯里的罗伯特（Robert of Avesbury）注意到，在1349年复活节之前超过10周的时间里，"在靠近史密斯菲尔德的新墓地，每天都有200多具尸体被埋葬，这还不算在城市的其他教堂墓园中埋葬的尸体"，这意味着不到两个月的时间里就有1.5万—2万人死亡，而在鼠疫袭击首都的15个月中，这绝不是最高的死亡率。[2]同时，奥地利诺伊贝格修道院（monastery of Neuberg）的编年史宣称，维也纳及其周边地区丧失了近2/3的人口。[3]对苏格兰教士阿伯丁的富尔顿的约翰（John of Fordun of Aberdeen）来说，"从创世到今天，从未听说过如此大的瘟疫，经书上也没记载过这么大规模的瘟疫；因为这次瘟疫如此疯狂，以至于几乎1/3的人类被杀死"[4]。

整体而言，上述记载和其他评论家都强调鼠疫的致命性，一旦出现最初的症状，这种疾病就会飞速蔓延，不分年龄、性别和阶级，他们还描述了这种疾病如何极易传播，传播速度有多快，一切逃避都是

307 徒劳，以及逃亡者、水手和旅行者在它的传播中的角色。他们也传递出这样一种强烈的印象，即在整个欧洲，西至爱尔兰，北至苏格兰和挪威，城市、小镇和乡村都出现了大规模死亡。君士坦丁堡是第一个遭受鼠疫侵袭的欧洲城市，其时间是1347年春，俄国的普斯科夫是最后一个，时间是1352年春。[5]如果史家估算的大约有1/3的人口死于鼠疫这一数字完全可靠的话，那么，至少有2 500万欧洲人可能在6年的时间里死于这次鼠疫，甚至可能更多。[6]因此，不论是在相对还是绝对意义上，鼠疫都可能是欧洲有史以来最严重的一次公共卫生危机。而且，它并不是暂时性的打击，因为在接下来的300年，鼠疫仍是欧洲人生活中频繁发生的事件，尽管第一波鼠疫的死亡率再也没出现过，而

---

[1]　Horrox (1994), 58.
[2]　Horrox (1994), 65; Christakos and others (2005), 249.
[3]　Horrox (1994), 61.
[4]　Horrox (1994), 84. 关于800年前第一次大流行的影响，见 Little (2007)。
[5]　Benedictow (2004), 61, 69–70, 212–213.
[6]　关于对黑死病暴发之前欧洲人口的估计，见 Table 2.1。

且这种疾病的流行病学特征也逐渐发生了变化，也许人类抵抗它的遗传基因也发生了变化。[1]

黑死病期间的死亡率令人震惊，同样值得注意的是，超过半数的人口在这次最为致命的瘟疫的第一波攻击中设法存活了下来。那些病患中可能有1/5的人恢复健康，也有不少人可能足够幸运，并未接触到病原体及其病媒生物。[2]啮齿动物和跳蚤的不同寄生水平意味着，鼠疫在家庭之内比家庭之间的传播更为有效。医生和教士要在病人家中照看病人，在病榻之前抚慰临终之人，极其容易接触被感染的病媒生物跳蚤，因此他们本身处于感染鼠疫的风险之中。[3]相比较而言，正如一个评论家所说："令人震惊的是，没有一位国王、王子或城市的统治者在这次瘟疫中死去。"[4]在英格兰，爱德华三世及其近亲，除了他的女儿图尔的乔安娜公主之外（她在去参加与卡斯蒂利亚的佩德罗王子婚礼的路上死于波尔多），所有人都毫发无损。[5]其他幸免于难的人包括英格兰第一批伟大的本土诗人威廉·朗格兰（生于约1330年）和杰弗里·乔叟（生于约1343年）。

尽管有不少高级政府官员死去（御前大法官、三名御前法庭高级法官、王室总管、御前总管、两名御前律师、内务审计官、锦衣库总管和四名郡守），除了一些事务的短暂延迟之外，政府管理的车轮都在正常运转。[6]在受到严重打击的温彻斯特庄园，伊丽莎白·莱韦特（Elizabeth Levett）曾极好地证实，足够多的乡村人口在黑死病中存活下来，他们填补了无人耕种的租佃地，并维持了主教自营地的耕作。[7]同样的情况也适用于大多数其他英格兰地产和庄园。只有疾病不断造访，再加上其他因素，村庄的所有居民才会不断死亡或迁走，村庄被

308

[1] Laayouni and others (2014); Crespo (2014).
[2] "那些感染这种疾病的人，80% 都死去了"：Benedictow (2010), 9。
[3] 对非洲鼠疫的个案研究发现了一些单个家庭层面是否会接触到鼠疫的决定因素：MacMillan and others (2011); Vogler and others (2011)。
[4] Horrox (1994), 35.
[5] Horrox (1994), 250.
[6] Ormrod (1996), 178.
[7] Levett (1916); Robo (1929).

清空，领主才会放弃对自营地的直接经营。

鼠疫的影响可能在个人、阶层或职务上并无差别，但它并非无差别地杀人。今天，鼠疫首先是贫穷国家贫困人口的一种疾病，这同样适用于14世纪。[1]英格兰保存下来的更多详细历史证据表明，富人的死亡率比穷人更低，可能因为从生态学角度来看，他们较少直接和经常接触鼠疫的昆虫媒介。[2]因此，正是穷人生活在最拥挤和最不健康的环境中，并最接近鼠疫病毒的宿主和病媒生物。人们通常也认为，他们的身体、被褥和衣物携带的体表寄生虫特别多。对黑死病受害者遗骸的分析也显示，营养不良、身体瘦弱和年老的人在死者中的比例相对较高。[3]因此，英格兰王室男性直属封臣的死亡率估计是27%，是所有社会群体中最低的，这并不令人意外。[4]只有主教群体看起来受损较轻，逃脱了瘟疫，他们的死亡率只有18%，尽管教会的伤亡经常被提及，包括两位接连任职的坎特伯雷大主教——约翰·德·厄福德（John de Ufford）和托马斯·布拉德沃丁（Thomas Bradwardine，从造访阿维尼翁的危险旅行归来之后死亡）。[5]相比之下，修道院院长的情况要糟糕得多，可能是因为他们在紧密联系的聚落共同体中生活和劳作。他们的死亡率达到42%，与12个最重要的修道院中的僧侣44%的死亡率大致相当。[6]因此，在圣阿尔班的大本笃修道院，鼠疫带走了修道院院长、小修院院长、副修道院院长和大量僧侣。[7]疾病的病媒生物侵入公共住所、餐厅和祭席之后，高质量的石头建造的住所、良好的卫生条件、规律和健康的饮食显然就毫无意义了。[8]

309

---

[1] 今天，世界卫生组织每年报告1000—2000例鼠疫，其中大部分来自撒哈拉以南的非洲，那里的贫困依然是个尖锐问题。马达加斯加是受影响最严重的国家之一：关于详细的个案研究，见 Vogler and others (2011)。
[2] Monecke and others (2009, 590–591) 将1613—1614年萨克森州弗莱堡富裕家庭的低鼠疫死亡率归因于更好的居住条件和相关的生态因素。
[3] DeWitte and Wood (2008).
[4] Russell (1948), 216; Ziegler (1969), 227–230.
[5] Hatcher (1977), 22; Horrox (1994), 71–72, 74, 78.
[6] Russell (1948), 223–225; Ziegler (1969), 228.
[7] Horrox (1994), 252–253; Russell (1948), 223; Harper-Bill (1996), 97.
[8] Harvey (1993), 129–134.

修道院编年史学家，如约翰·科林（John Clynn）和亨利·奈顿（Henry Knighton）自然强调传统教派遭受的严重损失，由此传递出误导人的印象，即修道院修士受到了不成比例的打击。[1]尽管拉塞尔承认，在英格兰，教会的死亡率"偶尔非常高"，但他对总体情况推算后认为，"僧侣的死亡率总体上……似乎并没有超过平均水平的1/4"。[2]相比之下，证据表明，堂区神甫遭受了更为严重的损失，因为要到患病和临终者家中进行临终涂油礼，他们处于接触这种由病媒生物传染的疾病的前线。[3]根据鼠疫期间死亡以及不得不更换的堂区神甫的人数的证据，可以发现，10个英格兰主教区的领俸教士的死亡率从约克的39%到埃克塞特的49%不等，总体平均为45%。[4]有理由认为，这些估算映射出他们所服务的共同体中的死亡率。

在埃塞克斯的四个庄园——海伊斯特、大沃尔瑟姆、玛格丽特罗丁和查塔姆霍尔，缴纳什一税的成年男性数量因鼠疫的影响减少了30%—40%。[5]在伍斯特郡巨大的黑尔斯欧文庄园，成年男性佃户的死亡率不低于40%；在规模不大但人口稠密的诺福克的科尔蒂瑟尔的哈克福德庄园，这一数字可能超过55%。[6]在格拉斯顿伯里修道院的无地者之中，鼠疫造成的死亡率平均为57%，据 J. Z. 蒂托估计，在温彻斯特主教位于汉普郡毕晓普斯的沃尔瑟姆庄园，佃户的死亡率达到了65%。[7]这些数字表明，全国死亡率达到1/3这一数字低于实际情况。实际上，全国人口的死亡率更可能是至少40%，堂区神甫45%的死亡率 310还不能代表他们的堂区居民的平均死亡比例。[8]

由于英格兰在鼠疫暴发之前的人口接近480万，45%的死亡率意味

[1] 在亨利·奈顿的著名账簿中，差异极其明显。这份账簿写于14世纪90年代，记载了教皇所在的阿维尼翁及周边地区所遭受的鼠疫的影响（奈顿是莱斯特的一名奥古斯丁派修士）：Horrox (1994), 75–80。
[2] Russell (1948), 225–226。
[3] Shrewsbury (1971), 54–119; Harper-Bill (1996), 84–90.
[4] Russell (1948), 221–223.
[5] Poos (1985). 感谢拉里·普斯（Larry Poos）允许我使用他的原始数据。
[6] Razi (1980), 106–107; Campbell (1984), 96.
[7] Ecclestone (1999), 26; Titow (1969), 69–70.
[8] Broadberry and others (2015, 14–15) 估算，第一波鼠疫冲击的结果是总人口损失了45%。

着，在1348年8月—1350年3月这20个月内，有超过200万人丧生。[1]在他们之中，可能有100万人死于最致命的1349年6—8月（见图4.7），在进行基督徒的临终仪式和处理如此多的尸体上，就产生了大量后勤问题。[2]最终人们只能使用万人坑，例如最近在伦敦的皇家铸币厂和东史密斯菲尔德遗址发掘的鼠疫造成的墓坑。[3]如果全欧洲的死亡率同样是40%—45%的话，那么就会有3000万—3600万人死亡。[4]在其他地方，这种史无前例的人口损失同样集中发生在数月之中，而且尤为重要的是，按照鼠疫的流行病学，在每一个被感染的社区内，一旦鼠疫暴发，它就会持续至少一段时间，既不会迟迟不去，也不会再次发生。[5]

从鼠疫中幸存下来的农业雇工发现，他们的劳动现在值更高的价钱，因为生产食品和有机原料的工作继续存在，但可以干活的工人远远不够。英格兰农业雇工日实际工资立即上涨了50%，这有力地证明，相对于农业用地规模，农业雇工的数量大大减少了。正是这种上涨致使1349年《劳工条例》（Ordinance of Labourers of 1349）和此后的1351年《劳工法令》（Statute of Labourers of 1351）做出限制工资的尝试。相比之下，建筑雇工并没有立即获益，因为鼠疫造成许多建筑工程暂时甚至永久停工。整个欧洲的建筑业都出现了衰退。在托斯卡纳城市锡耶纳，为圣母升天主教座堂（cathedral of Santa Maria Assunta）加盖一个巨大的新中殿的工程烂尾就是最明显的案例；今天，这座未完工的建筑成为欧洲最具代表性的有形纪念物，提醒人们记住黑死病给人类带来的灾难。[6]在佛罗伦萨，乔托多彩的钟楼命运更好一些：规划的五层楼只完成了两层，施工暂停，但10年后重新开工。

几乎所有地方对建筑雇工的需求都至少过了6年时间才开始恢复，

---

[1]　关于英格兰鼠疫暴发之前的人口数量，见 Broadberry and others (2015), 10–22。

[2]　例证，见 Horrox (1994), 266–274。

[3]　Antoine (2008), 101–103; Grainger and others (2008).

[4]　关于鼠疫暴发前欧洲人口的数量，见 Table 2.1 and 60 (n. 70)。

[5]　Christakos and others (2005), 113; Christakos and others (2007), 717.

[6]　http://en.wikipedia.org/wiki/Siena Cathedral. 后来鼠疫遗留的纪念物包括威尼斯的雷登特感恩堂和圣颂圣母堂，因庆祝从 1575/1576 年和 1630/1631 年的鼠疫解脱而建造。

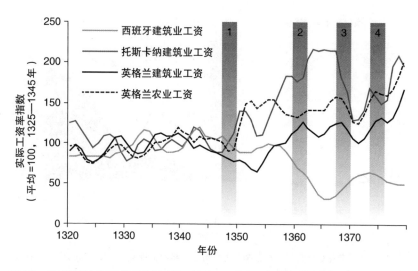

图4.11　黑死病前后男性雇工的日实际工资率：西班牙、托斯卡纳和英格兰

次数 = 较大的鼠疫（1=1348—1349 年；2=1360—1362 年；3=1369 年；4=1374—1375 年）

资料来源：西班牙，数据补充者为 Leandro Prados de la Escosura；托斯卡纳，Malanima（2012）；英格兰，建筑雇工，Munro（no date）；英格兰，农业雇工，Clark（2007b）

他们的日实际工资率才开始改善（见图4.11）。[1]在这方面，在佛罗伦萨从事建筑行业的黑死病幸存者比他们的英格兰同行过得更好，因为他们的日实际工资率改善更早。当然，托斯卡纳是一个比英格兰更富裕、城市化水平更高的经济体，拥有更大的建筑行业。因此，人们也许可以预期，鼠疫之后，那里对建筑雇工的需求应该比英格兰更加旺盛。在西班牙，景象完全不同。在那里，黑死病明显引起了建筑行业的一次严重衰退，因此，到14世纪60年代中期，建筑雇工的生活比鼠疫之前恶化了50%。不管精确的价格反应如何，甚为明显的是，在上述全部三个经济体中，黑死病都标志着劳动力工资率的一个巨大的分水岭（见图4.11）。

建筑活动的突然衰减意味着更少的树木被砍伐。同时，由于需要

312

---

[1]　Munro (2009).

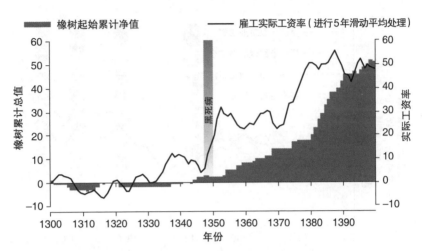

图4.12 爱尔兰橡树的再生率和英格兰男性雇工日实际工资率，1300—1400年

橡树负值=消耗；橡树正值=再生

资料来源：爱尔兰橡树记录开始与记录结束日期的数据由 M. G. L. Baillie 提供；英格兰建筑业和农业雇工的日实际工资率根据 Munro（no date）and Clark（2007b）提供的数据计算

养活的人口减少了30%—45%，土地退耕使广阔的森林得以重生。这种对树木生长的双重推动在树木年轮年表记录中呈现出清晰的非持续性。在爱尔兰，对有据可查的可采伐的橡树记录开始和记录结束日期的数据进行对比显示，森林到14世纪40年代逐渐被砍伐殆尽，当时许多被砍伐的树木显示出很窄的年轮，而橡树的特征是长寿（见图4.12）。此后，从鼠疫暴发的年代开始，记录结束日期的数量相对于记录开始日期的数量急剧上涨，因为人口压力的突然下降促成了森林的广泛再生。这些新的年轻树木展示出宽年轮，成为它们早期生长阶段的典型特征，这种14世纪中期年轮通常从窄到宽的变化在其他欧洲树木年轮年表中很明显。在爱尔兰，树木再生从14世纪80年代开始加速，这与同时出现的英格兰日实际工资率的上涨相呼应，因为在鼠疫接连暴发之后，爱尔兰的土地使用和英格兰的劳动力市场已经为适应极大下降的人口水平做出了调整（见图4.12）。

德国的橡树年轮年表同样显示，从1347年开始，新的建筑活动明显停止。此外，当建筑活动在15世纪末恢复时，当时许多被砍伐的树木早已在黑死病暴发不久后立即开始生长。[1]在斯洛伐克，砍伐率也从13世纪末开始下降，然后在黑死病主导的14世纪第二个25年出现低潮。此后，直到约1500年，砍伐率依然低于14世纪初的水平，当砍伐率最终在15世纪末和16世纪升高之时，大多数被砍伐的树木已经在鼠疫暴发的10年间开始生长。[2]希腊的树木年轮年表显示出一个类似的轨迹。[3]实际上，几乎在所有地方，黑死病都标志着这个大潮的转折点，森林持续枯竭阶段让位于森林大面积再生的阶段。[4]只有一次具有持续影响的重大人口事件才能带来意义如此深远的景观转型。[5]

4.04　黑死病持久的流行病学遗产

4.04.1　1360—1363年的第二波鼠疫

毕拉班对欧洲编年史的研究显示，经过了近10年的缓和期之后，鼠疫于1360—1363年对欧洲展开第二波大攻击（见图4.13），只有伊比利亚半岛是个明显例外。在意大利和法国，有大量文献提及1360年和1361年的鼠疫，但在不列颠诸岛，鼠疫高峰出现在1361年和1362年。同样，科亨通过对遗赠和遗嘱的研究确定了危机引起的相关高峰出现在1360年的贝桑松（法国）、图尔奈（佛兰德斯），1361年的伦敦（英格兰）。但有趣的是，托斯卡纳和翁布里亚的6个城市直到1363年才出现高峰（见图4.13）。然而，貌似幸免于黑死病影响的米兰在1361年春就被鼠疫入侵了。[6]拉古萨在同年遭到冲击，这导致遗嘱的数量增长了

---

[1]　Baillie (2006), 21–23.
[2]　Büntgen and others (2013), 1776.
[3]　Baillie (2006), 22–23.
[4]　Kaplan and others (2009), 3023.
[5]　Lagerås (2006, 77–92) 基于授粉分析（pollen analysis），论述了黑死病之后瑞典南部植物的生长状况。
[6]　Carmichael (2014).

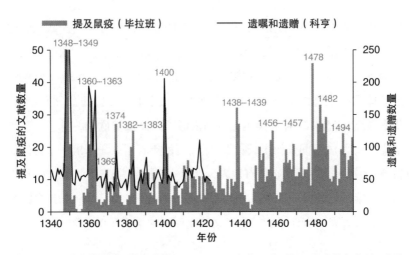

图 4.13　9 个城市的遗赠和遗嘱的数量，1340—1424 年；当时提及鼠疫的意大利、伊比利亚半岛、法国、低地国家和不列颠群岛的文献的数量，1345—1499 年

托斯卡纳和翁布里亚的 6 个城市（意大利）、贝桑松（法国）、图尔奈（佛兰德斯）和伦敦（英格兰）的遗赠和遗嘱的数量；1348 年和 1349 年的爆表值分别是 134 和 60（提及鼠疫）、262 和 528（遗赠和遗嘱）资料来源：Cohn（2002a），193, 197, 198, 199; Biraben（1975），363-374（感谢科马克·奥·格拉达分享这些数据）

314　10 倍。[1]尽管此次欧洲的损失大大小于黑死病期间，但其规模足以表明，死亡率应该至少达到了 1347—1353 年的 1/3。[2]此外，尽管成年人大量死亡，但当时的人评论说，这次鼠疫对儿童特别致命。然而，这可能反映出一种年龄分布，其中那些在前一个无鼠疫 10 年的生育高峰期间出生的人，都还是 10 岁或更小的孩子，他们构成了极其明显和脆弱的

315　群体。[3]因为他们代表了下一代人，他们的死亡削弱了人口自我恢复的

---

[1]　Blažina Tomić and Blažina（2015），51.

[2]　Nightingale（2005, 46-47）估计，成年男性债权人的死亡率在 1349 年为 34%，在 1362 年为 14%，在 1363 年下降到 10.5%，1369 年的死亡率相当于 10%。

[3]　Russell（1948, 217, 222, 229）给出国王世俗直属封臣的死亡率为 23%，领俸教士的死亡率为 9.4%—19.3%；他还引用了当时人的看法，即将 1361 年第二波鼠疫描述为一次"婴孩的死亡"事件。Cohn（2002a, 212-219）同样论述了鼠疫死亡率对年轻人的偏向。关于英格兰的鼠疫，见 Horrox（1994），85-88。Benedictow（2010, 218-235）认为，如此多儿童的死亡更多与年龄结构相关，而不是因为那些从黑死病中存活下来的人获得了免疫力。

能力。[1]整体而言，当所有年龄群体的死亡被考虑在内，这次瘟疫可能被列为中世纪晚期第二严重的死亡危机，其悲惨程度甚至超过1315—1322年的饥荒。[2]然而，它是被研究得最少和最不为人了解的现象之一。[3]

什鲁斯伯里坚信，1348—1349年的不列颠瘟疫就是腺鼠疫（也许还混有斑疹伤寒），但不认为1361—1362年的瘟疫（他对此给予了大量关注）是同一种疾病。[4]在他看来，"当时文献对这种瘟疫的提及没有提供可以确定它是一种腺鼠疫的证据"[5]。相反，他指出，几种不同的疾病可能一直很活跃，包括天花、流感，也许还有白喉。但一个广泛流行的假设认为，这是十余年前大杀四方的同一种疾病的再次造访。[6]我们缺乏的是从直接因这种疾病死亡的埋葬者身上提取aDNA证据，这种证据可以确定鼠疫耶尔森菌是否就是造成高死亡率的全部或部分病原体。如果确实如此，这种基因株是否与造成黑死病本身的那些病原体基因株相同，还是说是它的突变。[7]如果说，正如看起来更可能的那样，这真的是鼠疫，那么，它从哪里来又成了一个谜题。也许，它是从黑死病期间欧洲某些地方的共生啮齿动物群，或更可能是森林啮齿动物群中临时产生的地方性疾病疫源区中出现的？[8]或者，更可能的是，它从西亚或中亚再次被传入暂时不存在鼠疫耶尔森菌的欧洲。[9]这就与一个匿名编年史学家的主张相符，他认为，摧毁拉古萨的瘟疫源于印度香料贸易中心亚历山大港。[10]除非它的起源和传播路线得以追踪，否则就不可能获得更大的确定性。

---

[1] Razi (1980), 134–135, 150–151：在黑尔斯欧文，"堂区人口在14世纪末以中年人和老年人占优势，这注定之后是长期的停滞和减少"（p. 151）。

[2] Cohn (2002a), 191–203; Hatcher (1977), 26–30, 71.

[3] 特定个案研究包括 Glénisson (1971); Mullan (2007/8)。

[4] Shrewsbury (1971), 127–133.

[5] Shrewsbury (1971), 131.

[6] Hatcher (1977), 21–26; Bolton (1980), 59–63; Horrox (1994), 11–14; Aberth (2001), 128–129; Cohn (2002a), 188–209; Nightingale (2005), 47–48; Benedictow (2010), 222–224.

[7] Haensch and others (2010) 没有提供可以明确追溯至 1360—1363 年鼠疫期间的结果。Tran and others (2011) 在14世纪的两副威尼斯遗骸中确定了鼠疫耶尔森菌的证据，但任何一个日期都无法被精准确定。

[8] Carmichael (2014).

[9] Schmid and others (2015).

[10] Blažina Tomić and Blažina (2015), 51, 278.

在英格兰的案例中，鼠疫似乎可能最先在伦敦暴发，这个城市拥有最广泛的海外联系，处于国家商业的神经中枢。在那里，有几名政府高级官员病亡的事件再一次发生。[1]1361—1362年，鼠疫传遍了这个国家的大部分地区，受害者包括高级教士、一些郡守和没收吏，还有24%的贵族和23%的国王直属封臣。[2]1361年3月底，温彻斯特主教区堂区神甫的死亡人数开始攀升，在那年夏天急剧升至顶峰，既而致死率降低，并在接下来的秋冬季节持续，直到1362年夏才宣告结束。在这个时期内，约翰·穆兰估计，鼠疫可能夺走了这个主教区30%堂区神甫的生命。[3]相比之下，在约克主教区的领俸教士中，对应的死亡率为9%—19%，与下列地区估算的死亡率接近：毕晓普斯沃尔瑟姆（汉普郡）和黑尔斯欧文（伍斯特郡）的佃户死亡率为13%—14%，成年男性法定商人放贷者的死亡率为10%—14%。[4]

在剑桥郡的奥金顿，瘟疫破坏了佃户之间的正常借贷水平，而在英格兰南部温彻斯特主教的广阔庄园上，死后土地转让的高峰显示，1361—1362年是出现严重危机的一年，也是14世纪下半叶最糟糕的一年。[5]尽管少数庄园（东诺伊尔、柴里顿、特怀福德、沃菲尔德、汉布尔登和沃尔瑟姆圣劳伦斯）受到的影响与1348—1349年一样严重，但在整个地产层面，死亡率非常低，在人群上也更加有选择性。[6]从全国来看，1350年以来，所有的人口增长都被抹平了，而且如果伍斯特郡的黑尔斯欧文庄园具有代表性的话，那么年龄和性别结构上的变化使人口的恢复更加困难。[7]在瘟疫之后，成年男性农业雇工的日名义工资率一直呈下降趋势，但累计增长了12%（见图4.14）。

[1] Horrox (1994), 85–87; Mullan (2007/8), 3–4; Ormrod (1996), 178.
[2] Russell (1948), 217, 224; McFarlane (1973), 168–171; Ormrod (1996), 180.
[3] Mullan (2007/8), 14–16.
[4] Russell (1948), 222; Titow (1969) 70; Razi (1980), 126–127; Nightingale (2005), 47.
[5] Briggs (2009), 198–199; Mullan (2007/8), 17.
[6] Mullan (2007/8), 17–22, 27.
[7] Razi (1980), 134–135, 150–151.

4.04.2 此后暴发的鼠疫

鼠疫在1369年、1374—1375年和1382—1383年再次席卷欧洲大部分地区（见图4.13和图4.14）。教皇的私人医生雷蒙德·查尔梅利·德韦纳里奥认为，它们是同一种疾病的连续攻击。在1374—1375年的鼠疫中，来自法国南部圣洛朗-德拉卡布勒里斯的aDNA证据可能牵涉引起黑死病的鼠疫耶尔森菌菌株。[1]有趣的是，根据科恩和奈廷格尔搜集的历史证据，疾病每一次连续攻击的发病率和死亡率都在下降，这个进步被科恩归因于幸存者获得了免疫力（见图4.13和图4.14）。[2]这种主张并非毫无争议，因为暴露于鼠疫之中能够使幸存者获得更持久的免疫力这一说法已经受到了质疑。[3]这是鼠疫诸多有待进一步考察的一个方面，更何况还有这种可能性，即不论是何种原因，少数人可能天然拥有对鼠疫病毒的免疫力，使他们毫发无损地存活下来。[4]

频发和有选择性的鼠疫暴发的一个可能影响是提高了拥有免疫基因倾向的人口比例。因此，"鼠疫对欧洲人的免疫系统有重大进化性影响"的假设现在正处于生物学家的研究日程之中。[5]另一种说法是，连续的鼠疫袭击造成的死亡人数下降，可能是因为人们正变得更加善于躲避瘟疫。居住标准的改善很可能使家庭生态条件更加不利于啮齿动物生存，因此降低了人类与鼠疫的病媒生物跳蚤的接触。莫内克等人考虑的另一个可能性是，"如果有一种天然免疫的啮齿动物亚居群出现，14世纪的灾难性鼠疫就不会如此严重"[6]。他们认为，"进一步的研究应该集中在啮齿动物体内抗耶尔森菌抗体的流行上面"。

到14世纪最后几十年，泛大陆级鼠疫暴发的时间间隔正在变长。从毕拉班关于当时编年史的研究可以清楚地发现，文献中仍然有许多

---

[1]　转引自 Cohn (2002a), 85; Haensch and others (2010)。
[2]　Cohn (2008), 85–87; Nightingale (2005), 48.
[3]　Walløe (2008), 67–68; Benedictow (2010), 212–217.
[4]　Walløe (2008), 68.
[5]　Laayouni and others (2014).
[6]　Monecke and others (2009), 591.

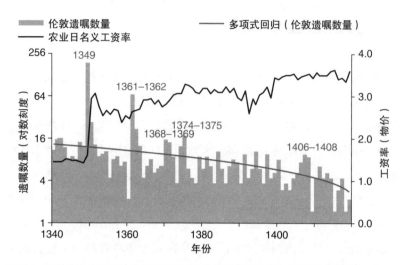

图4.14　男性农业雇工的日名义工资率和伦敦哈斯廷斯廷法庭上认证的遗嘱数量，1340—1419年

注：遗嘱数量的趋势线是一种二阶多项式，使用1348年和1349年遗漏的值进行计算所得

资料来源：Clark（2009）；Clark（2007b）；Cohn（2002a），197

关于鼠疫暴发的记载（见图4.13），但在地理上，其影响范围都更加有限。看起来，那时的鼠疫好像在很大程度上通过在欧洲的城市和乡村中循环传播来维持自身生存，只是偶尔会因从中亚重新传入这种疾病而加剧，正如在1408/1409年那样。[1]当人类鼠疫暴发之时，它们以人畜共患病的面目出现，并伴随着大的地方性兽疫和动物大流行病。[2]还不能排除的是，鼠疫可能已经深入欧洲最大的港口城镇和城市的鼠群之中，伦敦曾经的情况便是例证。[3]或者，考虑到鼠疫的天然疫源区几乎总是位于乡村和路途遥远之地，有理由推测，鼠疫可能已经成为与欧洲同类的亚洲沙鼠、土拨鼠和北美草原犬鼠中的地方性兽疫。有趣的是，安妮·G.卡迈克尔已经指出，在16世纪米兰的案例中，鼠疫通

---

[1]　Schmid and others (2015).

[2]　Nightingale (2005), 48：到14世纪末，"鼠疫已经具有了其在16世纪的特征，即两次鼠疫以不同的致死率，沿着交通线缓慢地在城镇和地区之间传播"。

[3]　Cummins and others (2013).

常从乡村传播到城市，而不是从城市传到乡村。此外，她将欧洲鼠疫的持续与鼠疫耶尔森菌可能已经在穴居的阿尔卑斯土拨鼠群中建立半永久疫源区联系起来。[1]这也是一个有价值的提示，即鼠疫在15世纪和16世纪的欧洲很少只是城市现象，这与之前通常呈现的面目不同。在这些最寒冷的世纪里，在这个流行病学意义上明显极不健康的时代中，鼠疫也可能逐渐与其他传染病共同发生。[2]

319

4.05 黑死病：谜题已解？

当致命疾病与无生物性抵抗力和无医学性保护的人群接触之时，会造成极大的破坏。在大众记忆中，黑死病就是这种破坏行为的可怕例证。它暴发的时代，正值人口过剩、资源相对短缺、生活水平低下、经济困难、战争频繁。斯密型增长可能实际上已经停止了，并在某种程度上走向了逆转，但商业性基础设施仍然完整而充分地运转着，这是病原体在广大地理区域内迅速传播的必要条件。然而，人口灾难更多地被归因于为生态环境恶化，而不是经济条件。它缓解的经济形势可能本质上是马尔萨斯型的，但在起源和特征上，黑死病是一种健康危机，而不是生存危机。

可用的历史证据的分量无疑展示出，在旧世界，黑死病造就了第二个千年中最为严重的一次公共健康危机，1360—1363年的第二次鼠疫荣获亚军。事实上，正是后者及其后继暴发的鼠疫中止了1347—1353年后人口恢复的进程，并引起年龄结构的转型，使完全的代际更替不可能实现。尽管什鲁斯伯里努力缩小鼠疫造成死亡人口的规模，但当前已经达成的一个共识认为，至少1/3欧洲人口在1347—1353年鼠疫的第一波攻击中死亡，在受害最严重的城市、地区和国家，这

[1] Carmichael (2014). Schmid and others (2015) 怀疑，鼠疫疫源区曾在欧洲建立。
[2] Hatcher (2003), 95–99; Hatcher and others (2006); Nightingale (2005).

个比例很可能超过40%。[1]到14世纪末，接连不断的鼠疫已经导致欧洲人口净减少一半。直到15世纪的最后25年，人口才开始恢复增长，有趣的是，这种现象发生于鼠疫本身最终消失之前整整两个世纪。

320　　　这样一个重大而可怕的历史事件自然地吸引了很多关注、争论和研究。与此同时，当前对世界上最贫困的一些国家，尤其是在撒哈拉以南非洲，死于鼠疫耶尔森菌的人数上升的关注，已经引起恐慌，即鼠疫再次作为一种传染病出现，可能逐渐变得更难对付，如果抑制鼠疫的抗生素丧失其效力的话。[2]全球气候变化对病原体及其宿主和病媒生物的潜在影响是焦虑的另一个来源。[3]因此，对历史上三次大鼠疫全面了解的渴望，再加上对疾病仍然造成死亡的担忧，刺激了更多新的科学研究，其对象包括病原体的生物学、病媒生物的昆虫学、哺乳类宿主的动物学、疫源区的生态学，以及诸气候条件之间的相互影响。关于现在和过去的鼠疫的新知识由此增长很快，而且也正在扩大和更新原有的医学和生物学知识，这些新知识得自对第三次大流行的近距离观察和分析。[4]上述科学进步已经对第二次大流行提出了新的解释，终结了一些旧课题，打开了若干新的历史考察思路，尤其是关于亚洲鼠疫的历史。

　　　到目前为止，最重要的科学发现是，证实了埋葬在意大利、法国、英格兰和荷兰的14世纪鼠疫受害者坟墓中的人都感染了鼠疫耶尔森菌。尽管证实这一点的第一份aDNA证据受到了质疑，但目前已有的证据来自不同的实验室和研究团队所依据的最严格的科学程序。这有效地解决了关于黑死病病原体的激烈争论。尽管这并不意味着鼠疫耶尔森菌造成了黑死病期间的所有死亡，但它毫无疑问地证实，在迄今为止进行aDNA分析的所有aDNA来源地，鼠疫都曾经出现过，而且是死

---

[1]　Shrewsbury (1971).

[2]　Galimand and others (1997); Gratz (1999); Anker and Schaaf (2000). 在鼠疫的一个核心疫源区，关于2014年7月16日鼠疫造成死亡的反应，见 http://www.bbc.com/news/world-asia-china-28437338。

[3]　Patz and others (2005); Semenza and Menne (2009).

[4]　Eisen and others (2015).

亡原因。这项工作当前的任务是充实这些结果，因为它们既不能代表整个欧洲，也不能代表鼠疫的所有发展阶段。从目前来看，对1346—1347年受到鼠疫冲击的那些区域和地方而言，特别是克里米亚、君士坦丁堡、爱琴海和西西里（当然，再加上小亚细亚、埃及和中东），证据是不足的。1360—1363年大流行的aDNA结果明显也是一个空白。没有这些证据，这次连续的死亡危机便不能确认为鼠疫，也不能确定，如果是鼠疫的话，它与在1347—1353年造成更大规模死亡的鼠疫属于同一种菌株。只有有了更完整的基因信息，它才可能解决，在欧洲范围内，每一次鼠疫是否代表了一次新的入侵，以及如果真是如此的话，它从哪里来，或者到15世纪，鼠疫是否主要通过在港口、城市、城镇和村庄之间循环得以维持。[1]

　　破解鼠疫耶尔森菌的基因组对确定历史上这些鼠疫菌株，并定位它们在鼠疫耶尔森菌系统发生树上的位置至关重要（见图3.28）。由于鼠疫的各种系谱相继进化，变异最多的菌株出现在特定的地理背景中，鼠疫耶尔森菌基因组体现了其自身进化的历史和传播模式。根据从历史和/或考古证据（包括放射性碳）确切年代的埋葬者的aDNA中恢复的具有历史特殊性的鼠疫耶尔森菌菌株在基因组中的位置，已经能够确定该菌株出现和关键多歧分支的绝对年代。新的系谱或多歧分支的发生并不平衡，尤其是趋向于在重大动物流行病和动物大流行病期间发生，正如黑死病之前不久的情况，它在西方暴发之前出现了几种新的多歧分支（见图3.28）。收集和分析中国的更多基因组数据已经实现了对鼠疫耶尔森菌系统发生树的进一步扩充和提炼，沿着这些思路开展的更多工作将提供更丰富的细节。例如，从欧洲鼠疫埋葬者中仔细筛选aDNA应该显示出，一种不同的欧洲鼠疫耶尔森菌亚分支是否在14世纪中叶鼠疫暴发和17世纪下半叶鼠疫消失之间得到发展（事实上，如果独立的地方性兽疫疫源区在欧洲形成的话，它应该已经发展

321

---

[1] Schmid and others (2015).

了）。亚洲中部、西部和南部更完整的信息也有助于弄清楚鼠疫向西穿越亚欧大陆传播的陆上和海上路线。

当前对鼠疫耶尔森菌的系统分析清楚表明，其遗传多样性相对较低，而鼠疫的大多数菌株（0.PE4C是例外）都能够传染和杀死人类。有推测认为，黑死病造成的唯一的高死亡率，在国家和大陆层面为以后任何瘟疫所不能比拟，是一种特别致命的细菌菌株造成的结果。然而，这并没有为遗传证据所证实，因此，黑死病的鼠疫耶尔森菌种并不比其他菌株更危险。[1]它们也并不与现在已经灭绝的、根据巴伐利亚阿施海姆的两具6世纪遗骸确定的菌株有直线关联。在第一次大流行的例子中，"基因分型（genotyping）结果证实，来自阿施海姆受害者的鼠疫耶尔森菌菌株在全球种系中比引起黑死病和第三次大流行的鼠疫耶尔森菌更基础"[2]。因此，第一次和第二次大流行是由病原体从动物到人类的独立的交叉感染引起的，将第一次大流行结束与第二次鼠疫开始分割开来的长期平静期几乎与中世纪气候异常期精准吻合。

有些历史学家宣称第一次大流行起源于非洲，第二次鼠疫起源于西亚。与他们的观点不同的是，系统发育的证据强烈显示，引起这两次瘟疫的鼠疫耶尔森菌菌株都起源于亚洲，最可能在中亚东部。半干旱的青藏高原西北部就是引发黑死病的鼠疫耶尔森菌菌株出现的核心区域。但在汉语文献中，迄今还没有发现明确的证据证实黑死病曾经出现在那里。崔玉军等人（2013年）认为，遗传证据显示，"历史上曾出现未记载的瘟疫"。鉴于生物学家提出的这些重要论述，当前明显需要重新评价历史证据。[3]同样，需要更详细的遗传图谱来确定，鼠疫耶尔森菌沿何种路线翻越或绕过了昆仑山脉构造的令人生畏的强大生态屏障，并从青藏高原向西传播到里海盆地。

---

[1]　Bos and others (2011), 509：“在已知毒性的相关基因上，很少有变化发生在该有机体进化为人类病原体的660年中。” Cui and others (2013), 579.

[2]　Harbeck and others (2013), 2.

[3]　Hymes (2014).

生物学证据证实，黑死病并非炭疽，这样一种出血热、一种致命但目前已灭绝的病毒，也非来自彗星的生物性辐射。它是一种小型哺乳动物的细菌感染，主要由昆虫媒介传播，向外溢出，并作为人畜共患病感染人类。今天，鼠疫可以使用抗生素予以有效抑制，但在中世纪，还没有可知的救治办法，其致死率在80%左右。啮齿动物、跳蚤和人类鼠疫之间的联系还没有被明确认识和理解。确定黑家鼠是鼠疫耶尔森菌的主要扩大宿主，确定跳蚤、印度客蚤是主要病媒生物，确定被感染的跳蚤（它们的胃充满了鼠疫耶尔森菌）摄食血餐是主要的传播机制，这些突破是在第三次大流行之后，直到20世纪初才实现的。以这种途径传播的鼠疫耶尔森菌引起腺鼠疫，其特征是淋巴腺的明显肿大和变色，这种现象几乎总是鼠疫最普遍的症状，造成更多的鼠疫死亡人数。其他的传播路径和鼠疫类型也存在，但很少造成死亡。肺鼠疫更加致命，发展过程更快，但在某种程度上，正因如此，它难以使大流行病持续发展。

　　正如亚历山大·耶尔森阐述的那样，栓菌蚤传播已经成为主要方式，与之相伴随的是，人们相信黑家鼠过去是而且仍然是鼠疫耶尔森菌的主要宿主。[1]实际上，这些观点都没有提供完整的解释。人们很久之前就已经认识到，但经常忽视，早期阶段传播是一个同样有影响力的传播机制。[2]此外，鼠疫杆菌的适应力强，各种穴居啮齿动物和小型哺乳动物都可以是它的宿主。在亚洲，正是森林沙鼠、土拨鼠、地鼠和黄鼠成为鼠疫的主要宿主，在这些鼠群之中，鼠疫作为一种动物疾病存在了数个世纪，甚至千年之久。[3]这些森林群体已经能够与鼠疫共生，养活它，而不会被它灭绝，尽管做到这一点的精确机制还没有得到完全认识。[4]在这些森林群体之中，疾病可能突然发作，并成为一种

323

---

[1]　Royer (2014).
[2]　Eisen and others (2015).
[3]　Above, Figure 3.27, Stage 1.
[4]　Davis and others (2004); Eisen and Gage (2009).

动物共患病，但它并不必然在再次消退之前传播得更远。[1]猎人、围捕者和牧民与这些哺乳动物或它们的昆虫媒介接触，可能不幸地被感染，但在大多数情况下，这种疾病止于人类。

相比之下，在生物学上缺乏共栖性的共生啮齿动物明显更加无法承受鼠疫，当最初被感染后，它们遭受了更高的死亡率。一旦它们被感染，动物流行病很快升级，并成为一种动物大流行病。[2]因此，过去大流行病扩散的一个必不可少的条件是从森林啮齿动物到共生啮齿动物的交叉感染，因为共生啮齿动物对传染病的抵抗力较差，和易感染人群的物理距离更近。因此，对这些大流行病暴发的任何一种分析都需要考虑这种关键溢出事件的时间和地点。很明显，一旦老鼠成为这种传染病的扩增宿主，感染这种疾病的人类就会大量增加，动物大流行病将引起一场同时发生的人畜共患病的风险是真实存在的。[3]通过登上航船并隐匿在粮食和其他商品中的运输，也使疾病要比可能只在森林啮齿动物中传播得更远、更快。这就是鼠疫实现转移性跳跃的方式，这种跳跃分别发生在542年与1347年从亚历山大港和卡法传播到君士坦丁堡，然后传遍这座帝国城市遥远的广大海上领域。在这个过程中，老鼠和其他啮齿动物必须适应并变得能够与鼠疫耶尔森菌并存，而不会被消灭。否则，啮齿动物群落难以成为鼠疫的地方性宿主，而它们明显在一段时间内成为鼠疫的地方性宿主。发生在全世界范围内的第三次大流行期间，鼠疫正是从老鼠身上返回原野，传播到各类森林哺乳动物之中，如美国西南部的草原鼠和地松鼠。在它们之中，鼠疫现在成为地方性兽疫。目前还不能认为，这样的事情可能就发生在中世纪晚期的欧洲。[4]

不同种类的跳蚤寄生于这些森林和共生动物宿主中。在亚洲中部

---

[1]　Above, Figure 3.27, Stage 2.
[2]　Above, Figure 3.27, Stage 3.
[3]　Above, Figure 3.27, Stage 4.
[4]　Carmichael (2014).

和西部的鼠疫核心区，至少有16种跳蚤能够传播鼠疫耶尔森菌，但这些跳蚤并非都有同样的效率，而且很少像印度客蚤那样有效。[1]要想传播足够数量的鼠疫耶尔森菌从而引起传染，供跳蚤摄食血餐的宿主必须处于高水平的菌血症状态，跳蚤需要存活足够长的时间，让细菌大量滋生，才能使细菌繁殖到集中传播所需的数量。[2]栓菌蚤能够做到这一点，而早期阶段传播通过栓菌蚤同样可以。[3]跳蚤在维持地方性兽疫的传播周期中扮演了关键角色，并且作为一座桥梁将啮齿动物不同物种以及人类和啮齿动物连接起来，而跳蚤身上的病菌数量和跳蚤生命周期的节奏对跳蚤承担的关键角色起到了基础性作用。因此，跳蚤对鼠疫周期的动态变化至关重要，被感染的跳蚤被引入一个啮齿动物群，在这个动物群中暴发动物大流行病，啮齿动物群的大规模感染，疾病向人类的溢出性转移，跳蚤群体的死亡和瘟疫结束之间的潜伏期，都与跳蚤有关。不论何种类型的跳蚤，都受到温度和湿度的强烈影响，这就是鼠疫展示出如此明显的季节性时序，即在春季增加、在盛夏达到顶峰、在秋季衰落的部分原因。跳蚤也帮助了鼠疫的转移性传播，其方式是：它们隐匿在人身上、人类的衣服和商品上，当然也许还在鸟类身上。跳蚤能够在相当长时间的旅行中存活下来，且不会丧失传播疾病的能力。

325

对鼠疫病媒生物的研究正在进行，艾森和盖奇（2012）认为："很可能，鼠疫病媒生物的名单要比迄今设想的长得多，而且当早期阶段时间点被考虑在内时，有些跳蚤的传播效率可能比最初认为的高得多。"[4]人们对人蚤作为鼠疫病媒生物的有效性特别感兴趣，因为它的介入可能导致第二次大流行的第一波攻击中的人—人感染模式。支撑人蚤作为一类鼠疫病媒生物的证据既有限，又有争议，但这并不妨碍对

---

[1] Eisen and Gage (2012), 70–71.

[2] Eisen and Gage (2012), 69.

[3] Eisen and others (2006); Eisen and others (2015).

[4] Eisen and Gage (2012), 72.

它做出重要的论断。目前人们对这个问题还在进行积极的考察，人虱或许具有能够传播杆菌的可能性问题也是如此。[1]如果可以找到一个令人信服的案例来证明人类体表寄生虫是鼠疫病媒生物，那么将有助于解释黑死病的一些特征，这些特征曾误导若干史学家和许多科学家相信黑死病根本不是鼠疫耶尔森菌引起的。[2]当然，马赛鼠疫研究小组已经推测，由人到人的媒介传播构成了鼠疫周期的第五阶段，那时这种疾病不再是一种伴生的动物大流行病，而变成横扫一切的大流行。[3]然而，这种假设尚处于待证实状态（而且从历史上来看，这可能是无法被证实的）。

黑死病不可阻挡的传染势头是宿主和病媒生物在大量生态压力条件下连续变化的最终结果。崔玉军等人（2013年）已经指出，整个过程在1270年左右或之后的某个时间已经启动，这与中世纪气候异常期的结束和沃尔夫极小期的开始一致。也许，13世纪90年代中期短暂但急剧的气候衰退是决定性的触发事件。气候变迁对位于绵延3000千米的昆仑山脉东面的干燥的青藏高原东北部核心鼠疫疫源区的生态条件的影响似乎成了催化剂，这导致鼠疫从一种地方性兽疫进入一种动物流行病状态，并刺激鼠疫在更广阔的地区传播。看起来，从14世纪第一个十年到40年代盛行的小洪积期为这个过程以及上述情况在14世纪
326 40年代初的暂停提供了动力。在全球大气环流模式的转折点上，它可能已经成为引起大量病媒生物跳蚤从森林啮齿动物到共生啮齿动物的转移的冲击力，这给人类带来了更高的风险。当然，到1343年，将成为未来所有瘟疫之母的鼠疫耶尔森菌已经出现。[4]1346年，鼠疫到达克里米亚的黑海岸边的卡法，为它之后深入欧洲其他地区提供了跳板。在那里，1347年，它的病媒生物跳蚤和啮齿动物宿主登上热那亚船只，

---

[1] Houhamdi and others (2006); Walløe (2008); Piarroux and others (2013); Leulmi and others (2014); Ratovonjato and others (2014); Eisen and others (2015).
[2] Cohn (2002b).
[3] Above, Figure 3.27.
[4] Bos and others (2011), 509.

传播到更远和更广大地区，其途径是通过繁忙的海路，即使在商业萧条期间，这些海路也连接着中世纪商业世界，并延伸到基督教世界最远的边境。从这一点上看，对黑死病的致命过程而言，人类中介变得比以前任何时期都更重要。

鼠疫在1347年年末和1348年年初袭击了欧洲。当时，异常潮湿的天气和严重的歉收刚刚过去。正如佛罗伦萨的史家乔瓦尼·维拉尼所说，"像今年（1346年）这样，粮食、草料、酒和油，以及这个国家的所有产物都出现如此糟糕的歉收，实在是百年难遇……都是因为雨水太多"。[1]鼠疫在1348年仲夏到达欧洲北部，正好是在持久的恶劣天气毁坏那里的收获之前。这些特别的天气条件显示出当时气候的高度不稳定性，并席卷亚欧大陆及以外地区。在欧洲，它们没有引起鼠疫，只是潮湿的天气无疑刺激了跳蚤的繁殖和活跃度，并由此促进了鼠疫的发展，但它们极大地加剧了生物性灾难带来的痛苦，以及社会和经济错位。它们也提高了鼠疫与斑疹伤寒一起暴发的可能性。

正常情况下，鼠疫耶尔森菌是一种在20℃左右高温条件下活跃的病原体。在瘟疫年份，欧洲北部大部分地区的温度明显低于这种适宜水平的夏季气温，但鼠疫的脚步似乎并没有受到阻挡。这种现象发生的原因以及那时盛行的奇怪天气模式的精确结构，还有待仔细研究。在14世纪50年代、60年代和70年代初持续的糟糕天气也没有阻止鼠疫多次暴发；相反，它貌似还助长了鼠疫的扩散。这意味着，整整一代人都伴随着恶劣的天气、歉收和频发的高死亡率的疾病，结果，黑死病之后的人口恢复并没有持续下去。取而代之的是，通常较高的婴儿和儿童死亡率导致代际成人更替率仍然为负值，这将整个欧洲的人口"锁进"一个自我维系的下降通道。一个社会-生态门槛已经被跨越了。

同时，完全有可能的是，这些频发的人口损失的幅度改变了幸存

327

---

[1]　Jansen (2009), 22–23.

人口的基因构成，有利于那些对鼠疫耶尔森菌有一定抵抗力的人，以至于鼠疫逐渐变成一种破坏性而不是摧毁人口的疾病，而欧洲的人口最终能够从中恢复。[1]如果啮齿动物也获得一定抵抗力的话，会降低鼠疫期间人类的死亡率，并限制病原体传播的能力。[2]鼠疫也变成了一种日益与其他疾病，与严重歉收带来的营养不良、卫生和健康问题，以及与频发的战争等现象共同起作用的疾病。传染病的巨大冲击终止后，一种新的欧洲鼠疫模式也就确立起来，它包括许多小的涟漪和偶尔的巨浪，直到该疾病最终在17世纪下半叶从欧洲大陆退出。[3]

　　黑死病构成了一种巨大而持久的生物性冲击，是气候、生态、生物和人类条件共同作用的结果。[4]它们一道改变长期休眠的森林啮齿动物地方性兽疫，之前主要局限于干旱中亚地区，后来变成了一种快速传播的"全球性"人类瘟疫。从黑死病埋葬者中提取的鼠疫耶尔森菌aDNA分析显示，正在传播的菌株并没有什么特别或非常之处。相反，第二次大流行的许多独特之处在于它暴发之时具体的微观和宏观生态条件，以及当时普遍存在的特别糟糕的环境、政治和军事压力，以及不稳定性。与当时正在发生的气候变迁一起，它开启了一个充满活力的新的生物和人口时代，从此，之前的社会-生态状况再也回不去了。在欧洲，尽管气候条件恶化、歉收和大流行之间的紧密联系仍在持续，但能源短缺和人口压力不再是问题。[5]在流行病学、遗传学、人口、经济和其他方面，黑死病都造成了持久的影响。生物学家的突破性进展正在改变我们对疾病本身的认知，正如古气候学家的研究改变了我们对疾病产生的环境背景的理解，在这两种情况下，它都在证实，作为一次事件，它只能在泛亚欧大陆和在某种程度上的全球背景中得到正确理解。

---

[1]　Laayouni and others (2014).
[2]　Monecke and others (2009), 591.
[3]　Alfani (2013).
[4]　Above, Figure 1.2.
[5]　Below, Figure 5.5.

4.06 三合一：完美风暴

到14世纪40年代，整个亚欧大陆的军事和政治力量平衡发生了不可逆转的变化。这意味着，任何想回到商业革命的经济盛期的前景彻底消失了。在拉丁基督教世界，衰退时代已经到来，其特征是战争频繁、贸易更具风险、交易成本升高、利润丰厚的海外市场和商业特权丧失、许多商品产量衰减，以及购买力下降。同时，沃尔夫极小期数十年太阳辐照度衰减的累积效应正在产生影响：全球和北半球的气温下降，大气环流模式正在发生深刻的再调整。随着气候进入一个较不稳定的状态，整个亚欧大陆的环境不稳定性在上升，极端天气事件发生的频率增加。在欧洲，海啸和洪水冲毁了庄稼，与之形成对比的是，中国和南亚的季风变弱，特大干旱发生，以及尼罗河每年的洪峰水位突然升高。虽然这些极端事件千差万别，但无论以何种表现形式示人，它们都没有放过亚欧大陆的任何一个地区。

正是在这种快速恶化的政治、经济和环境形势中，并在这种非常特殊的生态背景之下，鼠疫才在14世纪40年代携冲击之力暴发。金帐汗国的领地位于里海盆地和黑海之间，并横跨穿越"蒙古和平"土地上的商路主干线。它看起来首先受到冲击，从那里开始，在1345/1346年，这种传染病越过顿河，进入欧洲。第二年，即1347年，由于得到热那亚人广泛的海上联系的帮助和支持，鼠疫乘船，跨越黑海传播，并深入欧洲的商业动脉。鼠疫所到之处，人口下降，并且人口衰退和经济产量长期低迷。鼠疫使公共卫生变得更糟，改变了年龄结构，抑制了生育水平。鼠疫改变了人类的行为、精神和信仰，而且肯定成了幸存者的基因过滤器。它触发的不同的制度性反应塑造了劳动力市场，并影响了此后数个世纪关于家庭组建的决策。由于更少的人口需要养活，耕地在萎缩，畜牧生产扩张，森林再生。

尽管本质上这是一次生物性事件，但鼠疫产生于特殊的气候和生态背景中，并处在全球大气环流模式的一个临界点上。通常，作为一种病媒生物传播的属于野鼠的细菌性疾病，它在地理上传播的范围和对人类的影响有赖于已经确立的人口密度、已经发展出的商业和交通密集网络，以及在此前没有瘟疫发展的时代和繁荣时代已经建立起来的具有内在联系的国际交易圈。鼠疫因此并非单独行动，而是与一系列相互影响的环境和人类进程一起产生作用，每一个都由其本身内在的活力保持生机。[1]14世纪上半叶，鼠疫的影响已经在遥远的、处于环境边缘、人口稀少的亚洲中心放大了生物性发展，并将这个结果转移了几千千米的距离，传送到远为发达的欧洲地区，那里生活着大量易感染人口。它所造成的这个完美风暴拥有真正的转型力量。已经处于挣扎中的欧洲社会-生态系统最终被破坏，在由此开始的一次长期衰退过程中，战争、气候变化和疾病继续施加着强有力的影响。

附录4.1　查士丁尼鼠疫的暴发和天气

第一次大流行出现在公元541年的埃及文献中。尽管彼得·萨里斯相信，其最终的起源可能是在非洲的某个地方，但新的基因组证据指向中亚更有可能是来源地。[2]到542年春，鼠疫已经登上运输粮食的商船跨越地中海，去往帝国首都和繁忙的都市君士坦丁堡，从那里，在接下来的两年中，它向东传播到黎凡特，向南传播到北非，向西传播到意大利、西班牙和高卢，并最终向北传播到不列颠和爱尔兰。[3]它所到之处，人口被消灭，其带来的影响深远的人口、社会、经济和政治后果，长期以来一直备受争议。[4]直到8世纪60年代，第一次大流行才最终燃尽自己的能量。它消失得如此彻底，以至于引起它的鼠疫耶尔森菌菌株"当时并没有为众所知的代表者"，结果，它们"或是灭绝，或

---

[1]　Above, Section 1.03 and Figure 1.2.
[2]　Wagner and others (2014).
[3]　Sarris (2002), 169–170.
[4]　Little (2007).

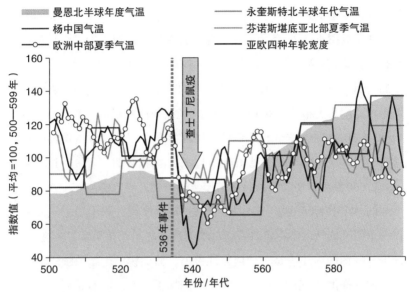

图 4.15　查士丁尼鼠疫暴发的环境背景，541/542 年

资料来源：北半球年度气温，Mann and others（2008）；北半球年代气温，Ljungqvist（2009）；芬诺斯堪底亚北部夏季气温（进行 3 年滑动平均处理），Grudd（2010）；欧洲中部夏季气温（进行 3 年滑动平均处理），Büntgen and others（2011）；中国年代气温，Yang and others（2002）；亚欧四种年轮宽度时间表（进行 3 年滑动平均处理），欧洲橡树、芬诺斯堪底亚北部亚松和爱琴海橡树的树木年轮年表（数据由 M. G. L. Baillie 提供）与蒙古西伯利亚松的年表的结合（Jacoby and others，无日期）

是未在野鼠聚集区中采样"[1]。实际上，鼠疫已经退回到亚洲内陆，在接下来的 500 年里，它一直是森林啮齿动物聚集群中的一种地方性疾病。

戴维·瓦格纳和 26 位科学家组成的团队重建了查士丁尼鼠疫基因组。他们推测，按照病原体从啮齿动物到人类的致命溢出，它的出现可能与气候不稳定有关，而它的消失可能与中世纪气候异常期更稳定的条件有关。[2] 贝利曾重建第一次大流行的详细背景。[3] 在它之前，536 年，
出现了一次屡经证实的尘幕事件，其诱因是一次火山大爆发、外星影响或彗星暴发。这次事件引发的环境恶化导致亚欧大陆的树木生长受

[1]　Wagner and others (2014), 322.
[2]　Wagner and others (2014), 325.
[3]　Baillie (1994); Baillie (2008).

到抑制，以至于大多数的树木年轮年表都显示536年发生了明显的窄年轮事件（见图4.15）。然而，第二年，许多地区的树木生长恢复到正常状态，直到539年，真正的环境恶化才开始，其标志是树木生长持续7年的衰退，以及540—542年鼠疫期间的值最低，那时一些年表中的平均年轮宽度大大窄于536年的数据。[1]气温降低明显是一个成因，对北半球、中国、欧洲中部和斯堪的纳维亚半岛北部的气温重建都印证了这些年的一次急剧下降（见图4.15）。在欧洲橡树的年表中，这些年是过去2 000年里最明显和最持久的窄年轮时期之一，这些年也在来自北半球的几个其他年表中有类似的表现。简单来说，查士丁尼鼠疫发生在一个明显的气候不稳定时期，气候与疾病之间存在联系，在这之前，鼠疫在疫源区内还只是一种地方性兽疫，而尖锐的生态系统压力对疫源区内的病原体-宿主-病媒生物关系施加了影响，进而导致气候与疾病之间产生联系。

---

[1]　Baillie (2001).

衰落：不利的环境与中世纪晚期拉丁基督教世界的人口和经济萎靡

5.01　从临界点到转折点

14世纪40年代，战争、气候变化和鼠疫带来的完美风暴冲击波在社会–生态体系的更替中打下了烙印，而该转变在15世纪中期体现得最充分。[1]作为黑死病的持久遗产，迅速增加的流行病负担造成了接下来100—150年的人口替代率依然不乐观（5.03.2部分）。那时，人口减少束缚了商品和服务的生产与消费，并在商业流通基础设施、土地使用和定居，以及资源利用的强度等方面引起了一场影响深远的调整（5.04部分）。这些变化对环境的影响是深刻的。那些源自小冰期环流模式持续发展的影响也是如此。仅有一个小小的插曲是个例外，即在14世纪最后25年，欧洲社会必须面对的环境条件比12世纪和13世纪拉丁基督教世界大繁荣时期的环境条件更有挑战性。[2]这些环境约束进一步限制了已经被商业衰退、货币短缺和市场萎缩狠狠挤压的人口和经济再生产。

---

[1]　"体系更替"可以被界定为一种"由一种有活力的体系到另一种体系的突然跳跃"：Scheffer (2009), 104。

[2]　Above, Section 2.02.

小冰期中第一次持续的寒冷期横跨15世纪中期的数十年，处于史波勒极小期内，那时全球和北半球的气温下降到1 000年来的最低水平，极端天气事件变得越来越常见（5.02.2部分）。[1]在亚欧大陆，反复出现的由天气诱发的生态压力抑制了谷物、羊毛和葡萄的收获，并引发了鼠疫和其他疾病的暴发，这使欧洲社会在人口上受制于周期性的死亡浪潮（5.02.1部分和5.03.2部分）。[2]对农业生产者而言，作物生长条件的恶化在1453—1476年最严重。[3]当时正值供给侧限制收紧最严重的时期，而且不出所料，当时欧洲人口和全部经济活动正处于最低潮（5.03.2部分和5.04部分）。

如果不是人口和可用资源之间的平衡得到显著改善，从而部分地抵消了这些困难的话，这种形势本应更糟糕，这使得人们从环境、政治上的边缘地带撤退，逆转了生产单位越来越小而走向毁灭的趋势，并使一种更好的生态平衡在农业和牧业生产部门之间建立起来，使要素价格的改变有利于劳动力（5.04.2部分）。气候可能一直在恶化，但由于需要养活的人口变少，粮食安全和营养标准得到改善，而且在一段时间内，许多家庭的实际收入增加了，收入分配也变得更加公平。人口的突然减少增加了人均货币供应量，并将欧洲银产量下降的最坏影响推迟到15世纪。因此，在14世纪下半叶，出现了一次短暂的经济繁荣（5.05部分）。然而，人口继续减少，我们很难看到其转变为一个自我维持的增长过程的前景，因为如果没有市场需求的扩张，通过扩大劳动分工实现生产力显著提高的空间很有限。任何实际经济活力的缺乏都会反映在城市化率上，城市化率仍然顽固地保持在或略低于黑死病暴发前的水平，只有少数地区除外（5.04.3部分）。实际上，在鼠疫中损失了一半人口的欧洲出现了城市空间的过剩，结果大多数城镇陷入了优胜劣汰的竞争中，这使许多城镇人口减少，功能减少，地位

---

[1] Below, Figures 5.1 and 5.2.
[2] Below, Figure 5.5.
[3] Below, Figure 5.13.

下降。因此，人口和资源之间的平衡得到改善而造就的繁荣必然在持久性上有限，它带来的好处也是有限的。

拉丁基督教世界内部的分裂一如既往地明显。当国家权力仍然微弱和分裂之时，很难实现更大的市场协调和更低的市场成本。[1]拉丁教会也不再享有它在 12 世纪盛期的改革运动时所获得的至高无上的权威和尊重。[2]相反，教皇和神圣罗马帝国皇帝之间的长期争执，1378—1417 年的西部教会大分裂，以及改革者约翰·威克利夫和扬·胡斯对教会具有影响力的批评严重损害了拉丁教会的地位。事实上，宗教冲突和异端运动是造成地方战争的一个原因，而战争继续消耗着资源，并破坏着整个欧洲的商业和贸易。陆上的劫匪、海上的盗贼和奴隶贩子都很猖獗，就是因为缺乏强力的公共权威。这让那些参与长途贸易的人不得不担负繁重的自我防卫和保护的成本。

好像这些内部困难还不足够糟糕一样，地中海商业圈明显还受到两个方面的限制：马穆鲁克在非洲和中东巩固了自己的实力，奥斯曼人在小亚细亚和巴尔干半岛的征服，导致君士坦丁堡在 1453 年、特拉布宗在 1461 年陷落（5.06 部分）。拜占庭的崩溃实际上将热那亚人从黑海驱逐了出去，威尼斯-亚历山大港中轴线几乎成为唯一幸存的中转线。通过这条中转线，印度香料和东方丝绸、瓷器被运至欧洲市场。这些商品继续主要以出口贵金属进行支付，这些贵金属的价值，再加上货币磨损造成的损失，现在已经超过了仍在生产的欧洲银矿的产量。在大多数资金短缺的经济体中，去货币化的过程已经开始，因为硬通货短缺，已建立的多边交换模式变得难以维持。实际上，在 1395—1415 年和 1457—1464 年最糟糕的时期，货币荒将欧洲锁进了商业衰退的状态之中，只有最具进取心或商业侵略性的经济体，特别是葡萄牙和北部低地国家，才能摆脱这种商业衰退的状态。

334

---

[1]　Epstein (2000a), 38–72.
[2]　Above, Section 2.04.1.

　　15世纪中期，社会-生态条件正处于最糟糕的时期。正是在那时，生长条件最差，严重的连续歉收使欧洲大部分地区走到饥荒的边缘，鼠疫和其他至今尚未确诊的疾病反复暴发，数代人口下降正处于影响最大化时期，各地的铸币厂趋于停产，市场萧条，长途贸易面临日益增加的障碍（5.04.4部分）。此后，这些限制逐步得到缓解。太阳辐照度增强，气温上升，死亡率下降，人口开始适当恢复，葡萄牙、布拉班特和荷兰的经济节奏加快，人们重新开发大西洋，并尝试从其岛屿、渔场和其他海上航线获取利润。由于向东到达印度和东方的路线受阻，

335　对西方而言，最有保障的可行选择是勘察非洲是否能够环航（5.06部分）。帆船制造和航海技术的提升，再加上应对大西洋颇具挑战性的航行条件的经验的积累（开始于1277年热那亚人开通到布鲁日的海上航路），现在使其成为一个真实的愿景。

　　因此，15世纪的最后25年标志着转折点的到来。那时，大转型走向终结，复苏的欧洲西部开启了新的持续扩张和发展的阶段，而其背景是由欧洲人的发现之旅造就的扩大的、重新调整方向和商业上重新焕发活力的世界。一个社会-生态活力体已经耗尽能量，而另一个正在积蓄能量。在拉丁教会12世纪繁荣以来的几个世纪里，知识已经得到积累，技术得到提升，一系列有用的宏观和微观制度已经就位，欧洲各经济体以适度但显著的方式变得更加富有。[1]因此，在这个新的社会-生态时代，领先的主角开始从一个更高的基点上复苏。葡萄牙、北部低地国家和英格兰都拉近了与长期享有经济优势的意大利的距离。随着16世纪的开启，布拉班特和荷兰蓄势取而代之。欧洲活力的中心正处于从意大利和地中海向大西洋与北海沿岸繁荣经济体的转移过程中，这进一步远离了奥斯曼人制造的迫在眉睫的威胁，更有利地处在了开发这个时代的新经济机会的合适位置。位于北部低地国家的自治经济体布拉班特和荷兰抓住了主动权，并领导了亚欧商业的重新整合。在

---

[1]　Below, Figure 5.14B.

此过程中，相比于11世纪和12世纪的形势，欧洲国家和商人现在发挥了更主导的作用。

5.02 小冰期的进展

5.02.1 大气循环模式的重组

13世纪70年代至14世纪40年代，中世纪气候异常期走向终结。此后，随着全球气温降低，厄尔尼诺-南方涛动、亚洲季风和北大西洋涛动都在变弱，大气循环的既有模式正在发生深刻重组。这种新的气候时代就是著名的小冰期，因为在极地和阿尔卑斯山地区，严冬的大雪堆积助长了海平面冰层的扩大和冰川的扩张。[1]太阳辐照度的持续减少推动了这些变化的开始，首先在约1282—约1342年沃尔夫极小期，然后是在约1416—约1534年延长的史波勒极小期（见图5.1A和图5.1B）。一个短暂的太阳极大期，在十四世纪七八十年代（当时乔叟虚构的朝圣队伍出发前往坎特伯雷）最为显著，它出现在上述两次极小期之间的50年内，它暂时将太阳辐照度恢复到中世纪气候异常期的高水平上。然而，在此后60—70年内，太阳辐照度和同期全球气温都已经下降，低于此前1 500年的任何时期。[2]结果，在15世纪50年代小冰期寒冷初期最冷的时候，相应的气压、风向和风力、降水量和气温模式都与标志着中世纪气候异常期在13世纪50年代的最后复苏阶段的那些特征截然不同。[3]

尽管中世纪气候异常期已经保持了相对稳定的大气环流模式，但小冰期气候的一个最惊人的特征是它们的稳定性，以及每年气温和降

---

[1]   Grove (1988); Grove (2004).

[2]   Figures 2.1 and 2.8.

[3]   Above, Section 2.02.

336

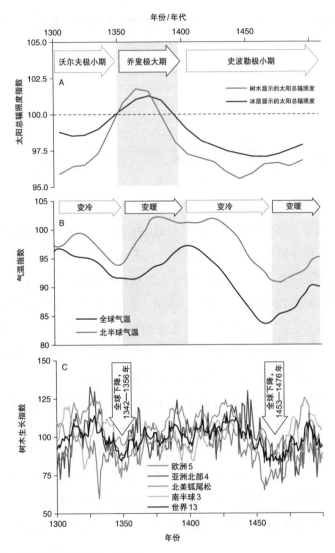

图 5.1A　太阳总辐照度，1300—1500 年

图 5.1B　全球和北半球气温，1300—1500 年

图 5.1C　世界树木生长，1300—1500 年

资料来源：（A）Delaygue and Bard（2010b）；Vieira and others（2011）.（B）Loehle and McCulloch（2008）；Mann and others（2008）. Figure 5.1（cont.）（C）欧洲 5= 欧洲橡树、芬诺斯堪底亚松和极地乌拉尔松、爱琴海刺柏和橡树（数据由 M. G. L. Baillie 提供），加上阿尔卑斯山针叶树（Büntgen and others 2011）。亚洲北部 4= 天山杜松（数据由 Jan Esper 提供），青海杜松 [Yang and others（2014）]，蒙古西伯利亚落叶松（Jacoby and others），加上西伯利亚落叶松（数据由 M. G. L. Baillie 提供）。北美狐尾松（数据由 M. G. L. Baillie 提供）。南半球 3= 智利和阿根廷刺柏、新西兰雪松和塔斯马尼亚胡恩松（数据由 M. G. L. Baillie 提供）。所有的时间表都以 1250—1259 年为基础进行指数化，树木年轮年表的标准化使用的也是相同的变化系数

水的显著差别。结果，当各个社会也要抗击鼠疫和其他疾病带来的高生物性风险之时，它们必须应对更大的环境不稳定性。气候和疾病之间显然存在协同效应，这有助于解释高发病率和高死亡率的反复出现，它们抑制了黑死病之后人口恢复的能力，直到这个长时间的气候困境度过最糟糕的时期。最终，从十五世纪六七十年代开始，太阳辐照度开始再次慢慢增加（见图5.1A）。它从16世纪30年代开始进一步增加，但太阳活跃度在史波勒极小期的衰减如此严重，以至于直到17世纪初的几十年，太阳辐照度才再次回到十四世纪七八十年代的顶峰水平。有趣的是，人口紧随在太阳辐照度水平升高之后恢复。

由于海洋是热量的储存器和沉淀区，全球和北半球气温趋于追随正在改变的太阳辐照度，但与太阳辐照度之间又存在一个滞后期，这个期限通常为几十年（见图5.1B）。因此，全球变冷在十四世纪四五十年代最为剧烈，这是太阳辐照度开始恢复之后的一段时间。此时，北半球气温骤降到1 000多年来的最低水平。[1]总体而言，太阳辐照度减少和气温降低抑制了几乎所有地方的树木生长，亚洲北部、欧洲和新世界的综合树木年轮年表都低于1342—1356年的水平，以及1348年的最低平均值（见图5.1C）。巧合的是，在格陵兰岛上出现了严寒的证据，这看起来引起了冰岛附近海冰的再次扩张。[2]同时，自从13世纪80年代以来一直在减弱的亚洲季风的力量继续变弱，并在14世纪50年代的连续几年里消失，这对所有依赖季风提供大部分降水的地区造成了灾难性影响。[3]如此严重和持久的干旱在近5个世纪里还是第一次出现。相比之下，在欧洲，处于供应短缺状态的是日照和温暖。

在整个欧洲，根据树木年轮年表重建的夏季气温在1348—1353年下降到历史低值，其中1349年夏季气温最低（见图5.2B）。在英格兰，

338

---

[1] Figure 2.1.
[2] Figure 3.22; Dawson and others (2007).
[3] Figure 2.7C. Brook (2010), 59, 68; Lieberman and Buckley (2012), 1052, 1057–1058, 1073–1074, 1078; Tana (2014), 333–335. "根据代用指标对印度中部、中国中北部、越南南部降水水平的重建显示，14世纪中期到15世纪出现了一系列季风干旱，每次都持续了几十年。这些季风大干旱在这个重要时期独一无二"：Sinha and others (2011), 47.

恶劣天气的影响因严重的鼠疫导致农业雇工和管理者的高死亡率而被放大，导致1349—1351年的谷物完全歉收，这是中世纪文献中唯一一次连续三年歉收。[1]在接下来的25年里，粮食产出率也没有很快恢复，因为天气条件仍然不佳，同时鼠疫与农业雇工和管理者的高死亡率反复发生。[2]到14世纪60年代，太阳辐照度可能已经急剧恢复，全球和北半球气温都在上升（见图5.1A和图5.1B），但在欧洲，严寒的冬天仍在出现，最显著的是在1363—1364年，瑞士阿尔卑斯山上的冰川继续增加。[3]实际上，正是在14世纪70年代，冰岛海冰形成了其在14世纪的最大面积，与之相伴随的，是北大西洋海面温度上出现的一系列高振幅变冷事件。[4]事实证明，这些严酷且不稳定的天气条件对这块广阔地区的农业具有挑战性，而且仍然在调整以适应鼠疫高死亡率带来的经济影响。[5]

增加的太阳辐照度需要20—30年时间才能被感知。最终，从1366年开始，北大西洋涛动的波动性减弱，并稳定在一个适度积极的水平上，虽然仍低于13世纪50年代的水平，但它的力量在逐渐增强，这个过程持续到1405年（见图5.2A）。1366年，世界树木生长指数在所有13个重要的树木年轮年表中都短暂变成正增长，此后它在1384—1387年的10个北半球树木年轮年表中再次如此（见图5.1C）。1385年勃艮第葡萄收获是中世纪文献中最早的一次，两年之后，从1350年以来持续升高的欧洲夏季气温达到了其在14世纪的峰值（见图5.2B）。[6]同时，寒冬几乎消失了，北大西洋的高振幅变冷事件消失，冰岛海冰缩小，阿尔卑斯山的冰川萎缩。[7]

随着气候条件的改善，格陵兰岛、瑞典北部、欧洲中部和北半球

[1] Campbell (2011a), 144–147; Campbell and Ó Gráda (2011), 869.
[2] Campbell (2011a), 147–149; Hatcher (1977), 21–26; Baillie (2006), 36–37.
[3] Pfister and others (1996); Grove (2004), 153–159.
[4] Figures 3.19A and 3.22.
[5] Campbell (2011a).
[6] Chuine and others (2005).
[7] Figures 3.19B and 3.22; Grove (2004), 153–159.

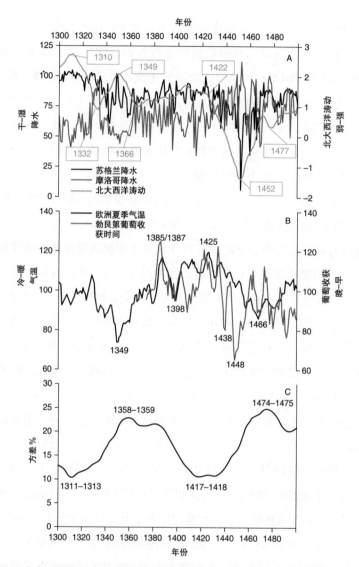

图5.2A 北大西洋涛动，1300—1500 年
图5.2B 欧洲夏季气温，1300—1500 年
图5.2C 不列颠环境不稳定指数，1300—1500 年

资料来源和注释：（A）Proctor and others（2002b）；Esper and others（2009）；Trouet and others（2009b）；苏格兰和摩洛哥降水均根据1250—1259 年数据做指数化处理。（B）欧洲夏季气温以芬诺斯堪底亚平均气温为准，Grudd（2010）；尼德兰，Engelen and others（2001）；中欧，Büntgen and others（2011）；东欧，Büntgen and others（2013）；全部数据以1300—1499 年为基础做指数化处理，并据相同变异系数标准化；勃艮第葡萄收获时间，Chuine and others（2005）。（C）北半球气温平均方差，Mann and others（2008）；不列颠橡树年轮宽度（数据由 M. G. L. Baillie 提供）；苏格兰洞穴次生化学况积物带宽，Proctor and others（2002b）；英格兰谷物产出率，Campbell（2007）

气温同比方差缩小，出现同样表现的还有北大西洋海面温度、不列颠橡树年轮宽度、英格兰谷物收获和苏格兰洞穴次生化学沉积物带宽（见图 5.2C）。[1]14世纪中期极大增加的环境不稳定性已经减缓，而且，当这个短暂的强太阳辐照度插曲仍在持续之时，大气环流模式在欧洲北部更加稳定，有利的生长条件再次盛行。在英格兰南部，14世纪最后25年的收获是中世纪文献中有记录以来最好和最可靠的，粮食短缺和高物价的状况转变为粮食过剩和高物价，这一状况有利于打工者，但以牺牲农业生产者为代价。[2]更高的气温和增加的太阳辐照度共同刺激了几乎所有地区的植物生长（见图 5.1A 和图 5.1B），以至于在1346年之前的显著逆转中，英格兰谷物收获和不列颠岛橡树年轮宽度在将近25年的时期里呈现正相关。这证实了当时正在发生的气候变化对环境强大的气候强迫，它在很大程度上源于太阳辐照度的改善。看起来，这可能就是紧随约1010—1050年奥尔特极小期发生的现象重演的环境前提条件，即对中世纪气候异常期的大气环流模式的一种完全复原。但这一复原并没有实现，这意味着向另一种不同的气候模式的转型已经不可逆转。

前沃尔夫大气环流模式的不完全恢复在中国、东南亚、印度和埃塞俄比亚表现得尤为明显。在中国，平均气温肯定随着太阳辐照度的增加而反弹，在14世纪最后25年的大部分时间里，反弹后的平均气温可以与13世纪50年代的平均气温相当（见图 5.3B）。尽管如此，季风还是没有出现相应的恢复。降水量肯定在上升，以至于从14世纪70年代开始，干旱问题有所缓解，但这一时期的降水水平仍然低于在中世纪气候异常期盛行的水平，那时厄尔尼诺-南方涛动处于力量最强时期（见图 5.3B）。[3]甚至在东南亚，福建柏年轮宽度证据显示，那里的降水水平恢复得最好，仅仅是在一些特殊的年份，季风才恢复了早期的

[1]　Figure 3.20.
[2]　Campbell (2011a), 149–151.
[3]　Sinha and others (2011).

强度，最明显的是1396—1398年（见图5.3B）。[1]在中国，同一时期出现了自14世纪20年代以来最大的季风降雨。在太平洋的美洲一侧，恢复部分强度的厄尔尼诺-南方涛动突然停止，并使美洲西海岸的大部分地区回到干旱状态（见图5.3A），尽管其规模比不上13世纪的大干旱。但是，随着太阳辐照度开始再次衰减，厄尔尼诺-南方涛动的强度也开始减弱。与此同时，干旱对美洲西部太平洋沿岸地区和亚洲的降水量的控制也在变弱（见图5.3A，图5.3B和图5.3C）。

343

印度季风经历了一个稍微不同的过程。在印度和巴基斯坦，最严重的季风失效持续了很久，直到14世纪60年代和70年代初（见图5.3C）。此后，在14世纪剩余的时间里，降水水平远远低于13世纪中叶。季风的准时性也比较低，以至于当季风在14世纪90年代失效时，严重的饥荒再次发生。[2]季风特征的改变也明显体现在南亚次大陆降水水平和非洲东北部的降水水平的关系变化上，后者的衡量标准是每年开罗尼罗河的洪水流量（见图5.3C）。直到14世纪40年代，微弱的埃塞俄比亚季风一直与强印度季风对应出现。然而，随后两个地区的降水亦步亦趋，在14世纪80年代增加，在15世纪第一个十年进一步增加，并在15世纪30年代达到顶峰，那时在印度，降水则短暂地回到了13世纪50年代的水平。对东方的柬埔寨和中国而言，15世纪初的10年见证了季风效力全无，14世纪任何一次都无法与之相比（见图5.3B）。由偶尔到访的超级强季风引起的洪水事件进一步加剧了日益恶化的环境状况，此时，大气环流模式再次不稳定，气候条件在极端气候之间摇摆，这对排水和灌溉系统造成了严重损害。[3]在印度、巴基斯坦和埃塞俄比亚，这种超级潮湿的季风现象直到十五世纪二三十年代才出现（见图5.3C），到那时，欧洲北部的大气循环也再次改变，这种改变可

---

[1] Buckley and others (2010).
[2] Sinha and others (2007).
[3] 在柬埔寨，"几次从干旱到强季风的突然逆转发生在季风力量通常微弱的时期，例如20个最潮湿年度中的6个发生在14世纪末和15世纪初"：Buckley and others (2010)。

342

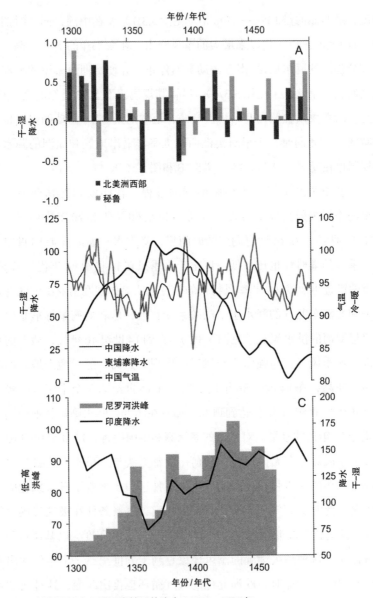

图 5.3A　美洲西部太平洋沿岸地区的降水，1300—1500 年
图 5.3B　中国的气温与中国、柬埔寨的降水，1300—1500 年
图 5.3C　印度和巴基斯坦的降水与尼罗河的洪水流量，1300—1500 年

资料来源与注释：（A）根据 Cook and others（2004c）；Rein, Lückge and Sirocko（2004）改编。（B）气温，Yang and others（2002）；降水，根据 Zhang and others（2008），Wang and others（2006）改编：所有指数以 1250—1259 年为基础。（C）降水，根据 Rad and others（1999），Berkelhammer and others（2010b）改编；尼罗河洪水数据来自 Popper（1951），221-223，二者指数化的基础是 1250—1259 年的数据

能比之前任何时候都要彻底。

与发生在季风亚洲大部分地区的激烈气候变化相比，15世纪的第 344
一个25年，欧洲北部的气候变化并不大，除了有充分记录的北大西洋
风暴次数在约1400—1420年有所增加。[1]北大西洋普遍盛行温和的气候
条件，格陵兰岛的气温看起来已经有实际改善。[2]1400年之后，冰岛海
域的海水略有扩大，但它的面积仍然只是14世纪30年代和70年代海
冰面积的一部分，当时北大西洋的气温降至最低点。[3]荷兰的什一税征
收记录显示，14世纪90年代到15世纪20年代，粮食产量萎缩了75%，
当时地下水位的上升迫使耕地转变为牧场，但在英格兰，这个时期的
实际产量仅减少了15%。[4]尽管没什么大丰收，而且收成也比不上14世
纪80年代的那些好收成，但也没有出现严重的灾难；最糟糕的情况出
现在1401年、1408年（四次一般收成中最差的一年）和1422年。[5]在
1422年，北大西洋涛动仍然是适度的正值，环境的不稳定性相对较低。
在整个欧洲北部，1425年夏是14世纪和15世纪中最温暖的时间（见图
5.2B）。整体而言，几乎没有证据显示，当史波勒极小期开始出现，全
球和北半球、中国气温都明显变低的时候，一个环境阈值即将被跨越
（见图5.1A、图5.1B和图5.3B）。

5.02.2 史波勒极小期的气候条件

在亚洲，15世纪的第二个25年再次出现了季风失效：干旱在1424
年回到柬埔寨，在14世纪30年代中期回到印度，在1439—1445年回
到中国南部，15世纪40年代中期回到巴基斯坦（见图5.3B和图5.3C）。
此后，从15世纪40年代开始，过多的季风降雨在印度、柬埔寨和中

---

[1]　Dawson and others (2007).
[2]　Figures 3.19A, 3.19B and 3.22.
[3]　Figure 3.22.
[4]　Campbell (2011a), 152–153.
[5]　Campbell (2007). 1401年也是鼠疫肆虐的一个大疫年：below, Figure 5.5。

国成了更大的问题。[1]特别潮湿的年份包括柬埔寨的1453—1454年和中国南部的1450—1456年。与它们对应的是美洲西部太平洋沿岸地区再次面临干旱的降临（见图5.3A）。大约在这个时间，从约1458年开始的南太平洋库瓦火山大爆发引起的大气负载增加可能加剧了全球变冷，而变冷至少从15世纪20年代就已经开始。[2]15世纪50年代因此是15世纪最冷的10年，也是中世纪最冷的10年，明显比14世纪50年代更冷，几乎跟小冰期在16世纪90年代和17世纪90年代最冷的20年差不多。[3]在亚洲和美洲，15世纪40—70年代这个明显的气候混乱时期，世界树木生长进一步持续衰退（见图5.1C）。新旧世界的树木生长衰退是同步的，并呈现出"双针探底"的形式：第一次在1446年，并在1448—1450年处于最显著阶段（当时勃艮第的葡萄收获被严重推迟，见图5.2B）；第二次与约1458年库瓦火山爆发有关系，持续到15世纪70年代初，并在1459—1468年特别明显。[4]尽管记录显示欧洲树木的生长衰退最严重，但这是一个全球性现象，而且首先无疑源自史波勒极小期对南北半球生长条件的抑制性影响（见图5.1A和图5.1C）。

在欧洲北部，正是在15世纪第二个25年，向以弱或负北大西洋涛动指数为特征的小冰期气候的转型完成，伴随着极地高压主导的寒冷和相对干燥的冬季（见图5.2A）。对格陵兰岛冰芯的分析显示，随着15世纪的到来，气压在冰岛下降，并在西伯利亚东部升高，直到15世纪20年代，不断增大的气压梯度引发了北半球环流更为深刻的转型。[5]从这时开始，欧洲西北部的冬季气候条件变得更冷、更加不稳定，而除了一些明显的例外，夏季更凉爽（见图5.2B）。L. D. 米克

---

[1] Sinha and others (2007); Berkelhammer and others (2010a); Buckley and others (2010); Zhang and others (2008).

[2] Figure 2.8; Buckley and others (2010); Gao and others (2009a). 库瓦火山的爆发已经可以追溯到1452/1453 年，但 Bauch (2016) 认为，后一个天气与记录中的大气现象更为吻合。格陵兰岛冰芯中的硫酸盐存量显示，库瓦火山约在 1458 年爆发，此前是 1453 年一次较小的爆发，此后则是 1462 年一次北半球高纬度的爆发：Frank Ludlow, 私人交流。

[3] Figure 1.1A.

[4] Bauch (2016); Frank Ludlow, 私人交流。

[5] Meeker and Mayewski (2001).

（L.D.Meeker）和P. A.马约斯基（P.A.Mayewski）认为，这构成了"过去的1万年里，北大西洋地区有记载的所有此类事件中发生速度最快的一次"。[1]苏格兰的洞穴次生化学沉积物记录中出现了同步变化，它记录了约1420—1470年既定降雨水平的一次巨大错位，并在1452年出现极小值（见图5.2A）。1450年、1460年和1475年前后也是异常寒冷的年份。[2]1423—1492年，极寒的冬季也以更高的频率出现在尼德兰的文献中：1432年、1435年、1437年和1443年显得尤其严酷。[3]

346

　　在格陵兰岛，史无前例的寒冷、因纽特人对狩猎地的争夺愈发激烈，以及欧洲贸易者造访间隔的延长，看起来已经促成了最后一批挪威人离开那里。[4]这些较为寒冷气候条件的到来降低了农业的海拔界限，缩短了生长季，并使欧洲的牲畜冬季圈棚和饲料作物种植增加了更多的额外费用。严寒、晚春和凉夏也为粮食生产者和酿酒者带来了很大挑战。在英格兰，1428年的收成是自1356年以来最坏的一次，1432年产量再次下降。1436年，勃艮第的葡萄收获严重推迟，第二年出口到英格兰的葡萄酒大幅减少，因为恶劣天气破坏了贸易和旅行。[5]然后在1437年和1438年，粮食连续两年歉收，导致15世纪里最严重的英格兰生存危机和粮价上涨。[6]在温彻斯特庄园，羊养殖业受到了严寒气候条件的负面影响：补充性饲养费用增加，死亡率升高，繁殖率下降，羔羊重量位于记录中最低之列。[7]从全国来看，羊毛出口在1437—1439年下降。[8]盐价同时急剧上涨，其大部分进口的是由太阳蒸发生产的法国海湾盐，这意味着环境条件可能又潮又冷。[9]

　　1441年和1442年恶劣的天气再次出现，再次导致歉收，尽管这一

[1]　Meeker and Mayewski (2001), 263.
[2]　Baker and others (2002), 1342.
[3]　Engelen and others (2001).
[4]　Dugmore and others (2007), 19–22.
[5]　Chuine and others (2005); James (1971), 58.
[6]　Campbell (2011a).
[7]　Stephenson (1988), 383–384.
[8]　Carus-Wilson and Coleman (1963), 59–61.
[9]　Campbell (2011a), 153–154.

347

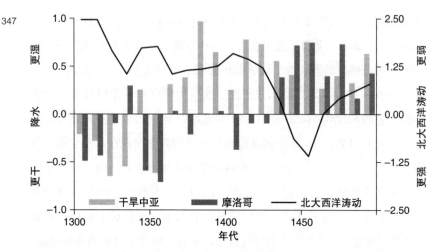

图5.4　北大西洋涛动和摩洛哥、干旱中亚的降水指数，14世纪第一个十年到15世纪90年代

资料来源：Chen and others（2010）；Esper and others（2009）；Trouet and others（2009b）

次更加具有选择性。在勃艮第，从1442年到1448年，黑皮诺葡萄收获的延迟时间越来越长。1435年至1442年，意大利、荷兰和英格兰的人均GDP总体下降了13%，这反映出国际范围内农产品产量的明显下降。[1]无疑，这些恶劣条件凸显了当时的市场转向颜色更暗、更厚重的使用大量羊毛和毛皮做内衬的衣物，人们则更愿意在自己的火炉旁取暖。[2]严寒也促使人们修建谷仓、马厩、牛栏、畜棚和猪圈，以保护脆弱的谷物和牲畜。[3]结冰的荷兰冬季、较低的英格兰粮食产量和后来的勃艮第葡萄歉收在这个世纪余下的时间里反复零星发生。从15世纪50年代开始，格陵兰岛的气温下降，冰岛周围的海冰再次扩大，其明显的高峰出现在15世纪70—90年代。[4]

　　更多南部地区的气候也遭遇了类似的变化。在14世纪初的几十年，

---

[1]　根据Malanima（2011），207；Zanden and Leeuwen（2012）；Broadberry and others（2015），232计算。

[2]　Piponnier and Mane（1997）；Munro（2007）；Pedersen and Nosch（2009）；Veale（1966）；Dresbeck（1971）。

[3]　Dyer（1995）；Brady（1997）；Gerrard and Petley（2013）。

[4]　Figure 3.22；Trouet and others（2009a and b）；Kobashi and others（2010）；Massé and others（2008）。

北大西洋涛动正在变强，大西洋冬季西风带偏向北方，使欧洲南部、北非及其以东大部分地区降水减少，并使中亚一直处于干旱状态。但北大西洋涛动在14世纪20年代和30年代暂时变弱，然后从14世纪60年代开始持久减弱。这些携带雨水的风转向南，并为这些迄今少雨的地区带去不断增多的降雨。摩洛哥和干旱中亚的降水指数凸显出，随着北大西洋涛动首先变弱，然后变成强负，这片广大地区开始了气候转型（见图5.4）。最初，从14世纪60年代开始，摩洛哥的干旱缓解，中亚的湿度增加，这刺激了天山和青藏高原东北部的杜松的生长，也刺激了蒙古和西伯利亚落叶松的生长（见图5.1C）。[1]然后，从15世纪30年代开始，随着西风带进一步南移，中亚的湿度有些许降低，但摩洛哥的湿度有所上升。十五世纪四五十年代，北非的降雨量显著增加，欧洲西北部的降雨量减少，与此同时，冰岛低压和亚速尔高压之间的压力差变小，达到奥尔特极小期内的11世纪50年代以来从未经历过的水平上。在15世纪的其余时间里，盛行的正是这种改变了的压力模式。

到15世纪50年代，受显著减少的太阳辐照度影响，并受到复杂的海-气反馈机制的调整，中世纪气候异常期大气环流模式完全转变为小冰期模式。全球范围和半球范围的气温都显著下降。整个欧洲北部的夏季变冷，冬季极地高压的侵袭日益常见，使大西洋气旋的冬季路线向南穿越地中海和北非。所有地区的农业生产者不得不适应极大改变的生长条件，很多人放弃了贫瘠的土地。高地区域的生产者经历了农业种植海拔界限的显著下降，而洪水和上升的地下水位在环北海的河湾沼泽地带成了明显的难题。高劳动力成本加上低食品价格促使土质较差且排水不佳的土地从耕地变成牧场，继而导致乡村萎缩，甚至被废弃，同时，最贫瘠的土地被退耕还林。[2]

漫长和艰苦的冬季增加了储存粮食和圈养牲畜的费用，欧洲北部

---

[1] Sun and Liu (2012), 6 and 9 of 11.
[2] Broadberry and others (2015), 57–64.

的人发现，他们对燃料、食品和衣物的需求比此前 1 000 年的任何时候都要大。变冷的海水也导致有些鱼类迁徙到新海域：对鳕鱼而言，临界阈值是海面温度至少达到 2℃。[1]挪威人早已从格陵兰岛退出，但这块冰岛的母殖民地现在正在遭遇日益加剧的环境难题。上述变化更加深刻，因为与其势均力敌的是同时发生的北半球的气候转型，这对某些地区有利，对其他地区则不利。在中国和南亚大部分地区，未按季候如期而至的季风或势力要么过强要么过弱的季风或者引发洪涝，或者造成干旱，给以灌溉为基础的农业系统带来了灾难。对于改变的环境条件，水稻的集中种植表现出比欧洲北部混合农业更大的不适应性，欧洲北部的农业体系更加多样，土地利用更加粗放，有可供选择的作物和牲畜，并且耕地和牧场之间的边界不断变化。[2]

5.03　细菌的黄金时代？

5.03.1　气候和疾病

这个旷日持久且时断时续的气候变化阶段，再加上其暂停、逆转和突然加速的进程，使欧洲社会面临的挑战更加复杂，而这些挑战正是从 14 世纪开始的鼠疫与其他疾病的暴发和传播带来的。至关重要的是，随着沃尔夫极小期的开启而产生的生态压力似乎刺激了鼠疫的复活，使其在半干旱的亚洲内陆的疫源区从一种地方性兽疫进入动物流行病状态。[3]正是在这种气候异常的顶峰时期，当时的气候条件最不稳定，夏季气温和树木生长处于最低谷，鼠疫向西横扫亚欧大陆。当黑死病来袭，低气温和持续的潮湿天气使欧洲大部分地区出现歉收。[4]气

---

[1]　Grove (2004), 607.
[2]　Buckley and others (2010); Brook (2010), 72, 77, 97; Lieberman and Buckley (2012), 1073–1075.
[3]　Above, Sections 3.03.2.
[4]　Above, Figures 4.3 and 4.6.

候变化造成的生态压力重新引发了鼠疫，鼠疫接着扩大和改变了这种正在进行的气候转型对旧世界，尤其是对欧洲的人类社会的影响。尽管黑死病之后，人们的生活水平有所提高，但气候和疾病这两个系统既独立运转又联合起作用，造成了公共卫生的显著恶化。[1]

图5.5考察了欧洲5类主要树木年轮年表反映出的生长条件恶化与英格兰谷物收获的质量，以及与那些来自法国、低地国家、不列颠和爱尔兰的至少10部编年史记录的大瘟疫（诸如毕拉班所列举）之间的关系。正如我们将要观察到的那样，从黑死病开始，鼠疫更有可能在树木生长受到抑制和歉收期间或随后的年份暴发。在1346年至1475年，对1348—1350年、1360—1362年、1369年、1374年、1399—1401年、1438—1439年、1450—1452年、1454—1457年和1463—1475年的鼠疫而言，真实情况就是如此。事实上，这些鼠疫中的第一次和最后一次发生之时，正值欧洲和世界树木生长受到的负面压力极强之时，那时沃尔夫和史波勒极小期分别处于自己的峰值（见图5.1C）。 350

当然，糟糕的天气和歉收并不能保证鼠疫必然暴发，但很少有文献提及鼠疫与好天气和丰收有关联。1382—1383年（主要局限在法国和意大利）和1412年（极少出现在法国之外）暴发的那些鼠疫是仅有的两个例外（见图5.5）。它们与1399—1401年、1438—1439年、1457年和1464—1465年的鼠疫形成对比，而这些鼠疫显然与天气有关联。这些反复暴发的欧洲鼠疫起源于何处，仍存在争议。尽管施密德等人（2015年）已经指出，鼠疫耶尔森菌没有在欧洲建立天然的野生动物疫源区，但他们承认，鼠疫本可以持续作为一个背景疾病"在城市和乡村之间循环"，并"当它们的易感染人群从之前的鼠疫中恢复之时再次造访"，大概就是在有利的经济和生态条件成熟之时。此外，他们同意，黑家鼠可能"在那些有大量黑家鼠聚集的港口城市作为鼠疫的疫 351

---

[1]　Above, Section 4.04.

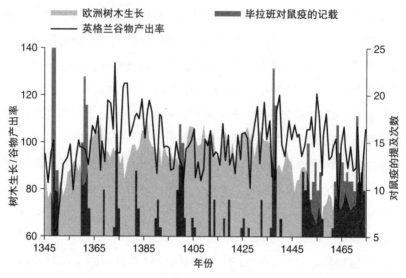

图5.5 欧洲北部的气候与疾病互动的证据，1345—1475年

资料来源与注释：欧洲5类主要树木年轮年表来自图5.1C，根据1250—1259年的数据进行指数化；英格兰每粒种子的毛产出率（小麦、大麦和燕麦），来自Campbell（2007），前25年平均数的百分比；法国、低地国家、英格兰和爱尔兰（最少5次）史料中对鼠疫的记载，来自Biraben（1975），363-374

源区发挥了重要作用"。[1]

在欧洲，记录在案的鼠疫数量增加与恶劣的生长条件和歉收之间存在明显的联系（见图5.5），其部分原因通常在于这样的事实，即病原体-宿主-病媒生物的相互关系对温度和湿度的差异很敏感，特别是跳蚤会在潮湿的条件下大量繁殖。此外，当时鼠疫跟现在一样，是穷人的疾病，当生态和经济压力迫使人类与鼠疫的啮齿动物宿主和病媒生物跳蚤更亲密地接触时，它就会暴发并加剧。这时候，它很可能与另一些因歉收导致的营养不良、过度拥挤和卫生不佳而肆虐的传染病共同起作用，尤其是鼠型斑疹伤寒，以及可能的瘟疫伤寒。因此，疾病在这些天气糟糕和物质短缺的年代给人类带来的结果是，人口意义与其经济影响不成比例。这很可能是当时气候变迁对于社会最大、最

---

[1] Schmid and others (2015), 3–4 of 6; Cummins and others (2013).

具隐蔽性的影响。气候、疾病和社会之间的这些复杂互动关系是大转型的一个关键特征。

5.03.2 人口下降趋势

如果黑死病是一次性事件，那么它带来的直接社会-生态影响就不可能持续超过一代或两代人的时间。相反，人口最可能以马尔萨斯曾设想的方式反弹，这是这次最严重的死亡危机的幸存者对鼠疫赋予他们的极大改善的经济机会做出的反应。相对于黑死病之后更多和更便宜的资本与土地而言，劳动力相对更稀缺、更昂贵，尽管有新劳动立法作梗，但劳动力的报酬更高（见图4.11和图4.14）。[1]鼠疫的暂时消失进一步促进了人口的迅速恢复，而在鼠疫第一次暴发中，鼠疫先后到来、杀戮和消失。[2]毕拉班收集了欧洲编年史中关于鼠疫的记录，发现在1353—1356年几乎是空白期（见图4.13）。随着危险明显消失，在第一次也是最致命的鼠疫中备受打击的幸存者开始重组他们的家庭。

不出所料，如此多的寡妇突然出现引发了结婚热。[3]在勃艮第日夫里，1336—1341年，每年有11—29场婚礼，1348年没有举办婚礼的记录，但第二年有86场，1350年有33场。[4]在英格兰南部温彻斯特主教的庄园，以及西米德兰兹黑尔斯欧文小修院院长的庄园，虽然人口基数大幅减少，但结婚许可费在鼠疫暴发之后立即翻倍。[5]在林肯郡的沼泽地区属于斯伯尔丁小修院的5个庄园，1350年的婚姻捐数额是鼠疫暴发之前每年平均数额的3倍。[6]人口减少了40%—50%，但结婚人数是之前的两三倍，至少在短期之内，结婚率急剧升高，尽管它没能被记录

352

[1] Clark (1988), 271–275; Clark (2010).
[2] Christakos and others (2007), 713–714, 716–717.
[3] Benedictow (2010), 268–271.
[4] Benedictow (2010), 271.
[5] 温彻斯特的婚姻许可费数据由科马克·奥·格拉达得自 Page (2001)；黑尔斯欧文的婚姻许可费数据来自 Razi (1980), 48, 133。
[6] Jones (1996), 466.

下来，但人人期望着出生率的上升会随后很快到来。

　　这种乐观的人口形势没有持续太久，因为在12年之内，第一次鼠疫之后的一系列后续瘟疫暴发席卷了欧洲，使许多黑死病之后出生的儿童成为主要受害者。每一波鼠疫都引起死亡率的骤升，这导致人口数量减少，而且，婴儿和儿童死亡率的升高使鼠疫抑制了人口自身繁殖的能力。因此，男性替代率下降，已经无法保障完整的代际更替率。[1]这种人口下降几乎在所有地方发生，至少持续了连续四代人，直到15世纪下半叶才终止，那时人口才开始适度恢复。有不少人推测，妇女可能会竞相争取获得新的挣工资的机会，并且晚婚，由此降低生育率，但很少有可靠证据支持这种看法。[2]从乡村到城市的移民也可能将人口从低死亡率地区重新分配到高死亡率地区，并改变了提供和接受移民的群体中的性别比例和年龄结构。以位于英格兰埃塞克斯的海伊斯特、大沃尔瑟姆、玛格丽特罗丁和查塔姆霍尔等庄园为例，正是从14世纪70年代开始，随着男性人口开始长达一个世纪的下降，这些庄园人口复苏的希望彻底破灭。[3]几乎各地的佃户数量都在萎缩，随着劳动力供给减少，日名义工资率再次上涨，到1375年，它们已经比黑死病之前的水平高出一倍多。[4]

　　黑死病之后，人们的饮食、衣装和住房条件逐渐改善，但这不足以抵消更漫长和更严酷的冬季、更冷的夏季和日益增加的疾病负担对健康的影响。[5]在新的疾病主导的人口环境中，英格兰国王的男性直属封臣的经历证实，甚至这个最为强势的社会-经济群体也丧失了维持代际更替的能力（见图5.6）。这个社会精英群体的男性替代率在黑死病之后的连续四代人中仍然为负值，再之后的一代则在正值和负值之间

[1]　Russell (1948), 216–218; Cohn (2002a), 192–203; Thrupp (1962), 191–206; Thrupp (1965); Hollingsworth (1969), 378–389.

[2]　Goldberg (1992); Bailey (1996); Hatcher (2003), 92–95; Humphries and Weisdorf (2015). 关于类似的鼠疫之后结婚率和生育率下降的例子是17世纪的克利顿，见 Wrigley (1966)。

[3]　Poos (1985).

[4]　Above, Figure 4.14.

[5]　Grove (1988); Campbell (2011a), 122–123, 152–156.

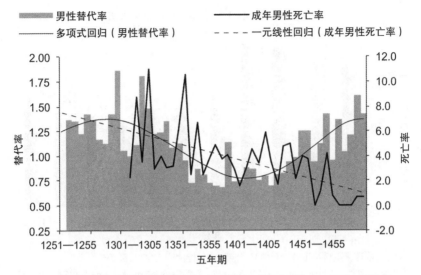

图5.6　五年期的成年男性替代率与英格兰直属封臣和债权人死亡率，1256—1500年

资料来源：Hollingsworth（1969），378–379; Nightingale（2005），53

摇摆。直到15世纪最后25年，儿子的数量才再次持续超过父亲的数量。大约同时，法定商人债权人的死亡率也降低了（见图5.6）。[1]在这 354 个长达一个世纪的负替代率时期，分别重建的关于英格兰、托斯卡纳和欧洲整体的人口趋势都呈现出大致相同的下降轨迹（见图5.7）。

　　英格兰人口的重新增长姗姗来迟之时，正是经济发展的西北部、西米德兰兹和西南部开启并引领了这个过程，这些地区的乡村人口健康状况非常好，且富有活力。[2]人口的恢复最初缓慢且时断时续，随后加速，直到16世纪第二个25年，人口进一步急剧增长，尽管鼠疫仍然时有发生，但已经丧失了打断这个进程的能力。16世纪末和17世纪初，鼠疫最终灭绝和消失，这主要是其自身的原因，它先后从爱尔兰、不列颠、欧洲西北部和欧洲南部退出，但在俄国和奥斯曼帝国徘徊了

---

[1]　死亡率从15世纪中期开始进一步下降的证据，见 Thrupp (1965), 114; Gottfried (1978), 204–213。

[2]　Broadberry and others (2015), 22–27.

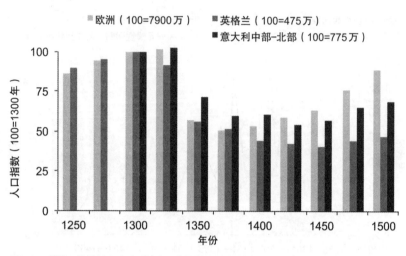

图5.7 欧洲、英格兰和意大利中部–北部的人口趋势，1250—1500年

资料来源：欧洲，McEvedy and Jones（1978），19；英格兰，Broadberry and others（2015），20，227–233；意大利（中部–北部），Malanima（no date）

更久。[1]最终，鼠疫耶尔森菌再一次被限制在位于亚洲西北和中部内陆的古老的地方性疫源区。在1300年左右的数十年，每当生态条件触发动物流行病再次升级为动物大流行病时，这种致命的后果就会在接下来的几个世纪时而重现。[2]

5.04 经济和商业萎缩

5.04.1 国民收入减少与相对要素和商品价格的变化

不管经济产出在黑死病之前是增加（西班牙）、波动（英格兰）还是下降（意大利），鼠疫对劳动力供给与对商品和服务的需求同时造成的冲击都会导致经济活动立刻持续收缩。14世纪40—70年代，西班

[1]   Alfani (2013).

[2]   Above, Figure 3.27; Schmid and others (2015).

牙、英格兰和意大利的实际 GDP（按当时价格计算）分别下降了 26%、35% 和 35%—40%；直到 1500 年，这三个国家的实际 GDP 仍然比黑死病暴发之前的水平低 15%—35%（见图 5.8A）。黑死病本身使意大利和英格兰的 GDP 分别下降了 1/5 和 1/3；随后一系列鼠疫造成的死亡率使 GDP 进一步下降，直到在 1374 年/1375 年鼠疫暴发之年达到最低水平。在意大利，GDP 再未下降到如此低的程度，但在英格兰，最低点直到 1441 年才到来，那时正值影响意大利和荷兰的严重短期衰退的顶峰时期，因为恶劣的天气抑制了谷物、羊毛和葡萄酒的产量（见图 5.8A）。[1] 每年 GDP 的增长率说明了主导 14 世纪第三个 25 年的经济颓势，以及随后在这个世纪最后 25 年气候温和时期出现的适度恢复，那时鼠疫的惩罚性影响也暂时失效（见图 5.2、图 5.5 和图 5.8B）。这就是危机之后马尔萨斯式经济复苏的种子，但它们没能发芽，而且在 15 世纪的头 10 年里，当歉收和鼠疫卷土重来（见图 5.5）、金银供应极度短缺（见图 5.11）之时，增长率再次变为负值。[2] 此后，直到 15 世纪最后 25 年，随着国民收入的上升和下降，GDP 增长率在正负之间波动，而国民收入在增加与减少之间摇摆，但没有展示出任何持续增长的趋势。鼠疫之后，一种新的经济平衡已经建立，据此只有小型的荷兰经济显示出逃出生天的迹象（见图 5.8A 和图 5.8B）。[3]

357

对土地、劳动和资本的相对价值的重大调整伴随着经济活动的衰退，因为劳动力更加稀缺，人均土地和资本更加充裕。学界已经对黑死病之后英格兰名义工资的上涨进行了研究，尽管有劳工法的大力约束，但男性工人充分利用他们改善了的谈判地位，使雇主们互相竞争。[4] 从 14 世纪 70 年代末开始，下降的食品价格使日实际工资率持续上升，以至于到 15 世纪 40 年代，建筑雇工和农业雇工的日工资购买力

---

[1] Hatcher (1996); Nightingale (1997).

[2] 关于金银的稀缺性，参见 Day (1987), 1–54; Spufford (1988), 339–362; Bolton (2012), 232–236。

[3] Bavel and Zanden (2004). 布拉班特公国和葡萄牙也可能是例外。

[4] Figure 4.14; above, Section 4.04; Farmer (1988), 483–490; Cohn (2007). 女性工人则不那么成功：Humphries and Weisdorf (2015).

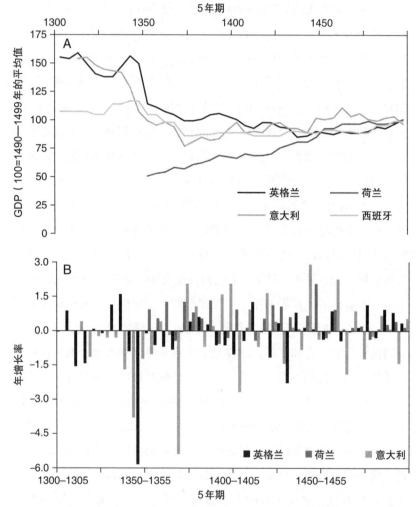

图 5.8A　意大利、西班牙、英格兰和荷兰以时价（100=1500 年）计算实际 GDP，1300—1500 年

图 5.8B　意大利、英格兰和荷兰的 5 年期 GDP 年增长率，1300—1500 年

资料来源与注释：意大利，Malanima（2011），205-209；西班牙，Leandro Prados de la Escosura；英格兰，Broadberry and others（2015），227-233；荷兰，Bas van Leeuwen；意大利、英格兰和荷兰 GDP 趋势做 3 年期双重平滑处理，西班牙 GDP 趋势为年代平均值

达到 14 世纪 40 年代的 2.5 倍（见图 5.10A）。此后，工资率围绕这种历史性的高水平波动，直到将近 15 世纪末，工资率才开始再次慢慢下降

（见图5.9A）。[1]在这段漫长的时期，工资谈判能力使雇工比雇主更有优势，尤其是在农业劳动力需求的高峰季节，特别是在夏末，那时的收获急需人手。此时零工的日工资远高于那些根据法令按年受雇的农业雇工，这一点最近得到证实，简·汉弗莱斯和雅各布·韦斯多夫发现，定期和非定期受雇的妇女工资之间存在明显差异。[2]

由于非技术工人比技术工人减少得更多，因此，以建筑雇工为例，非技术工人此时的工资是一个技术工匠工资的2/3，而非一半。[3]佛罗伦萨的建筑雇工获得了类似的工资增长，事实上，到15世纪20年代，他们的日实际工资率上涨，已经略高于他们在伦敦和牛津的同行的工资率。[4]确实，15世纪中期的几十年对整个欧洲的城市建筑雇工都是有利的，至少在4个世纪之后，大部分人才能得到如此高的工资（见图5.9A）。[5]在一个人口相对不足的时代，这些高工资率的维持得益于劳动力作为一种生产要素的回报增加，而又因雇工为了满足自己与家庭基本生活所需要工作的天数减少而得到加强。[6]因此，劳动力供给的萎缩比健全工人数量的萎缩更严重。[7]

同时，由于土地供给相对增加，其价值下降了。考虑到可用历史文献的特点，还很少有人对这种下降进行追溯研究，而且这项工作也不简单。[8]但克拉克收集了当前可见的此类关于英格兰、佛兰德斯、德国和意大利的农业回报率的可用数据，它们都显示出农业回报率大概下降了1/3，从14世纪上半叶的7.3%—12.9%下降到15世纪下半叶的5.4%—7.6%（见图5.9B）。[9]在德国，尤其是意大利，黑死病之后的农业回报率看起来出现了一次特别明显的下降。这在英格兰不甚明显，

359

[1] Clark (2007b); Munro (no date).
[2] Hatcher (2011); Humphries and Weisdorf (2015).
[3] Allen (2001); Munro (no date).
[4] Federico and Malanima (2004), 459–460.
[5] Allen (2001).
[6] Broadberry and others (2015), 260–265, 414–415.
[7] 关于人均劳动力供给变化对日实际工资率的影响，参见 Angeles (2008)。
[8] 关于这项工作取得了哪些成就的说明，见 Bailey (2014), 303。
[9] Clark (2005); also Clark (1988) and Clark (2010).

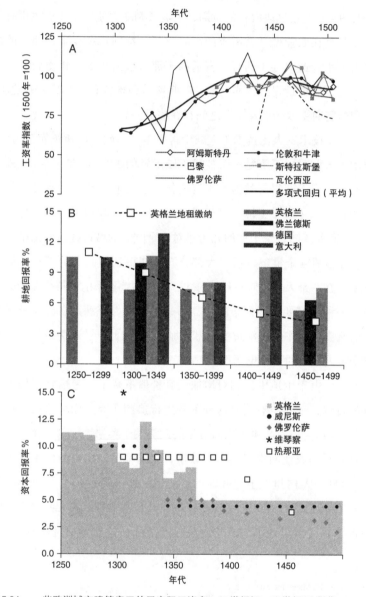

图5.9A 一些欧洲城市建筑雇工的日实际工资率，14世纪初—15世纪90年代

图5.9B 英格兰的地租与英格兰、佛兰德斯、德国和意大利的农业回报，1250—1299年
到1450—1499年

图5.9C 英格兰的资本回报与意大利城市共和国支付的公债名义利率，13世纪50年代
到15世纪90年代

资料来源与注释：（A）Allen（2001）；（B）Clark（2005），34–35；（C）Clark

尽管马克·贝里（Mark Bailey）已经确定，14世纪40—60年代，东米德兰兹和东盎格利亚6个庄园惯例土地的价值平均下降了35%。[1]对自由持有地和惯例持有地市场的研究也同样证明，土地的供给突然增加很多。[2]在黑死病之前单块土地交易已经趋于主导市场的地方，一个世纪之后，这些交易涉及的地块逐渐增加，而且往往是整块持有地。[3]由于土地市场与信贷市场联系紧密，土地市场性质的这种变化反映出资本价格的下降。

关于利率研究的开创性工作再次由克拉克开启，他绘制了一幅英格兰资本回报率明显下降的图示。该图显示，利率在14世纪的下降接近一半（见图5.9C）。[4]14世纪70年代，利率下降已成定势，这一趋势在中世纪剩余的时间里普遍存在。与这种趋势相似的是，意大利的佛罗伦萨、热那亚、威尼斯、维琴察长期公债支付的名义利率的下降，这体现在爱泼斯坦的研究中（见图5.9C）。[5]然而，14世纪初，热那亚和威尼斯两大共和国支付的利率分别为6%—12%和8%—12%，到15世纪中叶，这两个共和国的利率已经降低至4%—5%。[6]佛罗伦萨的利率再次下降了1/3，此时银行业已发展成熟，在这一背景下，利率在15世纪最后几年下降到不足3%。[7]这些资本价格的降低始于黑死病之前，并在其之后继续，直到一种新的更低的平衡从15世纪初开始建立。是什么导致了利率的下降仍然模糊不清，但受其影响，资本投资明显更便宜了。[8]在劳动力更加昂贵的时代，对节省劳动力的技术——纺纱轮、卧式织布机、漂洗和拉绒机、机械化熔炉、高炉、印刷机和三桅帆

360

---

[1] Bailey (2014), 303：下降幅度，从牛津郡的库克瑟姆庄园的契约地租下降15%，到萨福克郡的唐宁沃斯的惯例土地过户费减少53%不等。

[2] Howell (1983), 47–48; Campbell (1984); Yates (2013), 586–592.

[3] Campbell (1980), 188–191; Campbell (1981), 26–29; Yates (2003).

[4] Clark (1988); Clarke (2005).

[5] Epstein (2000a), 20. 关于利用中世纪文献对利率的计算，见 Bell and others (2009a)。

[6] Epstein (2000a), 20.

[7] Epstein (2000a), 19–20.

[8] Clark (2005), 1：（利率）下降的重要性鲜为人知，其原因是个谜，它与向效率持续提高的经济体系转变的关系是个未知数。

船——的投资提供了实实在在的回报。[1]严酷的冬季天气促使人们也需要增加对储存设施的投资，并为人类和宝贵的牲畜建造更好的屋棚。

这些相对要素价格的变化反过来又推动了相对商品价格的变化，而劳动密集型产品变得相对昂贵，土地密集型和资本密集型产品更为廉价。在一个基本上是人类使用手工工具的前机械化时代，那意味着，工业价格相对于农业价格趋于上涨。正如图5.10A显示的那样，英格兰的相对价格在黑死病之前就已经有利于制成品，那时这个国家的毛纺织工业开始复苏，而且从14世纪50年代开始，随着人口减少和日实际工资率提高，它们朝更加有利于工业生产的方向发展。不出意料，工业和农业价格之间的差距在15世纪40年代最大，当时人口水平最低，日实际工资率最高（见图5.10A）。两大产业之间贸易条件的转变产生了两种互相抵消的影响。一方面，它鼓励了食品消费的增加，尤其是那些土地密集型产品，特别是酿酒类谷物和所有牲畜产品。[2]另一方面，高产品价格推动了工业产出的扩大，以及劳动力从农业到工业的职业性流动。到1381年，15%的男性、28%的女性和英格兰全部劳动力的19%受雇于工业部门。[3]

362　　　在高工资成本时代，拥有相对廉价劳动力的工业地区享受着实实在在的比较优势。因此，制造业倾向于放弃昂贵且通常组织良好的城市劳动力市场，转而去使用相对廉价的乡村劳动力。这些乡村劳动力可以兼职工作，而且不用受到行会的控制。畜牧业、混合农业和森林地区特别易于利用这个变化，因为制造业中的兼职受雇与畜牧业和林地畜牧经济结合得特别好。[4]这些区域也提供了一系列有用的原材料，尤其是动物油脂、毛皮、树皮、木炭，以及常见的矿物质。由于距离驱动漂洗磨坊、拉绒磨坊、熔炉和火炉的水力资源近，这就赋予了这

---

[1]　Mokyr (1992), 34–35, 51–54.

[2]　Campbell (1997b); Broadberry and others (2015), 288–291.

[3]　Broadberry and others (2013), 17.

[4]　Thirsk (1961); Thirsk (1973); Birrell (1969).

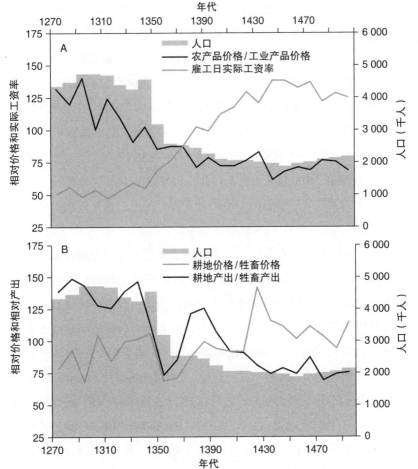

图5.10A 英格兰农产品和工业产品的相对价格，男性雇工日实际工资率指数和总人口，13世纪70年代到15世纪90年代

图5.10B 英格兰耕地价格与牲畜价格的比率，耕地产出与牲畜产出的比率，以及总人口，13世纪70年代到15世纪90年代

资料来源与注释：上述相对价格和相对产出，以及总人口，见 Broadberry and others（2015），189–194, 227–233, 由 Bas van Leeuwen 提供；工资率（建筑雇工和农业雇工叠加），Clark（2007b）and Munro（no date），使用的"一篮子消费品"来自 Munro（no date）。相对价格、相对产出和工资率分别根据各自的平均数进行了指数化，14世纪第一个十年到15世纪90年代

些丘陵占地面积大、最不适宜耕作的区域一种额外的地理优势，特别是研磨谷物对水力位置的优先需求减弱了。[1]这就解释了为什么在15世纪，服装制造业和金属制造业在乡村的许多地区生根发芽，而历史悠久的城市制造业则凋零并衰落。[2]纺织业在约克郡西雷丁的兴起及其在约克郡的衰亡，是这种趋势最著名的例子之一。[3]英格兰乡村毛纺织业在黑死病之后的兴起反映在原毛出口的逐渐萎缩，这个过程从14世纪50年代的年均31 500包减少到14世纪90年代的17 700包，再到15世纪50年代只有7 400包（见图5.12B），尽管当时由于羊毛管理上的改变和恶化的天气条件引起的羊毛产量下降，羊毛产量及其出口业正在被挤压。[4]

在占主导地位的农业部门，类似的变化发生在耕地和牲畜产品价格方面，由此实现了耕地和牲畜产品之间的平衡（见图5.10B）。紧随着黑死病暴发，更廉价的土地和更昂贵的劳动力日益将价格推向有利于畜牧用地和牲畜饲养的方向，因为其对劳动力的需求明显小于农业生产。14世纪50年代和60年代的歉收与这一趋势相反，但14世纪80年代和90年代的丰收加强了这一趋势。[5]相对价格有利于牲畜产品在15世纪20年代表现得最为明显，此后在15世纪的其余时间一直保持着这种有利状态（见图5.10B）。在这段漫长的时间里，需求萎缩、低物价和高工资成本抑制了农业生产。但在14世纪初，情况并非如此。那时，人口数量达到最大值，对谷物的需求空前高，耕地产出远远超出牲畜产出（见图5.10B）。[6]这种形势在14世纪40年代随着黑死病的暴发以及紧随它到来的歉收而急剧改变。[7]在接下来的乔叟极大期（见图5.1），丰收短暂地将平衡推回农业（见图5.5），直到从14世纪末开始，相对

363

---

[1] Baker (1973), 222, 225, 229–230.
[2] Baker (1973), 222–225, 228–229.
[3] Kermode (1998), 274–275, 316–318.
[4] Stephenson (1988), 377–380.
[5] Campbell (2011a), 142–151.
[6] Power and Campbell (1992); Campbell (2000), 94–101, 411–430.
[7] Campbell (2011a), 142–149; Figures 4.6 and 5.5.

价格和生产成本最终使畜牧业生产比谷物生产更有优势（见图5.10B）。这种生产上的转变，及其对土地使用的影响，再加上农业劳动生产率和饮食构成的改变，是大转型的又一个维度。

5.04.2　土地利用替代和乡村人口重组

在15世纪普遍存在的经济和环境条件之下，贫瘠土地退耕，并将最难耕种和土质最差的土地永久转变为牧场是有意义的。随着史波勒极小期的推进，夏季气温更低，冬季更寒冷，对许多农民来说，种牧草比种粮更划算，而且在高地地区，种植的海拔限制也降低了。[1]一旦土地退耕，林地通常会成为默认的土地利用方式，人们已经注意到了林地面积在瘟疫之后的扩大。[2]在耕地继续存在的地方，大多数农业定居点的规模萎缩，最难以为继的定居点往往只剩一个农场，尤其是当领主发现养羊的利润比佃户带来的利润更高时，就会驱逐剩下的佃户，用羊取代他们。[3]随着土地密集型农业体系的重要性增加，劳动密集型农业体系的重要性降低，大牧场经营的创建成为当时农业体系重组的一部分。[4]随着城市人口的减少及食品供给腹地的收缩，专业化、投资和创新的动机减弱，以至于低经济租金将大多数农业地区束缚在低收益率、土地密集型生产系统中。[5]

同时，农场和耕地也已发生影响深远的结构性改变，因为在人口普遍减少的情况下，死后和生前土地转让的累计影响是地块的合并和土地的独占。[6]这些接下来导致对此前公地的更多蚕食性围圈。[7]随着领主放松对土地的占有权控制，有些佃户一代代地、一整块一整块地增

364

[1]　Above, Section 5.3; Parry (1978); Malanima (2012), 98–99.

[2]　Figure 4.12; above, Section 4.03.4; Baillie (2006), 21–23; Büntgen and others (2013),1776.

[3]　Baker (1973), 207–217; Broadberry and others (2015), 57–61.

[4]　Campbell (2000), 430–436; Campbell and others (1996), 173–179.

[5]　Campbell and others (1996), 177–179.

[6]　Campbell (1980) 188–191; Campbell (1981), 5–15, 26–29; Whittle (2000), 108–110.

[7]　Baker (1973), 211–215.

加土地，最终成功地建立起约曼式的农场。[1]同时，农奴制衰落，农奴租佃变形为公簿持有地，不再带有奴役的痕迹，此前的自营地被转变为固定租期的契约持有地，为了从地租中获利的转租不再可行。[2]与此同时，生计压力减轻，迫切参与市场交换的需求减弱，为家庭消费而生产对许多人而言逐渐成为一种可行的选择。萎缩的货币存量也迫使乡村生产者转向非货币的交易方式，这限制了农业实现更充分的商业化。[3]

在英格兰，这些发展共同引起深刻的乡村人口的重新分布。那时，难以耕种的和贫瘠的土地退耕，佃户因畜牧业的扩张而流离失所，土地被剥夺，佃户独占土地降低了土地的利用效率，庄园以优厚的条件来吸引佃户，工业化的地区，通常是林地畜牧业和领主权较弱的地区实现了繁荣和发展。[4]英格兰重新调整的人口地理反映了乡村社会所做的累积性调整，乡村社会以其极大缩小的经济活动规模与改变的相对要素和商品价格适应了新的经济和环境现状。欧洲的乡村社会面临着相似的挑战，尽管其应对措施的具体特征是由占主导的财产权和领主与佃户力量的占有制平衡来塑造的。[5]

5.04.3 城市停滞和商业衰退

黑死病导致经济产出萎缩了25%—40%（见图5.8A），也使城市和商业部门出现产能过剩。在12世纪和13世纪商业革命期间如此乐观地建立起来的许多市场、集市和市镇遭遇了临界质量损失和功能降级。[6]随着经济衰退的加深，制造业放弃了在大城市选址，转而选择成本更低的小城镇和村庄，因此，许多城市的经济基础变弱，问题成倍增

365

---

[1] Whittle (2000), 167–177.
[2] Bailey (2014). 这些发展在 Campbell (2002a) 中得到了更为详细的评论。
[3] Britnell (1993a), 179–185.
[4] Darby and others (1979); Broadberry and others (2015), 22–27.
[5] 关于这些力量关系及其影响的大量讨论，见 Aston and Philpin (1985)。
[6] Britnell (1993a), 156–161, 169–171; Masschaele (1994); Bailey (2007), 265–268.

加。[1]市民看起来也比他们的乡村同胞更容易受致命疾病的感染，因此，只是通过人口流入，许多城市就成功地实现了人口替代。[2]1450年，大多数城镇的规模比1300年时的规模小得多，极少有例外。总体来看，欧洲城镇拥有的人口数量可能减少了300万。[3]即使是更高的人均消费，几乎所有城镇也都能够从更狭窄的腹地获得供给。

因此，城镇努力将自己的人口维持在欧洲总人口的10%—11%是一项巨大的成就。[4]除了低地国家和葡萄牙成功的海洋经济，城市化进程实际上已经停止了，可能德国南部也是一个例外，因为那里的有色金属开采和重组的跨阿尔卑斯山贸易路线是繁荣的基础。[5]由于在12世纪和13世纪商业革命盛期刺激城市化的强大的斯密型动力被剥夺，已经没有什么可以推动大规模的城市发展。相反，随着需求减弱、市场萎缩，在适者生存的大潮中，城镇之间互相竞争。那些能够努力获取新的商机的城市——米兰、安特卫普、日内瓦、纽伦堡和里斯本——表现良好，而且有所发展，但对大多数城市而言，"成功"意味着避免衰落。伦敦的表现比大多数其他领先的英格兰城市要好，刚好能维持自己的地位，但也只是通过在国内贸易和商业中占据更大份额而实现这一点（见图5.12B），这不利于曾经繁荣的区域中心，如约克。[6]但是，首都齐普赛街中心商业区房产的实际地租价值，在15世纪末略低于该世纪之初。[7]最成功的中世纪晚期英格兰城市总是很小，它们的活力归功于在当地及腹地制造业扩张的能力。[8]尽管如此，直到欧洲商业发展能够再次复苏，英格兰的城市作为一个整体，就像大多数其他欧洲国

366

[1] Hatcher (1996), 266–270; Kermode (1998), 261–275; Nightingale (2010); Phythian-Adams (2002).

[2] Kermode (1998), 73–74; Kermode (2000), 458–459; Kowaleski (2014), 583–597.

[3] Bairoch and others (1988, 259) 提出的城市化率被应用于 McEvedy and Jones (1978, 19) 对欧洲人口的估算。

[4] Bairoch and others (1988), 259.

[5] 关于迄今充满活力的意大利的情况，见 Epstein (2000a), 91–96; Malanima (2005)。关于德国南部的情况，见 Scott (2002), 58–65, 113–137。

[6] Nightingale (1996), 100–106; Nightingale (2010); Keene (2000a), 60–69, 79; Kermode (1998), 263–265, 274–275, 318–319.

[7] Keene (1985), 20.

[8] Britnell (1993a), 170–171; Yates (2007), 67–124.

家一样，还在原地踏步。[1]

　　在15世纪的大部分时间里，欧洲商业受到四种相辅相成力量的制约。第一，国内需求实际上是持平的。人均需求不高，人们可能生活得更好，但由于人口继续萎缩，这种状况至少持续到15世纪第三个25年，总需求也没有增加（见图5.7）。直到几乎15世纪末，意大利、西班牙和英格兰的GDP仍然趋向不明（见图5.8A）。较高的日实际工资率无疑有利于雇工满足自己的喜好，购买更加奢侈的一篮子消费品，只是一旦这些需求得到满足，雇工看起来倾向于减少工作和增加休闲，而不是更勤勉地工作和生产更多的产品。[2]他们提高的人均需求更加分散，而非集中，而且有利于乡村的食品、饮料、燃料、建筑材料、丝织品和皮革、金属制品和陶器生产者，而不是城市的服务和制造品的提供者，这就是为什么他们改善的生活水平并没有激起一次小规模由增长驱动的消费革命。第二，战争、抢劫，以及地中海劫掠奴隶的行径都已成为普遍现象，导致国际贸易的交易成本居高不下。[3]为了克服这些纷繁的威胁，威尼斯和热那亚海上贸易依赖全副武装的护航队伍，而在北方水域，汉萨同盟则向自己的成员提供保护。第三，穿越阿拉伯的东西商路已经收缩为单独的干线。对此，埃及的马穆鲁克王朝享有垄断控制权。在信仰基督教的威尼斯和信仰伊斯兰教的埃及之间达成了一种超越宗教的同盟，它保证了这条商路的开放，欧洲精英们由此获得了他们渴望的印度香料、东方丝绸和陶瓷，但对欧洲人而言，被抽取的通行税几乎是无法承担的成本，因为贸易更有利于穆斯林中间人，而欧洲再次发生的贸易逆差规模也是灾难性的。[4]第四，从14世纪末开始，所有的欧洲贸易都受到通货日益短缺的制约。[5]

367

---

[1]　Rigby (2010).

[2]　Broadberry and others (2015), 257–265.

[3]　Munro (1991), 120–130; Davis (2003), 23–48, 139–174, 转引自 Brooke (2014), 422。Epstein (2000a, 38–72) 对黑死病之后的那个世纪的需求、交易成本和贸易提出了一种更为乐观的评价。

[4]　Day (1987), 3–10.

[5]　Spufford (1988), 339–362. 货币主义者关于中世纪晚期英格兰经济的解释，见 Nightingale (1990); Bolton (2012), 263–267。

从与黎凡特的贸易启动开始，欧洲就处于一种严重逆差之中，而这种逆差贸易通常是通过大量硬币，尤其是银币支付来弥补的。[1]在12世纪和13世纪采银业的盛期，这并没有引起严重的金融问题，因为银贮藏量不断增加，但从14世纪第二个25年开始，随着银矿枯竭，欧洲的白银产量先是减少，然后实际上就停止了，情况发生了变化。[2]随后，银币磨损和无数人到圣地朝圣的开支加剧了这种频繁发生的贸易逆差的后果，而且逐渐耗尽了用于重铸的银贮藏量，迫使越来越多的欧洲铸币厂关闭。银荒是不可避免的结果。白银短缺使欧洲高度商业化和货币化的经济非常渴望硬通货，因为大量市场交易仍然依赖这些硬通货（见图5.11A和图5.11B）。这种问题在大约1390—1410年特别尖锐，而且在1435—1470年再次如此，并"在1457—1464年通货短缺最严重的7年间达到危机状态"。[3]土耳其人在1455—1460年占领了日益衰落的克罗地亚银矿，这使得情况更加糟糕。[4]商业受到了严重打击。[5]事实证明，通货短缺是"发明之母"，财政、金融和会计上的各种权宜之计都被用来缓解这种局面，并保证商业的车轮转动起来，尽管它们不可避免地转动较慢，摩擦较大。[6]在货币短缺最严重的经济中，这一点在用劳动、实物支付，以及以货易货的贸易中体现得最明显，不利于多边贸易的进行。[7]

大量的勘探并没有发现新的矿山资源，无可奈何之中，旧矿山被重新开发。尽管如此，在15世纪末，这种少量的新开采的白银很快被同时增长的人口吸收，以至于人均铸币产量实际上仍然保持不变（见图5.11）。[8]在这种一贫如洗的困难条件下，所有层面的贸易和商业——

[1] Day (1987), 3–10.
[2] Above, Section 2.05.2c; Spufford (1988), 348, 352, 380; Day (1987), 33–35.
[3] Spufford (1988), 361.
[4] Spufford (1988), 359–360.
[5] Hatcher (1996); Nightingale (1997).
[6] Day (1987), 24, 27–28, 44–45; Spufford (1988), 358; Nightingale (2004a); Bolton (2012), 280–295.
[7] Spufford (1988), 348; Day (1987), 82–89. 例如，爱尔兰乡村地区陷入无货币流通的地步：Cosgrove (1993), 425–426, 822–825。
[8] Spufford (1988), 358–359, 363–364; Bolton (2012), 244.

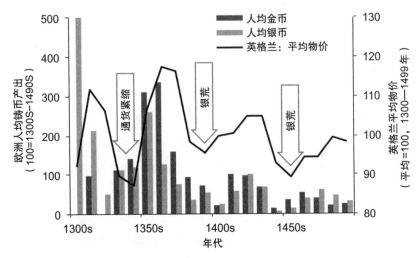

图5.11　欧洲人均铸币产量估算，14世纪初—15世纪90年代；英格兰平均物价水平（进行11年滑动平均处理），1300—1499年

资料来源与注释：（A）铸币量估算，Spufford（1988），419；人口估算（10年期人口数据插值），McEvedy and Jones（1978），19。（B）综合物价指数，见Broadberry and others（2015），189-194，由Bas van Leeuwen提供

从以货币支付的小额交易，到大城镇和城市繁荣所依赖的高价值海外贸易——都处于衰落之中，也就不足为奇了。在这种情况持续期间，缺乏足够的金银储备注定欧洲商业将陷入自我延续的停滞。发展最好的经济体，是那些能够在欧洲内部贸易中攫取更大份额，并维持正向的贸易平衡的经济体，如北方低地国家。从15世纪40年代开始，葡萄牙也通过引入来自非洲的外部金币供给从而打破了僵局。

　　在鼠疫流行的1347—1375年，这些问题很少出现，因为每一波死亡大潮实际上都有效提高了幸存者中的货币供给。事实上，鼠疫成了银矿繁荣的代理人。黑死病之后的人均银币产量在14世纪50年代达到了顶峰，人均金币产量高峰出现在14世纪60年代。此后，两种通货的产量迅速下降（见图5.11）。黑死病也引起物价的急剧上涨，在英格兰，由于收成不好，物价在1370年上涨到峰值（见图5.11）。受到物价上涨的刺激，贸易有所反弹。英格兰羊毛出口在14世纪50年代末达到峰值，直到14世纪70年代仍然保持较高水平。到那时为止，布料出口处于最后的强增长状态（见图5.12B）。这是英格兰北部城市贝弗利、赫尔和约克的繁荣时期。[1]同样，在地中海西部，马赛的港口货运在1360年仍然保持在黑死病之前的水平上，热那亚的贸易则在14世纪70年代初达到了顶峰（见图5.12A）。唯有在与君士坦丁堡隔着金角湾的佩拉，贸易在鼠疫之后出现衰落，而不是繁荣（见图5.12A），事实证明，这预示着一旦随黑死病而来的充足硬通货被用尽之后将会发生什么。到14世纪80年代晚期，英格兰和马赛的经济衰退非常明显，而热那亚与加泰罗尼亚、法国、佛兰德斯和英格兰的贸易正在快速衰落。商业低迷变得具有传染性，而且，随着贸易体量的萎缩和欧洲对外贸易地理圈变小，从前的主要转口港，如马赛，已经沦落为中等区域市场。[2]欧洲贸易的所有分支都在15世纪的通货短缺时（1410年）处于最低谷，直到1440年第二次通货短缺开始出现（见图5.11和图5.12A）时也没有得到多少改观。

　　这些困难由来已久。与东方贸易机会变少的问题开始于13世纪60年代，国际贸易交易成本的急剧上涨至少从13世纪90年代就开始了。即使是后瘟疫时代才浮现的一个制约因素——货币短缺，其根源也在于长期以来欧洲与亚洲之间长期存在的贸易不平衡和黑死病之前随货币储备枯竭而至的欧洲白银产量下降。然而，1347—1352年，由于欧洲人口崩溃和长期推迟的复苏，经济产出和市场需求收缩，致使长途贸易成本更高、更加艰险，通货储备进一步减少，以及贸易逆差的负面影响越来越严重。总体而言，这些约束阻挠了瘟疫之后刚刚开始的经济复苏，尽管制度和财产权仍然是有利的，但GDP依然难以实现持续和广泛的增长。它们构成了紧随14世纪中叶的关键发展而出现的新社会-生态活力的经济要素。此外，与14世纪的临界点本身同样引人注目的时期是15世纪中期的几十年，当时史波勒极小期表现得最为显著

---

[1]　Kermode (1998), 261–263, 268–269, 274.
[2]　Day (1987), 208.

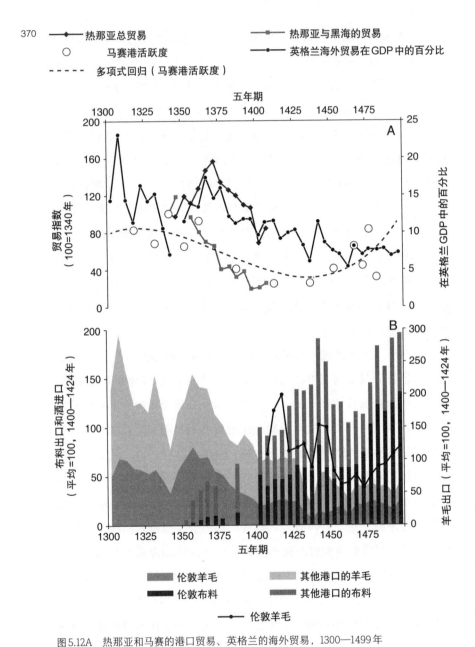

图 5.12A　热那亚和马赛的港口贸易、英格兰的海外贸易，1300—1499 年

图 5.12B　经伦敦和其他港口的英格兰羊毛和布料出口，1300—1499 年

资料来源与注释：（A）Day（1987），204 and 207，缺失年份数据插值补齐；对英格兰的估算是非常近似的数值，由 Bas van Leeuwen 计算并提供。（B）Mitchell（1988），358-359; James（1971），57-58

（见图5.1A），来自1458年左右库瓦火山大爆发的大气坠尘正在为世界所感知，环境不稳定性极大增加（见图5.2C），鼠疫和其他疾病的暴发被最广泛地记录下来（见图5.5）。[1]

5.04.4 15世纪中叶环境和经济的消极契合

正如图5.13A和图5.13B所显示，通货短缺、物价降低和海外贸易急剧萎缩恰好又遇上了北大西洋涛动急剧变弱所造成的生长条件恶化、夏季气温下降，正常天气模式错位，这使本已存在的经济困难极大复杂化。随着生态压力攀升，持续的疾病使欧洲人口遭受巨大损失。战争也是新的危险因子。1453年，君士坦丁堡最终落入奥斯曼人之手，他们由此攫取了对博斯普鲁斯海峡、黑海商业的控制，并获得了在巴尔干半岛和爱琴海打击威尼斯人的机会。到15世纪最后25年，地中海的整个东半部实际上都处于穆斯林控制之下，基督教商人被排除于所有直接参与印度洋贸易的可能之外。同一年，法国最终在其与英格兰旷日持久的战争中以胜利收尾。在对法国的战争失利后，英格兰的高级贵族选择在这个时刻进行残酷的王朝战争，这就是著名的"玫瑰战争"。在1461年棕枝主日的严酷冬季天气中，他们在约克郡的陶顿进行了最血腥的战斗。

从经济、政治、气候和流行病学角度而言，15世纪30年代到70年代是极端困难时期，那时发展停滞，欧洲社会的许多领域都在倒退。这是一种与1271年普遍存在的情况完全不同的态势，那时波罗家族的三位商人开始了难以想象的前往中国的探险。想要打破这个僵局，环境和生物方面的限制必须得到缓解，人口增长必须取代停滞和衰退，必须绕过或打破穆斯林对欧洲与东方贸易的压制，通货储藏必须重新充盈，尤其是日常货币贸易中使用的银币。16世纪，所有领域都取得

---

[1]　Figure 2.8; Gao and others (2009a); Bauch (2016); Frank Ludlow, 私人交流。

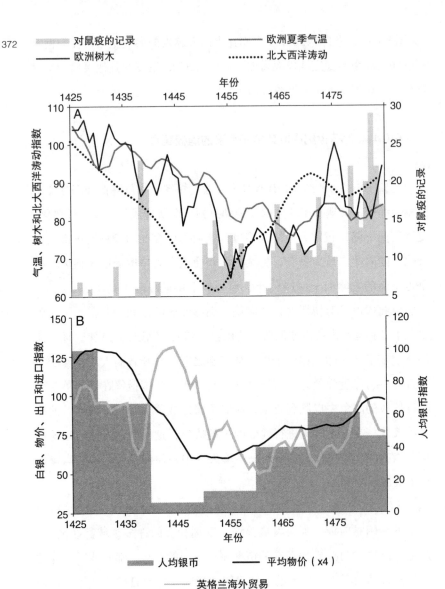

图 5.13A　环境，15 世纪 30 年代到 70 年代

图 5.13B　经济的同频共振，15 世纪 30 年代到 70 年代

资料来源与注释：（A）图 5.1A 和图 5.1C，图 5.2A 和图 5.2B，以及 5.05 部分，北大西洋涛动、夏季气温、树木生长根据 15 世纪 20 年代的数据重新指数化。（B）人均银币数量来自图 5.11，农业和工业产品价格（进行 5 年滑动平均处理，根据 15 世纪 20 年代数据指数化，并扩大到 4 倍），见 Broadberry and others（2015），189–194，由 Bas van Leeuwen 提供；英格兰海外贸易数据（进行 3 年滑动平均处理，根据 15 世纪 20 年代数据指数化）、羊毛和布料的出口数据来自图 5.12B，非甜酒的进口数据来自 James（1971），58

了进步，并掀起了新一波制度和技术创新，这在15世纪末已经有迹可循，其征兆是太阳辐照度逐步增加，火山喷发对环境的压力进一步减少，气候条件同步舒缓，增长的人口逐渐适应了鼠疫，葡萄牙人和其他水手对大西洋的探险日益成功。这些令人激动的景象显示，在大转型带来的巨大变化的社会-生态条件下，新时期的发展即将开始。

5.05　困境中的繁荣？

　　尽管存在不利于人口、经济的再扩张和增长的负面因素，而且有明确的证据表明，新的疾病环境中死亡率增加、预期寿命缩短，但我们有充分的理由认为，在黑死病之后，许多欧洲人的生活至少在物质层面好转了。由于需要吃饭、穿衣和住房的人更少，人均土地资源更多，更充足和多样的饮食与改善的穿衣和住房标准的前景是真实存在的。非自愿失去土地、半失业或失业现象几乎一夜之间被消除，空房屋等待入住，租金下降，过度拥挤不再是乡村和城市穷人无法逃避的生存环境。穷困和流民并未消失，但遭受此种命运的家庭的比例显著降低，结果，基督教慈善获得更进一步发展。例如，在英格兰，生活在贫困线以下和无力购买维持体面生活的一篮子消费品的家庭从1290年的40%减少到1381年的不足20%。当时，这个比例意味着可能不超过总人口的1/7。[1]

　　随着贫困人群规模的缩小，贫困问题变得更加可控，因此社会能更好地创立制度，并采取相应措施缓解贫困。[2]这时是劳动力短缺，而不是工作机会的供给短缺，劳动力的价值提高，那些收入不高的人因此获益，尽管统治精英们试图对工资强加限制，但劳工还是获得了更高的报酬，至少在英格兰，通过受雇于工业部门来增加家庭收入的可

---

[1]　Broadberry and others (2015), 314–321, 421.

[2]　McIntosh (2012), 37–112.

能性是存在的。在欧洲各地的城市，建筑雇工的日工资率直到19世纪末才超越15世纪中叶的水平，因此，人们很容易将黑死病之后的大约一个世纪视为打工者的"黄金时代"，那时普通雇工的生活比之前或之后数个世纪都要好，而且收入有望逐年提高。正如艾伦所说，更贵的劳动力可能也为劳动节约型技术和人力资本构成的投资提供了一种动力。在数个世纪之后，这种投资使北海南部区域的高工资经济在工业革命中见了成效。[1]

当然，现有的日实际工资率数据提供了令人信服的证据，它们表明，在黑死病之后，日工资率（如果不一定是年收入）得到了极大提高。菲尔普斯·布朗和霍普金斯的开拓性研究早就告知我们英格兰中世纪晚期的工资率所达到的这些峰值，但在意大利、西班牙、荷兰和欧洲的数个城市中确定相似的趋势，还是相对晚近的事情（见图5.14A）。[2]不可避免的是，日实际工资率与生活标准日益趋同，尽管它们衡量的是工资率，而非收入水平，而且它们也不考虑雇工从事有偿劳动实际工作的天数。实际上，那时的劳动相当乏味，如大部分建筑工作，较高的工资率会明显激励雇工缩短工作时间，享受更多的休闲。[3]同样，在一个受技术变化影响不大的工作中，支付给按工作量受雇的男性雇工群体的日工资率提供了一个人均GDP的估值，以及因此得出的经济增长的代用标准，但这个标准并不完美，因为日工资率无法涵盖发生在经济其他方面的变化，也可能无法反映出劳动总天数和劳动力价格相对于其他必要投入要素的价格的差异，以及人均产出的变化。[4]日实际工资率明确揭示的一件事是，雇工是否得到了更好的报酬。

图5.14A显示了英格兰、西班牙和意大利的日实际工资率从14世

---

[1]　Allen (2001); Allen (2009).
[2]　Phelps Brown and Hopkins (1956) 的工作的基础是 Rogers (1866—1902) and Beveridge (1939).
[3]　Blanchard (1994), 19–22; Allen and Weisdorf (2011).
[4]　Broadberry and others (2015), 247–278.

纪初开始的变化趋势，以及荷兰最早的工资数据，即从15世纪20年代开始的阿姆斯特丹建筑雇工的工资。值得注意的是，黑死病之后，英格兰和意大利的日实际工资率几乎立即上升，在城市化程度更高的意大利，对建筑雇工需求的恢复比英格兰乡村地区更强劲。14世纪70年代中期的鼠疫暴发之后，意大利的需求有所回落，之后才从其缩减的基数上恢复过来，但英格兰的需求继续增加。到15世纪30年代，当日实际工资率在上述两个国家分别接近黑死病之后的峰值时，建筑雇工的工资是14世纪初相同工作工资的两倍多。英格兰的工人看起来获益更大，到15世纪中期，阿姆斯特丹建筑雇工的工资率也接近英格兰的同行。英格兰农业雇工获得了大致相同幅度的收益。[1]技术性工匠的报酬也更高，但在同种工作中，他们与非技术工人工资率之间的差距已经变小，因为技术溢价萎缩了。[2]如果他们工作的时间足够长，在这种提高了的工资率下，两类工人的生活水准应当能够得到极大改善。但也有许多重要的例外，比如西班牙建筑雇工的例子所显示的那样。

　　在第一次鼠疫之后，西班牙对建筑雇工的需求明显下降，建筑雇工的日工资率在14世纪的其余时间里仍然很低（见图5.14A）。直到15世纪初，西班牙的日实际工资率才恢复到黑死病之前的水平，此后在15世纪20年代上升至一个适度的峰值，仅仅比14世纪40年代的水平高12.5%，那时西班牙人口缺少的边疆经济已经处于赶超状态。[3]曾经有假设认为，黑死病之后，欧洲较大城市、城市化的意大利和人口众多但依然主要还是乡村的英格兰的男性工人所获得的日实际工资率上的收益必然代表着其他所有地方的工人工资率，但上述证据提醒我们，要对这个假设保持谨慎。[4]它也证实，所有已经获得的收益到15世纪20年代很大程度上稳固下来（见图5.14A）。此后，西班牙和意大利的日

[1]　Campbell (2013c), 172–174.

[2]　Allen (2001).

[3]　Álvarez-Nogal and Prados de la Escosura (2013), 2–3. 关于黑死病之前葡萄牙较高的日实际工资率，见 Henriques (2015), 160–161。

[4]　关于英格兰妇女在黑死病之后获得的收益更少的论述，见 Humphries and Weisdorf (2015)。

375

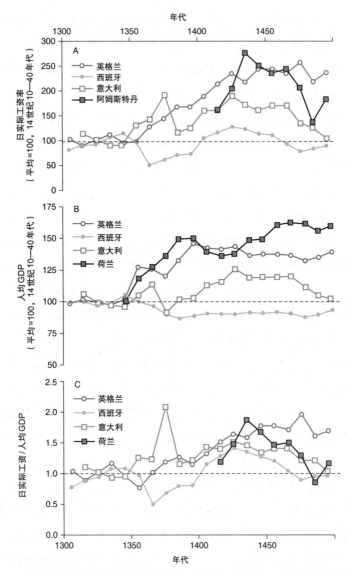

图 5.14A　男性建筑雇工日实际工资率指数：英格兰、西班牙、意大利和阿姆斯特丹，14世纪初—15世纪90年代

图 5.14B　人均GDP指数：英格兰、西班牙、意大利和荷兰，1300—1500年

图 5.14C　日实际工资除以人均GDP：英格兰、西班牙、意大利和荷兰（所有数据都以14世纪10—40年代数据为基础进行指数化），1300—1500年

资料来源与注释：英格兰，Munro（no date）；Broadberry and others（2015），227-233。西班牙，数据由 Leandro Prados de la Escosura 提供。意大利，Malanima（2008），31-35；Malanima（2011），205-209。荷兰，数据由 Bas van Leeuwen 提供

实际工资率再次慢慢下降，但英格兰和阿姆斯特丹工资率持续上升了 20年，到15世纪40年代达到峰值。在15世纪剩余的时间里，英格兰 的工资率一直在这个高水平上波动，与西班牙、意大利和阿姆斯特丹 从15世纪70年代开始趋于下降的工资率形成对比。在上述四个经济体 中，约1420年之前相对繁荣的就业形势与15世纪其余时间，尤其是15 世纪第三个25年间普遍存在的较低迷的形势形成鲜明对比，因为在后 一个时期，通货最匮乏，贸易最萧条，市场需求最小（见图5.13和图 5.14A）。

人均GDP的重建（见图5.14B和表5.1）进一步证实和完善了这个 图景。第一，在意大利、英格兰，可能也包括荷兰，黑死病之后人均 GDP的实际增长仅仅是同时发生的日实际工资率增长的一半。第二， 黑死病之后到来的强劲经济增长在英格兰和荷兰几乎只持续了一代人， 但在意大利，经历了14世纪50年代和60年代的一个错误开头之后， 到15世纪20年代，这一势头基本耗尽力量。因此，经济增长在日实际 工资率停止提高之前的某个时间就已经停止（见图5.14A和图5.14B）。 第三，在西班牙，人均GDP实际上在黑死病之后下降了，直到中世纪 结束仍然低于其黑死病之前的水平。阿尔维斯·诺加尔和莱安德罗·普 拉多斯·德·拉·埃斯科苏拉指出，这是因为，人口水平下降到足以维 持既定商业关系和相应生产力水平的临界值以下，因此，生活水平就 下降了。[1]第四，上述四个国家的共同特征是，一旦黑死病之后转型的 经济形势的初步调整完成，需求萎缩、商业和贸易萧条、通货短缺的 影响显现，停滞状态就开始普遍存在。欧洲无疑拥有发展的制度性和 技术性前提条件，但增长的动力不足。实际上，黑死病已经解决了一 个棘手的问题——乡村和城市拥塞——但又引起了另一个，即需求不 足，然后这个问题又因货币持续流向东方、海外市场逐渐丧失，以及 看起来永久性的交易成本提高而加剧。

---

[1] Day (1987, 207–208)认为,加泰罗尼亚"从1380年到1490年整个时期"的特征是"一次经济衰退"。

378 表5.1 欧洲（和东亚）部分国家与基准日期的人均GDP和城市化率，1300—1500年

	1300	1340	1400	1450	1500
（A）人均GDP（1990年国际美元）					
南部低地国家					约$1 600
荷兰		$876	$1 245	$1 432	$1 483
意大利	$1 482	$1 376	$1 601	$1 668	$1 403
德国					$1 385
法国			$1 300		$1 244
葡萄牙				约$1 125	
英格兰	$755	$777	$1 090	$1 055	$1 114
西班牙	$957	$1 030	$885	$889	$889
中国			$960	$983	$1 127
日本				$554	
（B）城市化率（%）					
比利时	22.4			33.5	
尼德兰	13.8		21.7	25.6	29.5
意大利	21.4	*17.7	17.6	17.0	21.0
葡萄牙	9.5			14.7	
德国	7.9		11.1		8.2
法国	8.0		10.8		8.8
英格兰	4.4		5.7		4.6
西班牙	8.8		7.8		约8.0

注释：表 5.1B 的城市化率是按照现代国家 / 特定地区来计算的
资料来源：（A）南部低地国家，Buyst（2011）；葡萄牙，Palma and Reis（2014）；所有其他国家，Broadberry and others（2015），375：数据是 10 年平均值，开始于上述年份（在意大利是1310年）。（B）城市化率，意大利（*=1350）Malanima（2005），108；西班牙: Álvarez-Nogal and Prados de la Escosura（2013），14；比利时、尼德兰、葡萄牙、德国、法国和英国：Bairoch and others（1988），259

　　因此，这些对人均GDP的估算揭示了黑死病之后三种不同的发展轨迹：在人口稀疏、收复失地之后的西班牙是衰退，在地中海意大利则是繁荣的恢复，在北海南部的英格兰和荷兰经济体中则是生产力水平的逐步升高。西班牙的人均GDP已经从黑死病前夕的 1 000 多美元（1990年国际美元）下降到整个15世纪的900美元以下（见表5.1）。英格兰和荷兰都已经超越西班牙，在经过50年的高速发展之后，这些国家的人均GDP获得极大提高，分别达到1 090美元和1 245美元。尽管如此，它们仍然远远落后于意大利（中北部），虽然意大利曾在黑死病之前经历过严重的经济困难。意大利最终重获此前的繁荣，几乎直到

379

15世纪末，意大利都可以被称为欧洲最富裕的国家，其人均GDP超过1 600美元，并在15世纪20年代、40年代末和60年代初达到了惊人的2 000美元。[1]然而，到1500年，意大利的经济命运再一次走向衰落，其人均GDP和城市化率分别开始了长期下降的趋势。北部低地国家表现出自身的超强活力，尤其是荷兰稳稳地走上了发展之路，这条路将使它成为16世纪末世界上最富有的国家。[2]

在11世纪商业革命前夕，欧洲没有一个国家像宋朝那样发达，而且一个比一个贫困。即使在蒙古人南下之后，元朝最发达的地区可能仍然领先于它们的欧洲对手。然而，到大转型的末期，英格兰、低地国家、法国、德国和意大利的人均GDP都与明朝不相上下，欧洲最富裕和城市化程度最高的地区——低地国家的北部和南部与意大利中北部——的人均GDP堪比远东最发达的地区，特别是中国的长江三角洲地区。[3]此外，欧洲最富裕地区的财富是同时代日本的三倍。[4]在欧洲主要经济体曾停滞不前的领域，远东经济已经走向衰退，以至于到15世纪末，中国东部和西欧之间可能曾经出现的经济上的"大分流"实际上已经消失了（见表5.1）。[5]

请注意，日实际工资率数据显示，黑死病之后生活水平的改善比同时发生的人均GDP的改善更大、更持久（见图5.14A和图5.14B）。图5.14C绘制的比率，是用日实际工资率趋势指数除以人均GDP指数得到的。比值高（低）于1显示，日实际工资率比人均GDP高（低）。在黑死病肆虐前后一代人的时间里，在上述四个国家，这个比率开始稳步朝有利于日实际工资率的方向运动，并在十五世纪二三十年代达到1.4（西班牙）和1.9（荷兰）的峰值，此后，到1500年又退回到1，除了英格兰是个明显例外。这些分流反映出，劳动力作为一种生产要

380

---

[1]　Malanima (2011), 205–209.

[2]　Malanima (2011); Zanden and Leeuwen (2012); Campbell (2013c), 191.

[3]　有理由认为长江三角洲地区的人均GDP几乎高于中国平均值1 127美元的50%，达到了1 700美元：Broadberry and others (2015), 386。

[4]　Broadberry and others (2015), 375, 384–387.

[5]　Pomeranz (2000).

素的回报率上的变化，单个工人向市场提供的劳动力的变化，以及主要消费品相对价格的变化。[1]

黑死病之后，相对要素价值朝有利于劳动力的方向改变，并提高了劳动力的市场价格，这一点已经得到了证实（见图5.9）。接下来，高工资率意味着体力工人花更少的时间工作，就可以满足他们的生活需要。工人们从市场上撤回的劳动越多，对工资率施加的上升压力就越大，以至于日实际工资率和人均GDP的趋势日益分化。实际上，一旦他们获得了满足生计所需的东西，工人们就会趋向于享受更多的休闲，而不是消费商品（尽管由于劳动力需求疲软，许多人可能别无选择）。这是在100年的大部分时间里，市场总需求顽固地拒绝扩张的另一个原因。

上述对英格兰、意大利、荷兰，甚至西班牙工人每年工作天数减少的推断与艾伦和韦斯多夫关于英格兰城市和乡村工人为了向自己的家庭提供"体面的一篮子消费品"每年需要工作天数的分析是一致的（见图5.15A）。[2]到15世纪中叶，当日实际工资率处于峰值之时，艾伦和韦斯多夫估算，每周只需劳动3天就足以向工人提供令人满意的生活水平。[3]正如他们指出的那样，这给了体力工人享受更多休闲的选择，或者更勤勉地工作，以得到更多的消费品。[4]另外，他们建议，农业雇工更可能趋于享受休闲，城市和工业工人更可能选择勤勉工作。因此，基于这种理由，在农业主导的英格兰，城市化率似乎没有相应地提高也就不足为奇了。[5]里格利曾说，更高的实际收入通常会产生更高的城市化率，上述研究发现与这句名言相反。这个时期，日实际工资率升

---

[1] Angeles (2008); Broadberry and others (2015), 260—265.

[2] "体面的一篮子消费品"见 Appendix 3.1, Table 3.4。

[3] Blanchard (1994, 17) 计算，佃农家庭每年进行 125—135 天的农业劳动，"留给自己 130—140 天的休闲时间……不用再进行农业活动"。

[4] Allen and Weisdorf (2011). 休闲时间包括教会规定的接近 100 天的圣日，大众用于娱乐的时间最多达到 140 天：Blanchard (1994), 19—23。关于普通人可以廉价或免费利用的一系列休闲时间，见 Reeves (1995)。

[5] Rigby (2010, 411)："1524 年，居住在首都之外城市中的人口比例，最多不会超过 1377 年的比例，甚至可能会略低。"Rigby（私人交流）指出，将伦敦纳税人估算在内，英格兰的城市化率在 1524 年与 1377 年是相同的。

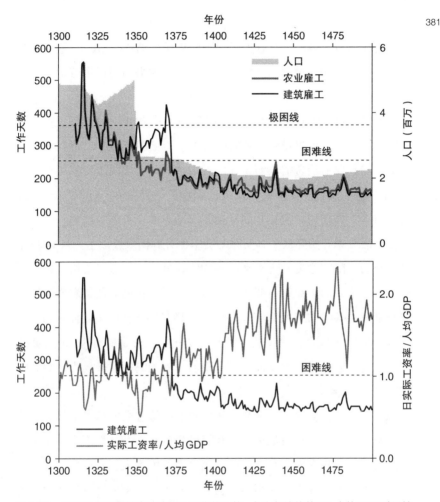

图 5.15A　英格兰雇工维持生计所需要工作的天数，与之相比较的是 B 人均 GDP 对男性建筑雇工日实际工资率的比值，1300—1499 年

资料来源：工作天数的数据，由 Jacob Weisdorf（Allen and Weisdorf, 2011）提供；建筑雇工的实际工资率数据，Munro（no date）；人均 GDP 数据，Broadberry and others（2015），227-233

高并不必然转化为城市居民比例增加，而且，从表 5.1B 中总结的各国城市化水平估算来判断，这一情况看起来已经在整个欧洲得到了不同

程度的重复。[1]但在日实际工资率和人均GDP的分歧幅度中出现了差异，这在英格兰最大，在意大利大于西班牙（见图5.14C）。这可能是因为在之前劳动力过剩的英格兰，工资上涨的潜力超过了劳动力早已短缺的西班牙。

将艾伦和韦斯多夫的工作天数指数与人均GDP对日实际工资率的比例进行比较，可以看出清晰的反向关系（见图5.15B）。雇工们为了满足他们想要的消费需求而工作的天数越少，日实际工资率相对于人均GDP的上涨就越高。两张图表的关键改变发生在14世纪70年代，随着四次大瘟疫的后遗症开始显现，劳动力的议价能力增强，物价下跌，生活成本开始降低，日实际工资率上升到困难线以上。从1400年左右开始，随着瘟疫卷土重来，通货短缺进一步压低了价格，这两种衡量标准之间的差距明显变大了。显然，正是在商业萧条和通货短缺的15世纪中期，雇工可以仅工作三天就赚足够的钱购买"体面的一篮子消费品"，日实际工资率相对于人均GDP的比值是最高的。这种繁荣是由与现代经济增长相反的方式实现的，因为它源于劳动力短缺和价格紧缩的结合。

在英格兰，从食品、服饰、住房和宗教等方面的基本生活必需品的人均消费增长中获益最多的是乡村生产者和工匠，而不是城市工匠和商人。这体现在农产品结构的变化之中，因为人们对面包谷物（小麦和黑麦）的需求大于对粥类谷物（燕麦）的需求，对酿造谷物（大麦）的需求多于对粮食的需求，对奶制品和肉的需求高于对粮食的需求，因而生产者对上述需求做出反应（见表5.2）。慢慢地，消费者想要的是精制小麦面包，而不是粗糙而便宜的黑麦和混合谷物面包；想要的是用最好的大麦芽而不是燕麦芽酿制的啤酒；想要的是牛肉而不是熏猪肉。他们的能量消耗攀升，而且降低的食品提取率证实，这些

---

[1]　Wrigley (1985), 683; Bairoch and others (1988), 259：德国、比利时、西班牙、法国、意大利、瑞士、奥地利、匈牙利和捷克、巴尔干半岛、俄罗斯欧洲部分的城市化率在1500年都低于1400年，而罗马尼亚保持不变。

表5.2　英格兰农业中谷物和牲畜产品的人均产量，同一基准年份的千卡/日消费估算，1300—1450年

	人均产量估算（100=1300年）						
年份	小麦（蒲式耳）	黑麦等（蒲式耳）	大麦（蒲式耳）	燕麦（蒲式耳）	豆类（蒲式耳）	牛奶（加仑）	肉（磅）
1300	100	100	100	96	100	100	100
1350	105	83	134	82	121	173	175
1400	113	78	192	83	157	190	170
1450	92	118	162	107	143	206	206

	人均千卡/日消费估算				
	谷物	食品提取率	畜牧产品	其他	总计
1300	1 625	54	131	300	2 056
1400	1 896	49	211	200	2 307
1450	1 712	48	264	200	2 176

资料来源：Broadberry and others（2015），98, 112, 227-333, 289

能量的消费方式变得加工更精细。

在15世纪，乡村居民比以前任何时候都更加尽情地吃喝玩乐，从而为磨坊主、面包师、酒店老板和酿酒师创造了工作。在一个死亡随时会突如其来的年代，大多数人严肃地对待自己的信仰，并在教堂建设和私人供养方面投资巨大。随着气候变冷，他们穿得更暖和，重建了自己的房屋和农场设施。少数人努力工作，积累土地、财富和物质财产，并雇用家内和农场仆人。然而，由于他们的需求是分散的而不是集中的，因此，这些需求提供的斯密型收益很少。这些收益来自大型和正在扩张的城市中心产生的专业化，及其对土地使用和经济租金高度差异化影响。[1] 相反，正是制衣业和金属制造业转移到低成本的乡村地区，才为未来的经济增长埋下了种子，也正是从这一时期开始，英格兰经济不再完全依赖初级生产。[2]

---

[1]　关于伦敦和剑桥的比较性影响，见 Campbell and others (1993); Lee (2003)。

[2]　Broadberry and others (2013).

384　　　城市化程度更高的意大利仍然明显比英格兰更加富裕。15世纪上半叶，正值意大利日实际工资率和人均GDP都处于顶峰之时，表面上看来是其经济和艺术上的黄金时代（见图5.14A和图5.14B）。[1]然而，意大利的这种盛世不是源于增长，而是源于在国民收入萎缩时期人口的差异性减少。结果，这个国家的城市化水平越来越低，而不是越来越高（见表5.1B）。在缺乏自然增长的情况下，由此获得的人均收益足以抵消意大利海外贸易和商业萎缩造成的损失。热那亚人与黑海、加泰罗尼亚和欧洲北部的贸易已经急剧衰落，威尼斯实际上单独控制着利润丰厚但税收沉重的印度香料贸易，商人们比以前更加不愿承担风险，因此，地方贸易圈现在是大多数商业活动的支柱，而且由于有需求的人口减少，市场也就不那么集中了。[2]在没有重振商业扩张的情况下，意大利人口在15世纪最后几十年的恢复增长对日实际工资率和人均GDP施加了非常负面的压力，而这个国家的城市化率继续着它不可逆转的下降趋势。[3]在意大利的案例中，黑死病之后的意外经济收益缺乏持久性，一旦造就这种收益的人口优势消失，收益也就不复存在了。

　　　北部低地国家做得更好，到1500年，它们很可能已经超越意大利，成为欧洲最富裕和城市化程度最高的地区（见表5.1）。那时，金融和商业领导权已经从港口淤塞的布鲁日转移到布拉班特公国的安特卫普，其充满生机的经济一直以来都处于欧洲前列。[4]在临近的荷兰，进步也很明显。[5]最初，在黑死病之后，荷兰人均GDP的趋势与英格兰很像，二者的差别是荷兰更富裕一些。在衰退年代，这个省的狭小面积成了一种优势：它拥有大约20万人口（而英格兰在1377年有250万人口），它的国民收入因此差不多是英格兰的1/10。它拥有优越的通航水

385　道和运河网，拥有丰富的可用作燃料的泥煤与制造砖瓦的黏土，而且，

---

[1]　布鲁内莱斯基、多纳泰罗和马萨乔在15世纪20年代都很活跃，皮耶罗·德拉·弗朗西斯卡还处于艺术学徒的初期。

[2]　Day (1987), 204–206; Kedar (1976); Bateman (2011), 464.

[3]　Malanima (2011); Campbell (2013c), 186.

[4]　Day (1987), 211–212; Bolton and Bruscoli (2008); Limberger (2008), 1–3, 215–219.

[5]　Bavel and Zanden (2004).

在战略位置上，它也得益于已建立的北海和波罗的海海上贸易，以及北大西洋渔业和贸易开放的新机会。不过对它不利的情况是，14世纪末和15世纪初泥煤减少和水位上升是一种环境上的大倒退，这迫使人口从那里转移，农民被迫将耕地变为牧场，将投资转向渔业和船运，而且滋生了对进口谷物供给的依赖。[1]面对这些环境挑战，荷兰的人均GDP在1390—1430年下降，到这一时期，它多少与英格兰处于同一水平线（见图5.14B）。

然后，从15世纪30年代开始，几乎其他所有地方的增长都停止之时，荷兰经济似乎已经进入新的增长阶段，并开始将邻国甩在身后（见图5.14B）。从这个时期开始，船运、渔业、乳业、酿酒业、纺织制造业、砖瓦制造和泥煤挖掘的经济重要性都在增加。通过与汉萨同盟竞争，并将自己的活动扩展到波罗的海，荷兰商人成功地在欧洲北部的海上贸易中攫取了更大份额。由于受到有利的市场制度、明确的财产权，以及来自乡村和北海沿岸其他地方移民的支持，荷兰的城市蓬勃发展，到1500年，它的城市化率已经接近30%（见表5.1B）。与此同时，人均GDP已经恢复且增长到1 480美元。人口也在稳步增加，城市化水平提高，商业正在扩张，经济结构改变，技术不断进步，这就是真正的基于扩展的增长，与同样充满活力的邻国布拉班特一样，这在那时的欧洲如凤毛麟角。它为荷兰经济在接下来那个世纪的腾飞打下了基础。[2]

另一个城市化积极发展的国家是葡萄牙（见图5.1）。1415年，它刚刚从卡斯蒂利亚独立，而且也比卡斯蒂利亚更富裕，加上更加有经验的热那亚人的支持，它就位列当时海上探险的前沿，南下非洲海岸，向西南则是大西洋。[3]到15世纪40年代，它已经绕过了撒哈拉的商路，直接从西非进口黄金和象牙，从15世纪50年代开始，它新建立的马德

[1] Bavel and Zanden (2004).
[2] Zanden and Leeuwen (2012).
[3] Phillips (1988), 239–241; Fernández-Armesto (1987), 198–200, 217.

拉种植园正在积极地向以安特卫普为首的整个欧洲市场供应糖。[1]在这些已取得的成功的鼓励下，15世纪80年代，在国家的支持下，葡萄牙水手做出了更加坚决的努力，他们发现了绕过非洲直接进入印度洋的航路，由此打破了威尼斯和埃及对印度香料贸易的垄断。相比于原有的以地中海为中心的意大利和西班牙经济圈，葡萄牙的贸易圈就像荷兰一样正在扩大，其结果是，葡萄牙在15世纪末肯定比在15世纪初更加繁荣，可能也更加富有。[2]

5.06　大转型的结束：从仰望东方到转向西方

在大转型之前的漫长繁荣期内，以朝圣和十字军东征为代表的基督教传播使西方人的目光投向东方，而想要得到东方香料、丝绸和陶瓷的商业愿望有力地强化了西方人对东方的向往。意大利商人带头发展了这种远距离的奢侈品贸易，他们通过向黎凡特提供廉价、轻便、彩色的北欧布料，以及通过运输和出售有利可图的所有其他东西，包括马穆鲁克用于军事所需的资料，一定程度上实现了贸易平衡。他们用来扭转逆差的方式是出口金锭、硬币和银盘等贵金属。[3]因为只要欧洲的银矿开采业持续繁荣，这种奢侈品的长途贸易就是增长之源。随着复杂的多边贸易模式不断演变，欧洲商业圈持续拓展和深化，向纺织品制造商和加工者提供原材料，以维持白银的开采、冶炼和铸造，并将进口奢侈品分配给渴望得到它们的封建领主和商业精英。欧洲西部的大型国内和国际集市依靠这种商业而繁荣起来，这也推动了较大港口城市和制造业中心的发展，并将经济产量提升到新的水平之上。[4]

类似的发展也发生在亚洲的丝绸、陶瓷和香料生产地。[5]与欧洲一

---

[1]　Spufford (1988), 369; Butel (1999), 36–39.
[2]　Fernández-Armesto (1987), 217.
[3]　Day (1987), 58–63; Munro (1991), 110–121.
[4]　Above, Sections 2.04.3 and 2.05.3.
[5]　Lieberman (2009), 548–558; Lieberman and Buckley (2012), 1056–1068; Tana (2014), 328–330.

样，它们得益于相对稳定的气候系统，这种系统源自较高的太阳辐照度，以及看起来相对温和的流行病环境。[1]正如阿布-卢格霍德证实的那样，到13世纪中叶，一个相互联系的亚欧贸易系统已经发展起来，它 387 将远东的生产者与拉丁西方（Latin West）的生产者联系起来。[2]奢侈品朝一个方向流动，白银和黄金朝另一个方向流动，所有这些都由一大群代理商、经销商、船运商、商队和承运人来操作。当这些跨大陆的贸易流动仍然畅通无阻，欧洲银矿的产量超过了磨损数量、朝圣者的支出和金银出口总和之时，那些参与这些贸易的人的好日子是有保证的。[3]不幸的是，从13世纪60年代开始，这种情况逐渐停止了。

在大转型的开始阶段，当占主导地位的大气环流模式开始不稳定、牛瘟可能从西亚传播到欧洲时，这些既定的贸易联系破裂并失效，欧洲人试图维持曾经有利可图的与东方的贸易事业变得日益困难、限制条件增多且成本高昂。[4]从13世纪50年代到14世纪40年代，中东的军事、政治和宗教版图被重新绘制。在这个过程中，连接波斯湾与地中海和黑海的商路，以及穿越亚欧内陆的商路，实际上一条接一条地被关闭了。[5]最终，这使泛亚欧商业依赖稀稀拉拉的内陆贸易和更大的海上贸易陆上通道仍然经波斯的大不里士抵达黑海沿岸的特拉布宗，海上通道则经开罗、红海和印度洋抵达地中海边的亚历山大港。[6]曾经多条贸易路线相互之间竞争，现在实际上处于埃及人垄断之中。埃及苏丹因此坚持认为，意大利海上共和国应为享有与他做生意的特权支付高额费用。印度香料仍然被运抵欧洲市场，但成本极大增加，同时还得不顾教皇的反对。

使问题更为复杂的是，以1291年阿卡陷落为标志的十字军国家的最终失败已经使纺织商丧失了利润丰厚的黎凡特市场，由此极大地加

---

[1]　Lieberman (2009), 552–556; above, Sections 2.02 and 4.03.

[2]　Abu-Lughod (1989), 352–356.

[3]　Day (1987), 4–10, 60–62, 213.

[4]　Above, Sections 3.01.1 and 3.03.1.

[5]　Above, Section 3.01.

[6]　Abu-Lughod (1989), 360.

剧了香料贸易的单边性。[1]这种贸易的付款，当时主要由威尼斯人来处理，这给快速减少的欧洲贵金属储藏施加了更大的压力。直到14世纪20年代，欧洲的白银产量一直与欧洲内外的需求持平。此后，随着现有矿藏被开采殆尽，以及并未勘探到新矿源，供应随后枯竭，与东方的经常性贸易逆差耗尽欧洲货币化和商业化经济依赖的金银，就只是388　时间问题了。[2]因此，到14世纪中期，印度香料正快速变成欧洲很难买得起的奢侈品。

　　正是在这个时间点上，黑死病来袭，进一步破坏了已经处于恶化之中的社会–生态现状。黑死病的突然到来标志着短暂而剧烈的大转型第二阶段的开始。在经济上，由于短期内人均货币供给的增加（见图5.11），人口的大量损失将正在临近的金融和商业危机推迟了一代人的时间，并给欧洲人口更多、商业化程度更高的地区和国家带去了短暂的繁荣。然而，海外市场的丢失、白银产量萎缩和与亚洲的持续的贸易逆差所带来的问题再次出现只是时间问题。在人口灾难之后，没有出现任何一种新的增长动力或通货来源可以挽救这种局面并将欧洲带出这种致命困境，结果，到14世纪末，瘟疫之后短暂的经济发展潮在很大程度上消失了（见图5.14B）。诚然，欧洲许多打工者的生活变得更好（见图5.14A），但在市场扩大和需求增长之前，斯密型增长被重新激活并实现人均产出收益进一步增加的前景渺茫。

　　经济复苏的障碍来自四个方面。第一，一系列军事、政治和宗教形势的逆转抑制了支撑12世纪和13世纪商业革命中伟大的东方事业。[3]第二，从14世纪90年代，尤其是15世纪20年代开始，恶化的气候条件和再次暴发的疾病扼杀了人口立即恢复的任何前景（见图5.1、图5.2和图5.5）。[4]第三，持续的货币净损失使欧洲陷入了经常性通货短缺

---

[1]　Munro (1991), 121–124.
[2]　Above, Section 2.05.2c; Day (1987), 58–60.
[3]　Above, Sections 3.01 and 4.01.
[4]　Above, Section 4.04.

的状态，并迫使铸币厂关闭，以及使日常商业交易所需的货币出现不足。[1]第四，鉴于气候变化、生态失衡、王朝更替和人口减少等综合原因，中国和东南亚的经济产出和长期建立的商业圈也陷入了困境。[2]

对个别欧洲经济体而言，在这些恶劣条件下的成功有赖于维持一种积极的贸易平衡、最大化利用国内市场、发展最大限度减少协作失效的机构和保持交易成本下降、合理使用土地、将制造业转移到生产成本更低的地区、采用劳动节约型技术、在欧洲寻找亚洲原材料和奢侈品的替代品、设计有效的金融方法应对硬通货短缺，并在萎缩的商业体量中以牺牲他国利益为代价攫取更大份额使自己获利。[3]探险提供了另一个摆脱这种经济困境的可能。探险的风险和成本很高，但如果找到新的通货来源，为欧洲出口提供新的市场，并发现到达东方的路线，而不用忍受穆斯林中间商来敲竹杠，那么收益将会翻许多倍。所有这些都是艰难的选择，因此，持续的经济进步被证明是例外，而非常态，这一点都不奇怪。

在大转型的第三个也是最后一个阶段，伴随史波勒极小期而来的不利气候及与其相联系的流行病，任何阻碍东方事业复苏的障碍都变得难以被克服。事实证明，人口枯竭、陷于内部分裂和冲突缠身的衰弱的欧洲，无力阻止小亚细亚半岛上奥斯曼势力的增强，更无法抵挡奥斯曼势力跨越博斯普鲁斯海峡延伸到巴尔干半岛并导致1453年拜占庭帝国的最终失败和君士坦丁堡的陷落。自此，奥斯曼和马穆鲁克权力集团有效控制了所有的陆上和海上路线，而在商业革命的盛期，这些路线向欧洲提供了直接接触东方商业的渠道。基督教商人渴望与穆斯林控制的爱琴海和地中海东部的港口开展贸易，但他们别无选择，只能以可谈判的最好条件从奥斯曼土耳其和埃及苏丹那里寻求妥协。

389

---

[1]　Day (1987), 11–48, 58–60; Spufford (1988), 339–362; Bolton (2012), 270–272.

[2]　Abu-Lughod (1989), 361：极为重要的是"西方兴起"之前"东方衰落"的事实。Lieberman (2009), 556–558, 724–733, 793–797; Brook (2010), 50–73; Lieberman and Buckley (2012), 1068–1078.

[3]　Epstein (2000a), 52–72.

奥斯曼对博斯普鲁斯海峡的控制实际上将黑海移出了意大利人的商业圈，并对热那亚人和威尼斯人在米蒂利尼岛、希俄斯岛、克里特岛、塞浦路斯岛的殖民地构成了威胁，使意大利人的商业陷入停滞。让事情更复杂的是，塞尔维亚和波斯尼亚的主要银矿在1455年和1460年落入奥斯曼人之手，这使威尼斯丧失了两个最重要的剩余银币提供地。[1] 奥斯曼人的这些胜利的后续影响是，通货短缺再次束缚了欧洲的商业和贸易，各级商业活动都衰落了（见图5.13）。[2]人口数量尚未恢复实际上是一种幸运，因为那会将本已萎缩的货币供应置于更大的压力之下。

　　在这些困难时期，威尼斯维持了自己的繁荣，其方式是保持它已经与埃及达成的对印度香料贸易的垄断权。因此，它成了主要的中转商，由此金银被吸出欧洲经济。[3]耗费巨大的勘探并没有发现新的重要矿源，欧洲仍然缺少可供出口的商品和海外市场以弥补香料贸易中的重大损失。在这些困难之外，低温、恶劣天气和牲畜疾病共同抑制了农业产量，它们延缓了葡萄收获，降低了谷物和羊毛产出率，并杀死了牲畜和家禽。[4]它们也扰乱了贸易流动，增加了旅行的风险。面对这些困难，英格兰的海外贸易衰落到最低谷（见图5.12A）。随着北大西洋涛动急剧减弱，深冬的寒潮侵入欧洲北部，大西洋西风带的轨迹转向南方，为欧洲南部和北非带来了更多的降雨（见图5.2和图5.4）。在这些不正常的气候条件下，在热那亚人的帮助下，葡萄牙水手的航行开始向更远的地方探险，南下西非海岸寻找传说中黄金遍地的马里帝国。到15世纪40年代，他们已经到达今天的毛里塔尼亚、塞内加尔、冈比亚和几内亚。1443年，在与意大利的直接竞争中，他们第一次将非洲的黄金和象牙通过海运载回里斯本。[5]

　　由于东进事业受阻，欧洲的海洋国家抓住了其他方向上存在的可

---

[1]　Spufford (1988), 342, 349–352, 359–360.

[2]　Spufford (1988), 357–362.

[3]　Day (1987), 8–9; Spufford (1988), 350–353.

[4]　Stephenson (1988); Chuine and others (2005); Campbell (2011a), 152–156.

[5]　Fernández-Armesto (1987), 140–148, 192–194; Spufford (1988), 369.

能性。值得注意的是，第一次有据可循的通过绕过非洲航行抵达印度的尝试是由热那亚的维瓦尔第兄弟在1291年进行的，正好是阿卡陷落那一年。[1]他们离开了地中海，乘坐两艘给养充足的帆船向南航行至大西洋，再也没返航。自1277年以来，热那亚人一直定期远航去往布鲁日，这已成为他们的常规活动，由此热那亚人拥有富有挑战的大西洋航行的第一手经验。他们继续率先制造全帆装的三桅高舷武装大船，与那些严重依靠人力的帆船相比，这种船对于船员来说更经济，更容易护卫，并且能够装载更多的货物，航行更远的距离。上桅帆和前桅的添置增加了船只航行范围，三角帆的加入使船只能够更近风航行。这些就是巴托洛缪·迪亚士、瓦斯科·达·伽马、克里斯托弗·哥伦布和亚美利哥·维斯普奇将在他们史诗般的航行中使用的航行工具。[2]随着帆船设计的改善、航行经验的积累，来自欧洲大西洋沿岸的水手和渔夫更加有信心应对海洋上难以对付的大风、潮汐和洋流，并在海洋上进行更远的探险。

391

数个世纪以来，冰岛，有时是格陵兰岛，已经成为北海沿岸商人和渔夫的目的地；此后，从14世纪末开始，大西洋渔业的重要性增加，其代价是北海渔业的重要性降低，这吸引了巴斯克人、布列塔尼人、英格兰西南部的渔民和荷兰捕鲸者。[3]人们关于大西洋可利用海洋能源储备的知识日渐积累，从15世纪中叶开始，大浅滩的丰富鱼类资源区被发现只是时间问题。同时，人们对分散又遥远的大西洋岛屿的兴趣日渐增加，不论是已知的还是谣传的，关于这个看似无边的海洋的尽头可能在哪里的猜想也在不断萌生。尽管如此，大多数探险的主要方向集中在南方。从14世纪末开始，那里的"幸运群岛"是伊比利亚半岛人的兴趣所在。[4]到1415年，加那利群岛已经被西班牙探索并吞并；

[1]　Fernández-Armesto (1987), 152; Phillips (1988), 102, 252; Abu-Lughod (1989), 121–122, 188–189.
[2]　Unger (1980), 201–250; Phillips (1988), 230.
[3]　Childs (1995); Butel (1999), 57–58; Kowaleski (2000), 27–28.
[4]　Fernández-Armesto (1987), 171–192.

1420年，葡萄牙宣称对荒芜的马德拉群岛的宗主权，不久之后又重新发现并吞并了亚速尔群岛。[1]

到此时，有见识的欧洲人认识到，如果他们想要重新与东方建立联系，获得印度香料和其他外来奢侈品货物，就得开发一条比通过威尼斯－埃及的垄断路线更为廉价的途径，他们必须与马可·波罗200年前走的方向背道而驰。最有希望的选择看起来在于向南环非洲或向西环地球航行。这场探险的关键主角是与葡萄牙人联合的热那亚人，尽管最终热那亚人克里斯托弗·哥伦布是挂着西班牙旗帜进行远航的，而且，是英格兰人支持了威尼斯人乔瓦尼·卡博托（又名约翰·卡伯特）。当那些著名的突破性发现最终到来之时，他们很快做到了这一点。1488—1499年，巴托洛缪·迪亚士绕过了好望角，瓦斯科·达·伽马由海上到达印度，克里斯托弗·哥伦布、乔瓦尼·卡博托和亚美利哥·维斯普奇踏上了西印度、北美洲和巴西的陆地。他们史诗般的航行源于复杂的动力，而动力之源是14世纪和15世纪的商业和经济倒退与大转型的逆转。事实证明，在这些发展中，热那亚人的事业从地中海东部转向地中海西部及以外地区至关重要。[2]

15世纪90年代，欧洲人终于重新获得了他们在14世纪40年代失去了的与东方贸易的直接通道。他们还意外得到了美洲的矿产资源，而那时，他们对美洲还一无所知。在50年内，欧洲的商业孤立宣告结束，金银稀缺的状态得以逆转。大约同时，由于一些仍待合理解释的原因，制约欧洲人口恢复的流行病最终缓解，因此，从1500年左右开始，尽管鼠疫和其他疾病仍在暴发，但人口最终在几乎所有地区都再次增长。人口的增长应该也受益于史波勒极小期最冷阶段的结束，太阳辐照度再次增加。[3]大转型结束了，一个新的增长驱动的社会－生态体

---

[1]　Phillips (1988), 229–230.

[2]　Fernández-Armesto (1987), 96–120, 206–207, 219–220; Abu-Lughod (1989), 362–363; Butel (1999), 34–36.

[3]　Figure 2.8.

系最终得以确立。随着势头的增强，一个新的文化、商业和经济繁荣阶段开启了。

尽管如此，在欧洲范围内，一个惊人的命运逆转已经发生，欧洲扩张下一阶段的领衔者并非长期商业化的意大利，因为它已经丧失了早期的比较优势，也不是新近殖民的葡萄牙和重新统一的西班牙帝国，而是富有创业精神和商业意识的北部低地国家。当葡萄牙和西班牙在海外取得突破性发现时，布拉班特和荷兰已经位于上升的轨道之上，它们也拥有了发展良好的船运和金融部门，因此，这两个地区很快抓住了商业主动权，并利用了这些新机会。[1]安特卫普是那个时代城市成功发展的典范，荷兰城市也快速跟进。16世纪，荷兰成为欧洲发展最快的经济体，到16世纪末，几乎可以肯定，荷兰是世界上最富裕的地区，它既领先于意大利（中北部），很可能也领先于中国长江诸省份（见表5.1）。[2]它也超过了近邻英格兰，英格兰巨大的发展机会直到两个世纪之后才会到来。[3]

但是，14世纪和15世纪，英格兰为其未来的繁荣打下了制度、农业和工业基础。黑死病减轻了它沉重的贫困人口负担，并打开了结构性经济变迁的大门，从而有利于其建立经济优势。慢慢地，在选择性关税的保护之下，英格兰开始利用其在混合农业、纺织制造业、采矿和金属加工方面的潜在比较优势，英格兰商人开始在本国商业中发挥更大的影响。[4]当有利的人口增长在16世纪恢复之时，英格兰由此保持了其黑死病之后意外获得的生产率上的收益，尽管其代价是大多数家庭必须更加勤勉地工作。至关重要的是，不像大多数其他欧洲经济体，与13世纪的形势形成直接对比的是，英格兰的工业和服务业部门的扩张吸收了大部分增长的人口，结果人均GDP稳步增长，农业劳动生产

393

---

[1] Bavel and Zanden (2004); Zanden and Leeuwen (2012).
[2] Campbell (2013c), 179–180, 189–192; Broadberry and others (2015), 374–387.
[3] Broadberry and others (2015), 208–212, 395–397.
[4] Broadberry and others (2013).

率上升。英格兰也成功地走上更加有活力的人口和经济轨道，实现了大转型。

对整个西欧而言，大转型的基本影响是商业活动的一次深刻重新调整、比较优势的重新界定，以及人口和经济活力的选择性恢复。然而，如果不提及全球气候重组带来的物理、生态和生物压力，那些发生在马可·波罗造访中国和两个世纪之后瓦斯科·达·伽马航行到印度之间的意义更为深远的变化和命运逆转就是无法解释的。事实上，中世纪晚期欧洲人口的命运与东边在6 000多千米以外的半干旱和人口稀疏的中亚内陆所发生的环境变化是紧密联系在一起的，因为如果没有生态变化所引发的黑死病的暴发，社会-生态趋势无疑会走向不同的轨道。在这种情况下，微观尺度的发展产生了宏观层面上的结果。

大转型的开启是发生于13世纪60—70年代的环境、生态、生物、政治、商业和经济过程中的半自动变化，那时中世纪气候异常期走向结束，沃尔夫极小期开始。一个体系性变化的临界点随后在14世纪40年代到来，当时环境和社会事件的完美风暴促成了既定水平人口和经济活动的内爆。危机之后最初的马尔萨斯式恢复被一系列重复暴发的瘟疫抵消，第一次发生在1360—1363年。到14世纪90年代，已没有回头路可走，因为人口和经济产出在持续下降，黑死病之后的经济增长机遇消失。史波勒极小期的开始加强了这种下行的趋势，这一趋势最终在15世纪第三个25年触底。当时，气温已经下降很多，小冰期的大气环流模式稳步上升，瘟疫和一系列未确诊的疾病再次出现，人口数量处于最低值，货币供给枯竭，经济增长实际上已经停滞，欧洲西部在商业上日益孤立。这就是15世纪末下一阶段的扩张和繁荣将要启动的基线，那时欧洲最有进取心的海上国家和地区首先重新定义世界，然后开始走向统治世界之路。正是在此时，欧洲实现了它在13世纪时还明显不具有的商业霸权。[1]就这个重要的方面而言，大转型是大分流的前兆。

---

[1]　Abu-Lughod (1989).

结语：理论、偶然、契合与大转型

新古典经济学、马克思主义理论和新制度经济学都已经被用来深入考察大转型的不同层面。[1]每一种理论都有强有力的倡导者，而他们与对方理论阵营的论争有时也异常激烈。[2]不过，对这样一个持续时间长、地理覆盖面积广的完整社会-生态转型而言，还没有一种理论能成功地提供令人满意的历史性解释。尤其是，泛大陆的饥荒、畜疫和鼠疫等主要环境灾难，并不符合马尔萨斯"穷则死"理论（Malthusian positive checks）的简单分类，而且也不可能完美地符合这样的解释，即将因果关系置于通常带有地域特殊性的人类发展过程和关系的首位。[3]大转型的规模之大，需要超越国家历史书写层面的分析。这也不是走向另一个极端，将气候和疾病等环境代表因素视为决定性力量，这样做并不会更令人满意。比如章典等人宣称"工业革命之前欧洲和北半球大规模人类危机的终极原因是气候变化，直接原因是气候驱动的经济下滑"，明显没有正确对待人类行为和互动的复杂性，更不用说生态因素的能动性了。[4]在14世纪40年代的大规模人类危机中，气候对社会的影响是通过生态、疾病、微生物和人类行为的许多方面的干预影响来调节的（见图1.2）。从本书的第3部分和第4部分可以明显看出，在充分考虑到现有的科学和历史证据的情况下，解释这些互动远非易事。历史学者敏锐地觉察到，"细节决定成败"，因此，他们要做

---

[1]　关于完整的评论见 Hatcher and Bailey (2001)。
[2]　例如，Aston and Philpin (1985)。
[3]　Hoffmann (2014), 342–351.
[4]　Zhang and others (2011), 17296.

的是摒弃强调一种因素或某种关系模式更处于主导地位的那些主张。

396 　　当然，在人类和环境因素之间建立两分法，视前者为历史学家关注的问题，而后者只不过是"人类事件的背景，对人类历史事件只有微不足道的甚至没有任何实际影响"，也是错误的。[1]这包括将人类行为视为"内因"，因此需要进行理解和解释，将环境变量视为"外因"，因此不值得考察，或将其置于"天意所为"的不可抗力的位置上。[2]要想正确认识复杂的过去，以及人们生活、劳作和再生产的自然世界的活力，有必要理解气候与社会、生态与生物、微生物与人类是如何在独立行动又互相联系中塑造历史进程的（见图1.2）。[3]这样一种整体方法必然要建立一个多层次的叙事模式，打破了传统的时间与空间的历史界限。[4]大转型发生于整个旧世界，并强化了发生在新世界的相似变化。随着大转型的展开、互动与回馈，不论是环境的还是人类的，都发生在一系列嵌套的时空范围内——从短期到长期，从微观到宏观——正如在当前的社会-生态体系，变化以复杂的方式接连发生（其本身以一种动态的平衡状态示人）。这样一种偶然而无序发展的连续过程不是任何简单的因果法则所能概括的。它提醒我们，大转型中每一部分的每一阶段都是唯一的，因此，结果很少是预先确定的，而且总是趋向于不可预测。[5]

　　重大事件，诸如1257/1258年指数为7级的萨马拉斯火山爆发被认为是全新世规模最大的一次火山爆发，它并不一定对环境和人类产生相应的实质性和持久的影响。[6]相反，鼠疫的一系列转型突破中亚半干旱地带的疫源区，并一改地方性兽疫的休眠状态，变成毁灭性的人类大流行，传遍旧世界的大部分地区，这经典地诠释了那些看起来微小

---

[1]　Hoffmann (2014), 6.
[2]　但 Harvey (1991, 2–3) 认为，"确定外来因素与其他因素关系的重要性是历史学家面临的最重要任务"。
[3]　Hoffmann (2014), 7–11.
[4]　示例包括 Abu-Lughod (1989); Lieberman (2009)。
[5]　Hatcher and Bailey (2001), 213–216. 我对特里·平卡德提出"偶然的无序发展"这一术语不胜感激。
[6]　Oppenheimer (2003); Lavigne and others (2013); Campbell (2013a).

的变化所产生的具有深远历史影响的能力，比如鼠疫病毒宿主从森林啮齿动物到共生啮齿动物的转变，或者鼠疫病媒生物从印度客蚤到人蚤的转变。[1]同样，如果不是1205—1209年的大干旱迫使蒙古人突袭西夏，1210年突然开始的降雨意外地确保了蒙古骑兵可以保持充足的新的战马和饲料供应，蒙古人可能永远不会在亚欧大陆建立政权。至关重要的是，一个具有政治和军事天才的领导者成吉思汗出现了，他能够将长期争斗的蒙古部落打造成一支所向披靡的军队。[2]紧接着，蒙古帝国打通了亚欧内陆，贯穿亚欧大陆的活动增多，这使马可·波罗等西方人可以向东旅行。疾病，特别是牛瘟和鼠疫，向西传播也成为可能。麦克尼尔认为黑死病起源于中国东部的观点可能是错误的，但肯定正确的是，他观察到"贯穿亚洲的商队陆路运动的增多在蒙古人统治时期达到顶点……对宏观模式和寄生的微观模式都产生了深远影响"[3]。在中东，当然正是蒙古人击败阿拔斯哈里发，推倒了第一张多米诺骨牌。随后的蒙古-马穆鲁克的冲突加速了十字军国家的灭亡，并引发了历史悠久的叙利亚商路的分化或关闭，这条商路曾是波斯湾和地中海之间贸易往来的通途。沿着这条关键商业走廊进行的竞争性活动和一个相对自由的时代就此终结，剩下的东西方贸易的垄断控制权最终被拱手送给了获胜的埃及苏丹。

　　在政治上四分五裂的欧洲，和平一碰就碎，而且太容易被破坏。如果在1286年亚历山大三世和1328年查理四世死后，苏格兰和法国王室的男性血脉并未中断的话，可能就不会有破坏性的苏格兰独立战争和毁灭性的百年战争了。而且，这两场大冲突爆发的时间简直糟糕透顶。尤其是1314—1322年班诺克本战役之后，苏格兰人对英格兰北部的袭击，以及爱德华·布鲁斯全面入侵爱尔兰，都产生了持久的负面影响，而军事掠夺和破坏又与欧洲大饥荒在时间上正好吻合。军队的

_____

[1]　Section 4, above.

[2]　Hessl and others (2013).

[3]　McNeill (1977), 162 [Hymes (2014) 赞同这一观点]。

调动和对牛群的劫掠一道刺激了牛瘟的独立传播，给以畜牧生产为主的社会带来了灾难性的后果。[1]规模更大、成本更高的英法冲突对商业、经济和政治影响的冲及范围更广，其受害者不局限于交战双方，还包括意大利商业银行家、佛兰德斯纺织商，苏格兰人又一次没能逃过一劫。此时起作用的不是这些偶然性的特殊事件，而是在同一时间上，一系列政治、军事、财政、经济、人口、环境和流行病传播等多因素的结合。在1316—1322年欧洲大饥荒期间，这些因素共同造就的完美风暴几乎打破了当时普遍存在的社会-生态系统的不稳定平衡，使其更接近于生态学家定义的分叉点或临界点。[2]

对欧洲而言，大转型之前长时段繁荣期的特点是多要素的良性结合，包括中世纪极大期的开始、相对稳定和有利的气候条件的盛行、相对较小的流行病负担、较高的农业产量、一系列界定产权的宏观和微观制度的采用、较低的交易成本和活跃的商业交换、十字军的成功、长期的银矿开采热潮，以及其他因素。因此，这种积极的协同效应在两个世纪的大部分时间里推动了持续的人口增长和经济扩张。[3]然后，在14世纪，不幸的是，沃尔夫极小期、气候变化及相关联的天气恶化、不稳定的生态系统、重大畜疫的暴发、战争升级、交易成本上升、商业衰退加深和白银产量下降开始一起发生作用，先是阻滞了经济发展，然后引起了人口和经济活动的崩溃。[4]这些消极因素的综合作用在14世纪40年代达到了最糟糕的程度，为黑死病的暴发和传播提供了条件。

正是这个完美风暴启动了不可逆转的体系更迭。黑死病的影响如此深远，是因为它发生在社会-生态条件已经处于临界点之时。[5]黑死病之后的发展是由以下诸多因素塑造的：流行病负担的增加、14世纪90

[1]　Campbell (2010a), 7–13; Slavin (2012); Slavin (2014).
[2]　Above, Sections 3.01.3 and 4.01; Scheffer (2009), 18–22.
[3]　Above, Section 2.
[4]　Above, Sections 3 and 4.
[5]　Scheffer (2009), 282–295.

年代开始的延长的史波勒极小期、持续的全球气候重组、马穆鲁克和奥斯曼人政治和军事实力的增强、商业衰退的加深、威尼斯和埃及对印度香料贸易的联合垄断、欧洲白银产量的枯竭，以及随后的银荒。[1]这些限制条件最极端的效果出现在十五世纪五六十年代。当时，据欧洲广大地区的文献，太阳辐照度降低到最小值，全球和北半球气温处于 1 000 年以来的最低水平，北大西洋涛动最弱以及瘟疫暴发。1453—1461 年，君士坦丁堡、塞尔维亚和波斯尼亚的银矿、特拉布宗都落入奥斯曼人之手；1457—1464 年发生了严重的银荒；约 1458 年，南太平洋的库瓦火山爆发，释放出巨大能量；同时，国际贸易衰落。正是上述部分（绝非全部）限制条件的缓解和 15 世纪最后 25 年新的发展阶段的开启，加上疾病对人口替代率压力的减轻，以及对大西洋潜在的商业机会的更全面探索，导致大转型走向结束。

400

　　大转型的魅力之所以经久不衰，部分原因在于，它印证了经济或生态发展没有铁律。在整个旧世界，它没有使社会-经济发展的轨迹发生深刻而同步的变化，也没有利于一个社会，而不利于另一个。到其结束之时，欧洲地中海经济体的活力正在减弱，大西洋沿岸经济体的活力开始增强。[2]意大利处于长期衰退的边缘，葡萄牙和西班牙即将开始享用突破性的地理大发现带来的殖民和建立帝国的机会，英格兰逐渐在工业和制造业方面稳步发展起比较优势，荷兰正准备进入海运的"黄金时代"。[3]欧洲这些最发达的经济体现在多少能与它们的远东对手保持同步了。[4]这在一定程度上是因为，欧洲的混合农业表现出对气候变化更强的适应能力，而且其劳动生产率本质上也高于依赖季风种植水稻的亚洲。起源于中亚，但随后向西传播，并可能在欧洲造成最具毁灭性影响的鼠疫，也有助于恢复欧洲商业核心区人口与资源之间更

---

[1]　Above, Section 4.
[2]　Broadberry and others (2015), 374–383.
[3]　Campbell (2013c); above, Section 5.03.1.
[4]　Above, Table 5.1.

加健康的平衡。由于非人力和机械能源的广泛使用，欧洲西部变成了一个劳动力相对稀缺和昂贵的地区，并致力于开发和采用节省劳动力的技术。[1]

在中世纪极大期盛期开始时，欧洲商业革命正在发端，宋朝在技术和经济上远远领先于拉丁基督教世界。大转型结束时，史波勒极小期已经度过了最低点，基督教世界的发达地区已经迎头赶上，西方在技术和贸易上开始从借方转为贷方，从落后者转为领先者。实际上，正是从大转型开始，北海地区南部日益增长的资本密集型和充满活力的经济体与东南亚劳动密集型和缺乏活力的经济体之间的"大分流"就此发端。

401

---

[1]　Allen (2009).

参考文献

AHR   Agricultural History Review
BHM   Bulletin of the History of Medicine
C&C   Continuity and Change
EcHR   Economic History Review
EEH   Explorations in Economic History
EID   Emerging Infectious Diseases
EREH   European Review of Economic History
GRL   Geophysical Research Letters
IGBP   IGBP PAGES/World Data Center for Paleoclimatology Data
         Contribution Series, NOAA/NCDC Paleoclimatology Program, Boulder
         CO, USA
JEH   Journal of Economic History
JHG   Journal of Historical Geography
JIH   Journal of Interdisciplinary History
P&P   Past and Present
PNAS   Proceedings of the National Academy of Sciences of the United States of
         America
QSR   Quaternary Science Reviews

Abel, Wilhelm (1935 and 1980), *Agrarkrisen und agrarkonjunktur in Mitteleuropa vom 13. bis zum 19. jahrhundert (Agricultural fluctuations in Europe from the thirteenth to the twentieth centuries*, trans. O. Ordish, London), Berlin.

Aberth, John (2001), *From the brink of the apocalypse: confronting famine, war, plague, and death in the later Middle Ages*, New York and London.

Aberth, John (2005), *The Black Death: the great mortality of 1348–1350. A brief history with documents*, Boston and New York.

Abu-Lughod, Janet L. (1989), *Before European hegemony: the world system A.D. 1250–1350*, Oxford.

Abulafia, David (1981), 'Southern Italy and the Florentine economy, 1265–1370', *EcHR* 34 (3), 377–88.

Abulafia, David (1987), 'Asia, Africa and the trade of medieval Europe', 402–73 in M. M. Postan and Edward Miller, eds., *The Cambridge economic history of Europe, II, Trade and industry in the Middle Ages*, 2nd edn, Cambridge.

Abulafia, David (2005), *The two Italies: economic relations between the Norman kingdom of Sicily and the northern communities*, Cambridge.

Achtman, Mark (2012), 'Insights from genomic comparisons of genetically monomorphic bacterial pathogens', *Philosophical Trans. Royal Soc. B: Biological Sciences* 367 (1590), 860–7.

Achtman, Mark; Morelli, Giovanna; Zhu, Peixuan; Wirth, Thierry; Diehl, Ines; Kusecek, Barica; Vogler, Amy J.; Wagner, David M.; Allender, Christopher J.; Easterday, W. Ryan; Chenal-Francisque, Viviane; Worsham, Patricia; Thomson, Nicholas R.; Parkhill, Julian; Lindler, Luther E.; Carniel, Elisabeth; Keim, Paul (2004), 'Microevolution and history of the plague bacillus, *Yersinia pestis*', *PNAS* 101 (51), 17837–42.

Alfani, Guido (2013), 'Plague in seventeenth century Europe and the decline of Italy: an epidemiological hypothesis', *EREH* 17 (4), 408–30.

Alfani, Guido; Mocarelli, Luca; Strangio, Donatella (2015), 'Italian famines: an overview (ca. 1250–1810)', Dondena Working Paper, Milan.

Allen, Martin (2012), *Mints and money in medieval England*, Cambridge.

Allen, Robert C. (2001), 'The great divergence in European wages and prices from the Middle Ages to the First World War', *EEH* 38, 411–47 (wages of labourers and craftsmen together with consumer price indices are available on the Global Prices and Incomes Database website at University of California, Davis: http://gpih.ucdavis.edu/Datafilelist.htm).

Allen, Robert C. (2009), *The British industrial revolution in global perspective*, Cambridge.

Allen, Robert C.; Weisdorf, Jacob L. (2011), 'Was there an "industrious revolution" before the industrial revolution? An empirical exercise for England, *c.*1300–1830', *EcHR* 64 (3), 715–29.

Allmand, Christopher (1988), *The Hundred Years War: England and France at war c.1300–c.1450*, Cambridge.

Álvarez-Nogal, C.; Prados de la Escosura, L. (2013), 'The rise and fall of Spain (1270–1850)', *EcHR*, 66 (1), 1–37.

Angeles, Luis (2008), 'GDP per capita or real wages? Making sense of conflicting views on pre-industrial Europe', *EEH* 45 (2), 147–63.

Anker, M; Schaaf, D. (2000), 'Plague', 25–37 in Department of Communicable Disease Surveillance and Response, World Health Organization, *Report on global surveillance of epidemic-prone infectious diseases*, Geneva. www.who.int/csr/resources/publications/surveillance/en/plague.pdf

Antoine, Daniel (2008), 'The archaeology of "plague"', *Medical History*, Supplement 27, 101–14.

Ari, Tamara Ben; Neerinckx, Simon; Gage, Kenneth L.; Kreppel, Katharina; Laudisoit, Anne; Leirs, Herwig; Stenseth, Nils Chr. (2011), 'Plague and climate: scales matter', *PLoS Pathogens* 7 (9), e1002160.

Ashtor, Eliyahu (1976), *A social and economic history of the Near East in the Middle Ages*, London.

Ashtor, Eliyahu (1983), *Levant trade in the later Middle Ages*, Princeton.

Astill, Grenville (1988), 'Fields', 62–85 in Grenville Astill and Annie Grant, eds., *The countryside of medieval England*, Oxford.

Astill, Grenville; Grant, Annie (1988), 'The medieval countryside: efficiency, progress and change', 213–34 in Grenville Astill and Annie Grant, eds., *The countryside of medieval England*, Oxford.

Aston, T. H.; Philpin, C. H. E., eds. (1985), *The Brenner debate: agrarian class structure and economic development in pre-industrial Europe*, Cambridge.

Atkin, M. A. (1994), 'Land use and management in the upland demesne of the de Lacy estate of Blackburnshire c 1300', *AHR* 42 (1), 1–19.

Ayyadurai, Saravanan; Houhamdi, Linda; Lepidi, Hubert; Nappez, Claude; Raoult, Didier; Drancourt, Michel (2008), 'Long-term persistence of virulent *Yersinia pestis* in soil', *Microbiology* 154, 2865–71.

Ayyadurai, Saravanan; Sebbane, Florent; Raoult, Didier; Drancourt, Michel (2010), 'Body lice, *Yersinia pestis orientalis*, and Black Death', *EID* 16 (8), 92–3.

Bailey, Mark (1991), '*Per impetum maris*: natural disaster and economic decline in eastern England, 1275–1350', 184–208 in Bruce M. S. Campbell, ed., *Before the Black Death: studies in the 'crisis' of the early fourteenth century*, Manchester.

Bailey, Mark (1996), 'Demographic decline in late medieval England: some thoughts on recent research', *EcHR* 49 (1), 1–19.

Bailey, Mark (2007), *Medieval Suffolk: an economic and social history 1200–1500*, Woodbridge.

Bailey, Mark (2014), *The decline of serfdom in late medieval England: from bondage to freedom*, Woodbridge.

Baillie, M. G. L. (1994), 'Dendrochronology raises questions about the nature of the AD 536 dust-veil event', *The Holocene* 4 (2), 212–21.

Baillie, M. G. L. (2000), 'Putting abrupt environmental change back into human history', 46–75 in K. Flint and H. Morphy, eds., *Culture, landscape, and the environment: the Linacre lectures 1997–8*, Oxford.

Baillie, M. G. L. (2001), 'The AD 540 event', *Current Archaeology* 15 (6), No. 174, 266–9.

Baillie, M. G. L. (2006), *New light on the Black Death: the cosmic connection*, Stroud.

Baillie, M. G. L. (2008), 'Proposed re-dating of the European ice core chronology by seven years prior to the 7th century AD', *GRL* 35, L15813.

Bairoch, Paul; Batou, Jean; Chèvre, Pierre (1988), *The population of European cities from 800 to 1850: data bank and short summary of results*, Geneva.

Baker, Alan R. H. (1964), 'Open fields and partible inheritance on a Kent manor', *EcHR* 17 (1), 1–23.

Baker, Alan R. H. (1966), 'Evidence in the *Nonarum inquisitiones* of contracting arable lands in England during the early fourteenth century', *EcHR* 19 (3), 518–32.

Baker, Alan R. H. (1973), 'Changes in the later Middle Ages', 186–247 in H. C. Darby, ed., *A new historical geography of England*, Cambridge.

Baker, Andy; Proctor, Christopher J.; Barnes, William L. (2002), 'Stalagmite lamina doublets: a 1000 year proxy record of severe winters in northwest Scotland', *International Journal of Climatology* 22, 1339–45.

Bard, Edouard; Frank, Martin (2006), 'Climate change and solar variability: what's new under the sun?', *Earth & Planetary Science Letters* 248, 1–14.

Bard, Edouard; Raisbeck, Grant; Yiou, Françoise; Jouzel, Jean (2000), 'Solar irradiance during the last 1200 years based on cosmogenic nuclides', *Tellus* 52B, 985–92.

Barg, M. A. (1991), 'The social structure of manorial freeholders: an analysis of the Hundred Rolls of 1279', *AHR* 39, 108–15.

Barnes, Guy D. (1984), *Kirkstall Abbey, 1147–1539: an historical study*, Publications of Thoresby Society 57 (128), Leeds.

Bartlett, Kenneth R. (1992), *The civilization of the Italian Renaissance*, Toronto.

Bateman, Victoria N. (2011), 'The evolution of markets in early modern Europe, 1350–1800: a study of wheat prices', *EcHR* 64 (2), 447–71.

Bauch, Martin (2016), 'The day the sun turned blue. A volcanic eruption in the early 1460s and its possible climatic impact – a natural disaster perceived globally in the late Middle Ages?', in Gerrit J. Schenk, ed., *Historical disaster experiences: a comparative and transcultural survey between Asia and Europe*, Heidelberg.

Bavel, Bas van (2010), *Manors and markets: economy and society in the Low Countries, 500–1600*, Oxford.

Bavel, Bas van; De Moor, Tine; Zanden, Jan Luiten van (2009), 'Introduction: factor markets in global economic history', *C&C* 24, 9–21.

Bavel, Bas van; Zanden, Jan Luiten van (2004), 'The jump-start of the Holland economy during the late-medieval crisis, c.1350–c.1500', *EcHR* 57 (3), 503–32.

Beasley, P. (1965), 'Human fleas (*Pulex irritans*) incriminated as vectors of plague in Bolivia', *United States Navy Medical News Letter* 46, 5–6.

Bechah, Yassina; Capo, Christian; Mege, Jean-Louis; Raoult, Didier (2008), 'Epidemic typhus', *Lancet Infectious Diseases* 8 (7), 417–26.

Bekar, Cliff T.; Reed, Clyde G. (2009), 'Risk, asset markets and inequality: evidence from medieval England', *University of Oxford, Discussion Papers in Economic and Social History* 79, Oxford.

Bekar, Cliff T.; Reed, Clyde G. (2013), 'Land markets and inequality: evidence from medieval England', *EREH* 17 (3), 294–317.

Bell, Adrian R; Brooks, Christopher; Dryburgh, Paul (2007), *The English wool market, c.1230–1327*, Cambridge.

Bell, Adrian R; Brooks, Christopher; Moore, Tony K. (2009a), 'Interest in medieval accounts: examples from England, 1272–1340', *History* 94 (316), 411–33.

Bell, Adrian R; Brooks Christopher; Moore, Tony K. (2009b), *Accounts of the English Crown with Italian merchant societies, 1272–1345*, List & Index Society 331, Kew.

Bell, Adrian R; Brooks Christopher; Moore, Tony K. (2011), 'Credit finance in the Middle Ages: Edward I and the Ricciardi of Lucca', 101–16 in Janet Burton, Frédérique Lachaud and Phillipp Schofield, eds., *Thirteenth-century England XIII*, Woodbridge.

Benedictow, Ole J. (2004), *The Black Death 1346–1353: a complete history*, Woodbridge.

Benedictow, Ole J. (2010), *What disease was plague? On the controversy over the microbiological identity of plague epidemics of the past*, Leiden.

Berkelhammer, Max; Sinha, Ashish; Mudelsee, Manfred; Cheng, Hai; Edwards, R. Lawrence; Cannariato, Kevin (2010a), 'Persistent multidecadal power of the Indian summer monsoon', *Earth & Planetary Science Letters* 290 (1–2), 166–72.

Data: Berkelhammer, Max; Sinha, Ashish; Mudelsee, Manfred; Cheng, Hai; Edwards, R. Lawrence; Cannariato, Kevin (2010b), 'Dandak Cave, India Speleothem Oxygen Isotope Data', IGBP # 2010-011.

Berman, Harold J. (1983), *Law and revolution: the formation of the Western Legal Tradition*, Cambridge, Mass.

Beveridge, William Henry (1939), *Prices and wages in England from the twelfth to the nineteenth century*, London.

Biddick, Kathleen (1989), *The other economy: pastoral husbandry on a medieval estate*, Berkeley and Los Angeles.

Biraben, Jean-Noël (1975), *Les hommes et la peste en France et dans les pays européens et méditerranéens, 1, La peste dans l'histoire*, Paris and The Hague.

Biraben, Jean-Noël (1979), 'Essai sur l'évolution du nombre des hommes', *Population* 34 (1), 13–25.

Birrell, Jean (1969), 'Peasant craftsmen in the medieval forest', *AHR* 17 (2), 91–107.

Blair, John, ed. (1988), *Minsters and parish churches: the local church in transition 950–1200*, Oxford University Committee for Archaeology, Monograph 17.

Blanc, G.; Baltazard, M. (1942), 'Rôle des ectoparasites humains dans la transmission de la peste', *Bulletin de l'Académie de Médecine* 126, 446–8.

Blanchard, Ian (1994), 'Introduction', 9–38 in Ian Blanchard, ed., *Labour and leisure in historical perspective, thirteenth to twentieth centuries: papers presented at Session B-3a of the eleventh International Economic History Congress, Milan 12th–17th September 1994*, Stuttgart.

Blanchard, Ian (1996), 'Lothian and beyond: the economy of the "English Empire" of David I', 23–45 in Richard H. Britnell and John Hatcher, eds., *Progress and problems in medieval England: essays in honour of Edward Miller*, Cambridge.

Blažina Tomić, Zlata; Blažina, Vesna (2015), *Expelling the plague: the health office and the implementation of quarantine in Dubrovnik, 1377–1533*, Montreal and Kingston.

Böhm, O.; Wetzel, K.-F. (2006), 'Flood history of the Danube tributaries Lech and Isar in the Alpine foreland of Germany', *Hydrological Sciences (Journal des sciences hydrologiques)* 51 (5), Special issue: *Historical hydrology*, 784–98.

Bois, Guy (1984), *The crisis of feudalism: economy and society in eastern Normandy c.1300–1550*, Cambridge.

Bolton, J. L. (1980), *The medieval English economy 1150–1500*, London.

Bolton, J. L. (2012), *Money in the medieval English economy: 973–1489*, Manchester.

Bolton, J. L.; Bruscoli, Francesco Guidi (2008), 'When did Antwerp replace Bruges as the commercial and financial centre of north-western Europe? The evidence of the Borromei ledger for 1438', *EcHR* 61 (2), 360–79.

Bos, Kirsten I.; Schuenemann, Verena J.; Golding, G. Brian; Burbano, Hernán A.; Waglechner, Nicholas; Coombes, Brian K.; McPhee, Joseph B.; DeWitte, Sharon B.; Meyer, Matthias; Schmedes, Sarah; Wood, James; Earn, David J. D.; Herring, D. Ann; Bauer, Peter; Poinar, Hendrik N.; Krause, Johannes

(2011), 'A draft genome of *Yersinia pestis* from victims of the Black Death', *Nature* 478 (7370), 506–10.

Boserup, Ester (1965), *The conditions of agricultural growth: the economics of agrarian change under population pressure*, London.

Bossak, Brian H.; Welford, Mark R. (2009), 'Did medieval trade activity and a viral etiology control the spatial extent and seasonal distribution of Black Death mortality?', *Medical Hypotheses* 72, 749–52.

Bossak, Brian H.; Welford, Mark R. (2010), 'Spatio-temporal attributes of pandemic and epidemic diseases', *Geography Compass* 4 (8), 1084–96.

Boussemaere, P. (2000), 'De Ieperse lakenproductie in de veertiende eeuw opnieuw berekend aan de hand van de lakenloodjes', *Jaarboek voor Middeleeuwse Geschiedenis* 2, 131–61.

Bradley, Raymond S.; Hughes, Malcolm K.; Diaz, Henry F. (2003), 'Climate in medieval time', *Science* 302, 404–5.

Brady, Niall (1997), 'The gothic barn of England: icon of prestige and authority', 76–105 in E. Smith and M. Wolfe, eds., *Technology and resource use in medieval Europe: cathedrals, mills and mines*, Aldershot.

Brenner, Robert (1976), 'Agrarian class structure and economic development in pre-industrial Europe', *P&P* 70, 30–75. Reprinted as 10–63 in T. H. Aston and C. H. E. Philpin, eds. (1985), *The Brenner debate: agrarian class structure and economic development in pre-industrial Europe*, Cambridge.

Brenner, Robert (1982), 'The agrarian roots of European capitalism', *P&P* 97, 16–113. Reprinted as 213–327 in T. H. Aston and C. H. E. Philpin, eds. (1985), *The Brenner debate: agrarian class structure and economic development in pre-industrial Europe*, Cambridge

Bridbury, A. R. (1955), *England and the salt trade in the later Middle Ages*, Oxford.

Briggs, Chris (2003), 'Credit and the peasant household economy in England before the Black Death: evidence from a Cambridgeshire manor', 231–48 in Cordelia Beattie, Anna Maslakovic and Sarah Rees Jones, eds., *The medieval household in Christian Europe, c.850–c.1550: managing power, wealth, and the body*, Turnhout.

Briggs, Chris (2004), 'Empowered or marginalized? Rural women and credit in later thirteenth- and fourteenth-century England', *C&C* 19 (1), 13–43.

Briggs, Chris (2009), *Credit and village society in fourteenth century England*, Oxford.

Britnell, Richard H. (1981), 'The proliferation of markets in England, 1200–1349', *EcHR* 34 (2), 209–21.

Britnell, Richard H. (1993a), *The commercialisation of English society, 1000–1500*, Cambridge.

Britnell, Richard H. (1993b), 'Commerce and capitalism in late medieval England: problems of description and theory', *Journal of Historical Sociology* 6 (4), 359–76.

Britnell, Richard H. (1995), 'Commercialisation and economic development in England, 1000–1300', 7–26 in Richard H. Britnell and Bruce M. S. Campbell, eds., *A commercialising economy: England 1086 to c.1300*, Manchester.

Britnell, Richard H. (1996), 'Boroughs, markets and trade in northern England, 1000–1216', 46–67 in Richard H. Britnell and John Hatcher, eds.,

Progress and problems in medieval England: essays in honour of Edward Miller, Cambridge.

Britnell, Richard H. (2000), 'The economy of British towns 600–1300', 105–26 in D. M. Palliser, ed., *The Cambridge urban history of Britain, I, 600–1540,* Cambridge.

Britnell, Richard H. (2001), 'Specialization of work in England, 1100–1300', *EcHR* 54 (1), 1–16.

Britnell, Richard H. ed. (2003), *The Winchester Pipe Rolls: studies in medieval English economy and society,* Woodbridge.

Britnell, Richard H.; Campbell, Bruce M. S. (1995), 'Introduction', 1–6 in Richard H. Britnell and Bruce M. S. Campbell, eds., *A commercialising economy: England 1086 to c.1300,* Manchester.

Britton, C. E. (1937), *A meteorological chronology to A.D. 1450,* London, Meteorological Office Geophysical Memoirs 70.

Britton, Edward (1977), *The community of the vill: a study in the history of the family and village life in fourteenth-century England,* Toronto.

Broad, John (1983), 'Cattle plague in eighteenth-century England', *AHR* 31 (2), 104–15.

Broadberry, Stephen N.; Campbell, Bruce M. S. (2009), 'GDP per capita in Europe, 1300–1850', unpublished paper presented at Session E4, *Reconstructing the national income of Europe before 1850: estimates and implications for long run growth and development,* XVth International Economic History Congress, Utrecht.

Broadberry, Stephen N.; Campbell, Bruce. M. S.; Leeuwen, Bas van (2013), 'When did Britain industrialise? The sectoral distribution of the labour force and labour productivity in Britain, 1381–1851', *EEH* 50 (1), 16–27.

Broadberry, Stephen N.; Campbell, Bruce M. S.; Klein, Alex; Leeuwen, Bas van; Overton, Mark (2015), *British economic growth 1270–1870,* Cambridge.

Brook, Timothy (2010), *The troubled empire: China in the Yuan and Ming Dynasties,* Cambridge, Mass.

Brooke, John L. (2014), *Climate change and the course of global history: a rough journey,* Cambridge.

Brovkin, Victor; Lorenz, Stephan J.; Jungclaus, Johann; Raddatz, Thomas; Timmreck, Claudia; Reick, Christian H.; Segschneider, Joachim; Six, Katharina (2010), 'Sensitivity of a coupled climate–carbon cycle model to large volcanic eruptions during the last millennium', *Tellus* 62B, 674–81.

Brown, Neville (2001), *History and climate change: a Eurocentric perspective,* London and New York.

Bryer, R. A. (1993), 'Double-entry bookkeeping and the birth of capitalism: accounting for the commercial revolution in medieval northern Italy', *Critical Perspectives on Accounting* 4 (2), 113–40.

Buckley, Brendan M.; Anchukaitis, Kevin J.; Penny, Daniel; Fletcher, Roland; Cook, Edward R.; Sanod, Masaki; Nam, Le Canh; Wichienkeeo, Aroonrut; Minh, Ton That; Hongg, Truong Mai (2010), 'Climate as a contributing factor in the demise of Angkor, Cambodia', *PNAS early edn,* 5pp.

Buell, Paul D. (2012), 'Qubilai and the rats', *Sudhoffs Archiv* 96 (2), 127–44.

Büntgen, Ulf; Tegel, W.; Nicolussi, K.; McCormick, M.; Frank, D.; Trouet, V.; Kaplan, J. O.; Herzig, F.; Heussner, K.-U.; Wanner, H.; Luterbacher, J.; Esper, J. (2011), 'Central Europe 2500 year tree ring summer climate reconstructions', IGBP # 2011-026.

Büntgen, Ulf; Kyncl, Tomás; Ginzler, Christian; Jacks, David S.; Esper, Jan; Tegel, Willy; Heussner, Karl-Uwe; Kyncl, Josef (2013), 'Filling the Eastern European gap in millennium-long temperature reconstructions', *PNAS* 110 (5), 1773–8.

Burton, Janet (1994), *Monastic and religious Orders in Britain, 1000–1300* (Cambridge.

Butel, Paul (1999), *The Atlantic*, trans. Iain Hamilton Grant, London and New York.

Buyst, Erik (2011), 'Towards estimates of long term growth in the southern Low Countries, c.1500–1846', unpublished paper presented at Hi-Pod Workshop *Quantifying long run economic development*, University of Warwick in Venice, Palazzo Pesaro Papafava, March 2011.

Campbell, Bruce M. S. (1975), 'Field systems in eastern Norfolk during the Middle Ages: a study with particular reference to the demographic and agrarian changes of the fourteenth century', unpublished PhD thesis, University of Cambridge.

Campbell, Bruce M. S. (1980), 'Population change and the genesis of commonfields on a Norfolk manor', *EcHR* 33 (2), 174–92.

Campbell, Bruce M. S. (1981), 'The extent and layout of commonfields in eastern Norfolk', *Norfolk Archaeology* 38, 5–32.

Campbell, Bruce M. S. (1983), 'Agricultural progress in medieval England: some evidence from eastern Norfolk', *EcHR* 36 (1), 26–46. Reprinted in Bruce M. S. Campbell (2007), *The medieval antecedents of English agricultural progress*, Aldershot.

Campbell, Bruce M. S. (1984), 'Population pressure, inheritance, and the land market in a fourteenth-century peasant community', 87–134 in Richard M. Smith, ed., *Land, kinship and lifecycle*, Cambridge. Reprinted in Bruce M. S. Campbell (2009), *Land and people in late medieval England*, Aldershot.

Campbell, Bruce M. S. (1986), 'The complexity of manorial structure in medieval Norfolk: a case study', *Norfolk Archaeology* 39, 225–61. Reprinted in Bruce M. S. Campbell (2009), *Land and people in late medieval England*, Aldershot.

Campbell, Bruce M. S. (1991), 'Land, labour, livestock, and productivity trends in English seignorial agriculture, 1208–1450', 144–82 in Bruce M. S. Campbell and Mark Overton, eds., *Land, labour and livestock: historical studies in European agricultural productivity*, Manchester. Reprinted in Bruce M. S. Campbell (2007), *The medieval antecedents of English agricultural progress*, Aldershot.

Campbell, Bruce M. S. (1992), 'Commercial dairy production on medieval English demesnes: the case of Norfolk', *Anthropozoologica* 16, 107–18. Reprinted in Bruce M. S. Campbell (2007), *The medieval antecedents of English agricultural progress*, Aldershot.

Campbell, Bruce M. S. (1995a), 'Measuring the commercialisation of seigneurial agriculture circa 1300', 132–93 in Richard H. Britnell and Bruce M. S.

Campbell, eds., *A commercialising economy: England 1086–1300*, Manchester. Reprinted in Bruce M. S. Campbell (2007), *The medieval antecedents of English agricultural progress*, Aldershot.

Campbell, Bruce M. S. (1995b), 'Ecology versus economics in late thirteenth- and early fourteenth-century English agriculture', 76–108 in Del Sweeney, ed., *Agriculture in the Middle Ages: technology, practice, and representation*, Philadelphia.

Campbell, Bruce M. S. (1996), 'The livestock of Chaucer's reeve: fact or fiction?', 271–305 in Edwin B. Dewindt, ed., *The salt of common life: individuality and choice in the medieval town, countryside and church. Essays presented to J. Ambrose Raftis on the occasion of his 70th birthday*, Kalamazoo. Reprinted in Bruce M. S. Campbell (2008), *Field systems and farming systems in late medieval England*, Aldershot.

Campbell, Bruce M. S. (1997a), 'Economic rent and the intensification of English agriculture, 1086–1350', 225–50 in Grenville Astill and John Langdon, eds., *Medieval farming and technology: the impact of agricultural change in Northwest Europe*, Leiden. Reprinted in Bruce M. S. Campbell (2008), *Field systems and farming systems in late medieval England*, Aldershot.

Campbell, Bruce M. S. (1997b), 'Matching supply to demand: crop production and disposal by English demesnes in the century of the Black Death', *JEH* 57 (4), 827–58. Reprinted in Bruce M. S. Campbell (2007), *The medieval antecedents of English agricultural progress*, Aldershot.

Campbell, Bruce M. S. (2000), *English seigniorial agriculture 1250–1450*, Cambridge.

Campbell, Bruce M. S. (2002a), 'England: land and people', 2–25 in Stephen H. Rigby, ed., *A companion to Britain in the later Middle Ages*, Oxford. Reprinted in Bruce M. S. Campbell (2009), *Land and people in late medieval England*, Aldershot.

Campbell, Bruce M. S. (2002b), 'The sources of tradable surpluses: English agricultural exports 1250–1349', 1–30 in Lars Berggren, Nils Hybel and Annette Landen, eds., *Cogs, cargoes and commerce: maritime bulk trade in northern Europe, 1150–1400*, Toronto.

Campbell, Bruce M. S. (2003a), 'A unique estate and a unique source: the Winchester Pipe Rolls in perspective', 21–43 in Richard H. Britnell, ed., *The Winchester Pipe Rolls and medieval English society*, Woodbridge. Reprinted in Bruce M. S. Campbell (2009), *Land and people in late medieval England*, Aldershot.

Campbell, Bruce M. S. (2003b), 'The uses and exploitation of human power from the 13th to the 18th century', 183–211 in Simonetta Cavaciocchi, ed., *Economia e energia secc. XIII–XVIII, Istituto Internazionale di Storia Economica 'F. Datini'*, Prato.

Campbell, Bruce M. S. (2005), 'The agrarian problem in the early fourteenth century', *P&P* 188, 3–70. Reprinted in Bruce M. S. Campbell (2009), *Land and people in late medieval England*, Aldershot.

Campbell, Bruce M. S. (2007), *Three centuries of English crop yields, 1211–1491*, www.cropyields.ac.uk

Campbell, Bruce M. S. (2008), 'Benchmarking medieval economic development: England, Wales, Scotland, and Ireland *circa* 1290', *EcHR* 61 (4), 896–945.

Campbell, Bruce M. S. (2009a), 'Factor markets in England before the Black Death', *C&C* 24 (1), 79–106.

Campbell, Bruce M. S. (2009b), 'Four famines and a pestilence: harvest, price, and wage variations in England, 13th to 19th centuries', 23–56 in Britt Liljewall, Iréne A. Flygare, Ulrich Lange, Lars Ljunggren and Johan Söderberg, eds., *Agrarhistoria på många sätt; 28 studier om manniskan och jorden. Festskrift till Janken Myrdal på hans 60-årsdag (Agrarian history many ways: 28 studies on humans and the land, Festschrift to Janken Myrdal 2009)*, Stockholm.

Campbell, Bruce M. S. (2010a), 'Nature as historical protagonist: environment and society in pre-industrial England' (the 2008 Tawney Memorial Lecture), *EcHR* 63 (2), 281–314.

Campbell, Bruce M. S. (2010b), 'Agriculture in Kent in the high Middle Ages', 25–53 in Sheila Sweetinburgh, ed., *Later medieval Kent 1220–1540*, Woodbridge.

Campbell, Bruce M. S. (2010c), 'Physical shocks, biological hazards, and human impacts: the crisis of the fourteenth century revisited', 13–32 in Simonetta Cavaciocchi, ed., *Le interazioni fra economia e ambiente biologico nell'Europe preindustriale secc. XIII–XVIII, Istituto Internazionale di Storia Economica 'F. Datini'*, Prato.

Campbell, Bruce M. S. (2011a), 'Grain yields on English demesnes after the Black Death', 121–74 in Mark Bailey and Stephen H. Rigby, eds., *England in the age of the Black Death: essays in honour of John Hatcher*, Turnhout.

Campbell, Bruce M. S. (2011b), 'Panzootics, pandemics and climatic anomalies in the fourteenth century', 177–215 in Bernd Herrmann, ed., *Beiträge zum Göttinger Umwelthistorischen Kolloquium 2010–2011*, Göttingen.

Campbell, Bruce M. S. (2013a), 'Matthew Paris and the volcano: the English "famine" of 1258 revisited', unpublished paper presented at the workshop, *Mortality crises between the plagues, c.800–c.1300 CE*, University of Stirling, November.

Campbell, Bruce M. S. (2013b), 'Land markets and the morcellation of holdings in pre-plague England and pre-famine Ireland', 197–218 in Gerard Beaur, Phillipp R. Schofield, Jean-Michel Chevet and Maria-Teresa Pérez-Picazo, eds., *Property rights, land markets and economic growth in the European countryside (13th–20th centuries)*, Turnhout.

Campbell, Bruce M. S. (2013c), 'National incomes and economic growth in pre-industrial Europe: insights from recent research', *Quaestiones Medii Aevi Novae* 18, 167–96.

Campbell, Bruce M. S.; Barry, Lorraine (2014), 'The population geography of Great Britain c.1290: a reconstruction', 43–78 in Christopher Briggs, Peter Kitson and Stephen Thompson, eds., *Population, economy and welfare, c.1200–2000: papers in honour of Richard M. Smith*, Woodbridge.

Campbell, Bruce M. S.; Bartley, Ken (2006), *England on the eve of the Black Death: an atlas of lay lordship, land, and wealth, 1300–49*, Manchester.

Campbell, Bruce M. S.; Bartley, Ken C.; Power, John P. (1996), 'The demesne-farming systems of post Black Death England: a classification', *AHR* 44 (2), 131–79. Reprinted in Bruce M. S. Campbell (2008), *Field systems and farming systems in late medieval England*, Aldershot.

Campbell, Bruce M. S.; Galloway, James A.; Keene, Derek J.; Murphy, Margaret (1993), *A medieval capital and its grain supply: agrarian production and its distribution in the London region c.1300*, Historical Geography Research Series, 30.

Campbell, Bruce M. S.; Ó Gráda, Cormac (2011), 'Harvest shortfalls, grain prices, and famines in pre-industrial England', *JEH* 71 (4), 859–86.

Campbell, Bruce M. S.; Overton, Mark (1993), 'A new perspective on medieval and early modern agriculture: six centuries of Norfolk farming c.1250–c.1850', *P&P* 141, 38–105. Reprinted in Bruce M. S. Campbell (2007), *The medieval antecedents of English agricultural progress*, Aldershot.

Carmichael, Ann G. (2014), 'Plague persistence in western Europe: a hypothesis', 157–92 in Monica Green, ed., *Pandemic disease in the medieval world: rethinking the Black Death, The Medieval Globe* 1, special issue, www.arc-humanities.org/the-medieval-globe.html.

Carus-Wilson, E. M.; Coleman, Olive (1963), *England's export trade: 1275–1547*, Oxford.

Centre for Metropolitan History (2000), 'Metropolitan market networks c.1300–1600', 5–9 in Centre for Metropolitan History, *Annual Report 1999–2000*, London.

Chen, Fa-Hu; Chen, Jian-Hui; Holmes, Jonathan; Boomer, Ian; Austin, Patrick; Gates, John B.; Wang, Ning-Lian; Brooks, Stephen J.; Zhang, Jia-Wu (2010), 'Moisture changes over the last millennium in Arid Central Asia: a review, synthesis and comparison with monsoon region', *QSR* 29 (7), 1055–68.
Data: Chen, Fa-Hu; Chen, Jian-Hui; Holmes, Jonathan; Boomer, Ian; Austin, Patrick; Gates, John B.; Wang, Ning-Lian; Brooks, Stephen J.; Zhang, Jia-Wu (2012), 'Arid Central Asia 1000 year synthesized moisture reconstruction', IGBP # 2012–023.

Chen, Fa-Hu; Yu, Zicheng; Yang, Meilin; Ito, Emi; Wang, Sumin; Madsen, David B.; Huang, Xiaozhong; Zhao, Yan; Sato, Tomonori; Birks, H. John B.; Boomer, Ian; Chen, Jianhui; An, Chengbang; Wünnemann, Bernd (2008), 'Holocene moisture evolution in arid central Asia and its out-of-phase relationship with Asian monsoon history', *QSR* 27 (3), 351–64.

Cheney, C. R. (1981), 'Levies on the English clergy for the poor and for the king, 1203', *English Historical Review* 96 (380), 577–82.

Chibnall, Marjorie (1986), *Anglo-Norman England 1066–1166*, Oxford.

Childs, Wendy R. (1981), 'England's iron trade in the fifteenth century', *EcHR* 34 (1), 25–47.

Childs, Wendy R. (1995), 'England's Icelandic trade in the fifteenth century: the role of the port of Hull', *Northern Seas: Yearbook 1995*, 11–31.

Childs, Wendy R. (1996), 'The English export trade in cloth in the fourteenth century', 121–47 in Richard Britnell and John Hatcher, eds., *Progress and problems in medieval England: essays in honour of Edward Miller*, Cambridge.

Chorley, Patrick (1988), 'English cloth exports during the thirteenth and early fourteenth centuries: the continental evidence', *Historical Research* 61 (144), 1–10.

Christakos, George; Olea, Ricardo A.; Serre, Marc L.; Yu, Hwa-Lung; Wang, Lin-Lin (2005), *Interdisciplinary public health reasoning and epidemic modelling: the case of the Black Death*, Berlin, Heidelberg, New York.

Christakos, George; Olea, Ricardo A.; Yu, Hwa-Lung (2007), 'Recent results on the spatiotemporal modelling and comparative analysis of Black Death and bubonic plague epidemics', *Public Health* 121, 700–20.

Chuine, I.; Yiou, P.; Viovy, N.; Seguin, B.; Daux, V.; Le Roy Ladurie, E. (2005), 'Burgundy grape harvest dates and spring–summer temperature reconstruction', IGBP # 2005-007.

Clanchy, Michael T. (1979), *From memory to written record: England 1066–1307*, London.

Clark, Elaine (1981), 'Debt litigation in a late medieval English vill', 247–79 in J. Ambrose Raftis, ed., *Pathways to medieval peasants*, Toronto.

Clark, Elaine (1994), 'Social welfare and mutual aid in the medieval countryside', *Journal of British Studies* 33 (4), 381–406.

Clark, Gregory (1988), 'The cost of capital and medieval agricultural technique', *EEH* 25 (3), 265–94.

Clark, Gregory (2005), 'The interest rate in the very long run: institutions, preferences and modern growth', http://dev3.cepr.org/meets/wkcn/1/1626/papers/clark.pdf

Clark, Gregory (2007a), *A farewell to alms: a brief economic history of the world*, Princeton.

Clark, Gregory (2007b), 'The long march of history: farm wages, population, and economic growth, England 1209–1869', *EcHR* 60 (1), 97–135.

Clark, Gregory (2009), 'English prices and wages 1209–1914', Global Price and Income History Group, www.iisg.nl/hpw/data.php#united.

Clark, Gregory (2010), 'The macroeconomic aggregates for England, 1209–2008', *Research in Economic History* 27, 51–140.

Claughton, Peter (2003), 'Production and economic impact: Northern Pennine (English) silver in the 12th century', 146–9 in *Proceedings of the 6th International Mining History Congress*, Akabira City, Hokkaido, Japan.

Cliff, Andrew D.; Smallman-Raynor, Matthew R.; Stevens, Peta M. (2009), 'Controlling the geographical spread of infectious disease: plague in Italy, 1347–1851', *Acta Medico-Historica Adriatica* 7 (1), 197–236.

Cobb, Kim M.; Charles, Christopher D.; Cheng, Hai; Edwards, Lawrence R. (2003), 'El Niño/Southern Oscillation and tropical Pacific climate during the last millennium', *Nature* 424, 271–6.

Cohn Jr, Samuel K. (2002a), *The Black Death transformed: disease and culture in early Renaissance Europe*, London.

Cohn Jr, Samuel K. (2002b), 'The Black Death and the end of a paradigm', *American Historical Review* 107, 703–38.

Cohn Jr, Samuel K. (2007), 'After the Black Death: labour legislation and attitudes towards labour in late-medieval Western Europe', *EcHR* 60 (3), 457–85.

Cohn Jr, Samuel K. (2008), 'Epidemiology of the Black Death and successive waves of plague', *Medical History*, Supplement 27, 74–100.

Connell, Brian; Jones, Amy Gray; Redfern, Rebecca; Walker, Don (2012), *A bioarchaeological study of medieval burials on the site of St Mary Spital: excavations at Spitalfields Market, London E1, 1991–2007* (London).

Cook, Edward R.; Anchukaitis, Kevin J.; Buckley, Brendan M.; D'Arrigo, Rosanne D.; Jacoby, Gordon C.; Wright, William E. (2010), 'Asian monsoon failure and megadrought during the last millennium', *Science* 328, 486–9.

Cook, Edward R.; Esper, Jan; D'Arrigo, Rosanne (2004a), 'Extra-tropical northern hemisphere land temperature variability over the past 1000 years', *QSR* 23, 2063–74.

Cook, Edward R.; Woodhouse, Connie A.; Eakin, Mark; Meko, David M.; Stahle, David W. (2004b), 'Long-term aridity changes in the western United States', *Science* 306, 1015–18.

Data: Cook, Edward R.; Woodhouse, Connie A.; Eakin, Mark; Meko, David M.; Stahle, David W. (2004c), 'North American summer PDSI reconstructions', IGBP # 2004-045.

Cosgrove, Art, ed. (1993), *A new history of Ireland, II, Medieval Ireland, 1169–1534*, Oxford.

Coss, Peter R. (1991), *Lordship, knighthood and locality: a study in English society c.1180–c.1280*, Cambridge.

Crespo, Fabian (2014), 'Heterogeneous immunological landscapes and medieval plague: an invitation to a new dialogue between historians and immunologists', in Monica Green, ed., *Pandemic disease in the medieval world: rethinking the Black Death, The Medieval Globe* 1, special issue, www.arc-humanities.org/the-medieval-globe.html.

Crowley, Thomas J. (2000), 'Causes of climate change over the past 1000 years', *Science* 289 (5477), 270–7.

Cui, Yujun; Yu, Chang; Yan, Yanfeng; Li, Dongfang; Li, Yanjun; Jombart, Thibaut; Weinert, Lucy A.; Wang, Zuyun; Guo, Zhaobiao; Xu, Lizhi; Zhang, Yujiang; Zheng, Hancheng; Xiao Xiao, Nan Qin; Wu, Mingshou; Wang, Xiaoyi; Zhou, Dongsheng; Qi, Zhizhen; Du, Zongmin; Wu, Honglong; Yang, Xianwei; Cao, Hongzhi; Wang, Hu; Wang, Jing; Yao, Shusen; Rakin, Alexander; Li, Yingrui; Falush, Daniel; Balloux, François; Achtman, Mark; Songa, Yajun; Wang, Jun; Yanga, Ruifu (2013), 'Historical variations in mutation rate in an epidemic pathogen, *Yersinia pestis*', *PNAS* 110 (2), 577–82.

Cummins, Neil; Kelly, Morgan; Ó Gráda, Cormac (2013), 'Living standards and plague in London', *Social Science Research Network*, working paper, http://papers.ssrn.com/sol3/papers.cfm?abstract_id=2289094.

Darby, Henry Clifford (1940), *The medieval Fenland*, Cambridge.

Darby, Henry Clifford (1977), *Domesday England*, Cambridge.

Darby, Henry Clifford; Glasscock, Robin E.; Sheail, John; Versey, G. Roy (1979), 'The changing geographical distribution of wealth in England: 1086–1334–1525', *JHG* 5 (3), 247–62.

Davies, M.; Kissock, J. (2004), 'The Feet of Fines, the land market and the English agricultural crisis of 1315 to 1322', *JHG* 30, 215–30.

Davies, R. R. (1990), *Domination and conquest: the experience of Ireland, Scotland and Wales 1100–1300*, Cambridge.

Davis, David E. (1986), 'The scarcity of rats and the Black Death: an ecological history', *JIH* 16 (3), 455–70.

Davis, James (2011), *Medieval market morality: life, law and ethics in the English marketplace, 1200–1500*, Cambridge.

Davis, Robert C. (2003), *Christian slaves, Muslim masters: white slavery in the Mediterranean, the Barbary Coast, and Italy, 1500–1800*, New York.

Davis, Stephen; Begon, Mike; De Bruyn, Luc; Ageyev, Vladimir S.; Klassovskiy, Nikolay L.; Pole, Sergey B.; Viljugrein, Hildegunn; Stenseth, Nils Chr.; Leirs, Herwig (2004), 'Predictive thresholds for plague in Kazakhstan', *Science* 304 (5671), 736–8.

Dawson, A. G.; Hickey, K.; Mayewski, P. A.; Nesje, A. (2007), 'Greenland (GISP2) ice core and historical indicators of complex North Atlantic climate changes during the fourteenth century', *The Holocene* 17 (4), 427–34.

Day, John (1987), *The medieval market economy*, Oxford.

De Moor, Tine (2008), 'The silent revolution: a new perspective on the emergence of commons, guilds, and other forms of corporate collective action in Western Europe', *International Review Social History* 53, Supplement S16, 179–212.

Dean, James M., ed. (1996), 'The Simonie [Symonye and covetise, or On the evil times of Edward II]' in *Medieval English political writings*, Kalamazoo.

Delaygue, G.; Bard, E. (2010a), 'An Antarctic view of Beryllium-10 and solar activity for the past millennium', *Climate Dynamics early edn*, 18pp.
Data: Delaygue, G.; Bard, E. (2010b), 'Antarctic last millennium 10Be stack and solar irradiance reconstruction', IGBP # 2010-035.

Devignat, R. (1951), 'Variétés de l'espèce Pasteurella pestis: nouvelle hypothèse', *Bulletin World Health Organisation* 4 (2), 247–63.

DeWindt, Edwin B. (1972), *Land and people in Holywell-cum-Needingworth: structures of tenure and patterns of social organization in an east midlands village 1252–1457*, Toronto.

DeWitte, Sharon N. (2010), 'Sex differentials in frailty in medieval England', *American Journal of Physical Anthropology* 143, 285–97.

DeWitte, Sharon N.; Slavin, Philip (2013), 'Between famine and death: England on the eve of the Black Death – evidence from paleoepidemiology and manorial accounts', *JIH* 44 (1), 37–60.

DeWitte, Sharon N.; Wood, James W. (2008), 'Selectivity of Black Death mortality with respect to preexisting health', *PNAS* 105 (5), 1436–41.

Di Cosmo, Nicola (2005), 'Mongols and merchants on the Black Sea frontier in the thirteenth and fourteenth centuries: convergences and conflicts', 391–424 in Reuven Amitai and Michal Biran, eds., *Mongols, Turks, and others: Eurasian nomads and the sedentary world*, Leiden and Boston.

Diamond, Jared (1999), *Guns, germs and steel: the fates of human societies*, New York and London.

Dodds, Ben (2007), *Peasants and production in the medieval north-east: evidence from tithes, 1270–1536*, Woodbridge.

Dodgshon, R. A. (1987), *The European past: social evolution and spatial order*, Basingstoke.

Dols, Michael W. (1977), *The Black Death in the Middle East*, Princeton.

Dols, Michael W. (1978), 'Geographical origin of the Black Death: comment', *BHM* 52 (1), 112–23.

Domar, Evsey D. (1970), 'The causes of slavery or serfdom: a hypothesis', *JEH* 30 (1), 18–32.

Donkin, R. A. (1973), 'Changes in the early Middle Ages', 75–135 in H. C. Darby, ed., *A new historical geography of England*, Cambridge.

Donkin, R. A. (1978), *The Cistercians: studies in the geography of medieval England and Wales*, Toronto.

Dotterweich, Markus (2008), The history of soil erosion and fluvial deposits in small catchments of central Europe: deciphering the long-term interaction between humans and the environment – a review', *Geomorphology* 101, 192–208.

Dotterweich, Markus; Schmitt, Anne; Schmidtchen, Gabriele; Bork, Hans-Rudolf (2003), 'Quantifying historical gully erosion in northern Bavaria', *Catena* 50 (2–4), 135–50.

Drancourt, Michel; Houhamdi, Linda; Raoult, Didier (2006), '*Yersinia pestis* as a telluric ectoparasite-borne organism', *Lancet Infectious Diseases* 6 (4), 234–41.

Dresbeck, LeRoy (1971), 'The chimney and social change in medieval England', *Albion: A Quarterly Journal Concerned with British Studies* 3 (1), 21–32.

Duby, Georges (1974), *The early growth of the European economy: warriors and peasants from the seventh to the twelfth century*, trans. Howard B. Clarke, London.

Duby, Georges (1976), *Le temps des cathédrales: l'art et la société (980–1420)*, Paris.

Dugmore, Andrew J.; Keller, Christian; McGovern, Thomas H. (2007), 'Norse Greenland settlement: reflections on climate change, trade, and the contrasting fates of human settlements in the North Atlantic islands', *Arctic Anthropology* 44 (1), 12–36.

Duncan, Christopher J.; Scott, Susan (2005), 'What caused the Black Death?', *Postgraduate Medical Journal* 81, 315–20.

Dunsford, H. M.; Harris, S. J. (2003), 'Colonization of the wasteland in County Durham, 1100–1400', *EcHR* 56 (1), 34–56.

Dyer, Christopher (1989), *Standards of living in the later Middle Ages: social change in England c.1200–1520*, Cambridge.

Dyer, Christopher (1992), 'The hidden trade of the Middle Ages: evidence from the west midlands of England', *JHG* 18 (2), 141–57.

Dyer, Christopher (1995), 'Sheepcotes: evidence for medieval sheepfarming', *Medieval Archaeology* 39, 136–64.

Dyer, Christopher (2011), 'Luxury goods in medieval England', 217–38 in Ben Dodds and Christian D. Liddy, eds., *Commercial activity, markets and entrepreneurs in the Middle Ages: essays in honour of Richard Britnell*, Woodbridge.

Ecclestone, Martin (1999), 'Mortality of rural landless men before the Black Death: the Glastonbury head-tax lists', *Local Population Studies* 63, 6–29.

Edwards, Jeremy; Ogilvie, Sheilagh (2012), 'What lessons for economic development can we draw from the Champagne fairs?', *EEH* 49 (2), 131–48.

Eisen, Rebecca J.; Dennis, David T.; Gage, Kenneth L. (2015), 'The role of early-phase transmission in the spread of *Yersinia pestis*', *Journal of Medical Entomology advance access*, 10pp.

Eisen, Rebecca J.; Gage, Kenneth L. (2009), 'Adaptive strategies of *Yersinia pestis* to persist during inter-epizootic and epizootic periods', *Veterinary Research* 40 (1), 14pp.

Eisen, Rebecca J.; Gage, Kenneth L. (2012), 'Transmission of flea-borne zoonotic agents', *Annual Review Entomology* 57, 61–82.

Eisen, Rebecca J.; Bearden, Scott W.; Wilder, Aryn P.; Montenieri, John A.; Antolin, Michael F.; Gage, Kenneth L. (2006), 'Early-phase transmission of *Yersinia pestis* by unblocked fleas as a mechanism explaining rapidly spreading plague epizootics', *PNAS* 103 (42), 15380–5.

Eisen, Rebecca J.; Petersen, Jeannine M.; Higgins, Charles L.; Wong, David; Levy, Craig E.; Mead, Paul S.; Schriefer, Martin E.; Griffith, Kevin S.; Gage, Kenneth L.; Beard, C. Ben (2008), 'Persistence of *Yersinia pestis* in soil under natural conditions', *EID* 14 (6), 941–3.

Ell, Stephen R. (1980), 'Interhuman transmission of medieval plague', *Bulletin History Medicine* 54 (4), 497–510.

Emile-Geay, Julian; Seager, Richard; Cane, Mark A.; Cook, Edward R.; Haug, Gerald H. (2008), 'Volcanoes and ENSO over the past millennium', *Journal of Climate* 21 (13), 3134–48.

Engelen, A. F. V. van; Buisman, J.; IJnsen, F. (2001), 'A millennium of weather, winds and water in the Low Countries', 101–24 in P. D. Jones, A. E. J. Ogilvie, T. D. Davies and K. R. Briffa, eds., *History and climate: memories of the future?*, New York. Data: www.knmi.nl/klimatologie/daggegevens/antieke_wrn/nederland_wi_zo.zip.

Enscore, Russell E.; Biggerstaff, Brad J.; Brown, Ted L.; Fulgham, Ralph E.; Reynolds, Pamela J.; Engelthaler, David M.; Levy, Craig E.; Parmenter, Robert R.; Montenieri, John A.; Cheek, James E.; Grinnell, Richie K.; Ettestad, Paul J.; Gage, Kenneth L. (2002), 'Modeling relationships between climate and the frequency of human plague cases in the southwestern United States, 1960–1997', *American Journal of Tropical Medicine & Hygiene* 66 (2), 186–96.

Epstein, Stephan R. (1992), *An island for itself: economic development and social change in late medieval Sicily*, Cambridge.

Epstein, Stephan R. (2000a), *Freedom and growth: the rise of states and markets in Europe, 1300–1750*, London and New York.

Epstein, Stephan R. (2000b), 'The rise and fall of Italian city-states', London, LSE Research online: http://eprints.lse.ac.uk/archive/00000663. Reprinted from 277–94 in M. H. Hansen, ed. (2000), *A comparative study of thirty city-state cultures: an investigation*, Copenhagen.

Esper, J.; Frank, D. C.; Büntgen, U.; Verstege, A.; Luterbacher, J.; Xoplaki, E. (2007), 'Long-term drought severity variations in Morocco', *GRL* 34, L17702, 5pp.

Data: Esper, J.; Frank, D. C.; Büntgen, U.; Verstege, A.; Luterbacher, J.; Xoplaki, E. (2009), 'Morocco millennial Palmer Drought Severity Index reconstruction', IGBP # 2009-032.

Evans, Nesta (1985), *The East Anglian linen industry: rural industry and local economy, 1500–1850*, Aldershot.

Evans, Ralph (1996), 'Merton College's control of its tenants at Thorncroft 1270–1349', 199–259 in Zvi Razi and Richard M. Smith, eds., *Medieval society and the manor court*, Oxford.

Fang, Keyan; Chen, Fahu; Sen, Asok K.; Davi, Nicole; Huang, Wei; Li, Jinbao; Seppa, Heikki (2014), 'Hydroclimate variations in central and monsoonal Asia over the past 700 years', *PLoS One* 9 (8), e102751.

Farmer, David L. (1956), 'Some price fluctuations in Angevin England', *EcHR* 9 (1), 34–43.

Farmer, David L. (1977), 'Grain yields on the Winchester manors in the later Middle Ages', *EcHR* 30 (4), 555–66.

Farmer, David L. (1988), 'Prices and wages', 715–817 in H. E. Hallam, ed., *The agrarian history of England and Wales, II, 1042–1350*, Cambridge.

Farmer, David L. (1991a), 'Marketing the produce of the countryside, 1200–1500', 324–430 in Edward Miller, ed., *The agrarian history of England and Wales, III, 1348–1500*, Cambridge.

Farmer, David L. (1991b), 'Prices and wages, 1350–1500', 431–525 in Edward Miller, ed., *The agrarian history of England and Wales, III, 1348–1500*, Cambridge.

Farmer, David L. (1992), 'Millstones for medieval manors', *AHR* 40 (2), 97–111.

Farmer, David L. (1996), 'The *famuli* in the later Middle Ages', 207–36 in Richard H. Britnell and John Hatcher, eds., *Progress and problems in medieval England: essays in honour of Edward Miller*, Cambridge.

Federico, Giovanni; Malanima, Paolo (2004), 'Progress, decline, growth: product and productivity in Italian agriculture, 1000–2000', *EcHR* 57 (3), 437–64.

Fernández-Armesto, Felipe (1987), *Before Columbus: exploration and colonisation from the Mediterranean to the Atlantic, 1229–1492*, Basingstoke.

Findlay, Ronald; O'Rourke, Kevin H. (2007), *Power and plenty: trade, war, and the world economy in the second millennium*, Princeton.

Fox, Harold S. A. (1986), 'The alleged transformation from two-field to three-field systems in medieval England', *EcHR* 39 (4), 526–48.

Fox, Harold S. A. (1996), 'Exploitation of the landless by lords and tenants in early medieval England', 518–68 in Zvi Razi and Richard M. Smith, eds., *Medieval society and the manor court*, Oxford.

Fraedrich, K.; Jiang, J.; Gerstengarbe, F.-W.; Werner, P. (1997), 'Multi-scale detection of abrupt climate changes: application to River Nile flood levels', *International Journal of Climatology* 17, 1301–15.

Frati, P. (2000), 'Quarantine, trade and health policies in Ragusa-Dubrovnik until the age of George Armmenius-Baglivi', *Medicina nei secoli* 12 (1), 103–27.

Fryde, E. B. (1988), *William de la Pole, merchant and king's banker*, London.

Furió, Antoni (2011), 'Disettes et famines en temps de croissance. Une révision de la "crise de 1300": le royaume de Valence dans la première moitié du XIVe siècle', 343–416 in Monique Bourin, John Drendel and François Menant, eds., *Les disettes dans la conjoncture de 1300 en Méditerranée occidentale*, Rome.

Furió, Antoni (2013), 'La primera gran depresión Europea (siglos XIV–XV)', 17–58 in Enrique Llopis and Jordi Maluquer de Motes, eds., *España en crisis: las grandes depresiones económicas, 1348–2012*, Barcelona.

Gage, Kenneth L.; Kosoy, Michael Y. (2005), 'Natural history of plague: perspectives from more than a century of research', *Annual Review Entomology* 50, 505–28.

Galimand, Marc; Guiyoule, Annie; Gerbaud, Guy; Rasoamanana, Bruno; Chanteau, Suzanne; Carniel, Elisabeth; Courvalin, Patrice (1997), 'Multidrug resistance in *Yersinia pestis* mediated by a transferable plasmid', *New England Journal of Medicine* 337 (10), 677–81.

Galloway, James A.; Keene, Derek J.; Murphy, Margaret (1996), 'Fuelling the city: production and distribution of firewood and fuel in London's region, 1290–1400', *EcHR* 49 (3), 447–72.

Gao, Chaochao; Robock, Alan; Ammann, Caspar (2008), 'Volcanic forcing of climate over the past 1500 years: an improved ice core-based index for climate models', *Journal of Geophysical Research* 113, D09103, 15pp.

Gao, Chaochao; Robock, Alan; Ammann, Caspar (2009a), 'Correction to "Volcanic forcing of climate over the past 1500 years: an improved ice core-based index for climate models"', *Journal of Geophysical Research* 114, D09103, 1p. *Data*: Gao, Chaochao; Robock, Alan; Ammann, Caspar (2009b), '1500 Year ice core-based stratospheric volcanic sulfate data', IGBP # 2009-098.

Ge, Quansheng; Zheng, Jingyun; Fang, Xiuqi; Man, Zhimin; Zhang, Xueqin; Zhang, Piyuan; Wang, Wei-Chyung (2003), 'Winter half-year temperature reconstruction for the middle and lower reaches of the Yellow River and Yangtze River, China, during the past 2000 years', *The Holocene* 13 (6), 933–40.

Gerrard, Christopher M.; Petley, David N. (2013), 'A risk society? Environmental hazards, risk and resilience in the later Middle Ages in Europe', *Natural Hazards* 69 (1), 1051–79.

Gilbert, M.; Thomas, P.; Cuccui, Jon; White, William; Lynnerup, Niels; Titball, Richard W.; Cooper, Alan; Prentice, Michael B. (2004), 'Absence of *Yersinia pestis*-specific DNA in human teeth from five European excavations of putative plague victims', *Microbiology* 150 (2), 341–54.

Glaser, R.; Riemann, D. (2009), 'A thousand-year record of temperature variations for Germany and Central Europe based on documentary data', *Journal of Quaternary Science* 24, 437–49. *Data*: Glaser, R.; Riemann, D. (2010), 'Central Europe 1000 year documentary temperature reconstruction', IGBP # 2010-040.

Glasscock, Robin E., ed. (1975), *The lay subsidy of 1334*, London.

Glénisson, Jean (1971), 'La seconde peste; l'épidémie de 1360–1362 en France et en Europe', *Annuaire-Bulletin de la Société de l'histoire de France 1968*, 27–38.

Goldberg, P. J. P. (1992), '"For better, for worse": marriage and economic opportunity for women in town and country', 108–25 in P. J. P. Goldberg, ed., *Woman is a worthy wight: women in English society c.1200–1500*, Stroud.

Golding, Brian (2001), 'The Church and Christian life', 135–66 in Barbara Harvey, ed., *The twelfth and thirteenth centuries*, Oxford.

Golding, William (1964), *The spire*, London.

Goldstone, Jack A. (2002), 'Efflorescences and economic growth in world history: rethinking the "rise of the West" and the industrial revolution', *Journal of World History* 13 (2), 323–89.

Goody, Jack (1983), *The development of the family and marriage in Europe*, Cambridge.

Gottfried, Robert S. (1978), *Epidemic disease in fifteenth century England: the medical response and the demographic consequences*, Leicester.

Graham, Brian J. (1979), 'The evolution of urbanization in medieval Ireland', *JHG* 5, 111–25.

Graham, N. E.; Ammann, C. M.; Fleitmann, D.; Cobb, K. M.; Luterbacher, J. (2010), 'Support for global climate reorganization during the "Medieval Climate Anomaly"', *Climate Dynamics, online first*, 29pp.

Grainger, Ian; Hawkins, Duncan; Cowal, Lynne; Mikulski, Richard (2008), *The Black Death cemetery, East Smithfield, London*, London.

Grantham, George (1999), 'Contra Ricardo: on the macroeconomics of pre-industrial economies', *EREH* 3 (2), 199–232.

Gras, P. (1939), 'Le registre paroissial de Givry (1334–1357) et la Peste Noire en Bourgogne', *Bibliothèque de l'Ecole des Chartes* 100, 295–308.

Gratz, Norman G. (1999), 'Emerging and resurging vector-borne diseases', *Annual Review Entomology* 44, 51–75.

Green, Monica, ed. (2014), *Pandemic disease in the medieval world: rethinking the Black Death, The Medieval Globe* 1, special issue, www.arc-humanities.org/the-medieval-globe.html.

Greif, Avner (2006), *Institutions and the path to the modern economy: lessons from medieval trade*, New York.

Grousset, René (1970), *The empire of the steppes: a history of Central Asia*, trans. Naomi Walford, New Brunswick.

Grove, Jean M. (1988), *The Little Ice Age*, London.

Grove, Jean M. (2004), *Little Ice Ages: ancient and modern*, 2 vols., 2nd edn, London.

Grove, Richard H. (1998), 'Global impact of the 1789–93 El Niño', *Nature* 393, 318–19.

Grove, Richard H.; Chappell, John, eds. (2000), *El Niño – history and crisis: studies from the Asia-Pacific region*, Cambridge.

Grudd, H. (2008), 'Torneträsk tree-ring width and density AD 500–2004: a test of climatic sensitivity and a new 1500-year reconstruction of north Fennoscandian summers', *Climate Dynamics* 31, 843–57.
Data: Grudd, H. (2010), 'Torneträsk tree ring MXD temperature reconstruction AD 500–2004', IGBP # 2010-027.

Gunten, L. von; Grosjean, M.; Rein, B.; Urrutia, R.; Appleby, P. (2009a), 'A quantitative high-resolution summer temperature reconstruction based on sedimentary pigments from Laguna Aculeo, central Chile, back to AD 850', *The Holocene* 19 (6), 873–81.

Data: Gunten, L. von; Grosjean, M.; Rein, B.; Urrutia, R.; Appleby, P. (2009b), 'Laguna Aculeo, Chile austral summer temperature reconstruction', IGBP # 2009-088.

Haensch, Stephanie; Bianucci, Raffaella; Signoli, Michel; Rajerison, Minoarisoa; Schultz, Michael; Kacki, Sacha; Vermunt, Marco; Weston, Darlene A.; Hurst, Derek; Achtman, Mark; Carniel, Elisabeth; Bramanti, Barbara (2010), 'Distinct clones of *Yersinia pestis* caused the Black Death', *PLoS Pathogens* 6 (10), e1001134.

Hall, David (1982), *Medieval fields*, Aylesbury.

Hallam, H. E. (1965), *Settlement and society: a study of the early agrarian history of south Lincolnshire*, Cambridge.

Hallam, H. E. (1988), 'Population movements in England, 1086–1350', 508–93 in H. E. Hallam, ed., *The agrarian history of England and Wales, II, 1042–1350*, Cambridge.

Hanawalt, Barbara A. (1976), *Crime in East Anglia in the fourteenth century: Norfolk gaol delivery rolls, 1307–1316*, Norfolk Record Society 44, Norwich.

Hanawalt, Barbara A. (1979), *Crime and conflict in English communities, 1300–1348*, Cambridge, Mass.

Harbeck, Michaela; Seifert, Lisa; Hänsch, Stephanie; Wagner, David M.; Birdsell, Dawn; Parise, Katy L.; Wiechmann, Ingrid; Grupe, Gisela; Thomas, Astrid; Keim, P.; Zöller, Lothar; Bramanti, Barbara; Riehm, Julia M.; Scholz, Holger C. (2013), '*Yersinia pestis* DNA from skeletal remains from the 6th century AD reveals insights into Justinianic Plague', *PLoS Pathogens* 9 (5), e1003349.

Harding, A. (1973), *The law courts of medieval England*, London.

Harper-Bill, Christopher (1996), 'The English Church and English religion after the Black Death', 79–124 in W. Mark Ormrod and Phillip G. Lindley, eds., *The Black Death in England*, Stamford.

Harrison, David (2004), *The bridges of medieval England: transport and society 400–1800*, Oxford.

Harvey, Barbara (1991), 'Introduction: the "crisis" of the early fourteenth century', 1–24 in Bruce M. S. Campbell, ed., *Before the Black Death: studies in the 'crisis' of the early fourteenth century*, Manchester.

Harvey, Barbara (1993), *Living and dying in England 1100–1540: the monastic experience*, Oxford.

Harvey, Barbara (2001), 'Conclusion', 243–64 in Barbara Harvey, ed., *The twelfth and thirteenth centuries*, Oxford.

Harvey, P. D. A. (1965), *A medieval Oxfordshire village: Cuxham 1240–1400*, London.

Harvey, P. D. A. (1973), 'The English inflation of 1180–1220', *P&P* 61, 3–30.

Harvey, P. D. A. (1984a), 'Introduction', 1–28 in P. D. A. Harvey, ed., *The peasant land market in medieval England*, Oxford.

Harvey, P. D. A., ed. (1984b), *The peasant land market in medieval England*, Oxford.

Harvey, P. D. A. (1996), 'The peasant land market in medieval England – and beyond', 392–407 in Zvi Razi and Richard M. Smith, eds., *Medieval society and the manor court*, Oxford.

Hassan, Fekri A. (2007), 'Extreme Nile floods and famines in medieval Egypt (AD 930–1500) and their climatic implications', *Quaternary International* 173, 101–12.

Hassan, Fekri A. (2011), 'Nile flood discharge during the Medieval Climate Anomaly', *PAGES news* 19, 30–1.

Hatcher, John (1973), *English tin production and trade before 1550*, Oxford.

Hatcher, John (1977), *Plague, population and the English economy 1348–1530*, London and Basingstoke.

Hatcher, John (1981), 'English serfdom and villeinage: towards a reassessment', *P&P* 90, 3–39. Reprinted as 247–84 in T. H. Aston, ed. (1987), *Landlords, peasants and politics in medieval England*, Cambridge.

Hatcher, John (1996), 'The great slump of the mid-fifteenth century', 237–72 in R. H. Britnell and J. Hatcher, eds., *Progress and problems in medieval England: essays in honour of Edward Miller*, Cambridge.

Hatcher, John (2003), 'Understanding the population history of England 1450–1750', *P&P* 180, 83–130.

Hatcher, John (2008), *The Black Death: an intimate history*, London.

Hatcher, John (2011), 'Unreal wages: long run living standards and the "golden age" of the fifteenth century?', 1–24 in Ben Dodds and Christian Drummond Liddy, eds., *Commercial activity, markets and entrepreneurs in the Middle Ages: essays in honour of Richard Britnell*, Woodbridge.

Hatcher, John; Bailey, Mark (2001), *Modelling the Middle Ages: the history and theory of England's economic development*, Oxford.

Hatcher, John; Piper, A. J.; Stone, David (2006), 'Monastic mortality: Durham Priory, 1395–1529', *EcHR* 59 (4), 667–87.

Hays, J. N. (2005), *Epidemics and pandemics: their impacts on human history*, Santa Barbara.

Hecker, Justus Friedrich Carl (1832), *Der schwarze Tod im vierzehnten Jahrhundert: Nach den Quellen für Ärzte und gebildete Nichtärzte bearbeitet* (The Black Death in the fourteenth century: from the sources by physicians and non-physicians), Berlin.

Heier, Lise; Storvik, Geir O.; Davis, Stephen A.; Viljugrein, Hildegunn; Ageyev, Vladimir S.; Klassovskaya, Evgeniya; Stenseth, Nils Chr. (2011), 'Emergence, spread, persistence and fade-out of sylvatic plague in Kazakhstan', *Proceedings of the Royal Soc. B: Biological Sciences* 278 (1720), 2915–23.

Henderson, John (2010), 'Public health, pollution and the problem of waste disposal in early modern Tuscany', 373–82 in Simonetta Cavaciocchi, ed., *Le interazioni fra economia e ambiente biologico nell'Europe preindustriale secc. XIII–XVIII*, Istituto Internazionale di Storia Economica 'F. Datini', Prato.

Henriques, António (2015), 'Plenty of land, land of plenty: the agrarian output of Portugal (1311–20)', *EREH* 19 (2), 149–70.

Herlihy, David (1967), *Medieval and Renaissance Pistoia: the social history of an Italian town, 1200–1430*, New Haven.

Herlihy, David (1997), *The Black Death and the transformation of the West*, ed. and intro. Samuel K. Cohn, Jr, Cambridge, Mass., and London.

Herweijer, Celine; Seager, Richard; Cook, Edward R.; Emile-Geay, Julien (2007), 'North American droughts of the last millennium from a gridded network of tree-ring data', *Journal of Climate* 20 (7), 1353–76.

Hessl, A. E.; Pederson, N.; Baatarbileg, N.; Anchukaitis, K. J. (2013), 'Pluvials, droughts, the Mongol Empire, and modern Mongolia', *American Geophysical Union's Fall Meeting Abstracts* 1, 6.

Hewitt, H. J. (1966), *The organization of war under Edward III, 1338–62*, Manchester.

Hilton, R. H. (1985), 'Medieval market towns and simple commodity production', *P&P* 109, 3–23.

Hinde, Andrew (2003), *England's population: a history since the Domesday Survey*, London.

Hoffmann, Richard C. (2014), *An environmental history of medieval Europe*, Cambridge.

Hollingsworth, T. H. (1969), *Historical demography*, London.

Holt, Richard (1988), *The mills of medieval England*, Oxford.

Horrox, Rosemary, trans. & ed. (1994), *The Black Death*, Manchester.

Hoskins, W. G. (1964), 'Harvest fluctuations and English economic history, 1480–1619', *AHR* 12 (1), 28–46.

Houhamdi, Linda; Lepidi, Hubert; Drancourt, Michel; Raoult, Didier (2006), 'Experimental model to evaluate the human body louse as a vector of plague', *Journal of Infectious Diseases* 194 (11), 1589–96.

Howell, Cicely (1983), *Land, family and inheritance in transition: Kibworth Harcourt 1280–1700*, Cambridge.

Hoyt, Robert S. (1950), *The royal demesne in English constitutional history: 1066–1272*, New York.

Hudson, R. W. (1921), 'The prior of Norwich's manor of Hindolveston: its early organisation and rights of the customary tenants to alienate their strips of land', *Norfolk Archaeology* 20, 179–214.

Hufthammer, Anne Karin; Walløe, Lars (2013), 'Rats cannot have been intermediate hosts for *Yersinia pestis* during medieval plague epidemics in Northern Europe', *Journal of Archaeological Science* 40, 1752–9.

Humphries, Jane; Weisdorf, Jacob (2015), 'The wages of women in England, 1260–1850', *JEH* 75 (2), 405–47.

Hunt, Edwin S. (1990), 'A new look at the dealings of the Bardi and Peruzzi with Edward III', *JEH* 50 (1), 149–62.

Hunt, Edwin S. (1994), *The medieval super-companies: a study of the Peruzzi Company of Florence*, Cambridge.

Hunt, Edwin S.; Murray, James M. (1999), *A history of business in medieval Europe, 1200–1550*, Cambridge.

Hurst, J. G. (1988), 'Rural building in England and Wales: England', 888–98 in H. E. Hallam, ed., *The agrarian history of England and Wales, II, 1042–1350*, Cambridge.

Hyams, Paul R. (1970), 'The origins of a peasant land market in England', *EcHR* 23 (1), 18–31.

Hyams, Paul R. (1980), *Kings, lords and peasants in medieval England: the Common Law of Villeinage in the twelfth and thirteenth centuries*, Oxford.

Hybel, Nils (1989), *Crisis or change: the concept of crisis in the light of agrarian structural reorganization in late medieval England*, Aarhus.

Hybel, Nils (2002), 'Klima og hungersnød I middelalderen', *Historisk tidsskrift (Kopenhagen)* 102, 265–81.

Hymes, Robert (2014), 'Epilogue: a hypothesis on the East Asian beginnings of the *Yersinia pestis* polytomy', 285–307 in Monica Green, ed., *Pandemic disease in the medieval world: rethinking the Black Death*, The Medieval Globe 1, special issue, www.arc-humanities.org/the-medieval-globe.html.

Inglesby, Thomas V.; Dennis, David T; Henderson, Donald A.; Bartlett, John G.; Ascher, Michael S.; Eitzen, Edward; Fine, Anne D.; Friedlander, Arthur M.; Hauer, Jerome; Koerner, John F.; Layton, Marcelle; McDade, Joseph; Osterholm, Michael T.; O'Toole, Tara; Parker, Gerald; Perl, Trish M.; Russell, Philip K.; Schoch-Spana, Monica; Tonat, Kevin (2000), 'Plague as a biological weapon: medical and public health management', *Journal of the American Medical Association* 283 (17), 20pp.

Jacoby, G. C.; D'Arrigo, R. D.; Buckley, B.; Pederson, N. (no date), 'Mongolia (*Larix Sibirica*): Solongotyn Davaa (Tarvagatay Pass)', NOAA Paleoclimatology Tree Ring Data Sets, http://hurricane.ncdc.noaa.gov/pls/paleo/ftpsearch.treering.

James, Margery Kirkbride (1971), *Studies in the medieval wine trade*, Oxford.

Jamroziak, E. M. (2005), 'Networks of markets and networks of patronage in thirteenth-century England', 41–9 in Michael Prestwich, Richard H. Britnell and Robin Frame, eds., *Thirteenth-century England X*, Woodbridge.

Jansen, Katherine L. (2009), 'Giovanni Villani on food shortages and famine in central Italy (1329–30, 1347–48)', 20–3 in Katherine L. Jansen, Joanna Drell and Frances Andrews, eds., *Medieval Italy: texts in translation*, Philadelphia.

Jenks, S. (1998), 'The lay subsidies and the state of the English economy (1275–1334)', *Vierteljahrschrift für Sozial- und Wirtschaftsgeschichte*, 85, 1–39.

Jiang, Hui; Eiríksson, Jón; Schulz, Michael; Knudsen, Karen-Luise; Seidenkrantz, Marit-Solveig (2005), 'Evidence for solar forcing of sea-surface temperature on the North Icelandic Shelf during the late Holocene', *Geology* 33 (1), 73–6.

Jiang, J.; Mendelssohn, R.; Schwing, F.; Fraedrich, K. (2002), 'Coherency detection of multiscale abrupt changes in historic Nile flood levels, *GRL* 29 (8), 112 (1–4).

Jones, E. D. (1996), 'Medieval merchets as demographic data: some evidence from the Spalding Priory estates, Lincolnshire', *C&C* 11 (3), 459–70.

Jordan, William Chester (1996), *The Great Famine: Northern Europe in the early fourteenth century*, Princeton.

Kadens, Emily (2011), 'Myth of the customary law merchant', *Texas Law Review* 90, 1153.

Kander, Astrid; Malanima, Paolo; Warde, Paul (2014), *Power to the people: energy in Europe over the last five centuries.* Princeton.

Kanzaka, Junichi (2002), 'Villein rents in thirteenth-century England: an analysis of the Hundred Rolls of 1279–80', *EcHR* 55 (4), 593–618.

Kaplan, Jed O.; Krumhardt, Kristen M.; Zimmermann, Niklaus (2009), 'The prehistoric and preindustrial deforestation of Europe', *QSR* 28 (27), 3016–34.

Karpov, Sergej P. (2007), *History of the Empire of Trebizond* (in Russian), St Petersburg.

Kausrud, Kyrre Linné; Begon, Mike; Ari, Tamara Ben; Viljugrein, Hildegunn; Esper, Jan; Büntgen, Ulf; Leirs, Herwig; Junge, Claudia; Yang, Bao; Yang, Meixue; Xu, Lei; Stenseth, Nils Chr. (2010), 'Modeling the epidemiological history of plague in Central Asia: palaeoclimatic forcing on a disease system over the past millennium', *BMC Biology* 8 (112), 14pp.

Kedar, B. Z. (1976), *Merchants in crisis: Genoese and Venetian men of affairs and the fourteenth-century depression,* New Haven and London.

Keene, Derek (1984a), 'A new study of London before the Great Fire', *Urban History* 11 (1), 11–21.

Keene, Derek (1984b), 'Social and economic study of medieval London: summary report 1979–84', unpublished report to the Economic and Social Research Council, London.

Keene, Derek J. (1985), *Cheapside before the Great Fire,* London.

Keene, Derek J. (2000a), 'Changes in London's economic hinterland as indicated by debt cases in the Court of Common Pleas', 59–81 in J. A. Galloway, ed., *Trade, urban hinterlands and market integration, c.1300–1600: a collection of working papers given at a conference organised by the Centre for Metropolitan History and supported by the Economic and Social Research Council, 7 July 1999,* Centre for Metropolitan History, Working Papers 3, London.

Keene, Derek J. (2000b), 'London from the post-Roman period to 1300', 187–216 in D. M. Palliser, ed., *The Cambridge urban history of Britain, I, 600–1540,* Cambridge.

Keene, Derek J. (2011), 'Crisis management in London's food supply, 1250–1500', 45–62 in Ben Dodds and Christian D. Liddy, eds., *Commercial activity, markets and entrepreneurs in the Middle Ages: essays in honour of Richard Britnell,* Woodbridge.

Keil, Ian (1964), 'The estates of Glastonbury Abbey in the later Middle Ages: a study in administration and economic change', unpublished PhD thesis, University of Bristol.

Kelly, Morgan; Ó Gráda, Cormac (2014), 'The waning of the Little Ice Age: climate change in early modern Europe', *JIH* 44 (3), 301–25.

Kermode, Jenny (1998), *Medieval merchants: York, Beverley and Hull in the later Middle Ages,* Cambridge.

Kermode, Jenny (2000), 'The greater towns 1300–1540', 441–65 in D. M. Palliser, ed., *The Cambridge urban history of Britain,* Cambridge.

Kershaw, Ian (1973a), 'The great famine and agrarian crisis in England 1315–1322', *P&P* 59, 3–50.

Kershaw, Ian (1973b), *Bolton Priory: the economy of a northern monastery 1286–1325*, Oxford.

Kershaw, Ian (1976), 'The Great Famine and agrarian crisis in England 1315–22', 85–132 in R. H. Hilton, ed., *Peasants, knights and heretics*, Cambridge (reprinted from *P&P* 59 (1973a), 3–50).

Kershaw, Ian; Smith, David M., eds (2001), *The Bolton Priory compotus, 1286–1325: together with a priory account roll for 1377–1378*, Yorkshire Archaeological Society Record Series, Woodbridge.

Kitsikopoulos, Harry (2000), 'Standards of living and capital formation in pre-plague England: a peasant budget model', *EcHR* 53 (2), 237–61.

Kitsikopoulos, Harry, ed. (2012), *Agrarian change and crisis in Europe, 1200–1500*, London.

Knowles, David; Hadcock, R. N. (1971), *Medieval religious houses: England and Wales*, 2nd edn, London.

Kobashi, T.; Severinghaus, J. P.; Barnola, J.-M.; Kawamura, K.; Carter, T.; Nakaegawa, T. (2010a), 'Persistent multi-decadal Greenland temperature fluctuation through the last millennium', *Climatic Change* 100, 733–56.
Data: Kobashi, T.; Severinghaus, J. P.; Barnola, J.-M.; Kawamura, K.; Carter, T.; Nakaegawa, T. (2010b), 'GISP2 ice core 1000 year A^r-N^2 isotope temperature reconstruction', IGBP # 2010-057.

Kool, Jacob L. (2005), 'Risk of person-to-person transmission of pneumonic plague', *Healthcare Epidemiology* 40, 1166–72.

Kowaleski, Maryanne (2000), 'The western fisheries', 23–8 in David J. Starkey, Chris Reid and Neil Ashcroft, eds., *England's sea fisheries: the commercial sea fisheries of England and Wales since 1300*, London.

Kowaleski, Maryanne (2014), 'Medieval people in town and country: new perspectives from demography and bioarchaeology', *Speculum* 89 (3), 573–600.

Kundzewicz, Zbigniew W. (2005), 'Intense precipitation and high river flows in Europe – observations and projections', *Acta Geophysica Polonica* 53 (4), 385–400.

Kuznets, Simon (1966), *Modern economic growth, rate, structure, and spread*, New Haven.

Laayouni, H.; Oosting, M.; Luisi, P.; Ioana, M.; Alonso, S.; Ricaño-Ponce, I.; Trynka, G.; Zhernakova, A.; Plantinga, T. S.; Cheng, S. C.; Meer, J. W. van der; Popp, R.; Sood, A.; Thelma, B. K.; Wijmenga, C.; Joosten, L. A.; Bertranpetit, J.; Netea, M. G. (2014), 'Convergent evolution in European and Roma populations reveals pressure exerted by plague on toll-like receptors', *PNAS* 111 (7), 2668–73.

Lagerås, Per (2007), *The ecology of expansion and abandonment: medieval and post-medieval land-use and settlement dynamics in a landscape perspective*, Stockholm.

Lamb, Hubert Horace (1965), 'The early medieval warm epoch and its sequel', *Palaeogeography, Palaeoclimatology, Palaeoecology* 1, 13–37.

Landers, John (2003), *The field and the forge: population, production, and power in the pre-industrial West*, Oxford.

Langdon, John L. (1983), 'Horses, oxen, and technological innovation: the use of draught animals in English farming from 1066 to 1500', unpublished PhD thesis, University of Birmingham.

Langdon, John L. (1986), *Horses, oxen and technological innovation: the use of draught animals in English farming from 1066–1500*, Cambridge.

Langdon, John L. (1991), 'Water-mills and windmills in the west midlands, 1086–1500', *EcHR* 44 (3), 424–44.

Langdon, John L. (2004), *Mills in the medieval economy: England 1300–1540*, Oxford.

Langdon, John L.; Claridge, Jordan (2014), 'Women and children in the medieval English labour force before the Black Death: the examples of building and agriculture', unpublished paper.

Langdon, John L.; Masschaele, James (2006), 'Commercial activity and population growth in medieval England', *P&P* 190, 35–81.

Latimer, Paul (1997), 'Wages in late twelfth- and early thirteenth-century England', *Haskins Soc. Journal* 9, 185–205.

Latimer, Paul (1999), 'Early thirteenth-century prices', 41–73 in S. D. Church, ed., *King John: new interpretations*, Woodbridge.

Latimer, Paul (2011), 'Money and the English economy in the twelfth and thirteenth centuries', *History Compass* 9 (4), 246–56.

Laudisoit, Anne; Leirs, Herwig; Makundi, Rhodes H.; Van Dongen, Stefan; Davis, Stephen; Neerinckx, Simon; Deckers, Jozef; Libois, Roland (2007), 'Plague and the human flea, Tanzania', *EID* 13 (5), 687–93.

Lavigne, Franck; Degeai, Jean-Philippe; Komorowski, Jean-Christophe; Guillet, Sébastien; Robert, Vincent; Lahitte, Pierre; Oppenheimer, Clive; Stoffel, Markus; Vidal, Céline M.; Surono; Pratomo, Indyo; Wassmer, Patrick; Hajdas, Irka; Hadmoko, Danang Sri; Belizal, Edouard de (2013), 'Source of the great AD 1257 mystery eruption unveiled, Samalas volcano, Rinjani Volcanic Complex, Indonesia', *PNAS* 110 (42), 16742–7.

Lee, John S. (2003), 'Feeding the colleges: Cambridge's food and fuel supplies, 1450–1560', *EcHR* 56 (2), 243–64.

Le Roy Ladurie, Emmanuel (1971), *Times of feast and times of famine: a history of climate since the year 1000*, trans. Barbara Bray, New York.

Lepine, David (2003), 'England: Church and clergy', 359–80 in S. H. Rigby, ed., *A companion to Britain in the later Middle Ages*, Oxford.

Letters, Samantha (2010), *Online gazetteer of markets and fairs in England and Wales to 1516* www.history.ac.uk/cmh/gaz/gazweb2.html (updated 15 July 2010).

Letters, Samantha; Fernandes, Mario; Keene, Derek; Myhill, Owen (2003), *Gazetteer of markets and fairs in England and Wales to 1516*, List & Index Society, Special series 32 and 33.

Leulmi, Hamza; Socolovschi, Cristina; Laudisoit, Anne; Houemenou, Gualbert; Davoust, Bernard; Bitam, Idir; Raoult, Didier; Parola, Philipe (2014), 'Detection of *Rickettsia felis*, *Rickettsia typhi*, *Bartonella* species and *Yersinia pestis* in fleas (Siphonaptera) from Africa', *PLoS Neglected Tropical Diseases* 8 (10), e3152.

Levett, Ada Elizabeth (1916), *The Black Death on the estates of the see of Winchester; with a chapter on the manors of Witney, Brightwell, and Downton by A. Ballard*, Oxford Studies in Social and Legal History 5, Oxford.

Lieberman, Victor (2009), *Strange parallels: Southeast Asia in global context, c. 800–1830, 2, Mainland Mirrors: Europe, Japan, China, South Asia, and the Islands,* Cambridge.

Lieberman, Victor; Buckley, Brendan (2012), 'The impact of climate on Southeast Asia, circa 950–1820: new findings', *Modern Asian Studies* 46, 1049–96.

Limberger, Michael (2008), *Sixteenth-century Antwerp and its rural surroundings: social and economic changes in the hinterland of a commercial metropolis (ca. 1450–ca. 1570),* Turnhout.

Lindert, Peter H.; Williamson, Jeffrey Gale (1982), 'Revising England's social tables, 1688–1812', *EEH* 19, 385–408.

Little, Lester K., ed. (2007), *Plague and the end of Antiquity: the pandemic of 541–750,* Cambridge.

Little, Lester K. (2011), 'Plague historians in lab coats', *P&P* 213, 267–90.

Livi-Bacci, Massimo (1991), *Population and nutrition: an essay on European demographic history,* trans. T. Croft-Murray and Carl Ipsen, Cambridge.

Livi-Bacci, Massimo (2000), *The population of Europe,* trans. Cynthia De Nardi Ipsen and Carl Ipsen, Oxford.

Livi-Bacci, Massimo (2001), *A concise history of world population,* 3rd edn, Oxford.

Livingstone, Marilyn Ruth (2003), 'The *Nonae*: the records of the taxation of the ninth in England 1340–41', 2 vols., unpublished PhD thesis, The Queen's University of Belfast.

Ljungqvist, F. C. (2009), 'Temperature proxy records covering the last two millennia: a tabular and visual overview', IGBP # 2009-017.

Lloyd, T. H. (1977), *The English wool trade in the Middle Ages,* Cambridge.

Lloyd, T. H. (1982), *Alien merchants in England in the high Middle Ages,* Brighton.

Lo Cascio, Elio; Malanima, Paolo (2009), 'GDP in pre-modern agrarian economies (1–1820 AD), a revision of the estimates', *Rivista di Storia Economica* 25, 391–419.

Loehle, Craig; McCulloch, J. Huston (2008), 'Correction to: "A 2000-year global temperature reconstruction based on non-tree ring proxies"', *Energy & Environment* 19 (1), 93–100, www.econ.ohio-state.edu/jhm/AGW/Loehle/.

Longden, J. (1959), 'Statistical notes on Winchester heriots', *EcHR* 11 (3), 412–17.

Lopez, Robert S. (1971), *The commercial revolution of the Middle Ages, 950–1350,* Englewood Cliffs.

Lopez, Robert S. (1987), 'The trade of medieval Europe: the South', 306–401 in M. M. Postan and Edward Miller, eds., *The Cambridge economic history of Europe, II, Trade and industry in the Middle Ages,* 2nd edn, Cambridge.

Lorange, Ellen A.; Race, Brent L.; Sebbane, Florent; Hinnebusch, B. Joseph (2005), 'Poor vector competence of fleas and the evolution of hypervirulence in *Yersinia pestis*', *Journal of Infectious Diseases* 191 (11), 1907–12.

Ludlow, Francis; Stine, Alexander R.; Leahy, Paul; Murphy, Enda; Mayewski, Paul A.; Taylor, David; Killen, James; Baillie, Michael G. L.; Hennessy, Mark; Kiely, Gerard (2013) 'Medieval Irish chronicles reveal persistent volcanic forcing of severe winter cold events, 431–1649 CE', *Environmental Research Letters* 8 (2), L024035.

Lyons, Mary (1989), 'Weather, famine, pestilence and plague in Ireland, 900–1500', 321–74 in E. Margaret Crawford, ed., *Famine: the Irish experience, 900–1900: subsistence crises and famine in Ireland*, Edinburgh.

MacMillan, Katherine; Enscore, Russell E.; Ogen-Odoi, Asaph; Borchert, Jeff N.; Babi, Nackson; Amatre, Gerald; Atiku, Linda A.; Mead, Paul S.; Gage, Kenneth L.; Eisen, Rebecca J. (2011), 'Landscape and residential variables associated with plague-endemic villages in the West Nile region of Uganda', *American Journal of Tropical Medicine & Hygiene* 84 (3), 435–42.

Maddicott, John Robert (1987), 'The English peasantry and the demands of the Crown, 1294–1341', 285–359 in T. H. Aston, ed., *Landlords, peasants and politics in medieval England*, Cambridge. Reprinted from (1975), *P&P*, Supplement 1.

Maddison, Angus (2007), *Contours of the world economy, 1–2030 AD: essays in macro-economic history*, Oxford.

Magilligan, Francis J.; Goldstein, Paul S. (2001), 'El Niño floods and culture change: a late Holocene flood history for the Rio Moquegua, southern Peru', *Geology* 29 (5), 431–4.

Maitland, F. W., ed. (1889), *Select pleas in manorial and other seigniorial courts: reigns of Henry III and Edward I*, Selden Society 2, London.

Malanima, Paolo (1998), 'Italian cities 1300–1800: a quantitative approach', *Rivista di storia economica* 14 (2), 91–126.

Malanima, Paolo (2002), *L'economia italiana: dalla crescita medievale alla crescita contemporanea*, Bologna.

Malanima, Paolo (2003), 'Measuring the Italian economy, 1300–1861', *Rivista di storia economica* 19 (3), 265–96.

Malanima, Paolo (2005), 'Urbanisation and the Italian economy during the last millennium', *EREH* 9 (1), 97–122.

Malanima, Paolo (2008), 'The Italian Renaissance economy (1250–1600)', unpublished paper available at: www.paolomalanima.it/default_file/.../RENAISSANCE_ITALY.doc.pdf.

Malanima, Paolo (2011), 'The long decline of a leading economy: GDP in central and northern Italy, 1300–1913', *EREH* 15 (2), 169–219.

Malanima, Paolo (2012), 'Italy', 93–127 in Harry Kitsikopoulos, ed., *Agrarian change and crisis in Europe, 1200–1500*, London ['Statistical appendix: consumer price indices and wages in Central-Northern Italy and Southern England 1300–1850', www.paolomalanima.it/default_file/Italian%20Economy/StatisticalAppendix.pdf].

Malanima, Paolo (no date a), 'Italian GDP 1300–1913', Institute of Studies on Mediterranean Societies (ISSM), Italian National Research Council (CNR), www.cepr.org/meets/wkcn/1/1714/papers/Malanima.pdf.

Malanima, Paolo (no date b), 'Wheat prices in Tuscany', Institute of Studies on Mediterranean Societies, Italian National Research Council.

Malowist, Marian (1987), 'The trade of Eastern Europe in the later Middle Ages', 525–612 in M. M. Postan and Edward Miller, eds., *The Cambridge economic history of Europe, II, Trade and industry in the Middle Ages*, 2nd edn, Cambridge.

Maltas, Joan Montoro (2013), 'Mortality crises in Catalonia between 1285 and 1350: famines, shortages, disease and pestilence', unpublished paper presented at the workshop, *Mortality crises between the plagues, c.800–c.1300 CE*, University of Stirling, November 2013.

Mann, Michael (1986), *The sources of social power, I, A history of power from the beginning to A.D. 1760*, Cambridge.

Mann, Michael E.; Cane, Mark A.; Zebiak, Stephen E.; Clement, Amy (2005), 'Volcanic and solar forcing of the tropical Pacific over the past 1000 years', *Journal of Climate* 18, 447–56.

Mann, Michael E., Fuentes, Jose D.; Rutherford; Scott (2012), 'Underestimation of volcanic cooling in tree-ring based reconstructions of hemispheric temperatures', *Nature Geoscience*, 5 February.

Mann, Michael E.; Zhang, Zhihua; Hughes, Malcolm K.; Bradley, Raymond S.; Miller, Sonya K.; Rutherford, Scott; Ni, Fenbiao (2008), 'Proxy-based reconstructions of hemispheric and global surface temperature variations over the past two millennia', *PNAS* 105 (36), 13252–7. *Data*: www.ncdc .noaa.gov/paleo/metadata/noaa-recon-6252.html.

Mann, Michael E.; Zhang, Zhihua; Rutherford, Scott; Bradley, Raymond S.; Hughes, Malcolm K.; Shindell, Drew; Ammann, Caspar; Faluvegi, Greg; Ni, Fenbiao (2009), 'Global signatures and dynamical origins of the Little Ice Age and Medieval Climate Anomaly', *Science* 326 (5957), 1256–60.

Marcus, G. J. (1980), *The conquest of the North Atlantic*, Woodbridge.

Martin, Janet (2012), 'Russia', 292–329 in Harry Kitsikopoulos, ed., *Agrarian change and crisis in Europe, 1200–1500*, London.

Masschaele, James (1994), 'The multiplicity of medieval markets reconsidered', *JHG* 20 (3), 255–71.

Masschaele, James (1997), *Peasants, merchants and markets: inland trade in medieval England, 1150–1350*, New York.

Massé, Guillaume; Rowland, Steven J.; Sicre, Marie-Alexandrine; Jacob, Jeremy; Jansen, Eystein; Belt, Simon T. (2008), 'Abrupt climatic changes for Iceland during the last millennium: evidence from high resolution sea ice reconstructions', *Earth & Planetary Science Letters* 269, 565–9.

Mayhew, Nicholas (1999), *Sterling: the history of a currency*, London.

McCormick, Michael (2001), *Origins of the European economy: communications and commerce AD 300–900*, Cambridge.

McEvedy, Colin (1992), *The new Penguin atlas of medieval history*, Harmondsworth.

McEvedy, Colin; Jones, Richard (1978), *Atlas of world population history*, Harmondsworth.

McFarlane, Kenneth Bruce (1973), *The nobility of later medieval England: the Ford Lectures for 1953 and related studies*, Oxford.

McIntosh, Marjorie Keniston (2012), *Poor relief in England, 1350–1600*, Cambridge.

McMichael, Anthony J. (2010), 'Paleoclimate and bubonic plague: a forewarning of future risk?', *BMC Biology* 8 (108), 3pp.

McNamee, Colm (1997), *The wars of the Bruces: Scotland, England and Ireland, 1306–1328,* East Linton.

McNeill, T. E. (1980), *Anglo-Norman Ulster: the history and archaeology of an Irish barony, 1177–1400,* Edinburgh.

McNeill, William H. (1977), *Plagues and peoples,* New York.

Meeker, Loren D.; Mayewski Paul A. (2001), 'A 1400-year high-resolution record of atmospheric circulation over the North Atlantic and Asia', *The Holocene* 12 (3), 257–66.

Milgrom, Paul R.; North, Douglass C.; Weingast, Barry R. (1990), 'The role of institutions in the revival of trade: the law merchant, private judges, and the Champagne fairs', *Economics & Politics* 2 (1), 1–23.

Miller, Edward; Hatcher, John (1995), *Medieval England: towns, commerce and crafts, 1086–1348,* Harlow.

Miller, Gifford H.; Geirsdóttir, Áslaug; Zhong, Yafang; Larsen, Darren J.; Otto-Bliesner, Bette L.; Holland, Marika M.; Bailey, David A.; Refsnider, Kurt A.; Lehman, Scott J.; Southon, John R.; Anderson, Chance; Björnsson, Helgi; Thordarson, Thorvaldur (2012), 'Abrupt onset of the Little Ice Age triggered by volcanism and sustained by sea-ice/ocean feedbacks', *GRL* 39 (2), 5pp.

Mills, James N.; Gage, Kenneth L.; Khan, Ali S. (2010), 'Potential influence of climate change on vector-borne and zoonotic diseases: a review and proposed research plan', *Environmental Health Perspectives* 118 (1), 1507–14.

Mitchell, B. R. (1988), *British historical statistics,* Cambridge.

Moberg, Anders; Sonechkin, Dmitry M.; Holmgren, Karin; Datsenko, Nina M.; Karlén, Wibjörn (2005), 'Highly variable northern hemisphere temperatures reconstructed from low- and high-resolution proxy data', *Nature* 3265, 5pp.

Mohtadi, Mahyar; Romero, Oscar E.; Kaiser, Jérôme: Hebbeln, Dierk (2007), 'Cooling of the southern high latitudes during the medieval period and its effect on ENSO', *QSR* 26, 1055–66.

Mokyr, Joel (1992), *The lever of riches: technological creativity and economic progress,* Oxford.

Monecke, Stefan; Monecke, Hannelore; Monecke, Jochen (2009), 'Modelling the Black Death: a historical case study and implications for the epidemiology of bubonic plague', *International Journal of Medical Microbiology* 299, 582–93.

Moore, Ellen Wedemeyer (1985), *The fairs of medieval England: an introductory study,* Toronto.

Moore, Robert Ian (1987), *The formation of a persecuting society: power and deviance in Western Europe 950–1250,* Oxford.

Moreda, Vicente Pérez (1988), 'La población española', 345–431 in Miguel Artola, ed., *Enciclopedia de Historia de España, 1, Economía y sociedad,* Madrid.

Morelli, Giovanna; Song, Yajun; Mazzoni, Camila J.; Eppinger, Mark; Roumagnac, Philippe; Wagner, David M.; Feldkamp, Mirjam; Kusecek, Barica; Vogler, Amy J.; Li, Yanjun; Cui, Yujun; Thomson, Nicholas R.; Jombart, Thibaut; Leblois, Raphael; Lichter, Peter; Rahalison, Lila; Petersen,

Jeannine M.; Balloux, François; Keim, Paul; Wirth, Thierry; Ravel, Jacques; Yang, Ruifu; Carniel, Elisabeth; Achtman, Mark (2010), 'Yersinia pestis genome sequencing identifies patterns of global phylogenetic diversity', Nature Genetics 42 (12), 1140–3.

Moreno, Ana; Pérez, Ana; Frigola, Jaime; Nieto-Moreno, Vanesa; Rodrigo-Gámiz, Marta; Martrat, Belén; González-Sampériz, Penélope; Morellón, Mario; Martín-Puertas, Celia; Corella, Juan Pablo; Belmonte, Ánchel; Sancho, Carlos; Cacho, Isabel; Herrera, Gemma; Canals, Miquel; Grimalt, Joan O.; Jiménez-Espejo, Francisco; Martínez-Ruiz, Francisca; Vegas-Vilarrúbia, Teresa; Valero-Garcés, Blas L. (2012), 'The Medieval Climate Anomaly in the Iberian Peninsula reconstructed from marine and lake records', Quaternary Science Reviews 43, 16–32.

Morris, Christopher (1971), '1. The plague in Britain', Historical Journal 14 (1), 205–15.

Morris, Marc (2005), The Bigod earls of Norfolk in the thirteenth century, Woodbridge.

Morris, Richard (1979), Cathedrals and abbeys of England and Wales: the building Church, 600–1540, London.

Mullan, John (2007/8), 'Mortality, gender, and the plague of 1361–2 on the estate of the bishop of Winchester', Cardiff Historical Papers, Cardiff, www.cardiff.ac.uk/hisar/research/projectreports/historicalpapers/index.html.

Mundill, Robin R. (2002), 'Christian and Jewish lending patterns and financial dealings during the twelfth and thirteenth centuries', 42–67 in Phillipp Schofield and N. J. Mayhew, eds., Credit and debt in medieval England, c.1180–c.1350, Oxford.

Mundill, Robin R. (2010), The king's Jews: money, massacre and exodus in medieval England, London.

Munro, John H. (1991), 'Industrial transformations in the north-west European textile trades, c.1290–c.1340: economic progress or economic crisis?', 110–48 in Bruce M. S. Campbell, ed., Before the Black Death: studies in the 'crisis' of the early fourteenth century, Manchester.

Munro, John H. (1998), 'The "industrial crisis" of the English textile towns, c.1290–c.1330', University of Toronto, Department of Economics Working Paper 68 (MUNRO 98-02: [1998-06-18]). Published as Munro (1999c).

Munro, John H. (1999a), 'The symbiosis of towns and textiles: urban institutions and the changing fortunes of cloth manufacturing in the Low Countries and England, 1270–1570', Journal of Early Modern History 3 (3), 1–74.

Munro, John H. (1999b), 'The Low Countries' export trade in textiles with the Mediterranean basin, 1200–1600: a cost–benefit analysis of comparative advantages in overland and maritime trade routes', International Journal of Maritime History 11 (2), 1–30.

Munro, John H. (1999c), 'The "industrial crisis" of the English textile towns, 1290–1330', 103–41 in Michael Prestwich, Richard Britnell and Robin Frame, eds., Thirteenth-Century England VII, Woodbridge.

Munro, John H. (2001), 'The "new institutional economics" and the changing fortunes of fairs in medieval and early modern Europe: the textile trades, warfare, and transaction costs', 405–51 in Simonetta Cavaciocchi, ed., *Fiere e mercati nella integrazione delle economie Europee secc. XIII–XVIII*, Istituto internazionale di storia economica 'F. Datini', Prato.

Munro, John H. (2003a), 'Medieval woollens: the western European woollen industries and their struggles for international markets, c.1000–1500', 228–324 in D. Jenkins, ed., *The Cambridge history of western textiles*, 1, Cambridge.

Munro, John H. (2003b), 'Wage-stickiness, monetary changes, and real incomes in late-medieval England and the Low Countries 1300–1500: did money matter?', *Research in Economic History* 21, 185–297.

Munro, John H. (2007), 'The anti-red shift – to the "dark side": colour changes in Flemish luxury woollens, 1300–1550', 55–96 in Robin Netherton and Gale R. Owen-Crocker, eds., *Medieval clothing and textiles*, 3, Woodbridge.

Munro, John H. (2009), 'Before and after the Black Death: money, prices, and wages in fourteenth-century England', 335–64 in Troels Dahlerup and Per Ingesman, eds., *New approaches to the history of late medieval and early modern Europe: selected proceedings of two international conferences at the Royal Danish Academy of Sciences and Letters in Copenhagen in 1997 and 1999*, Copenhagen.

Munro, John H. (no date), 'The Phelps Brown and Hopkins "basket of consumables" commodity price series and craftsmen's wage series, 1264–1700: revised by John H. Munro', www.economics.utoronto.ca/munro5/ResearchData.html.

Myrdal, Janken (2006), 'The forgotten plague: the Black Death in Sweden', 141–86 in Pekka Hämäläinen, ed., *When disease makes history: epidemics and great historical turning points*, Helsinki.

Myrdal, Janken (2012), 'Scandinavia', 204–49 in Harry Kitsikopoulos, ed., *Agrarian change and crisis in Europe, 1200–1500*, London.

Myśliwski, Grzegorz (2012), 'Central Europe', 250–91 in Harry Kitsikopoulos, ed., *Agrarian change and crisis in Europe, 1200–1500*, London.

National Academy of Sciences (2008), *Global climate change and extreme weather events: understanding the contributions to infectious disease emergence: workshop summary*, Washington D.C.

Newfield, Timothy P. (2009), 'A cattle panzootic in early fourteenth-century Europe', *AHR* 57 (2), 155–90.

Newfield, Timothy P. (2012), 'A great Carolingian panzootic: the probable extent, diagnosis and impact of an early ninth-century cattle pestilence', *Argos* 46, 200–10.

Nicholas, David M. (1968), 'Town and countryside: social and economic tensions in fourteenth-century Flanders', *Comparative Studies in Society and History* 10 (4), 458–85.

Nicholas, David M. (1976), 'Economic reorientation and social change in fourteenth-century Flanders', *P&P* 70, 3–29.

Nicholas, David M. (1987), *The metamorphosis of a medieval city: Ghent in the age of the Arteveldes, 1302–1390*, Lincoln (Nebraska) and London.

Nicholas, David M. (1992), *Medieval Flanders*, London and New York.

Nightingale, Pamela (1990), 'Monetary contraction and mercantile credit in later medieval England', *EcHR* 43 (4), 560–75.

Nightingale, Pamela (1995), *A medieval mercantile community: the Grocers' Company and the politics and trade of London, 1000–1485*, New Haven.

Nightingale, Pamela (1996), 'The growth of London in the medieval English economy', 89–106 in Richard H. Britnell and John Hatcher, eds., *Progress and problems in medieval England: essays in honour of Edward Miller*, Cambridge.

Nightingale, Pamela (1997), 'England and the European depression of the mid-fifteenth century', *Journal of European Economic History* 26 (3), 631–56.

Nightingale, Pamela (2004a), 'Money and credit in the economy of late medieval England', 51–71 in Diana Wood, ed., *Medieval money matters*, Oxford.

Nightingale, Pamela (2004b), 'The lay subsidies and the distribution of wealth in medieval England, 1275–1334', *EcHR* 57 (1), 1–32.

Nightingale, Pamela (2005), 'Some new evidence of crises and trends of mortality in late medieval England', *P&P* 187, 33–68.

Nightingale, Pamela (2010), 'The rise and decline of medieval York: a reassessment', *P&P* 206, 3–42.

Norris, John (1977), 'East or west? The geographic origin of the Black Death', *BHM* 51 (1), 1–24.

Norris, John (1978), 'Geographical origin of the Black Death: response', *BHM* 52 (1), 114–20.

Noymer, Andrew (2007), 'Contesting the cause and severity of the Black Death: a review essay', *Population & Development Review* 33 (3), 616–27.

Nutton, Vivian, ed. (2008a), 'Pestilential complexities: understanding medieval plague', *Medical History*, Supplement 27, London.

Nutton, Vivian (2008b), 'Introduction', *Medical History*, Supplement 27, 1–16.

Ó Cróinín, Dáibhí (1995), *Early medieval Ireland 400–1200*, London and New York.

O'Rourke, K. H.; Williamson, J. G. (2002), 'After Columbus: explaining Europe's overseas trade boom, 1500–1800', *JEH* 62 (2), 417–56.

O'Sullivan, M. D. (1962), *Italian merchant bankers in Ireland in the thirteenth century: a study in the social and economic history of medieval Ireland*, Dublin.

Olea, Ricardo A.; Christakos, George (2005), 'Duration of urban mortality for the fourteenth-century Black Death epidemic', *Human Biology* 77 (3), 291–303.

Oosthuizen, Susan (2010), 'Medieval field systems and settlement nucleation: common or separate origins?', 107–32 in Nicholas J. Higham and Martin J. Ryan, eds., *Landcape archaeology of Anglo-Saxon England*, Woodbridge.

Oppenheimer, Clive (2003), 'Ice core and palaeoclimatic evidence for the timing and nature of the great mid-thirteenth century volcanic eruption', *International Journal of Climatology* 23, 417–26.

Oram, Richard D.; Adderley, W. Paul (2008a), 'Lordship and environmental change in central highland Scotland, c.1300–c.1400', *Journal of the North Atlantic* 1, 74–84.

Oram, Richard D.; Adderley, W. Paul (2008b), 'Lordship, land and environmental change in west Highland and Hebridean Scotland, c.1300 to c.1450', 257–67 in Simonetta Cavaciocchi, ed., *Le interazioni fra economia e ambiente biologico nell'Europe preindustriale, secc. XIII–XVIII, Istituto Internazionale di Storia Economica 'F. Datini'*, Prato.

Ormrod, W. Mark (1990), *The reign of Edward III: Crown and political society in England, 1327–1377*, New Haven.

Ormrod, W. Mark (1991), 'The Crown and the English economy, 1290–1348', 149–83 in Bruce M. S. Campbell, ed., *Before the Black Death: studies in the 'crisis' of the early fourteenth century*, Manchester.

Ormrod, W. Mark (1996), 'The politics of pestilence: government in England after the Black Death', 147–81 in W. Mark Ormrod and Phillip G. Lindley, eds., *The Black Death in England*, Stamford.

Ormrod, W. Mark (2010), 'The relative income from direct and indirect taxation in England, 1295–1454', in *European State Finances Database*: www.esfdb .org/table.aspx?resourceid=11762.

Overton, Mark; Campbell, Bruce M. S. (1991), 'Productivity change in European agricultural development', 1–50 in Bruce M. S. Campbell and Mark Overton, eds., *Land, labour and livestock: historical studies in European agricultural productivity*, Manchester.

Overton, Mark; Campbell, Bruce M. S. (1992), 'Norfolk livestock farming 1250–1740: a comparative study of manorial accounts and probate inventories', *JHG* 18 (4), 377–96.

Page, Mark (2001), 'Peasant land market in southern England,1260–1350' [computer file]. Raw Access database deposited at ESRC data archive Colchester, Essex, ref. no. SN: 4086.

Page, Mark (2003), 'The peasant land market on the estate of the bishopric of Winchester before the Black Death', 61–80 in Richard H. Britnell, ed., *The Winchester Pipe Rolls and medieval English society*, Woodbridge.

Page, Mark (2012), 'The smallholders of Southampton Water: the peasant land market on a Hampshire manor before the Black Death', 181–97 in Sam Turner and Bob Silvester, eds., *Life in medieval landscapes: people and places in the Middle Ages*, Oxford.

Palma, Nuno; Reis, Jaime (2014), 'Portuguese demography and economic growth, 1500–1850', unpublished working paper presented at the Hi-Pod Workshop *Accounting for the Great Divergence*, University of Warwick in Venice, Palazzo Pesaro Papafava, May 2014: www2.warwick.ac.uk/fac/ soc/economics/research/centres/cage/events/conferences/greatdivergence14/ portuguese_demography_and_economic_growth_1500--1850_-_may_19th_ 2014.pdf.

Palmer, Robert C. (1985a), 'The origins of property in England', *Law & History Review* 3, 1–50.

Palmer, Robert C. (1985b), 'The economic and cultural impact of the origins of property: 1180–1220', *Law & History Review* 3 (2), 375–96.

Palmer, Robert C. (2003), 'England: law, society and the state', 242–60 in S. H. Rigby, ed., *A companion to Britain in the later Middle Ages*, Oxford.

Parker, Geoffrey (2013), *Global crisis: war, climate change and catastrophe in the seventeenth century*, New Haven and London.

Parry, Martin L. (1978), *Climatic change, agriculture and settlement*. Folkestone.

Patterson, William P.; Dietrich, Kristin A.; Holmden, Chris; Andrews, John T. (2010), 'Two millennia of North Atlantic seasonality and implications for Norse colonies', *PNAS* 107 (12), 5306–10.

Patz, Jonathan A.; Campbell-Lendrum, Diarmid; Holloway, Tracey; Foley, Jonathan A. (2005), 'Impact of regional climate change on human health', *Nature* 438, 310–17.

Pedersen, Kathrine Vestergard; Nosch, Marie-Louise, eds. (2009), *The medieval broadcloth: changing trends in fashions, manufacturing and consumption*, Oxford.

Pederson, Neil; Hessl, Amy E.; Baatarbileg, Nachin; Anchukaitis, Kevin J.; Cosmo, Nicola Di (2014), 'Pluvials, droughts, the Mongol Empire, and modern Mongolia', *PNAS* 111 (12), 4375–9.

Pegolotti, Francesco Balducci (*c.*1340 and 1936), *La pratica della mercatura*, ed. Allan Evans, Cambridge, Mass.

Persson, Karl Gunnar (1988), *Pre-industrial economic growth: social organization and technological progress in Europe*, Oxford and New York.

Pfister, C.; Schwarz-Zanetti, G.; Wegmann, M. (1996), 'Winter severity in Europe: the fourteenth century', *Climatic Change* 34, 91–108.

Phelps Brown, E. Henry; Hopkins, Sheila V. (1956), 'Seven centuries of the prices of consumables, compared with builders' wage rates', *Economica* new series 23 (92), 296–314. Reprinted in E. Henry Phelps Brown and Sheila V. Hopkins (1981), *A perspective of prices and wages*, London.

Phillips, J. R. S. (1988), *The medieval expansion of Europe*, Oxford and New York.

Phythian-Adams, Charles (2002), *Desolation of a city: Coventry and the urban crisis of the late Middle Ages*, Cambridge.

Piarroux, Renaud; Abedi, Aaron Aruna; Shako, Jean-Christophe; Kebela, Benoit; Karhemere, Stomy; Diatta, Georges; Davoust, Bernard; Raoult, Didier; Drancourt, Michel (2013), 'Plague epidemics and lice, Democratic Republic of the Congo', [letter] *EID* 19 (3), 505–6.

Piponnier, Françoise; Mane, Perrine (1997), *Dress in the Middle Ages*, New Haven, Conn.

Pomeranz, Ken (2000), *The Great Divergence: China, Europe, and the making of the modern world economy*, Princeton.

Poos, Lawrence R. (1985), 'The rural population of Essex in the later Middle Ages', *EcHR* 38 (4), 515–30.

Popper, William (1951), *The Cairo Nilometer: studies in Ibn Taghrī Birdī's chronicles of Egypt I*, Berkeley and Los Angeles.

Postan, Michael Moïssey (1954), *The* famulus: *the estate labourer in the XIIth and XIIIth centuries, EcHR* Supplement 2, Cambridge.

Postan, Michael Moïssey (1966), 'Medieval agrarian society in its prime: England', 549–632 in M. M. Postan, ed., *The Cambridge economic history of Europe, I, The agrarian life of the Middle Ages*, 2nd edn, Cambridge.

Postan, Michael Moïssey; Titow, Jan Z. (1959), 'Heriots and prices on Winchester manors', *EcHR* 11 (3), 392–411. Reprinted as 150–85 in M. M.

Postan (1973), *Essays on medieval agriculture and general problems of the medieval economy*, Cambridge.

Postles, David (1986), 'The perception of profit before the leasing of demesnes', *AHR* 34 (1), 12–28.

Pounds, Norman J. G. (1973), *An historical geography of Europe 450 B.C.–A.D. 1330*, Cambridge.

Pounds, Norman J. G. (1974), *An economic history of medieval Europe*, London.

Power, Eileen (1941), *The wool trade in English medieval history*, Oxford.

Power, John P.; Campbell, Bruce M. S. (1992), 'Cluster analysis and the classification of medieval demesne-farming systems', *Trans. Institute British Geographers* 17, 227–45. Reprinted in Bruce M. S. Campbell (2008), *Field systems and farming systems in late medieval England*, Aldershot.

Prentice, Michael B.; Rahalison, Lila (2007), 'Plague', *The Lancet* 369, 1196–207.

Prestwich, Michael (1980), *The three Edwards: war and the state in England 1272–1377*, London.

Prestwich, Michael (1988), *Edward I*, London.

Pretty, Jules (1990), 'Sustainable agriculture in the Middle Ages: the English manor', *AHR* 38 (1), 1–19.

Proctor, C. J.; Baker, A.; Barnes, W. L. (2002a), 'A three thousand year record of North Atlantic climate', *Climate Dynamics* 19 (5–6), 449–54. *Data*: Proctor, C. J.; Baker, A.; Barnes, W. L. (2002b), 'Northwest Scotland stalagmite data to 3600 BP', IGBP # 2002-028.

Rackham, Oliver (1986), *The history of the countryside*, London.

Rad, Ulrich von; Schaaf, M.; Michels, Klaus; Schulz, Hartmut; Berger, Wolfgang H.; Sirocko, Frank (1999), 'A 5000-year record of climate change in varved sediments from the oxygen minimum zone off Pakistan, northeastern Arabian Sea', *Quaternary Research* 51 (1), 39–53.

Raftis, J. Ambrose (1974), *Warboys: two hundred years in the life of an English mediaeval village*, Toronto.

Raftis, J. Ambrose (1996), *Peasant economic development within the English manorial system*, Stroud.

Raoult, Didier; Aboudharam, Gérard; Crubézy, Eric; Larrouy, Georges; Ludes, Bertrand; Drancourt, Michel (2000), 'Molecular identification by "suicide PCR" of *Yersinia pestis* as the agent of medieval Black Death', *PNAS* 97 (23), 12800–3.

Raoult, Didier; Woodward, Theodore; Dumler, J. Stephen (2004), 'The history of epidemic typhus', *Infectious Disease Clinics of North America* 18 (1), 127–40.

Ratovonjato, Jocelyn; Rajerison, Minoarisoa; Rahelinirina, Soanandrasana; Boyer, Sébastien (2014), '*Yersinia pestis* in *Pulex irritans* fleas during plague outbreak, Madagascar', *EID* 20 (8), 1414.

Razi, Zvi (1980), *Life, marriage and death in a medieval parish: economy, society and demography in Halesowen, 1270–1400*, Cambridge.

Razi, Zvi; Smith, Richard M. (1996a), 'The origin of the English manorial court rolls as a written record: a puzzle', 36–68 in Zvi Razi and Richard M. Smith, eds., *Medieval society and the manor court*, Oxford.

Razi, Zvi; Smith, Richard M., eds. (1996b), *Medieval society and the manor court*, Oxford.

Reeves, Albert Compton (1995), *Pleasures and pastimes in medieval England*, Stroud.

Rein, Bert; Lückge, Andreas; Sirocko, Frank (2004), 'A major Holocene ENSO anomaly during the medieval period', *GRL* 31, L17211, 4pp. *Data*: www .klimaundsedimente.geowiss.uni-mainz.de/128.php.

Richard, J. M. (1892), 'Thierry d'Hireçon, agriculteur artésien', *Bibliothèque de l'école des chartes* 53, 383–416, 571–604.

Rigby, S. H. (2010), 'Urban population in late medieval England: the evidence of the lay subsidies', *EcHR* 63 (2), 393–417.

Robo, Etienne (1929), 'The Black Death in the Hundred of Farnham', *English Historical Review*, 44 (176), 560–72.

Rodríguez, Ana (2012), 'Spain', 167–203 in Harry Kitsikopoulos, ed., *Agrarian change and crisis in Europe, 1200–1500*, London.

Rogers, J. E. Thorold (1866–1902), *A history of agriculture and prices in England from the year after the Oxford parliament (1259) to the commencement of the continental war (1793)*, Oxford.

Rogers, K. H. (1969), 'Salisbury', 1–9 in Mary D. Lobel, ed., *Historic towns: maps and plans of towns and cities in the British Isles*, I, London and Oxford. www.historictownsatlas.org.uk/atlas/volume-i/historic-towns/salisbury.

Rogozo, N. R.; Echer, E.; Vieira, L. E. A.; Nordemann, D. J. R. (2001), 'Reconstruction of Wolf sunspot numbers on the basis of spectral characteristics and estimates of associated radio flux and solar wind parameters for the last millennium', *Solar Physics* 203, 179–91.

Rohr, Christian (2007), 'Writing a catastrophe: describing and constructing disaster perception in narrative sources from the late Middle Ages', *Historical Social Research* 32 (3), 88–102.

Royer, Katherine (2014), 'The blind men and the elephant: imperial medicine, medieval historians and the role of rats in the historiography of plague', 99–110 in Poonam Bala, ed., *Medicine and colonialism: historical perspectives in India and South Africa*, London.

Russell, Ephraim (1918), 'The societies of the Bardi and the Peruzzi and their dealings with Edward III', 93–135 in George Unwin, ed., *Finance and trade under Edward III*, London.

Russell, Josiah Cox (1948), *British medieval population*, Albuquerque.

Russell, Josiah Cox (1958), 'Late ancient and medieval population', *Trans. American Philosophical Soc.* 48 (3), 1–152.

Russill, Chris (2015), 'Climate change tipping points: origins, precursors, and debates', *WIREs Climate Change*.

Rutledge, Elizabeth (1988), 'Immigration and population growth in early fourteenth-century Norwich: evidence from the tithing roll', *Urban History* 15 (1), 15–30.

Rutledge, Elizabeth (1995), 'Landlord and tenants: housing and the rented property market in early fourteenth-century Norwich', *Urban History* 22 (1), 7–24.

Rutledge, Elizabeth (2004), 'Norwich before the Black Death/Economic life', 157–88 in Carole Rawcliffe and Richard Wilson, eds., *Medieval Norwich*, London.

Sachs, Stephen E. (2002), 'The "law merchant" and the fair court of St. Ives, 1270–1324', PhD dissertation, Harvard University, Cambridge, Mass.

Sachs, Stephen E. (2006), 'From St. Ives to cyberspace: the modern distortion of the medieval "law merchant"', *American University International Law Review* 21 (5), 685–812.

Salzer, Matthew W.; Hughes, Malcolm K. (2007), 'Bristlecone pine tree rings and volcanic eruptions over the last 5000 yr', *Quaternary Research* 67 (1), 57–68.

Sapoznik, Alexandra (2013), 'The productivity of peasant agriculture: Oakington, Cambridgeshire, 1360–91', *EcHR* 66 (2), 518–44.

Sarris, Peter (2002), 'The Justinianic Plague: origins and effects', *C&C* 17 (2), 169–82.

Saul, A. (1979), 'Great Yarmouth and the Hundred Years War in the fourteenth century', *Historical Research* 52 (126), 105–15.

Schamiloglu, Uli (1993), 'Preliminary remarks on the role of disease in the history of the Golden Horde', *Central Asian Survey* 12 (4), 447–57.

Scheffer, Marten (2009), *Critical transitions in nature and society*, Princeton.

Schmid, Boris V.; Büntgen, Ulf; Easterday, W. Ryan; Ginzler, Christian; Walløe, Lars; Bramanti, Barbara; Stenseth, Nils Chr. (2015), 'Climate-driven introduction of the Black Death and successive plague reintroductions into Europe', *PNAS*, 23 February.

Schofield, John; Allen, Patrick; Taylor, Colin (1990), 'Medieval buildings and property development in the area of Cheapside', *Trans. London & Middlesex Archaeological Soc.* 41, 39–238.

Schofield, Phillipp R. (1997), 'Dearth, debt and the local land market in a late thirteenth-century village community'. *AHR* 45 (1), 1–17.

Schofield, Phillipp R. (2008), 'The social economy of the medieval village in the early fourteenth century', *EcHR* 61, special issue 1, 38–63.

Schofield, Phillipp; Mayhew, N. J., eds. (2002), *Credit and debt in medieval England, c.1180–c.1350*, Oxford.

Schön, Lennart; Krantz, Olle (2012), 'The Swedish economy in the early modern period: constructing historical national accounts', *EREH* 16 (4), 529–49.

Schuenemann, Verena J.; Bos, Kirsten; DeWitte, Sharon; Schmedes, Sarah; Jamieson, Joslyn; Mittnik, Alissa; Forrest, Stephen; Coombes, Brian K.; Wood, James W.; Earn, David J. D.; White, William; Krause, Johannes; Poinar, Hendrik N. (2011), 'Targeted enrichment of ancient pathogens yielding the pPCP1 plasmid of *Yersinia pestis* from victims of the Black Death', *PNAS* 108 (38), e746–e752.

Scott, Susan; Duncan, Christopher J. (2001), *Biology of plagues: evidence from historical populations*, Cambridge.

Scott, Susan; Duncan, Christopher J.; Duncan, S. R. (1996), 'The plague in Penrith, Cumbria, 1597/8: its causes, biology and consequences', *Annals of Human Biology* 23 (1), 1–21.

Scott, Tom (2002), *Society and economy in Germany 1300–1600*, Basingstoke and New York.

Seager, Richard; Graham, Nicholas; Herweifer, Celine; Gordon, Arnold L.; Kushnir, Yochanan; Cook, Ed (2007), 'Blueprints for medieval hydroclimate', *QSR* 26, 2322–36.

Seebohm, Frederic (1890), *The English village community: examined in its relations to the manorial and tribal systems and to the common or open field system of husbandry*, London.

Semenza, Jan C.; Menne, Bettina (2009), 'Climate change and infectious diseases in Europe', *Lancet Infectious Diseases* 9 (6), 365–75.

Sen, Amartya Kumar (1981), *Poverty and famines: an essay on entitlement and deprivation*, Oxford.

Sharp, Buchanan (2000), 'The food riots of 1347 and the medieval moral economy', 35–54 in A. Randall and A. Charlesworth, eds., *Moral economy and popular protest: crowds, conflict and authority*, London.

Sharp, Buchanan (2013), 'Royal paternalism and the moral economy in the reign of Edward II: the response to the Great Famine', *EcHR* 66 (2), 628–47.

Shi, Feng; Yang, Bao; Gunten, Lucien von (2012), 'Preliminary multiproxy surface air temperature field reconstruction for China over the past millennium', *Science China Earth Sciences* 55 (12), 2058–67.

Shrewsbury, J. F. D. (1971), *A history of bubonic plague in the British Isles*, Cambridge.

Simmons, I. G. (1974), *The ecology of natural resources*, London.

Sinha, A.; Cannariato, K. G.; Stott, L. D.; Cheng, H.; Edwards, R. L.; Yadava, M. G.; Ramesh, R.; Singh, I. B. (2007), 'A 900-year (600 to 1500 A.D.) record of the Indian summer monsoon precipitation from the core monsoon zone of India', *GRL* 34, L16707.

Sinha, Ashish; Stott, Lowell; Berkelhammer, Max; Cheng, Hai; Edwards, R. Lawrence; Buckley, Brendan; Aldenderfer, Mark; Mudelsee, Manfred (2011), 'A global context for megadrought in Monsoon Asia during the past millennium', *QSR* 30, 47–62.

Slack, Paul (1989), 'The Black Death past and present. 2. Some historical problems', *Trans. Royal Soc. Tropical Medicine & Hygiene* 83, 461–3.

Slavin, Philip (2009), 'Chicken husbandry in late-medieval eastern England: c.1250–1400', *Anthropozoologica* 44 (2), 35–56.

Slavin, Philip (2010), 'The fifth rider of the apocalypse: the great cattle plague in England and Wales and its economic consequences, 1319–1350', 165–79 in Simonetta Cavaciocchi, ed., *Le interazioni fra economia e ambiente biologico nell'Europe preindustriale secc. XIII–XVIII, Istituto Internazionale di Storia Economica 'F. Datini'*, Prato.

Slavin, Philip (2012), 'The great bovine pestilence and its economic and environmental consequences in England and Wales, 1318–50', *EcHR* 65 (4), 1239–66.

Slavin, Philip (2014), 'Warfare and ecological destruction in early fourteenth-century British Isles', *Environmental History* 19 (3), 528–50.

Smith, R. A. L. (1943), *Canterbury Cathedral Priory: a study in monastic administration*, Cambridge.

Smith, Richard M. (1984a), 'Families and their land in an area of partible inheritance: Redgrave, Suffolk 1260–1320', 135–95 in Richard M. Smith, ed., *Land, kinship and life-cycle*, Cambridge.

Smith, Richard M., ed. (1984b), *Land, kinship and life-cycle*, Cambridge.

Smith, Richard M. (1996), 'A periodic market and its impact upon a manorial community: Botesdale, Suffolk, and the manor of Redgrave, 1280–1300', 450–81 in Zvi Razi and Richard M. Smith, eds., *Medieval society and the manor court*, Oxford.

Smith, Richard M.; Razi, Zvi (1996), 'Origins of the English manorial court rolls as a written record: a puzzle', 36–68 in Zvi Razi and Richard M. Smith, eds., *Medieval society and the manor court*, Oxford.

Smyrlis, Kostis (2012), 'Byzantium', 128–66 in Harry Kitsikopoulos, ed., *Agrarian change and crisis in Europe, 1200–1500*, London.

Soens, Tim (2011), 'Floods and money. Funding drainage and flood control in coastal Flanders (13th–16th centuries)', *C&C* 26 (3), 333–65.

Soens, Tim (2013), 'The social distribution of land and flood risk along the North Sea Coast: Flanders, Holland and Romney Marsh compared (c.1200–1750)', 147–79 in Bas van Bavel and Erik Thoen, eds., *Rural societies and environments at risk. Ecology, property rights and social organisation in fragile areas (Middle Ages–twentieth century)*, Turnhout.

Soens, Tim; Thoen, Erik (2008), 'The origins of leasehold in the former county of Flanders', 31–56 in Bas van Bavel and Phillipp Schofield, eds., *The development of leasehold in northwestern Europe, c.1200–1600*, Turnhout.

Solanki, S. K.; Usoskin, I. G.; Kromer, B.; Schüssler, M.; Beer, J. (2004), 'An unusually active Sun during recent decades compared to the previous 11,000 years', *Nature* 431 (7012), 1084–7.
　　Data: Solanki, S. K.; Usoskin, I. G.; Kromer, B.; Schüssler, M.; Beer, J. (2005), '11,000 year sunspot number reconstruction', IGBP # 2005-015.

Spinage, C. A. (2003), *Cattle plague: a history*, New York, Boston, Dordrecht, London and Moscow.

Spufford, Peter (1988), *Money and its use in medieval Europe*, Cambridge.

Stacey, R. C. (1995), 'Jewish lending and the medieval English economy', 78–101 in Richard H. Britnell and Bruce M. S. Campbell, eds., *A commercialising economy: England 1086 to c.1300*, Manchester.

Stapp, Paul; Antolin, Michael F.; Ball, Mark (2004), 'Patterns of extinction in prairie dog metapopulations: plague outbreaks follow El Niño events', *Frontiers in Ecology & the Environment* 2 (5), 235–40.

Stenseth, Nils Chr.; Atshabar, Bakyt B.; Begon, Mike; Belmain, Steven R.; Bertherat, Eric; Carniel, Elisabeth; Gage, Kenneth L.; Leirs, Herwig; Rahalison, Lila (2008), 'Plague: past, present, and future', *PLoS Medicine* 5 (1), 009–13.

Stenseth, Nils Chr.; Samia, Noelle I.; Viljugrein, Hildegunn; Kausrud, Kyrre Linné; Begon, Mike; Davis, Stephen; Leirs, Herwig; Dubyanskiy, V. M.; Esper, Jan; Ageyev, Vladimir S.; Klassovskiy, Nikolay L.; Pole, Sergey B.; Chan, Kung-Sik (2006), 'Plague dynamics are driven by climate variation', *PNAS* 103 (35), 13110–15.

Stephenson, Martin J. (1988), 'Wool yields in the medieval economy', *EcHR* 41 (3), 368–91.

Stern, Derek Vincent (2000), *A Hertfordshire demesne of Westminster Abbey: profits, productivity and weather*, ed. and intro. Christopher Thornton, Hatfield.

Stocks, Katharine (2003), 'Payments to manorial courts in the early Winchester accounts', 45–59 in Richard H. Britnell, ed., *The Winchester Pipe Rolls and medieval English society*, Woodbridge.

Stoffel, Markus; Khodri, Myriam; Corona, Christophe; Guillet, Sébastien; Poulain, Virginie; Bekki, Slimane; Guiot, Joël; Luckman, Brian H.; Oppenheimer, Clive; Lebas, Nicolas; Beniston, Martin; Masson-Delmotte, Valérie (2015), 'Estimates of volcanic-induced cooling in the northern hemisphere over the past 1,500 years', *Nature Geoscience advance online*.

Stone, David (1997), 'The productivity of hired and customary labour: evidence from Wisbech Barton in the fourteenth century', *EcHR* 50 (4), 640–56.

Stone, David (2005), *Decision-making in medieval agriculture*, Oxford.

Stone, David (2011), 'The Black Death and its immediate aftermath: crisis and change in the Fenland economy, 1346–1353', 213–44 in Mark Bailey and Stephen Henry Rigby, eds., *Town and countryside in the age of the Black Death: essays in honour of John Hatcher*, Turnhout.

Stone, David (2014), 'The impact of drought in early fourteenth-century England', *EcHR* 67 (2), 435–62.

Stone, Eric (1962), 'Profit and loss accountancy at Norwich Cathedral Priory', *Trans. Royal Historical Soc.*, 5th series, 12, 25–48.

Stothers, Richard B. (1999), 'Volcanic dry fogs, climate cooling, and plague pandemics in Europe and the Middle East', *Climatic Change* 42, 713–23.

Stothers, Richard B. (2000), 'Climatic and demographic consequences of the massive volcanic eruption of 1258', *Climatic Change* 45, 361–74.

Stuiver, Minze; Quay, Paul D. (1980), 'Changes in atmospheric Carbon-14 attributed to a variable Sun', *Science* 207 (4426), 11–19.

Sun, Junyan; Liu, Yu (2012), 'Tree ring based precipitation reconstruction in the south slope of the middle Qilian Mountains, northeastern Tibetan Plateau, over the last millennium', *Journal of Geophysical Research* 117, D08108.

Sun, Yi-Cheng; Jarrett, Clayton O.; Bosio, Christopher F.; Hinnebusch, B. Joseph (2014), 'Retracing the evolutionary path that led to flea-borne transmission of *Yersinia pestis*', *Cell Host & Microbe* 15 (5), 578–86.

Suntsov, V. V. (2014), 'Ecological aspects of the origin of *Yersinia pestis*, causative agent of the plague: concept of intermediate environment', *Contemporary Problems of Ecology* 7 (1), 1–11.

Sussman, George D. (2011), 'Was the Black Death in India and China?', *BHM* 85 (3), 319–55.

Tana, Li (2014), 'Towards an environmental history of the eastern Red River Delta, Vietnam, c.900–1400', *Journal of Southeast Asian Studies* 45, 315–37.

Tetzlaff, Gerd; Börngen, Michael; Mudelsee, Manfred: Raabe, Armin (2002), 'Das Jahrtausendhochwasser von 1342 am Main aus meteorologisch-hydrologischer Sicht', *Wasser und Boden* 54, 41–9.

Theilmann, John; Cate, Frances (2007), 'A plague of plagues: the problem of plague diagnosis in medieval England', *JIH* 37 (3), 371–93.

460 大转型：中世纪晚期的气候、疾病、社会与现代世界的形成

Thirsk, Joan (1961), 'Industries in the countryside', 70–88 in F. J. Fisher, ed., *Essays in the economic and social history of Tudor and Stuart England in honour of R. H. Tawney*, London.

Thirsk, Joan (1973), 'Roots of industrial England', 93–108 in Alan R. H. Baker and J. B. Harley, eds., *Man made the land: essays in English historical geography*, Newton Abbot.

Thoen, Erik (1997), 'The birth of "the Flemish husbandry": agricultural technology in medieval Flanders', 69–88 in Grenville Astill and John Langdon, eds., *Medieval farming and technology: the impact of agricultural change in northwest Europe*, Leiden and New York.

Thompson, L. G.; Mosley-Thompson, E.; Davis, M. E.; Zagorodnov, V. S.; Howat, I. M.; Mikhalenko, V. N.; Lin, P.-N. (2013), 'Annually resolved ice core records of tropical climate variability over the past ~1800 years', *Science* 340 (6135), 945–50.

Thornton, Christopher (1991), 'The determinants of land productivity on the bishop of Winchester's demesne of Rimpton, 1208 to 1403', 183–210 in Bruce M. S. Campbell and Mark Overton, eds., *Land, labour and livestock: historical studies in European agricultural productivity*, Manchester.

Thrupp, Sylvia L. (1962), *The merchant class of medieval London*, Ann Arbor.

Thrupp, Sylvia L. (1965), 'The problem of replacement rates in late medieval English population', *EcHR* 18 (1), 101–19.

Thünen, Johann Heinrich von (1826 and 1966), *Der isolierte staat (Von Thünen's isolated state)* (ed. Peter Hall, trans. C. M. Wartenberg, Oxford), Hamburg.

Timmreck, Claudia; Lorenz, Stephan J.; Crowley, Thomas J.; Kinne, Stefan; Raddatz, Thomas J.; Thomas, Manu A.; Jungclaus, Johann H. (2009), 'Limited temperature response to the very large AD 1258 volcanic eruption', *GRL* 36, L21708, 5pp.

Titow, Jan Z. (1960), 'Evidence of weather in the account rolls of the bishopric of Winchester 1209–1350', *EcHR* 12 (3), 360–407.

Titow, Jan Z. (1962a), 'Land and population on the bishop of Winchester's estates 1209–1350', unpublished PhD thesis, University of Cambridge.

Titow, Jan Z. (1962b), 'Some differences between manors and their effects on the condition of the peasant in the thirteenth century', *AHR* 10 (1), 1–13.

Titow, Jan Z. (1969), *English rural society, 1200–1350*, London.

Titow, Jan Z. (1987), 'The decline of the Fair of St Giles, Winchester, in the thirteenth and fourteenth centuries', *Nottingham Medieval Studies* 31 (1), 58–75.

Tran, Thi-Nguyen-Ny; Signoli, Michel; Fozzati, Luigi; Aboudharam, Gérard; Raoult, Didier; Drancourt, Didier (2011), 'High throughput, multiplexed pathogen detection authenticates plague waves in medieval Venice, Italy', *PLoS One* 6 (3), e16735.

Trenholme, Norman Maclaren (1901), 'The risings in the English monastic towns in 1327', *American Historical Review* 6 (4), 650–70.

Trouet, V.; Esper, J.; Graham, N. E.; Baker, A.; Scourse, J. D.; Frank, D. C. (2009a), 'Persistent positive North Atlantic Oscillation mode dominated the Medieval Climate Anomaly', *Science* 324, 78–80.

Data: Trouet, V.; Esper, J.; Graham, N. E.; Baker, A.; Scourse, J. D.; Frank, D. C. (2009b), 'Multi-decadal winter North Atlantic Oscillation reconstruction', IGBP # 2009-033.

Tuchman, Barbara Wertheim (1978), *A distant mirror: the calamitous fourteenth century*, New York.

Tupling, G. H. (1933), 'The origins of markets and fairs in medieval Lancashire', *Trans. Lancashire & Cheshire Antiquarian Soc.* 49, 75–94.

Twigg, Graham (1984), *The Black Death: a biological reappraisal*, London.

Unger, Richard W. (1980), *The ship in the medieval economy 600–1600*, London.

Unwin, Tim (1981), 'Rural marketing in medieval Nottinghamshire', *JHG* 7 (3), 231–51.

Vanhaute Erik (2001), 'Rich agriculture and poor farmers: land, landlords and farmers in Flanders, 18th–19th centuries', *Rural History: Economy, Society, Culture* 12, 19–40.

Veale, Elspeth M. (1966), *The English fur trade in the later Middle Ages*, London.

Velisevich, S. N.; Kozlov, D. S. (2006), 'Effects of temperature and precipitation on radial growth of Siberian larch in ecotopes with optimal, insufficient, and excessive soil moistening', *Russian Journal of Ecology* 37 (4), 241–6.

Victoria County History (1973), *A history of the County of Hampshire*, 2, ed. H. Arthur Doubleday and William Page, London.

Vieira, L. E. A.; Solanki, S. K.; Krivova, N. A.; Usoskin, I. (2011), 'Evolution of the solar irradiance during the Holocene', *Astronomy & Astrophysics* 531, 20pp.

Vogler, Amy J.; Chan, Fabien; Wagner, David M.; Roumagnac, Philippe; Lee, Judy; Nera, Roxanne; Eppinger, Mark; Ravel, Jacques; Rahalison, Lila; Rasoamanana, Bruno W.; Beckstrom-Sternberg, Stephen M.; Achtman, Mark; Chanteau, Suzanne; Keim, Paul (2011), 'Phylogeography and molecular epidemiology of *Yersinia pestis* in Madagascar', *PLoS Neglected Tropical Diseases* 5 (9), e1319.

Wagner, David M.; Klunk, Jennifer; Harbeck, Michaela; Devault, Alison; Waglechner, Nicholas; Sahl, Jason W.; Enk, Jacob; Birdsell, Dawn N.; Kuch, Melanie; Lumibao, Candice; Poinar, Debi; Pearson, Talima; Fourment, Mathieu; Golding, Brian; Riehm, Julia M.; Earn, David J. D.; DeWitte, Sharon; Rouillard, Jean-Marie; Grupe, Gisela; Wiechmann, Ingrid; Bliska, James B.; Keim, Paul S.; Scholz, Holger C.; Holmes, Edward C.; Poinar, Hendrik (2014), '*Yersinia pestis* and the Plague of Justinian 541–543 AD: a genomic analysis', *Lancet Infectious Diseases* 14 (4), 319–26.

Walker, James T. (2009), 'National income in Domesday England', unpublished paper presented at the Hi-Pod conference *Reconstructing the national income of Europe before 1850: estimates and implications for long run growth and development*, University of Warwick in Venice, Palazzo Pesaro Papafava, April 2009.

Wallerstein, Immanuel (1980), *The modern world system, II, Mercantilism and the consolidation of the European world economy, 1600–1750*, New York.

Walløe, Lars (2008), 'Medieval and modern bubonic plague: some clinical continuities', *Medical History*, Supplement 27, 59–73.

Wang, Yongjin; Cheng, Hai; Edwards, R. Lawrence; He, Yaoqi; Kong, Xinggong; An, Zhisheng; Wu, Jiangying; Kelly, Megan J.; Dykoski, Carolyn A.; Li,

Xiangdong (2005), 'The Holocene Asian monsoon: links to solar changes and North Atlantic climate', *Science* 308 (5723), 854–7.

Data: Wang, Yongjin; Cheng, Hai; Edwards, R. Lawrence; He, Yaoqi; Kong, Xinggong; An, Zhisheng; Wu, Jiangying; Kelly, Megan J.; Dykoski, Carolyn A.; Li, Xiangdong (2006), 'Dongge Cave stalagmite high-resolution Holocene d18O data', IGBP # 2006-096.

Warren, W. L. (1973), *Henry II*, London.

Webb, Colleen T.; Brooks, Christopher P.; Gage, Kenneth L.; Antolin, Michael F. (2006), 'Classic flea-borne transmission does not drive plague epizootics in prairie dogs', *PNAS* 103 (16), 6236–41.

Welford, Mark R.; Bossak, Brian H. (2010a), 'Revisiting the medieval Black Death of 1347–1351: spatiotemporal dynamics suggestive of an alternate causation', *Geography Compass* 4 (6), 561–75.

Welford, Mark R.; Bossak, Brian H. (2010b), 'Body lice, *Yersinia pestis orientalis*, and Black Death', *EID* 16 (10), 1649.

Wheelis, Mark (2002), 'Biological warfare at the 1346 siege of Caffa', *EID* 8 (9), 971–5.

White Jr, Lynn T. (1962), *Medieval technology and social change*, Oxford.

White Jr, Lynn T. (1967), 'The historical roots of our ecologic crisis', *Science* 155 (3767), 1,203–7.

Whittle, Jane (2000), *The development of agrarian capitalism: land and labour in Norfolk 1440–1580*, Oxford.

Wicksteed, Philip H. (1906), *Villani's chronicle: being selections from the first nine books of the* Croniche Fiorentine *of Giovanni Villani*, trans. Rose E. Selfe, London.

Wiechmann, Ingrid; Grupe, Gisela (2005), 'Detection of *Yersinia pestis* DNA in two early medieval skeletal finds from Aschheim (Upper Bavaria, 6th century AD)', *American Journal of Physical Anthropology* 126 (1), 48–55.

Wiles, Gregory C.; D'Arrigo, Rosanne D.; Villalba, Ricardo; Calkin, Parker E.; Barclay, David J. (2004), 'Century-scale solar variability and Alaskan temperature change over the past millennium', *GRL* 31, L15203.

Williams, Michael (2000), 'Dark ages and dark areas: global deforestation in the deep past', *JHG* 26 (1), 28–46.

Williams, Shanna K.; Schotthoefer, Anna M.; Montenieri, John A.; Holmes, Jennifer L.; Vetter, Sara M.; Gage, Kenneth L.; Bearden, Scott W. (2013), 'Effects of low-temperature flea maintenance on the transmission of *Yersinia pestis* by *Oropsylla montana*', *Vector-Borne & Zoonotic Diseases* 13 (7), 468–78.

Williamson, Janet (1984), 'Norfolk: thirteenth century', 31–105 in P. D. A. Harvey, ed., *The peasant land market in medieval England*, Oxford.

Williamson, Oliver E. (1989), 'Transaction cost economics', *Handbook of Industrial Organization* 1, 135–82.

Witney, Kenneth P. (1990), 'The woodland economy of Kent, 1066–1348', *AHR* 38 (1), 20–39.

Witney, Kenneth P., trans. & ed. (2000), *The survey of Archbishop Pecham's Kentish manors 1283–85*, Kent Records 28, Maidstone.

Witze, Alexandra (2012), '13th century volcano mystery may be solved', *Science News* 182 (1), 14 July, p. 12.

Wolffe, Bertram Percy (1971), *The royal demesne in English history: the Crown estate in the governance of the realm from the Conquest to 1509*, London.

Wood, James W.; Ferrell, Rebecca J.; Dewitte-Avina, Sharon N. (2003), 'The temporal dynamics of the fourteenth-century Black Death: new evidence from English ecclesiastical records', *Human Biology* 75 (4), 427–49.

Woodruff, Rosalie; Guest, Charles (2000), 'Teleconnections of the El Niño phenomenon: public health and epidemiological prospects', 89–108 in Richard H. Grove and John Chappell, eds., *El Niño – history and crisis: studies from the Asia-Pacific region*, Cambridge.

Woolgar, Christopher Michael (1999), *The great household in late medieval England*, London.

Woolgar, Christopher Michael (2010), 'Food and the Middle Ages', *Journal of Medieval History* 36 (1), 1–19.

Wrigley, E. Anthony (1962), 'The supply of raw materials in the industrial revolution', *EcHR* 15 (1), 1–16.

Wrigley, E. Anthony (1966), 'Family limitation in pre-industrial England', *EcHR* 19 (1), 82–109.

Wrigley, E. Anthony (1985), 'Urban growth and agricultural change: England and the Continent in the early modern period', *JIH* 15 (4), 683–728.

Yang, B., Braeuning, A.; Johnson, K. R.; Yafeng, S. (2002), 'Temperature variation in China during the last two millennia', IGBP # 2002-061.

Yang, Bao; Qin, Chun; Wang, Jianglin; He, Minhui; Melvin, Thomas M.; Osborn, Timothy J.; Briffa, Keith R. (2014), 'A 3,500-year tree-ring record of annual precipitation on the north-eastern Tibetan Plateau', *PNAS* 111 (8), 2903–8.

Yates, Margaret (2007), *Town and countryside in western Berkshire, c.1327–c.1600: social and economic change*, Woodbridge.

Yates, Margaret (2013), 'The market in freehold land, 1300–1509: the evidence of feet of fines', *EcHR* 66 (2), 579–600.

Yoshinobu, S. (1988), *Sodai Konan keizaishi no kenkyu [A study of the economic history of Song-dynasty Jiangnan]*, Tokyo.

Yule, Sir Henry, trans. & ed. (1875), *The book of Marco Polo, the Venetian, concerning the kingdoms and marvels of the East*, 2 vols., revised 2nd edn, London.

Yule, Sir Henry; Cordier, Henri, trans. & ed. (1916), *Cathay and the way thither, being a collection of medieval notices of China, III*, London.

Zanden, Jan Luiten van (2009), *The long road to the industrial revolution: the European economy in a global perspective, 1000–1800*, Leiden and Boston.

Zanden, Jan Luiten van; Leeuwen, Bas van (2012), 'Persistent but not consistent: the growth of national income in Holland 1347–1807', *EEH* 49 (2), 119–30.

Zhang, David D.; Lee, Harry F.; Wang, Cong; Li, Baosheng; Pei, Qing; Zhang, Jane; An, Yulun (2011), 'The causality analysis of climate change and large-scale human crisis', *PNAS* 108 (42), 17296–301.

Zhang, Pingzhong; Cheng, Hai; Edwards, R. Lawrence; Chen, Fahu; Wang, Yongjin; Yang, Xunlin; Liu, Jian; Tan, Ming; Wang, Xianfeng; Liu, Jingua; An, Chunlei; Dai, Zhibo; Zhou, Jing; Zhang, Dezhong; Jia, Jihong; Jin, Liya; Johnson, Kathleen R. (2008), 'A test of climate, sun, and culture relationships from an 1810-year Chinese cave record', *Science* 322 (5903), 940–2.

Zhang, Zhibin; Li, Zhenqing; Tao, Yi; Chen, Min; Wen, Xinyu; Xu, Lei; Tian, Huidong; Stenseth, Nils Chr. (2007), 'Relationship between increase rate of human plague in China and global climate index as revealed by cross-spectral and cross-wavelet analyses', *Integrative Zoology* 2 (3), 144–53.

Zhao, Cheng; Liu, Zhonghui; Rohling, Eelco J.; Yu, Zicheng; Liu, Weiguo; He, Yuxin; Zhao, Yan; Chen, Fahu (2013), 'Holocene temperature fluctuations in the northern Tibetan Plateau', *Quaternary Research* 80 (1), 55–65.

Ziegler, Philip (1969), *The Black Death*, London.

Zielinski, G. A. (1995), 'Stratospheric loading and optical depth estimates of explosive volcanism over the last 2100 years derived from the Greenland Ice Sheet Project 2 ice core', *Journal of Geophysical Research* 100, 20,937–55.

索　引

（索引页码为原书页码，即本书边码）

图书在版编目（CIP）数据

大转型：中世纪晚期的气候、疾病、社会与现代世
界的形成 /（英）布鲁斯·M. S. 坎贝尔著；王超华译
. -- 北京：中信出版社，2023.11
书名原文：The Great Transition：Climate,
Disease and Society in the Late-Medieval World
ISBN 978-7-5217-5469-8

Ⅰ.①大… Ⅱ.①布…②王… Ⅲ.①世界史—中世
纪史 Ⅳ.①K13

中国国家版本馆 CIP 数据核字（2023）第 036386 号

大转型：中世纪晚期的气候、疾病、社会与现代世界的形成

著　　者：［英］布鲁斯·M. S. 坎贝尔
译　　者：王超华
校 译 者：王佳碧
出版发行：中信出版集团股份有限公司
　　　　　（北京市朝阳区东三环北路 27 号嘉铭中心　邮编　100020）
承 印 者：北京通州皇家印刷厂

开　　本：880mm×1230mm　1/16　　印　　张：32.75　　字　　数：400 千字
版　　次：2023 年 11 月第 1 版　　印　　次：2023 年 11 月第 1 次印刷
京权图字：01-2019-3746
书　　号：ISBN 978-7-5217-5469-8
定　　价：118.00 元